司法試験 予備試験

2022年版

完全整理
択一六法

司法試験&予備試験対策シリーズ

Criminal Law

はしがき

★令和3年の短答式試験＜刑法＞の分析

司法試験では、総論分野から10問、各論分野から9問、両分野の融合問題が1問出題されました。総論分野では、例年どおり、構成要件、違法性、責任、共犯等の分野から満遍なく出題され、各論分野では、個人的法益に関する罪が5問、社会的法益に関する罪が2問、国家的法益に関する罪が2問出題されました。

予備試験では、全13問が出題されました。そのうち、予備試験オリジナル問題は3問出題され、責任能力、横領罪、因果関係に関する理解が問われました。

★令和3年の短答式試験の結果を踏まえて

今年の司法試験短答式試験では、採点対象者3,392人中、合格者（短答式試験の各科目において、満点の40％点［憲法20点、民法30点、刑法20点］以上の成績を得た者のうち、各科目の合計得点が99点以上の成績を得たもの）は2,672人となっており、昨年の短答式試験合格者数2,793人を121人下回りました。合格率は約78.7％であり、昨年の合格率約76.2％を約2.5％上回る形となりました。

まず、最も注目されるのは「合格点」です。昨年の「合格点」は、司法試験短答式試験が憲法・民法・刑法の3科目となった平成27年から見て、最も低い「93点以上」でしたが、今年は「99点以上」となり、昨年から6点上昇しました。もっとも、平成29年から令和元年までの「合格点」が「108点以上」であったことからすれば、合格点はまだまだ低い水準にあるといえます。

次に、今年の予備試験短答式試験では、採点対象者11,655人中、合格者（270点満点で各科目の合計得点が162点以上）は2,723人となっており、昨年の短答式試験合格者数2,529人を194人上回りました。合格率は約23.3％であり、昨年の合格率約23.9％を約0.6％下回る形となりました。

まず、合格点から見ていきますと、昨年は「156点以上」であったのが、今年は「162点以上」と6点も上昇した形となりました。平成29年・平成30年はともに「160点以上」、令和元年は「162点以上」でしたので、一気に一昨年の水準に戻りました。もっとも、平成28年は「165点以上」、平成27年では「170点以上」が合格点とされており、それらと比較すれば、いまだ低水準といえます。

次に、合格率を見ていきますと、今年は23.3％となっており、これは例年どおりであるとの評価が妥当と思われます。司法試験短答式試験の今年の合格率が78.7％（採点対象者：合格者数＝3,392：2,672）であったことと比べると、予備試験短答式試験は明らかに「落とすための試験」という意味合いが強い試験だといえます。

また、受験者数・採点対象者数は、平成27年から微増傾向にあり、合格者数

も同様に微増傾向にありましたが、昨年の令和2年は一転して、いずれも減少する形となりました。しかし、今年はほとんど一昨年と同じ水準に戻りました。昨年に大幅に下落した「受験率」（昨年は69.3％）も、今年の「受験率」は「81.8％」まで戻しました。来年以降も同様の「受験率」が維持されるかは、予想がつきにくいところといえますが、一応、来年以降も、2,500～2,700人前後の合格者数となることが予想されます。

予備試験短答式試験では、法律基本科目だけでなく、一般教養科目も出題されます。点数が安定し難い一般教養科目での落ち込みをカバーするため、法律基本科目については苦手科目を作らないよう、安定的な点数を確保する対策が必要となります。

このような現状の中、短答式試験を乗り切り、総合評価において高得点をマークするためには、いかに短答式試験対策を効率よく行うかが鍵となります。そのため、要領よく知識を整理し、記憶の定着を図ることが至上命題となります。

★必要十分な知識・判例を掲載

刑法の出題の多くは、具体的事例における学説からの帰結・あてはめや判例の立場からの結論を問うものです。そのため、条文や判例、主要な学説を正確に理解し、適切にあてはめて結論を導く力が試されます。

このような問題に対応するため、本文中に具体的事例を多く盛り込み、できるだけ表の形でまとめ、複数の事案の違いが意識できるように工夫しています。盛り込んだ事例は、過去の司法試験で実際に出題されたものをベースにしており、狙われやすい具体例を効果的に学習できるようになっています。また、重要論点における学説の対立・あてはめについても図表にまとめ、比較しながら知識を整理できるように工夫しています。さらに、判例に関する知識は特に重要ですので、百選掲載判例及び重判掲載判例を多数ピックアップし、判旨を紹介しています。

★司法試験短答式試験、予備試験短答式試験の過去問情報を網羅

本書では、司法試験・予備試験の短答式試験において、共通問題で問われた知識に共マーク、予備試験単独で問われた知識に予マーク、司法試験単独で問われた知識に司マークを付しています。複数のマークが付されている箇所は、各短答式試験で繰り返し問われている知識であるため、より重要性が高いといえます。

★最新判例インターネットフォロー

短答式試験合格のためには、最新判例を常に意識しておくことが必要です。そこで、LECでは、最新判例の情報を確実に収集できるように、本書をご購入の皆様に、インターネットで随時、最新判例情報をご提供させていただきます。

アクセス方法の詳細につきましては、「最新判例インターネットフォロー」の頁

をご覧ください。

2021年7月吉日

株式会社　東京リーガルマインド
ＬＥＣ総合研究所　司法試験部

司法試験・予備試験受験生の皆様へ

LEC司法試験対策　総合統括プロデューサー

反町　雄彦　LEC専任講師・弁護士

◆競争激化の短答式試験

短答式試験は、予備試験においては論文式試験を受験するための第一関門として、また、司法試験においては論文式試験を採点してもらう前提条件として、重要な意味を有しています。いずれの試験においても、合格を確実に勝ち取るためには、短答式試験で高得点をマークすることが重要です。

◆短答式試験対策のポイント

司法試験における短答式試験は、試験最終日に実施されます。論文式試験により心身ともに疲労している中、短答式試験で高得点をマークするには、出題可能性の高い分野、自身が弱点としている分野の知識を、短時間で総復習できる教材の利用が不可欠です。

また、予備試験における短答式試験は、一般教養科目と法律基本科目（憲法・民法・刑法・商法・民事訴訟法・刑事訴訟法・行政法）から出題されます。広範囲にわたって正確知識が要求されるため、効率的な学習が不可欠となります。

本書は、短時間で効率的に知識を整理・確認することができる最良の教材として、多くの受験生から好評を得ています。

◆短答式試験の知識は論文式試験の前提

司法試験・予備試験の短答式試験では、判例・条文の知識を問う問題を中心に、幅広い論点から出題がされています。論文式試験においても問われうる重要論点も多数含まれています。そのため、短答式試験の対策が論文式試験の対策にもなるといえます。

また、司法試験の憲法・民法・刑法以外の科目においても、論文式試験において正確な条文・判例知識が問われます。短答式試験過去問を踏まえて解説した本書を活用し、重要論点をしっかり学んでおけば、正確な知識を効率良く答案に表現することができるようになるため、解答時間の短縮につながることは間違いありません。

司法試験合格が最終目標である以上、予備試験受験生も、司法試験の短答式試験・論文式試験の対策をしていくことが重要です。短答式試験対策と同時に、重要論点を学習し、司法試験を見据えた学習をしていくことが肝要でしょう。

◆苦手科目の克服が肝

　司法試験短答式試験では、短答式試験合格点（令和３年においては憲法・民法・刑法の合計得点が99点以上）を確保していても、１科目でも基準点（各科目の満点の40％点）を下回る科目があれば不合格となります。本年では、憲法で75人、民法で189人、刑法で147人もの受験生が基準点に達しませんでした。本年の結果を踏まえると、基準点未満で不合格となるリスクは到底見過ごすことができません。

　試験本番が近づくにつれ、特定科目に集中して勉強時間を確保することが難しくなります。苦手科目は年内に学習し、苦手意識を克服、あわよくば得意科目にしておくことが必要です。

◆本書の特長と活用方法

　完全整理択一六法は、一通り法律を勉強し終わった方を対象とした教材です。本書は、司法試験・予備試験の短答式試験における出題可能性の高い知識を、逐条形式で網羅的に整理しています。最新判例を紹介する際にも、できる限りコンパクトにして掲載しています。知識整理のためには、核心部分を押さえることが重要だからです。

　本書の活用方法としては、短答式試験の過去問を解いた上で、間違えてしまった問題について確認し、解答に必要な知識及び関連知識を押さえていくという方法が効果的です。また、弱点となっている箇所に印をつけておき、繰り返し見直すようにすると、復習が効率よく進み、知識の定着を図ることができます。

　このように、受験生の皆様が手を加えて、自分なりの「完択」を作り上げていくことで、更なるメリハリ付けが可能となります。ぜひ、有効に活用してください。

　司法試験・予備試験は困難な試験です。しかし、継続を旨とし、粘り強く学習を続ければ、必ず突破することができる試験です。

　皆様が本書を100％活用して、試験合格を勝ち取られますよう、心よりお祈り申し上げます。

CONTENTS

はしがき
司法試験・予備試験受験生の皆様へ
本書の効果的利用法
最新判例インターネットフォロー

●総論
第1部　体系編

第1章　犯罪論総論 ……………………………………………… 2
1　犯罪論の体系 ……………………………………………… 2
2　構成要件 …………………………………………………… 2

第2章　故意犯の構造 …………………………………………… 8
1　基本的構成要件 …………………………………………… 8
  1-1　実行行為 …………………………………………… 8
    1-1-1　実行行為総説 ………………………………… 8
    1-1-2　不作為犯 ……………………………………… 9
    1-1-3　間接正犯 ……………………………………… 13
    1-1-4　原因において自由な行為 …………………… 19
    1-1-5　実行の着手 …………………………………… 24
  1-2　因果関係 …………………………………………… 28
    1-2-1　因果関係総説 ………………………………… 28
    1-2-2　条件関係 ……………………………………… 28
    1-2-3　因果関係論 …………………………………… 30
  1-3　故意 ………………………………………………… 37
    1-3-1　故意総説 ……………………………………… 37
    1-3-2　錯誤 …………………………………………… 42
    1-3-3　故意以外の主観的構成要件要素 …………… 53
2　違法性 ……………………………………………………… 53
  2-1　違法性の概念 ……………………………………… 53
    2-1-1　違法性の本質 ………………………………… 53
    2-1-2　違法性の要素 ………………………………… 54
    2-1-3　可罰的違法性 ………………………………… 55
  2-2　違法性阻却の一般原理 …………………………… 57
  2-3　一般的正当行為 …………………………………… 58
  2-4　緊急行為 …………………………………………… 68

2-4-1	正当防衛	68
2-4-2	緊急避難	81
2-4-3	自救行為	89
2-4-4	義務の衝突	90
3	責任	91
3-1	責任総説	91
3-2	責任能力	94
3-3	責任故意	97
3-4	期待可能性	110

第3章 過失犯の構造 … 112

1	過失犯総説	112
2	過失犯の構造	113
3	過失犯の成立要件	115
4	過失の競合	123

第4章 修正された構成要件 … 128

1	犯罪遂行の発展段階	128
1-1	未遂犯	128
1-1-1	未遂犯総説	128
1-1-2	狭義の未遂犯（障害未遂）	129
1-1-3	中止犯（中止未遂）	131
1-2	不能犯	137
1-3	予備・陰謀	143
2	共犯	147
2-1	共犯総説	147
2-1-1	共犯の意義と種類	147
2-1-2	共犯の本質	150
2-1-3	共犯の従属性	155
2-2	共同正犯	158
2-2-1	共同正犯総説	158
2-2-2	共同正犯の成立要件	159
2-2-3	共同正犯の成否に関する問題の具体的検討	161
2-3	狭義の共犯	176
2-3-1	教唆犯	176
2-3-2	従犯	183
2-4	共犯論の諸問題	191
2-4-1	共犯と錯誤	191
2-4-2	共犯の離脱・中止	195

2-4-3　共犯と身分　……………………………………………　**198**

2-4-4　予備と共犯　……………………………………………　**204**

2-4-5　不作為犯と共犯　………………………………………　**208**

第2部　知識編

序論……………………………………………………………………　**214**

第1章　通則（1条～8条）……………………………………………　**218**

第2章　刑（9条～21条）………………………………………………　**224**

第3章　期間計算（22条～24条）……………………………………　**229**

第4章　刑の執行猶予（25条～27条の7）…………………………　**229**

第5章　仮釈放（28条～30条）………………………………………　**235**

第6章　刑の時効及び刑の消滅（31条～34条の2）………………　**236**

第7章　犯罪の不成立及び刑の減免（35条～42条）………………　**237**

第8章　未遂罪（43条～44条）………………………………………　**239**

第9章　併合罪（45条～55条）………………………………………　**240**

第10章　累犯（56条～59条）…………………………………………　**253**

第11章　共犯（60条～65条）…………………………………………　**254**

第12章　酌量減軽（66条～67条）……………………………………　**254**

第13章　加重減軽の方法（68条～72条）……………………………　**255**

●各論

第1章　皇室に対する罪（73条～76条）削除　……………………　**260**

第2章　内乱に関する罪（77条～80条）……………………………　**260**

第3章　外患に関する罪（81条～89条）……………………………　**260**

第4章　国交に関する罪（90条～94条）……………………………　**261**

第5章　公務の執行を妨害する罪（95条～96条の6）……………　**262**

第6章　逃走の罪（97条～102条）……………………………………　**273**

第7章　犯人蔵匿及び証拠隠滅の罪（103条～105条の2）………　**277**

第8章　騒乱の罪（106条～107条）…………………………………　**288**

第9章　放火及び失火の罪（108条～118条）………………………　**291**

第10章　出水及び水利に関する罪（119条～123条）………………　**305**

第11章　往来を妨害する罪（124条～129条）………………………　**306**

第12章　住居を侵す罪（130条～132条）……………………………　**312**

第13章　秘密を侵す罪（133条～135条）……………………………　**317**

第14章　あへん煙に関する罪（136条～141条）……………………　**318**

第15章　飲料水に関する罪（142条～147条）………………………　**319**

第16章　通貨偽造の罪（148条～153条）……………………………　**320**

第17章　文書偽造の罪（154条～161条の2）………………………　**323**

第18章　有価証券偽造の罪（162条～163条）………………………　**345**

第18章の2　支払用カード電磁的記録に関する罪

　　　　　　　　（163条の2～163条の5）・・・・・・・・・・・・・・・・・・・・・・・**347**

　　第19章　印章偽造の罪（164条～168条）・・・・・・・・・・・・・・・・・・・・・**350**

　　第19章の2　不正指令電磁的記録に関する罪

　　　　　　　　（168条の2～168条の3）・・・・・・・・・・・・・・・・・・・・・・・**351**

　　第20章　偽証の罪（169条～171条）・・・・・・・・・・・・・・・・・・・・・・・・・・**353**

　　第21章　虚偽告訴の罪（172条～173条）・・・・・・・・・・・・・・・・・・・・・**357**

　　第22章　わいせつ、強制性交等及び重婚の罪（174条～184条）・・・・**359**

　　第23章　賭博及び富くじに関する罪（185条～187条）・・・・・・・・・・・**372**

　　第24章　礼拝所及び墳墓に関する罪（188条～192条）・・・・・・・・・・・**374**

　　第25章　汚職の罪（193条～198条）・・・・・・・・・・・・・・・・・・・・・・・・・・**375**

　　第26章　殺人の罪（199条～203条）・・・・・・・・・・・・・・・・・・・・・・・・・・**390**

　　第27章　傷害の罪（204条～208条の2）・・・・・・・・・・・・・・・・・・・・・・**396**

　　第28章　過失傷害の罪（209条～211条）・・・・・・・・・・・・・・・・・・・・・・**413**

　　第29章　堕胎の罪（212条～216条）・・・・・・・・・・・・・・・・・・・・・・・・・・**415**

　　第30章　遺棄の罪（217条～219条）・・・・・・・・・・・・・・・・・・・・・・・・・・**416**

　　第31章　逮捕及び監禁の罪（220条～221条）・・・・・・・・・・・・・・・・・・**420**

　　第32章　脅迫の罪（222条～223条）・・・・・・・・・・・・・・・・・・・・・・・・・・**423**

　　第33章　略取、誘拐及び人身売買の罪（224条～229条）・・・・・・・・・・**426**

　　第34章　名誉に対する罪（230条～232条）・・・・・・・・・・・・・・・・・・・・・**431**

　　第35章　信用及び業務に対する罪（233条～234条の2）・・・・・・・・・・**437**

　　第36章　窃盗及び強盗の罪（235条～245条）・・・・・・・・・・・・・・・・・・・**443**

　　第37章　詐欺及び恐喝の罪（246条～251条）・・・・・・・・・・・・・・・・・・・**482**

　　第38章　横領の罪（252条～255条）・・・・・・・・・・・・・・・・・・・・・・・・・・**518**

　　第39章　盗品等に関する罪（256条～257条）・・・・・・・・・・・・・・・・・・・**528**

　　第40章　毀棄及び隠匿の罪（258条～264条）・・・・・・・・・・・・・・・・・・・**535**

◆図表一覧

身分犯・・・　2

挙動犯・結果犯・・・　3

形式犯・実質犯、侵害犯・危険犯・・　3

即成犯・状態犯・継続犯・・・　4

記述的構成要件要素・規範的構成要件要素・・・・・・・・・・・・・・・・・・・・・・・・・・・・・・・・・・　5

法人の犯罪能力・・・　5

両罰規定の根拠・・・　6

作為義務の体系的位置付けと作為義務の錯誤・・・・・・・・・・・・・・・・・・・・・・・・・・・・・・*12*

作為義務の錯誤の処理手順・・・*13*

間接正犯論・正犯性からのアプローチ・・・・・・・・・・・・・・・・・・・・・・・・・・・・・・・・・・・・・・*14*

間接正犯の諸類型・・*15*

他の犯罪の故意ある者の利用······················16
身分なき故意ある道具の利用······················17
故意ある幇助的道具の利用························18
適法行為者の利用····························18
原因において自由な行為の理論構成··················20
原因において自由な行為・不連続型と連続型·············22
原因において自由な行為・心神耗弱の場合··············23
実行行為の途中で責任無能力（限定責任能力）となった場合·······24
実行の着手時期······························25
実行の着手時期に関する判例の整理··················26
間接正犯の実行の着手時期·······················27
仮定的因果経過・択一的競合の処理··················29
相当性の判断基底に関する学説の整理①················32
相当性の判断基底に関する学説の整理②················33
広義の相当性と狭義の相当性······················33
因果関係に関する判例の整理······················34
故意の体系上の位置付け························37
確定故意と不確定故意·························39
薬物犯罪と故意····························40
故意と過失の種類····························41
故意の本質······························42
錯誤に関する学説····························43
客体の錯誤······························44
方法の錯誤······························44
方法の錯誤の事例における各学説からの帰結·············46
抽象的事実の錯誤····························47
抽象的事実の錯誤における各学説からの帰結·············48
抽象的事実の錯誤における判例の動向················49
因果関係の錯誤の処理·························50
行為無価値と結果無価値························55
可罰的違法性に関する学説・判例の整理···············56
違法性阻却事由の分類·························58
被害者の同意に基づく行為の諸類型··················60
治療行為·······························62
安楽死に関する裁判例·························63
傷害罪における被害者の同意······················65
行為無価値・結果無価値と同意傷害の処理··············66
同意の有無に関する錯誤························67
正当防衛の正当化根拠·························69

正当防衛の成立要件と論点の整理・・・・・・・・・・・・・・・・・・・・・・・・・・・・・・・・・・・・ *69*

対物防衛・・・ *76*

防衛の意思の要否・・ *77*

偶然防衛・・・ *77*

積極的加害意思・・ *78*

防衛の意思に関する判例の整理・・・・・・・・・・・・・・・・・・・・・・・・・・・・・・・・・・・・・・・ *78*

盗犯等防止法と正当防衛・・ *80*

過剰防衛における刑の減免の根拠・・・・・・・・・・・・・・・・・・・・・・・・・・・・・・・・・・・・・ *81*

緊急避難の成立要件と論点の整理・・・・・・・・・・・・・・・・・・・・・・・・・・・・・・・・・・・・・ *81*

正当防衛と緊急避難の異同・・ *86*

緊急避難が不可罰とされる根拠・・・・・・・・・・・・・・・・・・・・・・・・・・・・・・・・・・・・・・・ *87*

緊急避難行為に対する正当防衛の可否・・・・・・・・・・・・・・・・・・・・・・・・・・・・・・・ *88*

防衛行為と第三者・・・ *88*

責任主義・・・ *91*

責任の本質・・ *91*

行為責任論と性格責任論・・ *92*

責任の要素・・ *94*

責任能力の本質・・・ *95*

責任能力に関する規定の整理・・・ *95*

誤想過剰防衛の整理・・ *99*

違法性の意識の要否・程度・体系的位置付け・・・・・・・・・・・・・・・・・・・・・・・・ *101*

38条3項の解釈　・・・ *102*

法律の錯誤に関する学説の整理・・・・・・・・・・・・・・・・・・・・・・・・・・・・・・・・・・・・・・ *103*

法律の錯誤に関する学説のフローチャート・・・・・・・・・・・・・・・・・・・・・・・・・ *104*

事実の錯誤と法律の錯誤の区別・・・・・・・・・・・・・・・・・・・・・・・・・・・・・・・・・・・・・・ *105*

正当防衛・過剰防衛・誤想（過剰）防衛の整理・・・・・・・・・・・・・・・・・・・・ *109*

期待可能性の判断基準・・・ *111*

過失犯処罰規定がある犯罪・・ *112*

過失犯の構造・・ *114*

旧過失論と新過失論・・・ *115*

予見可能性の程度・・ *119*

予見可能性の対象・・ *120*

因果経過の予見可能性に関する判例の整理・・・・・・・・・・・・・・・・・・・・・・・・・ *121*

過失段階説と過失併存説の整理・・・・・・・・・・・・・・・・・・・・・・・・・・・・・・・・・・・・・・ *123*

監督過失の類型・・ *124*

監督過失に関する判例の整理・・ *125*

未遂犯の位置付け・・ *128*

未遂処罰規定がある犯罪・・ *130*

中止犯の法的性格・・ *133*

CONTENTS

中止犯の要件「自己の意思により」に関する各学説・批判の立場‥‥‥‥ **134**

中止犯の事例における各学説からの帰結‥‥‥‥‥‥‥‥‥‥‥‥‥‥ **135**

実行行為の終了時期‥‥‥‥‥‥‥‥‥‥‥‥‥‥‥‥‥‥‥‥‥‥‥ **136**

中止行為と結果不発生の因果関係‥‥‥‥‥‥‥‥‥‥‥‥‥‥‥‥‥ **137**

不能犯・幻覚犯・事実の錯誤・違法性の錯誤の関係‥‥‥‥‥‥‥‥‥ **138**

具体的危険説からのあてはめ‥‥‥‥‥‥‥‥‥‥‥‥‥‥‥‥‥‥‥ **140**

未遂犯の処罰根拠に関する学説の整理‥‥‥‥‥‥‥‥‥‥‥‥‥‥‥ **140**

不能犯における各学説からの帰結‥‥‥‥‥‥‥‥‥‥‥‥‥‥‥‥‥ **141**

現行法上の予備罪‥‥‥‥‥‥‥‥‥‥‥‥‥‥‥‥‥‥‥‥‥‥‥‥ **144**

自己予備と他人予備‥‥‥‥‥‥‥‥‥‥‥‥‥‥‥‥‥‥‥‥‥‥‥ **144**

他人予備の可罰性‥‥‥‥‥‥‥‥‥‥‥‥‥‥‥‥‥‥‥‥‥‥‥‥ **145**

予備の中止に関する学説の整理‥‥‥‥‥‥‥‥‥‥‥‥‥‥‥‥‥‥ **146**

共犯の意義と種類‥‥‥‥‥‥‥‥‥‥‥‥‥‥‥‥‥‥‥‥‥‥‥‥ **148**

多衆犯における共犯規定の適用‥‥‥‥‥‥‥‥‥‥‥‥‥‥‥‥‥‥ **149**

対向犯において一方にしか処罰規定がない場合‥‥‥‥‥‥‥‥‥‥‥ **150**

行為共同説と犯罪共同説‥‥‥‥‥‥‥‥‥‥‥‥‥‥‥‥‥‥‥‥‥ **151**

行為共同説・犯罪共同説と共犯の諸論点との関係‥‥‥‥‥‥‥‥‥‥ **153**

共犯の処罰根拠‥‥‥‥‥‥‥‥‥‥‥‥‥‥‥‥‥‥‥‥‥‥‥‥‥ **154**

実行従属性‥‥‥‥‥‥‥‥‥‥‥‥‥‥‥‥‥‥‥‥‥‥‥‥‥‥‥ **156**

要素従属性‥‥‥‥‥‥‥‥‥‥‥‥‥‥‥‥‥‥‥‥‥‥‥‥‥‥‥ **157**

要素従属性における各学説からの帰結‥‥‥‥‥‥‥‥‥‥‥‥‥‥‥ **157**

共同正犯の成立要件‥‥‥‥‥‥‥‥‥‥‥‥‥‥‥‥‥‥‥‥‥‥‥ **159**

意思の連絡の要否‥‥‥‥‥‥‥‥‥‥‥‥‥‥‥‥‥‥‥‥‥‥‥‥ **160**

共同正犯の成否に関する問題概観‥‥‥‥‥‥‥‥‥‥‥‥‥‥‥‥‥ **161**

共同正犯と過剰防衛（質的過剰）‥‥‥‥‥‥‥‥‥‥‥‥‥‥‥‥‥ **166**

共同正犯と正当防衛‥‥‥‥‥‥‥‥‥‥‥‥‥‥‥‥‥‥‥‥‥‥‥ **167**

共犯従属性の理論が共同正犯に妥当しないとした場合の考え方‥‥‥‥ **168**

共謀共同正犯に関する学説・理論的根拠‥‥‥‥‥‥‥‥‥‥‥‥‥‥ **169**

承継的共同正犯に関する学説・あてはめ‥‥‥‥‥‥‥‥‥‥‥‥‥‥ **170**

片面的共同正犯‥‥‥‥‥‥‥‥‥‥‥‥‥‥‥‥‥‥‥‥‥‥‥‥‥ **173**

過失犯の共同正犯‥‥‥‥‥‥‥‥‥‥‥‥‥‥‥‥‥‥‥‥‥‥‥‥ **174**

結果的加重犯の共同正犯‥‥‥‥‥‥‥‥‥‥‥‥‥‥‥‥‥‥‥‥‥ **176**

教唆と未遂との関係の整理‥‥‥‥‥‥‥‥‥‥‥‥‥‥‥‥‥‥‥‥ **179**

狭義の共犯の諸類型‥‥‥‥‥‥‥‥‥‥‥‥‥‥‥‥‥‥‥‥‥‥‥ **180**

教唆の故意と未遂の教唆‥‥‥‥‥‥‥‥‥‥‥‥‥‥‥‥‥‥‥‥‥ **182**

連鎖的教唆の可罰性‥‥‥‥‥‥‥‥‥‥‥‥‥‥‥‥‥‥‥‥‥‥‥ **183**

幇助の因果性‥‥‥‥‥‥‥‥‥‥‥‥‥‥‥‥‥‥‥‥‥‥‥‥‥‥ **187**

幇助の因果性に関する各学説からの帰結‥‥‥‥‥‥‥‥‥‥‥‥‥‥ **188**

同一構成要件間の錯誤・共同正犯‥‥‥‥‥‥‥‥‥‥‥‥‥‥‥‥‥ **191**

同一構成要件間の錯誤・狭義の共犯	192
異なる構成要件間の錯誤・共同正犯	192
共犯と間接正犯の錯誤の取扱い	194
被利用者が途中で情を知った場合	195
離脱と中止の関係	197
真正身分犯・不真正身分犯に関する判例の整理	199
65条1項と2項の関係	200
共犯と身分に関する各学説からの帰結	201
65条1項の「共犯」に共同正犯は含まれるか	201
不真正身分犯における身分者による非身分者への加功	202
業務上横領罪と65条の関係	204
予備と共同正犯	205
予備と（狭義の）共犯	206
不作為犯と共犯	208
不作為犯に対する教唆犯・従犯	210
不作為による共同正犯	210
不作為による正犯と従犯の区別	211
罪刑法定主義	216
刑法理論	216
刑罰の正当化根拠	217
場所的適用範囲	221
時間的適用範囲	222
限時法の理論	223
没収の対象物	227
執行猶予の要件等	230
罪数論の体系	240
法条競合	241
包括一罪	241
同時的併合罪の処理	245
事後的併合罪の処理（併合罪と余罪）	245
観念的競合の判例上の肯定例	248
観念的競合の判例上の否定例	249
牽連犯に関する判例の整理	250
かすがい現象	251
共犯と罪数	252
刑の加重・減軽事由	256
法律上の減免事由	256
法律上の減軽の方法	257
法令適用の順序	258

職務の適法性の判断基準·····················264

職務の適法性の錯誤に関する学説の整理·····················266

逃走の罪の条文構造·····················273

被拘禁者の意義·····················274

加重逃走罪の実行の着手・既遂時期·····················276

犯人による犯人蔵匿・隠避の教唆の可罰性·····················279

犯人蔵匿等罪の「罪を犯した者」の意義·····················280

身代わり出頭·····················281

参考人の虚偽供述と証拠偽造罪·····················283

共犯事件と「他人の刑事事件」·····················284

犯人による証拠隠滅の教唆の可罰性·····················285

証拠隠滅につき親族が第三者を教唆した場合·····················286

証拠隠滅につき犯人が親族を教唆した場合·····················287

内乱罪と騒乱罪の比較·····················290

放火及び失火の罪の諸規定·····················292

放火における建造物の一体性·····················295

「焼損」の意義·····················296

不燃性建造物と「焼損」·····················297

被害者の承諾が放火罪に及ぼす影響·····················299

109条2項における公共の危険の認識の要否·····················300

110条における公共の危険の認識の要否·····················301

延焼罪の客体·····················302

汽車転覆等致死罪において殺人の故意がある場合·····················309

往来危険罪の処理方法·····················311

住居侵入罪における保護法益·····················314

「侵入」の意義·····················315

住居侵入罪における住居権者の承諾·····················315

偽造通貨行使罪と詐欺罪との関係·····················321

文書偽造の罪における形式主義・実質主義·····················323

「偽造」の意義·····················324

コピーの文書性·····················328

文書コピーにおける名義人は誰か·····················328

文書コピーは有印公文書か無印公文書か·····················329

虚偽公文書作成罪の間接正犯の成否·····················332

「事実証明に関する文書」の意義·····················338

代理名義の冒用·····················339

私文書偽造と代理人の権限濫用·····················340

私文書偽造と資格の冒用·····················341

私文書偽造における名義人の承諾·····················342

「虚偽の陳述」の意義 ······························· *354*

「虚偽の陳述」が問題となる具体的事例 ················· *354*

「虚偽の陳述」が問題となる事例における各学説からの帰結 ······ *355*

被告人による偽証教唆の可罰性 ······················ *355*

わいせつ性の判断基準に関する判例 ··················· *361*

強制性交の犯人が故意をもって死傷の結果を生じさせた場合 ······ *370*

職権行使の外観の要否 ···························· *376*

判例における職務密接関連行為の肯否 ·················· *380*

賄賂罪における保護法益 ··························· *381*

過去の職務と収賄の成否 ··························· *383*

賄賂罪の条文構造 ······························· *389*

自殺関与罪と殺人罪の区別 ·························· *393*

自殺関与罪の着手時期 ···························· *394*

被害者の嘱託・承諾に関する行為者の認識の要否 ············ *395*

胎児性致死傷 ································· *397*

「傷害」の意義 ································· *398*

判例上傷害とされた例、暴行とされた例 ················· *398*

暴行の故意で傷害の結果が発生した場合 ················· *399*

現場助勢罪の法的性格 ···························· *400*

「暴行」概念の整理 ····························· *404*

凶器準備集合及び結集罪の罪質 ······················ *412*

保護責任者遺棄罪における保護義務の発生根拠 ·············· *417*

「遺棄」の意義 ································· *418*

遺棄罪の罪質 ································· *420*

逮捕監禁罪の客体 ······························· *422*

「脅迫」の意義 ································· *423*

略取・誘拐の罪の保護法益 ·························· *427*

真実性の錯誤（責任のアプローチ） ··················· *434*

真実性の錯誤（違法のアプローチ） ··················· *435*

名誉毀損・侮辱罪の保護法益 ························ *436*

「偽計」・「威力」の具体例 ························· *439*

「公務」と「業務」の区別が問題となる事例における帰結 ······· *441*

財産罪の分類 ································· *444*

占有の有無 ································· *447*

占有の帰属 ································· *448*

本権説と占有説 ································ *450*

窃盗罪の保護法益に関する各学説からの帰結 ·············· *451*

死者の占有が問題となる具体的事例 ··················· *451*

死者の占有が問題となる事例についての各学説からの帰結 ······· *452*

封緘物における各学説からの帰結・・・・・・・・・・・・・・・・・・・・・・・・・・・・・・・ *453*

使用窃盗の可罰性判断に関する不法領得の意思の要否・・・・・・・・・・・・・・・ *455*

領得罪と毀棄罪の区別に関する不法領得の意思の要否・・・・・・・・・・・・・・・ *456*

侵奪の具体例・・ *458*

強盗罪における被害者の反抗抑圧の要否・・・・・・・・・・・・・・・・・・・・・・・・・ *462*

強盗罪における事後的奪取意思・・・・・・・・・・・・・・・・・・・・・・・・・・・・・・・・ *463*

強盗利得罪における処分行為の要否・・・・・・・・・・・・・・・・・・・・・・・・・・・・ *466*

事後強盗目的の予備・・ *467*

事後強盗罪の暴行（脅迫）のみに加功した者の罪責・・・・・・・・・・・・・・・ *469*

強盗致傷における傷害の程度・・・・・・・・・・・・・・・・・・・・・・・・・・・・・・・・・ *472*

暴行・脅迫と負傷・死亡との関連性・・・・・・・・・・・・・・・・・・・・・・・・・・・・ *473*

強盗犯人が殺意をもって死亡の結果を生じさせた場合・・・・・・・・・・・・・・ *475*

240 条後段の罪の未遂・・・・・・・・・・・・・・・・・・・・・・・・・・・・・・・・・・・・・・ *475*

親族相盗例の準用関係・・・・・・・・・・・・・・・・・・・・・・・・・・・・・・・・・・・・・・ *479*

親族相盗例の刑の免除の法的性格・・・・・・・・・・・・・・・・・・・・・・・・・・・・・・ *479*

親族相盗例における親族関係・・・・・・・・・・・・・・・・・・・・・・・・・・・・・・・・・ *480*

親族相盗例において親族関係が問題となる事例における各学説からの帰結 *481*

不法原因給付と詐欺・・ *489*

不法原因給付における詐欺利得罪の成否・・・・・・・・・・・・・・・・・・・・・・・・・ *490*

国家的法益と詐欺・・ *490*

国家的法益と詐欺の成立が問題となる具体的事案の検討・・・・・・・・・・・・・ *490*

釣銭詐欺・・・ *491*

被欺罔者の処分意思の要否・・・・・・・・・・・・・・・・・・・・・・・・・・・・・・・・・・・ *492*

詐欺罪における損害概念・・・・・・・・・・・・・・・・・・・・・・・・・・・・・・・・・・・・・ *492*

無銭飲食・宿泊～犯意先行型・・・・・・・・・・・・・・・・・・・・・・・・・・・・・・・・・ *494*

キセル乗車・・・ *495*

クレジットカード詐欺・・・・・・・・・・・・・・・・・・・・・・・・・・・・・・・・・・・・・・ *497*

訴訟詐欺・・・ *498*

訴訟詐欺における欺く行為・・・・・・・・・・・・・・・・・・・・・・・・・・・・・・・・・・・ *498*

訴訟詐欺における処分行為・・・・・・・・・・・・・・・・・・・・・・・・・・・・・・・・・・・ *499*

任務違背行為の成立範囲・・・・・・・・・・・・・・・・・・・・・・・・・・・・・・・・・・・・・ *507*

背任罪における「財産上の損害」・・・・・・・・・・・・・・・・・・・・・・・・・・・・・・ *508*

登記協力義務と「他人の」事務・・・・・・・・・・・・・・・・・・・・・・・・・・・・・・・ *510*

二重抵当の事案における「財産上の損害」・・・・・・・・・・・・・・・・・・・・・・・ *510*

二重抵当の事案における先の抵当権者に対する詐欺罪・・・・・・・・・・・・・・・ *511*

二重抵当の事案における後の抵当権者に対する詐欺罪・・・・・・・・・・・・・・・ *511*

横領と背任の区別・・ *512*

権利行使と恐喝・・・ *516*

委託物が金銭の場合の横領罪の成否・・・・・・・・・・・・・・・・・・・・・・・・・・・・ *525*

不法原因給付と横領罪の成否·································· ***525***

毀棄・隠匿の罪の要件······································· ***535***

建造物の具体例··· ***537***

「毀棄」・「損壊」の意義····································· ***539***

262 条の適用関係··· ***540***

「隠匿」と「毀棄」・「損壊」との関係························· ***542***

264 条の適用関係··· ***542***

CONTENTS

◆**論点一覧表**

【司法試験】

年度	論点名	備考	該当頁
H18	正当防衛・過剰防衛の成否（侵害の急迫性、防衛の意思、相当性）		70 72
	現場共謀の成否		──
	承継的共同正犯の成否		170 172
	同時傷害の特例（207）の傷害罪以外の罪への適用の可否	最判昭 26.9.20	402
H19	恐喝的手段と詐欺的手段が併用された場合	最判昭 24.2.8	517
	権利行使と恐喝	最判昭 30.10.14・百選Ⅱ 60 事件	515
	共犯関係の解消（着手後の離脱）	最決平元 .6.26・百選Ⅰ 96 事件	196
	横領の手段として詐欺的手段を用いた場合における詐欺罪の成否		526
H20	共同正犯と幇助犯の区別		189
	共謀の射程（共謀の内容・範囲）		164
	強盗致傷罪の成否（特に暴行・脅迫と負傷との関連性）		472
	共犯と錯誤（異なる構成要件間の錯誤）		192
H21	横領と背任の区別		511
	預金の占有		519

年度	論点名	備考	該当頁
H21	共犯と間接正犯の錯誤（被利用者が途中で情を知った場合）	・乙の道具性が失われると解する場合 →甲：教唆犯、乙：直接正犯 ・乙の道具性が失われないと解する場合 →甲：間接正犯、乙：故意ある幇助的道具 →甲の因果関係の錯誤が問題となる	194
	共犯と身分（業務上横領罪と65条の関係）	最判昭32.11.19・百選Ⅰ92事件	203
	監禁罪と被害者の承諾	最決昭33.3.19	421
	偽計業務妨害罪の成否（公務と業務）		440
H22	保護責任者遺棄致死罪と不作為の殺人罪との区別		420
	不真正不作為犯（実行行為性、因果関係）		10 11
	殺意の有無・成立時期	現場思考	——
	「業務」（211前段）の意義		413
	過失犯（予見可能性、結果回避可能性・結果回避義務、信頼の原則）		115 117
	因果関係（第三者による行為が介在する場合）		33
	複数行為者の過失の競合（対等な行為者の過失が競合する場合）	過失犯の共同正犯を肯定する場合には、①乙・丙が共通の注意義務を負っているといえるか、②乙・丙に業務上過失致死罪の単独犯が成立するとの結論を採用した場合でも共同正犯を認める実益は何かという点について、検討する必要がある（出題趣旨・採点実感参照）。	124
H23	殺人の実行行為性	現場思考	——
	殺意の有無	現場思考	——
	正当防衛・過剰防衛の成否（侵害の急迫性、防衛の意思、相当性）		70 72
	自招侵害	最決平20.5.20・百選Ⅰ26事件	79
	現場共謀の成否	現場思考	——

年度	論点名	備考	該当頁
H23	正当防衛の成否（特に防衛の意思と攻撃の意思が併存している場合）	最判昭 50.11.28・百選 I 24 事件	76
	量的過剰	最決平 20.6.25・百選 I 27 事件	75
	共同正犯と量的過剰	最判平 6.12.6・百選 I 98 事件	168
H24	横領と背任の区別		511
	業務上横領罪の成否（特に抵当権設定行為が横領行為に該当するか否か）・既遂時期		520
	代表名義の冒用	最決昭 45.9.4・百選 II 93 事件 最決平 15.10.6・百選 II 96 事件	338
	横領後の横領	最大判平 15.4.23・百選 II 69 事件 なお、2 個の業務上横領罪の成立を認めた場合、その罪数処理も問題となる（出題趣旨参照）。	524
	背任罪の成否（特に「他人のためにその事務を処理する者」の意義）	最判昭 31.12.7・百選 II 70 事件 最決平 15.3.18	505 510
	共謀共同正犯の成否		162
	共犯と身分	最判昭 32.11.19・百選 I 94 事件	203
H25	早すぎた構成要件の実現	クロロホルム事件（最決平 16.3.22・百選 I 64 事件）	52
	因果関係の錯誤		50
	公共の危険の意義・判断基準	最決平 15.4.14・百選 II 85 事件	301
	公共の危険発生の認識の要否	最判昭 60.3.28・百選 II 86 事件	301
	共犯と間接正犯の錯誤（被利用者が途中で情を知った場合）	・乙の道具性が失われると解する場合 →甲：教唆犯、乙：直接正犯 →間接正犯の実行の着手時期が問題となる（殺人未遂・殺人予備の区別） ・乙の道具性が失われないと解する場合 →甲：間接正犯、乙：故意ある幇助的道具 →甲の因果関係の錯誤が問題となる	194

CONTENTS

年度	論点名	備考	該当頁
H25	監禁罪の成否（被監禁者における監禁の認識の要否）		422
	共謀共同正犯の成否	公共の危険発生の認識の要否についての自己の見解及び当てはめと整合する的確な当てはめが必要となる（出題趣旨参照）。	162
H26	不真正不作為犯（実行行為性）		10
	不真正不作為犯の実行の着手時期		26
	因果関係		33
	中止犯の成否（中止未遂）		132
	不作為による従犯（幇助）		209
	丙の行為（丙が、病院で適切な治療を受けさせない限りAを救命することが不可能な状態となった後、甲の母親から電話で訪問したいと言われたが、嘘をついて断った行為）の評価	現場思考 ①作為による殺人罪の単独正犯としての実行行為と捉える立場、②作為による殺人罪の幇助行為と捉える立場、③見て見ぬふりの不作為犯を犯している間の一事情と捉える立場がありうる（出題趣旨参照）。 →②の立場では不作為犯に対する幇助の問題となる（⇒p.210） →③の立場では不作為による従犯（幇助）の問題となる（⇒p.209）	——
	住居侵入罪の成否		314
	未成年者略取罪の主体（親権者が未成年者略取罪の主体となるか）・違法性阻却	最決平17.12.6・百選Ⅱ12事件	426 427
H27	窃盗罪における占有の帰属（共同占有者の占有侵害）		448
	ひったくり（窃盗と強盗の区別）	最判昭45.12.22	459
	「他人の財物」の解釈（窃盗罪の保護法益）		450

年度	論点名	備考	該当頁
H27	誤想（過剰）防衛の成否（急迫不正の侵害の有無、行為の過剰性の有無）	甲の認識どおりの事態（Cが甲のかばんを駅待合室から持ち去ったという事態）が存在すると仮定した場合において、その事態が急迫不正の侵害に当たるかどうかが問題となる（出題趣旨参照）。 →侵害の急迫性を肯定すると、誤想（過剰）防衛の成否が問題となる →侵害の急迫性を否定すると、誤想（過剰）自救行為の成否が問題となる	70 97 98
	共同正犯と教唆犯の区別基準		162
	共犯の錯誤（異なる構成要件間の錯誤）		192
	窃盗罪における占有の帰属（占有の事実・意思）		445
	窃盗罪における不法領得の意思	大判大 4.5.21 最決平 16.11.30・百選Ⅱ 31 事件	454
H28	承継的共犯の成否	最決平 24.11.6・百選Ⅰ 81 事件	170
	共犯関係の解消（着手前の離脱）		195
	順次共謀	最大判昭 33.5.28・百選Ⅰ 75 事件	160
	予備罪の共犯・中止犯	甲の離脱を認めるとの結論を採った場合に問題となる（出題趣旨参照）。	145 205
	強盗罪の「脅迫」該当性	現場思考	——
	キャッシュカードの暗証番号が財産上の利益に該当するか	東京高判平 21.11.16・百選Ⅱ 41 事件	464
H29	他人名義のクレジットカードの不正使用と詐欺罪の成否	最決平 16.2.9・百選Ⅱ 55 事件	496
	名義人の承諾がある場合の有印私文書偽造罪の成否		342
	名義人Aとの共同正犯（詐欺罪・有印私文書偽造罪・同行使罪）の成否	現場思考	——
	横領と背任の区別	不法な目的による委託信任関係の要保護性や既遂時期も問題となる（出題趣旨参照）。	511

年度	論点名	備考	該当頁
H29	正当防衛（過剰防衛）の成否（特に共同正犯における防衛行為の相当性について）	本問では、乙がAの顔面を殴打した時点でも甲に対する急迫不正の侵害が継続し、甲と乙の行為は、終始、同一の防衛の意思に基づく行為と認められるため、いわゆる量的過剰（最判平6.12.6・百選Ⅰ98事件）は問題となっていない（出題趣旨参照）。	——
	違法性阻却事由の錯誤（過剰性を基礎付ける事実の不認識）	共同正犯における防衛行為の相当性について、共同正犯者全員の行為を対象として判断し、甲と乙の一連の行為が防衛行為の相当性の範囲を逸脱したと認めた場合に問題となる（出題趣旨参照）。	107
	死者の占有（窃盗の故意と関連して）	最判昭41.4.8・百選Ⅱ29事件	452
	窃盗罪における不法領得の意思		454
	共犯の錯誤（異なる構成要件間の錯誤）		192
H30	名誉毀損罪の成否（特に伝播性の理論）	最判昭34.5.7・百選Ⅱ19事件	431 432
	不真正不作為犯（実行行為性）		10
	不真正不作為犯の実行の着手時期		26
	保護責任者遺棄罪の成立要件		417
	不作為の殺人と保護責任者遺棄致死の異同		420
	不能犯と未遂犯の区別基準	客体の不能が問題となる（出題趣旨参照）。	138
	具体的事実の錯誤（客体の錯誤）		44
R元	窃盗罪と詐欺罪の区別（処分行為の有無）		486
	窃盗罪の構成要件該当性（特にキャッシュカード・メモ紙の財物性）	最判昭25.8.9	445
	事後強盗罪の構造（身分犯説・結合犯説）		468

年度	論点名	備考	該当頁
R元	65条1項・2項の解釈		200
	承継的共犯の成否		170
	防衛行為の結果が第三者に生じた場合		89
	具体的事実の錯誤（方法の錯誤）		44
	正当防衛	現場思考	——
	緊急避難	現場思考	——
	誤想防衛の成否	大阪高判平14.9.4・百選Ⅰ28事件	97
R2	恐喝的手段と詐欺的手段が併用された場合	最判昭24.2.8	517
	1項恐喝罪か2項恐喝罪か（銀行口座に送金させた場合）		516
	権利行使と恐喝	最判昭30.10.14・百選Ⅱ60事件	515
	実行行為性（実行の着手）	現場思考	——
	相当因果関係における相当性の判断資料		32
	故意（因果関係の錯誤）	第1行為によって死亡結果を惹起する認識・予見がないという説明もあり得る（出題趣旨参照）。	50
	1項詐欺罪の成否（犯罪被害金であることを秘した払戻行為は欺罔行為に当たるか）		483
	横領行為の客体	現場思考 ・甲が現実に600万円をCに交付した行為を「横領」と捉える場合、客体は甲が所持している現金となる ・甲が払戻しを受ける行為を「横領」と捉える場合、客体は口座に預金として預け入れられた金員となる	——
	早すぎた構成要件の実現	クロロホルム事件（最決平16.3.22・百選Ⅰ64事件）	52
	2項強盗殺人罪の成否	現場思考	——
	事後的奪取意思		462

【予備試験】

年度	論点名	備考	該当頁
H23	嘱託殺人罪（202 後段）の成否		394
	遅すぎた構成要件の実現	第二行為に関しては抽象的事実の錯誤、第一行為に関しては因果関係の錯誤が問題となる（出題趣旨参照）。	46 50
	証拠隠滅罪（104）の成否（特に「他人の刑事事件に関する証拠」）		281
	親族による犯罪に関する特例（105）		285
H24	被害者の承諾	最決昭 55.11.13・百選Ⅰ22 事件	66
	具体的事実の錯誤（方法の錯誤）		44
	共謀の意義	現場思考	——
	共犯関係の解消（着手前の離脱）		195
	傷害罪の「人」の意義		396
H25	振り込め詐欺		500
	共謀の射程	なお、詐欺罪の共謀共同正犯を否定した場合には、詐欺罪の幇助犯の成否が問題となる。	164
	不能犯と未遂犯の区別（窃盗未遂罪の成否）		138
H26	詐欺罪と窃盗罪の区別（占有移転の有無）	現場思考	——
	財物の占有を確保した後の暴行・脅迫	最決昭 61.11.18・百選Ⅱ40 事件	464
	2 項強盗殺人未遂罪の成否		472
	正当防衛の成否（特に防衛の意思と攻撃の意思が併存している場合）	最判昭 50.11.28・百選Ⅰ24 事件	76
	盗品等保管罪の成否（保管途中の知情）	最決昭 50.6.12・百選Ⅱ76 事件	530

年度	論点名	備考	該当頁
H26	盗品等の横領		526
H27	業務上横領罪の成否		527
	共謀共同正犯の成否		162
	共犯と身分（業務上横領罪と65条の関係）	最判昭 32.11.19・百選Ⅰ92事件	203
	受託収賄罪の成否		383
	贈賄罪の成否		387
	身分なき故意ある道具		17
H28	現住建造物等放火罪の成否（現住性、建造物の一体性、「焼損」の意義）	最決平 9.10.21・百選Ⅱ84事件	293 294 295
	抽象的事実の錯誤		46
	中止犯の成否		132
	共犯と中止（中止犯が成立する場合に他の共犯へ及ぼす影響）		197
H29	実行の着手（離隔犯）		27
	不能犯と未遂犯の区別		138
	間接正犯の成否		15
	因果関係	被害者の特殊事情が行為時に存在し、第三者の過失行為も介在する場合	32 33
	証拠偽造罪（104）の成否（特に「他人の刑事事件に関する証拠」）		281
	虚偽診断書作成罪（160）・虚偽診断書行使罪（161Ⅰ）		342 343
	犯人隠避罪（103）		278
H30	預金の占有		519
	2項強盗罪の成否		464
	共謀の射程	現金10万円に対する強盗罪について、共謀の射程が及ぶと解した場合には、甲の共犯関係の解消が問題となる。	164

年度	論点名	備考	該当頁
R元	代理名義の冒用		339
	横領罪と背任罪の区別		511
	横領罪における占有の有無		518
	横領罪の既遂時期		520
	遅すぎた構成要件の実現	第二行為に関しては抽象的事実の錯誤、第一行為に関しては因果関係の錯誤が問題となる（出題趣旨参照）。	50
R2	有印私文書偽造罪・同行使罪の成否		340
	2項詐欺罪の成否		483
	誤想防衛・誤想過剰防衛の処理		107
	量的過剰	最決平20.6.25・百選Ⅰ27事件	75

CONTENTS

本書の効果的利用法

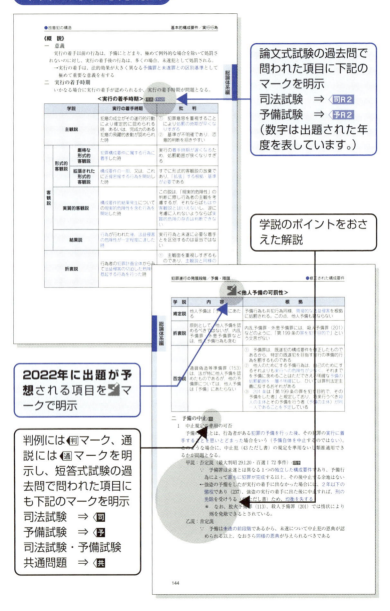

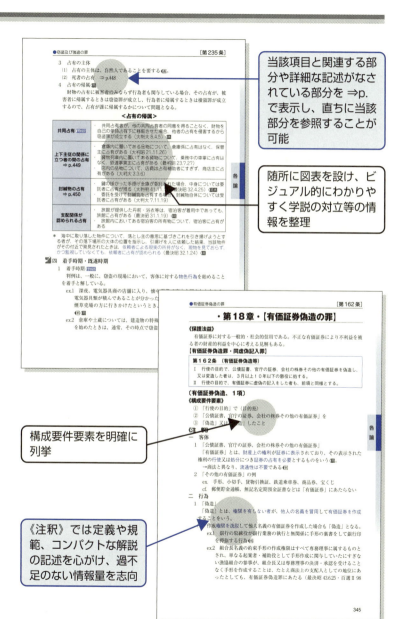

※ なお、本書における条文番号の横に記載されている見出し部分については、学習の便宜のため、弊社が付したものがあります。

● 最新判例インターネットフォロー ●

本書の発刊後にも、短答式試験で出題されるような重要な判例が出されることがあります。

そこで、完全整理択一六法を購入し、アンケートにお答えいただいた方に、ウェブ上で最新判例情報を随時提供させていただきます。

・IDは〈WINSHIHOU〉、
　パスワードは〈kantaku〉
　となります。

※画面イメージ

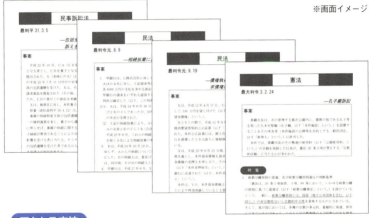

アクセス方法

ＬＥＣ司法試験サイトにアクセス
(https://www.lec-jp.com/shihou/)
↓
ページ最下部の「書籍特典 購入者登録フォーム」へアクセス
(https://www.lec-jp.com/shihou/book/member/)
↓
「完全整理択一六法 書籍特典応募フォーム」にアクセスし、上記ID・パスワードを入力
↓
アンケートページにてアンケートに回答
↓
登録いただいたメールアドレスに最新判例情報ページへの
案内メールを送付いたします

完全整理　択一六法

総　論

体系編

第1部　体系編

・第1章・【犯罪論総論】

1　犯罪論の体系

《概　説》

一　犯罪論

　　各犯罪類型に共通する犯罪の一般成立要件を体系化し、何が刑罰を科するに値する行為であるかを明らかにするための理論の総体をいう。

二　犯罪の成立要件

1　構成要件該当性　⇒ p.8

2　違法性　⇒ p.53

3　責任　⇒ p.91

2　構成要件

《概　説》

一　構成要件の意義

　　構成要件とは、刑罰法規に定められた犯罪の類型をいう。

二　客観的構成要件要素

1　行為の主体

(1)　身分犯

　　　構成要件上、行為者に一定の身分があることが必要とされている犯罪をいう。

＜身分犯＞

	意義	具体例
真正身分犯	身分があることによって犯罪を構成する場合	収賄罪（197）、背任罪（247）
不真正身分犯	身分があることによって法定刑が加重・減軽される場合	保護責任者遺棄罪（218）、常習賭博罪（186）

(2)　法人の犯罪能力　⇒ p.5

(3)　両罰規定における法人処罰の根拠　⇒ p.6

2　行為の客体

(1)　行為の客体とは、行為が向けられる対象としての人又は物をいう。

　　　なお、名誉毀損罪（230 I）、信用毀損罪（233 前段）、業務妨害罪（233

後段、234）など、刑法各則に規定された行為の客体には法人を含むものがある（注）。

(2) 行為の客体と当該刑罰法規における保護の客体（法益）とは必ずしも一致しない。

ex. 公務執行妨害罪（95 Ⅰ）における行為の客体は公務員であるが、保護の客体は公務自体である

3 行為の状況

構成要件に定められている行為が成立するための一定の状況をいう。

ex. 消火妨害罪（114）の「火災の際に」

4 行為

構成要件に規定されている行為、すなわち、構成要件的行為をいう。

5 結果

構成要件は、通常、一定の結果の発生を構成要件要素として規定している。この発生すべき一定の結果を構成要件的結果という。

(1) 分類

＜挙動犯・結果犯＞

	意義	具体例
挙動犯	構成要件的行為としての人の外部的態度があれば足り、結果の発生を必要としない犯罪	住居侵入罪（130 前段） 偽証罪（169）
結果犯	構成要件的行為のみならず、一定の結果の発生が必要とされる犯罪	殺人罪（199）、窃盗罪（235）等の大部分の犯罪

＜形式犯・実質犯、侵害犯・危険犯＞

形式犯	一定の法規に形式的に違反しただけで成立し、法益侵害の抽象的危険の発生さえも必要としない犯罪 ex. 食品衛生法における不衛生食品貯蔵・陳列罪		
実質犯	一定の法益の侵害又は危険を内容とする犯罪	侵害犯	法益が現実に侵害されることを必要とする犯罪 ex. 殺人罪（199）、窃盗罪（235）
		危険犯 単に法益侵害の危険の存在だけで足りる犯罪	抽象的危険犯 ：一般的定型的に危険な行為そのものが処罰されている犯罪 ex. 現住建造物放火罪（108）、名誉毀損罪（230 Ⅰ）
			具体的危険犯 ：法益侵害の具体的・現実的危険の発生を要件とする犯罪 ex. 自己所有非現住建造物放火罪（109 Ⅱ）、往来危険罪（125）

3

＜即成犯・状態犯・継続犯＞

	意義	具体例
即成犯	一定の法益侵害又は危険の発生によって、犯罪は直ちに完成し、かつ終了するもの	殺人罪（199）放火罪（108）
状態犯	一定の法益侵害の発生によって犯罪は終了し、その後の法益侵害状態の存続は犯罪事実とみなされないもの	窃盗罪（235）横領罪（252）
継続犯	一定の法益侵害が継続している間、犯罪の継続が認められるもの→犯罪の継続中は、共犯の成立、正当防衛（36）が可能	逮捕監禁罪（220）保護責任者不保護罪（218）

(2) 結果的加重犯 ⇒ p.7

　基本となる構成要件が実現された後に、さらに一定の結果が発生した場合について、加重処罰するものをいう。

　ex. 傷害致死罪（205）、保護責任者遺棄致死傷罪（219）

6 因果関係

　結果犯では、行為と結果との間の因果関係が構成要件要素となる。

三 主観的構成要件要素

1 一般的主観的要素

(1) 故意 ⇒ p.37

　犯罪（構成要件）事実を認識・表象することをいう。

(2) 過失 ⇒ p.112

　不注意によって、犯罪（構成要件）事実の認識・表象を欠くことをいう。

2 特殊的主観的要素（要否につき争いあり） ⇒ p.53

(1) 目的犯における「目的」

　　ex. 偽造罪における「行使の目的」（148）、営利目的等拐取罪における「営利の目的」（225）

(2) 傾向犯における「主観的傾向」

　＊ 傾向犯とは、行為者の心情又は内心の傾向を構成要件要素とする犯罪をいう。

(3) 表現犯における「心理的過程」

　　ex. 偽証罪（169）

　＊ 表現犯とは、行為の要素として、行為者の心理的経過又は内心状態の表現を必要とする犯罪をいう。

●犯罪論総論　　　　　　　　　　　　　　　　　　　　　　　　　　　　　　構成要件

四　記述的構成要件要素と規範的構成要件要素

＜記述的構成要件要素・規範的構成要件要素＞

	意義	具体例
記述的構成要件要素	構成要件要素の存否の認定について、価値判断を入れずに裁判官の解釈ないし認識的活動によって確定できるもの	「人を殺した者」（199）という場合における「人」及び「殺」すという行為
規範的構成要件要素	構成要件要素の存否の認定について、裁判官の規範的・評価的な価値判断を要するもの	(1) 法的評価による判断を必要とするものex.「他人の財物」（235） (2) 認識上の評価を必要とするものex.「人を欺」く（246Ⅰ） (3) 文化的評価による判断を必要とするものex.「わいせつ」（174～176）

《論　点》

一　法人の犯罪能力

　刑法典は、行為の主体として自然人である個人を前提にしてきたが[共]、法人（企業）自体の責任を問うことができないか、その前提として法人の犯罪（行為）能力が問題となる。

＜法人の犯罪能力＞

学説	犯罪能力否定説	犯罪能力肯定説
根拠	① 法人は意思及び肉体を有しない擬制的存在であるから、刑法的評価の対象となるべき行為能力がない	① 法人も機関の意思に基づいて機関として行動するから行為能力を有する
	② 責任は行為者人格に対する非難であるから、倫理的実践の主体でない法人は責任を負担する能力がない	② 法人の意思に基づく行為が認められる以上は法人を非難することも可能である
	③ 自由刑を中心とする現行の刑罰制度は法人の処罰に適合しない	③ 法人に適した財産刑が存在している他、現在行政処分となっている法人の解散・営業停止などの制裁を加えることによって、法人の違法行為の責任を追及しそれを防止するのに有効な刑罰を設けることが可能である

総論体系編

5

学説	犯罪能力否定説	犯罪能力肯定説
根拠	④ 法人の機関を担当する自然人を処罰すれば足りる	④ 法人においては、機関の意思は集団的に決定されて、その結果は法人に帰属するのであるから、もし、個人としての行為者だけが処罰されるのであれば、個人を犠牲にしながら法人は何らの痛痒も感じないことになり、法人自体の違法行為を抑止できない

二 両罰規定の根拠

両罰規定とは、従業者の違反行為につき当該従業者（行為者）本人を処罰するとともに、その業務主である法人・自然人をも併せ処罰する規定である。このような両罰規定に基づく法人処罰はどのような根拠に基づくのであろうか。刑法は個人責任の原則を採用しており、他人の行為に対する責任を負わせるのは責任主義（⇒ p.91）に反することから問題となる。

＜両罰規定の根拠＞〈共〉

学説	無過失責任説	過失責任説		
内容	行政取締目的から、従業員の責任が無過失的に法人に転嫁されるとする	事業主の従業員に対する選任監督上の過失を根拠とする		
		過失擬制説	過失推定説 ◀判	純過失説
		事業主は過失の不存在を立証しても免責されない	事業主は過失の不存在を立証してはじめて免責される	事業主は過失の存在が立証されてはじめて処罰される
批判	故意又は過失がない限り処罰されないという責任主義に反する	実質上、無過失責任説と変わりがない	過失の不存在の立証責任を被告人側に負わせるというものであるならば、過失が積極的に認められなくても被告人が処罰されることになり責任主義に反する	選任監督過失の立証困難性からして行政刑法における取締目的という合目的性を無視することになる
コメント	法人の犯罪能力を否定し、両罰規定は受刑能力を肯定するものとする見解から主張される	法人の犯罪能力を肯定する見解になじむ		

●犯罪論総論　　　　　　　　　　　　　　　　　　　　　　　　構成要件

▼　**最大判昭 32.11.27**

　　事業主が人である場合の両罰規定は、従業者の選任・監督その他違反行為防止について事業主が必要な注意を尽くさなかった過失の存在を推定したものであり、事業主が注意を尽くしたことを証明しない限り刑責を免れない。

▼　**最判昭 40.3.26・百選Ⅰ3事件**

　　上記最大判昭 32.11.27 の法意は、事業主が法人で、行為者がその代表者でない従業者である場合にも、当然推及されるべきである。

＊　事業主を処罰するためには、現実に行為者を処罰しなければならないものではなく、従業者を処罰しないで、事業主だけを処罰しても差し支えないとするのが判例である（大判昭 15.9.26、最決昭 31.12.22）。また、従業者が既に死亡していたとしても、事業主を処罰できるとする判例（大判昭 17.8.5）もある〈共〉。

＊　従業者の違反行為につき、当該従業者本人を処罰する他、その業務主たる法人・自然人及びその法人の代表者・中間管理職をも処罰する規定を三罰規定という。

　　三罰規定があるときは、法人の代表者も処罰される場合がある〈共〉。

三　**結果的加重犯の構造**

　　Ｘが、Ａに傷害を負わせる意図で暴行を加えたところＡが死亡した。この場合、Ｘに傷害致死罪（205）が成立するには、加重結果（Ａの死亡）について過失が必要か、責任主義と関連して問題となる。

　甲説：基本犯たる傷害罪（204）と加重結果（Ａの死亡）との間に因果関係が必要であり、かつそれで足りる（過失不要説）（最判昭 32.2.26・百選Ⅰ 50 事件）〈予〉

　　　∵①　基本犯について故意が認められる以上は責任主義の要請はみたされており、あとは因果関係の問題にすぎない

　　　　②　因果関係について条件説に立てば、処罰範囲が拡大するおそれがあるが、相当因果関係説によれば処罰範囲の限定は十分である

　乙説：基本犯たる傷害罪と加重結果（Ａの死亡）との間の相当因果関係とともに、重い結果の発生につき行為者（Ｘ）の過失が必要である（過失必要説）〈予〉

　　　→結果的加重犯は基本犯（故意犯）と加重結果についての過失犯の複合形態

　　　∵　結果的加重犯は基本犯と重い結果の結合した特殊な犯罪類型であるから、基本犯の関係で責任主義がみたされただけでは足りず、責任主義の徹底の見地からは、加重結果との関係でも主観的責任が必要である

7

基本的構成要件／実行行為　　　　　　　　　　　　　　　　　　**●故意犯の構造**

▼　**最判昭 32.2.26・百選Ⅰ 50 事件**

　　傷害致死罪の成立に、暴行と傷害致死の結果との間に因果関係が存在することは必要であるが、被告人において致死の結果を予め認識、予見する可能性は必要でない。

・第2章・【故意犯の構造】

1　基本的構成要件

1－1　実行行為

1－1－1　実行行為総説

《概　説》

一　行為論

　1　行為の意義

　　犯罪はまず人の「行為」でなければならないという点で、「行為」は犯罪概念の基底としての意義を有する。

　2　行為概念の機能

　　(1)　基本要素としての機能

　　　あらゆる犯罪の共通基盤が行為であることをいう。

　　(2)　限界要素としての機能

　　　「行為でなければ犯罪でない」とすることによって、人の単なる反射運動や、内心の意思・思想などを、初めから犯罪概念の外に置くという機能をいう。

　　(3)　結合要素としての機能

　　　犯罪体系の各段階（構成要件、違法、責任）を相互に結合する機能をいう。

二　実行行為

　1　意義

　　基本的構成要件に該当する行為をいう。

　2　機能

　　(1)　構成要件の類型化

　　　刑法上保護すべき法益が侵害された場合であっても、処罰の範囲を明確にする必要から、特定の侵害態様に限って処罰する。

　　(2)　未遂犯の限界　⇒ p.24、128

　　　実行の着手（実行行為の開始）が認められれば、未遂犯として処罰が可能となる（43 本文）。

(3) 正犯性の基準

実行行為を行う者が正犯で、実行行為を行わない者が共犯であるとする見解からは、正犯と認められるためには実行行為を分担しなければならない。

＊ 最近では、実行行為について独立した意味を否定する学説も有力に主張されている。

∵① 未遂論においては、未遂犯を「既遂の結果を生じさせる危険」を要件とする結果犯とする理解が台頭し、このような理解によれば、未遂の成立は必ずしも実行行為の時点で肯定されないことになる

② 共犯論においては、実行行為を分担しない共謀共同正犯を認めるのが一般となっている

1－1－2 不作為犯

《概 説》

一 不作為犯の意義

不作為によって犯罪を実現する場合である。

1 真正不作為犯

構成要件自体が不作為の形式を採用するものをいう。

ex. 保護責任者不保護罪（218 後段）、不退去罪（130 後段）

2 不真正不作為犯

作為の形式で規定された通常の構成要件が不作為によって実現される場合をいう。

ex. 母親が殺意をもって嬰児に授乳せず餓死させた場合に、殺人罪（199）を成立させる場合

二 不真正不作為犯と罪刑法定主義 ⇒ p.214

1 類推解釈の禁止との関係

不真正不作為犯は、法文の上では作為による実行行為を予定しているかにみえる刑罰法規が不作為に適用される場合である。そのため、刑罰法規の予定していない行為を処罰する類推解釈であり、罪刑法定主義の原則に反するのではないかが問題となる。

→作為犯処罰を原則とする刑罰法規であっても、禁止規範ばかりでなく命令規範をも含みうるので、罪刑法定主義に反しない

2 明確性の原則との関係

どのような不作為が処罰の対象とされているのか、条文上ある程度明確になっていないと罪刑法定主義違反となるおそれがある。

→解釈により不真正不作為犯の構成要件を可能な限り明確化することで、明確性の原則との抵触を回避する

基本的構成要件／実行行為　　　　　　　　　　　　　　　　　　●故意犯の構造

三　不真正不作為犯の成立要件 〈司H22 司H26 司H30〉

1　実行行為性

一般的に、①作為義務、②作為の可能性・容易性、③作為との構成要件的同価値性が要件として挙げられる。

(1) 作為義務

(a) 一般的に、ある犯罪的結果の発生する危険のある状態においてその発生を防止すべき特別の法的義務（作為義務）を有する者（保証人）の不作為のみが、不真正不作為犯の実行行為となりうるとされている（保証人説）〈司共〉。　⇒ p.12

(b) 作為義務の発生根拠

一般的に、①法令に基づく場合（ex. 親権者の子に対する監護義務（民820））、②契約・事務管理に基づく場合（ex. 看護契約を締結して、病人の看護を開始した者）、③慣習に基づく場合、④条理、特に先行行為に基づく場合、が挙げられる〈司共〉。

＊　作為義務の根拠を事実的要素に見出し判断の明確性を確保しようとするものとして先行行為説がある。これは、不作為者が自己の先行行為によって因果を設定することが必要とする見解であるが、これに対しては、多くの故意犯や過失犯をすべて故意の不作為犯に転換し得ることとなってしまうという批判がある〈司〉。

＊　作為義務を厳格に捉えるため、事実上の引き受け（ex. 病人を病院へ移送することを引き受ける）や支配領域性（ex. 自動車でひいた被害者を車内に入れて他人が救助の手を出せない状況に置く）を発生根拠の要件とする立場もある。

▼　最判昭 33.9.9・百選Ⅰ5事件 〈司〉

被告人は「自己の過失行為により右物件を燃焼させた者（また、残業職員）として……建物に燃え移らないようにこれを消火すべき義務」を負っている。この場合において、被告人が建物への延焼を認識・認容しながら必要かつ容易な延焼防止措置を採らずに立ち去った行為は、不作為による現住建造物等放火罪（108）の実行行為にあたる。この判例は、「既発の火力を利用する意思」が不要であることを明らかにしたものと解されている。

▼　最決平 17.7.4・百選Ⅰ6事件 〈予〉

事案：　被告人は、特殊な治療法を施す特別の能力を持つなどと謳って信奉者を集めていたところ、信奉者Ⅴが脳内出血で倒れて病院に入院し、Ⅴの息子Ｗから治療の依頼を受けたため、Ｗに指示を行い、依然として医療措置が必要な状態にあるⅤを病院からホテルに運び出させた。そして、被告人は、運び込まれたⅤの治療をＷから委ねられ、そのままではⅤが

死亡する危険があることを認識したが、必要な医療措置を受けさせないで約1日の間Vを放置し、死亡させた。

決旨： 被告人は、自己の責めに帰すべき事由により患者の生命に具体的な危険を生じさせた上、患者の親族から、重篤な患者に対する手当てを全面的に委ねられた立場にあった。その際、被告人は、患者の重篤な状態を認識していたから、直ちに生命維持に必要な医療措置を受けさせる義務を負っていたといえる。それにもかかわらず、未必的な殺意をもって、上記医療措置を受けさせないまま放置して患者を死亡させた被告人には、不作為による殺人罪（199）が成立し、殺意のない患者の親族との間では保護責任者遺棄致死罪の限度で共同正犯となる。

(2) 作為の可能性・容易性

(a) 作為義務が存在しても、刑法は一般人に対し不可能を強いるものではないから、事実上、結果の回避が可能でなければ、不作為の実行行為性は認められない。そこで、不作為犯の実行行為性の要件として、作為可能性が存在することが必要となる。〈判〉〈司共〉

> ex. 母親Aが河岸にいながら溺れている子Bを助けなかったような場合でも、Aが泳ぐことができず、事実上救助が不可能であるときは不作為犯は成立しない

(b) 不作為犯の成立には作為の容易性も必要である。

> ex. 飛び込んで助けることができる可能性はあっても自らも溺れる可能性もある場合には、作為の容易性はなく不作為犯は成立しない

(3) 作為との構成要件的同価値性

作為義務に違反する不作為が構成要件に該当する実行行為と認められるには、それが、法的に当該構成要件に該当する作為と同価値のものと評価されることを要する。

→不作為にも作為と同様にその犯罪を実現するについての現実的危険性が含まれていることが必要となる

2 **因果関係**〈司共〉〈司H22〉

「期待された行為がなされたならば、結果は生じなかったであろう」という関係が認められれば因果関係が認められる。

判例（最決平元.12.15・百選Ⅰ4事件）は、「被害者の女性が被告人らによって注射された覚せい剤により錯乱状態に陥った……時点において、直ちに被告人が救急医療を要請していれば十中八九救命が可能であった……。そうすると、同女の救命は合理的な疑いを超える程度に確実であったと認められるから、……刑法上の因果関係があると認めるのが相当である」と判断した。

* 「期待された行為がなされたならば」という仮定的判断が入り込むので、

因果関係の判断は曖昧とならざるを得ない。

3　主観的事情による限定

従来、曖昧な不作為犯の処罰範囲を行為者の主観的事情により限定することが試みられた。

ex.　放火罪（108～）における「既発の火力を利用する意思」

→現在では、「動機が悪質だから」という理由でかえって処罰が不当に拡大する危険が生じるとして、主観的事情による限定を否定する立場が有力である〈司共〉

《論　点》

◆　作為義務の錯誤

作為義務があるのにないと誤信して事態を放置した者に、不真正不作為犯としての刑責を問うことができるか。この点は、作為義務の体系的位置付けと関連して問題となる。

ex.　母親Xが溺れているAを発見したが、救助せずにAが溺死してしまった場合

①　XがAを自分の子ではないと思っていたとき

②　XがAを自分の子と認識していたが救助義務はないと思っていたとき

＜作為義務の体系的位置付けと作為義務の錯誤＞

学説	保証人説～統一説	区別説
内容	保証人的義務と保証人的地位とを区別せず、両者を一体として構成要件段階で考慮すべきである	保証人的義務と保証人的地位を生じさせる前提となる保証人的地位とを区別して、保証人的地位を構成要件要素、保証人的義務を違法要素と考えるべきである
根拠	①　両者は社会観念上一体として捉えられており、実際上両者を区別することは困難である ②　構成要件が本来もつ違法性推定機能を十分に認めることができる	元来、保証人的義務は個別具体的実質的判断を要するもので、これを構成要件のレベルで判断するのは、類型的形式的判断たる構成要件該当性になじむものではなく、構成要件に過当な重荷を負わせることになる
ex.①	事実の錯誤（＊）	事実の錯誤
ex.②		法律の錯誤
批判	不作為者が錯誤によって作為義務を認識していない場合には、すべて故意が阻却されることになりかねない	・不作為犯の中心が違法性論に置かれることになり、不作為犯を違法性の領域のみで論じた以前の立場と異ならないことになる ・作為義務を基礎付ける事実と作為義務そのものとを区別することは難しい

＊　規範的構成要件要素の錯誤として処理される。　⇒p.105

●故意犯の構造　　　　　　　　　　　　　　　　　　基本的構成要件／実行行為

<作為義務の錯誤の処理手順>

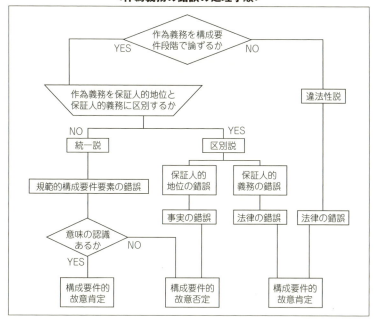

1-1-3　間接正犯
《概　説》
一　間接正犯論の意義
1　意義

　間接正犯とは、他人を道具として利用することによって犯罪を実現する場合をいう。

　ex.　医師が、殺意をもって有毒な薬物の入った注射器を情を知らない看護師に渡して、これを患者に注射することを命じ、結局患者を死亡させた場合

2　理論的根拠
(1)　沿革

　従来は、自ら構成要件該当行為を行う者のみを正犯と解する制限的正犯概念に立ち、かつ、極端従属性説を採用する立場から生ずる処罰の間隙を埋めるための補充概念として考えられていた。

*　極端従属性説とは、正犯者が構成要件に該当する行為を違法・有責に実行した場合にのみこれに対する教唆犯・従犯の成立を認める立場をいう。

(2)　正犯性からのアプローチ

しかし、現在では、共犯でないものは正犯であるという理由により間接正犯を肯定するという消極的発想には疑問が出され、正犯性についての積極的な理由付けが試みられている。

＜間接正犯論・正犯性からのアプローチ＞

学説	内容
道具理論	被利用者はピストルなどと同様、利用者の道具にすぎないから、利用者に正犯性を認めることができる
行為支配説	利用者は、被利用者の行為を支配して犯罪実現に主たる役割を演じた「支配者」であるので正犯性を認めることができる
実行行為説	間接正犯は直接正犯と同じように、構成要件実現の現実的危険性を有する行為を行っているがゆえに正犯となる →利用者の行為において、主観的には実行の意思、客観的には被利用者の行為を法益侵害に至らせる現実的な危険性が含まれている点に正犯性が認められる
規範的障害説	被利用者は規範的障害が欠如しているので、利用者に正犯性を認めることができる

３　自手犯

行為者自身の直接の実行が必要で、間接正犯の形態では犯すことができない犯罪類型をいう。

　　ex.　道交法の無免許運転罪

二　間接正犯の成立要件

①　故意の他に、他人を道具として利用しながらも特定の犯罪を自己の犯罪として実現する意思を有していること（主観的要件）

②　行為者が、被利用者の行為をあたかも道具のように一方的に利用・支配（一方的な利用・支配関係）し、構成要件を実現する危険性を生じさせること（客観的要件）

三　間接正犯の諸類型

● 故意犯の構造　　　　　　　　　　　　　　　　　　　基本的構成要件／実行行為

＜間接正犯の諸類型＞

刑法上行為といえないものを利用	行為でない他人の身体活動を利用する場合	反射運動、睡眠中の動作の利用
	是非弁別能力を欠く者を利用する場合	幼児や高度の精神病者の利用（＊1）
	意思を抑圧された者の利用	・手を押さえて文章に記入させた場合（物理的強制） ・Yが日頃逆らえば暴行を加えて自己の意のままに従わせていた12歳の養女Xに窃盗を命じ、これを行わせた場合（心理的強制） →Yに窃盗罪（235）の間接正犯が成立 判 共 ←制限従属性説を採ってもこの結論を導きうる
被利用者が一定の構成要件を欠く場合	その犯罪の故意を欠く者の利用 予H29	被利用者の無過失の行為を利用する場合
		・事情を知らない他人に毒入りウイスキーを届けさせて人を殺す場合 ・Yが、Aの管理する工事現場に保管されているA所有の機械を、Aに成り済まして、YがAであると誤信したXに売却し、XにA所有の機械を搬出させた場合 →Yに窃盗罪（235）の間接正犯が成立 共
		被利用者の過失行為を利用する場合 同
		医師Yが情を知らない看護師Xの不注意を利用して毒を注射させ、患者を殺す場合 →Yには殺人罪（199）の間接正犯が成立（Xには業務上過失致死罪（211Ⅰ）が成立）（＊2）
		他の犯罪の故意ある者を利用する場合
		Yが屏風の背後にいるAを殺す目的で、それを知らないXに屏風を撃つことを命じ、Aを死亡させた場合　⇒p.16
	その犯罪の故意のある者の利用	目的犯における目的のない者を利用する場合
		Yが行使の目的を隠して、Xに「教材」として偽札を作らせた場合 →Yには通貨偽造罪（148）の間接正犯が成立（＊3）
		身分なき故意ある道具の利用
		公務員Yが妻Xに賄賂を受け取らせた場合　⇒p.17
		故意ある幇助的道具の利用
		Yが覚せい剤販売者Aと直接顔を合わせたくないので第三者Xに頼んでAから覚せい剤を売ってもらう場合 →Xは直接正犯であり、Yは教唆犯であるとする立場が学説上有力である　⇒p.18
適法行為者の利用		YがAを騙してXに対して攻撃を加えさせ、それに対する正当防衛（36）を利用してXにAを殺させる場合　⇒p.18

総論体系編

15

被害者の行為の利用	Ｙは追死する意思がないのにもかかわらず、Ｘに追死するものと誤信させ自殺させた場合〈同〉（＊４）

＊１　単なる責任無能力者にすぎない場合、とりわけ刑事未成年者にすぎない者の利用については、一般に一方的な利用関係は認めにくいので、教唆犯（61Ⅰ）とすべき場合が多い。

　　なお、Ｘが、当時12歳10か月の長男Ｙに、甲から金品を奪うことを指示・命令した事案において、判例は、Ｙに是非弁別の能力があり、Ｘの指示命令はＹの意思を抑圧するに足る程度のものではなく、Ｙが自らの意思で臨機応変に犯行を完遂したことなどの事情をもとに、Ｘの強盗罪の間接正犯の成立を否定した。さらに、同判例は、Ｘが自ら犯行を計画し、Ｙに犯行方法を教示し、道具を与えるなどしたうえ、金品をすべて領得したことなどをもとに、Ｘについて、教唆犯ではなく共同正犯の成立を認めた（最決平13.10.25・平13重判4事件）〈司共〉。

＊２　被利用者Ｘは過失犯を犯している以上規範的障害があるので、Ｙに間接正犯は成立しないという立場もある。

＊３　あくまで正犯性を厳格に解し間接正犯を否定する立場は、Ｙを通貨偽造罪の教唆、Ｘを同罪の幇助とする（正犯なき共犯を肯定）。

＊４　被告人が、被害者をして、被告人の命令に応じて、車ごと海中に飛び込む以外の選択肢がない精神状態に陥らせて、車ごと海中へ飛び込ませるという自らを死亡させる現実的危険性の高い行為に及ばせた行為は、殺人罪（199）の実行行為にあたるとして殺人罪の成立を認めた（最決平16.1.20・百選Ⅰ73事件）〈司共〉。

《論　点》

一　他の犯罪の故意ある者の利用

　　利用者が実現しようとした構成要件について被利用者に故意がなく、それ以外の構成要件の故意がある場合、利用者に間接正犯が成立するか。被利用者には（他の犯罪の）故意があるため利用者にとっての道具とはいえないとも思えるので問題となる。

　　ex.　Ｙが屏風の背後にいるＡを殺す目的で、それを知らないＸに屏風を撃つことを命じ、Ａを死亡させた場合、Ｙに殺人罪（199）の間接正犯が成立するか

＜他の犯罪の故意ある者の利用＞

正犯性の根拠	行為支配説	実行行為説	規範的障害説	
間接正犯の成否	成立しうる	成立しうる	成立しうる	成立しない
根拠	利用者は被利用者の不知を利用して結果の実現を支配していたといえる	犯罪と知っている者を利用する場合でも直接正犯同様の高い結果発生の確率ある状態を作り出しうる（＊）	被利用者には他の犯罪の限度で規範的障害があるにすぎない	規範的障害が認められる
Ｙの罪責	殺人罪の間接正犯			殺人罪の教唆犯

●故意犯の構造　　　　　　　　　　　　　　　　　　　　　**基本的構成要件／実行行為**

* 　実行行為説に対しては、行為支配説の立場から、利用者の行為が結果を発生させる事実的可能性ないし結果にそのままつながっていく確率的蓋然性は、被利用者の故意ある犯罪を教唆したとき以上のものではありえず、行為の危険性を基準にする限り、利用者の正犯性を理由付けることはできないとの批判がある。

▼　**最決昭58.9.21・百選Ⅰ74事件**〈司共〉

　　日ごろから、暴行を加えて自己の意のままに従わせていた12歳の養女に窃盗を行わせた者は、自己の日ごろの言動に畏怖し意思を抑圧されている同女を利用して窃盗を行ったと認められるから、たとえ同女が是非善悪の判断能力を有するものであったとしても、窃盗罪（235）の間接正犯が成立する。

二　**身分なき故意ある道具の利用**〈予H27〉

　　身分犯において身分のない者の故意行為を身分者が利用した場合、利用者に間接正犯が成立するか。被利用者は事情を十分に知っており、間接正犯となりえないとも思えるので問題となる。

　　ex.　公務員Yが妻Xに賄賂を受け取らせた場合、Yに収賄罪（197〜）の間接正犯が成立するか（Xには「公務員」という身分が欠けている以上、Xの行為は収賄罪の構成要件に該当しない）

＜身分なき故意ある道具の利用＞

学説		甲説	乙説		丙説
結論	Y	収賄罪の間接正犯	一方的支配関係の場合	協力態様の場合	収賄罪の教唆犯
			収賄罪の間接正犯	収賄罪の共同正犯	
	X	収賄罪の従犯	収賄罪の従犯		収賄罪の従犯
根拠		身分犯における法規範は身分者に対してのみ向けられているのであるから、非身分者を利用する行為は規範的障害を欠く者の利用といえる	①　身分者が非身分者を一方的に支配する関係にある場合には間接正犯の成立を認めることが可能である ②　そうでない場合に、利用者に教唆犯の成立を認めるのは正犯なき共犯を認めることになるので、利用者・被利用者ともに共同正犯で処罰すべきである		被利用者は賄賂罪に関する事情を十分に知っている以上、「道具」とはいえない
コメント		甲説においては、65条1項の「共犯」に共同正犯は含まれないとする立場を出発点とする見解が多い	非身分者には実行行為を観念しえない以上、共同正犯の成立は認められない（65条1項の「共犯」に共同正犯は含まれないとする立場から）との批判がある		正犯なき共犯を認めることは妥当ではないとの批判がある

総論体系編

17

基本的構成要件／実行行為　　　　　　　　　　　　　　　　●故意犯の構造

三　故意ある幇助的道具の利用

　　利用者が実現しようとした構成要件について被利用者に故意があり、その被利用者は構成要件を実現する行為をしているが、自分のためにする意思（正犯意思）はなく、他人のためにする意思しかない場合、利用者に間接正犯が成立するか。被利用者には故意があることから、利用者の犯罪実現について規範的障害があり、利用者の道具とはいえないとも思えるため、問題となる。

　　ex.　商社の輸入担当者Ｘが部下Ｙに対し、禁制品を国内に輸入するよう命じた場合において、Ｙが専らＸのために禁制品を輸入したとき、Ｘに禁制品輸入罪の間接正犯が成立するか

＜故意ある幇助的道具の利用＞

学説		甲説（有力説）	乙説（裁判例）
結論	Ｘ	禁制品輸入罪の教唆犯	禁制品輸入罪の間接正犯
	Ｙ	禁制品輸入罪の直接正犯	禁制品輸入罪の幇助犯
根拠		被利用者に犯罪の故意があり、規範的障害が認められるから、間接正犯は成立しない	被利用者に共犯者の意思しかなく、規範的障害が弱いから、間接正犯は成立する

▼　横浜地川崎支判昭 51.11.25

　　ＸがＡから覚せい剤を受け取り、覚せい剤譲渡罪の故意をもってＢに覚せい剤を手渡した事案において、裁判所は、Ｘには正犯意思がなく、Ａの譲渡行為を幇助する意思しかなかったため、故意ある幇助的道具であるとし、覚せい剤譲渡罪の幇助犯になるとした。

四　適法行為者の利用

　　利用者が被利用者の適法行為を利用した場合、利用者に間接正犯が成立するか。

　　ex.　ＹがＡを騙してＸに対して攻撃を加えさせ、それに対する正当防衛（36）を利用してＸにＡを殺させる場合、Ｙに殺人罪（199）の間接正犯が成立するか

＜適法行為者の利用＞

学説	甲説	乙説	丙説
結論	Ｙ：殺人罪の間接正犯	Ｙには殺人罪の間接正犯・殺人罪の教唆犯いずれも成立しない	Ｙ：殺人罪の教唆犯

18

●故意犯の構造　　　　　　　　　　　　　　　　　　　　　基本的構成要件／実行行為

学説	甲説	乙説	丙説
根拠	正当防衛行為をする者は規範に直面しえないのであるから利用者の道具といえる	① 被利用者の正当防衛行為を利用して侵害する行為は、あまりに偶然に左右される側面が強い ② 利用者・被利用者間には意思疎通がないので教唆犯の成立は認められない	間接正犯不要説
共犯の違法の相対性の問題	間接正犯を認めるので共犯の違法の相対性の問題は生じない	教唆犯の成立を否定するので、共犯の違法の相対性の問題は生じない	正犯行為に正当防衛が成立するのに教唆犯の成立を認めるので、違法の相対性の問題が生じる

総論体系編

1−1−4　原因において自由な行為

第39条　（心神喪失及び心神耗弱）

Ⅰ　心神喪失者の行為は、罰しない。
Ⅱ　心神耗弱者の行為は、その刑を減軽する。

《概　説》

一　原因において自由な行為の意義

法益侵害行為（結果惹起行為）の時は責任能力がないが、無能力状態に陥ったこと（原因設定行為）につき行為者に責任がある場合を、特に「原因において自由な行為」という《共》。

ex.　人を殺害する意思で大量に飲酒して心神喪失状態に陥り、計画通りそのような状態で人を殺害した場合

二　問題の所在

1　原因において自由な行為の場合、39条1項を文字通り適用すれば、その行為は常に不可罰となる。しかし、このような場合を処罰せよという社会的要請も無視できない。

2　ところが、責任能力は行為の時に存在しなければならないとされているため（行為と責任の同時存在の原則《回》）、結果惹起行為に犯罪性を認めるとすれば、これに反するのではないかという疑問が生ずる。

他方、処罰される行為は明確に構成要件に該当するものでなければならない（罪刑法定主義）ため、原因設定行為を犯罪行為とするのは、これに反するのではないかという疑問が生じる。

3　そこで、これらの原則の要請をみたしつつ、原因において自由な行為の可罰性

19

を合理的に説明しようとする「原因において自由な行為の理論」が問題となる。

《論　点》

一　原因において自由な行為の理論構成〈B〉

原因において自由な行為は不可罰であるとする見解もあるが、多数の見解はその可罰性を肯定している。ただ、その理論構成については争いがある。

<原因において自由な行為の理論構成>

学説	間接正犯類似説	結果行為説	二元説
実行行為	原因行為	結果行為	原因行為 ：因果関係の起点としての実行行為 結果行為 ：未遂犯処罰の基礎としての実行行為
行為と責任の同時存在の原則にいう「行為」	原因行為（同時的コントロールの重視）	最終的意思決定に貫かれた一連の行為（事前のコントロールで足りる）	原因行為（因果始動のコントロールの重視）
実行の着手時期	原因行為の開始時	結果行為の開始時	結果行為の開始時
理論構成	①　自己の心神喪失状態における身体的動静を道具として利用する場合が原因において自由な行為である ②　原因行為に実行行為としての犯罪を実現させる現実的危険性があれば結果につき完全な責任を問いうる	①　責任能力は意思決定能力であり、行為をなすため意思決定する際に要求される ②　刑法上の行為は1個の意思の実現過程であり、行為の開始時における最終意思決定が結果発生に至る一連の行為の全体に貫かれている場合責任能力は最終的意思決定の時にあれば足りる	①　結果について責任を問うため原因行為に必要な危険性と、未遂犯成立に必要な実行の着手における危険性は異なる ②　原因行為と結果行為・結果との間に犯罪の成立要件である相当因果関係、故意・過失が認められれば、犯罪の成立を肯定できる
批判	①　原因行為に未遂処罰の可能性を認めるため、あまりに早い段階で未遂犯の成立を認めることになる ②　限定責任能力の場合にこの理論を適用しないのは、責任無能力に陥った場合と比較して不均衡である	①　最終的意思決定の時点が唯一の基準となることから、予備行為あるいはそれ以前の行為に遡る意思決定に対する非難を可能にする点で可罰性を拡大しすぎるおそれがある ②　責任能力が弁識能力だけでなく行動制御能力を含む点を見逃している	①　完全な責任を問う根拠は自由な意思決定に基づく行為を原因として結果行為が行われた点にあることを軽視している ②　予備の段階で責任能力があれば、完全な責任を認めることになるのではないか

●故意犯の構造　　　　　　　　　　　　　　　　　　　　基本的構成要件／実行行為

二　原因において自由な行為の適用範囲

　各学説の立場から、原因において自由な行為を適用して完全な責任を問いうるのは、いかなる場合だろうか。

1　間接正犯類似説

（1）故意犯の場合

　故意作為犯の場合は実行行為としての定型性を認めることが困難であるとされ、たとえば、泥酔中に人を殺すつもりで飲酒したところ飲み過ぎて眠ってしまった場合には、飲酒行為に殺人罪（199）の構成要件該当性は認められないとされる。これを肯定すると殺人未遂を認めることになるが、それは社会通念上無理であるというのが、その理由である（なお、間接正犯類似説に立ちつつ、このような限定を加えない見解も主張されている）。

　これに対しては、郵便局へ毒薬の入った小包を預ける行為が殺人罪の実行行為とされるのであれば、原因において自由な行為の場合のみ実行行為概念を厳格に解するのは妥当でないとの批判がある。

（2）過失犯の場合

　過失犯の場合は、原因行為に実行行為としての定型性を認めるのが比較的容易であり、たとえば、母親が乳房をあてがったまま睡眠したため乳児を窒息死させた場合には定型性が認められるとされる。

2　結果行為説

　原因行為時の最終的意思決定が、実行行為の時にまで残り当初の意思決定に担われたものといえる場合には、故意犯が成立する。

　責任無能力の状態で結果を発生させることのありうる、注意義務に違反した行為を行うことの意思決定が原因行為時にあれば、過失犯が成立する。

＊　近時、結果行為を実行行為であるとしつつ、同時的コントロールが存在する場合と事前のコントロールしか存在しない場合の責任非難の差異を埋め合わせるため、故意犯の成立には、①結果の惹起のみならず、②責任無能力状態の惹起に対する「二重の故意」を要するという見解も主張されている（二重の故意の理論）。

3　二元説

　原因行為と結果行為・結果との間に一般の犯罪成立要件が肯定できる場合に、故意犯・過失犯が成立する。

＊　二元説と同様に原因行為と結果行為・結果との関係に着目して犯罪の成否を論ずる見解は、その具体的成立要件については異なるものの、多く主張されている。

　　　→このような見解からは、原因において自由な行為の事例は2つの形態に分類されるのが一般となっている

基本的構成要件／実行行為　　　　　　　　　　　　　　　　　　　●故意犯の構造

▼　故意犯と原因において自由な行為（大阪地判昭 51.3.4・百選Ⅰ 38 事件）

保護観察中の特別遵守事項として、禁酒を命じられている被告人が、強盗目的でタクシー運転手に暴行・脅迫を加えた事案において、原因において自由な行為の理論を適用して、病的酩酊状態における心神喪失下での強盗未遂罪（243、236Ⅰ）は成立しないが、暴力行為等処罰法 1 条の示凶器暴力脅迫罪の成立を認めた。

→暴行罪の限度で、故意犯に原因において自由な行為の法理を認めた

▼　過失犯と原因において自由な行為（最大判昭 26.1.17・百選Ⅰ 37 事件）

飲酒による心神喪失状態で人を殺傷した事案について、多量に飲酒するときは病的酩酊状態に陥り、よって心神喪失状態において他人に犯罪の害悪を及ぼす危険ある素質を有する者は、平素から飲酒を抑止又は制限するなど前記危険の発生を未然に防止するよう注意する義務があるとして、過失致死罪（210）の成立を認めた。

→原因において自由な行為の理論を適用したものなのか争いがある

＜原因において自由な行為・不連続型と連続型＞

形態	内容	具体例	問題点
不連続型	原因行為時の意思と不連続的に結果行為の意思が生じる場合	飲酒しているうちに酩酊状態に陥り、いつもの性癖により傷害の故意が生じ、責任無能力状態で傷害した場合	・　原因行為から結果行為の意思が生じるかは偶然に左右されるため、相当因果関係が認められにくい ・　原因行為時に結果の予見が存在するとはいいにくい
連続型	意思が連続している場合	殺傷行為に当たり勇気付けのために酒を飲み計画通りの行為をして相手を殺傷したが、殺傷行為の時には責任無能力状態だった場合	完全な責任を問いうる場合が多い

三　心神耗弱の場合

たとえば、XがAを殺す意思で飲酒・酩酊し、Aを撲殺したが、XがAを撲殺した時点では、Xは心神耗弱状態（限定責任能力状態）にとどまり、心神喪失状態（責任無能力状態）には至っていなかった場合、Xは完全な責任を負うか。結果行為が心神耗弱状態で行われた場合にも、原因において自由な行為の理論により、Xに完全な責任を問いうるかが問題となる。

●故意犯の構造　　　　　　　　　　　　　　　　　　基本的構成要件／実行行為

＜原因において自由な行為・心神耗弱の場合＞

	間接正犯類似説		結果行為説	二元説
結論	否定	肯定	肯定	肯定
理由	心神耗弱者は翻意する可能性があるから単なる道具とみることはできない	心神耗弱状態を利用した場合、規範的にみて間接正犯における身分のない故意ある道具とほぼ並行的に理解できる	心神耗弱の場合も原因行為時の決意に基づいて結果行為が行われている以上、心神喪失の場合と同じ理由で完全な責任を問うことができる	原因行為と結果行為及び結果の間に相当因果関係があり、故意又は過失があれば結果行為時に限定責任能力であっても完全な責任を問いうる
		心神喪失に陥って犯罪を実現した場合には、原因において自由な行為の理論によって完全な責任を問えるのに、まだ心神喪失に至らない心神耗弱状態で犯罪を実現した場合には、実際上むしろ犯罪の実現される蓋然性が高いのに、39条2項によって刑が減軽されるという不均衡がおこる		

cf. 判例は、酒酔い運転の行為当時に飲酒酩酊により心神耗弱の状態にあったとしても、飲酒の際酒酔い運転の意思が認められる場合は、39条2項の適用はないとした（最決昭43.2.27・百選Ⅰ39事件）同共

四　実行行為の途中で責任無能力・限定責任能力となった場合

　　実行行為の開始時には責任能力を有していた行為者が、その後実行行為の途中で責任無能力・限定責任能力となった場合に、39条が適用されるかが問題となる。

　　ex.　Xは飲酒しながらAに対し暴行を加え始めた（暴行を開始した時点では完全責任能力状態であった）が、飲酒を続け継続的・断続的に暴行を重ねているうちに心神耗弱状態に陥り、その状態で加えられた暴行が主原因となってAが死亡した

　　　　→同様の事案につき、「同一の機会に同一の意思の発動に出たもので、実行行為は継続的あるいは断続的に行われたものである」として、39条2項の適用を否定した下級審裁判例がある

　　甲説：行為の一体性・一個性を問題とする説

　　　　∵　完全責任能力状態での実行行為と、責任無能力・限定責任能力時の行為が一体・一個のものとみることができれば、結果惹起行為時に責任能力があるといえる

　　乙説：因果関係の錯誤の問題とする説

　　　　∵　実行行為を開始した以上、完全責任能力状態での行為を決定的な行為とみるべきであり、因果関係の錯誤の問題となる

　　丙説：原因において自由な行為の問題とする説

　　　　∵　実行行為の本質的部分、すなわち、結果と直接の因果関係に立つ行

為が責任無能力・限定責任能力状態で行われたのであるから、原因において自由な行為の事例と同様に、原因行為の時点の責任能力が責任無能力・限定責任能力となった後に及ぶかが問題となる

* 原因において自由な行為の問題として対処する説の内部でも、具体的な処理は原因において自由な行為の各学説に応じて異なる。

＜実行行為の途中で責任無能力（限定責任能力）となった場合＞

学説	故意作為犯を認める間接正犯類似説	二重の故意の理論	結果行為説	二元説
主観的要件	故意（責任無能力状態になることの表象も当然に犯罪の故意に含まれる）（＊1）	結果の惹起についての故意、及び、責任無能力状態を惹起することの故意	責任無能力状態で違法行為を犯すことの意欲又は認容を伴った意思決定	構成要件該当事実の認識・予見としての故意
本論点の処理	責任無能力状態を惹起することを認識していることが必要	実行の着手時に責任能力があれば、責任無能力状態で違法行為を行うという意思決定は要求されない	法的侵害を生ぜしめうるとの認識があれば足り、責任無能力状態を惹起する意思は必要でない（＊2）
39条の適用	肯定		否定（実行着手時の最終的意思決定が変更された場合は肯定）	否定

＊1　間接正犯の「道具を利用する意思」と同様に必要になるとされる。
＊2　構成要件該当事実の認識・予見の内容として、責任無能力状態の惹起を要するとする見解もあるが、そのような見解からも、完全責任能力下で、法益侵害を生ぜしめうると行為者が考えるだけの行為が行われている場合は、責任無能力状態を惹起する意思は問題とならないとされる。
cf.　被告人は、犯行開始時において責任能力に問題はなかったが、犯行を開始した後にさらに自ら飲酒を継続したために、その実行行為の途中において複雑酩酊の状態となり心神耗弱の状態に陥ったにすぎないものであるから、刑法39条2項の適用はない（長崎地判平4.1.14・百選Ⅰ36事件）

1－1－5　実行の着手

第43条　（未遂減免）

犯罪の実行に着手してこれを遂げなかった者は、その刑を減軽することができる。ただし、自己の意思により犯罪を中止したときは、その刑を減軽し、又は免除する。

●故意犯の構造　　　　　　　　　　　　　　　　　　基本的構成要件／実行行為

《概　説》

一　意義

実行の着手以前の行為は、予備にとどまり、極めて例外的な場合を除いて処罰されないのに対し、実行の着手後の行為は、多くの場合、未遂犯として処罰される。

→実行の着手は、法的効果が大きく異なる予備罪と未遂罪との区別基準として極めて重要な意義を有する

二　実行の着手時期

いかなる場合に実行の着手が認められるか、実行の着手時期が問題となる。

＜実行の着手時期＞ 司共

学説		実行の着手時期	批　判
主観説		犯意の成立がその遂行的行動により確定的に認められる時、あるいは、完成力のある犯意の飛躍的表動が認められた時	①　犯罪意思を重視することにより処罰の時期が早くなりすぎる ②　基準が不明確であり、恣意的判断を招きやすい
客観説	形式的客観説　厳格な形式的客観説	犯罪構成要件に属する行為に着手した時	実行の着手時期が遅くなるため、処罰範囲が狭くなりすぎる
	形式的客観説　拡張された形式的客観説	構成要件の一部、又は、これに近接密接する行為を開始した時	すでに形式的客観説の放棄であり、「拡張」する根拠・基準が必要である
	実質的客観説	構成要件的結果発生についての現実的危険性を含む行為を開始した時	この説は、「現実的危険性」の判断に際し行為者の主観を考慮するが、それならばもはや客観説とはいえないし、逆に考慮に入れないようならば実質的危険の存否は判断できない
	結果説	行為が行われた後、法益侵害の危険性が一定程度に達した時	実行行為と未遂に必要な着手とを区別するのは妥当ではない
折衷説		行為者の犯罪計画全体からみて法益侵害の切迫した危険を惹起する行為を行った時	①　主観面を重視しすぎるものであり、主観説と同様の批判が妥当する ②　構成要件要素以外の要素を考慮することになってしまう 司

総論体系編

25

<実行の着手時期に関する判例の整理> 司共

具体例	着 手 時
窃盗罪 住居侵入窃盗（最決昭40.3.9・百選Ⅰ61事件）	物色行為開始時 司共 ex. ① たんすに近づいた時点 ② 現金レジスターのある煙草売場へ行こうとした時点
土蔵内での窃盗	侵入行為時
スリの場合	窃取しようとしてポケットの外側に手を触れた時（いわゆる「あたり」行為では足りない）
詐欺罪 保険金騙取目的の放火 判	保険金支払請求時
詐欺被害を回復するための協力名下での嘘（最判平30.3.22・百選Ⅰ63事件）	振り込め詐欺の被害者に対し、警察官を装い、捜査協力名下で現金を支払わせる計画の下、被害者に対して銀行から現金を払い戻すよう指示し、同現金の交付を受けるため自宅へ向かう旨を告げた時点
住居侵入強盗（強盗罪）	暴行・脅迫の開始時 司
昏酔強盗罪	相手方を昏酔させる行為の開始時 共
強制性交罪（改正前の強姦罪）（最決昭45.7.28・百選Ⅰ62事件）	被害者をダンプカーの運転席に引きずり込もうとした時 司
放火罪	① 木造平屋建家屋について、家屋の床面の大部分にまんべんなくガソリンをまいた時 ② 自然に発火し導火材料を経て目的物を燃やす装置を設置した時（大判昭3.2.17） 共 ③ 住宅焼損の目的で、住宅に近接する物置に放火し物置の一部を焼損した時→現住建造物放火罪の実行の着手あり（大判大12.11.12） 司

三 不作為犯の実行の着手時期 司H26 司H30

不作為犯の実行の着手時期は、結果を防止すべき法律上の作為義務を負う者が、その義務に違反して作為を行わず、構成要件的結果の現実的危険を惹起させた時である。また、結果発生の現実的危険がすでに発生しているときは、作為義務違反が生じた時に実行の着手が認められる。

四 間接正犯の実行の着手時期

他人を道具として利用して犯罪を実現する間接正犯の実行の着手時期については争いがある。

●故意犯の構造　　　　　　　　　　　　　　　　　　　　　　　　基本的構成要件／実行行為

＜間接正犯の実行の着手時期＞ 司 予H29

	実行の着手時期	理由	批判
利用者基準説	利用者が被利用者を犯罪に誘致する行為を開始した時点	① 実行の着手は実行行為の起点となるものであるところ、実行行為は正犯者、すなわち利用者にしか行うことができない ② 実行行為は実行の意思に基づくものでなければならないところ、間接正犯における実行の意思は利用者のみが有する	① 実行行為の概念を不当に拡大し、実行の着手を早く認めすぎる ② 利用者が被利用者を道具として利用する場合でも、必ずしも利用行為の開始が構成要件的結果発生の現実的危険性を惹起するわけではない ③ たとえば「物を盗んでこい」と言っただけで窃盗罪の未遂として処罰すべきでなく、窃盗未遂としての処罰に値するだけの実行行為の類型性と具体的な結果発生の危険が必要である ④ 実行の着手時期について、直接正犯では法益侵害の現実的危険性の惹起が要求されるのに対し、間接正犯では被利用者に対する誘致行為で足りるとするのでは早すぎて均衡を欠く 司
被利用者基準説	被利用者が実行行為を開始した時点（＊）	間接正犯において被利用者の行為そのものは、多くの場合被利用者の意思に基づくものであり、利用行為の終了により、直ちに犯罪実現の現実的危険性が顕著になったとはいえない	① （被利用者基準説に対して） 利用行為の開始をもって実行の着手とすべき場合もあるので、一律に被利用者の行為を基準とするのは不当である ② 間接正犯の被利用者には、刑法的意味における行為をなしえない者も含まれるが、そのような被利用者の身体的動静は行為でない以上、実行行為と認めることはできないはずである ③ 被利用者が道具としての行為を開始した時に実行の着手を認めると、実行の着手時期を他人の動作に依存させることになり不当である
個別化説	構成要件的結果発生に至る現実的危険性を惹起した時点（実質的客観説から）	実行の着手とは、結果発生の現実的危険を含む行為の開始をいうのだから、間接正犯の場合でも、一律に利用者又は被利用者いずれか一方の行為を基準とするのではなく、実質的見地から個別に解決すべきである	
	当該犯罪類型の未遂犯として処罰に値するだけの法益侵害の危険性が高まった時点（結果説から）	実行「行為」と実行の着手「時期」とは必ずしも同時である必要はなく、利用行為を処罰の対象たる実行行為としつつ、その着手時期は被利用者の行為を基準に決定することができる	

＊　判例は、被利用者基準説に立つとされている。すなわち、殺人目的で、毒物を混入した白砂糖を、郵便小包として送付した場合、被告人がこれを発送したときでなく、

総論体系編

被害者がこれを受領したときに殺人罪（199）の実行の着手が認められるとした（大判大7.11.16・百選Ⅰ65事件）〈司共〉。

＊ 現金を喝取する目的で、現金の交付を要求する脅迫状を郵送し、被喝取者が不在中、その家族が同脅迫状を受け取った場合、恐喝罪の実行の着手が認められる〈司共〉。

1－2　因果関係

1－2－1　因果関係総説

《概　説》

一　因果関係の意義

1　意義

　因果関係とは、実行行為と構成要件的結果との間にある一定の原因と結果との関係をいう。

2　因果関係が否定された場合

　たとえ結果が発生しても、因果関係が欠ければその結果をその行為に帰属させることができないから、未遂犯（43、44）の成否が問題となるのみである。
⇒ p.128

二　問題となる場面

　因果関係が問題となる犯罪類型は、結果犯・結果的加重犯・過失犯であり、結果が発生してはじめて因果関係の問題となる。

＊ 構成要件上、結果を必要としない挙動犯については問題とならない。

1－2－2　条件関係

《概　説》

一　意義

　条件関係とは、当該行為が存在しなければ当該結果が発生しなかったであろうという関係（「あれなければこれなし」という関係）をいう。

＊ 因果関係の内容として、条件関係が必要であることは争いない。

二　条件関係の判断方法

1　具体的に発生した結果について検討する。

　　ex.　飛行機の座席に毒針をしかけ殺害したが、5分後にその飛行機が別の原因で墜落し、乗員・乗客全員が即死した場合でも、毒針による死（墜落による死とは異なる）について検討する

　　　＊　毒針による殺害行為がなかったとしても、飛行機の墜落によって死んでいたともいえるが、死亡の結果を抽象的に考えずに、時刻、場所、形態などを含めて具体的に検討する。

2　条件関係（因果関係）の断絶〈司〉　cf. 因果関係の中断

●故意犯の構造   基本的構成要件／因果関係

同一の結果に向けられた先行条件が功を奏しないうちに、それと無関係な後行条件によって結果が発生した場合に、先行条件と結果との間に条件関係がないとすることをいう。

ex. XがAに致死量の毒を盛ったところ、毒が効き始める前にXと無関係のYがAを射殺した場合、Xの行為とA死亡との間の条件関係は否定される

三　問題点

1　仮定的因果経過

現にある行為から結果が発生しているが、仮にその行為がなかったとしても、別の事情から同じ結果を生じたであろうとみられる場合をいう。

ex. 死刑執行人Aが、殺人犯の死刑執行ボタンを押そうとした瞬間に、殺人犯に息子を殺された父親Xが、Aを突き飛ばして代わりにボタンを押した場合

2　択一的競合

競合したある結果を発生させた2個以上の各行為が、単独でもそれぞれその結果を生じさせえたと考えられる場合をいう。

ex. X・Yがそれぞれ独立に、Aのコーヒーに致死量の毒物を入れ、Aはそれを飲んで死亡したが、それぞれの毒に相乗効果はなかった場合

＊　重畳的因果関係

単独では結果を発生しえない行為が2つ以上重畳して結果を発生させた場合、いずれか一方の行為がなければ結果は発生しなかったのであるから、各行為につき条件関係が認められる。

ex. X・Yがそれぞれ独立に、Aのコーヒーに致死量に満たない毒物を入れたところ、双方の毒物が合わさって致死量に達し、それを飲んだAが死亡した場合

《論　点》

◆　仮定的因果経過・択一的競合の処理

仮定的因果経過・択一的競合の場合に、条件公式を文字通り適用すると、常に条件関係が否定され、常識に反する結論に至るのではないかが問題となる。

＜仮定的因果経過・択一的競合の処理＞

判断方法	内容	仮定的因果経過	択一的競合
条件公式を適用	行為がなかったら結果が発生しなかったか	否定 →行為がなくても別の原因で同じ結果が発生	否定 →いずれか一方の行為でも同じ結果が発生
条件公式を修正	結果を発生させる代替原因を考慮しないよう条件公式を修正	肯定 →別の原因を付け加えない	肯定 →双方の行為を取り除く

判断方法	内容	仮定的因果経過	択一的競合
条件公式の放棄 （合法則的条件説）	結果が行為から自然法則に従って発生したかを、個別具体的に判断	肯定	肯定 →１つの結果に２つの原因を認める
独自の意義を認める （論理的結合説・結果回避可能性説） （＊１）	行為がなくても結果が発生した場合結果は回避不能であり、行為に帰責できない（条件公式は物理的・実在的な関係の判断ではなく、刑事責任を限定する役割を有する）	肯定（＊２） →現実化しなかった行為のみに期待する行為を付け加える	否定
		否定（＊３） →行為者に期待する行為を付け加え、その他は全くの予測判断	否定

＊１　過失犯については、結果回避可能性がない場合に処罰を否定するのが一般であるが、本説は結果回避可能性を条件関係の問題であるとする。

＊２　行為者が法的期待を現実に破った場合はそれを前提とし、潜在的・仮定的な違法行為については、行為者に一定の行為を期待して、結果回避可能性を判断する。

＊３　行為者１人が法的期待を遵守したとして結果回避可能性を判断し、その際には他人の違法行為を含めて、ありうる事情が考慮される。

1－2－3　因果関係論

《概　説》

一　意義

因果関係論とは、刑法上、行為と結果の帰属関係の存否を議論することをいう。

→行為と結果との間の必然関係を問題とすることで刑罰に値する行為の存否を検討する客観的帰責の問題

二　条件説

条件関係があれば刑法上の因果関係を認める見解をいう。この点、判例は、基本的に条件説を採用しているとされてきた。

ex. 甲がVを殴打したところ、Vには重篤な心臓疾患があったため、その疾患と相まってVが死亡した場合、V自身が同疾患の存在を認識していないとしても、甲の殴打とVの死亡の結果との間の因果関係を肯定することはできる◁回

←条件関係は無限に近く広がっていってしまう可能性があるため、犯罪の成立範囲を限定する必要がある◁予

▼　最判昭46.6.17・百選Ⅰ8事件◁共予

被告人が被害者に布団で口を押さえ付ける等の暴行を加えたところ、被害者が心臓疾患を有していたため急性心臓死した事案において、たとえ被告人が行

為当時に被害者の心臓疾患という特殊事情のあることを知らず、また、致死の結果を予見することもできなかったとしても、その暴行がその特殊事情と相まって致死の結果を生ぜしめたものと認められるときには、暴行と致死結果との間に因果関係を認める余地がある。

三　因果関係の限定理論

1　因果関係の中断論

因果の過程で自然的事実や他人の行為が介入した場合に、そこで因果関係が中断されるとする理論をいう。現在では支持されていない。

ex.　XがAに傷害を負わせ、Aが病院に向かう途中でトラックにはねられて（落雷により）死亡した場合、条件関係は存在するが因果関係が中断される

2　遡及禁止論

故意にかつ有責に結果の惹起に向けられた条件に先行する条件は原因でないとする理論をいう。構成要件実現の最終的意思決定を行った有責な故意行為者が責任を負担すべきとする考え方に基づく。

＊　有責な故意行為を留保している行為者は、因果関係の認識を欠き、故意が否定されるとするという形で、いくつかの論点（予備行為から結果が発生した場合、早すぎた構成要件の実現、原因において自由な行為など）を遡及禁止論により解決しようとする見解が、近時主張されている。

四　相当因果関係説

一般人の社会生活上の経験に照らして、通常その行為からその結果が発生することが相当と認められる場合に、刑法上の因果関係を認める見解をいう。

→相当因果関係の判断は行為時を基準になされるが、基礎とする判断資料につき争いがある　⇒p.32

五　相当因果関係説の変容（行為後の事情の処理）

行為後に特殊な事情が介在する場合など、現に生じた異常な因果経過の事後的な評価は、行為時に立って結果発生が経験上通常かを判断する相当因果関係説では説明しきれない（「相当因果関係説の危機」）。

→そこで、相当性の内容につき新たな議論がなされ、また、客観的帰属論に移行すべきとの主張もなされるようになった　⇒p.36

＊　客観的帰属論とは、因果関係の問題と帰属の問題を区別し、前者は条件説によって判断し、後者は客観的帰属論によって考えようとする立場をいう。後者については、具体的には、行為者の行為が行為の客体に危険を創出し、その危険が具体的な結果に実現した（危険実現）場合にのみ、惹起された結果は行為に帰属されると考える。

基本的構成要件／因果関係　　　　　　　　　　　　　●故意犯の構造

《論　点》

一　相当因果関係説《司共予》《司R2　予H29》

　　相当因果関係説を採るとしても、相当性判断に際していかなる事情を基礎として相当性の判断をすべきか、相当因果関係説内部で争いがある。

＜相当性の判断基底に関する学説の整理①＞

学説	判断基底となる基礎事情	批判
主観説	① 行為者の認識した事情 ② 行為者の認識し得た事情	① 因果関係と責任の限界が不明確である ② 行為者が認識・予見し得なかった事情については、一般人が認識・予見し得た場合でも判断の基礎とすることができない点で狭きに失する
折衷説	① 行為者の認識した事情 ② 一般人の認識し得た事情	① 客観的であるべき因果関係の存否について、行為者の主観を判断の基礎に置くのは妥当でない ② 折衷説は行為時の事情を基礎とするから、行為後の偶然的な因果経過を除くのに適しない ③ 行為者の主観を考慮すると、共犯に典型的にあらわれるように、1個の犯罪現象でありながら、各関与者がその事実を認識していたか否かによって因果関係があったりなかったりするという不都合が生ずる
客観説	① 行為時に存在した全事情 ② 一般人が予見可能な行為後の事情	① 社会通念上偶然的結果というべきものについても広く因果関係を認めることになり、相当因果関係説の趣旨に反することになる ② 行為当時の事実と行為後の事実とを区別する理論的根拠を欠く

　　ex.　Ｘが、Ａと口論の末、その顔に軽い暴行を加えたところ、Ａはかねてから脳梅毒による高度の病的変化があったため、脳組織が破壊され、数日後に死亡した場合（最判昭25.3.31）《司》
　　　　＊　Ａの脳梅毒の事実についてのＸや一般人の認識・予見の有無・可能性によって、各学説から以下のように結論が分かれることになる。

●故意犯の構造　　　　　　　　　　　　　　　　　　　　　　　　基本的構成要件／因果関係

＜相当性の判断基底に関する学説の整理②＞

Aの脳梅毒の事実について		行為者（X）が認識・予見		
		していた場合	し得た場合	し得なかった場合
一般人が認識・予見	し得た場合	主観説：○ 折衷説：○ 客観説：○	主観説：○ 折衷説：○ 客観説：○	主観説：× 折衷説：○ 客観説：○
	し得なかった場合	主観説：○ 折衷説：○ 客観説：○	主観説：○ 折衷説：× 客観説：○	主観説：× 折衷説：× 客観説：○

（○：相当因果関係あり　×：相当因果関係なし）

二　行為後の介在事情の処理　司H22 司H26 予H29

1　広義の相当性と狭義の相当性

　　相当因果関係説内部での、折衷説と客観説の対立は、主として行為時に存在する事情にかかわるもので、行為後の事情（現に生じた因果経過）に関しての判断基準は明確にされておらず、また、相当性判断の方法も意識的に論じられていなかった。

　　そこで、相当性の判断は、広義の相当性と狭義の相当性の2つの判断によってなされるとする見解が有力となった。

＜広義の相当性と狭義の相当性＞

広義の相当性	行為の危険性	行為の結果に対する危険性の判断
狭義の相当性	危険の実現	行為の危険性が具体的な因果経過を通じて結果を実現したといえるかの危険の実現の判断

2　相当因果関係説の危機

　(1)　以下の一連の判例をきっかけとして、相当因果関係説の判断構造は不明確であり、実際的な判断の原理としての能力を有しないとの批判がなされるようになった（「相当因果関係説の危機」）。

＜因果関係に関する判例の整理＞

	判例	事案	判旨
第三者の行為が介在する場合	**米兵ひき逃げ事件** （最決昭42.10.24・百選Ⅰ9事件）	Xが自動車でYをはね、自動車の屋根にはね上げた状態で走行した後、助手席の同乗者Zが走行中にYを引きずり降ろし、Yが死亡した	同乗者が進行中の自動車の屋根の上から被害者を逆さまに引きずり降ろし、アスファルト舗装道路上に転落させるというがごときことは、経験上、普通、予想しうるところではなく……死の結果の発生することが、われわれの経験則上当然予想しえられるところであるとは到底いえない →明確に相当因果関係説の定式により因果関係を否定したが、結論・内容の理解につき学説が分かれた
	大阪南港事件 （最決平2.11.20・百選Ⅰ10事件）	XがYの頭部を殴打し意識を失わせ港の資材置き場に放置したところ、何者かがYの頭部を角材で殴打し翌日Yが死亡した	犯人の暴行により被害者の死因となった傷害が形成された場合には、仮にその後第三者により加えられた暴行によって死期が早められたとしても、犯人の暴行と被害者の死亡との間に因果関係を肯定することができる →「死因」という概念を用いた
	最決平16.10.19 ・平16重判2事件	Xが、大型トレーラーに乗車していたYに運転態度の謝罪をさせるため、自車及びトレーラーを高速道路上に停止させて、自車で立ち去った後に、Yが前方に止まっていた車に進路を開けるよう依頼した際、後続車がトレーラーに追突し、後続車の運転者及び同乗者が死亡した	車を停止させた過失行為は、それ自体において人身事故につながる重大な危険性を有しており、本件事故は過失行為の後、他人の行動等が介在して発生したものであるが、それらは過失行為及びこれと密接に関連してされた一連の暴行に誘発されたものであるから、事故により生じた死傷との間に因果関係がある
	最決平18.3.27 ・百選Ⅰ11事件	XがYを自動車後部のトランク内に押し込み、脱出を不能にして走行し、停車後、別の自動車の運転手が過失により、約60キロメートルで追突して、トランク内のYが間もなく死亡した	被害者の死亡原因が直接的には追突事故を起こした第三者の甚だしい過失行為にあるとしても、被告人がトランク内に被害者を監禁した行為と被害者の死亡との間の因果関係を肯定することができる

34

●故意犯の構造　　　　　　　　　　　　　　　　　　　　　　　基本的構成要件／因果関係

	判例	事案	判旨
被害者の行為が介在する場合	**柔道整復師事件** （最決昭 63.5.11） 〈予〉	医師の資格のない柔道復師Ｘが、Ｙから風邪の診察依頼を受けて、Ｙの熱を高め汗を流すこと等を指示したところ、Ｙがこれを忠実に守り脱水症状を起こし肺炎を併発して死亡した	Ｘの行為は、それ自体がＹの病状を悪化させ、ひいては死亡の結果も引き起こしかねない危険性を有していた……Ｙ側に医師の診察治療を受けることなく右指示に従った落ち度があったとしても、右指示とＹの死亡との間には因果関係がある →相当因果関係説の定式に代えて「行為の危険性」という概念を用いた
	夜間潜水事件 （最決平 4.12.17・百選Ⅰ 12 事件） 〈共〉	夜間潜水の指導中、指導者Ｘが不用意に受講生Ｙらを見失ったところ、浮上して待機するよう注意を受けていた指導補助者が、Ｙの空気タンクの残圧量が少ないのを確認したのに水中移動を指示し、従ったＹが空気を使い果たし溺死した	ＸがＹを見失った後の指導補助者及び被害者Ｙに適切を欠く行動があったことは否定できないが、それはＸの右行為から誘発されたものであって、Ｘの行為とＹの死亡との間に因果関係を肯定するに妨げない →「誘発」という概念を用いた
	最決平 15.7.16 ・百選Ⅰ 13 事件 〈司共予〉	ＸがＹに、深夜に公園及びマンションで長時間執拗な暴行を続けた後、隙を見て逃走したＹが高速道路に侵入し、疾走してきた自動車に追突され、後続の自動車にれき過されて死亡した	高速道路に侵入したことは、それ自体極めて危険な行為であるというほかないが、長時間激しくかつ執拗な暴行を受け、必死に逃走を図る過程で、とっさに選択したことからすれば、著しく不自然、不相当とはいえず、被害者が高速道路上で交通事故により死亡したことは被告人らの暴行に起因するものと評価することができるから、右暴行と死亡との間には因果関係がある
	最決平 16.2.17 ・平 16 重判 1 事件 〈共予〉	ＸがＹに暴行を加えて、多量の出血を来たす頸部血管損傷等の傷害を負わせた後、Ｙは緊急の手術を受けていったんは容態が安定したが、医師の指示に従わず安静に努めなかったため、治療の効果が減殺して、事件の 5 日後に、頭部循環障害による脳機能障害により死亡した	被告人の暴行による傷害はそれ自体死亡の結果をもたらしうる身体の損傷であって、仮に被害者が医師に指示に従わず安静に努めなかったため治療の効果が上がらなかったという事情が介在したとしても、右傷害と被害者の死亡との間には因果関係がある

総論体系編

35

	判例	事案	判旨
行為者自身の行為が介在する場合	**熊うち事件** （最決昭53.3.22・百選Ⅰ14事件） 〈予〉	甲はAを熊と誤信して猟銃を発射し瀕死の重傷を負わせたが、Aが苦悶しているため、同人を早く楽にさせたうえ逃走しようと決意し、さらに1発射し、Aを即死させた	明確な理論的立場の表明を避けつつ、結果として誤射行為と死との因果関係を否定した（業務上過失傷害罪（209Ⅰ）と殺人罪（199）の併合罪（45前段）とした）

(2) これに対して、学説上は行為後の事情を処理するための新たな判断基準が提唱されている。

甲説：折衷的相当因果関係説〈共〉

行為後の介在事情であっても、行為時に行為者及び一般人が認識し、又は認識し得た事情を基礎に判断する。しかし、因果経過に予見不可能な異常な事態が介入したとしても、因果関係を否定することが妥当でない場合があるとの批判がある。

乙説：危険の現実化の法理〈司共〉

① 危険の現実化の法理とは、行為の危険が結果に実現したといえる場合に刑法上の因果関係を認める考え方である。この考え方によれば、客観的に存在する全ての事情を基礎に、行為が有している危険が結果へと現実化したといえるかによって因果関係の存否を判断することになる。

② 判断基準

（i)実行行為の危険性の大小、(ii)介在事情の結果への寄与度を組み合わせて因果関係の有無を判断する。

→(ii)介在事情の結果への寄与度が小さく、(i)実行行為の有する危険性を上回るものでなければ、行為の危険が現実化したといえるため、因果関係が肯定される

→(ii)介在事情の結果への寄与度が大きく、(i)実行行為の有する危険性を上回る場合には因果関係は否定される。しかし、介在事情が実行行為により誘発されたものといえる場合等に、当該実行行為には介在事情を介して結果を発生させる危険性が含まれており、かかる危険性が結果に現実化したと評価できるから、因果関係が肯定される

1-3 故意

1-3-1 故意総説

第38条 (故意)
Ⅰ 罪を犯す意思がない行為は、罰しない。ただし、法律に特別の規定がある場合は、この限りでない。
Ⅱ 重い罪に当たるべき行為をしたのに、行為の時にその重い罪に当たることとなる事実を知らなかった者は、その重い罪によって処断することはできない。
Ⅲ 法律を知らなかったとしても、そのことによって、罪を犯す意思がなかったとすることはできない。ただし、情状により、その刑を減軽することができる。

《概 説》
一 意義
　故意（「罪を犯す意思」）とは、犯罪事実の認識をいう（広義）。
　1 故意処罰の原則
　　犯罪は、原則として故意によるものであることが必要である。
　　→過失犯処罰は例外（Ⅰただし書）
　2 故意の体系上の位置付け
　　故意は本来責任要素であるとされるが、構成要件要素として位置付ける学説が多い。そのうえで、故意を構成要件的故意と責任要素としての故意（責任故意 ⇒ p.97）とに分けて考える立場が根強く主張されている。

＜故意の体系上の位置付け＞

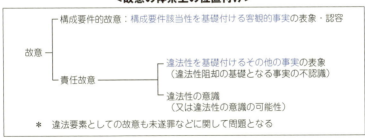

　＊　違法要素としての故意も未遂罪などに関して問題となる

二 故意の成立要件
　1 認識的要素
　　故意の成立には、構成要件該当事実（記述的要素と規範的要素）の認識（外形的事実の認識と意味の認識）が必要である。
　　cf. 事実の認識があれば意味の認識は不要であるとする見解もある
　　　＊　薬物犯罪と故意　⇒ p.40

(1) 記述的要素

記述的要素とは、構成要件要素の存否の認定について、価値判断を入れずに裁判官の解釈ないし認識的活動によって確定できる要素を指す。

具体的には、行為の主体、行為の客体、行為それ自体、行為の状況、結果、因果関係などが挙げられる。

(2) 規範的要素

規範的要素とは、構成要件要素の存否の認定について、裁判官の規範的・評価的な価値判断を要する構成要件要素を指す。

たとえば、物の他人性、文書性、わいせつ性などがある。

素人が一般に行いうる認識があれば足り、法的概念として認識する必要はないとするのが一般である《註》。

▼ 最大判昭 32.3.13・百選 I 47 事件〈回〉

わいせつ物頒布罪（175）のわいせつ性の認識について、問題となる記載の存在の認識とこれを頒布販売することの認識があれば足り、175 条所定のわいせつ性を具備するかどうかまでの認識は必要としないとした。

* これに対して学説は、一般の人が性的興味を抱くような意味内容の文書であるという認識を欠けば、故意は成立しないと批判している。

→「この写真は一般の人ならわいせつと思うだろうが、私は、芸術性が高いのでわいせつでないと思う」という場合はわいせつ性の認識があり、「この写真は個人的にはわいせつかもしれないと思うが、映倫が許可したのだからわいせつではないと思う」という場合は、わいせつ性の認識を欠く

▼ 最決平 18.2.27・平 18 重判 2 事件

乗車定員が大型自動車に該当する 11 人以上である自動車の座席の一部が取り外されて、現実に存する席が 10 人分以下となった場合でも、乗車定員の変更について自動車検査証の記入を受けていないときは、当該自動車は道路交通法上の大型自動車に当たるので、本件車両の席の状況を認識しながらこれを普通自動車免許で運転した被告人には、無免許運転の故意を認めることができる。

(3) 認識不要の場合

①主観的構成要件要素、②構成要件に属さない責任能力・客観的処罰条件、③結果的加重犯における重い結果は、認識の対象とならない。

(4) 認識の要否が問題となる場合

(a) 因果関係の認識

因果関係に錯誤が生じた場合の取扱いをめぐって、必要説と不要説が対立する。　⇒ p.50

●故意犯の構造　　　　　　　　　　　　　　　　　　　　基本的構成要件／故意

　　(b)　違法性阻却事由不存在の認識　　⇒ p.97
　2　意思的要素
　　　認識の内容を実現する意思（意思的要素）の要否については、故意の本質と
　関連して争いがある。　⇒ p.41
三　故意の種類
　1　確定故意と不確定故意

＜確定故意と不確定故意＞

```
┌ 確定故意 ──── 犯罪事実の認識（表象）が確定的な場合
│
└ 不確定故意 ──── 犯罪事実の認識（表象）が不確定な場合

        ┌── 概括的故意　犯罪事実の客体・個数が不確定な場合
        │            ex. 誰かが負傷することを表象し、群衆中に馬を乗り入れる
        │               場合
        │
        ├── 択一的故意　数個の客体のうちどれかに結果が発生することは確実だが、
        │            どれに発生するか不明な場合
        │            ex. 弾丸が、ＡＢのどちらかに命中するであろうという場合
        │
        └── 未必の故意　犯罪事実の実現そのものが不確定な場合
                     ex. 自分の投げた石が、Ａに当たるかもしれないが、それで
                        もいいという場合
```

　2　条件付故意
　　　条件付故意には、次の３つの類型があるとされる。
　(1)　未決心の状態の場合
　　　故意には犯罪行為をするという決意が必要とされるから、故意は否定される。
　　　ex.　武器をつかんだ際、射殺しようと欲したのか、単に脅そうと欲した
　　　　　のかが行為者に分からない場合
　(2)　行為決意が仮定的な事実状態にかかっている場合
　　　一般的に条件付故意として論じられているのがこの場合である。この場
　　合、行為者が行為を実行することについての考慮はすでに終了しており、た
　　だその実行が一定の条件にかからしめられているにすぎない。したがって、
　　故意の成立に欠けるところはない。
　　　ex.1　別居中の妻が自分のところに戻らないときは妻を殺そうと夫が決意
　　　　　した場合
　　　ex.2　謀議の内容において被告人の殺害行為が被害者の抵抗という事態の
　　　　　発生にかかっていたにせよ、実行行為の意思が確定的であったとき
　　　　　は、殺人の未必の故意を肯定することができる（最判昭 59.3.6）

39

基本的構成要件／故意 ●故意犯の構造

(3) 中止を留保した行為の場合

たとえある一定の場合にそれ以後の行為遂行を中止することを留保していたとしても、それは決意の存在に影響をもつものではない。したがって、この場合も故意の成立を肯定できる。

ex. 外国に紙幣を持ち出そうとする者が、時間通りに外貨許可証が届かないときのために、紙幣を自動車の中に縫い込んだ場合

《論 点》

一 薬物犯罪と故意

薬物事犯にかかわる取締法規の内容は高度に技術的・専門的で、構成要件も細分化されていることから、行為者の認識が、客体の名称や細部の性質に及ばないことが多い。そこで、故意の成立には薬物の属性につきどの程度の認識が必要となるかが問題となる。

1 覚せい剤を密輸入して所持した者が、その薬物が覚せい剤にあたるとの明確な認識を欠く事案につき、判例（最決平2.2.9・百選Ⅰ40事件）は、「覚せい剤であるかもしれないし、その他の身体に有害で違法な薬物かもしれないとの認識」があったとして、覚せい剤輸入罪・同所持罪の故意を肯定した〈司子〉。この判例によれば、覚せい剤が認識対象から除外されている場合（覚せい剤ではないが、身体に有害で違法な薬物かもしれないと認識していた場合）には、覚せい剤取締法違反の罪の故意を認めることはできないと解されている〈司〉。

このような事案における故意の有無を判断する基準については、学説上様々な見解が主張されている。

<薬物犯罪と故意>

学説		内容
意味の認識の問題とする見解	意味の認識を不要とする見解	客体の正式名称・一般的名称の認識や、単なる物理的存在の認識があれば故意が成立する
	意味の認識を必要とし、その程度の問題とする見解	甲説 依存性の薬理作用をもつ有害な薬物の認識があれば、故意が成立する
		乙説 依存性の薬理作用をもつ有害な薬物で、日本への持ち込みが禁じられる違法な薬物であることの認識があれば、故意が成立する
		丙説 依存性の薬理作用をもつ有害な薬物で、日本への持ち込みが禁じられる違法な薬物である覚せい剤であるとの認識があれば、故意が成立する

40

●故意犯の構造　　　　　　　　　　　　　　　　　　　　　　　　　基本的構成要件／故意

学説		内容
概括的故意（ヘルマンの故意）の問題とする見解		特定の種（覚せい剤）につき排他的な意図がなく、これを包括する類（身体に有害で違法な薬物）の認識があり、どちらでも構わない、という概括的な心理状態の場合、故意が成立する
構成要件該当事実の認識を不要とする見解	実質的故意論	一般人ならば覚せい剤輸入罪の予定する違法性の意識を喚起しうる事実認識があれば、故意が成立する
	不法・責任符合説	構成要件を形成する、類型的な不法・責任内容の認識があれば、故意が成立する

2　下級審判例には、「麻薬」である「ヘロイン」を密輸入しようとした場合で、「麻薬」であるとの未必の認識はあったが「ヘロイン」であるとの確定的な認識はなかった事案につき、ヘロイン輸入罪の故意を認めたものがある（千葉地判平 8.9.17）。

しかし他方で、「トルエン」を含有する「シンナー」を吸入目的で所持していた場合で、「シンナー」ではあると認識していたが「トルエン」を含んではいないと認識していた事案につき、トルエン等を含有するシンナーの所持罪の故意を否定したものもある（東京地判平 3.12.19）。

トルエン含有シンナーの意味の認識、すなわち、身体に有害で違法な薬物を含有する「シンナー」であることの認識を欠く場合でも、トルエン含有シンナーの故意としてはトルエンを含有するものとしないものとを包括するシンナーの認識で足りると解するのであれば、故意を肯定せざるを得ないようにも思われる。しかし、学説は、明確に特定の事態を除外する意識があれば、その特定の事態は故意に含まれない、ないし、故意が阻却されると説明している。

二　故意の本質

過失犯の処罰は例外であり（38 Ⅰ）、過失犯を処罰する場合もその法定刑は故意犯の法定刑に比べて著しく軽いため、故意と過失の限界をどのように画するかは重要な問題となる。この点は故意の成立要件として意思的要素を要求するか、故意の本質は何か、という点と関連する。

＜故意と過失の種類＞

犯罪事実の認識なし	犯罪事実の認識あり		
	認容なし	認容あり	確実性の認識
認識なき過失	認識ある過失	未必の故意	確定故意
過　　　失	故　　　意		

41

基本的構成要件／故意　　　　　　　　　　　　　　　　　　　　●故意犯の構造

＜故意の本質＞

学説		未必の故意（＊）	認識ある過失
故意の本質	過失との限界		
意思説 ：故意の本質は犯罪事実の実現を希望・意欲することにある （意思的側面を重視）	認容説 判通 ：故意の成立には、認識とあわせて少なくとも認容が必要	結果発生の可能性を認識し、しかも発生してもよいという認容がある場合	結果発生の可能性を認識しているが認容を欠く場合
表象説 ：故意の本質は犯罪事実の認識にある （認識的側面を重視）	蓋然性説 ：認識した結果発生の可能性の程度により判断	単なる結果発生の可能性を超えて、結果発生の相当高度の蓋然性を認識した場合	単に結果発生が可能だと思った場合
動機説 ：故意の本質は犯罪事実を認識しつつあえてその内容を実現する意思にある （意思説と表象説を統合）	動機説 ：行為者の認識が動機形成過程に与える影響を重視	結果発生の可能性（蓋然性）を認識し、結局は結果が発生するだろうと判断した場合	結果発生の可能性（蓋然性）を認識しているが、結局は結果は発生しないだろうと判断した場合

※　これらの学説は具体的な結論に、大きな差異はない。
＊　盗品有償譲受け罪（256Ⅱ）の故意が成立するには、盗品等であるかも知れないと思いながらしかもあえてこれを買受ける意思があれば足りるとするのが判例である（最判昭 23.3.16・百選Ⅰ41 事件） 司予 。

1－3－2　錯誤

《概　説》

一　事実の錯誤と法律の錯誤 司予

1　事実の錯誤
事実の錯誤とは、事実とその認識との間に齟齬があることをいう。構成要件的事実の錯誤（後述二）の他、違法性阻却事由の事実的前提に関する錯誤（⇒ p.97）も含まれる 通 。

2　法律の錯誤
法律の錯誤とは、違法性に関する法秩序の客観的評価と行為者の主観的評価との間に齟齬があることをいう。　⇒ p.103

二　構成要件的事実の錯誤 予

1　具体的事実の錯誤と抽象的事実の錯誤　⇒ p.43、46
構成要件的事実の錯誤には、具体的事実の錯誤と、抽象的事実の錯誤の場合がある。
具体的事実の錯誤とは、事実とその認識との間の齟齬が、同一構成要件内で

生じている場合をいう。他方、抽象的事実の錯誤とは、事実とその認識との間の齟齬が、異なる構成要件にまたがって生じている場合をいう。

2　事実の錯誤の態様

事実の錯誤は、⑴客体の錯誤、⑵方法の錯誤、⑶因果関係の錯誤の３つの態様に分かれる。

⑴　客体の錯誤とは、認識した侵害客体の属性についての錯誤をいう。

ex.　AだとＡだと思って射殺したところ、それはBだったという場合

⑵　方法の錯誤とは、認識した客体と異なる客体に侵害が生じた場合をいう。

ex.　Aに向けて拳銃を発砲したところ、意外にもBに命中してBが死亡した場合

⑶　因果関係の錯誤とは、認識した客体に侵害が生じたが、因果経過が予見したものと異なる場合をいう。　⇒ p.50

ex.　Aを溺死させようとして川に突き落としたが、Aは橋桁に頭を打ちつけて死亡した場合

3　錯誤に関する学説

事実の錯誤の重要性を判断する基準、すなわち認識と事実がどれだけずれた場合に故意の成立を否定すべきかを決定する基準に関しては、次の３つの学説が対立している。

＜錯誤に関する学説＞共

学説	具体的符合説 （具体的法定符合説）	法定的符合説判共 （抽象的法定符合説）	抽象的符合説
内容	構成要件的に重要な事実において、認識した内容と発生した事実が具体的に一致していなければ故意は認められない	認識事実と実現事実とが構成要件の範囲内において符合している場合には実現事実について故意が認められる	認識した内容と発生した結果とが意思ないし性格の危険性の点で抽象的に符合していれば、故意は阻却されない

《論　点》

一　具体的事実の錯誤 同予

具体的事実の錯誤の処理に関しては、具体的符合説と法定的符合説とが対立する（抽象的符合説は、法定的符合説と同様の結論に至る）。

1　客体の錯誤

XがAを殺そうと思って、Aだと思った人に向けてピストルを撃ち、弾はその人に命中したが、実はその人はBであったという場合、XにBの死についての故意責任を問うことができるか。

43

基本的構成要件／故意　　　　　　　　　　　　　　　　　　　　　●故意犯の構造

✎ <客体の錯誤> 〈共予〉司H30

学説	具体的符合説	法定的符合説
結論	XにBの死についての故意責任を問うことができる →Bに対する殺人既遂となる	
理由	狙った「その人」を殺害する意思で「その人」を殺害したのであるから、一定の具体性をもった殺害対象についての錯誤はない	およそ「人」を殺そうとして「人」を死亡させており、錯誤は構成要件の範囲内といえる

ex. 甲は、公務員乙がその法令上の職務Aを執行するに当たり、乙が執行している職務がそれとは別の法令上の乙の職務Bであると誤信して乙の顔面を手拳で殴る暴行を加えた。判例の立場に従うと、乙の執行する職務が職務Bでなく職務Aであると分かっていれば甲は上記暴行には及ばなかったという事情があった場合でも、甲には公務執行妨害罪が成立する〈司〉

2　方法の錯誤

XがAを殺そうと思って、Aに向けてピストルを撃ったが、弾はBに命中し、Bが死亡した場合、XはBの死についての故意責任を問うことができるか。

✎ <方法の錯誤> 〈司予〉司R元 予H24

学説	具体的符合説（＊1）	法定的符合説	
		数故意犯説 判	一故意犯説（＊2）
理由	故意は構成要件該当事実の認識・予見であるから、存在する構成要件ごとにその存否を問題とすべき →被害法益は重要な事実だからそれが異なれば構成要件該当事実も異なる	① 法定の構成要件の上で同一の評価を受ける事実を認識すれば、行為者は規範の問題に直面 　→行為者の認識した内容と現実に発生した事実とが構成要件の範囲内で一致する限り故意は阻却しない ② 実質的故意論の立場からは、結果と実行行為という構成要件の主要部分についての認識があれば足りる（たとえば、殺人罪（199）の故意非難には「人」を殺す認識で十分）	
		刑法が観念的競合を科刑上一罪としているの（54Ⅰ前段）は、一罪の意思をもってした場合にも数罪の成立を認める趣旨を含めるものである	故意行為が予想通り実現された場合以上の故意犯の成立を認めるべきではない

●故意犯の構造

基本的構成要件／故意

学説	具体的符合説（＊1）	法定的符合説	
		数故意犯説	一故意犯説（＊2）
批判	① 軽微な錯誤までをいちいち問題とするため故意を認める範囲が狭すぎ、実際に適合しない ② 故意の阻却の可否につき結論を異にする客体の錯誤と方法の錯誤を区別するのは実質上困難 ③ 未遂処罰や過失処罰の規定を欠く犯罪類型の場合に刑の不均衡が生じる（たとえば、Aの飼い犬を殺そうと思って隣にいたAの飼い猫を殺した場合、犬につき器物損壊未遂・猫につき過失の器物損壊ゆえ両者とも犯罪不成立になる）	① たとえば、Aを殺そうと発砲したところ、弾がAとAの側にいたBの中間を通過した場合、A・B両者に対する2つの殺人未遂罪が成立することになり不当 ② たとえば、Aを殺そうとしてこれを遂げず意外にもBを殺してしまった場合、Aの殺害を遂げなかったという構成要件該当事実と、Bの殺害という構成要件該当事実とが別個に存在 →この2つの客体（被害法益）の相違は明らかに構成要件的評価上重要	
		① 行為者に1個の故意しかないのに2個の故意犯の成立を認めることは故意の無限定の拡大を認めることになり、責任主義に反する ② 観念的競合は、故意犯か過失犯かが決まった後科刑上一罪として取り扱うものであるから、観念的競合となることを理由に故意犯の成立を認めるのは本末転倒である	Aが傷つきBが死んだのでAに対する過失傷害とBに対する殺人の有罪判決をした後にAが死んだという場合、その時点で、Aに対する殺人罪（199）とBに対する過失致死罪（210）に転化することになるのは不当である（事後の事実の変化により故意の有無が変わるのはおかしい）

＊1 具体的符合説の中には、同一の法益主体に属する財物間の錯誤についても故意が認められるとする見解がある。この見解によれば、Aの花瓶を壊す意図で石を投げ、石がAのテレビに当たりこれを壊した場合、器物損壊罪（261）が成立することになる。

＊2 一故意犯説内部でも具体的な処理については争いがある。ここでは、意図した客体に結果が生じた場合は、その客体について故意犯の成立を認め、過剰に生じた結果については過失を問題とする立場によった。

> ex. 甲は、乙に対する殺意をもって、乙の背後からけん銃を発射したところ、乙は赤ん坊の丙を抱いており、銃弾が乙の身体を貫通した後、丙にも命中して、乙及び丙の両名を死亡させた。判例の立場に従うと、甲が乙に抱かれている丙の存在を認識していなかった場合でも、甲には乙及び丙に対する殺人罪が成立する〈圏

基本的構成要件／故意　　　　　　　　　　　　　　　　　●故意犯の構造

＜方法の錯誤の事例における各学説からの帰結＞《論》

学説	具体的符合説	法定的符合説	
		数故意犯説《判》	一故意犯説
Ａを殺す意思でＡを狙って発砲した場合の各類型における帰結			
典型類型 甲→Ａ（無傷） 　→Ｂ（死亡）	対Ａ：殺人未遂 対Ｂ：過失致死	対Ａ：殺人未遂 対Ｂ：殺人既遂	対Ａ：不可罰 対Ｂ：殺人既遂
併発類型 甲→Ａ（傷害） 　→Ｂ（死亡）	対Ａ：殺人未遂 対Ｂ：過失致死	対Ａ：殺人未遂 対Ｂ：殺人既遂	対Ａ：過失致傷 対Ｂ：殺人既遂
甲→Ａ（死亡） 　→Ｂ（死亡）	対Ａ：殺人既遂 対Ｂ：過失致死	対Ａ：殺人既遂 対Ｂ：殺人既遂	対Ａ：殺人既遂 対Ｂ：過失致死
甲→Ａ（傷害） 　→Ｂ（傷害）	対Ａ：殺人未遂 対Ｂ：過失致傷	対Ａ：殺人未遂 対Ｂ：殺人未遂	対Ａ：殺人未遂 対Ｂ：過失致傷
甲→Ａ（死亡） 　→Ｂ（傷害）	対Ａ：殺人既遂 対Ｂ：過失致傷	対Ａ：殺人既遂 対Ｂ：殺人未遂	対Ａ：殺人既遂 対Ｂ：過失致傷

▼　**最判昭 53.7.28・百選Ⅰ 42 事件**《同共》

　　犯罪の故意があるとするには、犯人の認識した罪となるべき事実と現実に発生した事実の両者が法定の範囲内で一致すれば足り、人を殺す意思の下に、殺害行為に出た以上、犯人の認識しなかった人に対して、その結果が発生した場合にも殺人の故意があるといってよい。したがって、強盗殺人の故意で警察官甲に向けて発砲したが、甲のみでなく通行人乙をも負傷させた場合には、2 個の強盗殺人未遂罪（243・240 後段）が成立する。

二　抽象的事実の錯誤 〔予H23 予H28〕

　　抽象的事実の錯誤とは、事実とその認識との間の離齬が、異なる構成要件にまたがって生じている場合をいう。

　　38 条 2 項は、抽象的事実の錯誤のうち、軽い犯罪を行うつもりで重い犯罪を実現した場合について、重い犯罪により処断することができない旨定めるが、軽い犯罪に対応する刑は科すことができるのか、それとも無罪なのかは明らかでない。また、重い犯罪を犯すつもりで、軽い犯罪を実現したという場合や、両者の法定刑が同じ場合については、定めがない。そこで、これらの点をめぐって、法定的符合説と抽象的符合説が対立する（具体的符合説は、法定的符合説と同様の結論に至る）《共予》。

●故意犯の構造　　　　　　　　　　　　　　　　　　　　　　　　　　　基本的構成要件／故意

＜抽象的事実の錯誤＞

	学説		内容	処理	
法定的符合説（＊1）	構成要件的符合説		① 認識事実と実現事実が同一構成要件内にある限りで故意を認め、異なる構成要件間の錯誤は原則として故意を阻却する ② 異なる構成要件間の錯誤であっても、例外として、構成要件が重なり合う限度で故意を認める	形式説	法条競合の関係にある場合、軽い罪が成立する
				実質説	保護法益の共通性及び構成要件的行為の共通性が認められる場合、軽い罪が成立する
	罪質符合説		認識事実と実現事実が法定的に罪質を同じくする限りで故意が成立するが、罪質を異にするときは故意が成立しない		犯罪の被害法益や犯行方法を考慮し一般人がほぼ同意義に考えるようなもの同士の場合、軽い罪が成立する
	抽象的符合説		異なる構成要件間の錯誤でも、およそ犯罪となる事実を認識して行為し犯罪となる結果を生じさせた以上、故意犯が成立する		① 軽い罪の故意で重い罪を実現した場合、軽い罪の既遂と重い罪の過失の観念的競合（54Ⅰ前段）が成立する ② 重い罪の故意で軽い罪を実現した場合、重い罪の未遂（不能犯の場合あり）と軽い罪の既遂を合一し、重い刑で処断する（＊2）

＊1　不法・責任符合説からは、構成要件に該当する事実の認識は必要ではなく、構成要件の実質的内容である不法・責任の認識があれば足りるのであるから各構成要件の不法・責任内容が符合する限度で故意犯が成立するとされる。

　　実質的故意論からは、重い罪を犯す意思で軽い犯罪結果を生じた場合は、重い罪の認識があれば軽い罪の違法性を一般人が意識しうるといえるかが問題となり、軽い罪を犯す意思で重い犯罪結果を生じた場合は、軽い故意内容に応じた客観的構成要件該当事実の存否が問題となるとされる。いずれも、結論は構成要件的符合説（実質説）とほとんど異ならない。

＊2　他に、①認識した犯罪の未遂犯と実現した結果の観念的競合や、②実現した結果の故意犯のうち重いものが成立し、科刑は38条2項の限度で行うとする見解などがある。

　　ex.1　故意に関して、「故意を認めるためには犯罪事実の認識が必要であるが、行為者が認識した犯罪事実と現実に発生した犯罪事実が異なっていても、両者が法定の範囲内において重なり合う限度で、軽い犯罪の故意を認めることができる」という見解を採ると、甲が誤ってＶに重大な傷害を負わせたところ、Ｖと全く関係ない乙が、甲と何ら意思の連絡なく、まだ生きているＶを既に死亡したものと思って遺棄した場合、乙について死体遺棄罪の成立を肯定することはできない〈回〉

　　ex.2　故意に関して上記の見解を採ると、甲が殺意をもってＶ１をねらいけん銃を発射したところ、Ｖ１に命中した弾丸が更にＶ２にも当たり、Ｖ１及

47

びV2が死亡した場合、V1に結果が発生したとしても、V2に対する殺人罪の成立を肯定する余地がある〈司〉

ex.3 故意に関して上記の見解を採ると、甲が殺意をもってVをねらいけん銃を発射したところ、甲は弾丸を頭部に命中させて即死させるつもりだったが、頭部には命中せずにVの下腿部に当たって受傷させ、搬送先の病院で死亡させた場合、殺人罪の成立は肯定される〈司〉

ex.4 故意に関して上記の見解を採ると、甲が殺意をもってVをねらいけん銃を発射したところ、弾丸はVに命中せずにVが散歩中に連れていたVの犬に当たって死なせた場合、器物損壊罪の成立は否定される〈司〉

ex.5 故意に関して上記の見解を採ると、甲が乙に対しV宅に空き巣に入るように唆したところ、乙はV宅の戸締りが厳重であったために空き巣に入ることをあきらめて帰宅したが、その途中、乙は自宅近くでたまたま入ったコンビニエンスストアで急に空腹を覚え自分で食べるためのパンを万引きした場合、甲について窃盗（既遂）教唆罪の成立を肯定することはできない〈司〉

ex.6 判例の立場に従うと、甲が、乙が所有する木造家屋に乙が現在しているものと思って、同家屋に放火しこれを全焼させたが、実際には同家屋は誰も存在していない空き家であった場合、甲には他人所有非現住建造物放火罪が成立する〈司〉

ex.7 判例の立場に従うと、甲及び乙が共謀して、公務員Aに虚偽の内容の公文書を作成（156）するよう教唆することにしたが、乙がAの買収に失敗したため、甲に無断で、Bに公文書の偽造を教唆し、Bが公文書を偽造した場合、甲には公文書偽造罪（155 I）の教唆犯が成立する〈共〉

＜抽象的事実の錯誤における各学説からの帰結＞

	構成要件的符合説		罪質符合説
	形式説	実質説	
殺人と承諾・嘱託殺人〈司〉 強盗殺人と強盗	○	○	○
強盗と窃盗・恐喝 殺人と傷害・傷害致死 恐喝と脅迫 窃盗と遺失物等横領 覚せい剤所持と麻薬所持 覚せい剤輸入と麻薬輸入	×	○	○
公文書偽造と虚偽公文書作成	×	○（*）	○
単純遺棄と死体遺棄〈司〉	×	×	○

	構成要件的符合説		罪質符合説
	形式説	実質説	
殺人と器物損壊	×	×	×

（○：符合を認める→軽い後者の罪が成立　×：符合を認めない）
* 符合を否定する見解もある（判例は肯定）。

＜抽象的事実の錯誤における判例の動向＞

判例の動向		
	事　案	結　論
法定刑が異なる場合	覚醒剤の無許可輸入罪（軽い罪）の意思で、麻薬の禁制品輸入罪（重い罪）を実現した事案（最決昭54.3.27）	構成要件が重なり合う限度で軽い罪である覚醒剤の無許可輸入罪が成立するとし、罪名も刑も軽い方に従うという態度を明確にした
	ダイヤモンドの無許可輸入罪（軽い罪）の意思で、覚醒剤の禁制品輸入罪（重い罪）を実現した事案（東京高判平25.8.28・平26重判1事件）	構成要件の重なり合う限度で軽い罪であるダイヤモンドの無許可輸入罪の成立を認めた（＊1）
	麻薬所持罪（軽い罪）の意思で、覚醒剤所持罪（重い罪）を実現した事案（最決昭61.6.9・百選Ⅰ43事件）	構成要件の重なり合う限度で軽い罪である麻薬所持罪が成立するとしたが、没収は、客観的に生じた覚醒剤取締法41条の8によるとした
同じ場合	覚醒剤輸入罪の意思で、麻薬輸入罪を実現した事案（最決昭54.3.27）	両罪の構成要件は実質的に全く重なり合っているとして客観的に実現された麻薬輸入罪の成立を認めた（＊2）

＊1　無許可輸入罪と禁制品輸入罪は、通関手続を履行しないという犯罪構成要件の重要な部分について重なり合いが認められるのであり、ダイヤモンドと覚醒剤のように貨物の形状等に差異があっても、重なり合いの判断に影響しない。

＊2　法定刑が同じ場合の処理について、多数説は判例と同様の結論を採るが、学説には行為者の認識した犯罪が成立するとするものもある（客観的に生じた罪の成立を認めることは、①行為者が認識していなかった罪を認める点で、行為者の認識内容から離れて故意を抽象化しすぎること、②軽い罪の認識で重い罪を犯した場合に行為者の認識していた罪が成立すると解されていることと矛盾することを理由とする）。

基本的構成要件／故意　　　　　　　　　　　　　　　　●故意犯の構造

三　因果関係の錯誤

1　因果関係の錯誤の処理〈司H25 司R2 予H23〉

　　Aを溺死させようとして川に突き落としたが、Aは橋桁に頭を打ちつけて死
亡した場合、行為者に故意責任を問うことができるか。行為者が認識していた
因果経過と、実際に発生した因果経過に齟齬がある場合における錯誤の処理が
問題となる。

＜因果関係の錯誤の処理＞〈共〉

因果経過の認識の要否	因果関係の錯誤の処理	理　　由
必要説	錯誤が相当因果関係の範囲内にあれば、故意は阻却されない	①　実行行為と結果との相当因果関係は構成要件的故意の内容として行為者の主観にも反映しなければならない ②　行為者の予見した因果経過が相当因果関係の範囲内にあり、現実の因果経過もまた相当因果関係の範囲内であれば、両者は相当因果関係の範囲内で一致し、故意を阻却しない（法定的符合説）（＊）
必要説		①　上記通説の理由① ②　現実の因果経過につき相当因果関係が否定される場合は未遂にとどまり、因果関係の錯誤論に入らない（因果関係の錯誤無用論）
不要説	行為者の主観的責任の問題ではない →因果関係論で処理すべき	①　犯罪行為の際に、因果経過の概要を常に意識しているわけではない ②　実行行為と結果を認識しつつも相当因果関係を外れる因果経過を思い描いて犯行（殺害）に及んだ場合に、殺害が否定されるわけではない ③　因果関係の錯誤による故意の阻却を認めれば、その際には故意の未遂犯も成立しないことになるはずであるが、その結論は不当である

＊　具体的符合説からは、具体的に異なる因果経過を辿った以上すべて故意を阻却する
　とも思われるが、因果経過の相違は重要でなく、因果経過の具体的な一致を必要とし
　ないとして、法定的符合説と同様の結論を採る見解も多い。

2　遅すぎた構成要件の実現〈予H23 予R元〉

　　行為者が第一行為で結果を実現したと誤信し、犯行を隠すために第二行為を
したところ、その第二行為で初めて結果が実現されたような場合、どのように
処理すべきか（いわゆるウェーバーの概括的故意の問題）。

　ex.　Xが殺意をもってAの首を絞め（第一行為）、Aはすでに死亡したと誤
　　　信して自己の犯行を隠すためにAを海の中に投げ込んだ（第二行為）と
　　　ころ、Aはまだ生存しており溺れて死亡した場合

●故意犯の構造　　　　　　　　　　　　　　　　　　基本的構成要件／故意

(1) 行為の一個性について

　まず、Xの行為を一個とみるのか二個とみるのかが問題となる。

　第一行為と第二行為との間に時間的・場所的近接性が認められなければ、そもそもXの行為を一個の行為とみるのかという問題は生じない。

　次に、第一行為と第二行為との間に時間的・場所的近接性が認められたとしても、意思の連続性がない場合には、Xの行為を一個の行為とみることはできない。本件において、Xの第一行為は殺人の故意ある行為であるが、第二行為は殺人の故意ある行為ではないから、意思の連続性を欠く。したがって、Xの行為を一個の行為とみることはできない。

　→第一行為と第二行為は別々に評価する

　＊　意思の連続性に欠けるという点で、早すぎた構成要件の実現の問題（⇒ p.52）とは異なる。

(2) 第二行為の犯罪の成否について

　次に、結果に近い第二行為（まだ生存しているAを海の中に投げ込む行為）の犯罪の成否について検討する。

　この点、Xの第二行為とAの溺死との間には因果関係が認められる。ところが、Xは死体遺棄（190）の故意で殺人の結果を発生させたことになるため、「抽象的事実の錯誤」（⇒ p.46）の問題となる。

　この問題について、法定的符合説の立場に立つ場合、殺人罪と死体遺棄罪は法定の範囲内において重なり合うことはないため、Xの故意犯の成立は否定される。

　→第二行為には（重）過失致死罪（210、211 後段）が成立するにとどまる

(3) 第一行為の犯罪の成否について

　最後に、第一行為（殺意をもってAの首を絞める行為）の犯罪の成否について検討する。

　第一行為が殺人の実行行為に当たることは明らかである。そこで、第一行為と死亡結果との因果関係が問題となるところ、上記と同様の事案において、判例（大判大 12.4.30・百選 I 15 事件）は、因果関係を肯定している。なお、危険の現実化の法理（⇒ p.36）によっても、因果関係を肯定できると解される。

　そして、因果関係を肯定した場合、「因果関係の錯誤」が問題となる。この問題について、必要説（法定的符合説）によれば、現実の因果経過（溺死）も認識・予見した因果経過（絞扼による死）もともに殺人罪の構成要件に該当し、両者は相当因果関係の範囲内で一致するため、Xの故意は阻却されない。

　→第一行為には殺人罪が成立する

総論体系編

51

(4) 結論

　以上より、Xの第一行為には殺人罪が、第二行為には（重）過失致死罪が成立する。そして、第二行為は第一行為との間で介在事情となるにすぎず、後者は前者に包括吸収され、Xには殺人罪一罪が成立する。

▼ 大判大 12.4.30・百選 I 15 事件 司共予

　殺意をもって就寝中の被害者の首を縄で絞めたところ動かなくなったので死亡したと思い、犯行発覚防止のため海岸砂上まで、運搬し放置したため被害者が砂末を吸引して頚部絞扼と砂末吸引とにより死亡したときは、殺人目的の行為がなければ放置行為も発生しなかったのであって、頚部を絞める行為と死亡との間に因果関係があり、運搬、放置行為によっては、因果関係は遮断されず、殺人罪（199）が成立する。

3 早すぎた構成要件の実現 司H25 司R2

　早すぎた構成要件の実現とは、予定した第二行為により結果を発生させるつもりが、すでに第一行為により結果を生じさせてしまった場合をいう。

　ex.　XがAの首を絞めて失神させたうえ（第一行為）、首つり自殺を装って殺害しようとして（第二行為）、首を絞めたが、強く絞めすぎて死亡させた場合

(1)　まず、第一行為が実行行為といえるかが問題となる。

　この点については、第一行為と第二行為とが時間的・場所的に密接した一連の行為といえるか否かで実行行為性を判断する見解が有力である。

　＊　第一行為の実行行為性を認めることができない場合は、予備行為から結果が生じたのであり、銃の手入れをしている際に暴発して人に命中し死亡させた場合と同様に、過失致死罪（210）が成立しうるにとどまることになる。

(2)　第一行為に実行行為性が認められた場合には、因果関係の錯誤の一種として処理される。　⇒ p.50

▼ クロロホルム事件（最決平 16.3.22・百選 I 64 事件）司

　クロロホルムを吸引させて被害者を昏倒させ（第一行為）、自動車に乗せたうえで、自動車ごと岸壁から海岸海中に転落させて沈めて溺死させる（第二行為）計画を実行し、その結果被害者が死亡したが、死因がクロロホルム吸引か溺死か特定できない場合において、①第一行為は第二行為を確実かつ容易に行うために必要不可欠なものであったこと、②第一行為に成功した場合、それ以降の殺害計画を遂行するうえで障害となるような特段の事情はなかったこと、③第一行為と第二行為との間の時間的場所的近接性などに照らすと、第一行為は第二行為に密接な行為であり、第一行為を開始した時点で既に殺人に至る客観的危険性が明らかに認められるから、その時点で殺人罪の実行の着手があり、た

●故意犯の構造　　　　　　　　　　　　　　　　　　　　違法性／違法性の概念

とえ第二行為の前の時点で被害者が第一行為により死亡していたとしても、殺人の故意に欠けるところはなく、殺人既遂罪（199）が成立する。

1－3－3　故意以外の主観的構成要件要素
《概　説》
◆　種類

主観的構成要件要素には、故意・過失といった一般的主観的要素と、以下の特殊的主観的要素がある。

1　目的犯の目的🖎
ex.　通貨偽造罪における「行使の目的」（148 Ⅰ）
＊　目的犯とは、一定の目的を主観的構成要件要素とする犯罪をいう。

2　傾向犯における主観的傾向
→判例（最大判平 29.11.29・百選Ⅱ 14事件）が出る以前は、強制わいせつ罪（176）における「性欲を刺激興奮させ又は満足させるという性的意図」がその典型例とされていた　⇒ p.364
＊　傾向犯とは、行為が行為者の主観的傾向の表現として発現し、そのような傾向が見られる場合にのみ構成要件該当性が認められる犯罪をいう。

3　表現犯における行為者の内部的・精神的な経過又は状態
ex.　偽証罪（169）における証人の陳述が、証人の記憶に反していること🖎
cf.　偽証罪にいう「虚偽の陳述」の意義に関する主観説（証人の記憶に反する陳述）に立った場合のみ、偽証罪は表現犯となる
＊　表現犯とは、内心の表現が処罰の対象となる犯罪をいう。

2　違法性

2－1　違法性の概念

2－1－1　違法性の本質
《概　説》
一　形式的違法性と実質的違法性

1　形式的違法性
行為が実定法規に違反することをいう。
←行為が法律上許されないということを形式的に示すにすぎない

2　実質的違法性
行為が全体としての法秩序に実質的に違反するという性質をいう🖎。
実質的違法性の内容については、基本的に法益侵害説と規範違反説とが対立する。

53

違法性／違法性の概念 ●故意犯の構造

⑴ 法益侵害説（結果無価値論）
実質的違法性を法益の侵害又はその危険とする。
⑵ 規範違反説（一元的行為無価値論）
実質的違法性を社会倫理規範違反とする。
⑶ 二元説（二元的行為無価値論）
実質的違法性を社会倫理規範に違反する法益侵害の惹起とする。

二 主観的違法論と客観的違法論

1 主観的違法論
法を命令・禁止と解し、その命令・禁止に従って行為することができるのに
それに違反することが違法であるとする立場をいう。
→責任能力者の行為だけが違法判断の対象
←違法と責任を混同するもの

2 客観的違法論
法を評価規範と決定規範とに分け、評価規範に客観的に違反することが違法
であり、決定規範に主観的に違反することが責任であるとする立場をいう。
→行為の違法性は、責任能力の有無とは関係なし

3 新客観的違法論
第一に、法規範は行為規範として、客観的に法秩序に反すると評価される行
為を一般人を対象として抽象的に命令・禁止し、これに違反する場合が違法で
あり、第二に、法規範は具体的行為者に対して個別的に一定の行為を要求する
のであり、これに違反する場合が責任であるとする立場をいう。
→客観的違法性とは、違法判断の基準が客観的なものであればよいということ

2－1－2 違法性の要素

《概 説》

一 客観的違法要素

1 構成要件の客観的要素
∵ 構成要件は違法類型

2 構成要件以外の要素
⑴ 法益侵害・危険の程度（結果無価値論）
⑵ 行為の手段・方法、行為の態様等（行為無価値論）
∵ 違法性の判断は構成要件該当性の判断とは性質を異にする

二 主観的違法要素

1 意義
主観的な要素であり、行為の違法性に影響を与えると考えられるものをいう。
＊ 客観面に対応する事実が存在しない主観的要素を主観的超過要素という。
ex. 目的犯における目的

● 故意犯の構造 　　　　　　　　　　　　　　　　　　　　違法性／違法性の概念

2　主観的違法要素の肯否
　(1)　行為無価値論
　　　→行為者の主観的事情をも考慮して違法性を判断するので、主観的違法
　　　　要素を一般的に肯定する考え方につながる
　＊　判例も主観的違法要素を正面から認めている。
　(2)　結果無価値論
　　　→法益侵害及びその危険に限定して違法性を考えるので、主観的違法要
　　　　素を全面的に否定する考え方、又は一部（ex. 未遂犯における故意）に
　　　　ついてのみ肯定する考え方につながる

＜行為無価値と結果無価値＞

<table>
<tr><td colspan="3"></td><th>結果無価値論</th><th>行為無価値論</th></tr>
<tr><td colspan="3">刑法の機能・任務</td><td>法益保護</td><td>法益保護
社会倫理秩序維持</td></tr>
<tr><td colspan="3">客観的違法論との関係</td><td>判断対象による区別</td><td>判断基準による区別</td></tr>
<tr><td colspan="3">違法性阻却の一般原理</td><td>法益衡量説</td><td>社会的相当性説
目的説</td></tr>
<tr><td rowspan="2">主観的要素</td><td rowspan="2">主観的違法要素</td><td>目的・傾向・表現</td><td>1　目的犯の目的
(1)　肯定説
(2)　否定説
2　他は否定</td><td>肯定的</td></tr>
<tr><td>故意</td><td>1　未遂犯
(1)　肯定説
(2)　否定説
2　既遂犯は否定</td><td>肯定的</td></tr>
<tr><td colspan="3">主観的正当化要素
ex. 防衛の意思等</td><td>否定的</td><td>肯定的</td></tr>
</table>

2－1－3　可罰的違法性

《概　説》

一　可罰的違法性の意義
　　処罰に値する刑法上の違法性のことをいう。
二　可罰的違法性論
　1　意義
　　可罰的違法性を欠くときに犯罪の成立を否定する考え方をいう。
　2　違法の相対性（違法性の質）
　　違法が法領域ごとに相対的であることを意味する。

ex. 不倫は民法上違法であるが、刑法上は違法ではない

3　狭義の可罰的違法性論（違法性の量）

(1)　絶対的軽微

被害法益が軽微な場合を指す。

→構成要件不該当

ex. 他人の庭から花一輪を摘み取る行為

(2)　相対的軽微

被害法益自体は必ずしも軽微ではないが、当該侵害行為が意図する保全法益との比較において法益侵害の程度が比較的軽微といえる場合を指す。

→可罰的違法性阻却

ex. 労働事件において、威力業務妨害罪（234）を不成立とする場合

＜可罰的違法性に関する学説・判例の整理＞

	学説	違法一元論	やわらかな違法一元論	違法多元論	判例
違法の相対性	内容	違法性は全法秩序・法領域において一元的 →他の法領域で違法とされた行為が刑法上正当化されることはありえない	違法性の全法秩序・法領域における一元性を認めつつ他の法領域で違法とされても刑法上違法性がない場合があることを認める	違法性は法領域ごとに相対的なもの →刑法独自の違法性を認める	①　全逓東京中郵事件で違法の相対性を明確に認める態度を打ち出し、民事上の違法性と刑法上の違法性との違いを理由に犯罪の成立を否定 ②　その後、全逓名古屋中郵事件で違法の相対性につき消極的な態度を示す（全面的に否定したものではないことに注意）
	根拠	法秩序の統一性	違法性の発現形式には、様々な種別・軽重の段階がある	各法領域でその目的は異なり、その法的効果も多様であるから必要とされる違法性の程度が異なるのは当然	

	学説	違法一元論	やわらかな違法一元論	違法多元論	判例
	肯否	否定	肯定	肯定	＜絶対的軽微型＞① たばこの葉一厘分の無断使用を不可罰とした（一厘事件）② 電話の通話料金の支払を免れる機械であるマジックホンを一度だけ使用した事件について有線電気通信妨害罪等の有罪を認めた（マジックホン事件，最決昭61.6.24・百選Ⅰ17事件）＜相対的軽微型＞労働・公安事件など相対的軽微型の領域における最高裁の態度は消極的と指摘される
（狭義の）可罰的違法性論	可罰的違法性と超法規的違法性阻却事由		区別する	区別不要	

2－2 違法性阻却の一般原理

《概　説》

一 違法性阻却の一般原理

1 意義

違法性阻却の一般原理は、違法性阻却事由の規定の解釈における重要性をもつばかりでなく、不文の違法性阻却事由の要件論にとっても重要性をもつ。

2 違法性阻却の一般原理は、違法性の本質の議論と表裏をなし、結果無価値論からは法益衡量説、行為無価値論からは目的説、社会的相当性説が主張されている。

(1) 法益衡量説

価値の異なる法益が相対立する場合には、価値の大きい利益のために価値の小さい利益を犠牲にすることが違法性阻却の一般原理であるとする。

(2) 目的説

正当な目的のための正当（相当）な手段だから正当化されるとする。

(3) 社会的相当性説

行為が社会生活上要求される基準行為から逸脱していないことが違法性阻却の一般原理であるとする。

違法性／一般的正当行為　　　　　　　　　　　　　　　　●故意犯の構造

二　違法性阻却事由の分類

＜違法性阻却事由の分類＞

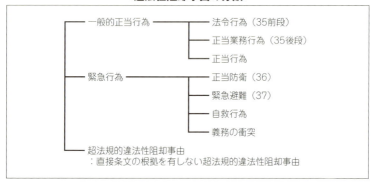

2−3　一般的正当行為

第３５条　（正当行為）
　法令又は正当な業務による行為は、罰しない。

《概　説》
一　法令行為（前段）
　1　意義
　　法律・命令により権利又は義務として行われた行為をいう。
　2　類型
　(1)　職務行為
　　　法令の規定上、これを行うことが一定の公務員の職務とされている行為をいう。
　　　ex. 逮捕（刑訴199）、勾留（刑訴207）、職務質問（警職2Ⅰ）、教員のする懲戒行為等
　(2)　権利（義務）行為
　　　法令の規定上、ある者の権利（義務）とされている行為をいう。
　　　ex. 私人による現行犯逮捕（刑訴213）、親権者の懲戒行為（民822）等
　　＊　ただし、外形上権利の行使であっても、濫用するときは違法性阻却されない。
　(3)　その他の法令行為
　　　ex. 精神障害者に対する措置入院、母体保護法の人工妊娠中絶
二　正当業務行為（後段）
　1　意義

「正当な」業務とは、法令上の根拠がなくても、正当と認められる業務をいう。

「業務」とは、社会生活上の地位に基づいて反復・継続される行為をいい、必ずしも職業として行われるものであることを要しない。

ex. スポーツ行為、記者の取材活動、弁護士の弁護活動

2　正当化の範囲

正当化されるためには、業務が正当なものであるとともに、行為自体も業務の正当な範囲内のものであることが必要である。

▼　**最決昭51.3.23**〈司共〉

殺人被告事件の弁護人が、同被告事件の真犯人は被告人の兄であると考え、第1審の有罪判決後に行った記者会見において、「同被告事件の真犯人は被告人の兄である。」旨発表した行為は、名誉毀損罪の構成要件に該当するとした上で、かかる弁護人の行為は、訴訟外の救援活動に属するものであり、弁護目的との関連性も著しく間接的であって、正当な弁護活動の範囲を超えるものというほかなく、その他諸般の事情を考慮しても法秩序全体の見地から許容されるべきものということはできないとして、正当な業務行為としての違法性阻却を認めなかった。

▼　**最決昭53.5.31・百選Ⅰ18事件**〈司〉

報道機関が取材の目的で公務員に秘密を漏示するよう唆したとしても、それが真に報道の目的から出たもので、その手段・方法が法秩序全体の精神に照らし相当なものとして社会観念上是認されるものである限りは、実質的に違法性を欠き正当な業務行為というべきである。

もっとも本件では、取材方法が社会観念上不相当なものであり正当な取材活動の範囲を逸脱するとして違法性阻却を認めなかった。

▼　**福岡高判平22.9.16**

爪切り用ニッパーで指先よりも深く爪を切除し、本来、爪によって保護されている爪床部分を露出させて皮膚の一部である爪床を無防備な状態にさらしたのは、傷害行為にあたり、傷害の故意もあるので、傷害罪の構成要件に該当する。しかし、看護目的でなされ、看護行為として必要性があり、手段、方法も相当といえる範囲を逸脱するものではないから、正当業務行為として違法性が阻却される。

三　被害者の同意〈司〉

1　意義

法益の主体である被害者が自己の法益に対する侵害に同意することをいう。

2 諸類型

＜被害者の同意に基づく行為の諸類型＞ 司共

類型	同意の効果	犯罪	コメント
国家的法益・社会的法益に対する犯罪	何ら影響なし	・偽証罪（169） ・虚偽告訴罪（172） ・特別公務員暴行陵虐罪（195）	同意は法益の主体が与えるところ、国家的法益・社会的法益の主体は、実際上同意を与え得ない
	適用法条の変化	・放火罪（108～）	放火罪は、個人の財産を第二次的法益とする
個人的法益に対する犯罪	何ら影響なし	・遺棄罪（217）	社会的法益に対する罪としての性格もあわせて有するとする説に立った場合に限る
		・未成年者に対する準詐欺（248） ・13歳未満の者に対する性交等・わいせつ行為（176後段、177後段）	一般的に有効な同意が期待できない
	構成要件該当性阻却	・財産罪 ・住居に対する罪	行為態様として被害者の意に反する態様を予定している
	適用法条の変化	・殺人罪（199） ・堕胎罪（212）	同意殺人罪（202、減軽類型） 同意堕胎罪（213、減軽類型）
	違法性阻却事由	・傷害罪（204）	争いあり

ex.1 判例の立場に従うと、甲は、勤務先の会社内において、同僚乙の同意の下、乙と上司丙を名指しして、両名が不倫関係にあった旨虚偽の事実を記載した文書を同社の従業員多数の目に触れる掲示板に掲示した場合、甲には名誉毀損罪が成立する 司

ex.2 判例の立場に従うと、甲は、乙の同意の下、乙が甲の自動車を盗んだ旨の虚偽の事実を警察官丙に申告し、乙の処罰を求めた場合、甲には虚偽申告罪が成立する 司

ex.3 判例の立場に従うと、甲は、乙の同意の下、乙から借り受けた乙所有のコピー機を丙に転貸していたが、同コピー機の修理のため一時これを丙から預かった際、乙の同意の下、丙に無断で、自己の借金の返済として同コピー機を自己の債権者に譲渡した場合、甲には刑法上の犯罪は成

●故意犯の構造　　　　　　　　　　　　　　　　　　　　　違法性／一般的正当行為

立しない〈回

ex.4　判例の立場に従うと、甲は、乙の同意の下、乙が丙に賃貸した乙所有の自動車に放火してこれを燃やしたが、公共の危険は生じなかった場合、甲には器物損壊罪が成立する〈回

ex.5　判例の立場に従うと、甲は、民事訴訟の証拠調べの期日において、証人として宣誓の上、原告乙及び被告丙双方の同意の下、虚偽の陳述をした場合、甲には偽証罪が成立する〈回

ex.6　判例の立場に従うと、甲が交通違反の取締りを受けた際、警察官に対し、乙の氏名を名乗り、交通事件原票の供述調書欄に乙名義で署名押印をした場合、乙が名義使用につきあらかじめ甲に対して承諾をしていたときでも、甲に有印私文書偽造罪が成立する（最決昭56.4.8・百選Ⅱ97事件）〈回

3　傷害罪における被害者の同意

暴力団の組員甲が、同じ暴力団の組員である被害者乙の承諾を得て、その指を詰めた場合、甲に傷害罪（204）が成立するかが問題となる。　⇒ p.64

4　錯誤に基づく同意

被害者が錯誤に陥って同意を与えた場合の、同意の有効性が判例・学説で争われている。　⇒ p.68

四　自損行為

行為者自ら自己の法益を侵害する行為をいう。

ex.　自己の所有物を損壊する行為

五　被害者の推定的承諾

現に被害者自身による承諾はないが、もし、被害者が事情を知ったならば、当然、承諾するであろうと考えられる場合に、その意思を推定して行われる行為をいう。

ex.　火災の際に不在者の家庭に立ち入って貴重品を搬出する行為

六　治療行為

1　意義

治療行為とは、外科手術など病者の治療のために医学上一般に承認されている方法によって人の身体を傷つける行為をいう。

2　専断的治療行為

病者に対し、その者の同意なしに治療行為を行うことをいう。

ex.　医師が、乳癌の患者が患部の切除を明示的に拒否していたのに、癌の転移を防ぐために、あえて医学的に適切な手術を行った場合

＜治療行為＞

	甲説	乙説	丙説	丁説
	構成要件該当性阻却説		違法性阻却説	
治療行為	医学上一般に承認されている方法で行う医療は、類型的に人の身体に危険をもたらすとはいえ、社会通念上傷害の概念にあてはまらない	優越的利益の保護と患者の意思の尊重を根拠 →患者の承諾が最も重要であり、医的侵襲内容を完全に認識した上での真摯な同意が存すれば、構成要件不該当	被害者の同意及び推定的同意の法理を根拠とする立場	社会的相当性を根拠とする立場
専断的治療行為	同意がなくても治療行為であるから、傷害罪の構成要件に該当しない	患者の意思に反する以上構成要件に該当する →正当化のための要件は緊急避難類似の厳格なものが要求され、正当化される余地は少ない	たとえ治療の目的を達しても違法	患者の承諾なしに行われる場合は、社会的に相当な行為とはいえず、違法

3　その他

　　判例（最大判昭38.5.15）は、甲の行為がAの精神異常平癒を祈願するための加持祈祷としてなされたものであっても、甲の行為の動機、手段、方法及びそれによってAの生命を奪うに至った暴行の程度等は、医療上一般に承認された精神異常者に対する治療行為とは到底認められず、一種の宗教行為としてなされたものであったとしても、他人の生命、身体等に危害を及ぼす違法な有形力の行使にあたるものであり、これによりAを死に致したものである以上、甲の行為が著しく反社会的なものであることは否定し得ないところであって、憲法20条1項の信教の自由の保障の限界を逸脱したものというほかはなく、正当な業務行為にもあたらないとしている。

七　安楽死・尊厳死

1　安楽死

　　死期に直面して、激しい肉体的苦痛を訴える患者を、その苦痛から解放するために、患者の希望に応じて積極的にその死期を早める行為をいう。

＜安楽死に関する裁判例＞

	名古屋高判昭 37.12.22	横浜地判平 7.3.28・百選 I 20 事件
要件	① 病者が現代医学の知識と技術から見て不治の病に冒され、しかもその死が目前に迫っていること ② 病者の苦痛がはなはだしく、何人も真にこれを見るに忍びない程度であること ③ 専ら病者の死苦の緩和の目的でなされたこと ④ 病者の意識がなお明瞭であって意思を表明できる場合には、本人の真摯な嘱託又は承諾のあること ⑤ 医師の手によることを本則とし、そうでない場合には医師の手によることのできないと首肯するに足る特別な事情があること ⑥ その方法が倫理的にも妥当なものであるとして許容できるものであること	① 患者に耐えがたい激しい肉体的苦痛が存在すること ② 患者について死が避けられず、かつ死期が迫っていること ③ 患者の肉体的苦痛を除去・緩和するために方法を尽くし他に代替的手段がないこと ④ 生命の短縮を承諾する明示の意思表示があること

2 尊厳死

「品位ある死」を迎えさせるために、意識が不可逆的に喪失した植物状態の患者に対する生命維持治療を断念若しくは中止することをいう。

▼ 最決平 21.12.7・百選 I 21 事件

「被害者が気管支ぜん息の重積発作を起こして入院した後、本件抜管時までに、同人の余命等を判断するために必要とされる脳波等の検査は実施されておらず、発症からいまだ2週間の時点でもあり、その回復可能性や余命について的確な判断を下せる状況にはなかったものと認められる。そして、被害者は、本件時、こん睡状態にあったものであるところ、本件気管内チューブの抜管は、被害者の回復をあきらめた家族からの要請に基づき行われたものであるが、その要請は上記の状況から認められるとおり被害者の病状等について適切な情報が伝えられた上でされたものではなく、上記抜管行為が被害者の推定的意思に基づくということもできない。以上によれば、上記抜管行為は、法律上許容される治療中止には当たらないというべきである」とし、抜管行為はミオブロックの投与行為と併せて殺人の実行行為を構成するとした。

八 労働争議行為

労働者がその主張を貫徹することを目的として行う同盟罷業、怠業などで、業務の正常な運営を阻害するものをいう。

ex. 労働者が賃金の値上げを求めてストライキをする場合

違法性／一般的正当行為　　　　　　　　　　　　　●故意犯の構造

▼ **最大判昭 48.4.25・百選Ⅰ 16 事件**

　　争議行為に際して行われた犯罪構成要件該当行為について刑法上の違法性阻
却事由の有無を判断するに当たっては、その行為が争議行為に際して行われた
ものであるという事実をも含めて、当該行為の具体的状況その他諸般の事情を
考慮に入れ、それが法秩序全体の見地から許容されるべきものであるか否かを
判定しなければならない。

▼ **最大判昭 52.5.4**

　　争議行為に際しこれに付随して行われた犯罪構成要件該当行為についての違
法性阻却事由の有無の判断は、行為の具体的状況その他諸般の事情を考慮に入
れ、それが法秩序全体の見地から許容されるべきものであるかを考察しなけれ
ばならない。

《論　点》

一　傷害罪における被害者の同意

　1　同意傷害の処理

　　被害者の同意ある場合の傷害行為（同意傷害）は、いかなる限度で適法とな
るか。

　　たとえば、暴力団の組員甲が同じ暴力団の組員である被害者乙の承諾を得て
乙の指を詰めた場合（事例１）、ＡがＢ女の求めに応じてひもで首を絞めてＢ
女を死亡させた場合（事例２）において、甲に傷害罪（204）、Ａに傷害致死罪
（205）が成立するかが問題となる。

＜傷害罪における被害者の同意＞

学説	構成要件該当性阻却説	違法性阻却説		
	常に不可罰とする説		生命侵害危険説	社会的相当性説
同意の効果	常に構成要件該当性が否定される	常に違法性が阻却される	重大な傷害、特に生命に危険のある傷害を除き違法性が阻却される	国家・社会倫理規範に照らして相当な場合にのみ違法性が阻却される
根拠	① 自己決定権の重視 ② 構成要件該当性判断は処罰に値する法益侵害の有無の判定のためのものであるから、本人が放棄した利益を「刑法を使ってまで保護する利益」に含ませるか否かの判断は、まさに構成要件判断である ③ 同意殺人罪に対応する同意傷害罪が規定されていない	身体の安全は個人の処分しうる法益である	① 法益主体が同意により処分可能な利益を放棄したため、保護すべき法益が存在しない ② 202条が同意殺人を処罰している点、及び生命の保護の重要性に鑑み、生命に危険を与える程度・態様の重大な傷害については法益の自由な処分は許されない	違法性阻却事由の一般原理は行為の社会的相当性であるから、傷害行為自体の意味を考慮すべきである
批判	① 身体は生命に次ぐ重要な利益であり、すべてを不処罰とするのは妥当ではない ② 被害者の同意ある傷害行為の構成要件該当性を否定するのは、構成要件を実質化することになる ③ 同意殺人罪は、殺人罪の法定刑の下限の重さが考慮され、その減軽類型として特に設けられたものであるから、同意傷害罪の規定がないことは理由にならない		204条の解釈として、傷害のうち一部は同意のみで不処罰とし、他は通常の傷害罪として扱うとすることは困難である	被害者の身体の保護のために処罰するのではなく、道徳・倫理に反する行為であるから処罰するということになりかねない

学説	構成要件該当性阻却説	違法性阻却説	
	常に不可罰とする説	生命侵害危険説	社会的相当性説【判】
要件	① 承諾可能な法益であること ② 承諾能力があり真意に出た承諾であること ③ 行為時に承諾が存在すること	左の①〜③に加え、 ④ 生命に危険のある傷害でないこと	左の①〜③に加え、 ④ 承諾の外部への表示 ⑤ 承諾があることの認識 ⑥ 行為の社会的相当性
事例 1	甲：犯罪不成立	甲：犯罪不成立	甲：傷害罪
事例 2	A：過失致死罪	A：傷害致死罪	A：傷害致死罪

▼ 最決昭55.11.13・百選Ⅰ22事件【司共】【予H24】

被害者が身体傷害を承諾した場合に傷害罪（204）が成立するか否かは、単に承諾が存在するという事実だけではなく、承諾を得た動機、目的、身体傷害の手段、方法、損傷の部位、程度などの諸般の事情を照らし合わせて決すべきで、保険金騙取の目的で、被害者に身体傷害の承諾を得た場合には傷害罪の違法性は阻却されない。

<行為無価値・結果無価値と同意傷害の処理>

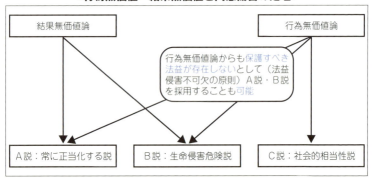

●故意犯の構造　　　　　　　　　　　　　　　　　　　違法性／一般的正当行為

2　同意の有無に関する錯誤〈団〉

　暴力団員甲は指を詰めようとしたが、痛さのあまり中止を決意した。ところが、乙は甲が手助けを求めていると甲の意思を誤解し甲の指を切断した。この場合、指詰めに対する甲の同意はない以上、被害者の同意の法理によっては乙の罪は否定されない。ただ、乙は甲に同意があるものと誤解しているので、故意（ないし責任）が阻却されないか、同意傷害の処理に関連して問題となる。

＜同意の有無に関する錯誤＞

同意傷害の処理	構成要件該当性阻却説	違法性阻却説		
		常に正当化する説	生命侵害危険説	社会的相当性説
錯誤がある場合の処理	構成要件的事実の錯誤	違法性阻却事由に関する錯誤		
錯誤がある場合の処理	同意があると認識して傷害すれば錯誤の問題となる	生命にかかわらない傷害についての同意があると認識して傷害すれば錯誤の問題となる		社会的に相当な傷害についての同意があると認識して傷害すれば錯誤の問題となる
あてはめ	乙：犯罪不成立→事実の錯誤として故意が阻却される	乙の罪責は、違法性阻却事由の錯誤の取扱いにかかわる⇒p.97		乙：傷害罪成立→「指詰め」は社会的に相当な行為とはいえないので、違法性阻却事由の錯誤の問題とはならない

ex.1　判例の立場に従うと、甲が、乙を殺害することについての承諾がないのに、これがあると誤信して、乙の首をひもで絞めて殺害した場合、甲には同意殺人罪が成立する

ex.2　判例の立場に従うと、甲が乙にわいせつな行為をすることについての乙の承諾がないのに、これがあると誤信して、乙が10歳であることを知りながら、乙に対してわいせつな行為を行った場合、甲には13歳未満の者に対する強制わいせつ罪が成立する

ex.3　判例の立場に従うと、甲が乙の居宅に入ることについての乙の承諾がないのに、これがあると誤信して、乙が単身居住する乙の居宅に入った場合、甲には刑法上の犯罪は成立しない

ex.4　判例の立場に従うと、甲が乙に傷害を負わせることについての乙の承諾がないのに、これがあると誤信して、過失による事故を装って保険金を詐取するため、甲の運転する自動車を乙に衝突させ、乙に傷害を負わせた場合、甲には傷害罪が成立する

67

違法性／緊急行為　　　　　　　　　　　　　　　　　　　●故意犯の構造

二　錯誤に基づく同意

　被害者が錯誤に陥って同意を与えた場合に、同意は有効であったといえるかについて、判例・学説で争いがある。

１　重大な錯誤説（判例・伝統的通説）

　重要な事実について被害者の同意があり、その点について真実を知ったならば同意をしなかっただろうといえる場合には、有効な同意は認められないと解する。

　　ex.1　追死すると欺いて女性を自殺させた男性には自殺幇助罪（202）ではなく殺人罪（199）が成立する〈判〉

　　ex.2　強盗の意思で「今晩は」と言い、「お入り」と答えたのに応じて住居に入った場合には住居侵入罪（130前段）が成立する〈判〉

２　法益関係的錯誤説（近時の有力説）

　欺罔によって得られた合意も一律に無効と解するべきではなく、それが被害者の処分した法益の内容に関係する錯誤（法益関係的錯誤）に基づくものである場合に限って同意を無効とすべきと解する。

　　∵　重大な錯誤説では、同意した法益には錯誤がない場合にも犯罪の成立を認め、構成要件外の事情が処罰を基礎付けることになる

　　ex.1　上記ex.1の事例では、被害者は自己の生命という法益が失われるという事実には瑕疵なく同意しており、被告人の追死という外部的事情について錯誤に陥っているにすぎないから、法益関係的錯誤はなく、死の同意は有効であるから、同意殺人罪が成立する

　　ex.2　十分に回復しうる患者に対し、治癒不可能な難病であると悲観させて自殺させる場合には、生命という法益について被害者は錯誤に陥っており、有効な同意は認められないから、殺人罪が成立する

２－４　緊急行為

２－４－１　正当防衛

第36条　（正当防衛）

Ⅰ　急迫不正の侵害に対して、自己又は他人の権利を防衛するため、やむを得ずにした行為は、罰しない。

Ⅱ　防衛の程度を超えた行為は、情状により、その刑を減軽し、又は免除することができる。

●故意犯の構造　　　　　　　　　　　　　　　　　　　　　　　　　違法性／緊急行為

《概　説》

一　正当化根拠

＜正当防衛の正当化根拠＞

	学　　説	批　　判
法の自己保全 **（法確証の利益）**	法の侵害に対して反撃を認め、法が現存することを確証する利益の保護のため違法性が阻却される →「法確証の利益」から正当防衛は社会的相当性を有すると行為無価値論から説明される →「法確証の利益」の分だけ保護される利益が優越するとして、正当防衛を結果無価値論の枠内において、優越的利益説の観点からも説明できる	① 法そのものの保全を重視することは、正当防衛を刑罰と同視するものではないかという問題が生じる ② 正当防衛においては「補充性」が不要であることを直ちに説明することができない ③ 法秩序の維持を重視することは国家社会秩序を過度に重視した全体主義的思考に結び付く
法益性の欠如	正当防衛においては、「急迫不正の侵害」の主体の法益は、防衛に必要な限度で法益性を失う →「補充性」が要件とされていないことを説明できる	法益性が失われるということは、違法性阻却の結果であって、その根拠となりえない
優越的利益	不正な侵害者の利益は、防衛行為者の利益より劣る	侵害者の利益が常に防衛行為者の利益よりも劣るとはいえない

二　要件

① 「急迫不正の侵害」に対して

② 「自己又は他人の権利を防衛するため」

③ 「やむを得ずにした行為」であること

＜正当防衛の成立要件と論点の整理＞

		要件・関連する論点
正当防衛状況	①	・侵害があること ・侵害が「急迫」していること 　＜問題点＞ 　　・予期された侵害 　　・積極加害意思（判例） 　　・自招侵害 ・侵害が「不正」であること 　＜問題点＞ 　　・対物防衛

違法性／緊急行為　　　　　　　　　　　　　　　　　　　　　●故意犯の構造

		要件・関連する論点
正当防衛行為	②	・自己又は他人の「権利」を守る行為であること 　＜問題点＞ 　　・国家緊急行為 ・防衛する「ため」の行為であること 　＜問題点＞ 　　・防衛の意思の要否・内容
	③	・「やむを得ずにした行為」であること（必要性・相当性）

1　「急迫不正の侵害」（要件①について）〈司H18 司H23 司H27〉

(1)　「急迫」とは、法益の侵害が現に存在しているか、または間近に押し迫っていることをいう（最判昭 46.11.16）〈共 予〉。

　(a)　現に侵害が行われている状態にある場合も含むが、被害が現に発生していることは要しない〈予〉。

　(b)　過去の侵害に対しての仕返しや、将来予想される侵害に対して先手を打つような場合には、急迫性は認められない〈司〉。

　　　ex.　被告人が自動車のダッシュボード内に本件刃物を入れておいたことは不法な刃物の携帯というべきであり、その後本件刃物を護身用にポケットに移し替えて携帯したとしても、それは不法な刃物の携帯の一部と評価するのが相当であるから、被告人の携帯行為について、違法性が阻却される余地はないと解すべきである（最判平 17.11.8・平 17 重判 5 事件）

　(c)　将来の侵害を予期していた者がそれを避けずに反撃した場合は急迫性を認めうる。また、将来予想される侵害に対して、その侵害のときに初めて防衛の効果が生じる設備を設けるような場合には、急迫性が認められる〈司〉。

　　　ex.1　強盗の出現を予期してバットを用意し、襲われた時点でバットを用いて反撃すること

　　　ex.2　盗難防止のため、家の窓の外側に電線を張り電流を流しておくこと

　(d)　反撃行為が刑法 36 条の趣旨に照らし許容されるものとはいえない場合には、急迫性は認められない（最判平 29.4.26・百選 I 23 事件）。

　　　ex.　行為者がその機会を利用し積極的加害意思をもって侵害に臨んだとき

▼　最決平 29.4.26・百選 I 23 事件〈共〉

事案：　甲は、A（当時 40 歳）から、某日午後 4 時 30 分頃、不在中の自宅の玄関扉を消火器で何度も叩かれ、その頃から翌日午前 3 時頃までの間、十数回にわたり電話で怒鳴られたりするなど、身に覚えのない因縁を付けられ立腹していた。事件当日午前 4 時頃、甲は、A から、マンション

の前に来ているから降りて来るようにと電話で呼び出され、自宅にあった包丁（刃体の長さ約13.8cm）にタオルを巻き、それを携帯して自宅マンション前の路上に赴いたところ、Aがハンマーを持って甲の方に駆け寄って来た。甲は、Aに包丁を示すなどの威嚇的行動を取ることなく、歩いてAに近づき、ハンマーで殴りかかって来たAの攻撃を、腕を出し腰を引くなどして防ぎながら包丁を取り出すと、殺意をもって、Aの左側胸部を包丁で1回強く突き刺して殺害した。

決旨：「刑法36条は、急迫不正の侵害という緊急状況の下で公的機関による法的保護を求めることが期待できないときに、侵害を排除するための私人による対抗行為を例外的に許容したもの」である。したがって、「行為者が侵害を予期した上で対抗行為に及んだ場合、侵害の急迫性の要件については、侵害を予期していたことから、直ちにこれが失われると解すべきではなく、対抗行為に先行する事情を含めた行為全般の状況に照らして検討すべきである。具体的には、事案に応じ、行為者と相手方との従前の関係、予期された侵害の内容、侵害の予期の程度、侵害回避の容易性、侵害場所に出向く必要性、侵害場所にとどまる相当性、対抗行為の準備の状況（特に、凶器の準備の有無や準備した凶器の性状等）、実際の侵害行為の内容と予期された侵害との異同、行為者が侵害に臨んだ状況及びその際の意思内容等を考慮し、行為者がその機会を利用し積極的に相手方に対して加害行為をする意思で侵害に臨んだときなど、前記のような刑法36条の趣旨に照らし許容されるものとはいえない場合には、侵害の急迫性の要件を充たさないものというべきである」。

「甲は、Aの呼出しに応じて現場に赴けば、Aから凶器を用いるなどした暴行を加えられることを十分予期していながら、Aの呼出しに応じる必要がなく、自宅にとどまって警察の援助を受けることが容易であったにもかかわらず、包丁を準備した上、Aの待つ場所に出向き、Aがハンマーで攻撃してくるや、包丁を示すなどの威嚇的行動を取ることもしないままAに近づき、Aの左側胸部を強く刺突したものと認められる。このような先行事情を含めた本件行為全般の状況に照らすと、甲の本件行為は、刑法36条の趣旨に照らし許容されるものとは認められず、侵害の急迫性の要件を充たさないものというべきである」。

(2) 「不正」とは、違法であることをいう〈同子〉。

(a) 適法な侵害に対しては、正当防衛は認められない。よって、正当防衛行為や緊急避難行為に対する正当防衛は認められない〈同共〉。

(b) 侵害行為は、犯罪構成要件に該当しない場合であっても「不正」となりうる（正当防衛の「不正」と処罰の一般的要件としての「違法性」とを区別して考えた場合）〈共〉。

(c) 侵害は、客観的に違法なものであれば足り、侵害行為者が有責であるか

否かを問わない《共》。したがって、心神喪失者（39Ⅰ）・14歳未満の者（41）など責任無能力者の違法行為に対する正当防衛も認められる。

(d) 対物防衛 ⇒ p.76

(3) 「侵害」とは、他人の権利に対し実害又は危険を与えることをいう。

→侵害は、故意行為によると過失行為によるとを問わず、不作為による場合も侵害にあたりうる《司共》

ex. 甲は道路を通行中、飼い主乙の不注意により乙のもとから逃げ出した犬に足首をかみつかれそうになった。甲は逃げ場がなかったことから、犬を足で蹴って怪我をさせた。この場合、甲には正当防衛が成立するので、器物損壊罪は成立しない《司》

2 「自己又は他人の権利を防衛するため」（要件②について）

(1) 「他人」とは、自然人に限らず、法人その他の団体も含む。

(2) 「権利」とは、法の保護する利益、すなわち法益をいう。

「権利」には、国家的法益や社会的法益を含む《共予》。国家的法益を保護する目的で行われた私人の防衛行為（国家緊急救助）について、判例（最判昭24.8.18）は、「国家公共の機関の有効な公的活動を期待し得ない極めて緊迫した場合」に限り、例外的に許容されるとしている《共》。

(3) 「防衛するため」とは、防衛行為が、客観的に侵害者の法益侵害に対する反撃として行われたものであることをいう。さらに、防衛の意思が必要か否かについては争いがある。 ⇒ p.76

3 「やむを得ずにした行為」（要件③について）《司共》《司H18 司H23》

防衛行為が必要性と相当性を具備していることをいう。

(1) 必要性とは、防衛行為が侵害を排除するために必要な限度であることをいう。緊急避難（37Ⅰ）と異なり、他にとるべき手段がないこと（補充性）を必要としない。

(2) 相当性は、一般に、法益の相対的権衡（保全すべき法益に比し、防衛行為がもたらした侵害が著しく不均衡ではないこと）と防衛手段の相当性（用いられた防衛手段の危険性が侵害に対し相当なものであること）の2つの面から判断される。

正当防衛は、正対不正の関係に基づくものであるから、反撃行為によって生じた結果が、たまたま侵害されようとした法益より大きくても成立する（最判昭44.12.4）《司共》。しかし、軽微な権利を妨害するために侵害者の重大な法益に反撃を加えることはできない。

ex.1 甲は、道路通行中、飼い主乙の不注意により乙のもとから逃げ出した犬に足首をかみつかれそうになった。甲は、逃げ場がなかったことから、近くで事態を傍観していた飼い主乙に対し、「犬をおとなしくさせないとお前を殺すぞ。」と怒鳴って脅した。この場合、甲には正

●故意犯の構造 　　　　　　　　　　　　　　　　　　　　　　　違法性／緊急行為

当防衛が成立するので、脅迫罪は成立しない〈司〉

ex.2　年齢も若く体力も優れた相手方が、「お前、殴られたいのか」と言っ
て手拳を前に突き出し、足を蹴り上げる動作を示しながら近づいてき
たため、その接近を防ぎ、その危害を免れるため包丁を手に取って腰
に構え、「切られたいんか」などと言う行為は、その行動が防御的な
ものに終始していた場合には、防衛手段としての相当性の範囲内のも
のである（最判平元.11.13・百選Ⅰ25事件）〈共〉

▼　最判平 21.7.16・平 21 重判 1 事件 〈共〉

立入禁止等と記載した看板を建物に設置することは、権利や業務、名誉に対
する急迫不正の侵害に当たるので、主として財産的権利を防衛するために相手
の身体の安全を侵害した場合は、従前の侵害の程度や防衛者の年齢等、具体的
状況下においては、侵害に対する防衛手段としての相当性の範囲を超えたもの
ということはできない。

4　その他要件に関して問題となる点

(1)　積極的加害意思　⇒ p.78

(2)　自招侵害　⇒ p.79

(3)　喧嘩と正当防衛〈司〉

かつて判例は、喧嘩両成敗の考え方を前提にして、喧嘩闘争に正当防衛
の観念を入れる余地がないとしていた。しかし、現在は、その考えを修正
し、喧嘩闘争において正当防衛が成立するかどうかを判断するに当たって
は、喧嘩闘争を全般的に観察することを要し、闘争行為中の瞬間的な部分の
攻防の態様のみによってはならないとして、喧嘩闘争においても正当防衛が
成立する場合があることを認めるようになっている（最判昭32.1.22）〈共予〉。

(4)　盗犯等防止法と正当防衛　⇒ p.79

三　効果

違法性が阻却され犯罪が不成立となる。

→正当防衛は、反撃が構成要件に該当しなければ問題にする必要はない

四　過剰防衛

1　意義

急迫不正の侵害に対し、反撃行為を行ったが、その反撃行為が防衛の程度を
超えた場合をいう。

→急迫不正の侵害に対する防衛のための行為でなければ過剰防衛にもならない

2　態様

(1)　質的過剰

防衛行為が必要性・相当性の程度を超えていることをいう。

ex.1　素手等の攻撃に対し兇器を用いて防衛する場合

73

ex.2　Aに鉄パイプで1回段打されたXが、もみ合いの末Aから鉄パイプを奪い、なお向かってきたAの頭部を鉄パイプで1回段打した（第一暴行）が、再度AがXから鉄パイプを取り戻しXを段打しようとしたので、Xが逃げ出したところ、Xを追ったAが勢い余って手すりの外側に上半身を乗り出した姿勢になったため、XがAの足を持ち上げて4m下のコンクリートに転落させた（第二暴行）という場合、Aが手すりの外側に上半身を乗り出しながらなおも鉄パイプを握り続けていたことに照らすと、AのXに対する加害の意欲は、おう盛かつ強固であって、Xが第二暴行に及んだ当時も存続していたといえ、また、Xの第二暴行がなければ、Aが間もなく態勢を立て直したうえ、Xに追い付き、再度の攻撃に及ぶことが可能であったことからすると、急迫不正の侵害は、Xが第二暴行に及んだ当時もなお継続していたといえる。しかし、Aが手すりに上半身を乗り出した時点では、その攻撃力はかなり減弱していたといえるし、他方で、Xの第二暴行は、一歩間違えばAの死亡の結果すら発生しかねない危険なものであったことに照らすと、第二暴行を含むXの一連の行為は、全体として防衛のためのやむを得ない程度を超えたものとして、過剰防衛が成立する（最判平9.6.16・平9重判2事件）

＊　第一に、本判決は、いったん中断した侵害について、①攻撃者Aの強固な加害の意欲、及び②Aにより「間もなく」攻撃が行われる可能性の存在を理由に、なおそれを「継続した侵害」と評価し、侵害の急迫性を肯定している。これは、急迫性の開始時期に関する一般的基準（⇒ p.70）ではなく、それを緩和した「侵害の継続」に関する特則を示したものと解されている。しかし、たとえば、侵害者の第一段打の後、切迫する第二段打に先立って防衛行為に出た場合、終了した第一段打に対する防衛はおよそ観念できないから、防衛者は専ら第二段打に対して防衛していることになるのであり、防衛行為の正当化に際しては、第一段打が先行していたか否かは無関係であり、第二段打を急迫の侵害と評価しうるかだけが問題となるといういうことからすれば、「侵害の継続」という概念は、侵害者の第一段打終了時期と第二段打の急迫性開始時期が事実上重なり合っていることを換言したものにすぎないと解する立場もある。

＊　第二に、本判決は、Xの一連の暴行を、全体として防衛のためにやむを得ない程度を超えたものとして、過剰防衛を認定している。しかし、防衛行為者であるXは原則的に退避義務を負わず、かつ、Xが鉄パイプを攻撃者Aに奪い返されている本件において、Xの第二暴行が相当性を超えるとすると、Xとしてはいかなる防衛行為に

出れば正当化されたのかが明らかでない。生命・身体への切迫した危険を認定しつつも、それに対する正当防衛の余地を奪うような解釈論には根本的な疑問を感じる、との批判がなされている。

(2) 量的過剰 同H23予R2

(a) 意義

防衛行為が当初は正当防衛として行われたが、相手方がその侵害をやめたにもかかわらず引き続き追撃することをいう。

ex. 最初の一撃で相手方は倒れたのに、恐怖のあまり鉈で数回切りつけて死に至らせたような場合

(b) 量的過剰の取扱い

過剰な追撃行為については正当防衛を論ずる余地がないとも思えるが、当初の防衛行為と追撃行為が①急迫不正の侵害に対する一連一体のものであり、②同一の防衛の意思に基づくときは、全体として考察して1個の行為として、過剰防衛が成立する。

→不正の行為が終了したことを明確に認識しつつ別の動機によって新たな行為に出た場合は、もはや全体を一連一体の行為として、過剰防衛を認めることは難しい

∵ 過剰防衛の責任減少という根拠を欠く ⇒p.80

▼ **最決平20.6.25・百選Ⅰ27事件**〈司〉

正当防衛の成立する第一暴行と時間的場所的には連続している第二暴行とがあり、不正の侵害の継続及び防衛の意思等の点でその間には断絶があると認められる場合、急迫不正の侵害に対して反撃を継続するうちに、その反撃が量的に過剰になったものとは認められず、両暴行を全体的に考察して、1個の過剰防衛の成立を認めるのは相当でなく、正当防衛に当たる第一行為については罪に問うことはできないが、第二暴行については正当防衛はもとより過剰防衛を論ずる余地もない。

▼ **最決平21.2.24・平21重判2事件**〈司〉

被害者の方から被告人に向けて机を押し倒してきたため、被告人はその反撃として同机を押し返し（第一暴行）、これには被害者からの急迫不正の侵害に対する防衛手段として相当性が認められるが、同机に当たって押し倒され反撃や抵抗が困難な状態になった被害者に対し、その顔面を手拳で数回殴打したこと（第二暴行）は、防衛手段としての相当性の範囲を逸脱したものであるという場合、被告人が被害者に対して加えた暴行は、急迫不正の侵害に対する一連一体のものであり、同一の防衛の意思に基づく1個の行為と認めることができるから、全体的に考察して1個の過剰防衛としての傷害罪の成立を認めるのが相当であり、本件傷害と直接の因果関係を有するのは第一暴行のみであるという点

違法性／緊急行為　　　　　　　　　　　　　　　　　　　●故意犯の構造

は、有利な情状として考慮すれば足りる。

　3　効果

　　　刑が任意的に減免される（36Ⅱ）〈同〉。ただし、その根拠については争いがある。　⇒p.80

《論　点》
一　正当防衛の要件に関する論点

　1　対物防衛

　　　人間の行為の他、動物その他のものによる侵害も「不正」の侵害にあたるとして、これに対する正当防衛が認められるか。

＜対物防衛＞

行為無価値か 結果無価値か	行為無価値		結果無価値
「不正」とは	不正（違法）は法規範違反のことであり、規範が人間に対して与えられている以上、自然現象や動物による侵害は「不正」たりえない	「不正」は、当該侵害行為に対して、正当防衛は許されるかという見地から判断すべき	違法性は客観的に判断すべきであり、人間でなくても法益侵害ないしその危険を生ぜしめることはできる
結論	対物防衛否定（＊）	対物防衛肯定	

＊　ただし、人が動物を利用して侵害を行う場合は、正当防衛が可能。

　2　防衛の意思〈共予〉〈同H23予H26〉

　⑴　防衛の意思の要否

　　　正当防衛の成立要件として、防衛の意思が必要か、権利を防衛する「ため」（36Ⅰ）という文言の解釈と関連して問題となる。

●故意犯の構造　　　　　　　　　　　　　　　　　　　　　　違法性／緊急行為

＜防衛の意思の要否＞

	防衛の意思不要説	防衛の意思必要説
「ため」の解釈	客観的に権利を防衛するためにした行為と認められる場合と解する	防衛の意思を必要とする趣旨である
理由	① 違法性の判断は法益侵害又はその危険の有無という点から客観的になされるべきであり、行為者の主観的事情を考慮すべきではない ② 過失による正当防衛も認めるべきである	① 違法性の判断の対象は、主観・客観の全体構造をもつ人間の行為であり、行為の社会的相当性を判断するに当たって行為者の主観面をも考慮する必要がある ② 偶然防衛の場合に、犯罪の意図をもって犯罪結果を生ぜしめた者を正当防衛で保護すべきでない

防衛の意思の内容は？

急迫不正の侵害を認識しつつ、それを避けようする単純な心理状態で足りる（認識説）
∵　防衛行為は反射的に行われることが多く、防衛の目的や動機がない場合にも防衛の意思を否定すべきでない

←→

防衛の動機・目的が必要（意思説）

(2) 防衛の意思の内容
　　防衛の意思必要説からは、防衛の意思の内容が問題となる。
　　甲説：急迫不正の侵害を認識しつつ、それを避けようとする心理状態とする◀判
　　乙説：正当防衛状況の認識に加えて、防衛の目的・動機を要求する
　＊　防衛の意思に関する判例の立場の詳細については後述する。　⇒p.78

(3) 偶然防衛
　　行為者が防衛の意思を欠き、専ら攻撃の意思で行為したのに、客観的には、偶然にも法益防衛の効果があがった場合を偶然防衛という。この場合、正当防衛が成立するかが問題となる。
　　ex.　XがAを射殺したところ、実はAもXを射殺しようとピストルを構えて狙っていたという場合、Xに殺人罪（既遂又は未遂）が成立するか

＜偶然防衛＞

防衛の意思必要説		防衛の意思不要説	
防衛の意思を必要とする以上、防衛の意思が欠ければ既遂罪が成立する	結果無価値が欠けるので、行為無価値の存在する範囲で未遂罪が成立する	違法な結果はないが危険が発生しているので未遂となる	違法な結果が発生する客観的危険は事後的にみれば存在しないから不可罰となる
Xは殺人既遂罪	Xは殺人未遂罪		Xは不可罰

77

違法性／緊急行為　　　　　　　　　　　　　　　　　　　　　　　●故意犯の構造

(4) 積極的加害意思

行為者に積極的加害意思がある場合に正当防衛が成立するか。

＜積極的加害意思＞

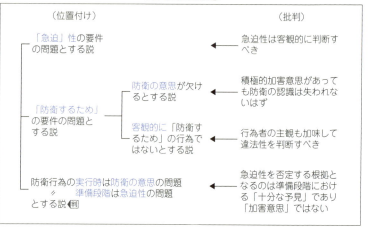

＜防衛の意思に関する判例の整理＞

	要　旨	ポイント
最判昭46.11.16	① 侵害があらかじめ予期されていたものであるとしても、そのことから直ちに急迫性を失うものと解すべきではない ② 相手の加害行為に対し憤激又は逆上して反撃を加えたからといって、直ちに防衛の意思を欠くとみることはできない。かねてから被告人が憎悪の念をもち、攻撃を受けたのに乗じ積極的な加害行為に出たなどの特別な事情が認められない限り、被告人の行為は防衛の意思をもってなされたものとして正当防衛となる〈共〉	積極的加害意思があれば防衛の意思は否定される
最判昭50.11.28 ・百選Ⅰ24事件	防衛に名を借りて侵害者に対し積極的に攻撃を加える行為は、防衛の意思を欠く結果、正当防衛とならないが、防衛の意思と攻撃の意思とが併存している場合の行為は防衛の意思を欠くものではない〈共予〉	同上。ただし攻撃の意思があっても防衛の意思は認められる

78

●故意犯の構造　　　　　　　　　　　　　　　　　　　　　　　　　　　違法性／緊急行為

	要　旨	ポイント
最決昭52.7.21・百選Ⅰ〔第7版〕23事件	侵害を予期しえても、直ちに侵害の急迫性が失われるわけではないが、単に予期された侵害を避けなかったというにとどまらず、その機会を利用し積極的に相手方に対して加害行為をする意思で侵害に臨んだときは、侵害の急迫性の要件をみたさない〈共〉	積極的加害意思があると急迫性が認められない
最判昭60.9.12	侵害者に対し攻撃的な意思があったとしても防衛のための行為であることは否定されない。本件行為は専ら攻撃の意思に出たものとは認められないので、防衛の意思を欠くとして過剰防衛の成立をも否定した原判決を破棄	専ら攻撃の意思で行為した場合は、防衛の意思を欠く

※　これらの判例の合理的な説明として、防衛行為（反撃行為）の時点に着目し、①防衛行為の実行時における本人の加害行為については防衛の意思の問題として、②防衛行為の準備段階における加害意思については急迫性の問題として扱うべきとする見解があるが、積極的加害の意思を急迫性の問題とすることには学説は批判的である。

3　自招侵害〈同〉〈司H23〉

挑発によりなされた侵害行為に対する対抗行為は正当防衛として認められるか。

＊　挑発行為がすでに攻撃であり、被挑発者の攻撃がそれに対する防衛行為として行われ、それ自体正当防衛を構成する場合には、挑発者の防衛は正当な侵害に対する攻撃であって正当化されない。

▼　最決平20.5.20・百選Ⅰ26事件〈共〉

事案：　被告人が言い争いになったVの左頬を殴打し、走って立ち去ったところ、Vが自転車で追いかけ、現場から約26.5ｍ先を左折して、約60ｍ進んだ歩道上で被告人を殴打した。これに対して被告人が携帯していた特殊警棒で、Vの顔面や左手を殴打して傷害を負わせた。

決旨：　Vから攻撃されるに先立ち、Vに対して暴行を加えているのであって、Vの攻撃は、被告人の暴行に触発された、その直後における近接した場所での一連、一体の事態ということができ、被告人は不正の行為により自ら侵害を招いたものといえるから、Vの攻撃が被告人の前記暴行の程度を大きく超えるものでないなどの本件の事実関係の下においては、被告人の本件傷害行為は、被告人において何らかの反撃行為に出ることが正当とされる状況における行為とはいえないというべきである。

評釈：　上記決旨にいう「被告人において何らかの反撃行為に出ることが正当とされる状況」がある場合には、自招侵害に対する反撃行為について正当防衛が成立する余地があると解されている。

4　盗犯等防止法と正当防衛

盗犯等防止法1条1項は、「やむを得ずにした」という要件を必要とせずに正当防衛が成立するようにも読める。そこで、「やむを得ずにした」という要

79

件なしに正当防衛の成立を認めてよいのかが問題となる。

* 盗犯等防止法１条１項（参考）

本条項各号の場合において自己又は他人の生命、身体又は貞操に対する現在の危険を排除するために犯人を殺傷したときは刑法第36条１項の防衛行為があるものとする。

① 盗犯を防止し又は盗臓（とうぞう）を取還しようとするとき

② 凶器を携帯して又は門戸障壁等を踰越（ゆえつ）損壊し若しくは鎖鑰（さやく）を開いて人の住居又は人の看守する邸宅、建造物若しくは船舶に侵入する者を防止しようとするとき

③ 故なく人の住居又は人の看守する邸宅、建造物若は船舶に侵入した者又は要求を受けてこれらの場所より退去しない者を排斥しようとするとき

＜盗犯等防止法と正当防衛＞

学説		理由	批判
盗犯等防止法１条１項の意味	相当性の要件		
36条１項を具体化した注意規定とする説	必要	刑法の違法性は一元的なものであるから、36条１項における正当防衛と盗犯等防止法における正当防衛は同一	盗犯等防止法の規定が無意味となってしまう
36条１項の要件を緩和したものとする説	一定の相当性必判	① 要件が異なるので、相当性判断が同じなのは不合理 ② 著しく不相当な行為は違法性を阻却しえず過剰防衛が成立すべきであるから、相当性判断を一切不要とするのは妥当でない	① 相当性の要件がどこから導かれるか疑問 ② 相当性判断というそれ自体曖昧な判断に段階を設けることに疑問がある
36条１項の要件を緩和したものとする説	不要	ためらいなく正当防衛権を行使できるようにする、という法の本来の趣旨に合致する	過剰防衛の余地がなくなる

二 過剰防衛における刑の減免の根拠

過剰防衛の刑の減免の根拠をどのように考えるかについては争いがある。

* この点における学説の差異は、誤想過剰防衛（⇒ p.108）、共犯と過剰防衛（共犯について過剰防衛の減免を個別的に考えるか連帯的に考えるかという問題）において影響する。

●故意犯の構造 違法性／緊急行為

＜過剰防衛における刑の減免の根拠＞

学説	理由
違法減少説	正当防衛の程度を超えたため違法であるが、正当な利益が維持されたので違法性が減少 →急迫不正の侵害が違法減少を肯定する前提
責任減少説	緊急状態における心理的圧迫があるので、行き過ぎがあっても強く非難できず責任が減少 →心理的圧迫が責任減少の前提
違法・責任減少説 （多数説）	正当防衛の程度を超えた場合であるから、違法性減少面も存在するが、「情状により」刑の減軽をなしうるのは、非難可能性としての責任が減少するからである

2－4－2 緊急避難

第37条 （緊急避難）

Ⅰ　自己又は他人の生命、身体、自由又は財産に対する現在の危難を避けるため、やむを得ずにした行為は、これによって生じた害が避けようとした害の程度を超えなかった場合に限り、罰しない。ただし、その程度を超えた行為は、情状により、その刑を減軽し、又は免除することができる。

Ⅱ　前項の規定は、業務上特別の義務がある者には、適用しない。

《概　説》

一　意義

　　自己又は他人の生命、身体、自由又は財産に対する現在の危難を避けるためやむを得ずにした行為であって、他にその害悪を避ける方法がなく、また、その行為から生じた害悪が行為によって避けようとした害悪を超えないものをいう。

二　要件

①　「自己又は他人の生命、身体、自由又は財産」に対する

②　「現在の危難」を

③　「避けるため」

④　「やむを得ずにした行為」であること

⑤　「これによって生じた害が避けようとした害の程度を超えな」いこと

＜緊急避難の成立要件と論点の整理＞

要件	意義と問題点
①「自己又は他人の生命、身体、自由又は財産」に対する	・保全利益 →条文の法益は例示であり、名誉・貞操に対する危難も保護される →国家的法益（国家緊急避難）や社会的法益も含む 予

81

違法性／緊急行為 　　　　　　　　　　　　　　　　　　　　●故意犯の構造

要件	意義と問題点
②「現在の危難」を	・現在性 →正当防衛の「急迫性」と同じく、法益の侵害が現実に存在すること、又はその侵害される危険が目前に直接切迫していること〈同〉 ・危難 →法益侵害の結果を生じる危険のある状態 　・この状態は客観的に存在することが必要であり、行為者が主観的に危険があると考えたにすぎないときは危難があるとはいえない 　・危難を発生させた原因は、自然的事実・動物であってもよい〈共予〉
③「避けるため」	・避難の意思 →主観的正当化要素を認める立場から要件とされる
④「やむを得ずにした行為」であること	・補充性の原則 →その危難を避け、法益を救うための唯一の方法であって、他にとるべき方法がなかったことを要する
⑤「これによって生じた害が避けようとした害の程度を超えな」いこと	・法益権衡の原則 →法益の大小の比較については、具体的場合について法秩序全体の精神から見ていずれを大きくするのが相当かという見地から決定する（一般的基準を導き出すことは困難）

1　「自己又は他人の生命、身体、自由又は財産」（要件①について）

　(1)　例示列挙であり、名誉・貞操などの個人的法益も含むとするのが通説である。

　(2)　他人に属する法益のための緊急避難について、その他人の意思に反しても可能か否かについては、肯定説と否定説の対立がある。

2　「現在の危難」（要件②について）

　(1)　「現在」とは、法益侵害が現に存在していること、及び、法益侵害の危険が間近に切迫していることをいう。正当防衛の「急迫」と同様である〈同〉。

　　ex.1　村所有の吊橋が腐朽して危険になったとはいっても、人の通行には差し支えなく、重量制限違反の荷馬車の通行もまれであった事情のもとでは吊橋の動揺による危険は切迫したものではない（最判昭35.2.4・百選Ⅰ30事件）

　　ex.2　オウム真理教の元信者Ｘが、Ａとともに両手に手錠をかけられたまま教祖の部屋で教祖及び教団幹部に取り囲まれたうえで、教祖にＡ殺害を命じられ、対応次第では殺害される危険性のある状況に置かれたために、Ａの頸部を締め付けて窒息死させたという場合には、少なくともＸの身体の自由に対する現在の危難が存在したことは明らかであるが、Ｘの生命に対する現在の危難は存在しなかったというべきであ

る（∵生命対生命という緊急避難の場合には、その成立要件について、より厳格な解釈をする必要がある）（東京地判平 8.6.26・平 8 重判 3 事件）

(2) 「危難」とは、法益の侵害又は侵害の危険のある状態をいう。

正当防衛と異なり、「危難」が不正であることは要件とされていない。したがって、危難の原因は、人の行為、自然現象（ex. 地震による建物の倒壊）、動物の挙動、社会関係（ex. 急激な物資不足）等、制限はない〈同共〉。
⇒ p.76

しかし、適法な逮捕行為など、法律により当該法益侵害の受忍義務が定められている場合には、法益の要保護性が否定されるので、「危難」があるとはいえない（大判昭 3.2.4 参照）〈共〉。

3 「避けるため」（要件③について）

避難行為に関し避難の意思が必要であるか否か、必要としても避難の意思の内容をいかに解するかについて、正当防衛における防衛の意思と同様に争いがある。 ⇒ p.76

4 「やむを得ずにした行為」（要件④について）

当該避難行為をする以外には現在の危難を避けるために他に方法がなく、当該避難行為に出たことが条理上肯定できる場合を意味する（補充性の原則、最大判昭 24.5.18）〈同共予〉。

∵ 緊急避難は、無関係な第三者の法益を侵害するものであるから、他にとるべき方法がない場合に限られるとする趣旨である

ex. 甲は、道路を通行中、飼い主乙の不注意により乙のもとから逃げ出した犬に足首をかみつかれそうになった。甲は、逃げる余地があったのにその場にとどまり、たまたま所持していた、所有の傘で犬を強打して怪我をさせるとともに、その傘を壊した。この場合、甲には器物損壊罪が成立する〈同〉

5 「これによって生じた害が避けようとした害の程度を超えな」いこと（要件⑤について）〈同〉

(1) 避難行為から生じた害（侵害法益）が、避けようとした害（保全法益）の程度を超えないことが必要であるという、法益権衡の原則を示す。

(2) 「程度を超えなかった場合に限り」とは、侵害法益と保全法益とを比較し、前者が後者を超えない限りという趣旨である。

→法益の比較は、客観的標準によって行うことを要し、同一法益については、その量の大小が基準となる〈共〉

ex.1 価額 60 万円相当の猟犬が、価額 15 万円相当の番犬に襲われた際、猟犬を守るため猟銃で番犬を傷つけるのは、法益権衡の原則をみたす

ex.2 被告人が自己の生命、身体に対する現に切迫した危難を避けるた

め、酒気帯び状態で自動車を運転し警察署に逃げ出した行為は、やむを得ない方法であって、条理上肯定しうるが、適当な場所で運転をやめ、電話連絡等の方法で警察の助けを求めることが不可能ではなかったと考えられる以上、被告人全体の行為は、現在の危難を避けるためやむを得ずに行ったものであるが、その程度を超えたものと認めることが相当であるので、酒気帯び運転の罪が成立し、過剰避難にあたる（東京高判昭57.11.29・百選Ⅰ〔第7版〕31事件）

ex.3　甲は、道路通行中、飼い主乙の不注意により乙のもとから逃げ出した犬に足首をかみつかれそうになった。甲は、逃げ場がなかったことから、犬を足で蹴ったが、更に犬が甲の足首付近にかみつこうとしたので、近くのA方住居に無断で逃げ込んだ。この場合、甲には緊急避難が成立し、住居侵入罪は成立しない 司

ex.4　甲は、道路通行中、飼い主乙の不注意により乙のもとから逃げ出した犬に足首をかみつかれそうになった。甲は、逃げ場がなかったことから、犬を足で蹴ったが、更に犬が甲の足首付近にかみつこうとしたので、近くにいたBを突き飛ばして身をかわしたところ、それによりBは転倒して頭部を強打したため、脳内出血により死亡した。この場合、甲には傷害致死罪が成立する 司

6　37条2項
(1)　「業務上特別の義務がある者」とは、警察官、消防職員等、その業務の性質上危難に身をさらすべき義務のある者をいう。
(2)　「業務上特別の義務がある者」には、緊急避難の規定は適用されない。
　　もっとも、絶対に緊急避難が認められないという趣旨ではなく、たとえば、消火作業中、燃え落ちてきた物を避けるためやむを得ずに隣家の塀を壊して退避する行為は緊急避難とされうる。

7　その他要件に関して問題となる点
(1)　自招危難
　　自招危難、すなわち避難行為者が自ら招いた危難との関係でも緊急避難が許されるかどうかについては、いくつかの見解の対立があるが、危難の自招が故意に基づく場合には否定し、過失に基づく場合には肯定する見解（形式的二分説）、具体的事情を考慮し実質的に判断してなお緊急避難を認めるべきかどうかを決める見解（実質的二分説）等が有力である。

　　ex.　現在の危難が行為者の有責行為により自ら招いたものであり、社会通念に照らしてやむを得ないものとしてその避難行為を是認しえない場合は、本条の適用はない（大判大13.12.12・百選Ⅰ32事件）
(2)　過失行為による緊急避難　⇒p.122
(3)　強要による緊急避難

●故意犯の構造 違法性／緊急行為

　　強要による緊急避難とは、たとえば、誘拐犯人Aから、「子供を殺されたくなかったら、C銀行に入り一億円強奪してこい」と脅された父親Bが、自分の子供の生命を救うため強盗を行った場合に、Bに緊急避難が成立するか、という問題である。この点、被強要者が行ったのが窃盗罪（235）等の軽い犯罪であれば緊急避難が成立しうるが、強盗罪（236）等の重い犯罪の場合は緊急避難が成立しないとする立場と、強要による緊急避難の場合も補充性の要件の枠内で検討するべきであり、緊急避難の成立に特別の制約を加えることはできないとする立場がある。もっとも、前者の立場でも、期待可能性の欠如による責任阻却の余地はある。

ex. 警察官に情報提供を行う目的で、暴力団事務所に所属する捜査対象者に接触を試みた者が、深夜に暴力団事務所の室内に2人きりの状況で、相手方からけん銃をこめかみに突き付けられ、覚せい剤を使用するよう強要されたため、仕方なく覚せい剤を使用した。この場合、緊急避難が成立し、覚せい剤使用罪は成立しない（東京高判平24.12.18・百選I 31事件）【共】

三　効果

　犯罪不成立となる。その法的性質については争いがある。　⇒p.86

四　過剰避難（Iただし書）

1　意義

　緊急避難の他の要件がみたされている場合において、避難行為がその程度を超えた場合をいう。

　→補充性の原則に反する場合と法益の権衡を失した場合とがある【共】

▼ 大阪高判平10.6.24・百選I 33事件

事案：　Xは、暴力団組長であるAの監視下で度重なる暴行を受けていた。Xは、某日、組事務所に連れて行かれ、同事務所内でAによる暴行を受けた。そのため、Xは、Aによる監視・暴行から逃れるため、A及び組員が同事務所から外出した機会を狙い、同事務所に放火して逃走した。本件では、Xに過剰避難が成立するかどうかが問題となった。

判旨：　「過剰避難の規定における『その程度を超えた行為』（刑法37条1項ただし書）とは、『やむを得ずにした行為』としての要件を備えながらも、その行為により生じた害が避けようとした害を超えた場合をいうものと解するのが緊急避難の趣旨及び文理に照らして自然な解釈であって、当該避難行為が『やむを得ずにした行為』に該当することが過剰避難の規定の適用の前提であると解すべきである（……もっとも、『やむを得ずにした行為』としての実質を有しながら、行為の際に適正さを欠いたために、害を避けるのに必要な限度を超える害を生ぜしめた場合にも過剰避難の成立を認める余地はあると考えられる。）。」

85

違法性／緊急行為　　　　　　　　　　　　　　　　　●故意犯の構造

　　　結論として、Xには過剰避難は成立しないとした。

　２　効果〈同予〉
　　　刑が任意的に減免される。

五　正当防衛との関係
　１　正当防衛と緊急避難の異同

＜正当防衛と緊急避難の異同＞

	正当防衛	緊急避難	コメント
共通点	緊急行為に関する違法性阻却事由〈通〉		
相違点	正対不正の関係	正対正の関係	
要件　客観的状況	急迫性	現在性	実質的に同じ
	不正の侵害 →人の行為に限られるかの問題あり（対物防衛）	危難 →何ら限定なし	両者の構造上の相違が反映
要件　防衛行為・避難行為	自己又は他人の権利	自己又は他人の生命・身体・自由又は財産 →例示列挙（名誉・貞操等も含む）	実質的に同じ
	必要性・相当性をみたせば足りる	補充性の原則・法益権衡の原則をみたす必要	両者の構造上の相違が反映
要件　主観的要件	防衛の意思	避難の意思	

　２　防衛行為と第三者　⇒ p.88
　（1）問題の所在
　　　　防衛行為に伴う侵害が、無関係な第三者の法益を侵害した場合、正当防衛と緊急避難のいずれが成立するか。
　（2）類型
　　　①　侵害者が第三者の物を利用した場合
　　　②　防衛者が第三者の物を利用した場合
　　　③　防衛行為の結果が第三者に生じた場合

《論　点》

一　緊急避難が不可罰とされる根拠〈同共〉
　　緊急避難が、「罰しない」（37Ⅰ本文）とされることの理論的根拠については、見解が対立する。

●故意犯の構造　　　　　　　　　　　　　　　　　　　　　　　違法性／緊急行為

＜緊急避難が不可罰とされる根拠＞〈共〉

学説		理由	批判
違法性阻却事由説		① 他人のための緊急避難が認められている ② 法が法益の権衡を要求している ③ 緊急避難に対する正当防衛を認めることは避難行為者に酷である	① 法益が同価値の場合の説明が困難（＊） ② 責任阻却事由説の理由①
責任阻却事由説		① 理由なく危難を転嫁される無関係な第三者を保護し、避難行為に対する正当防衛を認めるべき ② 避難行為者は危機に直面しており、適法行為の期待可能性に欠ける	違法性阻却事由説の理由①②
二分説	**原則として違法性阻却事由とするが、法益同価値の場合のみ責任阻却事由とする**	法益同価値の場合には、侵害の転嫁は認められず、避難行為の相手方に正当防衛を認めるべき	法益同価値の場合でも他の同価値の法益が保全される以上、侵害転嫁を正当化しうる
	原則として違法性阻却事由とするが、生命対生命、身体対身体の場合は責任阻却事由とする	生命・身体は人格の根本的要素であって比較しえない	同一の条文上に効果の異なる犯罪阻却事由が規定されていると解釈することは困難 身体の侵害には程度をつけることができるので相互の比較は可能である

＊　この批判に対し、違法性阻却事由説は、侵害した法益が保全しようとした法益よりも大きくない限り、未だ社会的相当性の範囲を逸脱するものでないと反論している。

総論体系編

87

＜緊急避難行為に対する正当防衛の可否＞

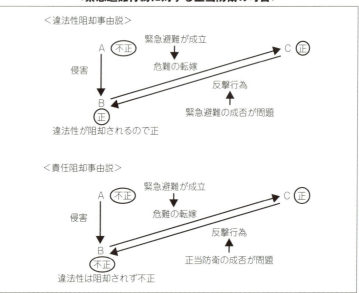

二 防衛行為と第三者

防衛行為に伴い、侵害とは無関係な第三者の法益を侵害した場合、第三者に生じた結果をどのように取り扱うかが問題となる。

＜防衛行為と第三者＞

類型	具体例	学説
侵害者が第三者の物を利用した場合	A ⇔ X Bの物で攻撃／反撃行為（Bの物を壊す）	1 正当防衛説 ∵ Bの物は、Aの不正の侵害の手段としてその一部となっている 2 緊急避難説 ∵ 違法な侵害を行っていないBとの関係では、正対正である
防衛者が第三者の物を利用した場合〈共〉	A ⇔ X 侵害行為／Bの物で反撃（Bの物を壊す）	緊急避難 ∵ 現在の危難を避けるため、危難とは無関係なBの法益を侵害して、危難を転嫁している

類型	具体例	学説
防衛行為の結果が第三者に生じた場合 〈予〉〈司R元〉	侵害行為 A ──→ X B ←── 侵害行為 A ──→ B ↑ X ⤴ 反撃行為	1　緊急行為説 (1)　正当防衛説 　∵　Bに対する行為は、Aに対する正当防衛行為から生じたものであり、正当性は失われない (2)　緊急避難説 　∵　結果的に無関係な第三者に対する反撃となっている 2　違法行為説 (1)　誤想防衛説 　∵　Bへの行為は客観的に緊急行為性を欠くが、ただ、Xが主観的に正当防衛だと認識して行為している以上誤想防衛の一種として故意責任が阻却される（Bの存在を認識していない場合） (2)　責任阻却説 　∵　第三者の法益を侵害しないことを期待することが不可能ないし困難であるから、責任が阻却される

▼　大阪高判平 14.9.4・百選Ⅰ 28 事件

　　木刀等で殴りかかられた者が自動車に逃げ込み、仲間である甲を助けるために運転する自動車を急後退させた結果、仲間を轢過して死亡させてしまった場合、不正の侵害を全く行っていない甲に対する侵害を客観的に正当防衛だとするのは妥当でなく、また、たまたま意外な甲に衝突し轢過した行為は客観的に緊急行為性を欠く行為であり、緊急避難だとするのも相当でない。被告人が主観的に正当防衛だと認識して行為している以上、故意非難を向け得る主観的事情は存在しないというべきであり、いわゆる誤想防衛の一種であって、故意責任を肯定することはできない。

2－4－3　自救行為

《概　説》

一　意義

　　自救行為とは、権利を侵害された者が、法律上の手続による救済を待っていては時機を失して当該権利の回復が事実上不可能又は著しく困難となる場合に、自ら実力でその救済を図ることをいう。

　　判例（最決昭 46.7.30）は、「自救行為は、正当防衛、正当業務行為などとともに、犯罪の違法性を阻却する事由である」としている。

＊　債権などの権利実現のための脅迫行為等を正当化する議論（⇒ p.515）、「自己の財物の取戻し」の議論（⇒ p.450）も自救行為の一種である。

違法性／緊急行為　　　　　　　　　　　　　　　　　　　　●故意犯の構造

二　要件

　自救行為を安易に広く認めると、国家機関による救済を軽視し実力行為を容認することになり、また、自救行為者の実力の程度によって救済の不公平をもたらすことになるので、厳格な要件の下に肯定すべきと解されている。

　一般的に、権利に対する侵害が存在し、権利を回復・実現するための実力行使の必要性・緊急性・相当性が必要と解されている〈共〉。

三　効果

　一般に、35条の一部ないし実質的違法性阻却事由として正当化が認められている。

▼　**最判昭30.11.11・百選Ⅰ19事件**〈団〉

　　自己の借地内に突出している隣家の軒先の一部を、隣人の承諾がないまま切除することは、建造物損壊罪（260）の自救行為にあたらないので、違法性は阻却されない。

2−4−4　義務の衝突
《概　説》
一　意義

　両立しない複数の法律上の義務が同時に存在する場合において、一方の義務を履行するためには、他方の義務の履行を怠る以外に方法がない場合をいう。

　ex.　医師が重傷の者と軽傷の者の2人の患者に同時に診療を申し込まれた場
　　　合、どちらにも診療義務があるから、診療義務の衝突が認められる

二　効果

　行為者が義務の軽重を比較して、高度な、より重要な義務を尽くすために、程度の低い義務に違反したとき、又は程度の同等な義務の一方を尽くすために他方を怠ったときは、不作為犯の構成要件に該当したとしても正当化される。

3 責任

3-1 責任総説
《概 説》
一 責任主義
　責任主義とは、犯罪の成立要件として責任の存在することを必要とする建前をいう。

<責任主義>

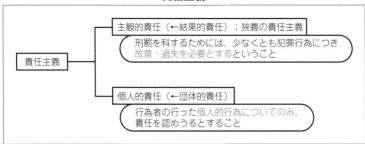

二 責任の本質
　責任の本質をどのように把握するかについては、古典学派と近代学派との間に道義的責任論と社会的責任論との対立がある。

<責任の本質>

	道義的責任論	社会的責任論
意思の自由の有無	意思自由論 →かつての道義的責任論は絶対的自由意思を理論的基盤としたが、現在では絶対的意思自由は否定され相対的意思自由の観念を基礎としている（相対的意思自由論）	意思決定論 →およそ人間行動は素質と環境によって決定されており、意思の自由は幻想である
責任の本質	道義的非難 （自由意思を有する者がその自由な決意の下に行った行為及びその結果は、行為者に帰属されるべきであり、行為者は、その行為及び結果について道義的に非難されうる）	行為者の危険性に対する社会防衛措置を受くべき地位
刑罰の本質	応報刑	目的刑

	道義的責任論	社会的責任論
批判	① 自由意思の有無は実証的科学的根拠を欠く ② 犯罪者は素質と環境によって決定付けられているのであるから、具体的行為について道義的に非難されるべき理由はない ③ 倫理的な責任は国家が権力的に強制すべきものではない	① 自由意思の否定ということは科学的に論証されていない ② 責任の観念は、自由の意識を前提とする非難又は非難可能性をその内容とするものであるから、これを否定する点で社会的責任論は支持できない

三 責任の基礎

道義的責任論と社会的責任論の対立は、責任の基礎を何に求めるかに関して、行為責任論と性格責任論の対立をもたらしている。また、行為責任論と性格責任論の対立を克服するものとして性格論的責任論、さらに性格論的責任論を出発点とした人格責任論が主張されている。

＜行為責任論と性格責任論＞

	行為責任論	性格責任論
処罰の対象	罰せられるべきは、行為者ではなくして行為である （行為主義）	罰せられるべきは、危険な性格をもつ行為者である （行為者主義）
責任非難の対象	個々の行為・その行為に向けられた意思	行為者の社会的に危険な性格

1 行為責任論
 意思自由論を前提として、個々の犯罪行為に向けられた行為者の意思を責任の基礎とする。
　←① 責任を帰せられる主体としての行為者のもつ意味が考慮されていない
　　② 常習犯重罰は行為責任では基礎付けられない
2 性格責任論
 意思決定論を基礎とし、行為者の危険な性格を責任の基礎とする。
　←① 責任から非難の要素を欠落させるものであり、本来の意味の責任ではない
　　② 人格の主体的な面を無視する点で、刑法から人間性を奪い去るものである
3 性格論的責任論
 個別的行為責任を基礎としながら、行為は行為者の性格と環境によって決定されるから、個々の犯罪行為と性格とが相当な関係にあることを責任の基礎とする。

●故意犯の構造   責任／責任総説

　　←この立場は、意思決定論的立場を基礎とするもので、性格責任論と同様に
　　　道義的責任論の立場とは相容れない
　4　人格責任論
　　　自ら主体的に形成した人格の主体的現実化として犯罪行為が行われたことを
　　責任の基礎とする（責任は、第一次的に行為責任であるが、行為の背後には、
　　素質と環境とに制約されつつも、主体的に形成されてきた人格があるのであ
　　り、このような人格形成における人格態度に対しても行為者を非難しうるので
　　あって、そこに第二次的に人格形成責任を考えることができるとする）。
　　←①　人格形成の過程にまで遡って、有責に形成された人格とそうでないも
　　　　のとを区別することは困難である
　　　②　行為の基礎となった潜在的人格にまで立ち入って法的評価を加えるの
　　　　は、個人生活への不当介入である
四　責任の内容
　　　責任の内容をどのように理解するかについて、学説史上、心理的責任論から規
　範的責任論への移行が認められる。
　1　心理的責任論
　　　責任の内容を、外部的な違法行為に対する行為者の心理的な関係（故意・過
　　失）として捉える。
　2　規範的責任論
　　　責任の内容を、規範的な非難可能性として捉える（行為者に故意・過失とい
　　う心理的事実があっても、行為の際の具体的事情から他の適法行為を期待する
　　ことが不可能な場合には非難できないとして、故意・過失を統合する概念とし
　　て期待可能性が必要であるとする）。
五　責任の要素
　　　責任要素とは、責任判断の対象となる事実であり、責任能力、故意・過失、違
　法性の意識ないしその可能性、期待可能性等が挙げられる。これらの要素をどの
　ように位置付けるかについては、争いがある。

3−2 責任能力

第39条 （心神喪失及び心神耗弱）
Ⅰ 心神喪失者の行為は、罰しない。
Ⅱ 心神耗弱者の行為は、その刑を減軽する。

第40条 【瘖啞者】 削除

第41条 （責任年齢）
14歳に満たない者の行為は、罰しない。

《概　説》
一　意義
　責任能力とは、違法行為をなしたことにつき、行為者が刑事責任を負担することができるだけの能力をいう。責任能力の有無・程度は、病歴、犯行当時の病状、犯行前の生活状態、犯行の動機・態様、犯行後の行動、犯行以後の病状などの諸事情を総合的に考察して判断される（最判昭53.3.24・百選Ⅰ34事件）。
二　責任能力の本質
　責任能力の本質については、古典学派と近代学派とで異なる理解がなされてきた。

＜責任能力の本質＞ 司共

	旧派（古典派）	新派（近代派）
責任の本質	道義的責任論	社会的責任論
責任能力の本質	「自由な意思決定能力」「犯罪能力」 →行為者に対する道義的非難の前提としての「自由な意思決定能力」「犯罪能力」	刑罰適応能力 →通常の社会防衛手段としての刑罰により社会防衛の目的を達しうる能力
批判	① 行為者における自由意思の存在を当然の前提とする点で不正確 ② 責任能力は単なる犯罪能力ではない	責任非難の観点を考慮しておらず、かつ専ら処罰の面から責任能力を論じようとしている点で、現行刑法の立場と矛盾する

三 責任能力の体系的位置付け

責任能力が責任の要素か、それとも責任の前提かについては争いがある。

甲説：責任能力は、故意・過失、違法性の意識（の可能性）、期待可能性と並ぶ個々の行為についての責任要素である（責任要素説）
　　→この見解に立った場合、部分的責任能力（同じ精神の障害の状態にありながら、ある行為については完全な責任能力が認められ、他の行為については完全な責任能力が認められないこと）の概念を肯定する（東京地判平 20.5.27 参照）共

乙説：責任能力は、個々の行為についての能力ではなく、その前提となる一般的な人格的能力である（責任前提説）
　　→この見解に立った場合、部分的責任能力の概念を否定する

四 現行法の規定

1 心神喪失者・心神耗弱者（39）・刑事未成年者（41）司

＜責任能力に関する規定の整理＞ 司共予

概念	内容	処置	備考
心神喪失者 （39Ⅰ）(*) ：責任無能力	① 精神の障害により ② 行為の是非を弁別する能力（是非弁別能力）又はその弁別に従って行動する能力（行動制御能力）のない者	犯罪不成立	生物学的要件（精神の障害）と心理学的要件（是非弁別能力、行動制御能力）を併用する定義の仕方を、混合的方法という
心神耗弱者 （39Ⅱ）(*) ：限定責任能力	① 精神の障害により ② 是非弁別能力又は行動制御能力が著しく低い者	刑の必要的減軽 共	

概念	内容	処置	備考
刑事未成年者 (41) ：責任無能力	14 歳未満の者	犯罪不成立	・平成 12 年の少年法改正により 14・15 歳の少年の刑事処分が可能となり、16 歳以上の少年は一定の場合、原則、検察官逆送の措置が採られることとなった（少年 20 Ⅱ本文） ・公訴提起時に 14 歳以上であったとしても、犯行時に 14 歳に満たなければ、本条が適用される〈共〉 ・犯行時に 14 歳未満であれば、たとえ是非弁別能力及び行動制御能力があっても、本条が適用される〈司共〉 ・犯行時に 14 歳以上であれば、たとえ精神能力が 14 歳未満の者のそれと同じであっても、本条が準用されることはない〈共〉

＊ アルコールによる酩酊等一時的な意識障害も含む〈共〉。

2 心神喪失・心神耗弱の認定・判断の方法〈司〉

(1) 責任能力の判定は法律判断であるから、判決における心神喪失・心神耗弱の判断は、精神医学的な診断にとらわれるものではなく、必ずしも鑑定人（精神科医）の意見に拘束されない（最決昭 59.7.3）〈司共予〉。

(2) 生物学的要素である精神障害の有無及び程度並びにこれが心理学的要素に与えた影響の有無及び程度については、その診断が臨床精神医学の本分であることに鑑みれば、専門家である精神医学者の意見が鑑定等として証拠となっている場合には、鑑定人の公正さや能力に疑いが生じたり、鑑定の前提条件に問題があったりするなど、これを採用しえない合理的な事情が認められるのでない限り、その意見を十分に尊重して認定すべきものというべきである（最判平 20.4.25・平 20 重判 4 事件）〈司共予〉。

(3) 責任能力の有無・程度は、法律判断であって、専ら裁判所に委ねられるべき問題であり、その前提となる生物学的、心理学的要素についても、上記法律判断との関係で究極的には裁判所の評価に委ねられるべき問題である。したがって、専門家たる精神医学者の精神鑑定等が証拠となっている場合においても、鑑定の前提条件に問題があるなど、合理的な事情が認められれば、裁判所は、その意見を採用せずに、責任能力の有無・程度について、被告人の犯行当時の病状、犯行前の生活状態、犯行の動機・態様等を総合して判定

●故意犯の構造 責任／責任故意

することができる。そうすると、裁判所は、特定の精神鑑定の意見の一部を
採用した場合においても、責任能力の有無・程度について、当該意見の他の
部分に事実上拘束されることなく、上記事情を総合して判定することができ
るというべきである（最決平21.12.8・百選Ⅰ 35事件）〈司共〉。

3-3 責任故意

第38条 （故意）

Ⅰ 罪を犯す意思がない行為は、罰しない。ただし、法律に特別の規定がある場合
は、この限りでない。
Ⅱ 重い罪に当たるべき行為をしたのに、行為の時にその重い罪に当たることとなる
事実を知らなかった者は、その重い罪によって処断することはできない。
Ⅲ 法律を知らなかったとしても、そのことによって、罪を犯す意思がなかったとす
ることはできない。ただし、情状により、その刑を減軽することができる〈司〉。

《概 説》

一 違法性の意識

1 違法性の意識とは、自己の行為を違法であると意識していることである。
2 違法性の意識については、その要否・程度などにつき争いがある。これらの
理解の相違により、38条3項の解釈について見解が分かれる。 ⇒ p.99

二 法律の錯誤（違法性の錯誤）

法律の錯誤とは、自己の行為が法律上許されていると誤信することをいう。法
律の錯誤の取扱いは、違法性の意識に関する争いに応じて結論が異なる。
⇒ p.103

三 事実の錯誤と法律の錯誤の区別

事実の錯誤と法律の錯誤ではその取扱いが異なってくることから、当該錯誤が
事実の錯誤とされるか、法律の錯誤とされるかが、実際の結論に大きな影響を与
えることになりかねない。しかし、事実の錯誤か法律の錯誤かは必ずしも明らか
でなく、両者をいかに区別するかが問題となる。 ⇒ p.105

四 違法性阻却事由の錯誤〈司〉

1 違法性阻却事由にあたる事実（違法性阻却事由の前提事実）がないのに、あ
ると誤信した場合の取扱いには争いがある。 ⇒ p.107
2 誤想防衛〈司H27 司R元〉
正当防衛（36）の要件にあたる事実がないのに、あると誤信した場合をいう。
その処理は、違法性阻却事由の錯誤をいかに解するかにより異なる。
(1) 狭義の誤想防衛〈共〉
急迫不正の侵害がないのに、あると誤信して防衛行為を行う場合をいう。
ex. XとAが口論をしている最中、Aがハンカチを出すためにポケット

責任／責任故意　　　　　　　　　　　　　　　　　　　　　　　●故意犯の構造

へ手を入れたのを見て、Aが拳銃を取り出すものと誤信したXが、自己の身を守るためにAを殴り倒し、傷害を負わせた場合

(2)　防衛行為の誤認

過剰事実があるのに、ないと誤信した場合をいう。急迫不正の侵害が現実にある場合（過失的過剰防衛）と、存在しない場合（過失の誤想過剰防衛）とがある。

▼　**大阪地判平23.7.22**

被告人は、被害者ともみあいになった挙句、被害者の首を締めつけ、窒息死させているが、被告人にかかる認識はなく、被害者の動きを封じようとする認識にとどまっていた。かような認識事実を基礎とし、事件当時被告人が置かれていた状況等を考慮すれば、被告人の認識上、当該行為は、防衛行為として許容範囲を超えておらず、相当性を有する。よって、被告人は、防衛行為の過剰性を基礎付ける事実を誤認したといえるので、誤想防衛に当たる。

3　誤想過剰防衛　⇒ p.108

4　誤想避難

現在の危難が存在しないのに、行為者が、これをあると誤信して避難行為を行う場合、又は相当な避難行為をするつもりで不相当な避難行為を行う場合をいう。

誤想防衛と同様に考えられる。

5　誤想過剰避難

誤想避難と過剰避難とが競合した場合をいう。

誤想過剰防衛と同様に考えられる。

▼　**大阪簡判昭60.12.11・百選Ⅰ〔第7版〕33事件**

やくざ風の男達から暴行を加えられると思いこみ、この危難を避けるために護身用の道具として、逃走中に見つけた理容店から散髪バサミを持ち出したことは、現在の危難を誤想したことに基づく避難行為といえても、やむを得ない行為といえる程度を超えたものであるので、誤想過剰避難にあたる。

6　誤想自救行為・誤想過剰自救行為〈司H27〉

誤想自救行為とは、誤解によって自救行為と認識していた場合をいう。その行為が過剰性を有する場合は、誤想過剰自救行為となる。これも違法性阻却事由の錯誤の問題であるから、誤想防衛・誤想過剰避難と同様に考えられる。

もっとも、自救行為は正当防衛より成立要件が厳しいので、認定には慎重を期する必要がある。　⇒ p.90

●故意犯の構造　　　　　　　　　　　　　　　　　　　　　　　責任／責任故意

＜誤想過剰防衛の整理＞

	（＊1）	急迫不正の侵害	相当性	取扱い
1	客観	ある	相当	通常の正当防衛（36Ⅰ）
	主観	ある	相当	
2	客観	ある	過剰	過剰防衛（36Ⅱ）
	主観	ある	過剰	
3	客観	ない	相当	誤想防衛
	主観	ある	相当	
4	客観	ある	過剰	誤想防衛（過失的過剰防衛）（＊2）
	主観	ある	相当	
5	客観	ない	過剰	誤想過剰防衛
	主観	ある	相当	
6	客観	ない	過剰	誤想過剰防衛（狭義）
	主観	ある	過剰	

＊1　「客観」は行為時の客観的状況を、「主観」は行為者の主観的な認識を指す。
＊2　これを過剰防衛に位置付ける見解や誤想過剰防衛に位置付ける見解もある。

▼　最判昭24.4.5

老父が棒様の物を持って打ちかかってきたので、斧でその頭部を乱打した行為は、たとえ斧とは気付かなかったとしても、それ相応の重量は感じるはずである。よって、過剰防衛であり、誤想防衛ではない。

▼　最決昭62.3.26・百選Ⅰ29事件

女性が男性に暴行を受けていると勘違いした空手の有段者である被告人が、回しげりをして男性を死亡させた場合、被告人の誤想した急迫不正の侵害に対する防衛手段として相当性を逸脱していることは明らかであるから、傷害致死罪（205）が成立するが、誤想過剰防衛に当たり、36条2項によって、刑が減軽される。

《論　点》

一　違法性の意識

1　違法性の意識について、その要否・程度・体系的位置付けが争われている。
　　甲説：違法性の意識は故意の要件ではなく、法律の錯誤は故意を阻却しない

99

（違法性の意識不要説）

→従来の判例の見解であるが、近時、違法性の意識を欠くことにつき相当の理由が認められるかが争われた事案において違法性の意識の有無ないし相当の理由の有無を問題としており、将来の判例変更の可能性を留保しているとされる（最決昭 62.7.16・百選Ⅰ 48 事件）

乙説：故意犯処罰のためには、違法性の意識が必要である（厳格故意説、違法性の意識必要説）

丙説：違法性の意識自体は必ずしも必要でないが、違法性の意識の可能性は責任故意の要件として必要である（制限故意説、違法性の意識の可能性必要説）

丁説：違法性の意識の可能性は故意・過失とは別個独立の責任要素であり、違法性の意識の可能性がない場合には、責任が阻却される（責任説）

丁1説：構成要件に関する錯誤以外はすべて法律の錯誤とする（厳格責任説）

→違法性阻却事由の錯誤（⇒ p.107）は法律の錯誤

丁2説：違法性阻却事由の錯誤は事実の錯誤とする（制限責任説）

戊説：故意があるか否かは、一般人なら違法性の意識をもちえたか否かで判断するのであって、故意の他に違法性の意識の可能性を論ずる必要はない（実質的故意論）

→違法性の意識ないしその可能性を独立の要件とした場合の「二重の故意判断」（事実の認識の有無を判断した後に、違法性の意識ないしその可能性の有無を判断して、故意の成否を決定すること）は、無用に複雑な判断であると批判したうえで、違法性の意識の可能性を故意に解消し、統一的に判断すべきとする（ただし、例外的に、故意はあるが、許されると思ったことにつき非難できない場合は超法規的責任阻却事由としての期待可能性の問題として処理すべきとされる）

※　自然犯・刑法犯においては、違法性の意識が不要であり、法定犯・行政犯においては違法性の意識が必要であるとする見解もある（自然犯・法定犯区別説）。

←①　自然犯においても犯罪事実の認識が違法性の意識を喚起しない場合がありうる点で問題がある

②　自然犯と法定犯の区別自体が困難である

cf.　自然犯とは、犯罪のうち、その反社会性、実質的不法性が社会規範からみて自明とされるものをいう。具体例として、殺人罪（199）、放火罪（108〜）が挙げられる

法定犯とは、国家法により特に命令禁止されたことによりその命令禁止に違反する行為が初めて実質的に不法とされる行為をいう。具体例として、交通取締法規が挙げられる。

● 故意犯の構造　　　　　　　　　　　　　　　　　　　　　　　　　　　責任／責任故意

＜違法性の意識の要否・程度・体系的位置付け＞

学説	内容		理由	批判
違法性の意識不要説（甲説）〔判〕	違法性の意識は不要である		① 「法律の不知は害する」という思想に基づく ② 国民はすべて法を知っておくべきである ③ 違法性の意識を故意の要件とすると法の弛緩を招く	① 国民はすべて法律を知っておくべきであるという権威主義的態度は国家の権威の一面的強調であって、個人の価値を軽視するものである ② 違法性の意識（の可能性）を全く欠いた行為者を非難することは、責任主義に反する
厳格故意説（乙説）	違法性の意識が必要である（違法性の意識必要説）		故意責任の特質は、自己の行為が法律上許されないことを意識したことにより形成された反対動機を突破して、あえて行為を決意した直接的な反規範的人格態度にある	① この説を徹底すると、常習犯を重く処罰することや、確信犯を処罰することの説明が困難となる ② 激情犯の場合は、違法性を意識しながらあえて行為を決意するという状況は存在しないから、故意責任を問えないことになる
制限故意説（丙説）	違法性の意識までは必要でなく、違法性の意識の可能性で足る（違法性の意識の可能性必要説）	責任故意の要素	人格責任論の見地からは、行為者が犯罪事実のすべてを認識しながら違法性の意識を欠いた場合、かように誤った評価をするに至った人格形成こそが非難に値するといえる	① 「故意に」とは「知っていながら」ということであるから、違法性の意識の可能性ある場合を含めることは文言上無理がある ② 違法性の意識の錯誤の場合にのみ人格形成責任を認め、事実の錯誤につきそれを考慮しないのは疑問である
責任説（丁説）		故意とは別個の責任要素	違法性の意識の可能性があれば足りるが、これを故意の要件とすることは文言上無理がある	① 事実的故意の存在だけでは故意犯の本質としての法規範性に違反する行為者の積極的人格態度を窺いえない（制限故意説から） ② 故意が構成要件事実の認識として形式的に決まることを当然の前提としている点に問題がある（実質的故意論から）

総論体系編

101

学説	内容	理由	批判
実質的故意論（戊説）	責任段階での検討不要	故意は、「一般人ならば当該犯罪の違法性を意識しうる程度の事実の認識」があるか否かという見地より、実質的に判断すべきである	事実の認識があったとされて故意が肯定されると、違法性の錯誤による免責の余地がなくなってしまう

2　38条3項の解釈については、違法性の意識に関する見解に応じて異なる。

＜38条3項の解釈＞

	38条3項の解釈	「法律」の意味
違法性の意識不要説（甲説）	本文：法律の錯誤は故意を阻却しない旨を明らかにした規定 ただし書：違法性の意識を欠くことにつき斟酌又は宥恕すべき事由あるときには刑を減軽しうる旨を規定したもの（＊）	違法性
厳格故意説（乙説）	本文：故意の成立には個々の条文を知っている必要はないという趣旨であり、違法性の意識に関する規定ではない ただし書：法律の規定を知らないことによって行為の違法性の判断が困難になる場合がありうるために設けられたもの	法律の規定と解さざるを得ない
制限故意説（丙説）	本文：法律の規定を知らないことは故意の成立を妨げない旨の規定であり、違法性の意識に関する規定ではない ただし書：違法性の意識の可能性があっても、それが困難であるために違法性の意識を欠いた場合（この場合は責任非難が減少する）に適用される	論理的には ① 違法性 ② 法律の規定 いずれでもよい →論者は②と解している
責任説（丁説）	本文：法律の錯誤は故意の成否と無関係である旨を規定したもの ただし書：法律の錯誤により違法性の意識を欠いたが、その可能性があった場合には、違法性の意識があった場合よりもその刑を減軽しうる旨を明らかにしたもの	違法性
実質的故意論（戊説）	本文：違法性を意識していなくても故意がないとはいえない旨の規定 ただし書：違法性の意識を欠くことにつきやむを得ない事情がある場合は責任が減少し、刑を減軽するとしたもの	違法性

※ 自然犯・法定犯区別説は、本文は自然犯について法律の錯誤は故意の成立に影響がないことを明らかにしたもの、ただし書は情状により刑を減軽する場合があることを規定したものと解しており、「法律」は違法性を意味すると主張する。

＊ 刑法38条3項ただし書は、自己の行為が刑罰法令により処罰されるべきことを知らず、行為が違法であることを意識しなかったにもかかわらず、それが故意犯として処罰される場合に、右違法の意識を欠くことにつき斟酌又は宥恕すべき事由があるときは、刑の減軽をなしうべきことを認めたものであるとする判例がある（最判昭32.10.18・百選Ⅰ49事件）。

二　法律の錯誤

1　学説の対立

　　法律上許されないことを許されていると錯覚することを法律の錯誤というが、この取扱いについては、違法性の意識の要否をめぐる学説の対立がそのまま反映する。

＜法律の錯誤に関する学説の整理＞

学説		法律の錯誤の取扱い
甲説	違法性の意識不要説	故意を阻却せず、犯罪成立 （ただし、期待可能性が欠けるとして不処罰とする余地もある）
乙説	厳格故意説	① 故意を阻却 ② 違法性の錯誤につき過失があれば、過失犯として処罰
丙説	違法性の意識可能性説	故意を阻却するが、違法性の意識の可能性があれば故意は阻却されず、なければ故意が阻却される
丁説	責任説	① 故意の成立とは無関係 ② 違法性の意識の可能性がなければ責任を阻却、あれば責任を軽減しうる
戊説	実質的故意論	原則として故意の有無の判断に上乗せして違法性の意識の可能性を問題としない（ただし、例外的に期待可能性が欠けるとする場合もある）

2　違法性の意識の可能性

　　法律の錯誤につき「相当の理由」がある場合には、違法性の意識（の可能性）がなかったものとして故意ないし責任が阻却されることになる。

(1)　「相当の理由」があるとされるのは、①最高裁の判例又は確立した判例に従った場合、②行政刑法の解釈につき、所管の官庁又は法的責任をもつ担当公務員の公式見解に従った場合等である。

(2)　逆に、刑罰法規の存在を知らない場合、私人である専門家（弁護士、法律学者）の意見に従っただけでは「相当の理由」があるとはいえないとされる。

　　ex.1　100円紙幣に紛らわしい外観を有するサービス券につき、知り合いの警察官に相談した場合、違法性の意識を欠くにつき相当の理由はな

い（最決昭 62.7.16・百選 I 48 事件）

ex.2　映倫の審査を通過したことにより刑法上のわいせつ性なしと信じて映画を上映した場合は、法律上許容されたものと信ずるにつき相当の理由があり、わいせつ物公然陳列罪（175）の犯意を阻却する

＜法律の錯誤に関する学説のフローチャート＞

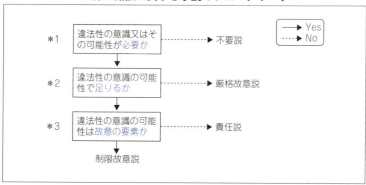

*1　「法の不知は害する」という思想を貫くか否かという問題
*2　違法性の意識のない者の故意責任を問えなくてもよいのか（特に行政犯・確信犯・常習犯）、という刑事政策的観点の問題
*3　「違法性の意識の可能性」の体系的位置付けの問題

●故意犯の構造 責任／責任故意

三 事実の錯誤と法律の錯誤の区別

1 事実の錯誤か法律の錯誤かは必ずしも明らかでなく、両者をいかに区別するかが問題となる。

＜事実の錯誤と法律の錯誤の区別＞

学説		区別の基準
形式的基準説	通説	┌ 事実の錯誤：刑法的評価の対象となる事実についての錯誤 └ 法律の錯誤：刑法的評価の基準となる規範についての錯誤
	厳格責任説の立場から	┌ 事実の錯誤：構成要件の客観的要素に関する錯誤 　（構成要件の錯誤） └ 法律の錯誤：行為が法律上許されていない点についての錯誤 　（禁止の錯誤）
実質的基準説		┌ 事実の錯誤：構成要件に該当する事実のうち違法性の意識を喚起 　すべき事実に関する錯誤 　→違法性の前提となる構成要件に該当する客観的事 　　実に関する錯誤 └ 法律の錯誤：行為が法律上許されていない点についての錯誤
実質的故意論から		┌ 事実の錯誤：一般人ならば当該犯罪類型についての違法性の意識 　をもちえない場合 └ 法律の錯誤：一般人ならば当該犯罪類型についての違法性の意識 　をもちうる場合 　→一般人ならば当該犯罪類型についての違法性の意識をもちうる 　　か否かの判断のために、構成要件・阻却事由等のどの部分をど 　　のように認識している必要があるかを検討しなければならない

2 両者の区別が困難となる場合

事実の認識がいわゆる記述的要素（自然的・外部的要素の感覚的・物理的認識）で足りる場合には、両錯誤の区別はそれほど困難はない。しかし、事実の認識が、①一定の評価的・価値的認識と結び付いている場合（規範的構成要件要素の認識）、②事実それ自体がいわば価値中立的であるために、その違法性の意識が事実の認識から当然には期待されず、具体的な禁止規定の認識と密接に結び付いている場合（行政刑罰法規における事実の認識）には、両者の区別が実際上極めて困難となる。

(1) 規範的構成要件要素の錯誤

(a) わいせつ性の錯誤

ex. チャタレイ事件（最大判昭32.3.13・百選 I 47事件）

わいせつ物頒布罪（175）の犯意としては、問題となる記載の存在とこれを頒布販売することの認識があれば足り、それが客観的にわいせつ性を有すれば、わいせつ文書にあたらないとの誤信は法律の

錯誤であって犯意を阻却しない

＊　本判例は、文字の外形の存在という外部的な裸の事実の認識があれば事実認識として十分であって、事実の錯誤となる余地はなく、あとは違法性の意識の問題とするものと解されている。これに対して、学説はほぼ一致して、外部的な裸の事実では足りず、文書の意味内容・性質についての「意味の認識」が必要であると解している。

cf.　判例の立場に従うと、甲は客観的にはわいせつな文書を、その意味内容は理解したものの、その程度の性的描写であれば刑法上の「わいせつな文書」には該当しないと判断し、同文書を販売した場合、甲にはわいせつ物頒布罪が成立する〈司〉

(b)　財物の「他人性」の錯誤

ex.　無鑑札犬撲殺事件（最判昭 26.8.17・百選Ⅰ 44 事件）

他人所有の無鑑札犬を撲殺した場合でも、飼主証票なき犬は無主犬とみなす旨の大分県令を誤解した結果、当該犬が他人所有に属する事実について認識を欠いていたと認めるべき場合は事実の錯誤として犯意を阻却しうる

＊　本件の場合、犬が「他人の」犬であることは法律的事実である。法律的事実であっても、違法性という刑法的評価の対象となる事実の中に含まれている以上、その法律的事実に関する錯誤は事実の錯誤となる。したがって、判旨が、大分県令を誤解した結果、事実の錯誤となる場合がありうるとした点については学説からも支持されている。

(2)　行政刑罰法規の錯誤についての具体例

▼　たぬき・むじな事件（大判大 14.6.9・百選Ⅰ 45 事件）

我が国古来の習俗上の観念に従い「むじな」は「たぬき」と別物であると信じて捕獲した場合は、狩猟法（現・鳥獣の保護及び管理並びに狩猟の適正化に関する法律）で禁止された「たぬき」を捕獲するという認識を欠くがゆえに犯意を阻却する。

▼　むささび・もま事件（大判大 13.4.25）

俗称「もま」が禁猟獣「むささび」と同一であることを知らずに捕獲した場合は、「むささび」すなわち「もま」を「もま」と知って捕獲したものであるから事実の認識に欠けるところはなく法律の不知にすぎない。

＊　たぬき・むじな事件では事実の錯誤として故意が阻却されたのに対し、むささび・もま事件では法律の錯誤にすぎないとして故意を阻却しなかったのは、一見矛盾するようにも思える。しかし、たぬき・むじな事件では、認識した事実が構成要件の概念に該当する事実であると理解することが一般人には困難であるのに対し、むささび・もま事件においては、認識した事実が構

成要件の概念に該当する事実であると理解することが一般人には可能であったと考えれば、両判決は矛盾しないことになる（実質的故意論からの主張）。

▼ **特殊浴場無許可営業事件（最判平元.7.18・百選Ⅰ46事件）**

実父名義の営業許可により公衆浴場を営業していた被告人が、被告会社名義への許可の変更を希望したが、公衆浴場法により営業名義の変更が許されないため、県係官の教示により、実父による最初の許可申請が設立中の被告会社の代表者の資格によるものであるとして申請者の名義変更届を県知事あてに提出し、受理された旨の連絡を県議を通じて受けたため、この変更届受理により被告会社に対する営業許可がなされたものと認識して営業を続けていた場合は、公衆浴場法8条1号の無許可営業罪の故意は認められない。

四 違法性阻却事由の錯誤 〈司H29 予R2〉

違法性阻却事由にあたる事実（違法性阻却事由の前提事実）がないのに、あると誤信した場合（狭義の誤想防衛の場合など ⇒P.97）の取扱いには争いがある。

甲説：事実の錯誤であり、故意が阻却される（事実の錯誤説）

∵① 構成要件該当の事実もそれ以外の違法性を基礎付ける事実もどちらも違法を基礎付ける点で変わりはない

② 違法性阻却事由たる事実について錯誤があれば、規範に関する問題は行為者に与えられていないのであり、直接的な反規範的人格態度は見られない

→責任故意を阻却する。もっとも、誤認の点に過失がある場合には、過失犯が成立する

∵ 行為者の義務に違反する態度としては、過失よりも故意の方がその程度が強く、規範違反の点において、故意は過失を包含する

＊1 第三の錯誤説

事実の錯誤説の中には、構成要件的故意ではなく責任要素としての故意を阻却するという立場がある。違法性阻却事由の錯誤は、構成要件的事実の錯誤、法律の錯誤のいずれとも異なる類型であるという観点に立つことから、第三の錯誤説などと呼ばれる。

＊2 消極的構成要件要素の理論

事実の錯誤説の中には、構成要件は違法性を積極的に基礎付ける事実の他に、違法性を消極的に基礎付ける事実をも包含するという観点から、違法性阻却事由の錯誤は、構成要件的事実の錯誤であるとして、構成要件的故意を阻却するという立場がある。

乙説：**法律の錯誤**であり、この処理は、違法性の意識の要否をめぐる見解により擬律すべきである（法律の錯誤説）

∵　行為者は、構成要件に該当する事実を認識していたのであり、行為者の意思は構成要件的結果惹起に向けられており、**自己の行為が禁じられているかどうかの問題に直面している**が、ただ**違法性阻却事由の錯誤のために誤って許されると信じた**ものであるから、法律の錯誤の問題である

五　誤想過剰防衛の処理

誤想過剰防衛の処理について、従来は、誤想防衛か過剰防衛か（過失犯が成立するのか故意犯が成立するのか）という二者択一的な議論がなされてきた。しかし近時では、①故意犯の成否の問題と、②36条2項の減免の効果を認めるか否かの問題とを分けて別個に検討する立場が有力となっている。

1　故意犯の成否の問題

甲説：違法性阻却事由の錯誤についての事実の錯誤説に立つ見解

甲1説：過剰性の認識の有無を問わず、**常に故意が阻却され、過失犯の成否のみを検討する**

∵　誤想過剰防衛の場合、急迫不正の侵害の誤認がなければ過剰な防衛行為もなかったであろうから、結局**全体として誤想防衛の一種に他ならず**、行為は**全体として過失犯の性格を帯びる**

←過剰事実の認識がある場合も過失犯とすれば、通常の過剰防衛が過剰事実の認識がある限り故意犯になることとの均衡を失する

甲2説：過剰性の認識の有無を問わず、**常に故意犯が成立する**

∵　誤想防衛として故意が阻却されるのは、防衛行為が相当性をもつ場合に限るのであるから、**相当性を逸脱している**誤想過剰防衛の場合にはもはや**故意は阻却されない**

←過剰事実の認識がない場合、**主観的に見れば**行為者によって**完全な正当防衛に対応した認識**を有しているのであるから、**通常の誤想防衛と同様、故意を阻却する**はずである

甲3説：**過剰性を認識している場合には、故意犯が成立する**が、**過剰性を認識していない場合には故意が阻却される**（誤認の点に過失があれば、過失犯が成立する）

乙説：違法性阻却事由の錯誤についての法律の錯誤説に立つ見解

→行為者の過剰性の認識を問わず、**故意犯が成立する**が、**錯誤が回避しえなかった場合には責任が阻却される**（38Ⅲ）

＊　この見解の中にも、過剰防衛との対比から36条2項の適用を認める立場や、過失の過剰防衛のみ36条2項の適用を認める立場がある。

●故意犯の構造　　　　　　　　　　　　　　　　　　　　　　　　　責任／責任故意

2　36条2項の減免の効果を認めるか否かの問題

甲説：責任減少説の立場から、誤想過剰防衛における36条2項の適用を肯定する

∵　責任減少説は、緊急状態における心理的圧迫により責任非難の程度が減少することを根拠とするから、行為者が不正の侵害を誤信している誤想過剰防衛においては36条2項が適用されうる

乙説：違法減少説の立場から、誤想過剰防衛における36条2項の適用を否定する

∵　違法減少説は、防衛行為の相当性を逸脱したものの、正当な利益が維持されたために違法性が減少することを根拠とするから、客観的に不正の侵害が存在しない誤想過剰防衛においては36条2項は適用されない

丙説：違法・責任減少説の立場から、誤想過剰防衛における36条2項の準用を肯定する

∵　誤想過剰防衛の場合、客観的には急迫不正の侵害が存在しないので違法減少を認めることはできず、36条2項を適用することはできないが、行為者の心理的側面に目を向けると責任非難をなすことができず責任減少が認められる。よって、行為者の責任減少が通常の「過剰防衛」と実質的に異ならず、かつ、過剰防衛における違法減少と類似した客観的状況が存する場合には、36条2項の準用が認められる

＊　違法・責任減少説の中にも、36条2項の準用を否定し、期待可能性の理論による責任減少・阻却の余地のみを認める立場がある。

＜正当防衛・過剰防衛・誤想（過剰）防衛の整理＞

行為の相当性 ＼ 急迫不正の侵害		存在	不存在だが存在と誤信
相当		正当防衛 →違法性阻却	（狭義の）誤想防衛 →違法 　責任故意阻却
過剰	過剰性につき認識あり	過剰防衛（36条2項適用） →違法性減少 　責任減少	（本来の）誤想過剰防衛 →違法性減少せず 　責任減少 甲説：36条2項適用 乙説：36条2項適用せず 丙説：36条2項準用

総論体系編

109

責任／期待可能性　　　　　　　　　　　　　　　　　　　　●故意犯の構造

行為の相当性	急迫不正の侵害	存在	不存在だが存在と誤信
過剰	過剰性につき認識なし	誤想防衛（過失の過剰防衛） →違法性減少 　責任減少 36条2項適用（通説）	二重の誤想防衛 →違法性減少せず 　責任減少 甲説：36条2項適用 乙説：36条2項適用せず 丙説：36条2項準用

3－4　期待可能性
《概　説》
◆　意義

　行為の際の具体的事情の下で行為者に犯罪行為を避けて適法行為をなしえたであろうと期待できることをいう。期待可能性が欠ける場合は、責任が阻却される。

●故意犯の構造   責任／期待可能性

《論　点》

◆　期待可能性の判断基準

期待可能性の有無を判定する基準をどのように解するかは争いがある。

＜期待可能性の判断基準＞

学説		理由	批判
行為者標準説	行為の際における行為者自身の具体的事情を基準とする	① 期待可能性の理論は、行為者の人間性の弱さに対して法的救済を与えることを目的としているから、その存否を判断する標準も、行為者自身の立場に求められるべきである ② 刑法における責任は、構成要件に該当する違法な行為に加えられる人格的非難であるから、行為者個人の立場について考えられるべきである	① あらゆる行為は必然的に行われるものであるから、行為者の側に立ってみるとすべて理由があって違法行為が行われたことになり、結局、すべてを理解することはすべてを許すことになって、不当に刑事司法を弱体化する（＊） ② 極端な個別化をもたらし法の画一性の要請に反する ③ 確信犯人は常に期待可能性がなく無罪にされてしまう
平均人標準説	行為者の立場に平均人を置いた場合、やはり他の行為を期待しえたかどうかを判断の基準とする	① 法は平均人に要求される準則の違背を有責的として非難するものである ② 「その人」を基準にした場合、極論すればすべての行為は「そうせざるを得なかったのだ」ということになりかねないから、責任評価の基準は一般人と考えざるを得ない	① 責任非難は行為者にとって可能なことを限界としなければならないから、平均人には期待が可能でも行為者に期待が不可能なときは非難ができない ② 「平均人」という観念は不明確であり、これを前提とする限り期待可能性の有無の判断が曖昧なものになる ③ 責任能力の観念が、すでに平均人の観念を基礎として構成されているので期待可能性の標準として平均人の観念を用いるのは概念の重複に他ならない
国家標準説	適法行為を期待する国家ないし国法秩序を標準とし、その具体的要求を考慮すべきものとする	期待可能性は、期待する者（国家）と期待される者（個人）との間における現実の情況下での緊張関係として把握されるべきであり、個人の現実的能力を標準とするものではなく、さらに意思の緊張・努力を要求するものである	① この説は、法律上いかなる場合に期待可能性が認められるかを論ずるについて、ただ法秩序がこれを期待する場合であると答えるものであって、問いに答えるに問いをもってする循環論である ② 期待可能性の根本的な思想は、「人間性の弱さ」に対して法的救済を与えようとするものであり、この説はこの思想に反する

＊　この批判に対し、行為者標準説は、行為者自身の具体的事情を考慮することは、行為者の主観面のみを偏重するのではなく、行為者の能力を客観的に上限において判断するものである、と反論している。

111

過失犯総説　　　　　　　　　　　　　　　　　　　　　　●過失犯の構造

▼　最判昭 33.7.10・百選Ⅰ〔第 7 版〕61 事件

　　期待可能性についての判断は示さず、被告人は犯罪構成要件を欠き無罪であるとした。本判例も含め、最高裁は、期待可能性の理論を肯定も否定もしない。

・第3章・【過失犯の構造】

1　過失犯総説

《概　説》

一　意義

1　過失犯の意義

　　故意ではなく、過失を成立要件とする犯罪である。

＜過失犯処罰規定がある犯罪＞

個人的法益に対する罪	過失傷害罪（209） 過失致死罪（210） 業務上過失致死傷罪（211 Ⅰ前段） 重過失致死傷罪（211 Ⅰ後段）
社会的法益に対する罪	失火罪（116） 過失激発物破裂罪（117 Ⅱ） 業務上失火罪（117の2） 重失火罪（117の2） 業務上過失激発物破裂罪（117の2） 重過失激発物破裂罪（117の2）
	過失建造物等浸害罪（122）
	過失往来危険罪（129 Ⅰ） 業務上過失往来危険罪（129 Ⅱ）

2　故意犯処罰の原則（38 Ⅰ）

　　刑法 38 条 1 項は、故意犯の処罰を原則としており、過失犯は「法律に特別の規定がある場合」に限って例外的に処罰される。これは、責任主義の要請に基づいている。

　　ただ、判例は、「法律に特別の規定がある場合」には、明文の規定がなくても、法律の精神からすると過失行為を処罰する趣旨であると解しうる場合を含むとしている（最決昭 57.4.2 参照）。

二　過失の種類

1　認識なき過失・認識ある過失

⑴　認識なき過失

　　行為者が犯罪事実の認識を全く欠いている過失をいう。

●過失犯の構造　　　　　　　　　　　　　　　　　　　　　　　過失犯の構造

(2)　認識ある過失

認識はあるが、認容を欠いている過失をいう（認容説）。

＊　故意の本質をいかに解するかにより、未必の故意と認識ある過失の区別が決まる。　⇒p.41

2　通常の過失・業務上の過失・重大な過失

(1)　通常の過失

特別の限定を設けられていない一般の過失をいう。

(2)　業務上の過失圓

(a)　行為者が業務上必要な注意を怠ったことによって、犯罪事実を発生させる過失をいう。

(b)　「業務」とは、社会生活上反復継続して行われる仕事をいう。

(c)　加重処罰の根拠について争いがある。

甲説：業務者には通常人と異なった特別に高度な注意義務が課せられており、その注意義務に違反した点に重い責任が課される根拠がある

乙説：業務者の注意能力が通常人に比べ一般的・類型的に高度であるから、責任の程度がより大きい点に重い責任が課される根拠がある

丙説：個々の行為者の違法性・責任が重大である点に重い責任が課される根拠がある

(3)　重大な過失圓

通常の過失に対して行為者の注意義務に違反した程度が著しい場合、すなわち、行為者としてわずかな注意を用いることによって結果を予見でき、かつ、結果を回避することができる場合の過失をいう。

2　過失犯の構造

《概　説》

一　過失犯の構造

過失犯も、故意犯と同様、実行行為・結果・因果関係により構成要件該当性が判断される。そして、実行行為として「過失」が求められるところ、過失犯の成否に関し、「過失」をどのように考えるかが重要となる。　⇒p.114

二　許された危険の法理

1　意義

法益侵害の危険を伴う行為につき、その社会的有用性を根拠に、法益侵害の結果が発生した場合にも一定の範囲で許容する理論のこと。

→新過失論の発展の基礎となった法理

2　趣旨

鉱工業、高速度交通、医療などの行為は、しばしば法益侵害の危険を伴うが、もし、その危険ゆえにこれらの行為を全面的に禁止するならば、近代社会

総論体系編

生活は成り立たないという考えに基づく。

《論　点》

◆　過失犯の構造

　　過失犯が成立するためには、「過失」があること、すなわち不注意であることが必要である。では、不注意の内容を、具体的にはいかなるものと捉えるべきか、過失犯の構造と関連して学説上争いがある。

＜過失犯の構造＞ 司予

学説		過失の内容	過失の体系上の位置	根　　拠
旧過失論	旧過失論	結果予見義務違反 ：構成要件該当事実を予見可能であるのに、不注意のため予見しなかった	責任要素 →過失犯における違法性は法益侵害・危険の惹起という結果無価値にのみ求められる	過失犯の外部的行為の部分につき、故意犯との間に本質的な差異はなく、過失は主観的なものである
	修正旧過失論	結果予見義務違反	責任要素（＊1）	構成要件的結果を生じさせる実質的危険性を有する行為が認められてはじめて、過失犯の客観的構成要件が充足されると解すべきである →過失行為を限定することにより、過失犯の処罰範囲を限定しようとする
新過失論	新過失論	結果回避義務違反 ：結果の発生を予見しながらも、それを回避するために一般人がとるであろう行為をとらなかった（予見義務は、回避義務の前提）	構成要件要素 違法要素（一般人基準） 責任要素（本人基準） →過失犯における違法性は、客観的注意義務違反（基準行為からの逸脱）という行為無価値にも求められる	予見可能性を基準とする旧過失論では、予見可能性が認められれば直ちに処罰することになりかねず、過失を結果回避義務違反と捉えることで処罰範囲を限定すべきである（＊2）
	新新過失論	結果回避義務違反 ：一般人ならば結果の発生がありうるという危惧感を抱く場合であるにもかかわらず、その危惧感を打ち消すに足るだけの結果防止措置を採らなかった（予見義務は、回避義務の前提）	構成要件要素 違法要素（一般人基準） 責任要素（本人基準） →過失犯における違法性は、客観的注意義務違反（基準行為からの逸脱）という行為無価値にも求められる	結果の具体的予見可能性を要求していたのでは、「未知の危険」により結果が生じた場合に対応することができない

＊1　構成要件要素でもあるとする理解もある。

＊2　新過失論に対しては、結果回避のための適切な措置の内容が明確ではないから、道路交通法上の速度制限といった行政取締法規から導出せざるを得ず、行政取締法規に違反する行為から結果が発生すれば過失が肯定される傾向があるため、刑法上の過失犯が行政取締法規違反の結果的加重犯になってしまうとの批判がある。

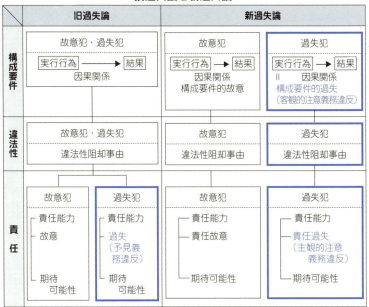

3　過失犯の成立要件

《概　説》
一　注意義務の存否・内容

1　過失犯の注意義務は、法令・契約・慣習・条理等の様々な根拠から生じる。

▼　最決平5.10.12

自動車運転者が、同乗者の降車に際して、フェンダーミラーを通じて左後方の安全を確認した上、開扉を指示するなど適切な措置を採るべき注意義務を負うにもかかわらず、その義務を怠って、同乗者が不用意に扉を開けたために、そのドアに後方から進行してきた原付が衝突し、原付運転者が負傷した場合に、自動車運転者に業務上過失致傷罪（211Ⅰ）が成立する。

▼ 最決平 22.5.31・平 22 重判 1 事件

現地警備本部指揮官である被告人Ａは、午後８時ころの時点において、歩道橋内への流入規制等を実現して雑踏事故の発生を未然に防止すべき業務上の注意義務があったというべきであり、また、警備員の統括責任者である被告人Ｂは、午後８時ころの時点において歩道橋内への流入規制等を実現して雑踏事故の発生を未然に防止すべき業務上の注意義務があったというべきであり、Ａ・Ｂの結果回避義務が認められる。

そして、歩道橋周辺における機動隊員の配置状況等からは、午後８時 10 分ころまでにその出動指令があったならば、本件雑踏事故は回避できたと認められるところ、被告人Ａについては機動隊の出動を実現できたものである。また、被告人Ｂについては、明石市の担当者らに警察官の出動要請を進言でき、さらに、自らが自主警備側を代表して警察官の出動を要請することもできたのであって、明石市の担当者や被告人Ｂら自主警備側において、警察側に対して、単なる打診にとどまらず、自主警備によっては対処しえない状態であることを理由として警察官の出動を要請した場合、警察官側がこれに応じないことはなかったものと認められる。したがって、被告人両名ともに、午後８時ころの時点において、上記各義務を履行していれば、歩道橋内に機動隊による流入規制等を実現して本件事故を回避することは可能であり、業務上過失致死傷罪（211 Ⅰ）が成立する。

2　行政取締法規の注意義務を尽くしたからといって、直ちに過失犯の成立が否定されるものでもなく、なお結果回避の措置を講ずべき余地がなかったか否かが検討されなければならない《国》。

▼ 最決昭 32.12.17

単に列車の運転取扱に関する特別の規定を守るだけでその義務を常につくしたものということはできず、いやしくも列車の運転に関して危険の発生を防止するに可能なかぎり一切の注意義務をつくさなければならない。

二　結果回避義務と因果関係

▼ 大判昭 4.4.11

小児が踏切上に立っていたにもかかわらず、前方注視義務を怠ったため、警笛吹鳴、非常制動措置を行わないまま、機関車を運転したためれき死させた場合、小児の存在を認識した時点で右措置を採ったとしても、小児に対する危害を防止できたとはいえないときは、右措置を怠ったとしても、因果関係がなく、業務上過失致死罪（211 Ⅰ）は成立しない。

● 過失犯の構造　　　　　　　　　　　　　　　　　　　　過失犯の成立要件

▼　最判平 15.1.24・百選Ⅰ 7 事件

　　（左右の見通しが利かない交差点に進入するに当たり、何ら徐行することなく、時速約 30 キロないし 40 キロメートルの速度で進行を続けた被告人の行為は、道路交通法 42 条 1 号所定の徐行義務を怠ったものといわざるを得ない。しかし、）被告人が時速 10 キロないし 15 キロメートルに減速して交差点内に進入していたとしても、急制動の措置を講ずるまでの時間を考えると、被告人車が衝突地点の手前で停止することができ、衝突を回避することができたものと断定することは、困難であるといわざるを得ない。

▼　福岡高那覇支判昭 61.2.6

　　自動車の反対車線への右折転回において、過失による後方確認懈怠の注意義務違反が認められるものの、仮に後方を確認したとしても後方から時速約 100 キロメートルにも及ぶ高速度で自動車が疾走することまでも認識することは困難であったことから、被告人の注意義務違反と本件事故との相当因果関係は存在しない。

▼　最決平 24.2.8・平 24 重判 1 事件

　　事故事案の処理の時点において、Ａ社製ハブの強度不足のおそれの強さや、予測される事故の重大性、多発性に加え、事故関係の情報を一手に把握していたことを踏まえると、同社の品質保証部門の部長又はグループ長の地位にある被告人両名には、強度不足に起因するハブ破損事故の更なる発生を防止すべき業務上の注意義務があった。

　　そして、本件事故は、ハブの強度不足に起因して生じたものと認められるから、被告人両名の上記義務違反に基づく危険が現実化したものであり、両者の間に因果関係を認めることができる。

三　予見可能性の程度・対象

　　過失犯の成立には注意義務違反が要件となるが、その注意義務を基礎付けるものとして予見可能性が必要となる《**予**》。そこで、予見可能性の程度及びその対象が問題となる。　　⇒ p.118、119

四　信頼の原則《**司**》《**司H22**》

1　意義

　　被害者ないし第三者が適切な行動をとることを信頼するのが相当な場合には、たとえそれらの者の不適切な行動により犯罪結果が生じても、それに対して刑責を負わなくてよいとする理論である。

　　判例（最判昭 42.10.13・百選Ⅰ 54 事件）によれば、行為者自身に法令に違反する行動があった事案においてもなお信頼の原則が適用される場合がある《**共**》。

過失犯の成立要件　　　　　　　　　　　　　　　　　　　　●過失犯の構造

▼ 最判昭 42.10.13・百選 I 54 事件

　右折の合図をしながら右折しようとする原動機付自転車の運転者としては、後方から来る他の車両の運転者が、安全な速度と方法で進行するであろうことを信頼して運転すれば足り、その右折方法が法規に違反している場合であっても、このことは、右注意義務の存否とは関係がない。

▼ 最決平 19.3.26・平 19 重判 2 事件

　医療行為において、対象となる患者の同一性を確認することは、当該医療行為を正当化する大前提であり、医療関係者の初歩的、基本的な注意義務であって、病院全体が組織的なシステムを構築し、医療を担当する医師や看護師の間でも役割分担を取り決め、周知徹底し、患者の同一性確認を徹底することが望ましいところ、手術に関与する医師、看護師等の関係者は、他の関係者が上記確認を行っていると信頼し、自ら上記確認をする必要がないと判断することは許されず、各人の職場や持ち場に応じ、重畳的にそれぞれが責任を持って患者の同一性を確認する義務がある。

▼ 札幌高判昭 51.3.18・百選 I 51 事件〈司〉

　チームワークによる手術の執刀医として危険性の高い重大な手術を誤りなく遂行すべき任務を負わされた医師が、その執刀直前の時点において、極めて単純容易な補助的作業に属する電気手術器のケーブルの接続に関し、経験を積んだベテランの看護師の作業を信頼したのは当時の具体的状況に徴し無理からぬものであったことを否定できないから、当該医師に注意義務違反はない。

2　過失概念内部における位置付け〈司〉
　　信頼の原則を予見可能性認定の基準と捉える立場、結果回避義務が否定されるとする立場がある。前者は旧過失論から、後者は新過失論から主張されている。
3　要件
　　①　他の者が適切な行動をすることに対する現実の信頼が存在し、かつ、こうした信頼が社会生活上相当なものであること
　　②　他の者が適切な行動をすることを信頼するに足りる具体的状況が存在すること

《論　点》
― 予見可能性の程度〈司共〉
　予見可能性の程度をいかに解するかについて、具体的予見可能性説と危惧感説の対立が見られる。

●過失犯の構造　　　　　　　　　　　　　　　　　　　　　過失犯の成立要件

＜予見可能性の程度＞

	内　容	根　拠	批　判
具体的予見可能性説	具体的な結果・因果経過の本質的部分を予見できたことが必要	予見可能性は結果回避義務を生じさせるものであるから、一般人が犯罪結果の発生を回避できる程度に、結果を予見できることが必要である	①　具体的予見可能性を要求すると、企業や監督過失の多くの場合、過失責任を問えなくなってしまう ②　実際の処理に際しては危惧感説と同様に広く予見可能性を認めており、結局、文言上「具体的」といっているにすぎない
危惧感説	およそ何らかの結果が発生するかもしれないという危惧感（不安感）があれば足りる	科学実験や工事等で新しい試みをする場合、重大な結果が発生しても、それにつき経験の蓄積がない以上、具体的予見は不可能であるが、それを不可罰とすれば、不合理である	①　予見可能性をあまりにも抽象化してしまうため刑事過失の成立範囲を無限定にし、不当に拡大するおそれがある ②　曖昧な危惧感をもっていれば十分であるとするならば、結果責任を認めることになり妥当でない

※　判例は、非加熱製剤の投与と医師の刑事過失責任が問題となった事案において、医師の予見可能性を肯定しつつ、その程度は低いものであったことを前提として、結果回避義務違反の有無を検討し結論として否定した（東京地判平 13.3.28・百選Ⅰ〔第 7 版〕55 事件）。

※　列車の運転士が適切な制動措置を採らず、転覆限界速度を超える速度で同列車を曲線に進入させ、転覆させたことにより、多数の乗客を死傷させた事案において、裁判所は、代表取締役として業務の執行を統括した歴代 3 社長について、同曲線を脱線転覆事故発生の危険性が高い曲線として認識できたとは認められないとし、業務上過失致死傷罪における注意義務違反は認められないとした（ＪＲ福知山線脱線転覆事故事件、最決平 29.6.12・百選Ⅰ 57 事件）。

二　予見可能性の対象

　　予見可能性の程度につき、通説は、結果についての予見可能性は具体的なものでなければならないと解しているが、どの程度の具体的・個別的結果を予見の対象とすべきであろうか。また、結果発生に至る因果の経過を予見の対象に含めるべきであろうか。

1　結果（特に客体）について

　　トラック運転手のＸが無謀運転により、ハンドル操作を誤って自社トラックを電柱に衝突させて、助手席に乗っていたＡに重傷を負わせ、さらに荷台にＸやＡの知らないうちに乗り込んで積み荷の陰に隠れていたＢ、Ｃを死亡させた場合、ＸはＢ、Ｃの死亡につき予見可能性があるといえるか。

　　この問題に関しては、大きく分けて 2 つのアプローチがある。1 つは、故意と過失をパラレルに捉え、錯誤論における学説に対応する形で予見可能性の範囲を決定するアプローチであり、1 つは、故意論から離れ、過失犯独自の理論として予見可能性の対象を決定するアプローチである。

119

過失犯の成立要件　　　　　　　　　　　　　　●過失犯の構造

＜予見可能性の対象＞

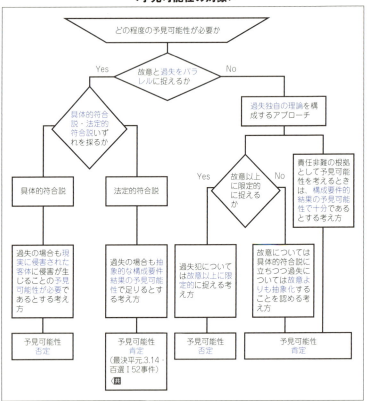

▼ **日航機ニアミス事件（最決平 22.10.26・平 22 重判 2 事件）**

　被告人は、警報により 907 便と 958 便が異常接近しつつある状況を認識していたので、言い間違いによる本件降下指示の危険性を認識できた。また、衝突防止装置に関する被告人の知識を前提にすれば、958 便に対して下方向への回避措置指示が出されることは十分予見可能であり、ひいては両機が共に降下を続けて異常接近し、機長が接触を回避するため何らかの措置を採ることを余儀なくされ、その結果、乗客らに負傷の結果が生じることも予見できたと認められる。以上より、被告人の言い間違いによる本件降下指示は注意義務に違反したものといえる。　⇒ p.125

●過失犯の構造　　　　　　　　　　　　　　　　　　　過失犯の成立要件

2　因果経過について
　甲説：因果経過の予見可能性は不要だが、最終結果の予見可能性の判断の道
　　　具として中間項の予見可能性が必要とする
　乙説：因果経過の基本的部分の予見可能性が必要とする（事実上中間項とし
　　　ての意味があるとされる）
　丙説：具体的因果経過を通じて結果が発生することの予見可能性が必要とする
＊　中間項とは、その事実が予見できる場合には、一般人にとって、通常構成
　要件的結果に対しても予見可能性があるといいうる事実をいう。

＜因果経過の予見可能性に関する判例の整理＞

判例	事案	判旨
北大電気メス事件（札幌高判昭 51.3.18・百選Ⅰ51 事件）〈司〉	電気メスを使用した手術の際、ケーブルの接続を間違えたところ異常な電気回路が形成され、被害者に熱傷が生じた	「結果発生の予見とは、内容の特定しない一般的・抽象的な危惧感ないし不安感を抱く程度では足りず、特定の構成要件的結果及びその結果の発生に至る因果関係の基本的部分の予見を意味する」とし、事案については理化学的原因については予見可能の範囲外ではあるが、因果関係の基本的部分の予見で足りるので、その点は過失犯の成立に影響しないとした
生駒トンネル火災事件（最決平 12.12.20・百選Ⅰ53 事件）〈司共〉	トンネル火災事故について、ケーブル接続工事業者の部品取付の不備→電流漏洩→炭化導電路形成→半導電層部・電力ケーブル炎上→電車停止→死傷という複雑な因果経過をめぐって結果が発生した	「予見可能性を肯定するためには、事故発生に至るまでのプロセスにつきその細目にわたるすべての部分についてまで具体的な形で鮮明に予測し、ないし予測しうることまで要求されるものではない……事故発生に至るまでのプロセスについて未必的にもせよ予測、ないし予測され得ることが予見可能性を肯定する必要にして十分な要件といわなければならない」とし、事案についてはケーブルの炎上を基本的部分と認定し、その部分につき認識のあった行為者につき予見可能性を認めた
浦和地判平 8.7.30	幼稚園の園長が大腸菌の多い井戸水であることを認識しつつ幼稚園児に供給していたところ、病原性大腸菌 O-157 による急性脳炎等により、園児を死亡させた	O-157 という直接の原因となった大腸菌の予見可能性を欠いても過失責任を肯定した

三　過失における違法性阻却事由

1　意義

過失犯の場合でも、故意犯と同様に違法性阻却事由の有無を論ずる。ここでは、過失行為による緊急行為が認められるか、過失犯について被害者の同意に基づく違法性阻却が認められるか、が問題となる。

2　過失行為による正当防衛

(1)　過失による正当行為の場合には、2つの場合があるといわれている。①過失による偶然防衛の場合（ex. 甲が自車を過失によってAの車に衝突させAを負傷させたが、たまたまAは歩行者をはねる寸前であった）、②緊急状態の認識がある場合（ex. 甲が熊の毛皮をかぶった乙に襲われたのに熊に襲われたと誤信して乙に発砲し死亡させたが、たまたま乙は甲を殺す寸前だった）の2つである。

(2)　①過失による偶然防衛の場合

防衛の意思不要説の立場からは、正当防衛は認められる。防衛の意思必要説の立場からは、急迫不正の侵害の認識すらないので、正当防衛は成立しない。

(3)　②緊急状態の認識がある場合

防衛の意思不要説の立場からは、正当防衛は認められる。防衛の意思必要説の立場からは、過失行為であることから防衛の意思が欠けるとも思われるが、防衛の意思の内容を「急迫不正の侵害を認識しつつそれに対応する心理状態」と捉える立場からは、防衛の意思が認められ、正当防衛が成立することとなる。

3　過失行為による緊急避難

緊急避難に避難の意思を要求すると、過失行為による場合にはその成立を認めにくく、また、過失犯における結果回避義務と緊急避難の要求である補充性とが内容的に重なり合うので、過失犯については緊急避難の成否を別個に検討する必要がない、との指摘がある。もっとも、判例は過失行為による緊急避難を肯定している（大阪高判昭45.5.1）。

4　過失犯と同意（危険の引受）

危険の引受とは、たとえば、酩酊している友人の運転する自動車に同乗し事故で重傷を負った場合のように、被害者（法益の主体）が事前に一定の危険を認識したにもかかわらず、あえてその危険に身をさらすことをいう。

この点、違法性の実質を法益侵害・危険の惹起と考える結果無価値論の立場からは、被害者の同意の法理によって違法性が阻却されるためには、「結果」に対する同意が必要である、ということになる。このように考えると、危険の引受の場合に被害者の同意の法理の適用はないことになる。

これに対して、過失犯における違法性の中心は客観的注意義務違反（＝基準行為からの逸脱）であると捉える行為無価値論・新過失論の立場からは、「行

●過失犯の構造　　　　　　　　　　　　　　　　　　　　　　　　　過失の競合

為」に対する同意があれば足りる、と考えることができる。

▼　**千葉地判平 7.12.13・百選Ⅰ 59 事件**

　　ダートトライアルの走行練習において、被告人が経験者である同乗者の指示に
もかかわらずコーナーで減速せず、車両を防護柵に衝突させて同乗者である被害
者を死亡させた事案について、被害者が引き受けていた危険の現実化というべき
事態であり、また、社会的相当性を欠くものではないので、違法性が阻却される。

4　過失の競合

《概　説》

一　意義

　　過失の競合とは、1つの構成要件的結果の発生について複数の過失が競合して
いることをいい、①単独の行為者による複数の過失が競合的に併存している場
合、②複数の行為者の過失が競合的に併存している場合の2種類がある。

二　単独行為者の過失の競合

　　結果を発生させる原因となった同一人の過失行為が2個以上段階的に併存して
いる場合、結果に最も近接した最終の過失行為のみに対して責任を問えば足りる
とする過失段階説と、併存する各注意義務違反行為の全体を実行行為として捉
え、1個の過失犯を認めるべきであるとする過失併存説の争いがある。

＜過失段階説と過失併存説の整理＞

学　説	内　容	根　拠	批　判
過失段階説（直近過失一個説）	結果に最も近接した最終の過失行為を刑法上の過失とする	①　結果回避義務違反として評価されるのは、結果発生の現実的危険があるのに結果回避措置を講じなかった不作為にある ②　過失犯の実行行為も故意犯のそれとパラレルに限定すべきであって、過失犯における実行行為の危険性を過度に緩めるのは疑問である	①　最終行為の時点では注意能力が欠如する場合も考えられるから、結果発生と相当因果関係にあるすべての危険行為を実行行為と解すべきである ②　結果発生に対して相当因果関係がある危険行為が2個以上あって時間的に早い段階にある行為の方が結果発生に対して重大な影響を与えており、結果に直近する行為の方が比較的軽微な影響を与えたにとどまる場合、後者のみを実行行為と見ることは疑問である

123

学　説	内　容	根　拠	批　判
過失併存説	併存する各注意義務違反行為の全体を刑法上の過失とする	結果の発生と相当な関係にある複数の過失はすべて刑法上の過失と認めるべきである	過失の実行行為が無限定で不明確になる

三　複数行為者の過失の競合

1. 対等な行為者の過失が競合する場合 司H22
   (1) 共同の注意義務がある場合　→過失の共同正犯の成否が問題となる
       ⇒ p.173
   (2) その他の場合　→各行為者について、それぞれ注意義務違反が問われる
2. 監督過失（直接過失と監督過失とが競合する場合）　⇒ p.126
   (1) 類型
       監督過失は、主として爆発・火災事故等に関連して議論されるが、事案を類型化してそれに応じた理論構成を行うという考えから、狭義の監督過失と管理過失に区別するのが一般である。

＜監督過失の類型＞

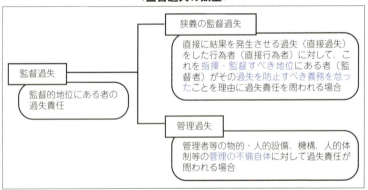

(2) 判例の具体例

<監督過失に関する判例の整理>

	判例	事案	判旨
狭義の監督過失	北ガス事件 (札幌地判昭61.2.13)	ガス会社が供給しているガスの熱量変更計画を実施した際、ゆとりのない作業計画により現場作業員がガス器具の調整ミスを犯し、一酸化炭素中毒で死傷者を出した	「当然あり得べき現場作業員の調整過誤につき、調整作業を直接担当した者以外のしかるべき係員をして、これを発見、是正させる事後点検も行わない作業計画を立案、実施した過失」が、ガス会社の取締役等に認められるとした
	白石中央病院事件 (札幌高判昭56.1.22)	病院でボイラーマンの過失により火災が発生し、夜警員が駆けつけたが狼狽し立ち去ってしまい、看護師等も新生児の搬出や非常口の開錠、患者の避難誘導に思い及ばなかったため、死傷者が出た	「当直看護婦や夜警員が当然果してくれるものと予想されるような」救出活動・避難誘導活動がなされない場合まで「考慮に入れて火災発生に備えた対策を定めなければならないとまでいうのは行過ぎ」として、病院の理事長の過失責任を否定した
	埼玉医科大学事件 (最決平17.11.15・百選Ⅰ55事件)	大学附属病院の耳鼻咽喉科の患者の主治医と指導医が、抗がん剤の投与計画を誤り、過剰投与などにより患者を死亡させた	同科の医療行為全般を統括し、同科の医師を指導監督していた耳鼻咽喉科科長は、主治医らに対し副作用への対応について事前に指導を行うとともに、懸念される副作用が発現した場合には直ちに報告するよう具体的に指示すべき注意義務を怠ったとして、過失責任を肯定した
	日航機ニアミス事件 (最決平22.10.26・平22重判2事件)	訓練中の管制官が言い間違えて降下の指示をした際、指導監督する管制官がこれを是正せず、航空機の異常接近・急降下により乗客が負傷した	不適切な管制指示を直ちに是正して事故の発生を未然に防止するという、指導監督者としての業務上の注意義務に違反したものであるとして、業務上過失傷害罪の成立を肯定した
管理過失	大洋デパート事件 (最判平3.11.14)	営業中のデパートから火災が発生したが、従業員らによる火災の通報が全くなされず、避難誘導もほとんど行われなかったため、多数の死傷者が出た	取締役人事部長につき、代表取締役が防火管理業務を遂行できない特別の事情がないこと、人事部の所管業務の中に防火管理業務は含まれていないことから「取締役会の決議を促して消防計画の作成等をすべき注意義務や、代表取締役に対し防火管理上の注意義務を履行するよう意見を具申すべき注意義務が」ないとして過失責任を否定した

125

	判例	事案	判旨
管理過失	**ホテルニュージャパン事件**（最決平5.11.25・百選Ⅰ58事件）〈共〉	ホテルの客室からタバコの不始末により出火し、スプリンクラーの設備や防火区画の設置がなされておらず、従業員らも適切な消火活動や避難誘導ができなかったため多数の死傷者が出た	「昼夜を問わず不特定多数の人に宿泊等の利便を提供するホテルにおいては、火災発生の危険を常にはらんで」おり、「防火管理体制の不備を解消しない限り、いったん火災が起れば」死傷の結果が生じるおそれがあることを容易に予見できたとして、代表取締役の過失責任を肯定した
	薬害エイズ厚生省事件（最決平20.3.3・百選Ⅰ56事件）〈同〉	ミドリ十字社が米国から輸入した血漿を原料とする非加熱製剤を、厚生省（当時）から製造販売の認可を受けて販売していたところ、これを投与された患者がエイズにより死亡した	薬害エイズ事件の状況の下では、薬務行政上、その防止のために必要かつ十分な措置を採るべき具体的義務が生じたといえるのみならず、刑事法上も、非加熱製剤製造使用安全確保に係る薬務行政を担当する者には社会生活上、薬品による危害発生の防止の業務に従事する者としての注意義務が生じたものというべきとして、非加熱製剤の販売を中止、回収、患者への投与の控えさせる措置を採らなかった当時の厚生省薬務局生物製剤課長に業務上過失致死罪を認めた
	ＪＲ福知山線脱線転覆事故事件（最決平29.6.12・百選Ⅰ57事件）	列車の運転士が適切な制動措置を採らず、転覆限界速度を超える速度で、速度照査機能を備えた自動列車停止装置（ＡＴＳ）が整備されていない曲線に同列車を進入させ、転覆させたことにより、多数の乗客を死傷させた	「本件事故以前の法令上、ＡＴＳに速度照査機能を備えることも、曲線にＡＴＳを整備することも義務付けられておらず、大半の鉄道事業者は曲線にＡＴＳを整備していなかったこと」等の事実関係の下では、「運転士がひとたび大幅な速度超過をすれば脱線転覆事故が発生する」という「程度の認識をもって、注意義務の発生の根拠とすることはできない」とした

《論　点》

◆　監督過失〈同共〉

 1　狭義の監督過失

  監督者は被監督者を指揮・監督して現場の作業にあたらせているのであり、被監督者の過失を予見し結果を回避しうる立場にあるから、当然に直接行為者の過失について責任を問えることになる。もっとも、この場合、①予見可能性の程度、②信頼の原則の適用の有無が問題となる。

●過失犯の構造

過失の競合

(1) 予見可能性の程度について

　過失犯の予見可能性の程度として、一般論として具体的な予見可能性を要求するとしても**圖**、監督過失が問題となる事案については結果の予見可能性の有無を直接判断し難い場合が多い。そこで、学説上、中間項の理論（結果発生に至る因果経過の一部たる事実で、その事実が予見できれば一般人にとって結果発生の予見が十分に可能な事実をいわば「中間項」として選別し、「中間項」の予見可能性があれば結果の予見可能性ありと認定する理論）が主張されている。

(2) 監督過失と信頼の原則の適用の肯否について

　監督過失においては、被監督者が適切な処置をとっていれば結果が発生しなかったという場合が多い。そこで、監督者的地位にある者が、被監督者が適切な処置をとってくれるであろうと信頼してよいか否かが問題となる。

　　甲説：監督過失には信頼の原則は適用されない

　　　　∵　被監督者は監督者の一種の「手足」として作業をしているものと解すべきであるから、これに対する信頼は不適切である

　　乙説：監督過失にも信頼の原則は適用される

　　　　∵　信頼の原則の適用を否定すれば、上司は部下のほとんど想像の域にとどまるような不適切な行動をも予定した安全体制を組まなければならないという不当な結論になる

　　＊　判例は、事前の安全体制が比較的妥当なものであれば、通常、部下は方式的な処置をとってくれるものと期待して構わないとして、信頼の原則の適用を肯定するようである。

2　管理過失

　管理過失においては、被監督者に対する指揮・監督の不適切ということよりも、結果回避のために適切な管理をしなかったという不作為、特に安全体制確立義務が重要となる。そこで、不真正不作為犯の成立要件、特に管理者等に保証人的地位を認めうるか否かの見地から管理過失を把握すべきこととなる。

総論体系編

127

・第4章・【修正された構成要件】

1 犯罪遂行の発展段階

1-1 未遂犯

第43条（未遂減免）
犯罪の実行に着手してこれを遂げなかった者は、その刑を減軽することができる。ただし、自己の意思により犯罪を中止したときは、その刑を減軽し、又は免除する。

第44条（未遂罪）
未遂を罰する場合は、各本条で定める。

1-1-1 未遂犯総説
《概 説》
一 意義
　未遂犯とは、「犯罪の実行に着手してこれを遂げなかった」場合（43本文）をいう。
二 未遂犯の処罰根拠　⇒ p.129
三 未遂犯の位置付け

＜未遂犯の位置付け＞

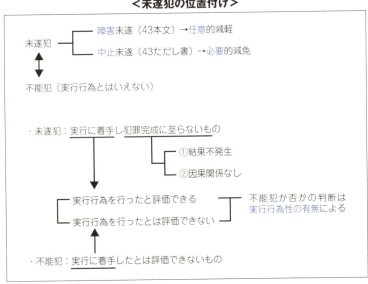

●修正された構成要件　　　　　　　　　　　　　　犯罪遂行の発展段階／未遂犯

《論　点》

◆　未遂犯の処罰根拠

結果の発生によって犯罪が完成するのが原則だが、未遂犯においては、処罰範囲が結果発生の前段階に拡張されている。では、未遂犯は、不完全な犯罪実現であるにもかかわらず、なぜ処罰されるのか。未遂犯の処罰根拠が問題となる。

甲説：未遂犯の処罰根拠を、実行行為の開始に求める説（形式的客観説）

∵①　未遂犯の成否（実行着手の有無）が比較的明確に判断し得る

②　実行行為の開始時と実行の着手時が一致し、「実行に着手して」（43）という法文とも調和する

←判断が硬直化し、未遂犯の成立時期が遅くなりすぎる場合がある

乙説：未遂犯の処罰根拠を、行為の客観的な危険性、すなわち法益侵害・結果発生の危険性に求める説（実質的客観説）　◀判通▶

乙1説：未遂犯の処罰根拠を、結果発生の現実的危険性のある行為を開始したことに求める説（行為説）

∵　未遂犯の成否を具体的・柔軟に判断できる

←離隔犯の場合には、行為の終了後に結果発生の現実的危険性が生じるので、結果発生の現実的危険性のある行為が観念できないという難点がある

＊　離隔犯とは、行為と結果の間に時間的・場所的間隔がある場合をいう。

ex.　Aを殺害する目的でA宅に毒入り菓子を郵送した場合である

乙2説：未遂犯の処罰根拠を、既遂結果に至る具体的危険が生じたことに求める説（結果説）

∵　実行行為の開始時と実行の着手時が一致しなくてもよいことから、離隔犯の場合に生じる行為説の難点を回避できる

←「犯罪の実行に着手して」（43）という文言と整合的でない

1－1－2　狭義の未遂犯（障害未遂）

《概　説》

一　要件

①　「犯罪の実行に着手し」たこと

②　「これを遂げな」いこと

1　「犯罪の実行に着手し」たこと（要件①について）

未遂犯は、実行の着手後の行為段階にある点で、まだその段階に至らない予備・陰謀と区別される。　⇒ p.25

2　「これを遂げな」いこと（要件②について）

犯罪の完成に至らないことをいう。

（1）犯罪の完成に至らない場合

（a）　行為者の着手した実行行為が終了しなかった場合（着手未遂）

（b）　実行行為は終了したが構成要件的結果を生じるに至らなかった場合（実行未遂）

＊　この区別により、中止行為の内容に違いが生じる。

(2)　構成要件的結果を生じるに至らなかった場合には、結果が発生したが、行為と結果との間に因果関係が欠ける場合も含まれる。

二　処分

未遂犯は、刑法各本条に未遂犯処罰の規定がある場合にのみ処罰される（44）。

＜未遂処罰規定がある犯罪＞

国家的法益に関する罪	内乱罪（77Ⅱ、付和随行者・単なる暴動参加者を除く） 外患罪（87）
	逃走罪（102）
社会的法益に関する罪	放火罪（112・108、109Ⅰのみ） 往来妨害罪、往来危険罪、汽車転覆罪（128・124Ⅰ、125、126ⅠⅡのみ）
	あへん煙に関する罪（141）
	通貨偽造罪・同行使罪（151・148、149、150） 公正証書原本等不実記載罪（157Ⅲ） 偽造公文書行使罪（158Ⅱ） 偽造私文書行使罪（161Ⅱ） 不正電磁的記録供用罪（161の2Ⅳ） 偽造有価証券行使罪（163Ⅱ） 支払用カード電磁的記録不正作出等罪・支払用カード電磁的記録不正作出準備罪（163の5・163の2、163の4Ⅰ） 偽造印章不正使用罪（168・164Ⅱ、165Ⅱ、166Ⅱ、167Ⅱのみ）
個人的法益に関する罪	住居侵入罪（132）
	強制わいせつ罪、強制性交等罪、準強制わいせつ及び準強制性交等罪（180） 強要罪（223Ⅲ） 略取誘拐罪（228・224、225、225の2Ⅰ、226、226の2、226の3、227ⅠⅢⅣ前段のみ）
	殺人罪、自殺関与及び同意殺人罪（203・199、202） 不同意堕胎罪（215Ⅱ）
	窃盗罪、不動産侵奪罪、強盗罪、事後強盗罪、昏酔強盗罪、強盗致死傷罪、強盗・強制性交等罪（243、235、235の2、236、238、239、240、241） 詐欺罪、電子計算機使用詐欺罪、背任罪、準詐欺罪、恐喝罪（250）

● 修正された構成要件 犯罪遂行の発展段階／未遂犯

三　具体例

ex.1　甲は、所持金を全く有しておらず、タクシー料金を支払うつもりはない
のに、乙運転のタクシーに乗車したが、乙は、目的地に向けてしばらく走
行するうちに、甲の不審な挙動から無賃乗車ではないかと疑い、甲を降車
させたため、甲は目的地に到着できなかった。この場合、判例の立場に従
うと、タクシーの運行が開始された時点で詐欺罪は既遂となるので、甲に
は詐欺既遂罪が成立する〔同〕

ex.2　甲は所持金を全く有していなかったが、窃盗した他人名義のクレジット
カードを持っていたので、代金を支払わずに同カードを使用して飲食店で
食事をしようと考え、乙の経営する食堂に入り、飲食物を注文しこれを飲
食した後、代金を請求した乙に対し、同カードを手渡したが、既に同カー
ドの名義人から紛失届が出ていたため、同カードを使うことができなかっ
た。この場合、判例の立場に従うと、飲食物の交付を受けた時点で詐欺罪
は既遂となるので、甲には詐欺既遂罪が成立する〔同〕

ex.3　甲は、深夜、コンビニエンスストアでおにぎりを万引きして店外に出た
ところ、これに気付いた店員乙に呼び止められたので、逮捕を免れるた
め、路上に落ちていた角材で乙を殴るなど同人の反抗を抑圧するに足りる
程度の暴行を加えたが、たまたま通りかかった通行人に取り押さえられ、
逮捕を免れることができなかった。この場合、判例の立場に従うと、甲に
は事後強盗罪の既遂犯が成立する〔同〕

ex.4　甲は乙が万引きするのを目撃したことを奇貨として、乙から現金を脅し
取ろうと考え、乙にあてて、「万引きをしたのを警察に知られたくなかった
ら、30万円持ってこい。」などと記載した文章を郵送したところ、乙は同
文書を受け取ったが、封を開ける前に誤って捨ててしまったため、甲は現
金を手に入れることができなかった。この場合、判例の立場に従うと、甲
には恐喝未遂罪が成立する〔同〕

ex.5　甲は、乙を自宅に招いて毒入りの菓子を食べさせて毒殺しようと考え、菓
子に致死量の毒薬を混入し、乙に自宅に招待する旨の電話をしたが、乙が多
忙を理由にこれを断ったため、乙を殺害することができなかった。この場
合、判例の立場に従うと、甲には殺人罪の既遂犯も未遂犯も成立しない〔同〕

1－1－3　中止犯（中止未遂）

《概　説》

一　意義

犯罪の実行に着手したが、自己の意思により、犯罪を完成させることを止めた
場合（43ただし書）をいう。

犯罪遂行の発展段階／未遂犯　　　　　　　　　　　　●修正された構成要件

二　要件 〈司H26〉〈予H28〉

① 実行の着手があること
② 結果の不発生
③ 「自己の意思により」（任意性）
④ 「犯罪を中止した」こと（中止行為）
⑤ 中止行為と結果不発生の因果関係　→要否につき争いあり

1　実行の着手があること（要件①について）

障害未遂（43本文）の場合と同様の基準で判断する。

∵　未遂犯の一種であるから

＊　実行の着手に至っていない予備段階での中止行為について、中止犯の規定を準用ないし類推適用できるかについては争いがある。　⇒ p.145

2　結果の不発生（要件②について）

中止行為を行ったが結果が発生（因果関係あり）してしまった場合に、中止犯の規定が適用されるかにつき争いがある。　⇒ p.134

3　「自己の意思により」（任意性）（要件③について）

いかなる場合に「自己の意思により」中止したといえるかについては争いがある。　⇒ p.134

4　「犯罪を中止した」こと（中止行為）（要件④について）

(1) 中止行為の態様

着手未遂の場合は単なる不作為で足りるが、実行未遂の場合は結果発生の阻止に向けての積極的作為が必要と解されている〈司〉。

→両者の区別が問題　⇒ p.135

(2) 中止行為の真摯性

実行中止と判断された場合、積極的な中止行為が必要であるが、その場合の中止行為は（特に中止犯の法的性格を責任減少に求める場合）真剣な努力によって行う必要があるとするのが一般的である。

→すべてを実行行為者自らが行う必要はないが、他人の助力を受ける場合は、少なくとも行為者自ら防止にあたったのと同視しうる程度の努力が必要〈司〉〈予〉

▼　東京高判平 13.4.9・百選 I 71 事件

事案：　被告人は、アパートの自室に放火し自殺することを企て、畳の上に積み上げられた衣類に点火して放火したものの、その後翻意し、まだ燃えていない洗濯物を炎の上からかぶせて押さえつけることにより初期消火を行い、さらに戸外へ出て 119 番通報を行った結果、消防隊員により消火され、小物入れなどを焼損したにとどまった。ただし、被告人は、さらに水をかける等の消火措置や、アパートの他の住人に火事のおそれがあることを知らせ、消火の助力を求めるなどの措置は執っていない。

●修正された構成要件　　　　　　　　　　　　　　　犯罪遂行の発展段階／未遂犯

> 判旨： 被告人が、燃えていない洗濯物を燃えた衣類にかぶせて押さえつけた後に、火が室内の木製3段の小物入れや畳などに燃え移っていることが認められるのであるから、被告人の行為をもって結果発生を防止したと同視し得る行為ということはできず、被告人が119番通報をしたことをあわせてみても、被告人がアパートの居住者に火事を知らせ、消火の助力を求めるなどの措置を執っていない以上、結果発生を防止したと同視し得る行為と認めるに足りない。

5　中止行為と結果不発生の因果関係（要件⑤について）

　　中止行為と結果不発生に因果関係があることを要するのかについては争いがある。　⇒ p.136

三　効果《同予》

　　刑が必要的に減免される（43ただし書）。

　　もっとも、ある犯罪に中止犯の適用が認められても、当該犯罪と併合罪又は科刑上一罪の関係にある別罪については、中止犯の効果は及ばない《予》。

《論　点》

一　中止犯の法的性格

　　中止犯は、狭義の未遂（障害未遂）と異なり、刑の必要的減免がなされるが、なにゆえ刑が必要的減免になるのか、中止犯の法的性格が問題となる。

＜中止犯の法的性格＞《同》

	学説	根拠	批判
政策説	中止犯を寛大に取り扱う根拠は犯罪の完成を未然に防止しようとする政策的な考慮にある	犯罪結果発生を防止しうるのは、多くの場合犯人のみである以上、結果発生防止のため「後戻りのための黄金の架け橋」が必要である	・刑の減免にとどまるなら、奨励の効果は少ない ・政策目的は中止犯が寛大に取り扱われることを知っている者に対してのみ達成しうるにすぎない
法律説	違法性減少説 →自己の意思による中止行為で、違法性が減少する	故意を放棄し、結果発生を防止した以上、結果発生の現実的危険性及び行為の反社会的相当性が減少する	・制限従属性説に立つと、中止した者の共犯者にも刑の減軽又は免除の法的効果を与えるという結果になってしまう ・客観的危険性と無関係の主観的違法要素を認めるべきでない
	責任減少説 →自己の意思による中止行為で、責任が減少する	犯罪実行の意思を撤回した以上、非難が減少する	責任減少事由であれば未遂・既遂を問わず、同じ法律効果を生じるはずであるが、現行法は未遂の場合に限定している

133

	学説	根拠	批判
結合説	・違法性減少＋政策説 ・責任減少＋政策説 ・違法性＋責任減少説 ・違法性＋責任減少＋政策説	政策説と法律説のいずれにも欠点がある	政策説・法律説それぞれの難点が掛け合わされるにすぎない

二　結果が発生した場合における中止犯の成否

　中止行為を行ったが、結果が発生（因果関係あり）してしまった場合に、中止犯の規定が適用されるであろうか。

　　甲説：中止犯は成立しない（否定説）判通 司予

　　　　∵　犯罪が既遂に達した以上、未遂である中止犯の成立を論じる余地はない

　　乙説：中止犯が成立する（肯定説）

　　　　∵　（中止犯の法的性格についての責任減少説から）結果防止のための真摯な努力がなされた以上、行為者の規範意識は、結果発生の有無を問わず具体化され、責任は減少する

三　任意性 司

　中止犯が成立するには、「自己の意思により」（43ただし書、任意性）、犯罪を中止することが必要であるが、任意性の判断基準には争いがある。

＜中止犯の要件「自己の意思により」に関する各学説・批判の立場＞

	限定主観説（＊1）	主観説	客観説（＊2）
内容	自己の行為の内容に対する何らかの意味での規範的評価に基づく中止の場合、任意性がある	中止の原因が外部的障害にあるのか、内部的動機にあるのかを基準とする	行為者の表象・それに基づく動機形成が、一般人にとって通常犯罪の完成を妨げる内容かを基準とする
具体的基準	広義の後悔、すなわち悔悟・あわれみ・憐憫・同情・不安・悪かったと考えること等に基づく場合には任意性がある	「たとえ欲したとしてもできない場合」には任意性はなく、「たとえできるとしても欲しなかった場合」には任意性がある（フランクの公式）	通常の平均人ならば犯行は中止しないと考えるにもかかわらず、行為者が中止した場合には任意性がある
批判	倫理性と任意性を混同するものである	客体の価値に対する失望によって中止した場合にも中止犯となるのは不合理	主観的構成要件要素である「自己の意思により」の要件を検討するに当たり、行為者の主観面を考慮しないのは妥当でない

＊1　限定主観説は、中止犯の法的性格における責任減少説と結び付く（もっとも、限定主観説を除き、中止犯の法的性格と任意性の要件との間に論理的必然性はない）。

● 修正された構成要件　　　　　　　　　　　　　犯罪遂行の発展段階／未遂犯

＊2　判例の理解には争いがあり、基本的には客観説に立つとされるが、広義の後悔が
　　あったとみられるときは、中止犯を肯定する判例もある（福岡高判昭 61.3.6・百選
　　Ⅰ 69 事件）。

＜中止犯の事例における各学説からの帰結＞

具体例	限定主観説	主観説	客観説
広義の後悔による中止の場合 たとえば、被害者がわずかな有り金を差し出しながら涙を流すのを見て憐憫して中止した場合	中止未遂	中止未遂	中止未遂
目的物の無価値による中止の場合 たとえば、500 万円の宝石を盗もうとしたのに50 万円の宝石しかなかったため中止した場合	障害未遂	中止未遂	中止未遂
恐怖・驚愕による中止の場合 たとえば、強制性交の際、手に付着した血痕を見て驚き中止した場合	障害未遂	障害未遂	中止未遂
犯罪の発覚を恐れての中止の場合 たとえば、警察官が近くにいることに気付いたため、このまま行為を続けていたら逮捕されてしまうと思い中止した場合	障害未遂	障害未遂	障害未遂

四　実行行為の終了時期

　中止犯の成立には、「犯罪を中止した」こと、すなわち中止行為が必要であるが、実行行為がなお未完了であれば（着手未遂）、中止行為はその後の行為の不作為で足り、すでに終了していれば（実行未遂）、結果発生防止に向けての積極的作為が必要と考えられている。そこで、着手未遂と実行未遂はどのように区別すべきか、実行行為の終了時期が問題となる。

　ex.1　Xは、7 連発の拳銃を用い 1 発でAを殺そうと思って、Aに向け 1 発発射したところ、命中せず、後悔してそのまま帰った

　ex.2　Yは、2 発目でBを射殺しようとして 1 発目を発射し、Bに命中させ重傷を負わせたが、後悔して 2 発目を発射するのをやめた

　ex.3　Zは、2 発目でCを射殺しようとして 1 発目を発射したところ、Cに命中しなかったが、後悔して 2 発目を発射するのをやめた

総論体系編

犯罪遂行の発展段階／未遂犯　　　　　　　　　　　　●修正された構成要件

✍ ＜実行行為の終了時期＞

	客観説	主観説	折衷説
内　容	行為者の外部的形態ないし結果発生に対する客観的な危険性の有無で判断する	行為者の意思・計画を基準として判断する	行為者の外部的形態と行為者の意思を総合的に観察して判断する
ex.1	中止犯不成立	中止犯不成立	中止犯成立
ex.2	中止犯不成立	中止犯成立	中止犯不成立
ex.3	中止犯不成立	中止犯成立	中止犯成立

※1　事例はすべて、後悔してそのまま帰った場合（単なる不作為による放置の場合）である点に注意。

※2　実際は着手未遂と実行未遂とを明確に区別できるわけではないことから、「実行行為を終了したか否か」を独立に形式的に検討すべきではないと考え、行為事情を総合的に評価して、中止効果を認めるべきか否かという実質的観点から中止行為の存在を検討すべきである、と主張する見解もある。

　　その際に評価すべき事情としては、①実行行為を区切る客観的事情の存否、②終了時に発生を防止すべき結果の危険性の程度、③行為を継続する客観的必然性・必要性、④犯行の計画内容と継続する意思の強弱、⑤犯行中断の容易性等である。

▼　**東京高判昭62.7.16・百選Ⅰ70事件**

　　殺意をもって、牛刀で被害者に切り付けたが、これを腕で防いだ同人から命乞いされ、れんびんの情を催して犯行を中止し、同人に謝罪のうえ病院に運んだ場合、被告人は最初の一撃で目的が達せられない場合、更に追撃に及ぶ意図があったことが明らかであるので、殺人罪（199）の実行行為は終了せず、着手未遂に該当し、中止行為は任意に行ったものと認められるので、中止未遂が成立する。

五　中止行為と結果不発生の因果関係

　　積極的な中止行為が行われたが、①他人の行為によって結果が防止された場合や、②最初から結果が発生しえない場合（たとえば、致死量に達しない毒薬の投与後に解毒剤を与えた場合）のように、中止行為と結果不発生との間に因果関係がない場合にも中止犯の成立が認められるか、中止行為と結果不発生の因果関係の要否が問題となる。

● 修正された構成要件   犯罪遂行の発展段階／不能犯

＜中止行為と結果不発生の因果関係＞

学説		根拠	批判
必 要 説		① 中止犯は、自己の意思により犯罪を中止したことを要するから、結果不発生が自己の中止行為によらないときは障害未遂である ② 中止行為と無関係に結果が発生しなかった場合、必要的減免の恩恵を与える必要はない	結果発生の可能性があった場合とそれが最初から不可能であった場合とで不均衡となる
不要説	違法減少説から	行為者の中止行為が、危険性を事後的に消滅・減少させている	中止行為によっても結果発生の危険性は残っていて、危険性の消滅・減少を認めることが困難な場合もある
	責任減少説から	結果発生を防止する真摯な努力は行為者に対する非難を減少させる	① 現行法は、結果の不発生が自己の中止行為と因果関係にある場合に限り中止犯の成立を認めていると解すべきであるから、中止行為と結果不発生との間の因果関係を不要とすることは解釈論を超えた立法論である ② 結果の不発生を中止犯の成立要件とし、かつたとえ中止行為を行っても功を奏さず結果が発生する限り中止犯とならないとしながら、中止行為と結果不発生の間の因果関係を不要とすることは理論的に矛盾である

※ 不要説からは、中止行為の真摯性を要求する立場が多数である（大阪高判昭44.10.17参照）。

1－2 不能犯

《概 説》

一 意義

　形式的に見て実行の着手があるように見えても、当該行為の危険性が極端に低いため、未遂として処罰に値しない場合をいう（実行行為性を欠くと説明される場合が多い）。

二 種類

　1 方法の不能

　　方法が、性質上、結果を発生させることの不可能な場合をいう。

　　ex. 農薬と誤信し、人を殺す目的で胃腸薬をジュースに入れ人に飲ませた場合

犯罪遂行の発展段階／不能犯　　　　　　　　　　　　　　　　　　　●修正された構成要件

2　客体の不能

行為の客体が存在しないために結果の発生が不可能な場合をいう。

ex.　人であると誤信してかかしに発砲する場合

3　主体の不能

行為の主体を欠くために結果の発生が不可能な場合をいう。

ex.　公務員でない者が自己を公務員であると誤信して職務に関し他人から
金銭を受領した場合

＊　主体の不能については、不能犯の一類型と解する見解と、そう解さずに、
幻覚犯であり不可罰とする見解、構成要件欠缺の理論により不可罰とする見
解等がある。

三　不能犯と幻覚犯・事実の欠缺

＜不能犯・幻覚犯・事実の錯誤・違法性の錯誤の関係＞

	事実面の錯誤	規範面の錯誤
ないのにあると誤信	不能犯 →事実が存在しないにもかかわらず、存在すると思った場合 ex.　16歳の女性が性交に応じてもよいと言ったので、同女を12歳だと思ったが性交してしまった	幻覚犯 →ある事実が犯罪を構成しないにもかかわらず、犯罪を構成すると思った場合 ex.　ある女性を16歳だと知り、同意を得ても処罰されると思いつつ、同女の同意を得て性交した
あるのにないと誤信	事実の錯誤 →事実が存在するにもかかわらず、存在しないと思った場合 ex.　12歳の女性を16歳だと思い、同意を得て性交した	違法性の錯誤（あてはめの錯誤） →ある事実が犯罪を構成するにもかかわらず、犯罪を構成しないと思った場合 ex.　女性が12歳だと知り、12歳であっても同意を得れば処罰されないだろうと思い、同意を得て性交した

《論　点》

◆　**不能犯と未遂犯の区別**〈司予〈司H30 予H25 予H29〉

不能犯は、犯罪の完成に至るべき危険性を含まない行為であるために不可罰と
される。そこで、いかなる場合に危険性がないといえるのか、可罰的な未遂との
区別基準が問題となる。

1　学説の対立

甲説：行為者に犯意があり、かつその犯意を実現しようとする行為がある以
上、その行為が危険であるか否かを問わず未遂犯の成立を認める
（主観説）

●修正された構成要件　　　　　　　　　　　　　　　　犯罪遂行の発展段階／不能犯

　　　←① 　一般人から見て結果発生の危険性がない行為を処罰することになり不当

　　　　② 　この立場も迷信犯（丑の刻参り）については不能犯とするが、その理論的根拠が不明確である

乙説：行為時において行為者が認識していた事情を基礎として、一般人（社会の普通の一般人）の立場から見て、結果発生の危険がある場合には未遂犯が成立する（抽象的危険説）

　　　←① 　甲説に対する批判①

　　　　② 　客観的に結果発生の危険性がない行為をも処罰することになる点で不当

　　　　③ 　誤って認識した事情を含め、行為者の認識をすべて基礎とすれば、不能犯を認める余地はなくなってしまうが、この立場が、行為者の認識した事情のうちどの範囲のものを判断基底に取り込むのかが不明瞭であり妥当でない

丙説：行為時において行為者が特に認識していた客観的事情、及び一般人（社会の普通の一般人）が認識しえた事情を基礎として、一般人を基準に、そのような事情の下に行為がなされたならば構成要件の実現が一般に可能であった場合には未遂犯が成立する（具体的危険説）

　　　∵① 　実行行為の実質的内容をなす結果発生の現実的危険性は、必ずしも科学的危険性をいうのではなく、一般人の見地から判断した危険性をいう

　　　　② 　行為無価値論の下では、行為者の意識した事情も判断基底として考慮すべきである

　　　←① 　乙説に対する批判②

　　　　② 　一般人の不確かな認識に基づいて危険性の有無を判断するのは不当

丁説：客観的事情を判断の基礎として、客観的に見て結果発生の危険性がある場合には未遂犯が成立する（客観的危険説）

　　　∵ 　違法論における結果無価値一元論を採用する

　丁1説：危険性の判断は、行為後の事情まで含めて、事後的に純科学的に行う（純粋客観説）

　　　←① 　結果が生じなかったということは、それなりの根拠があって生じなかったのであるからすべての未遂犯は不能犯であるということになりかねない

　　　　② 　法益侵害の現実的危険性は、構成要件該当性の問題として社会一般の目から見た類型的危険性を意味するというべきであり、科学的危険性を中心に考えるのは不当

丁2説：危険性の有無は、行為時に存在した客観的事情を基礎に、行為
時を基準として、裁判官が科学的一般人の視点で判断する（修
正客観説）

←丁1説に対する批判②

2 具体的危険説からのあてはめ

＜具体的危険説からのあてはめ＞

事例	客観的事実	行為者の認識	一般人の認識	未遂犯か不能犯か
1	毒	毒	毒	未遂犯
2	毒	毒	砂糖	未遂犯
3	毒	砂糖	毒	未遂犯
4	毒	砂糖	砂糖	不能犯
5	砂糖	毒	毒	未遂犯
6	砂糖	毒	砂糖	不能犯
7	砂糖	砂糖	毒	未遂犯
8	砂糖	砂糖	砂糖	不能犯

※ 具体的危険説では、まず一般人の認識に着目し、一般人の認識が毒の場合は未遂犯
となる。次に、客観的事実と合致する程度で、行為者の認識に着目し（事例2）、毒で
あれば、未遂犯となる。

3 学説の整理

＜未遂犯の処罰根拠に関する学説の整理＞

未遂犯の処罰根拠	不能犯に関する立場		判断資料	判断時	基準
主観説	主観説		本人	行為時判断	本人
	抽象的危険説		本人	行為時判断	一般人
客観説	具体的危険説		一般人＋本人	行為時判断	一般人
	客観的危険説	純粋客観説	（行為後の事情を含めた）客観的全事情	事後的判断	科学的
		修正客観説	行為時に存在した客観的全事情	行為時判断	裁判官が科学的一般人の視点で

●修正された構成要件　　　　　　　　　　　　　　　　　　犯罪遂行の発展段階／不能犯

4　各学説からの帰結

＜不能犯における各学説からの帰結＞

	具体例	主観説	抽象的危険説	具体的危険説	客観的危険説	
					純粋	修正
方法の不能	Xは、Aを殺害しようと決意し、呪いで人を殺害できると考えて、丑の刻参りをした	×	×	×	×	×
	Xは、Aを殺害しようと決意し、砂糖で人を殺すことができると信じ、Aに砂糖を飲ませた	○	×	×	×	×
	Xは、Aを殺害しようと決意し、自宅の戸棚に瓶入りの毒薬を隠していたが、貼付されたラベルを確認しないまま、毒薬の瓶の隣にあった栄養剤の瓶を毒薬と誤信して持ち出し、ひそかにAの飲食物に混入した	○	○	×	×	×
	Xは、Aを毒殺しようと決意し、研究室から毒薬の瓶を持ち出そうとしたが、栄養剤の入った瓶に毒薬のラベルが貼付されていたことから、これを毒薬の瓶と誤信して持ち出し、ひそかにAの飲食物に混入した	○	○	○	×	×
	Xは、自己を追ってきたAを殺害しようと、警ら中の警察官から拳銃を奪い、Aの身体に向けて拳銃の引き金を引いたが、たまたま弾倉に弾丸が装てんされていなかった	○	○	○	×	○
客体の不能	Xは病院の死体安置所に置かれていた死体がまだ生きていると誤信し、殺意をもってこれに切りかかった	○	○	×	×	×
	XがAを殺す意思でAのベッドに向けてピストルを撃ったが、Aは外出中であった（一般人から見て就寝中と考えられる場合）	○	○	○	×	×
	Xは交通事故で重傷を負い、病院に担ぎ込まれたAに殺意をもって切りかかったが、検死の結果、Xが切りかかる直前に出血多量によりすでに死亡していた	○	○	○	×	○

（○：殺人未遂罪成立　×：不能犯）

5 判例

判例の立場は、必ずしも明らかではないが、結果が発生する可能性を科学的に分析し、それが絶対に発生しない場合（絶対不能）か、絶対に発生しないとまではいえない場合（相対不能）かという基準によって、未遂犯の成否を判断しているとする学説がある（大判大6.9.10参照）。また、客体の不能に関しては具体的危険説の立場に立って一定の範囲の未遂犯を処罰するのに対し、方法の不能に関しては客観的危険説の立場に立つのが判例の考え方であるとする学説もある。

▼ **最判昭37.3.23・百選Ⅰ66事件**

殺害目的で、致死量以下の空気の静脈注射をすれば、被注射者の身体的条件その他の事情の如何によっては死の結果発生の危険が絶対にないとはいえないから、不能犯とはいえず、殺人未遂罪（203・199）が成立する。

▼ **広島高判昭36.7.10・百選Ⅰ67事件**

既に銃撃を受けて倒れていた者に、とどめを刺そうと思い、日本刀を突き刺したときは、被害者が突き刺した時点で、医学的には既に死亡していたとしても、犯人だけでなく、一般人もその当時死亡の事実を知り得なかったことからすれば、右の加害行為により被害者が死亡するであろうとの危険を感ずるので、不能犯とはいえず、殺人未遂罪（203・199）が成立する。

▼ **岐阜地判昭62.10.15・百選Ⅰ68事件**

被告人が室内に充満させた都市ガスは人体に無害であるが、ガス爆発事故や酸素欠乏症により人の死の結果発生の危険が生じうるものであることが明らかである。その上、社会通念上は人を死に致すに足りる危険な行為であると評価されている。よって、不能犯とはいえず、殺人未遂罪（203・199）が成立する。

近時、郵便や宅配便を利用して犯人が指定した場所に配達させる「現金送付型」の振り込め詐欺事案において、被害者が騙された振り作戦を展開した後に共犯関係に入った者に詐欺罪の共同正犯が成立するかどうか（不能犯となるかどうか）が問題となった裁判例がある。

●修正された構成要件　　　　　　　　　　　　　　犯罪遂行の発展段階／予備・陰謀

▼　名古屋高判平 28.9.21・平 28 重判 2 事件

事案：　Ｖは、Ｖの息子を名乗る者から 300 万円が必要だとの電話を受けたが、詐欺であることに気付き、警察に相談した。Ｖは、Ｘの住所宛てに現金を送付するよう犯人から指示を受けたが、警察の指示により、模擬現金を入れた本件荷物を宅配便で発送した。その後、便利屋を営むＸは、本件詐欺の共犯者のひとりであるＡから電話で本件荷物を受け取るよう依頼され、これを了承したところ、配達員を装った警察官が本件荷物を届け、Ｘはこれを受領したため、現金受取役（受け子）として逮捕され、詐欺未遂の共同正犯として起訴された。

判旨：　「不能犯の考え方が、結果発生が不可能と思われる場合に、未遂犯として処罰すべきか、未遂犯としても処罰すべきではないかを分ける機能を有するものであり、結果発生が不可能になる事由や時期も様々であることに鑑みれば、単独犯だけでなく、共犯の場合、それも共犯関係に後から入った場合でも、不能犯という言葉を使うかどうかはともかく、同じような判断方法を用いることは肯定されてよい。単独犯で結果発生が当初から不可能な場合という典型的な不能犯の場合と、結果発生が後発的に不可能になった場合の、不可能になった後に共犯関係に入った者の犯罪の成否は、結果に対する因果性といった問題を考慮しても、基本的に同じ問題状況にあ」る。

「そして、実際には結果発生が不可能であっても、行為時の結果発生の可能性の判断に当たっては、一般人が認識し得た事情及び行為者が特に認識していた事情を基礎とすべきである。そうすると、仮に、ＶがＸがＡからの荷物受領の依頼を受ける以前に既に本件荷物の発送を終えていたとしても、Ｖが警察に相談して模擬現金入りの本件荷物を発送したという事実は、Ｘ及び氏名不詳者らは認識していなかったし、一般人が認識し得たともいえないから、この事実は、詐欺既遂の結果発生の現実的危険の有無の判断に当たっての基礎事情とすることはできない」。したがって、Ｘが犯人らとの間で共謀したとみられれば、Ｘに詐欺未遂罪が成立する（しかし、Ｘが犯人らとの間で共謀を遂げた事実を認めるに足りる証拠はないから、Ｘは無罪である）。

1 － 3　予備・陰謀
《概　説》
一　意義

1　予備

特定の犯罪を実現しようとして行われた謀議以外の方法による準備行為をいう。

143

2 陰謀

2人以上の者が、特定の犯罪を実行することにつき相談し合意に達すること
をいう。

二 現行法上の予備罪

＜現行法上の予備罪＞

予備罪	国家的法益に関する罪	内乱予備（78）、外患予備（88）、私戦予備（93）
	社会的法益に関する罪	放火予備（113）、通貨偽造等準備（153）、支払用カード電磁的記録不正作出準備（163の4Ⅲ）
	個人的法益に関する罪	殺人予備（201）、身の代金目的略取等予備（228の3）、強盗予備（237）
陰謀罪	国家的法益に関する罪	内乱陰謀（78）、外患陰謀（88）、私戦陰謀（93）

三 自己予備・他人予備

1 自己予備

自己が自ら基本となる犯罪を実現する目的で準備する場合をいう。

2 他人予備

他人に犯罪を実現させる目的で準備する場合をいう。

＜自己予備と他人予備＞

	自己予備	他人予備
内容	自ら基本犯を実現する目的で準備 ex. Aが自ら犯罪を犯す意思で予備行為をなす場合	他人に犯罪を実現させる目的で準備 ex. BがAのために予備行為をなす場合
Aが実行に着手	A：既遂犯又は未遂犯	B：Aの従犯
Aが実行に着手せず	A：自己予備として処罰	B：他人予備（当罰性に争いあり）

《論 点》

一 他人予備の可罰性

自己予備が予備罪として処罰されうるのは当然であるが他人予備の可罰性については学説上争いがある。

＜他人予備の可罰性＞

学 説	内 容	根 拠
肯定説	他人予備は「予備」にあたる	予備行為も共犯行為同様、間接的な法益侵害を根拠に処罰される。この点、他人予備も異ならない
折衷説	原則として、他人予備を認めるべきではないが、内乱予備罪・外患予備罪などは、他人予備行為も含む	内乱予備罪・外患予備罪には、殺人予備罪（201）などのように、「第199条の罪を犯す目的で」という文言がない
否定説	通貨偽造等準備罪（153）は、法が特に他人予備を認めたものであるが、他の予備については、他人予備は「予備」にあたらない	① 予備罪は、既遂犯の構成要件を修正したものであるから、特定の既遂犯を目指す実行の準備的行為を罰するものである ② 他人のためにする予備行為は、自己のためにするそれよりも実行への危険性が少なく、それまでを予備に含めることはただでさえ不明確な予備の処罰範囲を一層不明確にし、ひいては罪刑法定主義に反するおそれがある ③ 201条は「第199条の罪を犯す目的で、その予備をした者」と規定しており、将来行うべき殺人の主体とその予備を行う者（予備の主体）が同一人であることを予定している

二 予備の中止 同 司H28

1 中止規定の準用の可否

予備の中止とは、行為者がある犯罪の予備を行った後、その犯罪の実行に着手することを思いとどまった場合をいう（予備自体を中止するのではない）。このような場合に、中止犯（43ただし書）の規定を準用ないし類推適用できるかが問題となる。

甲説：否定説（最大判昭29.1.20・百選Ⅰ72事件）同予

∵ 予備罪は未遂とは異なる1つの独立した構成要件であり、予備行為によって直ちに犯罪が完成する以上、その後中止する余地はない

←強盗の予備をしたが実行の着手に出なかった場合には、2年以下の懲役であり（237）、強盗の実行の着手に出た後に中止すれば、刑の免除を受けうる（43ただし書）ため、均衡を失する

＊ なお、放火予備罪（113）、殺人予備罪（201）では情状により刑を免除できるとされている。

乙説：肯定説

∵ 予備は未遂の前段階であるから、未遂について中止犯の恩典が認められる以上、なおさら同様の恩典が与えられるべきである

犯罪遂行の発展段階／予備・陰謀　　　　　　　　　　　　　●修正された構成要件

2　減軽の対象となる基準刑

中止規定の準用肯定説からは、刑の減軽の基準とすべき刑が問題となる。

＜予備の中止に関する学説の整理＞

予備の中止		減軽の対象となる基準刑	
学　説	根　拠	学　説	根　拠
二分説　独立罪としての予備罪（93等）と非独立罪としての予備罪に分け、後者について準用を認める	独立罪としての予備罪については基本犯に吸収されないから刑の不均衡はないが、非独立罪としての予備罪については不均衡が生ずる	免除のみ可能	非独立予備罪の刑は、基本犯の刑を法律上減軽したものであるから、非独立予備罪の刑をさらに減軽することは、68条に違反する
43条ただし書準用肯定説（多数説）	①　43条ただし書を準用しないと、実行行為に着手して中止した場合と比較して、刑の不均衡が生じる。特に、刑の免除規定のない237条の場合、不均衡は著しい ②　予備は基本的構成要件へと発展するものであり、基本的構成要件との関係では法的に中止を考えることができる ③　中止犯の法的性格に関し責任減少説によれば予備の中止を着手後の中止と区別する理由はない	予備罪の刑	予備罪に独自に定められた法定刑を基準とするのが自然であり、また、予備を未遂の前段階と説明することと、予備罪に固有の法定刑を認めることは必ずしも矛盾しない
		既遂犯の刑（＊）	①　予備罪の刑は既遂犯の法定刑の法定減軽を加えたものであるから中止による減軽を重ねて加えることは許されない（68参照） ②　予備の中止もすでに予備であるから、予備の刑をさらに減軽するのは失当である

●修正された構成要件   共犯／共犯総説

| 予備の中止 | | 減軽の対象となる基準刑 | |
学　説	根　拠	学　説	根　拠
43条ただし書準用肯定説（多数説）	同上	免除のみ可能	予備罪について法定減軽の実質をもつ中止未遂規定による減軽を認めると、2回法定減軽をしたのと同じになってしまうが、これは刑法の趣旨に合わない

＊　既遂犯の法定刑を減軽しても、予備の刑よりも重い場合は予備の刑によるとする見解

2　共犯

2－1　共犯総説

2－1－1　共犯の意義と種類

第60条　（共同正犯）

　2人以上共同して犯罪を実行した者は、すべて正犯とする。

第61条　（教唆）

Ⅰ　人を教唆して犯罪を実行させた者には、正犯の刑を科する。

Ⅱ　教唆者を教唆した者についても、前項と同様とする。

第62条　（幇助）

Ⅰ　正犯を幇助した者は、従犯とする。

Ⅱ　従犯を教唆した者には、従犯の刑を科する。

共犯／共犯総説　　　　　　　　　　　　　　　　　　　●修正された構成要件

第63条　（従犯減軽）
従犯の刑は、正犯の刑を減軽する。
第64条　（教唆及び幇助の処罰の制限）
拘留又は科料のみに処すべき罪の教唆者及び従犯は、特別の規定がなければ、罰しない。

《概　説》
一　共犯の意義・種類

＜共犯の意義と種類＞

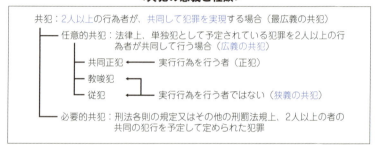

二　正犯と共犯
正犯と共犯の区別は、主として共同正犯と幇助犯の区別（⇒ p.189）、不作為による正犯と従犯の区別（⇒ p.211）で問題となる。

三　必要的共犯
1　意義
　必要的共犯とは、刑法各則の規定又はその他の刑罰法規上、2人以上の者の共同の犯行を予定して定められた犯罪をいう圖。多衆犯と対向犯の2種類に分けられる。
(1)　多衆犯（集合犯・集団犯）
　　犯罪の成立上、同一の目標に向けられた多衆の共同行為が必要とされる犯罪をいう。その関与者の処罰は、関与の態様、程度に応じて段階付けられている。
　　ex.　内乱罪（77）、騒乱罪（106）
(2)　対向犯
　　2人以上の行為者の互いに対向した行為の存在することが要件とされる犯罪をいう。対向犯は、処罰の形式から見た場合、次のように分類できる。

●修正された構成要件　　　　　　　　　　　　　　　　　　　　　　共犯／共犯総説

(a) 対向者の双方に同一の法定刑が規定されている場合
ex. 重婚罪（184）
(b) 対向者のそれぞれに異なった法定刑が規定されている場合
ex. 賄賂罪（197、198 等）
(c) 対向者の一方だけが処罰される場合
ex. わいせつ物頒布罪（175）

2　共犯規定の処罰の適用の可否
　必要的共犯については総則の共犯規定は適用されず、関与者はそれぞれ正犯として処罰されることになり、この点にこそ必要的共犯という概念の存在意義がある。しかし、必要的共犯に共犯規定は全く適用されないのだろうか。多衆犯と対向犯に分けて検討する。

《論　点》

一　多衆犯における共犯規定の適用の可否
　多衆犯の場合、集団内部の者はその関与形態に従って処罰されるので共犯規定を適用する余地はないが、集団外部から関与する行為については共犯規定の適用があるかが問題となる。

＜多衆犯における共犯規定の適用＞

学説	否定説	肯定説
理由	多衆犯は集団的行動への関与を一定の態様と限度でのみ処罰しようとするものである以上、それ以外の態様の関与行為は処罰の外に置かれるべきである	①　刑法は集団を構成する者を類型化して特別の処罰規定を設けているのであるから、集団を構成する者に対しては共犯規定を適用できないが、集団外において集団に協力する者に共犯規定を適用することは何ら差し支えない ②　破壊活動防止法 38 条は内乱の教唆を独立罪として処罰しているが、被教唆者が内乱の実行に着手した場合、この教唆が不可罰になるとは考えにくい

総論体系編

共犯／共犯総説　　　　　　　　　　　　　　　●修正された構成要件

二　対向犯における共犯規定の適用の可否

対向犯において、一方にしか処罰規定がない場合、他方に共犯規定を適用してこれを処罰することができるか。

ex.　YがXにわいせつ物を売ってくれるように積極的に働きかけ、Xからこれを買った場合、Yにわいせつ物頒布罪の教唆犯（61 Ⅰ・175）が成立するか

＜対向犯において一方にしか処罰規定がない場合＞

学説	立法者意思説	個別的実質説
結論	相手方の関与行為が、可罰的な対向行為に通常随伴するものとして類型的に含まれているときは、共犯規定の適用はないが、その限度を超える場合は、共犯規定が適用される	必要的関与行為の不可罰性を個別的に検討し、その実質的根拠を明らかにしようとする
理由	法律が対向犯の一方のみを犯罪類型と規定しているときは、他方の関与行為については不可罰とするのが立法者の意思である	必要的共犯の一方を処罰しない理由が共犯者に違法性がないか、責任がないかどちらかである場合には、実質的に考える必要がある
批判	不可罰的な必要的関与行為の限界が不明確である	保護法益をどのように捉えるか、期待可能性の存否をどのように判断するかによって結論を異にすることになり、法適用が不安定となる
判例	＜最判昭43.12.24・百選Ⅰ99事件＞ 共 事案：Xは、自己の法律事件の解決のため、Y（非弁護士）、Z（非弁護士）に示談解決を依頼し、報酬を支払った。Yは、某会社の事務管理者として、管理者たる自己の法律事件の解決のため、Zに示談解決方を依頼し報酬を支払った。また、Y及びZは、Xの依頼に応じ、共謀して示談交渉にあたり、報酬を受け取った。弁護士法72条は、弁護士でない者が、報酬を得る目的で法律事務を取り扱うことを禁止し、これに違反した者を同法77条によって処罰しているところ、X、Yに対し77条違反の罪の教唆犯が成立するか否かが争われた事案 判旨：「……ある犯罪が成立するについて当然予想され、むしろそのために欠くことのできない関与行為について、これを処罰する規定がない以上、これを、関与を受けた側の可罰的な行為の教唆もしくは幇助として処罰することは、原則として、法の意図しないところと解すべきである」

2－1－2　共犯の本質
《概　説》
一　行為共同説と犯罪共同説

行為共同説と犯罪共同説の対立は、（広義の）共犯は何を共同にするものであるかという共犯の根本問題に関する対立であり、狭義の共犯は常に正犯と同じ罪名で処罰されなければならないかという罪名従属性の問題としていわれることもある。　⇒ p.151

二　共犯の処罰根拠

1　共犯の処罰根拠とは、共同正犯における共同者、教唆者及び幇助者が処罰さ

● 修正された構成要件　　　　　　　　　　　　　　　　　　　　共犯／共犯総説

れる実質的根拠をいう。この共犯の処罰根拠については大きく分けて責任共犯
論と因果的共犯論の争いがある。　　⇒ p.154

2　この共犯の処罰根拠についての議論の妥当範囲については、教唆・幇助等に
限定する見解と、広義の共犯すべてに妥当するとの見解とが対立している。

《論　点》

一　行為共同説と犯罪共同説

故意内容が異なるX・Y間に共同正犯が成立するか、成立するとしてどの範囲
で成立するか。共犯は何を共同にするものであるかという共犯の本質についてど
のように解するかと関連して問題となる。

ex.1　Xは窃盗を教唆したがYは強盗を犯した場合

ex.2　Xは窃盗の故意、Yは強盗の故意で共同した場合

ex.3　Xは殺人、Yは放火の故意で行動して放火した場合

ex.4　Xは殺人、Yは傷害の故意で行動して被害者を死に至らしめた場合

ex.5　Xは殺意をもって、Yは殺意なく治療が必要な被害者を放置して死に至
らしめた場合

<行為共同説と犯罪共同説> 司共

学説	行為共同説		犯罪共同説	
	共犯は行為を共同するものである		共犯は犯罪を共同するものである	
	前構成要件的 行為共同説	構成要件的 行為共同説	部分的犯罪 共同説	完全犯罪共同説
内容	共犯とは自然的行為を共同するものである	構成要件の重要部分を共同する必要がある	異なる犯罪間であっても、その重なり合う限度では共同を認めることができ、その限度で共犯が成立する	共犯は正犯と全く同じ犯罪についてのみ成立する
ex.1	X：窃盗の教唆犯 Y：強盗罪			共同正犯不成立
ex.2	X：窃盗の共同正犯 Y：強盗の共同正犯		X：窃盗の共同正犯 Y：窃盗の共同正犯 　　強盗の単独正犯 　　（＊1）	共同正犯不成立
ex.3	X：殺人の共同 　　正犯 Y：放火の共同 　　正犯		共同正犯不成立	

共犯／共犯総説　　　　　　　　　　　　　　　　　　　●修正された構成要件

学説	行為共同説	犯罪共同説	
ex.4 （＊2）	X：殺人の共同正犯 Y：傷害致死の共同正犯	X：傷害致死の共同 　　正犯 　　殺人の単独正犯 Y：傷害致死の共同 　　正犯（＊3）	共同正犯不成立
ex.5 （＊4）	X：殺人の共同正犯 Y：保護責任者遺棄致死の共同正犯	X：保護責任者遺棄 　　致死の共同正犯 　　殺人の単独正犯 Y：保護責任者遺棄 　　致死の共同正犯	共同正犯不成立

＊1　Xに強盗の共同正犯（科刑は窃盗）、Yに強盗の共同正犯が成立する、という見解
　　もある。
＊2　最決昭54.4.13・百選I 92事件は、殺意のない者には、「殺人罪の共同正犯と傷
　　害致死罪の共同正犯の構成要件が重なり合う限度で軽い傷害致死罪の共同正犯が成
　　立する」とした。この判例の結論は、部分的犯罪共同説、行為共同説のいずれの立
　　場からも説明可能とされる 同共 。
＊3　多数説である。
＊4　最決平17.7.4・百選I 6事件は、「被告人には、不作為による殺人罪が成立し、
　　殺意のない患者の親族の間では保護責任者遺棄致死罪の限度で共同正犯となる」と
　　した。この判例もまた、部分的犯罪共同説を採用したものとも、行為共同説を採用
　　したものともいわれる。

●修正された構成要件　　　　　　　　　　　　　　　　　　　共犯／共犯総説

 ＜行為共同説・犯罪共同説と共犯の諸論点との関係＞

	行為共同説	犯罪共同説
過失犯の共同正犯	肯定説と結び付きやすい ∵ 共同正犯が成立するには相互に他人の行為を利用し補充し合う意思と事実があれば足りる	否定説と結び付きやすい ∵ 共同正犯が成立するためには共同者各自が犯罪実現について共同意思を有する必要があるところ、過失犯は無意識に基づくことを本質とするから相互了解としての共同意思はないといえる
片面的共同正犯	肯定説と結び付きやすい ∵ 相手方の行為を利用して結果を惹起した以上、自己の行為と結果について責任が問われるべきであるから、共同正犯が成立するためには必ずしも各自に共同実行の意思があることを要しないと解される	否定説と結び付く ∵ 共同正犯が成立するためには共同者各自が犯罪実現について共同意思を有する必要があると解される
故意犯と結果的加重犯との共同正犯	肯定説と結び付きやすい ∵ 2人以上の者が単なる行為を共同して各自の犯罪を実現する場合も共犯とする	否定説と結び付きやすい ∵ 2人以上の者が特定の犯罪を共同して実現する場合を共犯とする
65条2項の解釈	65条2項は科刑だけではなく成立罪名についても定めたものであるとする見解と結び付きやすい ∵ 2人以上の者が単なる行為を共同して各自の犯罪を実現する場合も共犯とするから、共犯間の罪名が異なる場合を認めやすい	65条2項は科刑だけ定めたものであるとする見解と結び付きやすい ∵ 2人以上の者が特定の犯罪を共同して実現する場合を共犯とし、正犯と共犯は同一の犯罪が成立すると解される（罪名従属性について肯定する）

二　共犯の処罰根拠論

　　YがXに自己の殺害を依頼したが、Xの殺害行為は未遂にとどまった場合（共犯なき正犯）や、YがXを唆してXに自傷行為をさせた場合（正犯なき共犯）、Yを処罰しうるか。共犯の処罰根拠と関連して問題となる。

＜共犯の処罰根拠＞

学説	責任共犯論〈同〉	因果的共犯論（惹起説）		
		純粋惹起説	修正惹起説	混合惹起説
内容	共犯者が正犯者を責任と刑罰とに誘い込んだことのゆえに罰せられる	共犯自身が正犯を通じて法益侵害の結果を惹起したことをもって共犯の処罰根拠とする	共犯が正犯の実行行為を通じて正犯の法益侵害の惹起に加功した点を重視する	正犯の実行行為を通じて法益侵害の惹起に加功した点を重視する
共犯の違法性	共犯の違法性は正犯の違法性に基づく	共犯の違法性は共犯行為自体の違法性に基づく→人による違法の相対性を肯定	共犯の違法性は正犯行為の違法性に基づく→人による違法の相対性を原則として否定	共犯の違法性は共犯行為自体の違法性と正犯行為の違法性の双方に基づく→人による違法の相対性を部分的に肯定
共犯なき正犯 ex. YがXに自己の殺害を依頼したが、Xの殺害行為は未遂にとどまった場合	Yに同意殺人未遂罪の教唆犯が成立	教唆犯不成立	教唆犯成立 ＊　ただし、教唆者について可罰的違法性を否定する見解もある	教唆犯不成立
正犯なき共犯 ex. AがBを唆してBに自傷行為をさせた場合	Aに傷害罪の教唆犯は成立しない	教唆犯成立	教唆犯不成立	教唆犯不成立

● 修正された構成要件 共犯／共犯総説

2－1－3 共犯の従属性
《概　説》
一　共犯の従属性
　共犯の従属性には、①実行従属性、②要素従属性、③罪名従属性の３つの問題がある。
二　実行従属性
　教唆したにもかかわらず正犯が実行しなかったとき（教唆の未遂）、教唆の未遂として処罰することができるか、すなわち、共犯の処罰には正犯者の実行の着手が必要かという問題である。　⇒p.156
三　要素従属性
　共犯従属性説に立った場合、共犯の概念上の前提となる正犯の行為は、構成要件、違法性、責任、処罰条件のどの段階までみたしていることが必要か、という問題である。　⇒p.156
四　罪名従属性
　共犯は常に正犯と同じ罪名で処罰されなければならないかという問題である。
　⇒p.151

共犯／共犯総説　　　　　　　　　　　　　　　　　　　　●修正された構成要件

《論　点》

一　実行従属性

　YがXに犯罪行為を教唆したが、Xが犯罪を実行しなかった場合（教唆の未遂）、Yを教唆の未遂として処罰できるか。狭義の共犯が成立するには、正犯者の実行行為が必要かどうかと関連して問題となる。

＜実行従属性＞

	共犯従属性説（通）	共犯独立性説
結論	共犯が成立するには、正犯者が一定の行為を行ったことを要する	共犯が成立するには、教唆・幇助行為があれば足り、正犯者が犯罪を実行したか否かを問わない
根拠	① 基本的構成要件の内容である実行行為と、修正された共犯の構成要件に含まれる教唆・幇助行為とは明らかにその定型性を異にし、後者の犯罪性は前者に比して相当低く、前者の行為をまってはじめて可罰性を付与される ② 61条・62条は、ともに正犯の存在を予定している	教唆・幇助行為自体が行為者の反社会的性格を徴表するものである。ゆえに、正犯者が犯罪を実行したか否かは共犯の成立にとって重要でない
教唆の未遂	不可罰 ∵　教唆犯の成立には被教唆者の実行の着手が必要	可罰的 ∵　教唆行為がなされれば足りる

二　要素従属性《国》

　実行従属性において共犯従属性説を採ると、共犯の成立には正犯の実行行為が必要となる。このとき、共犯が成立し、かつ、可罰性を有するためには、正犯の行為がどの程度に犯罪の要件を具備することを必要とするのか、すなわち、正犯は構成要件、違法性、責任のどの段階までみたしていることが必要かが問題となる。

　　ex.1　行使の目的のない他人を教唆して私文書を偽造させた場合

　　ex.2　刑事未成年を教唆して窃盗を行わせた場合

　　ex.3　犯人の妻を教唆して犯人を蔵匿させた場合

<要素従属性>

	最小従属性説	制限従属性説〈**裁**〉	極端従属性説
内容	正犯が単に構成要件に該当すれば足りる	正犯が構成要件に該当し、かつ、違法性を具備することを要する	正犯が構成要件該当性、違法性及び責任を具備することを要する
理由	正当防衛の急迫性等は、行為者ごとに相対化することも考えられ、さらに主観的違法要素を広く認める見解によれば、違法性判断はより相対化する	61条1項の「人を教唆して犯罪を実行させた者」とする規定の「実行させた」という文言からは、正犯行為は違法な実行行為であれば足り、責任を必要としないとするのが妥当	61条1項の「犯罪」という文言からは、正犯行為が構成要件に該当し違法かつ有責であることを要すると解するのが素直である
批判	単に構成要件に該当するだけで、違法性を欠く行為に対する共犯を認める点において共犯の実質を考慮していないうらみがある	61条1項の「犯罪」を構成要件に該当する違法な行為と解し責任を不要とするのは被告人に不利益な解釈であり罪刑法定主義に反する	14歳未満の者を教唆して犯罪を実行させた場合、すべて間接正犯が成立してしまい妥当でない

<要素従属性における各学説からの帰結>

学説		最小従属性説	制限従属性説	極端従属性説
正犯の要件	構成要件該当性	○	○	○
	違法性	×	○	○
	責任	×	×	○
	処罰条件	×	×	×
ex.1		教唆犯不成立	教唆犯不成立	教唆犯不成立
ex.2		教唆犯成立	教唆犯成立	教唆犯不成立
ex.3		教唆犯成立	教唆犯成立	教唆犯成立

（○：正犯がみたすべき要件）

共犯／共同正犯　　　　　　　　　　　　　　　　　　　　　●修正された構成要件

２－２　共同正犯

２－２－１　共同正犯総説

第６０条（共同正犯）

２人以上共同して犯罪を実行した者は、すべて正犯とする。

《**概　説**》

一　共同正犯の意義

1　共同正犯とは、「２人以上共同して犯罪を実行」することをいう（60）。

共同正犯はすべて正犯としての責任を負うとされ、犯罪を実行するための行為の一部を行えば、生じた犯罪結果の全部について責任を負うことになる（一部実行全部責任の原則）。

cf.　同時犯

２人以上の者が、意思の連絡なしに同一の客体に対し同一の犯罪を同時に実現する場合を同時犯といい、各自が自己の行為についてのみ責任を負う

2　一部実行全部責任の根拠

判例は、一部実行全部責任の根拠を、「共同正犯が単独正犯と異なり行為者相互間に意思の連絡即共同犯行の認識ありて互いに他の一方の行為を利用し全員協力して犯罪事実を発現せしめた」点に求めている。

学説においては、共同正犯の本質の理解とも関連して説明に違いが見られる。

二　共同正犯の本質

共同正犯の本質をめぐっては、大きく、犯罪共同説と行為共同説の対立がある。

1　犯罪共同説

１つの犯罪を複数人が共同して実行するという考え方である（数人一罪）。

→「故意の共同」が一部実行全部責任の根拠であるとされる（ただし、「故意の共同」を不要とする見解もある）　⇒ p.151

2　行為共同説

行為を複数人が共同して各自の犯罪を実行するという考え方である（数人数罪）。

→結果への因果性が一部実行全部責任の根拠であるとされる

三　「犯罪」の意義

本条にいう「犯罪」には、教唆犯・従犯も含まれるので、共同して教唆・幇助行為に及んだ者には教唆犯・従犯の共同正犯が成立し得る。この点、判例は共謀共同教唆犯（大判明41.5.18）、共謀共同幇助犯（大判昭10.10.24）をそれぞれ認めている⟨司⟩。

● 修正された構成要件　　　　　　　　　　　　　　　　　　共犯／共同正犯

2-2-2　共同正犯の成立要件
《概　説》
一　成立要件
　① 共同実行の事実（客観的要件）
　② 共同実行の意思（主観的要件）
二　客観的要件（共同実行の事実）
　1　共同の対象

＜共同正犯の成立要件＞

学説		共同の対象
犯罪共同説	完全犯罪共同説	実行行為
	部分的犯罪共同説	実行行為（異なる構成要件間でも、重なり合う限度で実行行為の共同が認められる） →各行為者の行う実行行為には、それぞれについて、又は全体として、ある犯罪を実現する現実的危険が含まれていることが必要
行為共同説	構成要件的行為共同説　甲説	実行行為（＊1） →共同行為は構成要件該当の実行行為でなければならず、各共犯者の自己の犯罪という観点から他人の行為との協力関係が構成要件該当であればよい
	乙説	構成要件の重要部分を共同する必要あり（＊2） →犯罪としての類型性を無視することは許されない以上、各自がそれぞれの犯罪を共同して実行したと認められなければならず、他人の行為との共同関係が、成立する犯罪類型の重要部分を占めていなければ、一部実行全部責任の効果は認められない
	丙説	「行為」ないし「事実」あるいは「因果関係」の共同で十分 →他の共同者の行為を、重要な因果的寄与により促進・強化することで足りる
	前構成要件的行為共同説	「前構成要件的」な社会的事実としての行為 →前構成要件的行為の共同で足りるのは、犯罪者の危険性の徴表が認められればよいという主観主義の帰結

＊1　この見解を「不真正犯罪共同説」と称して犯罪共同説に位置付ける見解もある。
＊2　この見解は、「やわらかい行為共同説」と称されているが、＊1の見解と同じく「不真正犯罪共同説」として犯罪共同説に位置付ける見解がある。

　2　共同実行の事実が認められた例
　　ex.1　X・Yが、強盗罪（236 I）を犯そうという意思の連絡の下にA方に侵入し、XがAを脅迫し、その反抗を抑圧して現金を強取している間に、Yは別室でAの時計を盗取した場合（強盗罪の共同実行）
　　ex.2　XとYとの間に強盗罪の共同実行の意思がある場合において、Xが被

害者Aを脅迫している間、YはXの傍らに佇立していたにすぎない場合（強盗罪の手段たる脅迫の共同実行）

三 主観的要件（共同実行の意思）

1 意思の連絡の要否

＜意思の連絡の要否＞

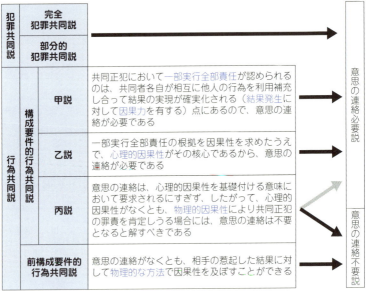

2 意思の連絡を必要とした場合の処理
(1) 行為者の全員に意思の連絡がなければ、単なる同時犯にすぎない。
(2) 意思の連絡は、明示的であると黙示的であるとを問わない。
(3) 数人間において直接に連絡し合うことを要せず、その中のある者を通じて全員に意思の連絡があればよい（順次共謀、最大判昭33.5.28・百選Ⅰ75事件）。また、犯行現場で謀議がなされる場合（現場共謀）でもよい。
  ex.1 A・B間、B・C間に意思の連絡があれば、A・C間に直接の意思の連絡は不要である
  ex.2 「甲と乙が、丙に対して同時に1発ずつけん銃を発射し、そのうち1発は丙の頭部をかすめたものの命中せず、もう1発が丙の頭部に命中した銃弾が甲乙いずれのけん銃から発射されたものであるかは判明しなかった。」という事例において、判例の立場に従うと、甲と乙は、

互いに何ら意思の連絡なく、それぞれ丙を殺害する意思をもってけん銃を発射した場合、甲乙にはそれぞれ殺人未遂罪の単独犯が成立する

ex.3 上記事例において、判例の立場に従うと、甲と乙が、共同して丙を殺害する意思をもってけん銃を発射した場合、甲及び乙には殺人既遂罪の共同正犯が成立する

ex.4 上記事例において、判例の立場に従うと、甲は、乙がけん銃を発射することを知り、乙と共同して丙を殺害する意思で自らもけん銃を発射したが、乙は、甲がけん銃を発射することも丙を殺害しようとしていることも知らないまま、自分一人で丙を殺害する意思をもってけん銃を発射した場合、甲乙には、それぞれ殺人未遂罪の単独犯が成立する

ex.5 上記事例において、判例の立場に従うと、甲と乙が、共同して丙に傷害を負わせる意思をもってけん銃を発射した場合、甲及び乙には傷害致死罪の共同正犯が成立する

2－2－3 共同正犯の成否に関する問題の具体的検討
《概　説》

＜共同正犯の成否に関する問題概観＞

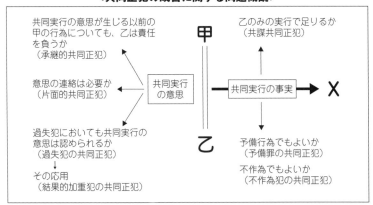

一　共同正犯と狭義の共犯の区別

複数の者が犯罪に関与した場合においては、各々の行為者に共同正犯が成立するか、狭義の共犯（教唆犯・幇助犯）が成立するにすぎないかを判断する必要がある。共同正犯と狭義の共犯との区別は、次の2つの場面で問題となる。

共犯／共同正犯　　　　　　　　　　　　　　　　　　　　　　●修正された構成要件

1　実行行為を行わなかった場合 司H27

　　実行行為を行わなかった者に共謀共同正犯（⇒二参照）が成立するか、狭義の共犯（教唆犯・幇助犯）が成立するにすぎないかが問題となる。この点、狭義の共犯よりも重い罪である共謀共同正犯の要件（特に正犯性）をみたす限り、実行行為を行わなかった者にも共謀共同正犯が成立する一方、その要件をみたさないときは、狭義の共犯が成立し得る。

　　したがって、まず重い罪である共謀共同正犯の成否を検討し、その要件が否定される場合には、次に狭義の共犯の成否を検討する。　⇒ p.189 参照

2　実行行為を行った場合

　　実行行為を行った者に実行共同正犯が成立するか、幇助犯が成立するにすぎないかが問題となる。この点、共同正犯が成立する場合は、幇助犯にはならないという関係から、まず重い罪である共同正犯の成否を検討し、その要件が否定される場合には、次に幇助犯の成否を検討する。

二　共謀共同正犯

1　意義

　　共謀共同正犯論とは、客観的な実行行為は分担しないが、共謀に参画した者を共同正犯とする理論をいう。

　　ex.　殺人の謀議では主導的役割を果たしたが、現場には全く行かなかった中心人物を共同正犯とする

2　共謀共同正犯の実質的背景

(1)　実行者の背後に控える犯罪の中心人物を正犯としたい（黒幕重罰論）。

(2)　実行、教唆・幇助という類型が、現実の犯意形成の過程と必ずしも一致せず、お互いに影響し合って犯意が形成されていく相互教唆・相互精神的幇助の複合した形態をとることが多く、この実態を捉える必要がある。

3　共謀共同正犯の成立要件 予 司H24 司H25 予H27

　　共謀共同正犯が成立するためには、①共謀、②正犯性（正犯意思・重大な寄与）、③共謀に基づく実行行為が必要となる。

(1)　共謀

　　(a)　共謀の意義

　　　　共謀とは、2人以上の者が特定の犯罪を行うため、相互に他人の行為を利用・補充し合い、各自の意思を実行に移すことを内容とする合意をいう（練馬事件、最大判昭 33.5.28・百選Ⅰ 75 事件参照）供。

　　(b)　謀議の方法

　　　　謀議は、必ずしも一堂に会して行うことを要しない判。また、暗黙になされてもよい判。さらに、犯罪の日時・場所・手段などの具体的内容を詳細に知らなくてもその大綱の謀議に参加していれば共謀と認められうる。

● 修正された構成要件 共犯／共同正犯

▼ **スワット事件（最決平 15.5.1・百選 I 76 事件）**〈同予〉

　暴力団組長である被告人は、直接指示を下さなくても、通称スワットなる自己のボディーガードらが警護のためにけん銃等を所持していたことを確定的に認識しながら、それを当然のこととして受け入れて認容し、ボディーガードらも、そのことを察していたのであるから、けん銃等の所持につき黙示的に意思の連絡があったといえる。そして、ボディーガードらは終始被告人の身辺にいて行動を共にしていたものであり、彼らを指揮命令する権限を有する被告人の地位と彼らによって警護を受けるという被告人の立場を併せ考えれば、実質的には、正に被告人が本件けん銃等を所持させていたと評しうるのであるので、被告人には、けん銃等の所持について、共謀共同正犯が成立する。

▼ **最判平 21.10.19・平 22 重判 6 事件**

　暴力団幹部であるAとBらは、JR浜松駅から本件ホテルロビーに至るまでの間、他の暴力団からの襲撃に備えてけん銃等を所持し、被告人の警護に当たっていたものであるところ、被告人もそのようなけん銃による襲撃の危険性を十分に認識し、これに対応するため配下のA、Bらを同行させて警護に当たらせていたものと認められるのであり、このような状況のもとにおいては、他に特段の事情がない限り、被告人においても、A、Bがけん銃を所持していることを認識したうえで、それを当然のこととして受け入れて認容していたものと推認するのが相当であるとして共謀の成立を認めた。

▼ **最決平 22.5.31**

　公認会計士であり、A社に係る監査責任者の地位にあった被告人は、虚偽記載を認識していたほか、会計処理等について、代表取締役Bに対して助言や了承を与えてきたため、虚偽記載を是正できる立場にあった。それにもかかわらず、自己の認識を監査意見に反映させることなく、本件財務諸表に有用意見及び適正意見を付す等しており、被告人はBと共謀して、虚偽記載半期報告書提出罪等の各共同正犯を犯したといえる。

(2)　正犯性

　(a)　正犯意思

　　単に意思の連絡があったというだけでは足りず、各自に自己の犯罪として行う意思、すなわち正犯意思が存在することが必要である。

　　正犯意思があったかどうかは、①共謀者と実行行為者との関係、②犯行の動機・意欲、③共謀者と実行行為者との意思疎通行為の経過・態様・積極性、④実行行為以外の何らかの行為に加担している場合にはその内容、⑤犯跡隠避行為や分け前の有無といった徴表行為などに着目して判断される。

共犯／共同正犯　　　　　　　　　　　　　　　　　　　●修正された構成要件

(b)　重大な寄与

構成要件の実現にとって重要な役割を果たしたときには、自己の犯罪を行ったといえるため、客観的に実行担当者と同程度の重要な役割を果たしたといえることが必要となる。

重要な役割を果たしたといえるかは、共謀者の地位（上下関係）、謀議への関与の程度、犯行全体における寄与度（犯罪の実現に不可欠な準備行為をしたか、機械的作業をしたにすぎないか）などから判断される。
⇒ p.189

(3)　共謀に基づく実行行為

(a)　内容

共謀共同正犯が成立するためには、共謀に基づいて少なくとも共謀者の1人が実行行為を行う必要がある。

(b)　共謀の射程〈司H20 予H25 予H30〉

共謀に基づく実行行為があるといえるためには、実行行為が当初の共謀に基づくものか、それとも共謀とは無関係に行われたものかを吟味する必要がある（共謀の射程）。共謀の射程は、当初の共謀と実行行為との間に因果性が認められるかという観点から判断する。具体的には、

① 当初の共謀と実行行為の内容との共通性（被害者の同一性、行為態様の類似性、侵害法益の同質性等）

② 当初の共謀による行為と過剰結果を惹起した行為との関連性（機会の同一性、時間的・場所的近接性等）

③ 犯意の単一性・継続性

④ 動機・目的の共通性

という事情を総合的に考慮して判断する。

4　共謀共同正犯の肯否・理論的根拠　⇒ p.169

判例（練馬事件、最大判昭33.5.28・百選Ⅰ75事件）は、「共同正犯が成立するには、2人以上の者が、特定の犯罪を行うため、共同意思の下に一体となって互に他人の行為を利用し、各自の意思を実行に移すことを内容とする謀議をなし、よって犯罪を実行した事実が認められなければならない。したがって……、共謀に参加した事実が認められる以上、直接実行行為に関与しない者でも、他人の行為をいわば自己の手段として犯罪を行ったという意味において、その間刑責の成立に差異を生ずると解すべき理由はない」として、共謀共同正犯を肯定している〈予〉。

三　承継的共同正犯

承継的共同正犯とは、ある者（先行者）がすでに実行行為の一部を行ったが、未だその実行行為が完了する前に、他の者（後行者）が共同実行の意思をもって実行に参加する場合をいう。

164

●修正された構成要件 　　　　　　　　　　　　　　　　　　　　　　　共犯／共同正犯

→後行者が、その加功前にすでに先行者の惹き起こした犯罪の部分についても
　　責任を負うかにつき争いがある　⇒ p.170

四　片面的共同正犯

　2人以上の者が客観的には実行行為を分担しながら、主観的には意思の相互連
絡がなく、一方だけが片面的に共同加功の意思をもっている場合をいう。

→片面的共同正犯の肯否については、行為共同説・犯罪共同説の対立と関連し
　　て問題となる　⇒ p.172

五　過失犯の共同正犯

　2人以上の者が共同して過失行為を実行する場合をいう。

→過失犯は無意識を本質とするため、共同実行の意思があるといえるかが問題
　　となる　⇒ p.173

六　結果的加重犯の共同正犯

　2人以上の者が共同実行の意思の下に基本となる犯罪の実行行為を共同した場
合において、その一部の行為によって重い結果が発生した場合、共同者全員が重
い結果について共同正犯となることをいう。

→結果的加重犯の重い結果について過失を要求し、かつ過失犯の共同正犯を否
　　定する立場から、肯定するか否かが問題となる　⇒ p.173

七　共同正犯と正当防衛・過剰防衛（質的過剰）

1　共同正犯と過剰防衛（質的過剰）

　　共同正犯が成立する状況において、一方の共同者に過剰防衛が成立する場
　合、他方の共同者の刑責にはどのような影響が及ぶだろうか。

ex.　殺人の共同正犯者の一方に「積極的加害意思」があり他方にはなかっ
　　た場合に、積極的加害意思を有しない者が過剰防衛を行ったという場合

　　判例（最判平 4.6.5・百選Ⅰ 90 事件）は、上記 ex. と同様の事例におい
　て、積極的加害意思を有する共同正犯者については「急迫性」の要件を
　欠き過剰防衛が認められないとして、「共同正犯が成立する場合における
　過剰防衛の成否は、共同正犯者の各人につきそれぞれその要件をみたす
　かどうかを検討して決すべき」との判断を示した（なお、この判例では
　正当防衛の要件の1つである「急迫性」が個別的に判断されているので、
　共同正犯における防衛行為一般の判断にまでその射程が及ぶとする見方
　もある）

　　この結論を、過剰防衛の減免の根拠と、共同正犯者間に違法性・責任
　が連帯的に取り扱われるべきかということから、説明付けようとすると、
　以下のようなモデル図となる

総論体系編

165

共犯／共同正犯　　　　　　　　　　　　　　　　　　　　　　●修正された構成要件

＜共同正犯と過剰防衛（質的過剰）＞

従属性の程度／過剰防衛の法的性格	最小従属性説と同様に考える見解	制限従属性説と同様に考える見解	極端従属性説と同様に考える見解
違法減少説	個別	連帯	連帯
責任減少説	個別	個別	連帯
違法・責任減少説	個別	連帯	連帯

※　制限従属性説・極端従属性説と同様に考えるとしても、因果的共犯論の立場から違法の個別性を肯定する見解（純粋惹起説、混合惹起説）からは、違法性判断が個別化することもありうるし、また、主観的要素が違法評価に影響を及ぼす場合には、違法評価が個別化することも考えられるとされ、表の帰結は論理必然というわけではない。

2　共同正犯と正当防衛

　　この点については議論が熟しておらず、考え方の筋道のみが示されているといった状況である。以下では、考え方のモデル図を示すにとどめる。

●修正された構成要件　　　　　　　　　　　　　　　　　　　　　共犯／共同正犯

＜共同正犯と正当防衛＞

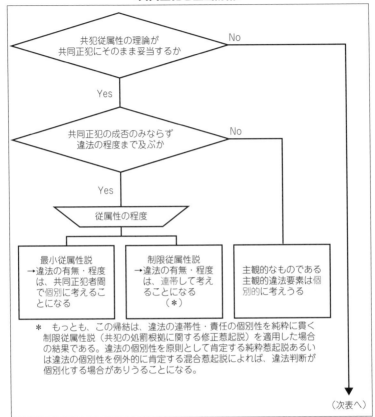

（次表へ）

共犯／共同正犯　　　　　　　　　　　　　　　　　　　●修正された構成要件

＜共犯従属性の理論が共同正犯に妥当しないとした場合の考え方＞

	甲説	乙説	丙説
内容	共犯従属性の理論は共同正犯の場合にはそのまま妥当せず、正当防衛行為（適法行為）と違法行為との共同正犯は肯定できない	共同正犯は単独正犯が相互的に関連する正犯形態であり、この「相互的関連性」は一種の「従属性の理論」といってよいが、共同正犯における「相互的関連性」は、教唆犯・幇助犯における「従属性の理論」とは異なる固有の内容を有し、各人の違法行為が相互的に帰属されるがゆえに全体の結果に対して責任を負う	刑法により正当化された結果を、それに心理的因果性を有する共同正犯者に対して帰責する必要はない（過剰防衛であれば違法な結果であり、帰責される）
理由	共同正犯は、各人が自己の行為のみならず他の共同者の規範的障害の契機になる行為を利用し合うことによってそれぞれの犯罪を実現するものと解すべきであるが、適法行為は規範的障害の契機にはならない	共同正犯の法効果である「一部実行全部責任」の根拠（相互的関連性）を「従属性の理論」と同一に考えた場合、正当防衛行為（適法行為）と違法行為のいずれに連帯するのかという困難な問題が生じてしまう	違法性を客観的に解する以上は、直接の行為が正当化され違法でないとされた結果が、直接の行為者に「共同正犯としての因果性」しか与えていない他方の者に帰責されるのは妥当でない

八　共同正犯と量的過剰（最判平 6.12.6・百選Ⅰ 98 事件）同 司H23

ex. 酩酊したＡが仲間の女性に乱暴を始めたためＸＹ等が共同して制止したが（侵害現在時の正当防衛たる反撃行為）、なおＡが応戦する気勢を示しながら移動したので、ＸＹ等が迫っていき、ＹがＡに暴行を加え傷害を負わせた（侵害終了後の追撃行為）場合

自ら暴行を加えてはいないがＹの暴行を制止しなかったＸにつき、Ｘの行為はＹの行為と一連一体のもので過剰防衛となるか、それともＹの追撃行為については切り離されるかが問題となる。

この点判例は、侵害終了後の暴行については、侵害現在時における防衛行為としての暴行の共同意思から離脱したかどうかではなく、新たに共謀が成立したかどうかを検討すべきであるとした。

＊　第一審、控訴審は、侵害現在時における防衛行為としての暴行の共同意思からの離脱の問題として捉えた。

→ＸはＹの追撃行為を積極的に阻止したという事情が存在しないことから、離脱を認めず、Ｘについても反撃行為と追撃行為とを一連のものと捉え、傷害罪の過剰防衛（36Ⅱ・204）が成立する

●修正された構成要件　　　　　　　　　　　　　　　　　　　　共犯／共同正犯

《論　点》

一　共謀共同正犯の肯否・理論的根拠

共同正犯の成立には、共同した2人以上の少なくとも1人が犯罪を実行すれば
よいとして、共謀共同正犯を肯定することができるか、それとも、共同した2人
以上の全員が犯罪を実行しなければならないとして否定すべきかが問題となる。

＜共謀共同正犯に関する学説・理論的根拠＞

<table>
<tr><th colspan="2"></th><th>学　　説</th><th>批　判</th></tr>
<tr><td rowspan="4">肯定説</td><td>共同意思主体説</td><td>共謀により、2人以上の個人が一定の犯罪を犯すという共同目的を実現するため一体となる（共同意思主体）
→一部の者の行為は共同意思主体全体の行為</td><td>団体責任を認めるもので、個人責任の原則に反する</td></tr>
<tr><td>間接正犯類似説（＊1）</td><td>2人以上の者が犯罪遂行について合意
→2人の行動を全体的に見れば、間接正犯における利用関係に対比すべき実体があり、相互に利用し合い結果を実現したといえる</td><td>対等関係にある者同士では共謀共同正犯の成立を認めるのが困難となる</td></tr>
<tr><td>行為支配説</td><td>共同正犯の正犯性は、構成要件的行為に対する各自の共通包括的な行為支配にある
→包括一体的な共同の目的的支配があれば、自分は手を下さずとも、他人の行為を支配して自己の犯罪を遂げる共同正犯が成立しうる</td><td></td></tr>
<tr><td>包括的正犯説</td><td>正犯者は正犯としての重い処罰に値する行為をすれば足り、必ずしも実行の分担をする必要はないから、共謀という重い処罰に値する行為に関与すれば、実行を分担しなくても共同正犯になる（＊2）</td><td>実質的基準によるため、形式的明確性を欠き、黒幕でもない単なる従犯までが正犯として重く処罰される可能性がある</td></tr>
<tr><td colspan="2">否定説</td><td>① 正犯は実行行為を行うものであり、共同正犯も正犯の一種であるから、実行行為の分担が必要であるところ、共謀共同正犯においては、実行の分担が認められない
② 教唆犯又は従犯としての事実の認定や判示が面倒だという便宜を助長しかねない</td><td>① 科刑の面ではともかく成立する罪が関与者の果たした役割の実態にそぐわない
② 共犯関係の中には、教唆・幇助で単純に割り切れないものがある</td></tr>
</table>

＊1　判例（練馬事件、最大判昭33.5.28・百選Ⅰ75事件）は、「共謀共同正犯が成立
　　するには、2人以上の者が、特定の犯罪を行うため共同意思の下に一体となって互に
　　他人の行為を利用し、各自の意思を実行に移すことを内容とする謀議をなし、よっ
　　て犯罪を実行した事実が認められなければ」ならず、「直接実行行為に関与しない者
　　でも、他人の行為をいわば自己の手段として犯罪を行った」として共謀共同正犯が
　　成立すると判示し、間接正犯類似の共謀共同正犯概念を示した。
＊2　正犯性の根拠を相互利用補充関係に求める見解、結果への因果的影響力（心理的
　　因果性）に求める見解がある。

共犯／共同正犯　　　　　　　　　　　　　　　　　　　●修正された構成要件

二　承継的共同正犯〈司〉〈司H18 司H28 司R元〉

1　先行行為者が、すでに実行行為の一部を終了した後、後行行為者が共同実行
の意思をもって実行に参加した場合、共同正犯が成立するか。承継的共同正犯
の肯否が問題となる。

　たとえば、Ｘが強盗の手段としてＡに暴行・脅迫を加えた後、ＹがＸと意思
を通じ、ともに財物奪取を行った場合に、承継的共同正犯を否定すれば、Ｙは
窃盗罪の共同正犯（60・235）にとどまるが（ただし、争いあり）、肯定すれ
ば、Ｙは強盗罪の共同正犯（60・236Ⅰ）となる。

　ex.1　Ｘが強盗の手段としてＡに暴行を加えた後、Ｙが意思を通じて、反抗
　　　を抑圧されているＡから財物を共同して奪取した場合（強盗罪の場合）

　ex.2　Ｘが強盗の手段としてＡを殺害した後、Ｙが意思を通じて財物奪取を
　　　共同して行った場合（死亡の結果が生じた場合）

　ex.3　Ｘが恐喝の手段としてＡを脅迫した後、Ｙが意思を通じて、畏怖して
　　　いるＡに共同して金員を要求した場合（単純一罪である恐喝罪の場合）

＜承継的共同正犯に関する学説・あてはめ＞

学　説	全面的肯定説〈司〉	全面的否定説〈司〉	限定的肯定説	
内　容	後行者は自分の介入以前に先行者が行った行為についても、共同正犯の責任を負う	後行者は介入後の共同行為についてのみ責任を問われ、介入前の事象については責任を負わない	原則として、後行者は先行者のみが関与した事象について責任を負わない。しかし、例外的に全体としての犯罪につき共同正犯が成立する場合がある	
根　拠	①　先行者によって実現される状況を認識し、その状況を積極的に利用して、先行者と意思を連絡して残りの実行行為を共同して実行した場合、共同正犯が成立する②　犯罪共同説の数人一罪の考え方	①　時間的に先行する行為事象に対しては、因果的影響を与えることはできない②　因果経過を予測できない先行事象について目的的行為支配を認めることはできない	甲説	乙説
			後行者が先行者の行為及び結果を自己の犯罪遂行の手段として積極的に利用した場合には、共同して犯罪を実現したといえるため、後行者にも関与前の行為・結果も含めて責任を問いうる（大阪高判昭62.7.10参照）	関与前の行為が関与後になお効果を持ち続けている場合、関与前の行為についても責任を問いうる
ex.1	強盗罪の共同正犯	窃盗罪の共同正犯	強盗罪の共同正犯	強盗罪の共同正犯

●修正された構成要件 共犯／共同正犯

学　説	全面的肯定説〈百〉	全面的否定説〈百〉	限定的肯定説	
ex.2	強盗殺人罪の共同正犯	窃盗罪の共同正犯	強盗罪の共同正犯	強盗罪の共同正犯
ex.3	恐喝罪の共同正犯	恐喝罪の従犯又は犯罪不成立	恐喝罪の共同正犯	恐喝罪の共同正犯

総論体系編

▼ **最決平 24.11.6・百選Ⅰ81 事件**〈司共〉

被告人による共謀加担後の暴行が、共謀加担前に先行行為者が既に生じさせていた傷害を相当程度重篤化させた場合、被告人は、共謀加担前に先行行為者が既に生じさせていた傷害結果については、被告人の共謀及びそれに基づく行為がこれと因果関係を有することはないから、傷害罪の共同正犯としての責任を負うことはなく、共謀加担後の傷害を引き起こすに足りる暴行によって被害者の傷害の発生に寄与したことについてのみ、傷害罪の共同正犯としての責任を負う。被告人において、被害者が先行行為者の暴行を受けて負傷し、逃亡や抵抗が困難になっている状態を利用して更に暴行に及んだ等の事実があったとしても、それは、被告人が共謀加担後に更に暴行を行った動機ないし契機にすぎず、共謀加担前の傷害結果について刑事責任を問い得る理由とはいえない。

▼ **最決平 29.12.11・百選Ⅰ82 事件**〈司〉

事案： 氏名不詳者がAに対してうそを言って現金の交付を要求したが、Aはうそを見破り、警察官に相談して「だまされたふり作戦」を開始し、現金が入っていない箱を発送した。一方、Xは「だまされたふり作戦」が開始されたことを認識せずに、氏名不詳者と共謀の上、Aから上記空箱を受領した。かかる受領行為にのみ関与したXについて、詐欺未遂罪の共同正犯が成立するかが問題となった。

判旨： Xは、「本件詐欺につき、共犯者による本件欺罔行為がされた後、だまされたふり作戦が開始されたことを認識せずに、共犯者らと共謀の上、本件詐欺を完遂する上で本件欺罔行為と一体のものとして予定されていた本件受領行為に関与している。そうすると、だまされたふり作戦の開始いかんにかかわらず、Xは、その加功前の本件欺罔行為の点も含めた本件詐欺につき、詐欺未遂罪の共同正犯としての責任を負う」。

評釈： 本決定は、承継的共同正犯の論点（先行者により欺罔行為がされた後に財物の受領行為のみに関与した後行者につき、詐欺未遂罪の共同正犯が成立するか）について、上記のように判示して詐欺未遂罪の共同正犯を肯定した。

　学説上は、詐欺罪の結果ないし本質的な法益侵害は、錯誤に陥った被害者から財物の占有を移転させる点にあるところ、欺罔行為後に共謀加担した受け子等の後行者も、財物の占有の移転に対して因果関係を有し

171

共犯／共同正犯　　　　　　　　　　　　　　　　　　　　●修正された構成要件

ているから、詐欺罪の承継的共同正犯は肯定され得ると解する見解もある。

　なお、本決定の原審（福岡高判平 29.5.31）は、承継的共同正犯の論点に加え、不能犯の論点（被害者側による「だまされたふり作戦」が実行されたことが詐欺未遂罪の共同正犯の成否に影響するか）についても検討しているが、本決定は、「だまされたふり作戦の開始いかんにかかわらず」と判示して、不能犯の論点に言及していない。これは、承継的共同正犯の成立が認められた以上、詐欺未遂罪の共同正犯を肯定するにつき、不能犯の論点を検討する必要はないと考えられたためと解されている。

　2　207条との関係〈司 司H18

　　下級審判例には、XがAに暴行を加えた後Yが意思を通じて暴行に加わったが、Aに生じた傷害がYの参加以降に生じたか特定できなかったという事案につき、207条が適用され、Yに傷害罪の共同正犯（60・204）が成立するとしたものがある（大阪地判平 9.8.20、東京高判平 8.8.7 参照）。

　　そして、判例（最決令 2.9.30・令2重判4事件）は、「他の者が先行して被害者に暴行を加え、これと同一の機会に、後行者が途中から共謀加担したが、被害者の負った傷害が共謀成立後の暴行により生じたものとまでは認められない場合であっても、その傷害を生じさせた者を知ることができないときは、同条［注：207条］の適用により後行者は当該傷害についての責任を免れない」とした上で、「先行者に対し当該傷害についての責任を問い得ることは、同条の適用を妨げる事情とはならない」としている。　⇒p.401 参照

　　その理由として、同判例は、「更に途中から行為者間に共謀が成立していた事実が認められるからといって、同条が適用できなくなるとする理由はなく、むしろ同条を適用しないとすれば、不合理であって、共謀関係が認められないときとの均衡も失する」としている。

三　片面的共同正犯

　　XがAを強制性交しようとしている際に、YがXの知らない間にAの足を押さえていたため、XがAを性交できた場合、Yに強制性交等罪の共同正犯（60・177）が成立するか、片面的共同正犯を肯定するかが問題となる。

　　この点、片面的共同正犯を認めるかどうかは、共同実行の意思の内容として意思の連絡を必要とするかによる。すなわち、意思の連絡を必要とすれば、片面的共同正犯は否定され、意思の連絡を不要とすれば、片面的共同正犯は肯定されることになる。

　1　犯罪共同説からは、片面的共同正犯は、必ず否定される。

　　∵　犯罪共同説は、共同正犯を数人一罪と考え、「同一の故意犯」を共同す

●修正された構成要件　　　　　　　　　　　　　　　　　共犯／共同正犯

ると考えるため、意思の連絡が必要であり、その内容を犯罪的なものと捉えるから、故意の共同のない片面的共同正犯は否定されることになる
2　行為共同説は、共同正犯を数人数罪と考え、各自の犯罪がそれぞれに共同正犯となるのだから、理論的には片面的共同正犯を否定する理由はなく、肯定するのが一般である。ただ、処罰範囲の拡大は望ましくないとして、これを否定する見解もある。
3　判例は、共同正犯については相互の意思連絡が必要であるとして、片面的共同正犯の成立を認めていない（大判大 11.2.25）〈司共〉。

＜片面的共同正犯＞

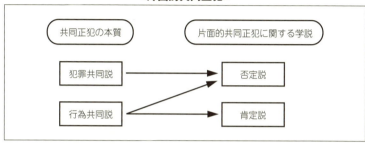

四　過失犯・結果的加重犯の共同正犯の成否
1　過失犯の共同正犯の成否〈共〉
　　たとえば、X・Yが共同してビルの屋上の作業場から材木を投げ下ろしていたところ、X・Yいずれの投げた材木が当たったのか不明だが、下の道を歩いていたAが死亡した場合、X・Yに過失致死罪の共同正犯（60・210）が成立するか。単なる同時犯であれば、それぞれ過失未遂で不可罰となるとも思われるため、過失犯の共同正犯が認められるかが問題となる。

共犯／共同正犯　　　　　　　　　　　　　　　　　　　　　●修正された構成要件

＜過失犯の共同正犯＞

犯罪共同説	行為共同説
否定説 　犯罪の共同を要する犯罪共同説からは、共同正犯には特定の犯罪に関する共同意思が必要 　↓ 　過失犯の本質である無意識部分についてはこのような意思をもちえない以上、過失犯の共同正犯は成立しない	肯定説（＊） 　行為の共同があれば共同正犯の成立を肯定しうる行為共同説からは、故意の共同は不要であり、過失犯の共同正犯も成立しうる
↓ 　　　　新過失論 →過失犯においても、 　実行行為の共同は可能 　　　　　↓	↓ 処罰範囲の著しい拡張のおそれ 　　　　　↓
肯定説 　高度の危険性ある行為を２人以上の者が共同して行っている場合、自ら注意義務を負うだけでなく、他の者にも注意させるという共同義務が課せられる 　ある共同者の不注意で結果が発生した場合「共同義務の共同違反」として、共同正犯が成立しうる	過失単独犯に解消する説 　「共同義務の共同違反」が認められる場合は、各関与者の監督義務ないし監視義務違反により過失責任を問いうる場合がほとんどである 　過失の共同正犯は、過失犯の同時犯、すなわち、単独犯としての場合に解消できるため、38条１項の故意犯処罰の原則から、過失の共同正犯は否定すべき（＊）

＊　近時は同時犯として処理する見解が有力に主張されてはいるが、共犯（共同正犯）の因果性を重視する立場から過失の共同正犯を肯定する見解も根強く主張されている。

▼　最判昭 28.1.23

　飲食店の共同経営者であるＡ・Ｂが意思連絡の下にアルコール類を販売した際、Ａ・Ｂとも不注意により中身を検査する義務を怠り、法定の除外量以上のメタノールを含有する飲料を販売した事案において、有毒飲食物等取締令所定の過失犯の共同正犯の成立を認めた。

●修正された構成要件　　　　　　　　　　　　　　　　　共犯／共同正犯

▼　**東京地判平 4.1.23・百選Ⅰ〔第 7 版〕80 事件**〈団〉

　　相互に交代して溶接作業を行っていた共同作業者が、共同して火災の発生を未然に防止すべき業務上の注意義務があったにもかかわらず、これを怠り、建造物を焼損した事案において、相互利用・補充による共同の注意義務を負う共同作業者が現に存在するところであり、しかもその共同作業者間において、その注意義務を怠った共同行為があると認められる場合には、その共同作業者全員に対し過失犯の共同正犯が認められるとしたうえで、業務上失火罪の共同正犯（60・117 の 2）が成立するとした。

▼　**最決平 28.7.12・百選Ⅰ 79 事件**

　　花火大会の群集規制の警備対応に関する事案において、「業務上過失致死傷罪の共同正犯が成立するためには、共同の業務上の注意義務に共同して違反したことが必要である」。そして、B 地域官及び被告人がそれぞれ分担する役割は基本的に異なっていた。本件事故発生の防止のために要求され得る行為も、B 地域官については、配下警察官を指揮するとともに、C 署長を介し又は自ら直接機動隊の出動を要請して、本件歩道橋内への流入規制等を実施すること、本件警備計画の策定段階では、自ら又は配下警察官を指揮して本件警備計画を適切に策定することであったのに対し、被告人については、各時点を通じて、基本的には C 署長に進言することなどにより、B 地域官らに対する指揮監督が適切に行われるよう補佐することであったといえ、本件事故を回避するために両者が負うべき具体的注意義務が共同のものであったということはできない。

2　結果的加重犯の共同正犯に関する学説〈拱〉

　　たとえば、X・Y が傷害の意思で共同して A に暴行を加えたところ、意外にも A は死亡してしまったが、X・Y いずれの行為によって死亡したのか不明な場合、X・Y に傷害致死罪の共同正犯（60・205）が成立するとして、死の結果について罪責を負わせることができるか。結果的加重犯の重い結果につき過失を要し、かつ過失犯の共同正犯を否定する立場からは、結果的加重犯の共同正犯が成立するかが問題となる。

共犯／狭義の共犯　　　　　　　　　　　　　　　　　　　　　●修正された構成要件

＜結果的加重犯の共同正犯＞

```
┬── 加重結果発生につき過失は不要であるとする説
│    →故意犯の共同正犯を考えるだけでよいので結果的加重犯の共同正犯も肯定
│
└── 加重結果発生につき過失が必要であるとする説

      ┬── 過失犯の共同正犯肯定説
      │    →結果的加重犯の共同正犯も肯定
      │
      └── 過失犯の共同正犯否定説

            ┬── 結果的加重犯の共同正犯は肯定
            │    ∵　基本犯についての意思の連絡が認められる
            │
            └── 結果的加重犯の共同正犯も否定
                 →結果的加重犯の重い結果についても共同実行の意思
                 は観念しえず、基本犯の限度で共同正犯が成立する
```

▼　最判昭26.3.27・百選Ⅰ〔第7版〕79事件〈同共〉

　　　強盗共犯者の1人が、強盗現場から離れたところで、警察官に逮捕されそうになった際に、暴行を加えて当該警察官を死亡させた事案に関し、強盗について共謀した共犯者等の1人が強盗の機会においてなした行為については他の共犯者も責任を負うべきであるとして、死亡結果を生じさせた暴行を行っていない共犯者にも強盗致死罪（240後段）の成立を認めた。

2－3　狭義の共犯

2－3－1　教唆犯

第61条　（教唆）
Ⅰ　人を教唆して犯罪を実行させた者には、正犯の刑を科する。
Ⅱ　教唆者を教唆した者についても、前項と同様とする。

《概　説》
一　意義
　　　教唆犯とは、「人を教唆して犯罪を実行させた者」をいう（61Ⅰ）。

176

● 修正された構成要件   共犯／狭義の共犯

二　要件

① 人を「教唆」すること

② 被教唆者が犯罪を実行したこと

1　人を「教唆」すること（要件①について）

「教唆」とは、他人を唆して特定の犯罪を実行する決意を生じさせることをいう⦿。

(1) 教唆行為

他人に特定の犯罪を実行する決意を生じさせるのに適する行為をいう。

(a) 教唆行為は、黙示的・暗示的な方法による場合も可能。

(b) 被教唆者に対し特定の犯罪を実行する決意を生じさせる必要がある。

ex.「人殺しをやれ」など、漠然と犯罪一般を唆すだけでは足りない

＊　ただし、犯罪の日時・場所・方法などを具体的に指示する必要はない。また、具体的に特定して指示したときでも、教唆犯の成立上、被教唆者が必ずしもその指定通りの犯行をしたことを要しない。

(c) 被教唆者は特定した者でなければならないが、教唆行為の当時、実行者まで特定している必要はない。

(d) 教唆行為の当時、教唆に基づく犯罪行為の客体が存在しないときにも、その客体の現出を条件として実行することを教唆することは可能である。

(e) すでに犯罪の実行を決意している者は教唆行為の相手方とはならない。

→犯罪の意思を強化するものとして従犯（62Ⅰ）が問題となるにすぎない

(f) 法人税をほ脱していた被告人が、税務調査に基づく逮捕や処罰を免れるため知人のAに対応を相談し、Aは被告人に対して内容虚偽の契約書を作成することを強く勧めたため、被告人はこれを受け入れてAに内容虚偽の契約書を作成させた場合、Aは被告人の意向にかかわりなく本件犯罪を遂行するまでの意思を形成していたわけではないから、被告人の行為は、人に特定の犯罪を実行する決意を生じさせたものとして、「教唆」に当たるというべきである（最決平18.11.21・百選Ⅰ83事件）。

(2) 教唆の故意

教唆の故意の内容については争いがある。　⇒ p.181

2　被教唆者が犯罪を実行したこと（要件②について）

(1) 教唆犯の成立には、教唆行為の結果、被教唆者が当該犯罪の実行を決意し、その実行に着手することを要する（共犯従属性説）。　⇒ p.156

＊　教唆行為がなされ被教唆者が実行しても、それと教唆行為との間に因果関係が存在しないときは、教唆犯は成立しない（因果的共犯論）。

(2) 教唆の未遂

教唆行為は行われたが、正犯者が実行の着手に至らなかった場合をいう。

→共犯従属性説からは不可罰

cf. 未遂犯の教唆

→正犯者が実行に着手したが結果発生に至らなかった場合で、未遂犯として処罰される

三 教唆犯の成否に関する問題

1 教唆行為に関連する問題

(1) 不作為による教唆 ⇒ p.209

(2) 共同教唆

2人以上の者が共同して教唆行為を行う意思で他人を教唆し、犯罪を実行させた場合をいう。

(a) 共同者がそれぞれ教唆を実行した場合には、各人につき教唆犯が成立する。

(b) 問題は、たとえばAとBが共謀しBを実行の担当者と決めたが、BはさらにCを教唆して犯罪を実行させた場合である。この点、①AとBとの間に共同教唆（共謀共同教唆）を認める立場判と、②Aを間接教唆とする立場とが対立する。

(3) 片面的教唆司

(a) 教唆者が教唆の故意で教唆行為を行ったところ、被教唆者はその教唆行為があることを知らずに犯罪の実行を決意した場合をいう。

ex. 激情家の夫が妻の浮気を疑い常々「もし現場を見つけたら殺してやる」といきまいているのを知りつつ、これを利用してその妻を殺害しようと、情を打ち明けずに妻の浮気現場に夫を行かせる場合

(b) 片面的教唆を認めるのが一般である。

∵ 教唆行為は特定の犯罪を実行する故意のない者に故意を生じさせることで足り、被教唆者が教唆されているという事実を認識する必要はない

(4) 過失犯に対する教唆

(a) 他人の不注意を惹起して過失犯を実行させることをいう。

ex. 医師が看護師の不注意を誘い、患者に毒物を注射させる場合

(b) 教唆行為の本質が他人をして犯罪の実行を決意させる点にあることから、行為共同説・犯罪共同説いずれからも過失犯に対する共犯は認められず、過失犯を利用する間接正犯と取り扱われるべきと解されている。

* 従来は、一般に行為共同説からは肯定しやすく、犯罪共同説からは否定しやすいと考えられてきた。

(5) 不作為犯に対する教唆 ⇒ p.210

(6) 予備罪に対する教唆 ⇒ p.205 参照

●修正された構成要件　　　　　　　　　　　　　　　　　　　共犯／狭義の共犯

　2　教唆の故意に関連する問題
　(1)　未遂の教唆
　　　　教唆者が、被教唆者の実行行為を初めから未遂に終わらせる意思で教唆
　　　する場合をいう。
　　　→教唆犯の故意の内容との関連で未遂の教唆の取扱いが問題となる
　　　　⇒ p.181
　(2)　アジャン・プロヴォカトゥール
　　(a)　刑法上は、犯人として処罰を受けさせる目的で、初めから未遂に終わら
　　　せることを予期して一定の犯罪を教唆する者をいう。
　　　　ex.　薬物犯罪の捜査に関連して用いられるおとり捜査の捜査官
　　(b)　教唆の故意の内容に関する見解の対立に由来し、①未遂犯の教唆とする
　　　立場と、②不可罰とする説の対立がある。
　(3)　過失による教唆
　　(a)　不注意によって他人に対し犯罪の実行を決意させることをいう。
　　(b)　過失による教唆は認めるべきではないとする立場が一般的である。
　　　　∵①　過失による教唆は、被教唆者に犯罪を実行する決意を生ぜしめる
　　　　　　定型性を有せず、正犯を惹起させる危険性は微弱である
　　　　　②　過って犯意を生ぜしめた場合にまで故意の正犯と同じ法定刑の範
　　　　　　囲で処罰するのは明らかに行き過ぎである
　　　　　③　過失を処罰するためには特別の規定を要する（38Ⅰただし書）
　　＊　従来は、行為共同説からは肯定され、犯罪共同説からは否定されると解
　　　されていた。また、共犯を因果性のみで説明すれば正犯結果に影響を及
　　　ぼした「過失による教唆」も処罰すべきことになる。

＜教唆と未遂との関係の整理＞

	内　容	教唆者の処理方法
教唆の未遂	教唆したが正犯が着手しなかった場合	共犯の従属性から検討
		共犯の処罰根拠から検討
未遂犯の教唆	教唆された正犯が着手したが未遂に終わった場合	正犯に準じて未遂の刑（61Ⅰ）
未遂の教唆	初めから未遂に終わらせる目的で教唆する場合（結果発生の予見・認容なし）	教唆の故意の内容として、結果発生の表象・認容まで必要かという観点から検討

総論体系編

179

四 教唆犯の諸類型

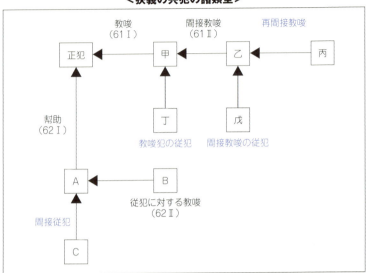

＜狭義の共犯の諸類型＞

1 間接教唆・再間接教唆
 (1) 間接教唆
   間接教唆とは、「教唆者を教唆した」(61Ⅱ) 場合をいう。
 (2) 処断
   教唆犯と同じように正犯に準じて処罰される。
   ex.1 乙が甲に対してXに一定の犯罪を実行させることを教唆する場合
   ex.2 乙が甲に対してある犯罪を実行するよう教唆したところ、甲は自ら実行せずに、さらにXを教唆してその犯罪を実行させる場合
 (3) 再間接教唆
   再間接教唆とは、間接教唆者をさらに教唆することをいう。再間接教唆及びそれ以上の間接教唆を連鎖（順次）的教唆という。
   →連鎖的教唆を教唆犯として処罰できるかについては明文がないため争いがある ⇒ p.183
2 従犯の教唆
 (1) 意義
   「従犯を教唆」(62Ⅱ) するとは、正犯を幇助する意思のない者に対して、

●修正された構成要件　　　　　　　　　　　　　　　　　共犯／狭義の共犯

幇助の意思を生じさせ、かつ、幇助行為に出させることをいう。

ex.　丁がAに対して、すでにYに対する殺意を抱いているXに金銭を贈
　　与してその殺意を強めることを助言して酒代を贈らせた場合、丁はX
　　の殺人罪に対するAの従犯を教唆したことになる

(2)　処断

「従犯を教唆した者には、従犯の刑を科する」(62Ⅱ)。

五　処分

教唆犯には、「正犯の刑を科する」(61Ⅰ)。

→「拘留又は科料のみに処すべき罪」の教唆者及び従犯は、特別の規定がなけ
れば、罰しない(64)。刑法上、「拘留又は科料のみに処すべき罪」は侮辱罪
(231)のみであり、侮辱罪の教唆犯は成立しない共

《論　点》

一　教唆の故意と未遂の教唆

未遂の教唆とは、教唆者が被教唆者の実行行為を初めから未遂に終わらせる意
思で教唆する場合をいう。未遂の教唆の場合、教唆の故意には違法な既遂結果を
実現させる意思がないことから、教唆の故意が否定されるのではないか。教唆の
故意の内容が問題となる。

ex.1　Xが、Yを陥れるつもりで、弾丸の入っていない拳銃をYに渡しA殺害
　　を依頼したところ、Yが殺意をもってAに向かって拳銃の引き金を引いた
　　場合（なお、Yに殺人未遂罪(203・199)が成立することは前提）

ex.2　Xが、Yを陥れるつもりで、致死量に満たない量の薬物を猛毒と称して
　　Yに渡し、その薬物をAに飲ませるよう指示したところ、Yが殺意をもっ
　　てAにその薬を飲ませたが、Aは下痢をしただけで生命に別状はなかった
　　場合（なお、Yに殺人未遂罪(203・199)が成立することは前提）

ex.3　ex.2の場合に、Aの健康状態が悪かったため、意外にもAが死亡してし
　　まった場合（Yに殺人既遂罪(199)が成立することは前提）

総論体系編

＜教唆の故意と未遂の教唆＞

	学説	共犯独立性説	共犯従属性説
共犯の従属性からのアプローチ	内容	教唆自体を１つの「実行行為」とする	教唆行為は実行行為ではなく「実行行為を生ぜしめる行為」とする
	教唆の故意の内容	結果発生の認識まで必要	結果発生の認識は不要であり「実行行為を生ぜしめること」の認識で足りる
	未遂の教唆の可罰性	不可罰	可罰
共犯の処罰根拠からのアプローチ	処罰根拠	因果的共犯論	
	内容	正犯者を介して違法な結果を惹起したこと ＜因果的共犯論の基本思想＞ 　正犯と共犯とは、直接的な法益侵害か、間接的な法益侵害かの違いがあるだけで処罰根拠に本質的差異はない	
	教唆の故意の内容	被教唆者が実行行為に出ることの認識があれば足り結果発生の認識は不要	結果発生の危険性の認識で足りる	結果発生の認識まで必要
	根拠	① 教唆行為は、修正された構成要件に該当する他人を犯罪の実行に至らせる行為である ② 共犯においては他人に実行行為を行わせる点が重要である	結果発生の危険も一種の「結果」であり、その認識は存在する	因果的共犯論によれば、正犯と共犯とは犯罪として同じであるから、正犯の場合と同様に、共犯においても結果実現について故意のない行為を故意犯として処罰することはできない
	未遂の教唆の可罰性	可罰	可罰	不可罰
	ex.1	Ｘ：殺人未遂の教唆	Ｘ：不可罰	
	ex.2	Ｘ：殺人未遂の教唆		Ｘ：傷害罪の教唆
		Ｘ：殺人未遂の教唆		Ｘ：傷害致死罪の教唆
	ex.3	主観的には未遂の故意で客観的には既遂の結果が発生したのであるから、抽象的事実の錯誤の問題として、38条２項により、未遂犯の教唆が成立する	殺人既遂の教唆の余地あり	結果発生につき過失犯の成否を認めうるにすぎない

● 修正された構成要件 共犯／狭義の共犯

※ 処罰根拠論における責任共犯論（他人を犯罪に堕落させたことに処罰根拠を求める）によれば、教唆の故意は未遂であろうと正犯が犯罪となることの認識で足りると解するので未遂の教唆は可罰性を有する。

二 連鎖的教唆の可罰性

61条2項は、「教唆者を教唆した者」に教唆犯と同様正犯の刑を科すると規定しているが、連鎖的教唆については明示的な処罰規定がないため処罰しうるかが争われている。

＜連鎖的教唆の可罰性＞

学説	肯定説	否定説
理由	① 61条1項の「実行」には、教唆・幇助という修正された構成要件の「実行」も含まれる。61条2項の「教唆者」とは、教唆者及び間接教唆者ばかりでなく、それ以上の連鎖的教唆者も含む ② 実質的に2人以上の教唆者を介在させることで、教唆の責任を免れうるのは不合理である	① 61条2項にいう「教唆者」とは、同1項の教唆者、すなわち、正犯者を直接教唆した者を意味する ② 正犯者の背後関係を無限に追及することは、法的確実性を害する

2-3-2 従犯

第62条 （幇助）

Ⅰ 正犯を幇助した者は、従犯とする。

Ⅱ 従犯を教唆した者には、従犯の刑を科する。

第63条 （従犯減軽）

従犯の刑は、正犯の刑を減軽する。

《概 説》

一 意義

従犯（幇助犯）とは、「正犯を幇助した者」（62Ⅰ）をいう。

二 要件

① 「正犯を幇助」すること

② 被幇助者が犯罪を実行したこと

1 「正犯を幇助」すること（要件①について）

(1) 幇助行為

基本的構成要件に該当する実行行為以外の行為によって、正犯者の実行を容易にする行為をいう 同共。

(a) 幇助の方法は、物理的・有形的方法（ex. 凶器の供与、犯罪の場所の提供）であると、精神的・無形的方法（ex. 激励したり、助言したりする場

共犯／狭義の共犯　　　　　　　　　　　　　　　　　　　　●修正された構成要件

合）であるとを問わない。

(b) 幇助行為には、作為による場合の他、不作為による場合も含む。

(c) 幇助行為には、正犯者の実行行為に先行して予備的に行われる場合（予備的従犯、ex. 事前に凶器の供与）、実行行為に随伴して同時に行われる場合（随伴的従犯、ex. 見張り行為）とがある。

(d) 正犯の実行行為が終了した後にこれを幇助することはありえないから、いわゆる事後従犯は従犯ではない。

▼ 最決平 25.4.15・百選Ⅰ 84 事件

被告人ＡＢとＣとは先輩後輩の関係にあったところ、某日、ＡＢはＣとともに飲酒し、Ｃが高度に酩酊した様子を認識していたにもかかわらず、ＣからＣの運転車両にＡＢを同乗させて走行させることの了解を求められた折、ＡＢは各々了解を与えた。その走行中、ＡＢは了解を与えた際の態度を変えず、Ｃの運転を制止することなくＣの運転車両に同乗し、Ｃの運転を黙認し続けた後、Ｃは危険運転致死傷罪に該当する交通事故を起こした。この場合、刑法62条1項の従犯とは、他人の犯罪に加功する意思をもって、有形、無形の方法によりこれを幇助し、他人の犯罪を容易ならしむるものであるところ、Ｃと被告人両名との関係、Ｃが被告人両名に本件車両発進につき了解を求めるに至った経緯及び状況、これに対する被告人両名の応答態度等に照らせば、Ｃが本件車両を運転するについては、先輩であり、同乗している被告人両名の意向を確認し、了解を得られたことが重要な契機となっており、被告人両名の了解とこれに続く黙認という行為がＣの運転の意思をより強固なものにすることにより、Ｃの危険運転致死傷罪を容易にしたことは明らかであって、被告人両名に危険運転致死傷幇助罪が成立する。

(2) 従犯の故意

従犯の故意については、教唆の故意と同様に、正犯者の実行行為によって基本的構成要件が実現されることの認識まで必要か否かに関して争いがある。

▼ 最決平 23.12.19・百選Ⅰ 89 事件

ファイル共有ソフトであるWinnyを利用した著作権侵害において、同ソフトの提供行為が著作権侵害の幇助行為に当たるためには、単に他人の著作権侵害に利用される一般的可能性を認識、認容していただけでは足りず、一般的可能性を超える具体的な侵害利用状況を認識、認容していることを要する。すなわち、同ソフトの入手者のうち例外的とはいえない範囲の者が同ソフトを著作権侵害に利用する蓋然性が高いことを認識、認容しながら提供行為をした場合に限られる。

● 修正された構成要件　　　　　　　　　　　　　　　　　　　　共犯／狭義の共犯

2　被幇助者が犯罪を実行したこと（要件②について）

　従犯が成立するためには、被幇助者すなわち正犯者が犯罪の実行に着手したことを要する（共犯従属性説）。

＊　幇助行為と実行行為との間には因果関係があることを要するが（因果的共犯論）、そこで要求される因果関係の内容については争いがある。　⇒p.187

三　従犯の成否に関する問題

1　幇助行為に関連する問題

(1)　不作為による従犯　⇒p.209

(2)　共同従犯

　2人以上の者が共同して幇助行為を行う意思で他人の犯罪の実行を幇助することをいう。

　(a)　共同者がそれぞれ幇助行為をした場合には、当然各人につき幇助犯が成立する。

　(b)　2人以上の者が幇助行為を共謀し、その一部の者が幇助行為を行ったときについては、共同教唆の場合と同様の争いがある。　⇒p.178

(3)　片面的従犯

　(a)　幇助者が意思の連絡なしに幇助の故意で一方的に正犯の実行行為に加担し幇助行為を行った場合をいう。

　　ex.　正犯者Aが賭博を開くことを知って、Bがこれを手伝うつもりでAには何も告げずに客を案内する行為〈共〉

　(b)　片面的従犯の肯否については争いがある。　⇒p.189

(4)　承継的従犯

　正犯者が実行行為の一部を終了した後に幇助行為を行い、その後の正犯の実行を容易にすることをいう。

　→承継的従犯は、承継的共同正犯の場合に準じて取り扱われるべき

▼　**横浜地判昭 56.7.17**

　承継的従犯は、その責任の及ぶ犯罪の範囲においては承継的共同正犯と同じであり、実行行為そのものを行う場合が共同正犯であり、実行行為を容易にするにすぎない場合が従犯である。本件では被告人は先行行為者等の指示を受けて財物の交付を受ける行為のみに関与したにすぎないことから、恐喝罪の幇助犯（62Ⅰ・249Ⅰ）が成立するのみである。

(5)　不作為犯に対する従犯　⇒p.210

(6)　過失犯に対する従犯

　(a)　正犯者が注意義務に違反する行為を行っていることを認識しながら、結果の発生を容易にする行為を行うことをいう。

　　ex.　自動車の運転者Aが居眠り運転をしている際、助手席に同乗してい

共犯／狭義の共犯　　　　　　　　　　　　　　　　　　　　　●修正された構成要件

たBが危険を感じながら放っていたところ、通行人をはねとばして負
傷させた場合
- (b) 過失行為を外部から容易にすることは、物理的にも心理的にも可能であ
るとして、過失犯に対する従犯を肯定する立場が有力である。
- ＊ 従来は、行為共同説からは肯定され、犯罪共同説の立場からは否定され
ると解されていた。
- (7) 予備罪に対する従犯　⇒ p.205 参照
2 従犯の故意に関連する問題
- (1) 未遂の幇助
帮助者が正犯者の実行行為が未遂に終わることを予期しつつ行う幇助行
為をいう。
- →未遂の幇助は、未遂の教唆と同様の取扱いとなる
- (2) 過失による幇助
  - (a) 注意義務に違反して正犯の実行を容易にする行為を行うことをいう。
ex. 人の毒殺を決意している者に不注意で毒物を販売する場合
  - (b) 過失による幇助については否定する立場が有力である。
    - ∵① 従犯は従犯の故意を要件として成立すると解すべき
    - ② 過失犯を処罰する場合には特別の規定を要するから、過失による
幇助を認めることは罪刑法定主義に反する
- ＊ 従来は、行為共同説からは肯定され、犯罪共同説からは否定されると解
されていた。
3 共同正犯と幇助犯の区別
共同正犯と幇助犯とは類似した性格を帯びているため、その区別が問題とな
る。 ⇒ p.189

四 従犯の諸類型 ⇒ p.180
1 間接従犯・再間接従犯
- (1) 間接従犯（幇助）
間接従犯（幇助）とは、従犯を幇助することをいう。
- →間接教唆犯の場合（61Ⅱ）と異なり、間接幇助については明文の規定
がないため、これを認めるべきか否かが問題となる　⇒ p.190
- (2) 再間接従犯（幇助）
再間接従犯（幇助）とは、間接従犯を幇助することをいう。再間接従犯
及びそれ以上の従犯を連鎖的（順次）従犯という。
- →連鎖的従犯の肯否が、間接幇助の肯否と関連して問題となる　⇒ p.190
2 教唆犯の従犯 共
- (1) 教唆犯の従犯とは、教唆行為を幇助して、その遂行を容易にすることをい
う。

186

● 修正された構成要件　　　　　　　　　　　　　　　　　　　　共犯／狭義の共犯

(2)　教唆犯の従犯については、①教唆行為は実行行為でないとする立場からは
否定され、②教唆行為も修正された構成要件に該当する実行行為とする立場
からは肯定されうる。

五　処分

「従犯の刑は、正犯の刑を減軽する」(63)。

→正犯の法定刑に減軽（68 以下）を加えたものにより処断する

《論　点》

一　幇助の因果性

幇助では、たとえば正犯が住居侵入窃盗を行う際、頼まれて見張りに立ったが
結局誰も来ずに済んだ事例のように、幇助が成立すると通常考えられるにもかか
わらず、幇助行為と結果との間に条件関係を肯定できないことも多い。

そこで、幇助行為と結果との間にいかなる内容の因果関係が必要なのかが問題
となる。

1　学説の対立

＜幇助の因果性＞〈司〉

	学説	内容	理由	批判
因果関係必要説	促進説（＊）	幇助行為が正犯の実行行為又は正犯結果の発生を物理的・心理的に促進し、容易にしたという関係があれば足りる	①　現行法は「幇助した」と規定して、条件関係の必要を示唆する文言を含んでいない ②　正犯以外に処罰範囲を政策的に拡張する共犯の場合には、正犯の場合の条件関係とは別の帰責概念を採用することは可能である	幇助行為の可罰性の基礎を正犯による法益侵害を促進する点に求め、かつ心理的な促進・容易化も含む点で、ひいては因果関係不要説に帰着するおそれがある
	条件関係必要説	正犯が単独で犯罪を実行した場合に比較して、結果が具体的に変更されることが必要	幇助犯の因果関係も正犯と同一の因果関係論で処理するのが妥当である	この説では、正犯行為を心理的に促進する「心理的因果性」の場合に、ほとんど因果関係を肯定できなくなり、従犯の成立範囲が過度に限定されてしまう

187

共犯／狭義の共犯　　　　　　　　　　　　　　　　　　　　　　●修正された構成要件

	学説	内容	理由	批判
因果関係不要説	危険犯説	正犯結果との因果関係は不要であり、幇助行為が正犯による法益侵害の危険を増加させれば足りる	幇助を危険犯と理論構成する	幇助犯を危険犯とすると、侵害犯について侵害が発生しない場合にも既遂の幇助を認めることになって妥当でない
	責任共犯論	正犯及びその結果と幇助行為との間の因果関係は不要	責任共犯論の立場から、犯罪遂行を容易にすることにより正犯者を堕落させて処罰に誘致すれば可罰的であり、因果関係は不要である	責任共犯論が妥当でない

* 促進説は、さらに実行行為促進説と促進関係説に分けることができる。

2　各学説からの帰結

ex.1　Yは、A宅への侵入窃盗をしようとしていた正犯者Xのために合い鍵を渡したところ、Xは実際に合い鍵を使用して容易にA宅に侵入することができ、窃盗目的を達成した

ex.2　Yは、深夜侵入窃盗を実行するXの見張り役をすることをXに申し出て、実際見張りを務めたが、誰も付近を通過しなかったので、Xに連絡する必要はなかった

ex.3　Yは正犯者Xに気付かれずに、深夜侵入窃盗を実行するXの見張りを務めたが、誰も付近を通過しなかったので、Xに連絡する必要がなかった

＜幇助の因果性に関する各学説からの帰結＞

学説／事例	因果関係必要説			因果関係不要説（危険犯説）
	実行行為促進説	促進関係説	条件関係説	
ex.1	○	○	×	○
ex.2	○	○	×	○
ex.3	×	×	×	○

（○：従犯成立　×：従犯不成立）

3　判例

▼　**東京高判平 2.2.21・百選Ⅰ 88 事件**〈団〉

　　正犯からビル地下室において人を拳銃で射殺する計画を告げられ、拳銃音が外部に漏れないよう同室の窓等に目張りをしたが、実際には正犯が被害者を他所で射殺した。この場合に、被告人の目張り行為が幇助たり得るためには、それ自体正犯者を精神的に力づけ、その犯行の意図を維持ないし強化することに役立ったことを必要とする。したがって、正犯によって認識されていなかった被告人の目張り行為と、正犯の強盗殺人行為は、因果関係を有しない。

二　**片面的従犯の肯否**〈団〉

　　正犯者Ｘが賭博を開くことを知って、Ｙがこれを手伝うつもりでＸには何も告げずに客を案内した場合のように、幇助者と被幇助者との間に相互的な意思の連絡がない場合に従犯が成立するかが問題となる。

　甲説：肯定説（大判大 14.1.22）〈団〉
　　　　∵①　正犯の実行行為を容易にさせることは、正犯者が幇助を受けているという意識をもっていなくても客観的に可能である
　　　　　②　62 条は、幇助者と被幇助者との間に意思の連絡があることを要求していないと解するのが自然である

　乙説：否定説
　　　　∵　一方的な幇助意思だけでは、共犯者の間に共同目的による共同意思主体が形成されていることにはならないので、共犯処罰の前提を欠く（共同意思主体説から）

＊　片面的共同正犯を否定する見解も、片面的従犯については肯定するのが一般である。

▼　**東京地判昭 63.7.27・百選Ⅰ 87 事件**

　　被告人の兄らが、テーブルの中にけん銃及びけん銃実包を隠匿してフィリピンから日本国内に密輸入するに際し、その発送手続を行った被告人は、兄らの犯行について片面的、未必的認識があるにすぎないので、兄らとの共謀があったとは認められず、（共謀）共同正犯ではなく幇助犯となる。

三　**共同正犯と幇助犯の区別**〈判〉〈団H20〉

1　共同正犯と幇助犯の区別が最も問題となるのが、いわゆる見張り行為についてである。見張りがいなければ、犯罪の実現が不可能であるという場合もあるが、実際的には見張りがいてもいなくてもほとんど変わりがなかったという場合もある。そこで、見張り行為を共同正犯とするか、幇助犯とするかが問題となる。

　甲説：行為者が自己のために行為するか他人のために加担する意思で行為するかによって区別する

共犯／狭義の共犯　　　　　　　　　　　　　　　　　　　●修正された構成要件

　　　→見張り行為が共同正犯となるか幇助犯となるかは、行為者の意思内
　　　　容によって決せられる
　乙説：行為者が実行行為をなすものか否かによって区別する
　　　→見張り行為は原則として、基本的構成要件に該当する実行行為とい
　　　　えないから、幇助犯となる
　　＊　監禁罪（220）における被監禁者の逃走を防止するための見張り行
　　　為のように、それ自体犯罪の実行行為に当たりうる見張りもある。ま
　　　た、数名の共同者による共同実行の現場において、全体を指揮する形
　　　式で行われる見張り行為などは、実行行為に当たるとされる。
　丙説：実質上の犯罪の完成にとって重要な役割を演じたか否かによって区別
　　　する
　　　→見張り行為でも、共謀に際して積極的な役割を演じた者が見張りを
　　　　分担するような場合には共同正犯となる

▼　**最判昭 23.3.16・百選Ⅰ〔第6版〕77 事件**

　共謀があれば、見張りも共同正犯たり得る。

　2　関連判例

▼　**最決昭 57.7.16・百選Ⅰ 77 事件**

　大麻の密輸入を計画した者からその実行担当者になって欲しいと頼まれた被
告人が、大麻を入手したい欲求にかられたものの、執行猶予中の身であること
を理由にこれを断ったが、知人を自己の身代わりとして紹介するとともに、密
輸入した大麻の一部をもらい受ける約束の下にその資金の一部を甲に提供した
被告人は、共同正犯である。

▼　**福岡地判昭 59.8.30・百選Ⅰ 78 事件**

　共同正犯が成立するためには、共同実行の意思が認められることが必要であ
るが、実行行為の一部を分担したことの一事のみで、常に共同実行の意思があ
るわけではない。したがって、被害者をけん銃で殺害して覚せい剤を強取する
に際し、覚せい剤を受け取り現場を脱出した場合でも、共謀の謀議において被
告人の役割は全く問題にもされず、報酬も与えられていない場合には、強盗殺
人未遂罪の幇助犯（62Ⅰ・243・240 後）が成立する。

四　間接幇助の肯否　司共

　間接教唆は 61 条 2 項で教唆とされうるが、正犯を幇助する者をさらに幇助す
る、いわゆる間接幇助の規定は存在しない。そこで、間接幇助の肯否について見
解が対立している。
　甲説：否定説

●修正された構成要件 | 共犯／共犯論の諸問題

∵① 62条1項が「正犯」を幇助した者としているのは間接幇助を含まない趣旨である
② 幇助行為は、基本的構成要件の内容としての実行行為ではなく、幇助犯は正犯でないから、間接幇助についての規定がない以上、これを罰しないのが刑法の趣旨である

乙説：肯定説
∵① 実行行為者が犯罪を決意しているのを認識し、幇助行為によってその実行を間接的に容易にしている限り、正犯を幇助したと解すべきである
② 幇助行為も構成要件に該当する実行行為であり、これに対する共犯も可能である

▼ **最決昭44.7.17・百選Ⅰ86事件**
> ZがY又はその得意先が陳列するであろうと知りながらわいせつ映画フィルムをYに貸与したところ、Yの得意先であるXがYから右フィルムの貸与を受けて、上映によりこれを公然陳列したときは、Zには、Xの犯行を間接に幇助したものとして、わいせつ物公然陳列罪の幇助犯（62Ⅰ・175）が成立する。

2-4 共犯論の諸問題

2-4-1 共犯と錯誤
《概　説》
一　意義

　共犯関係において、正犯者が共犯者の教唆内容と異なる行為を行ったり、関与者の1人が共謀と異なる行為を行う等、当初の主観的認識と異なる事象が発生する場合をいう。

＊　正犯者が共犯者の意思の内容以上の行為をした場合、ないしは共同意思以上の行為をした場合を特に共犯の過剰という。

二　同一共犯形式間の錯誤
　1　同一構成要件間の錯誤
　⑴　共同正犯

＜同一構成要件間の錯誤・共同正犯＞

態様	客体の錯誤	方法の錯誤
具体例	甲乙がA殺害を共謀し、実行したところ、BをAと誤認して殺害した場合	甲乙がA殺害を共謀し、ピストルを発射したところ、Aには当たらず、傍らにいたBに命中して死亡させた場合

総論体系編

191

態様	客体の錯誤	方法の錯誤
法定的符合説	殺人既遂の共同正犯	殺人既遂の共同正犯 ＊　Aに対する殺人未遂の点については，故意の個数の問題にかかわる
具体的符合説	殺人既遂の共同正犯	Aに対する殺人未遂の共同正犯 ＊　Bに対する過失致死の点については，過失の共同正犯の問題にかかわる

(2) 狭義の共犯

狭義の共犯の錯誤は，主に教唆犯について議論されている（従犯の錯誤については基本的に教唆犯と同様に考えてよい）。

＜同一構成要件間の錯誤・狭義の共犯＞

態様	正犯者にとって客体の錯誤	正犯者にとって方法の錯誤
具体例	甲が乙に「Aを殺せ」と言って，Aの容貌を説明したところ，乙がそれらしい容貌の者をAと思って殺害したが，実はBであったという場合	甲が乙にXの殺害を教唆し，乙がXを狙って発砲したところ，傍らにいたYに命中し，Yが死亡した場合
法定的符合説	乙：殺人罪 甲：殺人罪の教唆	乙：殺人罪 甲：殺人罪の教唆
具体的符合説	A説〜乙：殺人罪 　　　甲：殺人罪の教唆 B説〜乙：殺人罪 　　　甲：不可罰	乙：Xに対する殺人未遂罪 　　Yに対する過失致死罪 甲：Xに対する殺人未遂の教唆

2　異なる構成要件間の錯誤

(1) 共同正犯〈司H20 司H27 司H29〉

＜異なる構成要件間の錯誤・共同正犯＞　⇒ p.151

共同正犯の本質	部分的犯罪共同説	行為共同説
処理方法	構成要件が重なり合う範囲で共同正犯が成立 →原則として共同正犯の故意を否定するが，構成要件の重なり合う範囲で共同正犯の故意を認める（錯誤論）	各関与者の故意に応じた共同正犯が成立する →錯誤論による解決によらず，共同正犯の成否の問題としてストレートに解決できる

ex.　窃盗の共謀に基づき実行行為を分担することとなった者が，財物を強取した後，実行行為を分担しなかった共犯者にその旨話し，同人が

●修正された構成要件   共犯／共犯論の諸問題

これを了承して上記財物をもらい受けた場合、実行行為を分担しなかった共犯者には窃盗の共同正犯が成立するにとどまる〈囲〉。

▼ **最決昭 54.4.13・百選 I 92 事件**〈同共〉

殺人罪と傷害致死罪とは、殺意の有無という主観的な面に差異があるだけで、その余の犯罪構成要件要素はいずれも同一であるから、暴行・傷害を共謀した者のうちの1人が殺意をもって被害者を殺害した場合、殺意のなかった者については、殺人罪の共同正犯と傷害致死罪の共同正犯の構成要件が重なり合う限度で軽い傷害致死罪の共同正犯（60・205）が成立する。

(2) 狭義の共犯〈共〉

(a) 被教唆者が教唆者の教唆した内容以下の実行をした場合

ex. YがXに対しAの殺害を教唆したところ、Xの行為が殺人未遂にとどまる場合

→Yには殺人未遂の教唆（61 I・203・199）が成立

(b) 教唆した内容以上の実行をした場合（共犯の過剰）〈同〉

ex. YがXに対し窃盗を教唆したところ、Xが強盗を実行した場合

→教唆者の認識と正犯者が実現した犯罪事実とが異なる構成要件にまたがる場合、原則として教唆犯の故意は阻却される

→ただ、法定的符合説の立場からは、構成要件が重なり合う限度で軽い罪の教唆犯の成立を認めうる

▼ **最判昭 25.7.11・百選 I 91 事件**

甲が乙にA方での住居侵入窃盗を教唆したところ、乙がB方で住居侵入強盗を行った場合、犯罪の故意があるとするには、犯人が認識した事実と、現に発生した事実とが具体的に一致（符合）することを要するものではなく、両者が犯罪の類型（定型）として規定している範囲において一致（符合）すれば足りるから、乙の強盗行為が、甲の教唆に基づいてなされたと認められる限り、甲は住居侵入窃盗の範囲で教唆犯が成立する。

三 異なる共犯形式間の錯誤

ex. YがXにA殺害を教唆しようと思って唆したところ、XはすでにA殺害を決意していたため、Yの行為はXの決心を強めたにすぎないという場合（精神的幇助）

→Yには軽い共犯形式たる従犯が成立

∵ 共犯はその犯罪形式が異なるだけであって、罪質が異なっているわけではないから、錯誤が異なる形式にわたって見られる場合には、その中の軽い共犯形式の共犯が成立する

→共犯形式は重い方から、共同正犯＞教唆＞間接教唆＞幇助

共犯／共犯論の諸問題　　　　　　　　　　　　　　　　●修正された構成要件

四　共犯と間接正犯の錯誤

この問題は主に教唆犯と間接正犯との間の錯誤の問題として議論される。

1　共犯と間接正犯の錯誤の取扱い
2　被利用者が途中で情を知った場合

《論　点》

一　共犯と間接正犯の錯誤の取扱い

①間接正犯の故意で客観的には教唆の事実を生じさせた場合、逆に、②教唆の故意で客観的には間接正犯の事実を生じさせた場合、どのように処理されるべきか。

ex.1　YがXのことを是非を弁識しえない精神病者であると誤解して殺人の間接正犯を行おうとしたところ、Xはその行為の意味を十分理解し自ら殺意を生じて人を殺した

ex.2　YがXに殺人を教唆したところ、Xは是非弁別能力を全く有しない精神病患者でその行為の意味を十分理解しないまま人を殺した

<共犯と間接正犯の錯誤の取扱い>

学説	主観説	客観説	折衷説
判断基準	行為者の意思	客観的に生じた事態	行為者の主観面と客観面を併せ考慮し、それらの合致した範囲内において犯罪の成立を認める
間接正犯の意思で教唆の結果が生じた場合（ex.1）	X：殺人の正犯 Y：殺人の間接正犯	X：殺人の正犯 Y：殺人の教唆犯	X：殺人の正犯 Y：殺人の教唆犯 →殺人の間接正犯と殺人の教唆犯とは実質的に重なり合うので38条2項により、Yは殺人の教唆犯
教唆の意思で間接正犯の結果が生じた場合（ex.2） ＊　Xは39条1項で不可罰	Y：殺人の教唆犯	Y：殺人の間接正犯	Y：殺人の教唆犯 →行為者が主観的に抱いていた教唆犯の故意と客観的に発生した間接正犯的事実との調和を考え、38条2項の趣旨を考慮して、軽い教唆犯の責任を問うべき

二　被利用者が途中で情を知った場合 [司H21 司H25]

利用者が情を知らない被利用者を犯行に誘致したところ、被利用者が犯罪実現の途中で情を知るに至ったが、そのまま自分の意思で犯行を続行して完成させた場合、利用者はどのような罪責を負うか。

ex.　YがAを殺害しようとXに毒入りコーヒーを運ばせたところ、事情を知

● 修正された構成要件　　　　　　　　　　　　　　　　　　共犯／共犯論の諸問題

らなかったＸが途中から毒が入っていることを知り、わざとＡにコーヒー
を勧め毒殺した場合

＜被利用者が途中で情を知った場合＞

実行着手時期	利用者基準説			被利用者基準説個別化説
	ＹのＸに対する誘致行為の時点			Ｘの行為の時点
学説	間接正犯説 →Ｙには殺人罪の間接正犯が成立	間接正犯の未遂説 →Ｙには殺人罪の間接正犯の未遂が成立	教唆犯説 →Ｙには殺人罪の教唆犯が成立	教唆犯説 →Ｙには殺人罪の教唆犯が成立
理由	被利用者が途中で情を知るに至っても、それは因果関係に関する軽微な錯誤にすぎず、特に考慮に値しない	背後者の実行行為が存在するので間接正犯が認められるが、被利用者が気付いたまま実行に出るのは相当因果関係を逸脱している	利用者の間接正犯の意思は、実質上教唆犯の故意を内包すると解しうるので、利用者の行為と被利用者の行為を全体的に捉えて、利用者には当該犯罪の教唆犯の成立を認めるべき	間接正犯の着手がない以上、客観的には利用者は教唆犯であり、結局、この問題は、被利用者が当初から情を知っていた場合と同様に（折衷説で）処理すべき

２−４−２　共犯の離脱・中止

《概　説》

一　共犯関係からの離脱

1　意義

　　共犯関係にある２人以上の者の一部の者が犯罪の完成に至るまでの間に犯意
を放棄し、自己の行為を中止してその後の犯罪行為に関与しないことをいう。

2　要件

　　共犯（共同正犯）行為と「結果」ないし「他の者の実行の着手」との因果性
の存否の判断が重要となる。

⑴　着手前の離脱　司H28 予H24

　　共犯関係から離脱する旨の意思表示及び残余の共犯者の了承が必要である。

　　＊　もっとも、離脱者が首謀者であったり、離脱者が関与時に情報や道具を
　　　提供していた場合には、「離脱の了承」を得ただけでは因果性が切断され
　　　たとはいえず、積極的な犯行継続防止措置を講じない限り、離脱は認め
　　　られないと解すべきである。

195

共犯／共犯論の諸問題　　　　　　　　　　　　　　　　　●修正された構成要件

▼　**松江地判昭 51.11.2**

　　一般的には、犯罪の実行を一旦共謀したとしても、その着手前に他の共謀者に離脱の意思を表明し、他の共謀者もこれを了承して残余の者だけで犯罪を実行した場合、他の共謀者の実行した犯罪について責任を問うことはできない。本件では離脱しようとする者が、共謀者団体の頭にして他の共謀者を統制支配する立場にあるので、離脱者が、共謀関係がなかった状態に復元しなければ、共謀関係の解消がなされたとはいえない。

▼　**最決平 21.6.30・百選Ⅰ 97 事件**〈珠〉

　　被告人は共犯者数名と住居に侵入して強盗に及ぶことを共謀したところ、共犯者の一部が家人の在宅する住居に侵入した後、見張り役の共犯者が既に住居内に侵入していた共犯者に電話で「犯行をやめた方がよい、先に帰る」などと一方的に伝えただけで、被告人において格別それ以後の犯行を防止する措置を講ずることなく待機していた場所から見張り役らと共に離脱したにすぎず、残された共犯者らがそのまま強盗に及んだ場合、被告人が離脱したのは強盗行為に着手する前であり、たとえ被告人も見張り役の上記電話内容を認識したうえで離脱し、残された共犯者らが被告人の離脱をその後知るに至ったという事情があったとしても、当初の共謀関係が解消したということはできず、その後の共犯者らの強盗も当初の共謀に基づいて行われたものと認めるのが相当である。

(2)　着手後の離脱〈司H19〉

　　着手前の要件に加え、結果防止のための積極的行為まで必要とされる。

　　ex.　Ｘ・ＹがＡに暴行を加える共謀をし、Ｙ方において両名でＡを木刀で１時間にわたって殴打した後、ＸはＡがかわいそうになったので「俺は帰る」とＹに告げて立ち去り、残ったＹが、さらに木刀で殴打を続けてＡを死亡させた場合、Ｘに離脱は認められず、傷害致死罪（205）の責を負う〈判〉

▼　**最決平元 .6.26・百選Ⅰ 96 事件**

　　被告人がその舎弟分と共同して被害者に暴行を加えたのち、被告人が「おれ帰る」とのみ申し向けてその場を離れ、その後、その残された舎弟分が再び暴行を開始し被害者を死亡するに至らしめた事案において、被告人が現場を立ち去るに際しその舎弟分が暴行に及ぶおそれが消滅していないにもかかわらず、これを防止する措置を何ら講ずることなく、成り行きに任せて立ち去ったにすぎない点を捉え、共犯関係の解消は認められないとし、被告人に傷害致死罪（205）の責任を負わせた。

3　効果

離脱以後に生じた結果や他の共犯者の行為について責任を負わない。

4 離脱と中止の関係

離脱は、関与を中止した共犯者がそれ以降に生じた結果や他の共犯者の行為について責任を負うのか否かという問題である。

中止は、関与を中断した者に、43条ただし書の中止未遂の効果を認めるか否かの問題である。

→両者は異なる次元の問題であり、明確に区別することが必要

<離脱と中止の関係>

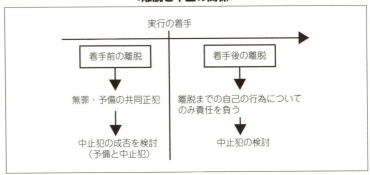

二 共犯と中止

1 要件
① 共犯者が犯罪の実行に着手したこと
② 共犯者が任意に中止したこと
③ 他の共犯者の実行行為を阻止するか、結果発生を防止したこと
＊ 結果発生の防止に失敗した場合、以下の2つの立場の対立がある。
ア 因果性を断ち切っても結果が発生した以上中止犯は成立しえないとする立場
イ 真摯な努力によって結果との因果性を断ち切り他の行為者によって「新たに」結果が惹起されたにすぎないと評価できる場合には中止犯が成立しうるとする立場

2 効果
刑が必要的に減免される（43ただし書）。
＊ 一部の者の中止行為によって結果発生が防止された場合、その中止者にのみ中止犯が認められ、他の者については、別途、中止犯の成立要件がみたされない限り、障害未遂が成立するにすぎない。

共犯／共犯論の諸問題　　　　　　　　　　　　　　　　　●修正された構成要件

3　判例

▼　**最判昭 24.12.17・百選 I 97 事件**

　　共同して強盗に入り家人を脅迫したところ、900円を差し出したため、甲が憐れみから犯行を中止し、他方にも中止を促して犯行全体を中止したが、乙が900円を強取していた場合、甲が乙の強取行為を阻止せず放任した以上、甲には中止犯は成立しない。

2－4－3　共犯と身分

第65条　（身分犯の共犯）

Ⅰ　犯人の身分によって構成すべき犯罪行為に加功したときは、身分のない者であっても、共犯とする。

Ⅱ　身分によって特に刑の軽重があるときは、身分のない者には通常の刑を科する。

《概　説》

一　身分概念

1　「身分」の意義

　　男女の性別、内外国人の別、親族の関係、公務員たるの資格のような関係のみに限らず、すべて一定の犯罪行為に関する犯人の人的関係である特殊の地位又は状態をいう（最判昭 27.9.19）。

　＊　行為者の一定の身分が犯罪の成立要素となるものを構成的身分、行為者の一定の身分が刑の加重・減軽の要素となるものを加減的身分という（なお、学者によっては、身分が行為の違法性の要素となっている場合を「違法身分」、身分が行為の責任の要素となっている場合を「責任身分」と呼ぶことがある）。

2　目的犯の目的と「身分」

　　目的犯の目的が「身分」にあたるかについては争いがあるも、あたるとするのが判例である◀共。

　　ex.1　麻薬輸入罪の「営利の目的」は、65条2項にいう「身分」にあたる（最判昭 42.3.7・百選 I 93 事件）◀司

　　ex.2　営利の目的を有する甲が、成人乙を買い受けるに際し、かかる目的を有しない丙がこれを幇助した場合、甲には営利目的人身買い受け罪が成立し、丙には人身買い受け罪の幇助犯が成立する◀司

二　身分犯

構成要件上、行為者に一定の身分のあることが必要とされる犯罪をいう。

1　真正身分犯（構成的身分犯）

　　行為者が一定の身分を有することによってはじめて可罰性が認められる犯罪をいう。

●修正された構成要件
共犯／共犯論の諸問題

2 不真正身分犯（加減的身分犯）

　　身分がなくても犯罪を構成するが、行為者に一定の身分があるため通常の場合より重い刑ないし軽い刑が法定されている犯罪をいう。

＜真正身分犯・不真正身分犯に関する判例の整理＞

判例が真正身分犯とした例
① 収賄罪（197 以下）における「公務員」
② 偽証罪（169）における「法律により宣誓した証人」
③ 横領罪（252）における他人の物の占有者（非占有者に対する）
④ 業務上横領罪（253）における業務上の他人の物の占有者（＊）
⑤ 背任罪（247）における「他人のためにその事務を処理する者」
⑥ 虚偽公文書作成罪（156）における「公務員」
⑦ 事後強盗罪（238）における窃盗犯人

判例が不真正身分犯とした例
① 常習賭博罪（186 Ⅰ）における賭博の常習者
② 業務上堕胎罪（214）における医師
③ 業務上横領罪（253）における業務上の他人の物の占有者（＊）
④ 業務上失火罪（117 の 2）における業務上の失火者
⑤ 保護責任者遺棄罪（218）における保護責任者
⑥ 特別公務員職権濫用罪（194）における特別公務員

＊　非占有者との関係では真正身分犯であり、単なる占有者との関係では不真正身分犯である。

三　共犯と身分に関する問題点

1　65 条 1 項と 2 項の関係　⇒ p.200

2　65 条 1 項の「共犯」に共同正犯は含まれるか　⇒ p.201

3　真正身分犯における身分者による非身分者への加功　⇒ p.17

4　不真正身分犯における身分者による非身分者への加功　⇒ p.202

5　特殊な問題　⇒ p.202

6　消極的身分犯と共犯

　(1) 消極的身分犯の意義

　　　一定の身分を有しない者の行為についてその犯罪が成立するとされる犯罪類型をいう。

　　　ex.　無免許運転罪（道交法）、無免許医業罪（医師法）

　(2) 非身分者が身分者の行為に加功した場合

　　　ex.　医師免許を有しないＡが医師の医療行為に加功した場合

　　　　→Ａには犯罪は成立しない

　　　　∵　消極的身分犯の場合、その身分があれば当該行為は適法（医師の医療行為は適法）であるから非身分者が身分者に加功しても共犯と身分の問題は生じない

199

共犯／共犯論の諸問題　　　　　　　　　　　　　　　　　　　●修正された構成要件

(3)　身分者が非身分者の行為に加功した場合

ex.　医師であるＡが医師でないＢを教唆して無免許医業を行わせた場合

→争いがあるが、65条１項の適用は否定し、一般の共犯の成立を問題とすべきであり、それゆえ、Ａには無免許医業罪の教唆犯が成立する《判

∵　65条にいう身分はそれを具備することが特殊な場合であり、消極的身分を有しないことは一般的な場合である

《論　点》

■　一　65条１項と２項の関係《同共》《司R元》

65条１項は「身分のない者であっても、共犯とする」と規定し、身分のない者も身分のある者のように扱われることを規定する（身分の連帯的・従属的作用）。他方、65条２項は「身分のない者には通常の刑を科する」と規定し、両者について同じ扱いをしないことを規定する（身分の個別的作用）。そこで、具体的場面における犯罪の成否・科刑を検討するに当たり、一見矛盾した内容をもつように見える65条の解釈が問題となる。

＜65条１項と２項の関係＞

学説		甲説《判	乙説	丙説
内容	1項	真正身分犯の「成立」と「科刑」	真正・不真正両身分犯の「成立」	違法身分の「成立」と「科刑」
	2項	不真正身分犯の「成立」と「科刑」	不真正身分犯の「科刑」	責任身分の「成立」と「科刑」
理由		①　２つの身分犯の区別に応じて１項と２項をそれぞれ適用するものであり、適用上明快である ②　１項の「犯人の身分によって構成すべき犯罪行為」、２項の「身分によって特に刑の軽重があるとき」との規定に忠実な解釈である	①　正犯と共犯は常に同じ罪が成立するとすることで、共犯従属性説を徹底することができ、また、１項と２項の矛盾を解消できる ②　１項の「共犯とする」、２項の「通常の刑を科する」との規定に素直な解釈である	①　１項が連帯的取扱いをするのは、共犯者間で連帯するはずの違法身分だからであり、２項が個別的取扱いをするのは共犯者ごとの固有の問題である責任身分に関するものだからである ②　制限従属性説に合致する
批判		①　不真正身分犯も「犯人の身分によって構成すべき犯罪」に他ならない ②　65条の一見矛盾した取扱いの実質的根拠を明らかにしていない	①　犯罪の成立と科刑を分離するのは妥当ではない ②　共犯が正犯の罪名にまで従属する必然性はない	身分が行為の違法性を規制する要素である場合と責任を規制する要素である場合とを常に明確に区別することは困難である

200

●修正された構成要件 / 共犯／共犯論の諸問題

ex.1 非公務員Yが公務員Xに収賄を教唆した（「公務員」は「真正身分」「違法身分」）

ex.2 Yが愛人X女を唆して、病気で寝たきりのためX女が世話をしていた父親Aを遺棄した（「保護責任者」は「不真正身分」、「責任身分」又は「違法身分」）

ex.3 Yが愛人であるXを唆して、Xが介護していたXの老母Aの生存に必要な保護をやめさせた（不保護の場合、「保護責任者」は「真正身分」、「責任身分」又は「違法身分」）

＜共犯と身分に関する各学説からの帰結＞ 同共

学説	甲説	乙説	丙説
ex.1	X：収賄罪の正犯 Y：収賄罪の教唆犯（65 I）	X：収賄罪の正犯 Y：収賄罪の教唆犯（65 I）	X：収賄罪の正犯 Y：収 賄 罪 の 教 唆 犯（65 I）
ex.2	X：保護責任者遺棄罪の正犯 Y：単純遺棄罪の教唆犯（65 II）	X：保護責任者遺棄罪の正犯 Y：保護責任者遺棄罪の教唆犯が成立（65 I）・単純遺棄罪の科刑（65 II）	X：保護責任者遺棄罪の正犯 Y：単純遺棄罪の教唆犯（65 II）、又は保護責任者遺棄罪の教唆犯（65 I）（＊）
ex.3	X：保護責任者遺棄罪の正犯 Y：保護責任者遺棄罪の教唆犯（65 I）	X：保護責任者遺棄罪の正犯 Y：保護責任者遺棄罪の教唆犯（65 I）	X：保護責任者遺棄罪の正犯 Y：単純遺棄罪の教唆犯（65 II）、又は保護責任者遺棄罪の教唆犯（65 I）（＊）

＊ 結果無価値論によれば、「保護責任者」という身分は遺棄の責任を基礎付けるため責任身分となり、65条2項が適用される。行為無価値論によれば、「保護責任者」という身分は遺棄の違法性を加重するため違法身分となり、65条1項が適用される。

二 65条1項の「共犯」に共同正犯は含まれるか

＜65条1項の「共犯」に共同正犯は含まれるか＞

学説	甲説：真正身分犯・不真正身分犯ともに含まれる	乙説：真正身分犯については含まれない ：不真正身分犯については含まれる
根拠	① 身分のない者も身分のある者の行為を利用することによって真正身分犯の保護法益を侵害することができる ② 65条は60条とともに「共犯」の章にあり、65条1項にも「共犯とする」との文言があるから、「共犯」には共同正犯も当然に含まれる	① 真正身分犯は身分のない者はおよそ犯罪の主体となりえない犯罪であり、「共同して犯罪を実行」する（60）ことはできない ② 65条1項が「加功」という文言を用いて「実行」と書き分けたのは、教唆・幇助のみを指すためである

201

学説	甲説：真正身分犯・不真正身分犯ともに含まれる	乙説：真正身分犯については含まれない：不真正身分犯については含まれる
批判	真正身分犯においては、非身分者による実行行為を認めることはできない	① 身分犯の義務違反の面を誇張しすぎている ② 不真正身分犯との関係では身分のない者についても、身分犯の共同正犯が成立することを認めることとバランスを失する

三 不真正身分犯における身分者による非身分者への加功〈司〉

不真正身分犯について、身分者が非身分者の行為に加功した場合、65条2項が適用されるか。

ex. Xが、愛人Y女を唆して、Xが世話をしていた病気で寝たきりのXの父親Aを遺棄させた場合、Yには単純遺棄罪（217）が成立するが、Xには単純遺棄罪の教唆犯（61Ⅰ・217）が成立するにとどまるか、それとも保護責任者遺棄罪の教唆犯（61Ⅰ・218）が成立するか

＜不真正身分犯における身分者による非身分者への加功＞

学説	65条2項適用肯定説	65条2項適用否定説
帰結	X：保護責任者遺棄罪（218）の教唆犯	X：単純遺棄罪（217）の教唆犯
根拠	① 65条2項は、関与者それぞれの個別的事情に相応した犯罪を適用するための規定と解すべきである ② 身分を有する者にはその身分に応じて加重処罰を認めることが実質的に妥当である	① 共犯従属性の原則によれば、共犯の罪名は正犯のそれに従属するから、正犯者が非身分犯の正犯として処罰されるのであれば、共犯者も非身分犯の共犯として処罰されるべきである ② 65条2項は「身分のない者には通常の刑を科する」としているのであり、「身分のある者には身分犯の刑を科する」と規定していない
批判	正犯に身分犯についての構成要件該当性がないにもかかわらず、共犯には身分犯の成立が認められているのであるから、「正犯なき共犯」を認めることになる	正犯は非身分犯の正犯として処罰される以上、「正犯なき共犯」を認めることにはならない

四 特殊な問題

1 賭博罪の問題〈司共〉

賭博常習者であるXが、賭博常習者でないYに賭博を教唆した場合、65条2項が適用され、Xには常習賭博罪の教唆犯が成立し、Yには単純賭博罪の正犯が成立する（大連判大3.5.18）。それでは、賭博常習者でないYが、賭博常習者であるXに賭博を教唆した場合、Yに65条が適用されるか。常習賭博罪（186Ⅰ）の常習性は、65条にいう「身分」にあたるかが問題となる。

● 修正された構成要件 　　　　　　　　　　　　　　　　共犯／共犯論の諸問題

甲説：65条適用肯定説◀刋

常習賭博罪の常習性は、65条にいう（不真正）「身分」である

→Yには単純賭博罪の教唆犯（65Ⅱ）が成立、又は常習賭博罪の教唆犯が成立し（65Ⅰ）、単純賭博罪の刑で処断（65Ⅱ）　⇒p.200

乙説：65条適用否定説

常習賭博罪の常習性は、65条にいう（不真正）「身分」ではない

→Yには単純賭博罪の教唆犯が成立

∵　常習犯という身分は行為定型の要素ではなく、行為者定型の要素であって、厳密にいえば常習犯人はあっても、常習犯というものはない

2　横領罪の場合〈司〈司H21 司H24 予H27〉

業務性を欠き占有もない者が業務上横領罪（253）に加功した場合、非身分者はいかなる取扱いを受けるか、業務上横領罪は、「物の占有者」という身分によって構成される横領罪が「業務者」という身分によって加重されている複合的性格を有しているので、65条がいかに適用されるかが問題となる。

ex.　非占有者Yは、A会社の取締役兼経理部長のXに会社の金を横領するように唆し、Xが横領したという場合

総論体系編

共犯／共犯論の諸問題　　　　　　　　　　　　　　　　　　●修正された構成要件

＜業務上横領罪と 65 条の関係＞〈司共〉

Y を業務上横領罪の共犯として処罰する立場	理由：①	業務上横領罪は非占有者との関係では真正身分犯である
		② 物の非占有者は、単独ではおよそ単純横領罪を犯しえないのであるから、こうした者が業務上横領罪に関与した場合、「通常の刑」は存在しない
	批判：	業務上占有者に単なる占有者が加功した場合には、2 項により単純横領罪で処罰されることと比べて不均衡である
Y を単純横領罪の共犯として処罰する立場	**甲説**	結論：65 条 1 項により単純横領罪の共犯が成立する
		理由：業務上横領罪は、他人の物の占有者という真正身分と、業務者という不真正身分の組み合わさった複合的身分犯であり、真正身分たる占有者の限度で 65 条 1 項が適用される
	乙説	結論：65 条 1 項により業務上横領罪の共犯が成立し、同 2 項により単純横領罪の刑が科される
		理由：業務上横領罪は、他人の物の占有者という真正身分と、業務者という不真正身分の組み合わさった複合的身分犯であり、65 条 1 項は真正身分犯、不真正身分犯の成立に適用され、65 条 2 項は不真正身分犯の科刑に適用される
	丙説	結論：65 条 1 項により単純横領罪の共犯が成立する
		理由：業務上横領罪は、他人の物の占有者という違法身分と、業務者という責任身分の組み合わさった複合的身分犯であり、違法身分たる占有者の限度で 65 条 1 項が適用される

※　最判昭 32.11.19・百選 I 94 事件は、業務性を欠き占有もない者が業務上横領罪に加功した場合について、65 条 1 項により業務上横領罪の共同正犯が成立するが、65条 2 項により通常の横領罪の刑を科すべきものである、としている〈司共〉。この判例の評価は分かれており、判例の立場は明らかでない。

２−４−４　予備と共犯
《概　説》
一　意義

1　予備の共同正犯

　　意思の連絡の下に予備行為を共同して行うことをいう。

2　予備の教唆・幇助

　（1）　予備の教唆とは、正犯の既遂、未遂又は予備を教唆した結果、正犯が予備に終わった場合をいう。

　（2）　予備の幇助とは、予備罪の行為を幇助した結果、正犯が予備・陰謀に終わった場合をいう。

204

● 修正された構成要件 　　　　　　　　　　　　　　　　共犯／共犯論の諸問題

二　肯否

予備罪の共同正犯、教唆、従犯が認められるか、60条にいう「実行」、61条1項にいう「実行」、62条1項にいう「正犯」に予備が含まれるかが問題となる。

《論　点》

◆　予備と共犯 〈司H28〉

1　予備罪の共同正犯の肯否

XとYが共同して殺人を共謀し毒を準備したが、ともに着手する前に捕まった場合、Xには殺人罪の自己予備罪（201・199）、Yにも殺人罪の自己予備罪が成立する。では、XY2人には殺人罪の自己予備罪の共同正犯が成立するか、予備に実行行為性を認めうるかが問題となる。

＜予備と共同正犯＞

予備行為の実行行為性	否定説		肯定説
	（完全）否定説	二分説（折衷説）	
理由	①　実際上、予備行為の範囲は極めて広範であって、基本的構成要件の内容としての実行行為のような定型性を有しないから、これについて共同正犯を認めるときは、その観念は相当曖昧なものとなるおそれがある ②　43条の未遂犯の規定の「実行」が、正犯の実行、すなわち基本的犯罪類型の実行だとすると、60条以下の規定の「実行」も同様に解釈するのが素直である	①　殺人予備罪（201・199）のように、単に構成要件の修正形式として予備の処罰が規定されている場合には、予備行為は、無定型・無限定であって、実行行為を観念できず、予備罪の共同正犯は成立しない ②　通貨偽造準備罪（153）のように構成要件が法文に明確に規定されている場合には、実行行為を観念できるから、予備罪の共同正犯も成立しうる	①　予備罪が独立して処罰されている以上、その予備罪には修正された構成要件としての実行行為が想定可能である ②　実質的にも正犯が予備として処罰されうる程度の危険性を発生させた以上、そのような危険性を発生せしめた者も共犯として処罰してよい
XYに共同正犯が成立するか	共同正犯は成立しない（殺人予備罪の単独犯）	共同正犯は成立しない（殺人予備罪の単独犯）	殺人予備罪の共同正犯

※　予備罪に関して狭義の共犯を認めるか否かについて争いあるも、これも共犯従属性説に立つ限り、予備行為に実行行為性を認めるか否かにかかわる問題であり、上の議論がそのまま妥当する。

2　予備罪の（狭義の）共犯の肯否

予備罪につき狭義の共犯を認めるかについては争いがある。この対立は、予備行為に実行行為性を認めるか否かにかかわる問題であり、予備と共同正犯の

総論体系編

205

議論がそのまま妥当する。

＜予備と（狭義の）共犯＞

	予備行為の実行行為性	甲が専ら乙のために毒を入手するつもりで準備行為を行った場合の甲の罪責	理由
共犯独立性説	—	殺人幇助の未遂	共犯は正犯の実行を条件とせず独立して成立し、幇助（教唆）の未遂が認められる
共犯従属性説	肯定説	殺人予備罪の従犯	① 予備は修正形式とはいえ、それ自体固有の構成要件であり、それを実現する行為は実行行為というべき ② 実質的にも正犯が予備として処罰されうる程度の危険性を発生させた以上、そのような危険性を発生せしめた者も共犯として処罰してよい
	否定説	不可罰	① 予備行為は無定型・無限定であり、共犯、特に従犯もまた同様であって、予備の共犯はますます無定型・無限定なものになり、明文の規定がない限り、これを罰することは妥当でない ② 43条本文の「犯罪の実行」は、予備以降の実行行為を指すから、60条以下についてもこれと同様にみなければ、刑法上の概念の統一性が妨げられる
	二分説（折衷説）	不可罰 ＊ 甲が通貨偽造準備罪（153）を幇助した場合には同罪の従犯が成立する	① 殺人予備罪（201・199）のように、単に構成要件の修正形式として予備の処罰が規定されている場合には、予備行為は、無定型・無限定であって、実行行為を観念できず、教唆犯・幇助犯は成立しない ② 通貨偽造準備罪（153）のように構成要件が法文に明確に規定されている場合には、予備行為は定型的・限定的であって、実行行為を観念できるから、教唆犯・幇助犯が成立する

3 他人予備の事案

予備罪にも実行行為概念が認められ予備罪の共同正犯も成立しうるとして、他人予備行為を行った者も共同正犯者として処罰できるか。

ex. 人の毒殺を準備しているXと共謀の上、同人のために農薬を提供したYにつき、殺人予備罪の共同正犯が成立するか

●修正された構成要件　　　　　　　　　　　　　　　　　　　　　　　　共犯／共犯論の諸問題

⑴　まず、他人予備が予備罪の正犯行為である「予備」にあたるかが問題となる。
　　この点、予備と実行の着手とは性格を異にするものであり両者の間には質的な断絶が存在するとして肯定する見解もあるが、通説は予備の正犯行為は自己自身の実行行為を前提にしてのみ可能であり、他人予備はその実質において「共犯行為」であって正犯行為になりえないとして否定している。

⑵　それでは、通説に立った場合、他人予備行為であるために予備罪の正犯行為になりえない行為は共同正犯行為にもなりえないのか。

　　甲説：共同正犯行為となりうる
　　　　∵　殺人予備罪は自己予備罪であるから、自ら殺人を実行する意図のない者は単独では予備罪の正犯となりえないが、自ら基本犯を犯す目的を有する者と共同してその予備行為に加功した場合において、共同実行の意思と実行行為共同の事実とが存在する以上は、65条1項の非身分者の加功による共同正犯として、右の目的がない加功者にも共同正犯を認めるべきである

　　乙説：共同正犯行為となりえない
　　　　∵　共同正犯は正犯行為を共同して実行することであるから、正犯行為になりえない行為は、共同正犯行為にもなりえない

4　判例

▼ **最決昭37.11.8・百選I 80事件**〈司共〉

　　殺害目的で使用するものであることを知りながら青酸ソーダを交付したが、交付された者に殺人予備罪（201・199）が成立するにとどまった事案に関して、予備行為も実行行為といえるから、予備の実行行為を共同した者は、予備罪の共同正犯になるとし、かつ、他人予備をも認める立場から、交付者に殺人予備罪の共同正犯（60・201・199）を成立させた原審の判断を是認した。

総論体系編

207

2-4-5 不作為犯と共犯
《概　説》
一　総説
　不作為犯と共犯の問題には、不作為犯に対する共犯（共同正犯、教唆犯、従犯）と不作為による共犯（共同正犯、教唆犯、従犯）とがある。

＜不作為犯と共犯＞

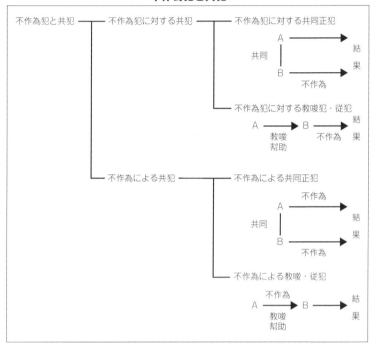

●修正された構成要件　　　　　　　　　　　　　　　　　共犯／共犯論の諸問題

二　不作為犯に対する共犯

不作為犯に対する共犯とは、不作為犯に対する共同正犯、教唆犯、及び従犯をいう。　⇒p.210

三　不作為による共犯

不作為による共犯とは、共犯としての修正された構成要件を不作為によって実現することをいう。

1　不作為による共同正犯　⇒p.210

2　不作為による教唆

→不作為による教唆は一般に否定されている

∵　不作為で他者に精神的に働きかけて犯意を生ぜしめることを想定することは困難である

3　不作為による従犯〈司〉〈司H26〉

→不作為による従犯は肯定される

∵　他人の犯罪行為を認識しながら法律上の作為義務に反して不作為にとどまる行為は、その犯罪行為を容易にならしめるものといえる

→他人が犯罪行為をしようとしているときに、法益侵害防止の作為義務ある者がそれを放置した場合、この作為義務ある者は正犯か従犯か　⇒p.211

総論体系編

209

《論 点》
一 不作為犯に対する共犯

　作為義務のないＹが、Ｘ（Ａの母親）を教唆してＸの幼児Ａに授乳させずに死亡させた場合、Ｙに殺人罪の教唆犯（61 Ⅰ・199）が成立するか。不作為犯に対する教唆犯が成立するかが問題となる。

＜不作為犯に対する教唆犯・従犯＞

学説	不成立説	作為義務を有する者が不作為犯を教唆・幇助する場合にのみ不作為犯の教唆犯・従犯が成立するとする見解	成立説	
			不作為犯を真正身分犯であるとする見解	不作為犯は特別の身分犯を構成するものではないとする見解
理由	① 目的的行為論を徹底すると、不作為には故意が認められないので、正犯者に犯意を生ぜしめるという意味での教唆は考えられない② 「人を唆して不作為状態で結果を発生させるということは、作為により正犯として結果を惹起している」と構成する	① 不作為犯は作為義務を有する者についてのみ成立する以上、不作為犯への「作為による教唆・従犯」も作為義務を有する者のみが犯しうる② 作為義務を有する者に対して、作為義務のない者が教唆・幇助するときは作為犯の正犯と構成する	不作為犯は作為義務を有する者についてのみ成立する真正身分犯であるから、65条1項により、身分（作為義務）なき者も共犯たりうる	不作為犯においても故意を考えることは十分可能であり、母親に授乳しないように働きかける行為が、殺人の教唆犯であることについて、我が国では異論が少ない
Ｙの罪責	殺人罪の正犯	殺人罪の正犯	殺人罪の教唆犯	殺人罪の教唆犯

二 不作為による共同正犯

　父Ｘが母Ｙと意思を通じて、Ｙの産んだ乳児を餓死させた場合、Ｘ・Ｙに殺人罪の共同正犯が成立するか、不作為による共同正犯が認められるかが問題となる。

＜不作為による共同正犯＞

学説	不成立説	成立説
理由	目的的行為論を徹底すれば、不作為犯においては共同実行の意思も共同実行の事実もありえず、不作為による共同正犯は否定される	作為義務を有する2人以上の者が、共謀の上要求される作為に出なかったときは、不作為犯の共同実行があったといえる

● 修正された構成要件　　　　　　　　　　共犯／共犯論の諸問題

三　不作為による正犯と従犯の区別

他人が犯罪行為をしようとしているときに、法益侵害防止の作為義務ある者がそれを放置した場合、この作為義務ある者の不作為は幇助行為なのか、正犯行為なのかが問題となる。

- ex.1　他人が殺害しようと溺れさせた（救助可能な）自分の子を救わない親の行為
- ex.2　自分の子が第三者に殺されそうなのを阻止しない親の行為
- ex.3　自分の監護している子が幼児殺しをしそうなのを止めない親の行為

＜不作為による正犯と従犯の区別＞

学説	不作為独自説		作為義務説	
内容	不作為と作為とは根本的に性格が異なるので作為に関する共犯理論をそのまま不作為にあてはめることはできない→作為義務の内容では正犯と従犯は分けられない		不作為の場合の共犯概念を作為の場合のものと同じに考え、作為の従犯に対応するだけの作為義務があるかを吟味する→作為義務により従犯の限界を画する	
	不作為的関与は原則として正犯∵作為義務ある者が義務を怠って結果発生に寄与した以上は正犯	不作為的関与は原則として従犯	①　結果回避以前の保証人的義務は従犯の根拠②　結果発生を直接回避すべき保証人的義務が正犯性を基礎付ける	正犯か従犯かを実質的に判断→行為者の主観面、共犯の類型性、他の関与者の存在を考慮した「誰を正犯とするのが妥当か」という政策的判断による
ex.1	正犯	従犯	正犯	正犯
ex.2	正犯	従犯	正犯	個別具体的に判断する
ex.3	正犯	従犯	従犯	従犯

▼　札幌高判平 12.3.16・百選Ⅰ85 事件

不作為による幇助犯の成立には、犯罪の実行をほぼ確実に阻止し得たにもかかわらずこれを放置したという要件は不要である。したがって、内縁の夫の暴行によって子どもが死亡した場合、母親には、内縁の夫の子に対する暴行を阻止する作為義務があり、暴行を監視又は制止することで、これを阻止することが可能であるときには、不作為によって内縁の夫の暴行を容易にして子どもを死亡させたものとして、傷害致死罪の幇助犯（62Ⅰ・205）が成立する。

— MEMO —

完全整理　択一六法

総　論

知識編

●序論

第2部　知識編

【序論】

《概　説》

一　罪刑法定主義

1　意義

「法律無くば刑罰無く、法律無くば犯罪無し」と定義される。刑法典に定めはないが、憲法31条、39条、73条6号が罪刑法定主義を宣言しているとされる。

⑴　民主主義的要請（法律主義、憲31、73⑥）

どのような行為が犯罪となり、どのような刑罰が科せられるかは、国民が、その代表である国会の議決によって成立する形式的意味の「法律」で定めておかなければならない。

＊　法律が下位規範である政令以下に罰則を設けることを具体的・個別的に委任した場合はこの限りでない（憲73⑥ただし書）。

⑵　自由主義的要請（事後法の禁止、憲39前段）

犯罪と刑罰は、国民の権利、行動の自由を守るために、犯罪が行われる前に成文法により明示して自らの行為が処罰されるかどうか予測できるようにしておかなければならず、事後の法律で処罰してはならない。

2　派生原理

⑴　慣習刑法の禁止〈司〉

法律主義の帰結として、慣習法は刑法の直接の法源とはなりえない。しかし、刑法の規定に示された一定の概念の解釈にとって慣習が意味をもつ場合はありうる。

⑵　遡及処罰の禁止　⇒ p.222

憲法39条前段は、行為の時に「適法」であった行為は処罰されない、と規定するが、①行為時に違法であったが罰則がなかった行為を事後立法で罰則を定めて処罰すること、②行為時に規定されていた刑よりも重い刑で処罰すること、をも禁止する趣旨と解されている〈司〉。

cf.　同一の事件は、一度審理し終えたならば、再度審理をすることはないという一事不再理の原則は、裁判制度そのものに内在する要請であり、罪刑法定主義の要請ではない

●序論

(3) 絶対的不定期刑の禁止

絶対的不定期刑とは、①「……した者は刑に処する」というように、刑種と刑量をともに法定しない場合、及び②「……した者は懲役に処する」というように、刑種だけを法定するが刑量は法定しない場合の法定刑のことをいう。このような絶対的不定期刑は、刑罰を法定したことにならず、法律主義に反し禁止される。

cf. 長期と短期を定めて言い渡す相対的不定期刑は、罪刑法定主義に反するとはされていない〈司〉

(4) 類推解釈の禁止

法律の適用に際し、法規を超えた事実について他の規定から類推して犯罪の成立を認めることは許されない。しかし、刑罰法規も、具体的な適用に際して裁判官の目的的・合理的解釈による補充が当然必要となるから、拡張解釈は許容されると解されている〈司〉。

* 類推解釈の禁止は、国民の行動の自由を保障するために要請されるものであるから、被告人に有利な類推解釈は許容される。

▼ **最判平 8.2.8・百選Ⅰ 1事件**

マガモ・カルガモをねらい洋弓銃で矢を射かけた行為は、矢が外れたため鳥獣を自己の実力的支配内に入れられず、かつ、殺傷するに至らなくても、鳥獣保護法が禁止する「捕獲」にあたる。

3 罪刑法定主義の実質化〈司〉

「法律」さえあれば、規定の内容はどのようなものでも、罪刑法定主義に反しないとするのではなく、不合理な刑罰法規を憲法 31 条違反として違憲・無効とする憲法解釈原理を、実体的デュー・プロセス論という。

* 明確性の原則

国民からみて不明確な文言を含む刑罰法規は、憲法 31 条に反し無効である。

→通常の判断能力を有する一般人の理解において、具体的場合に当該行為がその適用を受けるものか否かの判断を可能とするような基準が読み取れることが必要（最大判昭 60.10.23・百選Ⅰ 2事件）

●序論

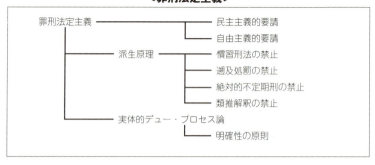

二 刑法思想の史的展開

刑法理論
→刑罰とは何か、犯罪とは何かについて、種々の理論的見解が主張されてきたが、大別して2つの学派に分けることができる

<刑法理論>

	旧派（古典派）	新派（近代派）
意思の自由を	肯定 （非決定論）（＊1）	否定 （決定論）（＊2）
犯罪行為とは	自由意思の外部的発現 （犯罪現実説）	反社会的性格の徴表 （犯罪徴表説）
罰せられるべきは	現実的な行為 （行為主義）	危険な行為者 （行為者主義）
犯罪論の中心は	行為の客観的側面と結果 （客観主義）	反社会的性格・動機等の主観的側面（主観主義）
責任とは	自由意思で行為に出たことへの道義的非難（道義的責任論）	社会的危険性ある者が甘受すべき負担（社会的責任論）
刑罰の本質は	応報として科せられる害悪 （応報刑論）	反社会的性格を改善・教育する手段（改善刑論、教育刑論）
刑罰の機能は	社会一般人をいましめ犯罪を予防 （一般予防）	行為者の再犯の予防 （特別予防）
刑罰と保安処分は	刑罰は責任、保安処分は危険性に対するもので異なる（二元主義）	行為者に対する改善の手段として本質を同じくする（一元主義）

＊1　非決定論とは、人間には自由意思があり、自己の行動について因果の法則に支

216

●序論

配・決定されることなく、理性的判断により選択できるとする考え方をいう。
＊2　決定論とは、人間に自由意思はなく、自己の行動は遺伝的素質と社会的環境によって支配・決定されているとする考え方をいう。

三　刑罰論

　　人に対し国家が意図的に害を加える行為である「刑罰」は、いかなる理由から正当化されるか。

＜刑罰の正当化根拠＞圖

	応報刑論 （＊1）（＊2）	目的刑論	
		一般予防論	特別予防論
根拠	犯罪に対する応報である	刑罰を科すことによる社会的な威嚇を通して、一般人が将来犯罪を行うことを防止する効果がある	刑罰を科すことにより、犯人自身が将来再び犯罪を行うことを防止する効果がある
内容	刑罰は、苦痛ないし害悪を指すが、犯罪に対する応報という正当化根拠から、犯罪との均衡を失するような刑罰を科すことは刑罰の役割に反し許されない	刑罰を予告することにより一般人の心理を強制して犯罪を抑止する（消極的一般予防） 処罰により行為者の行為が犯罪であると公的に確認されることにより、一般人の規範意識を維持・覚醒させる（積極的一般予防）	一般社会から隔離することで再犯を防止（隔離効果）し、犯罪傾向が比較的軽い者に対しては、改善・教育を施し、社会復帰を促す（教育刑主義）
批判	刑罰を加えることそれ自体が目的であるから、犯罪を行った者に対し、特別予防効果を期待してその処罰の執行を猶予する余地がなくなる	一般予防を過度に重視すれば、窃盗にも死刑を科し得ることとなるなど、往々にして厳罰化の方向に向かう危険性がある圖	特別予防の効果が生じるまで刑罰を継続する考え方をとりうるため、軽微な犯罪を行った者であっても、更生のために必要であれば、長期の拘禁刑を科すことも正当化されるおそれがある

＊1　近時、刑罰の本質は応報としての苦痛ないし害悪であるが、その目的は犯罪の防止であるという相対的応報刑論が有力に主張されている。
＊2　応報刑論は、非決定論を前提としている。

総論知識編

［第１条～第２条］　　　　　　　　　　　　　　　　　　　　　　　　　●通則

・第１章・【通則】

第１条　（国内犯）

Ⅰ　この法律は、日本国内において罪を犯したすべての者に適用する。
Ⅱ　日本国外にある日本船舶又は日本航空機内において罪を犯した者についても、前項と同様とする。

《概　説》

一　場所的適用範囲

1　意義

刑法がどの場所で犯された犯罪に対して適用されるかということである。

2　現行法

１条から４条の２までは場所的適用範囲に関する規定である。１条の属地主義を基本原則とし、２条以下において他の原則を補充的に採用している。

二　国内犯

1　属地主義（Ⅰ）

日本国内で行われた犯罪（国内犯）について、何人に対しても刑法の適用がある（犯罪地が国内であるためには、実行行為と結果の一部が国内で生ずれば足りる）。

2　旗国主義（Ⅱ）

日本の船舶や航空機の中で犯罪行為が行われたときも、日本の刑法が適用される。属地主義の特別な場合を定めたものである。

三　共犯の犯罪地

共犯については、国内で結果が発生した場合、及び正犯行為が国内で行われた場合には、共犯者全員に刑法が適用される。また、教唆・幇助を行った場所も、教唆犯・従犯の犯罪地となる（正犯者にとっては、教唆・幇助された場所は犯罪地とはならず、自己の犯罪地だけが犯罪地となるから、正犯者が処罰されないのに共犯者のみが処罰される場合があることになる）。

第２条　（すべての者の国外犯）

この法律は、日本国外において次に掲げる罪を犯したすべての者に適用する。
①　削除
②　第７７条から第７９条まで（内乱、予備及び陰謀、内乱等幇助）の罪
③　第８１条（外患誘致）、第８２条（外患援助）、第８７条（未遂罪）及び第８８条（予備及び陰謀）の罪
④　第１４８条（通貨偽造及び行使等）の罪及びその未遂罪

●通則 [第3条]

⑤　第154条（詔書偽造等）、第155条（公文書偽造等）、第157条（公正証
書原本不実記載等）、第158条（偽造公文書行使等）及び公務所又は公務員に
よって作られるべき電磁的記録に係る第161条の2（電磁的記録不正作出及び
供用）の罪

⑥　第162条（有価証券偽造等）及び第163条（偽造有価証券行使等）の罪

⑦　第163条の2から第163条の5まで（支払用カード電磁的記録不正作出
等、不正電磁的記録カード所持、支払用カード電磁的記録不正作出準備、未遂
罪）の罪

⑧　第164条から第166条まで（御璽偽造及び不正使用等、公印偽造及び不正
使用等、公記号偽造及び不正使用等）の罪並びに第164条第2項、第165条
第2項及び第166条第2項の罪の未遂罪

総論知識編

《概　説》

◆　保護主義

　　自国の重要な利益の保護を目的として、自国又は自国民の法益を侵害する犯罪
に対して、犯人の国籍・犯罪地を問わずすべての犯人につき刑法の適用を認める
ことを保護主義という。本条は、一定の重大犯罪につき、この原則を認める（国
外犯の処罰）。

第3条　（国民の国外犯）

この法律は、日本国外において次に掲げる罪を犯した日本国民に適用する。

①　第108条（現住建造物等放火）及び第109条第1項（非現住建造物等放
火）の罪、これらの規定の例により処断すべき罪並びにこれらの罪の未遂罪

②　第119条（現住建造物等浸害）の罪

③　第159条から第161条まで（私文書偽造等、虚偽診断書等作成、偽造私文
書等行使）及び前条第5号に規定する電磁的記録以外の電磁的記録に係る第16
1条の2の罪

④　第167条（私印偽造及び不正使用等）の罪及び同条第2項の罪の未遂罪

⑤　第176条から第181条まで（強制わいせつ、強制性交等、準強制わいせつ
及び準強制性交等、監護者わいせつ及び監護者性交等、未遂罪、強制わいせつ等
致死傷）及び第184条（重婚）の罪

⑥　第198条（贈賄）の罪

⑦　第199条（殺人）の罪及びその未遂罪

⑧　第204条（傷害）及び第205条（傷害致死）の罪

⑨　第214条から第216条まで（業務上堕胎及び同致死傷、不同意堕胎、不同
意堕胎致死傷）の罪

⑩　第218条（保護責任者遺棄等）の罪及び同条の罪に係る第219条（遺棄等
致死傷）の罪

⑪　第220条（逮捕及び監禁）及び第221条（逮捕等致死傷）の罪

219

［第３条の２］　　　　　　　　　　　　　　　　　　　　　　　　　　　　　　　●通則

⑫　第２２４条から第２２８条まで（未成年者略取及び誘拐、営利目的等略取及び誘拐、身の代金目的略取等、所在国外移送目的略取及び誘拐、人身売買、被略取者等所在国外移送、被略取者引渡し等、未遂罪）の罪
⑬　第２３０条（名誉毀損）の罪
⑭　第２３５条から第２３６条まで（窃盗、不動産侵奪、強盗）、第２３８条から第２４０条まで（事後強盗、昏酔強盗、強盗致死傷）、第２４１条第１項及び第３項（強盗・強制性交等及び同致死）並びに第２４３条（未遂罪）の罪
⑮　第２４６条から第２５０条まで（詐欺、電子計算機使用詐欺、背任、準詐欺、恐喝、未遂罪）の罪
⑯　第２５３条（業務上横領）の罪
⑰　第２５６条第２項（盗品譲受け等）の罪

《概　説》

◆　属人主義

犯人が自国民である限り、犯罪地の内外を問わず刑法の適用を認める主義をいう。本条は、比較的重い犯罪についてこの原則を認め、日本国民の国外犯につき刑法の適用があるとする。

第３条の２　（国民以外の者の国外犯）

この法律は、日本国外において日本国民に対して次に掲げる罪を犯した日本国民以外の者に適用する。

①　第１７６条から第１８１条まで（強制わいせつ、強制性交等、準強制わいせつ及び準強制性交等、監護者わいせつ及び監護者性交等、未遂罪、強制わいせつ等致死傷）の罪
②　第１９９条（殺人）の罪及びその未遂罪
③　第２０４条（傷害）及び第２０５条（傷害致死）の罪
④　第２２０条（逮捕及び監禁）及び第２２１条（逮捕等致死傷）の罪
⑤　第２２４条から第２２８条まで（未成年者略取及び誘拐、営利目的等略取及び誘拐、身の代金目的略取等、所在国外移送目的略取及び誘拐、人身売買、被略取者等所在国外移送、被略取者引渡し等、未遂罪）の罪
⑥　第２３６条（強盗）、第２３８条から第２４０条まで（事後強盗、昏酔強盗、強盗致死傷）並びに第２４１条第１項及び第３項（強盗・強制性交等及び同致死）の罪並びにこれらの罪（同条第１項の罪を除く。）の未遂罪

《概　説》

・本条は、保護主義に基づき、日本国外において日本国民に対してなされた犯罪を処罰する。これは、国際的に人の移動が日常化し、国外において日本国民が犯罪の被害に遭う機会が増加している状況に鑑み、日本国民保護の観点から規定されたものである。

●通則　　　　　　　　　　　　　　　　　　　　　　　　　　　　　　［第４条～第４条の２］

第４条　（公務員の国外犯）

この法律は、日本国外において次に掲げる罪を犯した日本国の公務員に適用する。

① 第１０１条（看守者等による逃走援助）の罪及びその未遂罪

② 第１５６条（虚偽公文書作成等）の罪

③ 第１９３条（公務員職権濫用）、第１９５条第２項（特別公務員暴行陵虐）及び第１９７条から第１９７条の４まで（収賄、受託収賄及び事前収賄、第三者供賄、加重収賄及び事後収賄、あっせん収賄）の罪並びに第１９５条第２項の罪に係る第１９６条（特別公務員職権濫用等致死傷）の罪

《概　説》

・本条は、職権濫用罪、賄賂罪などの公務員犯罪につき、日本の公務員の国外犯を処罰する（公務員の国外犯）。これも属人主義ではあるが、日本の公務を保護するという意味において、保護主義に位置付けることができる。

第４条の２　（条約による国外犯）

第２条から前条までに規定するもののほか、この法律は、日本国外において、第２編の罪であって条約により日本国外において犯したときであっても罰すべきものとされているものを犯したすべての者に適用する。

《概　説》

◆　世界主義

国際社会が共同して対処しなければならない行為について、何人がどの地域で犯したか、また自国の利益の侵害を伴うか否かにかかわらず、自国の刑法を適用する原則をいう。

＜場所的適用範囲＞

立法主義	刑法の規定	具体例
属地主義	国内犯（1）	暴行、単純横領等
属人主義	国民の国外犯（3）	建造物等放火、業務上横領、殺人等
保護主義	すべての者の国外犯（2）	内乱、外患、通貨偽造、公文書偽造等
	国民以外の者の国外犯（国民に対してなされたものに限る）（3の2）	強制性交等、殺人、傷害、強盗等
	公務員の国外犯（4）	虚偽公文書作成、収賄等
世界主義	条約による国外犯（4の2）	ハイジャック行為、国際テロ行為

総論知識編

[第5条～第6条]　　　　　　　　　　　　　　　　　　　　　●通則

第5条　（外国判決の効力）

外国において確定裁判を受けた者であっても、同一の行為について更に処罰することを妨げない。ただし、犯人が既に外国において言い渡された刑の全部又は一部の執行を受けたときは、刑の執行を減軽し、又は免除する。

第6条　（刑の変更）

犯罪後の法律によって刑の変更があったときは、その軽いものによる。

[趣旨]時間的適用範囲とは、刑法の効力が開始する時点から失効する時点までの範囲をいう。

刑法は施行の時以後の犯罪に適用され、施行前の犯罪に適用されることはない（遡及処罰の禁止）のが原則である。しかし本条は、刑の変更により法定刑が軽くなったときには、軽い方の法律を適用するとして、遡及処罰禁止原則の例外を定める。これは、遡及処罰禁止原則によって達成されるべき行為者保護の目的を実質的に推し進めたもので、罪刑法定主義に反するものではない。

＜時間的適用範囲＞

行為時	裁判時			帰　結
適　法	違　法			遡及処罰は禁止される（憲39）
違　法	適　法			刑の廃止→限時法の問題となる
	違　法	刑の変更	重→軽	新法が適用される（6）
			軽→重	新法は適用されない
			軽重なし	争いあり（判例は旧法を適用）

《概　説》

一　刑の変更

1　「犯罪後」とは、実行行為の終了後をいい、結果発生の時ではなく行為の時が基準となる〈囲〉。法律の新旧は公布時期ではなく、施行時期により判別される。

　＊　実行行為が新法と旧法にまたがるとき（ex.継続犯など）は、新法は「犯罪後」の法律ではないから本条の適用はなく、常に新法が適用される。また、判例は科刑上一罪につき、単純一罪と同様に、新法を適用すべきとする〈囲〉。

2　判例は、「刑の変更」に含まれるのは主刑の変更のみであり、付加刑である没収の変更は含まれないとしつつも、労役場留置の期間の変更は「刑の変更」にあたるとする。

●通則 [第7条]

＊　犯罪後裁判までの間に、数度にわたる刑の変更があった場合は、そのうちで最も軽いものを適用する。

二　刑の廃止

1　行為後に刑が廃止された場合は免訴となる（刑訴337②）。

2　刑の廃止は刑がゼロに変更されたという意味で刑の変更と連続的であるため、その区別が問題となる。特に、傷害致死罪と尊属傷害致死罪のように、いわゆる法条競合の特別関係に立つ場合に特別法を廃止した場合が問題となるが、「刑の変更」にあたるとするのが判例である。

三　限時法

1　限時法とは、存続期限を明示した時限立法や臨時的に設けられた刑罰法規をいう。期限が近づけば裁判時には期限が切れて処罰されないと予想されるため、事実上遵守されなくなるという問題がある。

2　限時法の理論

限時法の理論とは「旧法の規定は、なお効力を有する」というような経過規定が存在しない場合に、この規定と同様の効果（限時法効果）を解釈により認めようとする理論である。しかし、明文の根拠なしに6条に反して処罰するのは罪刑法定主義に抵触するおそれがあるとして、限時法の理論を否定する立場が多数である。

＜限時法の理論＞

	学説	理由	批判
肯定説	常に処罰できるとする見解	法令の実効性を確保するため、有効期間中の行為を処罰する必要がある	①　明文の根拠なく6条に反して処罰するのは罪刑法定主義に反する ②　個々の法規に遡及効の明文規定を置けば足りる ③　（動機説に対して）法律的見解と事実関係を明確に区別することは困難である
肯定説	法令廃止の理由が国家の法律見解の変更に基づくときは遡及効を認めず、そうでないときは認める見解（動機説）	実質的な当罰性を基準に処罰範囲を確定すべきである	
否定説	常に処罰できないとする見解 ◀通	6条の趣旨は、刑罰法規が廃止された以上、以前の行為を不可罰とすることにある	法規範の変更があれば、すべて処罰しえなくなるとするのは非現実的である

第7条　（定義）

Ⅰ　この法律において「公務員」とは、国又は地方公共団体の職員その他法令により公務に従事する議員、委員その他の職員をいう。

Ⅱ　この法律において「公務所」とは、官公庁その他公務員が職務を行う所をいう。

［第7条の2～第10条］　　　　　　　　　　　　　　　　　　　　　　　●刑

第7条の2
　この法律において「電磁的記録」とは、電子的方式、磁気的方式その他人の知覚によっては認識することができない方式で作られる記録であって、電子計算機による情報処理の用に供されるものをいう。

第8条　（他の法令の罪に対する適用）
　この編の規定は、他の法令の罪についても、適用する。ただし、その法令に特別の規定があるときは、この限りでない。

《概　説》
◆　事項的適用範囲
　　刑法の事項的適用範囲とは、刑法の適用されるべき事項の範囲をいう。
　　第一編総則の規定が適用されないのは、その法令に特別の規定ある場合である。たとえば、犯罪の主体に関する法人処罰規定、両罰規定などがある。
　　⇒ p.5、6

・第2章・【刑】

第9条　（刑の種類）
　死刑、懲役、禁錮、罰金、拘留及び科料を主刑とし、没収を付加刑とする。

第10条　（刑の軽重）
Ⅰ　主刑の軽重は、前条に規定する順序による。ただし、無期の禁錮と有期の懲役とでは禁錮を重い刑とし、有期の禁錮の長期が有期の懲役の長期の2倍を超えるときも、禁錮を重い刑とする。
Ⅱ　同種の刑は、長期の長いもの又は多額の多いものを重い刑とし、長期又は多額が同じであるときは、短期の長いもの又は寡額の多いものを重い刑とする。
Ⅲ　2個以上の死刑又は長期若しくは多額及び短期若しくは寡額が同じである同種の刑は、犯情によってその軽重を定める。

[趣旨]刑法の適用に当たって、刑の軽重が問題となる場合があるため、本条は刑の軽重の基準を定めている。6条の新旧法の比照、54条の科刑上一罪、118条2項等の「傷害の罪と比較して、重い刑により処断する」場合などに問題となる。

《概　説》
一　異種の刑（Ⅰ）
　　死刑、懲役、禁錮、罰金、拘留、科料の順序による。
　　ただし、懲役と禁錮の間では、無期懲役、無期禁錮、有期懲役、有期禁錮の順

●刑　　　　　　　　　　　　　　　　　　　　　　　［第11条〜第17条］

になる。また、有期の禁錮の長期が有期の懲役の2倍を超えるときは、禁錮を重い刑とする。

二　同種の刑（Ⅱ）

　　長期の長いもの・多額の多いものが重い刑である。同じ場合は、短期の長いもの・寡額の多いものが重い刑とされる。

三　2個以上の死刑・長期と短期（多額と寡額）が同じである同種の刑（Ⅲ）

　　犯情によって定められる。

四　異種類の刑が選択刑又は付加刑として規定されている場合

　　この場合の他の刑との軽重の比較の方法については規定がないが、重い刑のみを対照すべきである（重点的対照主義）◀判。

第11条　（死刑）

Ⅰ　死刑は、刑事施設内において、絞首して執行する。

Ⅱ　死刑の言渡しを受けた者は、その執行に至るまで刑事施設に拘置する。

第12条　（懲役）

Ⅰ　懲役は、無期及び有期とし、有期懲役は、1月以上20年以下とする◀問。

Ⅱ　懲役は、刑事施設に拘置して所定の作業を行わせる◀問。

第13条　（禁錮）

Ⅰ　禁錮は、無期及び有期とし、有期禁錮は、1月以上20年以下とする。

Ⅱ　禁錮は、刑事施設に拘置する。

第14条　（有期の懲役及び禁錮の加減の限度）

Ⅰ　死刑又は無期の懲役若しくは禁錮を減軽して有期の懲役又は禁錮とする場合においては、その長期を30年とする。

Ⅱ　有期の懲役又は禁錮を加重する場合においては30年にまで上げることができ、これを減軽する場合においては1月未満に下げることができる◀問。

第15条　（罰金）

　　罰金は、1万円以上とする。ただし、これを減軽する場合においては、1万円未満に下げることができる。

第16条　（拘留）

　　拘留は、1日以上30日未満とし、刑事施設に拘置する。

第17条　（科料）

　　科料は、千円以上1万円未満とする。

総論知識編

225

[第18条～第20条]　　　　　　　　　　　　　　　　　　　　　　　　　●刑

第18条　（労役場留置）

Ⅰ　罰金を完納することができない者は、1日以上2年以下の期間、労役場に留置する。

Ⅱ　科料を完納することができない者は、1日以上30日以下の期間、労役場に留置する。

Ⅲ　罰金を併科した場合又は罰金と科料とを併科した場合における留置の期間は、3年を超えることができない。科料を併科した場合における留置の期間は、60日を超えることができない。

Ⅳ　罰金又は科料の言渡しをするときは、その言渡しとともに、罰金又は科料を完納することができない場合における留置の期間を定めて言い渡さなければならない。

Ⅴ　罰金については裁判が確定した後30日以内、科料については裁判が確定した後10日以内は、本人の承諾がなければ留置の執行をすることができない。

Ⅵ　罰金又は科料の一部を納付した者についての留置の日数は、その残額を留置1日の割合に相当する金額で除して得た日数（その日数に1日未満の端数を生じるときは、これを1日とする。）とする。

第19条　（没収）

Ⅰ　次に掲げる物は、没収することができる。

①　犯罪行為を組成した物

②　犯罪行為の用に供し、又は供しようとした物

③　犯罪行為によって生じ、若しくはこれによって得た物又は犯罪行為の報酬として得た物

④　前号に掲げる物の対価として得た物

Ⅱ　没収は、犯人以外の者に属しない物に限り、これをすることができる。ただし、犯人以外の者に属する物であっても、犯罪の後にその者が情を知って取得したものであるときは、これを没収することができる。

第19条の2　（追徴）

前条第1項第3号又は第4号に掲げる物の全部又は一部を没収することができないときは、その価額を追徴することができる。

第20条　（没収の制限）

拘留又は科料のみに当たる罪については、特別の規定がなければ、没収を科することができない。ただし、第19条第1項第1号に掲げる物の没収については、この限りでない。

● 刑   ［第19条〜第20条］

《概　説》

一　没収

1　意義

犯罪に関連する一定の物につき、所有権を剥奪して国庫に帰属させる処分をいう。

→没収は付加刑（9）であるから、主刑（9）が言い渡される場合にのみ言い渡すことができる〈同

2　没収の対象物〈同

＜没収の対象物＞

条文	対象物		具体例
1号	組成物件：犯罪行為を構成した物 ＊　犯罪行為には教唆・幇助行為も含む		・賄賂供与罪における目的物 ・賭博罪における賭金
2号	供用物件	犯罪行為の用に供した物	・住居侵入窃盗の犯人が住居侵入の手段として用いた合鍵 　＊　住居侵入が起訴されなくても没収可 ・強盗・強制性交の様子を撮影記録したビデオテープ（東京高判平22.6.3・平23重判1事件） ・強制性交及び強制わいせつの犯行の様子を隠し撮りしたデジタルビデオカセット（最決平30.6.26・平30重判4事件）〈同
		犯罪行為の用に供しようとした物	・窃盗犯人が用意したが使用しなかったドライバー ・殺人犯人が犯行に使用するために携行したが使用しなかった短刀
3号	生成物件：犯罪行為によって生じた物		・通貨偽造罪における偽造通貨
	取得物件：犯罪行為によって得た物		・窃盗罪における他人の財物
	報酬物件：犯罪行為後の報酬として得た物		・殺人行為の報酬 ・賭博場とするために貸した部屋の賃料
4号	対価物件：3号に該当する物の対価として得た物 ＊　2号の対価は不可		・盗品等の売却代金〈同 ・窃取した金銭で買った指輪

＊　主物を没収するときは、その従物も没収できる（大判明29.10.6）。

3　没収の要件

(1)　対象物が現存すること

総論知識編

227

[第19条～第20条] ●刑

没収の対象となりうる物は、原則として上に掲げられた物自体でなければならない（対象物の現存性）。よって、その物が混合、加工などによりその物の同一性を失ったときには没収することはできない。

ex.1 　賭博によって得た金銭を貸して得た利子は同一性がない

ex.2 　米で作った煎餅は同一性がない

なお、判決により没収の言渡しをするには対象物が判決時に存在することが必要であるが、裁判所又は捜査機関に押収されている必要はない（最決昭29.3.23）〈司〉

(2) 「犯人以外の者に属しない物」であること（19Ⅱ本文）

(a) 「犯人」には共犯者も含まれ、未だ訴追を受けていない共犯者であってもよい〈判〉〈司〉

(b) 無主物・法禁物は没収しうる。

(c) 犯罪後に犯人以外の者が情を知って取得した物であるときには、これを没収することができる（第三者没収、19Ⅱただし書）。

(3) 拘留・科料のみに当たる罪でないこと（20本文）　cf.　侮辱罪（231）

ただし、犯罪行為を組成した物の没収についてはこの限りではない（20ただし書）。

なお、20条の適用を受ける罪が20条の適用を受けない罪と科刑上一罪の関係にある場合における没収の可否について、裁判例（名古屋高金沢支判平25.10.3・平27重判4事件）は、「刑法20条の適用については、同法19条により犯罪行為ごとに没収事由の有無が検討された上で、その罪について同法20条が適用されると解するのが条文の文言上も素直な解釈であり、その適用を受ける罪については、同条が適用されない罪と科刑上一罪の関係にある場合にも同条が適用される」としている。

ex.　20条の適用を受ける軽犯罪法違反の罪が20条の適用を受けない建造物侵入罪（130前段）と科刑上一罪の関係にあっても、軽犯罪法違反（のぞき）の供用物件（19Ⅰ②）であるデジタルカメラを没収することは20条に反して許されない

二　追徴〈司〉

1　追徴とは、没収が不可能な場合に、その価額を国庫に納付すべきことを命じる処分をいう。

2　追徴できるのは、犯罪生成物件・犯罪取得物件・犯罪報酬物件及びこれらの対価物の全部又は一部を没収することができないときである（19の2）。

3　追徴の価額の算定基準は、物の授受・取得当時の金額である（最大判昭43.9.25）。

三　197条の5〈司〉

刑法総則に規定する没収・追徴は任意的なものだが（任意的没収・追徴）、賄

●期間計算・刑の執行猶予 [第21条～第25条]

略の没収・追徴の規定である197条の5の規定は必要的なものである（必要的没収・追徴）。

第21条　（未決勾留日数の本刑算入）

未決勾留の日数は、その全部又は一部を本刑に算入することができる。

・第3章・【期間計算】

第22条　（期間の計算）

月又は年によって期間を定めたときは、暦に従って計算する。

第23条　（刑期の計算）

I　刑期は、裁判が確定した日から起算する。

II　拘禁されていない日数は、裁判が確定した後であっても、刑期に算入しない。

第24条　（受刑等の初日及び釈放）

I　受刑の初日は、時間にかかわらず、1日として計算する。時効期間の初日についても、同様とする。

II　刑期が終了した場合における釈放は、その終了の日の翌日に行う。

・第4章・【刑の執行猶予】

第25条　（刑の全部の執行猶予）

I　次に掲げる者が3年以下の懲役若しくは禁錮又は50万円以下の罰金の言渡しを受けたときは、情状により、裁判が確定した日から1年以上5年以下の期間、その刑の全部の執行を猶予することができる。

① 前に禁錮以上の刑に処せられたことがない者

② 前に禁錮以上の刑に処せられたことがあっても、その執行を終わった日又はその執行の免除を得た日から5年以内に禁錮以上の刑に処せられたことがない者

II　前に禁錮以上の刑に処せられたことがあってもその刑の全部の執行を猶予された者が1年以下の懲役又は禁錮の言渡しを受け、情状に特に酌量すべきものがあるときも、前項と同様とする。ただし、次条第1項の規定により保護観察に付せられ、その期間内に更に罪を犯した者については、この限りでない。

総論知識編

229

[第25条～第25条の2]　　　　　　　　　　　　　　　　　　　　●刑の執行猶予

第２５条の２　（刑の全部の執行猶予中の保護観察）

Ⅰ　前条第１項の場合においては猶予の期間中保護観察に付することができ、同条第
２項の場合においては猶予の期間中保護観察に付する。

Ⅱ　前項の規定により付せられた保護観察は、行政官庁の処分によって仮に解除する
ことができる。

Ⅲ　前項の規定により保護観察を仮に解除されたときは、前条第２項ただし書及び第
２６条の２第２号の規定の適用については、その処分を取り消されるまでの間は、
保護観察に付せられなかったものとみなす。

《概　説》

一　刑の執行猶予

刑の執行猶予とは、刑罰の言渡しの際に、情状によってその執行を一定の期間
猶予し、その期間を無事経過したとき刑の言渡しはその効力を失うとする制度で
ある。

二　25条関係

1　25条1項の「刑に処せられた」とは、同条2項の規定からして、刑を言い
渡した判決が確定した場合を意味する。

2　25条1項の「前に」の解釈については、以下の2つの見解が対立する。

（1）「前に」とは、「言い渡そうとする判決の前に」とする見解

∵　25条の文理解釈

（2）「前に」とは、「判決を言い渡すべき犯罪行為の実行の前に」とする見解

∵　刑に処せられた者が再び罪を犯したことに執行猶予を原則として許
さないと解すべきである

3　「情状」とは、必ずしも犯罪そのものの情状に限らず、犯罪後の状況を総合
して、犯情が軽微であること、刑の執行を猶予することによって自主的に更生
することが期待できると判断できる情状を意味する。

＜執行猶予の要件等＞

		初度目の執行猶予（25Ⅰ）	再度の執行猶予（25Ⅱ）
要件	主体	・今回の判決言渡し前に禁錮以上の刑に処せられていない者 ・前刑の執行終了・執行免除から今回の判決言渡しまで、禁錮以上の刑に処せられず5年以上の期間が経過した者	・前に禁錮以上の刑につきその刑の全部の執行を猶予された者で現に執行猶予中の者
	今回の宣告刑	3年以下の懲役・禁錮 50万円以下の罰金	1年以下の懲役・禁錮

230

●刑の執行猶予

［第26条～第26条の2］

		初度目の執行猶予（25 I）	再度の執行猶予（25 II）
要件	その他	情状により	情状に特に酌量すべきものがあるとき
			保護観察期間中罪を犯していないこと
保護観察 （25の2）		任意的	必要的
執行猶予 の期間		裁判が確定した日から1年以上5年以下	

三　具体例

ex.　甲は、判決により懲役2年、3年間執行猶予（保護観察なし）に処せられ、同判決が確定してから1年後、A罪（法定刑は3年以下の懲役）を犯して同罪で起訴され、同年中に判決宣告日を迎えた。この場合、裁判所は、甲に対し、1年以下の懲役を宣告する場合にのみ執行猶予の言渡しをすることができるが、必要的に保護観察に付する〈司〉

第26条　（刑の全部の執行猶予の必要的取消し）

次に掲げる場合においては、刑の全部の執行猶予の言渡しを取り消さなければならない。ただし、第3号の場合において、猶予の言渡しを受けた者が第25条第1項第2号に掲げる者であるとき、又は次条第3号に該当するときは、この限りでない。

① 猶予の期間内に更に罪を犯して禁錮以上の刑に処せられ、その刑の全部について執行猶予の言渡しがないとき。

② 猶予の言渡し前に犯した他の罪について禁錮以上の刑に処せられ、その刑の全部について執行猶予の言渡しがないとき。

③ 猶予の言渡し前に他の罪について禁錮以上の刑に処せられたことが発覚したとき。

ex.　甲は、判決により懲役3年、5年間執行猶予（保護観察なし）に処せられ、同判決は確定した。その1年後、甲は、A罪（法定刑は5年以下の懲役）を犯して同罪で起訴され、裁判所は、その半年後、甲に対し、懲役10月の判決の言い渡し、同判決は直ちに確定した。この場合、甲に対する執行猶予の言渡しは取り消さなければならない〈司〉

第26条の2　（刑の全部の執行猶予の裁量的取消し）

次に掲げる場合においては、刑の全部の執行猶予の言渡しを取り消すことができる〈司〉。

① 猶予の期間内に更に罪を犯し、罰金に処せられたとき。

② 第25条の2第1項の規定により保護観察に付せられた者が遵守すべき事項を遵守せず、その情状が重いとき。

③ 猶予の言渡し前に他の罪について禁錮以上の刑に処せられ、その刑の全部の執行を猶予されたことが発覚したとき。

総論知識編

[第26条の3〜第27条の2]　　　　　　　　　　　　　　　　　　●刑の執行猶予

第26条の3　（刑の全部の執行猶予の取消しの場合における他の刑の執行猶予の取消し）

　前2条の規定により禁錮以上の刑の全部の執行猶予の言渡しを取り消したときは、執行猶予中の他の禁錮以上の刑についても、その猶予の言渡しを取り消さなければならない。

第27条　（刑の全部の執行猶予の猶予期間経過の効果）

　刑の全部の執行猶予の言渡しを取り消されることなくその猶予の期間を経過したときは、刑の言渡しは、効力を失う。

《**概　説**》

・「刑の言渡しは、効力を失う」とは、単に刑の執行が免除されるにとどまらず、刑の言渡しの効果が将来に向かって消滅することをいう。したがって、法令による資格制限もこれによって消滅する。

　　ex.　甲は、判決により懲役2年、4年間執行猶予（保護観察付き）に処せられ、同判決は確定し、その後執行猶予が取り消されることはなかった。同判決の確定から5年後、甲は、A罪（法定刑は5年以下の懲役）を犯して同罪で起訴された。この場合、裁判所が甲に対して言い渡すことができる刑の範囲は、5年以下の懲役となる

第27条の2　（刑の一部の執行猶予）

Ⅰ　次に掲げる者が3年以下の懲役又は禁錮の言渡しを受けた場合において、犯情の軽重及び犯人の境遇その他の情状を考慮して、再び犯罪をすることを防ぐために必要であり、かつ、相当であると認められるときは、1年以上5年以下の期間、その刑の一部の執行を猶予することができる。

　①　前に禁錮以上の刑に処せられたことがない者
　②　前に禁錮以上の刑に処せられたことがあっても、その刑の全部の執行を猶予された者
　③　前に禁錮以上の刑に処せられたことがあっても、その執行を終わった日又はその執行の免除を得た日から5年以内に禁錮以上の刑に処せられたことがない者

Ⅱ　前項の規定によりその一部の執行を猶予された刑については、そのうち執行が猶予されなかった部分の期間を執行し、当該部分の期間の執行を終わった日又はその執行を受けることがなくなった日から、その猶予の期間を起算する。

Ⅲ　前項の規定にかかわらず、その刑のうち執行が猶予されなかった部分の期間の執行を終わり、又はその執行を受けることがなくなった時において他に執行すべき懲役又は禁錮があるときは、第1項の規定による猶予の期間は、その執行すべき懲役若しくは禁錮の執行を終わった日又はその執行を受けることがなくなった日から起算する。

●刑の執行猶予   ［第27条の2～第27条の7］

第27条の3　（刑の一部の執行猶予中の保護観察）

Ⅰ　前条第1項の場合においては、猶予の期間中保護観察に付することができる。

Ⅱ　前項の規定により付せられた保護観察は、行政官庁の処分によって仮に解除することができる。

Ⅲ　前項の規定により保護観察を仮に解除されたときは、第27条の5第2号の規定の適用については、その処分を取り消されるまでの間は、保護観察に付せられなかったものとみなす。

第27条の4　（刑の一部の執行猶予の必要的取消し）

次に掲げる場合においては、刑の一部の執行猶予の言渡しを取り消さなければならない。ただし、第3号の場合において、猶予の言渡しを受けた者が第27条の2第1項第3号に掲げる者であるときは、この限りでない。

①　猶予の言渡し後に更に罪を犯し、禁錮以上の刑に処せられたとき。

②　猶予の言渡し前に犯した他の罪について禁錮以上の刑に処せられたとき。

③　猶予の言渡し前に他の罪について禁錮以上の刑に処せられ、その刑の全部について執行猶予の言渡しがないことが発覚したとき。

第27条の5　（刑の一部の執行猶予の裁量的取消し）

次に掲げる場合においては、刑の一部の執行猶予の言渡しを取り消すことができる。

①　猶予の言渡し後に更に罪を犯し、罰金に処せられたとき。

②　第27条の3第1項の規定により保護観察に付せられた者が遵守すべき事項を遵守しなかったとき。

第27条の6　（刑の一部の執行猶予の取消しの場合における他の刑の執行猶予の取消し）

前2条の規定により刑の一部の執行猶予の言渡しを取り消したときは、執行猶予中の他の禁錮以上の刑についても、その猶予の言渡しを取り消さなければならない。

第27条の7　（刑の一部の執行猶予の猶予期間経過の効果）

刑の一部の執行猶予の言渡しを取り消されることなくその猶予の期間を経過したときは、その懲役又は禁錮を執行が猶予されなかった部分の期間を刑期とする懲役又は禁錮に減軽する。この場合においては、当該部分の期間の執行を終わった日又はその執行を受けることがなくなった日において、刑の執行を受け終わったものとする。

《概　説》

◆　一部執行猶予

1　意義

一部執行猶予とは、言い渡された刑の一部の期間のみ受刑し、残りの期間は刑の執行が猶予されるという制度である。たとえば、「懲役2年、うち6か月を2年間執行猶予」との判決が確定した場合、受刑者は、1年6か月間のみ受刑した後、2年間再び罪を犯さなければ、残りの6か月間の懲役刑の執行を受

総論知識編

233

［第27条の2〜第27条の7］　　　　　　　　　　　　　　　●刑の執行猶予

け終わったものとされる。一部執行猶予の制度は、犯罪者を刑事施設内で実際
に処遇した後、社会内で処遇することにより、犯罪者の再犯を防止することを
目的としている。

2　要件

　　刑の一部執行猶予が認められるためには、以下の要件（27の2Ⅰ）をみた
す必要がある。刑の執行猶予の期間は、全部執行猶予の場合（25Ⅰ柱書）と
同様、1年以上5年以下の期間である（27の2Ⅰ柱書）。

①　前に禁錮以上の刑に処せられたことがない者（前に禁錮以上の刑に処せら
　れたことがあっても、その刑の全部の執行を猶予された者、又はその執行を
　終わった日若しくはその執行の免除を得た日から5年以内に禁錮以上の刑に
　処せられたことがない者）

②　3年以下の懲役又は禁錮の言渡しを受ける場合であること

③　犯情の軽重及び犯人の境遇その他の情状を考慮して、再び犯罪をすること
　を防ぐために必要であり、かつ、相当であると認められること

3　一部執行猶予期間の起算日

　　刑の一部の執行を猶予された刑については、そのうち執行が猶予されなかっ
た部分の期間を執行し、当該部分の期間の執行を終わった日又はその執行を受
けることがなくなった日から、その猶予の期間を起算する（27の2Ⅱ）。

　　なお、猶予の期間中、保護観察に付することができる（27の3Ⅰ）。

●仮釈放　　　　　　　　　　　　　　　　　　　　　　　　　　［第28条～第30条］

・第5章・【仮釈放】

第28条　（仮釈放）◁回

　懲役又は禁錮に処せられた者に改悛の状があるときは、有期刑についてはその刑期の3分の1を、無期刑については10年を経過した後、行政官庁の処分によって仮に釈放することができる。

第29条　（仮釈放の取消し等）

Ⅰ　次に掲げる場合においては、仮釈放の処分を取り消すことができる。
　①　仮釈放中に更に罪を犯し、罰金以上の刑に処せられたとき。
　②　仮釈放前に犯した他の罪について罰金以上の刑に処せられたとき。
　③　仮釈放前に他の罪について罰金以上の刑に処せられた者に対し、その刑の執行をすべきとき。
　④　仮釈放中に遵守すべき事項を遵守しなかったとき。
Ⅱ　刑の一部の執行猶予の言渡しを受け、その刑について仮釈放の処分を受けた場合において、当該仮釈放中に当該執行猶予の言渡しを取り消されたときは、その処分は、効力を失う。
Ⅲ　仮釈放の処分を取り消したとき、又は前項の規定により仮釈放の処分が効力を失ったときは、釈放中の日数は、刑期に算入しない。

第30条　（仮出場）

Ⅰ　拘留に処せられた者は、情状により、いつでも、行政官庁の処分によって仮に出場を許すことができる。
Ⅱ　罰金又は科料を完納することができないため留置された者も、前項と同様とする。

[趣旨]無用の拘禁を避け、受刑者に将来への希望を与えて改善を促し、社会復帰を図る。

《注　釈》

◆　仮釈放

　1　仮釈放とは、矯正施設に収容されている者を、収容期間の満了前に仮に釈放して社会復帰の機会を与える措置の総称を指す。
　　仮釈放は、釈放の際に条件を付けて、それに違反があった場合には、仮釈放の処分を取り消し、再び施設に収容するという心理的強制によって、改善・社会復帰を図る制度である。
　2　有期刑についてはその刑期の3分の1を経過した後、仮に釈放することができる◁回。

総論知識編

235

［第31条～第34条の2］　　　　　　　　　　　　　　　　　　●刑の時効及び刑の消滅

・第6章・【刑の時効及び刑の消滅】

第31条　（刑の時効）

　刑（死刑を除く。）の言渡しを受けた者は、時効によりその執行の免除を得る。

第32条　（時効の期間）

　時効は、刑の言渡しが確定した後、次の期間その執行を受けないことによって完成する。

① 　無期の懲役又は禁錮については30年
② 　10年以上の有期の懲役又は禁錮については20年
③ 　3年以上10年未満の懲役又は禁錮については10年
④ 　3年未満の懲役又は禁錮については5年
⑤ 　罰金については3年
⑥ 　拘留、科料及び没収については1年

第33条　（時効の停止）

　時効は、法令により執行を猶予し、又は停止した期間内は、進行しない。

第34条　（時効の中断）

Ⅰ 　懲役、禁錮及び拘留の時効は、刑の言渡しを受けた者をその執行のために拘束することによって中断する。
Ⅱ 　罰金、科料及び没収の時効は、執行行為をすることによって中断する。

《概　説》

・刑事上の時効には、公訴時効（刑訴250以下）と刑の時効がある。確定判決前の時効が公訴時効であり、確定判決後の時効が刑の時効である。

第34条の2　（刑の消滅）

Ⅰ 　禁錮以上の刑の執行を終わり又はその執行の免除を得た者が罰金以上の刑に処せられないで10年を経過したときは、刑の言渡しは、効力を失う。罰金以下の刑の執行を終わり又はその執行の免除を得た者が罰金以上の刑に処せられないで5年を経過したときも、同様とする。
Ⅱ 　刑の免除の言渡しを受けた者が、その言渡しが確定した後、罰金以上の刑に処せられないで2年を経過したときは、刑の免除の言渡しは、効力を失う。

《概　説》

・刑の消滅とは、一定期間の経過により前科の抹消を行い、資格制限等を緩和する制度である。

総論知識編

236

●犯罪の不成立及び刑の減免　　　　　　　　　　　　　　［第35条〜第41条］

・第7章・【犯罪の不成立及び刑の減免】

第35条　（正当行為）

法令又は正当な業務による行為は、罰しない。

第36条　（正当防衛）

Ⅰ　急迫不正の侵害に対して、自己又は他人の権利を防衛するため、やむを得ずにした行為は、罰しない。

Ⅱ　防衛の程度を超えた行為は、情状により、その刑を減軽し、又は免除することができる。

第37条　（緊急避難）

Ⅰ　自己又は他人の生命、身体、自由又は財産に対する現在の危難を避けるため、やむを得ずにした行為は、これによって生じた害が避けようとした害の程度を超えなかった場合に限り、罰しない。ただし、その程度を超えた行為は、情状により、その刑を減軽し、又は免除することができる。

Ⅱ　前項の規定は、業務上特別の義務がある者には、適用しない。

第38条　（故意）

Ⅰ　罪を犯す意思がない行為は、罰しない。ただし、法律に特別の規定がある場合は、この限りでない。

Ⅱ　重い罪に当たるべき行為をしたのに、行為の時にその重い罪に当たることとなる事実を知らなかった者は、その重い罪によって処断することはできない。

Ⅲ　法律を知らなかったとしても、そのことによって、罪を犯す意思がなかったとすることはできない。ただし、情状により、その刑を減軽することができる。

第39条　（心神喪失及び心神耗弱）〈共〉

Ⅰ　心神喪失者の行為は、罰しない。

Ⅱ　心神耗弱者の行為は、その刑を減軽する。

第40条　【瘖唖者】　削除

第41条　（責任年齢）〈共〉

14歳に満たない者の行為は、罰しない。

総論知識編

［第42条］　　　　　　　　　　　　　　　　　●犯罪の不成立及び刑の減免

第42条　（自首等）

Ⅰ　罪を犯した者が捜査機関に発覚する前に自首したときは、その刑を減軽することができる。

Ⅱ　告訴がなければ公訴を提起することができない罪について、告訴をすることができる者に対して自己の犯罪事実を告げ、その措置にゆだねたときも、前項と同様とする。

［趣旨］自首・首服を刑の任意的な減軽事由としたものである。自首が任意的刑の減軽事由とされている趣旨は、犯罪の捜査を容易にするという政策的意図と、改悛による非難の減少に基づくと解されている。

《**概　説**》

一　自首（Ⅰ） 〈司〉

1　意義

　罪を犯した者が捜査機関に発覚する前に、自発的に自己の犯罪事実を申告し、その処分を求める意思表示をいう。

2　要件

　① 「罪を犯した者」が

　② 「捜査機関に発覚する前に」

　　　→「発覚する前」には、犯罪事実が全く発覚していない場合の他、犯罪事実は発覚しているが犯人が誰かが発覚していない場合を含むが、単に所在不明である場合は含まない〈刑〉

　③ 「自首」すること

　　　→「自首」は、犯人が自発的に自己の犯罪事実を捜査機関に申告することを要するが、申告の方法は他人を介してするのもよい〈刑〉。また、申告するに際し、虚偽の事実を述べたときでも、「自首」にあたりうる（最決平13.2.9・平13重判5事件）

3　効果

　刑が任意的に減軽される。

　自首による刑の減軽の効果は、他の共犯者には及ばない（大判昭4.8.26参照）〈共〉

　　　∵ 一身的な事由による刑の減免の効果は共犯に及ばない

4　具体例

　ex.1 「甲は、空腹を感じたが所持金がなかったことから、飲食店Aにおいて無銭飲食をした。そして、同店店主乙から飲食代金の支払を請求されるや、乙に対し、『金はない。』と言いながら所携のナイフを乙に突き付けて脅迫し、乙がひるんだすきにその場から逃走した。しかし、この先も生活費が手に入る見込みがなかった甲は、いっそのこと刑務所で服役

238

●未遂罪　　　　　　　　　　　　　　　　　　　　　　　　　　［第43条～第44条］

して飢えをしのごうと考え直し、付近の警察署に出頭するため、上記ナイフを手に持ったまま同署の前まで歩いていった。捜査機関は、この時点で未だ甲による上記無銭飲食の事実を認識していなかったが、同署の警察官Ｘは、ナイフを手に持った甲の姿を見て不審者と認め、甲に対する職務質問を開始した。甲は、その職務質問に対し、警察官Ｘに無銭飲食の事実を告げ、ナイフも提出した。」という事例において、判例の立場に従うと、自首が成立するためには、必ずしも犯人が反省悔悟に出たものであることを要しないから、甲のようにいわゆる刑務所志願を目的とする場合にも自首は成立する《同》

ex.2　ex.1の事例において、判例の立場に従うと、警察官が犯罪の嫌疑をもたないのに犯人が自己の犯罪事実を自発的に告知する場合は自首になり得るので、甲のように警察官から職務質問を受け、その質問に答えて犯罪事実を申告した場合にも、自首は成立しうる《同》

ex.3　ex.1の事例において、判例の立場に従うと、仮に、乙の通報により捜査機関に犯罪事実が発覚し、犯人のおよその年齢・人相・服装・体格が判明していた場合でも、犯人が甲であることが発覚していなければ、自首は成立する《同》

ex.4　ex.1の事例において、判例の立場に従うと、仮に、捜査機関に犯罪事実及び甲が犯人であることが発覚しており、甲の所在だけが不明であった場合には、自首は成立しない《同》

ex.5　ex.1の事例において、判例の立場に従うと、甲が、ナイフを突き付けたのは無銭飲食をした後逃走するためであり、そのような行為が強盗に当たるとは思わなかったと申告している場合でも、自首は成立する《同》

二　首服（Ⅱ）《同》

　首服とは、親告罪の犯人が告訴権者に対して、捜査機関に発覚する前に、自ら進んで親告罪の犯人であることを申告し、その告訴に委ねることをいう。

・第8章・【未遂罪】

第43条　（未遂減免）

　犯罪の実行に着手してこれを遂げなかった者は、その刑を減軽することができる。ただし、自己の意思により犯罪を中止したときは、その刑を減軽し、又は免除する。

第44条　（未遂罪）

　未遂を罰する場合は、各本条で定める。

・第9章・【併合罪】

《概　説》
◆ 罪数論総説
1 意義
　罪数論とは、1人の行為者が数個の罪を犯した場合の処理に関する問題をいう。
　具体的には、①当該行為が1個の罪（一罪）か複数の罪（数罪）か、②数個の罪の場合の刑の処断の仕方が問題となる。　⇒ p.243、246

<罪数論の体系>

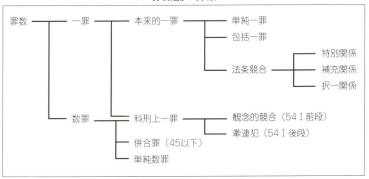

2 犯罪が一罪か数罪かの基準
　判例は、構成要件標準説を採用している。
　→罪数決定の基準を、構成要件に該当する回数により判断する
　　∵ 犯罪は構成要件該当性を基準に成立するから、犯罪が何個成立したかは、構成要件該当性を基準とする他ないから
3 本来的一罪（犯罪成立上の一罪）
(1) 単純一罪
　必要最小限の回数の身体的動作で1個の構成要件に1回該当すると認識される場合をいう。
(2) 法条競合
　条文上数個の構成要件に該当するように見えるが、実は構成要件相互の関係で1個の構成要件にしか該当しない場合をいう。

●併合罪

<法条競合>

	意義	具体例
特別関係	競合する罰条が一般法と特別法の関係に立つ場合	① 殺人罪と同意殺人罪 ② 単純横領罪と業務上横領罪
補充関係	競合する罰条が基本法と補充法の関係にある場合 →基本法が適用されない場合のみ補充法が適用される	① 傷害罪と暴行罪 ② 建造物等以外の放火罪と現住建造物放火罪
択一関係	競合する罰条が排他的関係にある場合 →競合する罰条のうち、どれか1個の罰条が適用されれば、他は適用されない	① 横領罪と背任罪 ② 未成年者誘拐罪と営利目的誘拐罪

4 包括一罪〈司〉

(1) 意義

外形上、構成要件に数回該当するように見えるが、1回の構成要件的評価に包括されるべき犯罪をいう。

<包括一罪>

単一行為型同質的包括一罪	1個の行為から数個の結果が生じ、それらが同一の構成要件内に属する場合	・1個の放火行為で3個の現住建造物を焼損した場合 →包括して1個の現住建造物放火罪が成立 ・1個の恐喝行為で同一人から財物及び財産上の利益を得た場合 →包括して1個の恐喝罪が成立（大判明45.4.15）〈司〉
集合犯	構成要件的行為として数個の同種の行為が予定されている犯罪	・常習犯 常習性を有する行為者の反復的行為を予定 ex. 常習賭博者が賭博行為を数回行う →常習賭博罪一罪 ・職業犯 業として一定の犯罪を反復することを予定 ex. 甲は自己が経営する店において、1週間のうちに、同店を訪れた複数の客に対し、いずれも同じ題名・内容のわいせつ図画に該当するDVDを数回にわたって販売した。この場合、甲にはわいせつ物頒布罪の一罪が成立する〈司〉 ・営業犯 営利の目的で一定の犯罪を反復することを予定 ex. 医師資格のない者が医療行為を行う

241

●併合罪

狭義の包括一罪	同一構成要件にあたる数個の行為が密接に関連し、同一法益侵害に向けた単一の意思の実現と認められるとき、包括して1回の構成要件的評価に服する犯罪	・構成要件上の包括一罪 ex.1 同一犯人を蔵匿し、引き続き隠避 ex.2 同一人に賄賂を要求・約束し、さらに収受 ex.3 同一人を逮捕し、引き続き監禁 ex.4 同一盗品を運搬し、さらに有償処分のあっせん ・接続犯（＊1） ex. ある晩、同一の倉庫から数回にわたって、米俵を窃取した場合（最判昭24.7.23・百選Ⅰ100事件） ・連続犯（＊2） ex.1 約4か月の間に38回違法に麻薬を交付 ex.2 約2か月の間、不特定多数の通行人に対して、街頭募金詐欺を行った場合（最決平22.3.17・百選Ⅰ102事件）予 ex.3 約4か月の間又は約1か月の間に、同一人に対し、ある程度限定された場所で、共通の動機から繰り返し犯意を生じ、同態様の暴行を反復累行し、傷害を負わせた場合（最決平26.3.17・百選Ⅰ101事件）
混合的包括一罪	異なる罪名法益侵害でも、日時・場所の近接などの密接な関係があるときに、包括して処遇する犯罪	・窃盗又は詐欺ののち、殺害により財物の返還・代金の支払を免れようとした場合 →窃盗罪又は詐欺罪と、2項強盗による強盗殺人未遂罪 ・暴行に引き続き脅迫がなされた場合で、脅迫内容が先の暴行と同内容の場合 →暴行罪と脅迫罪の包括一罪
吸収関係	軽い罪が、重い罪の刑に吸収され、重い罪の構成要件において包括的評価され1個の犯罪が成立する場合	① 付随犯（＊3） ② 共罰的事後行為

＊1 接続犯とは、同一の構成要件に該当する同種の行為が、同一の犯意に基づき、時間的・場所的に密接して反復された場合を指す。

＊2 連続犯とは、行為者が、接続犯ほど各行為の間隔に密接性はないが、同一構成要件にあたる数個の行為を連続して行った場合を指す。この連続犯の成立要件としては、一般に、構成要件の同一性の他に、客観的要件として、法益の同一性、行為の連続性（実行行為の態様の類似性、行為事情の同質性など）、主観的要件として、犯意の継続性が挙げられる。

＊3 付随犯とは、ある重大な犯罪が発生した場合に、その犯罪に刑事学的に見て通常随伴する軽微な犯罪も同時に生じる場合を指す。たとえば、殺人罪（199）の実行に付随して被害者の衣服を損傷した場合に成立するべき器物損壊罪（261）は、殺人罪に吸収される。

　(2) 共罰的事後行為

　　共罰的事後行為とは、同一の法益・客体に向けられた複数の行為が、手段・目的又は原因・結果のような密接な関係に立ち、目的・結果である軽い

● 併合罪 [第45条]

犯罪事実が手段・原因である重い犯罪に吸収されて一罪になる場合をいう。

→軽い犯罪事実は別個犯罪として成立するが、重い犯罪の中で共に評価されているため、独立して罰することはできないという意味にすぎない

ex. 窃盗犯人が盗品を損壊した場合、器物損壊罪は成立するが窃盗罪に吸収され、処罰されない

共罰的事後行為といえるためには、①事後行為が事前行為に伴う違法状態に通常含まれるものであり、②新たな法益侵害を伴わないものであることが必要である。たとえば、盗んだ預金通帳を用いて銀行の窓口で現金を引き出す行為は、新たな法益侵害を伴うため、共罰的事後行為とはいえず、窃盗罪と詐欺罪の併合罪となる（最判昭 25.4.23）。

共罰的事後行為は、不可罰的事後行為（事前行為の成立によって、事後行為の構成要件該当性が否定され、事後行為が処罰できない場合）とは区別される。不可罰的事後行為の具体例としては、①窃盗犯人が盗品を運搬した場合において、盗品運搬罪（256 Ⅱ）が成立しないこと（⇒ p.529）や、②欺罔により旅券の交付を受けた場合において、詐欺罪（246 Ⅰ）が成立しないこと（⇒ p.335）等が挙げられる。

第45条　（併合罪）

確定裁判を経ていない2個以上の罪を併合罪とする。ある罪について禁錮以上の刑に処する確定裁判があったときは、その罪とその裁判が確定する前に犯した罪とに限り、併合罪とする。

《概　説》

一　意義

併合罪とは、確定裁判を経ていない2個以上の数罪をいう。

二　趣旨

1人の行為者が数罪を犯した場合、本来、各罪を別々に処分しても差し支えないはずであるが、それらが同時に審判されうる状況にあったときは、刑の適用上、それらの罪を一括して取り扱うことがより合理的である（同時的併合罪）。

また、実際には、同時に審判しなかった数罪についても、事後の判断において同時審判の可能性があったとみられる場合には、同時に審判された場合との均衡上、それらをある程度まとめて取り扱うことが適当である（事後的併合罪）。

▼　最決昭 62.2.23・百選Ⅰ〔第7版〕100 事件

日時を異にして行われた常習累犯窃盗と軽犯罪法上の侵入具携帯の両罪は、侵入具携帯が常習性の発現と認められる窃盗を目的とするものであったとしても、包括一罪ではなく、併合罪の関係にある。

総論知識編

243

[第46条〜第53条]　　　　　　　　　　　　　　　　　　　　●併合罪

第46条　（併科の制限）

I　併合罪のうちの1個の罪について死刑に処するときは、他の刑を科さない。ただし、没収は、この限りでない。

II　併合罪のうちの1個の罪について無期の懲役又は禁錮に処するときも、他の刑を科さない。ただし、罰金、科料及び没収は、この限りでない。

第47条　（有期の懲役及び禁錮の加重）〈同〉

併合罪のうちの2個以上の罪について有期の懲役又は禁錮に処するときは、その最も重い罪について定めた刑の長期にその2分の1を加えたものを長期とする。ただし、それぞれの罪について定めた刑の長期の合計を超えることはできない。

第48条　（罰金の併科等）

I　罰金と他の刑とは、併科する。ただし、第46条第1項の場合は、この限りでない。

II　併合罪のうちの2個以上の罪について罰金に処するときは、それぞれの罪について定めた罰金の多額の合計以下で処断する。

第49条　（没収の付加）

I　併合罪のうちの重い罪について没収を科さない場合であっても、他の罪について没収の事由があるときは、これを付加することができる。

II　2個以上の没収は、併科する。

第50条　（余罪の処理）

併合罪のうちに既に確定裁判を経た罪とまだ確定裁判を経ていない罪とがあるときは、確定裁判を経ていない罪について更に処断する。

第51条　（併合罪に係る2個以上の刑の執行）

I　併合罪について2個以上の裁判があったときは、その刑を併せて執行する。ただし、死刑を執行すべきときは、没収を除き、他の刑を執行せず、無期の懲役又は禁錮を執行すべきときは、罰金、科料及び没収を除き、他の刑を執行しない。

II　前項の場合における有期の懲役又は禁錮の執行は、その最も重い罪について定めた刑の長期にその2分の1を加えたものを超えることができない。

第52条　（一部に大赦があった場合の措置）

併合罪について処断された者がその一部の罪につき大赦を受けたときは、他の罪について改めて刑を定める。

第53条　（拘留及び科料の併科）

I　拘留又は科料と他の刑とは、併科する。ただし、第46条の場合は、この限りでない。

II　2個以上の拘留又は科料は、併科する。

●併合罪　　　　　　　　　　　　　　　　　　　　　　　　　　　　　　　［第46条〜第53条］

《概　説》

・46条から53条は、併合罪の処分につき定める。

＜同時的併合罪の処理＞

	原則	例外
吸収主義 ：併合罪にあたる各罪のうち最も重い刑の法定刑によって処断する原則	併合罪中の一罪が死刑 →他の刑を科さない（46Ⅰ本文）	没収（46Ⅰただし書）
	併合罪中の一罪が無期の懲役・禁錮 →他の刑を科さない（46Ⅱ本文）	罰金・科料・没収（46Ⅱただし書）
加重主義 ：その最も重い罪の法定刑に一定の加重を施して処断する原則	併合罪中2個以上の有期の懲役・禁錮に処すべき罪がある →最も重い罪につき定めた刑の1.5倍が長期（47本文）	・刑の長期の合算を超えない（47ただし書） ・加重された長期は30年を超えない（14）
	2個以上の罰金 →合算額以下で処断（48Ⅱ）	
併科主義 ：各罪に刑を定めて科し、それぞれの刑を併せて執行する原則	罰金と他の刑とは併科（48Ⅰ本文）	併合罪中、その一罪について死刑に処するときは併科しない（48Ⅰただし書、46Ⅰ）
	拘留・科料と他の刑とは併科（53Ⅰ本文）	併合罪中その1個の罪につき死刑・無期懲役・禁錮に処すべきときは、他の刑を科さない（53Ⅰただし書、46Ⅰ Ⅱ）
	重い罪について没収を科さない場合でも、他の罪に没収があるときは付加できる（49Ⅰ）	
	2個以上の没収は併科（49Ⅱ）	

＜事後的併合罪の処理（併合罪と余罪）＞

原則	修正
確定裁判を経ていない余罪につき、さらに処断（50） →各裁判で言い渡された刑は、併せて執行される（51Ⅰ本文）	死刑を執行 →没収以外の刑を執行しない（51Ⅰただし書）
	無期懲役・禁錮を執行 →罰金・科料・没収以外の刑を執行しない（51Ⅰただし書）
	有期懲役・禁錮の執行 →最も重い罪の刑の長期の1.5倍を超えることができない（51Ⅱ）

総論知識編

245

［第54条］　　　　　　　　　　　　　　　　　　　　　　　　　　　　●併合罪

ex.1　甲は、併合罪関係にあるＡ罪（法定刑は５年以下の懲役）とＢ罪（法定刑は20万円以下の罰金）を犯して両罪で起訴された。この場合、処断刑は５年以下の懲役及び20万円以下の罰金となる

ex.2　甲は、併合罪関係にあるＡ罪（法定刑は10年以下の懲役）とＢ罪（法定刑は３年間以下の懲役）を犯して両罪で起訴された。この場合、処断刑は13年以下の懲役となる

▼ **最決平24.12.17・平25重判5事件**

被告人は、強盗殺人（前件）を犯した13日後に強盗殺人（本件）を犯した者であるところ、そのうち前件のみ起訴され、無期懲役の判決が確定した後、刑の執行中に本件について強盗殺人罪で起訴された。このような事案において、前件等の確定裁判の余罪である本件の量刑判断に当たっては、前件等を実質的に再度処罰する趣旨で考慮することは許されないものの、なお犯行に至る重要な経緯等として考慮することは当然に許される。

第54条　（1個の行為が2個以上の罪名に触れる場合等の処理）

Ⅰ　1個の行為が2個以上の罪名に触れ、又は犯罪の手段若しくは結果である行為が他の罪名に触れるときは、その最も重い刑により処断する。

Ⅱ　第49条第2項の規定は、前項の場合にも、適用する。

《概　説》

一　科刑上一罪

1　意義

1人に数罪が成立するが、刑罰の適用上一罪として扱う場合をいう。

2　種類

(1)　観念的競合

「1個の行為が2個以上の罪名に触れ」（Ⅰ前段）た場合をいう。

(2)　牽連犯

「犯罪の手段若しくは結果である行為が他の罪名に触れるとき」（Ⅰ後段）をいう。

3　処断

「その最も重い刑により処断」する。すなわち、最も重い刑を定めた犯罪以外の犯罪については評価されない。

この点、最も重い罪の刑は懲役刑のみであるが、その他の罪に罰金刑の任意的併科の定めがある場合、最も重い罪の懲役刑にその他の罪の罰金刑を併科することができる（最決平19.12.3）。

●併合罪　　　　　　　　　　　　　　　　　　　　　　　　　　　　　　　　　　　[第54条]

▼　**最判令 2.10.1・令 2 重判 3 事件**

事案：　Xは、盗撮の目的でパチンコ店の女子トイレ内に小型カメラを設置す
る目的で侵入した上、同カメラで女性の用便中の姿態を撮影したとして、
公共の場所において、人を著しく羞恥させ、かつ、人に不安を覚えさせ
るような卑わいな行為をした。Xには、建造物侵入罪（130 前段、3 年
以下の懲役又は 10 万円以下の罰金）と迷惑行為防止条例違反（盗撮）の
罪（6 月以下の懲役又は 50 万円以下の罰金）が成立し、これらは科刑上
一罪（牽連犯）の関係に立つ。

本件では、数個の罪のいずれについても懲役刑と罰金刑とが規定され
ており、（懲役刑について比較した場合の）重い罪の罰金刑の多額より
も、軽い罪の罰金刑の多額の方が重い場合には、いずれの罪の罰金刑の
多額によるべきかが争点となった。

判旨：　「数罪が科刑上一罪の関係にある場合において、各罪の主刑のうち重い
刑種の刑のみを取出して軽重を比較対照した際の重い罪及び軽い罪のい
ずれにも選択刑として罰金刑の定めがあり、軽い罪の罰金刑の多額の方
が重い罪の罰金刑の多額よりも多いときは、刑法 54 条 1 項の規定の趣旨
等に鑑み、罰金刑の多額は軽い罪のそれによるべきものと解するのが相
当である。」

二　観念的競合

1　「1 個の行為」

判例（最大判昭 49.5.29・百選Ⅰ 104 事件）は、「1 個の行為」とは、法的評
価をはなれ構成要件的観点を捨象した自然的観察の下で、行為者の動態が社会
的見解上 1 個のものと評価を受ける場合をいうとする。これに対し、多く
の学説は構成要件的観点からの規範的評価を取り込まざるを得ないとする。

2　「2 個以上の罪名に触れ」る

「2 個以上の罪名に触れ」るとは、法的評価において数個の構成要件に該当
し、数罪が認められることをいう。

(1)　異種類の観念的競合

1 個の行為が異なる構成要件に該当する場合をいう。

ex.　1 個の行為が、器物損壊罪（261）と傷害罪（204）を実現する場合

(2)　同種類の観念的競合

同一の構成要件に数回該当する場合をいう。

ex.　1 発の発砲行為によって 2 人を殺害し、2 つの殺人罪（199）を実現
した場合

[第54条]   ●併合罪

＜観念的競合の判例上の肯定例＞〈司〉

異種類の観念的競合	職務執行中の公務員に暴行を加えて負傷させた（95 I と204）	大判昭 8.6.17
	騒乱行為をするにつき他人の住居に侵入（106と130前段）	最判昭 35.12.8
	放火して死体を損壊（放火罪と190）	大判大 12.8.21
	殺意をもって女子を強制性交（強姦）し、死亡させた（181と199）	最判昭 31.10.25
	盗品等と知りながら、賄賂として収受（収賄罪と256 I）〈予〉	最判昭 23.3.16
	虚偽の風説を流布して他人の信用と名誉を毀損（233と230 I）	大判大 5.6.1
	無免許運転罪と酒酔い運転罪〈共〉	最大判昭 49.5.29
	救護義務違反罪と報告義務違反罪	最大判昭 51.9.22・百選 I 105事件
	酒気帯び運転罪と運転免許不携帯罪	最判平 4.10.15
同種類の観念的競合	1個の行為で、数名の公務員の職務執行を同時に妨害（95 I）	最大判昭 26.5.16
	1個の行為で、数名の共犯者を蔵匿・隠避（103）	最判昭 35.3.17
	2人の印章・署名を使用して1個の私文書を偽造（159 I）	大判明 42.3.11
	2個の偽造私文書を一括して行使（161 I）	大判明 43.3.11
	1個の書面で数名を虚偽告訴（172）	大判明 42.10.14
	同時に数名の公務員に贈賄（198）	大判大 5.6.21
	1個の業務上過失行為によって数名を死亡させた（211）	大判大 2.11.24
	1個の商報記事によって数人の信用を毀損（233）	大判明 45.7.23
	所有者・占有者の異なる隣接した畑の桑葉を一括して窃取（235）	大判大 4.1.27
	1個の恐喝行為によって数人から金品を喝取（249 I）〈司〉	大判明 43.9.27

ex.1　甲は、一緒にいた乙と丙を同時に殺害する目的で、両名に向けて爆
　　　弾1個を投げ付けて爆発させ、両名を死亡させた。この場合、判例の
　　　立場に従うと、甲には、乙に対する殺人罪と丙に対する同罪が成立
　　　し、両者は観念的競合となる〈司〉

ex.2　甲は、脇見しながら自動車を運転したため、自車前方で信号待ちの
　　　ために停車していた乙運転の自動車に気付くのが遅れ、同車に自車を
　　　追突させ、その衝撃で乙運転の自動車を前方に押し出し、同車の前方
　　　に停車中の丙運転の自動車に追突させ、これにより乙が死亡し、丙は

●併合罪 [第54条]

傷害を負った。この場合、判例の立場に従うと、甲には、乙に対する自動車運転過失致死罪及び丙に対する自動車運転過失致傷罪が成立し、両者は観念的競合となる《回

ex.3 甲は、制服の警察官乙から職務質問を受けたが、質問されたことを不愉快に感じ、乙の顔面を手拳で殴打して傷害を負わせた。この場合、判例の立場に従うと、甲には公務執行妨害罪と傷害罪が成立し、両者は観念的競合となる《回

＜観念的競合の判例上の否定例＞

酔い運転中に歩行者をひいて死亡させた （酔い運転と業務上過失致死→併合罪）	最大判昭49.5.29・百選Ⅰ104事件
運転技術が未熟でかつ酔い運転中に同乗者を死亡させた （酔い運転と重過失致死→併合罪）	最決昭50.5.27
制限速度超過状態で、継続して自動車を運転した道路上の2地点における速度違反行為（2つの最高速度違反→併合罪）	最決平5.10.29
週単位の時間外労働の規制にも、1日単位の時間外労働の規制にも反する時間外労働をさせた行為（労基法32条1項と2項→併合罪）	最決平22.12.20・平23重判10事件

ex. 甲は、乙の経営する商店において偽造の1万円札を使用しようと考え、同店において、情を知らない乙に対し、価格1万円の商品の購入を申し込み、代金として偽造の1万円札を渡して同商品を得た。この場合、判例の立場に従うと、甲には偽造通貨行使罪のみが成立し、詐欺罪は偽造通貨行使罪に吸収される《回

三 牽連犯《回

牽連犯となるには、犯人が主観的にその一方を他方の手段又は結果の関係において実行したというだけでは足りず、その数罪間にその罪質上通例手段結果の関係が存在することが必要である《判》《予。

総論知識編

［第54条］   ●併合罪

＜牽連犯に関する判例の整理＞

肯定例

① 住居侵入罪と窃盗罪・強盗罪（大判明45.5.23）〈司〉
② 住居侵入罪と強制性交罪（改正前の強姦罪）（大判昭7.5.12）
③ 住居侵入罪と殺人罪（大判昭43.6.17）〈司〉
④ 住居侵入罪と放火罪（大判昭7.5.25）
⑤ 私文書偽造罪と同行使罪（大連判明42.2.23）〈共〉
⑥ 公文書偽造罪と同行使罪（大判明42.7.27）
⑦ 偽造文書行使罪と詐欺罪（最決昭42.8.28）〈司共〉
⑧ 公正証書原本不実記載罪と同行使罪（最決昭42.8.28）〈司〉
⑨ 身代金取得目的略取罪と身代金要求罪（最決昭58.9.27）〈司共〉
⑩ 業務妨害罪と恐喝罪（大判大2.11.5）

否定例

① 詐欺罪と窃盗罪（最決平14.2.8）〈司〉
② 放火罪と保険金の詐欺罪（大判昭5.12.12）〈共〉
③ 監禁罪と強制性交致傷罪（改正前の強姦致傷罪）（最判昭24.7.12）
④ 監禁罪と傷害罪（最決昭43.9.17）
⑤ 監禁罪と恐喝罪（最判平17.4.14・百選Ⅰ103事件）〈司予〉
⑥ 監禁罪と身代金取得目的略取罪・身代金要求罪（併合罪）（最決昭58.9.27）〈司〉
⑦ 監禁罪と殺人罪（最判昭63.1.29）〈予〉
⑧ 強盗殺人罪と犯跡を隠蔽するための放火罪（大判明42.10.8）
⑨ 殺人罪と死体遺棄罪（大判明44.7.6）〈共〉
⑩ 殺人罪と死体損壊罪（大判昭9.2.2）
⑪ 強盗殺人罪と死体遺棄罪（大判昭13.6.17）
⑫ 窃盗教唆罪と盗品有償譲受罪（大判明42.3.16）〈司〉
⑬ 窃盗教唆罪と盗品等保管罪（最判昭28.3.6参照）〈共〉

ex.1 甲は、乙から同人名義のクレジットカードを窃取し、Aデパートにおいて、店員に対し、乙に成り済まして同クレジットカードを呈示して商品の購入方を申し込んだが、同店員に盗難カードであることを見破られたため、商品を手に入れることができなかった。この場合、判例の立場に従うと、甲には窃盗罪及び詐欺未遂罪が成立し、両者は併合罪となる〈司〉

ex.2 甲は、自宅で乙を殺害し、その死体を遠方の山林に埋めた。この場合、判例の立場に従うと、甲には殺人罪及び死体遺棄罪が成立し、両罪は併合罪となる〈司〉

ex.3 甲は、乙から金員を恐喝しようと企て、乙に暴行を加えて監禁し、暴行により畏怖している乙を強迫して金員を交付させた。この場合、判例の立場に従うと、甲には、監禁罪と恐喝罪が成立し、両罪は併合罪となる〈司〉

ex.4 甲は、無免許で普通乗用自動車を運転中、前方不注視の過失により歩行者乙に傷害を負わせる事故を起こした。この場合、判例の立場に従うと、甲には道路交通法の無免許運転の罪と自動車運転過失傷害罪が成立し、両

●併合罪　　　　　　　　　　　　　　　　　　　　　　　　[第54条]

罪は併合罪となる《司》

《論　点》

一　かすがい現象《司共》

1　かすがい現象とは、本来併合罪となるべき数罪がそれぞれある罪と観念的競合又は牽連犯の関係に立つことによって、数罪全体が科刑上一罪として取り扱われることをいう。

ex.1　騒乱罪（106）において行為者が住居侵入、恐喝、殺人を行った場合
→騒乱罪がかすがいとなり、これと観念的競合となる住居侵入罪、恐喝罪、殺人罪とが結び付けられて、全体が科刑上一罪となる

ex.2　行為者が住居に侵入して強盗殺人を犯したのち、放火した場合
→住居侵入罪（130前段）がかすがいとなり、これと牽連犯となる強盗殺人罪、放火罪とが結び付けられて、全体が科刑上一罪となる

2　しかし、このようなかすがい作用を認めると、かすがいとなる罪の刑が結び付けられる罪の併合罪の刑よりも軽い場合にかえって刑が軽くなり不均衡であるという問題があるため、解釈による「かすがいはずし」が試みられている。

ex.　行為者が住居に侵入し（A罪：住居侵入罪）、順次3人を殺害した場合（B罪：殺人罪、C罪：殺人罪、D罪：殺人罪）

＜かすがい現象＞

	学説	批判
かすがい現象	A罪・B罪・C罪・D罪の全体が科刑上一罪となり、「最も重い刑」（54Ⅰ後段）により処断される	屋外で3人殺害すれば併合罪として5年以上30年以下で処断されるのに、さらに住居侵入を犯すと5年以上20年以下で処断され、かえって刑が軽くなる
かすがいはずし	罪数判断はかすがい作用により科刑上一罪とするが、処断刑は、A罪の刑と、B罪・C罪・D罪の併合罪の刑のうち重いものによる	科刑上一罪であるとしながら、併合罪加重の余地を認めるのは疑問
	A罪とB罪のみが科刑上一罪となり、これとC罪・D罪とが併合罪となる	A罪とC罪、A罪とD罪の牽連関係を無視している
	A罪とB罪、A罪とC罪、A罪とD罪のそれぞれが牽連犯となり、3つの牽連犯が併合罪となる	A罪を三重に評価している
	B罪・C罪・D罪が併合罪となり、これとA罪とが科刑上一罪となる	併合罪加重の後に科刑上一罪の処理を行うという方法を現行刑法は認めていない

［第55条］　　　　　　　　　　　　　　　　　　　　　●併合罪

※　判例（最決昭29.5.27・百選Ⅰ106事件）はかすがい現象を肯定しており、学説上も、現行法の解釈論としてはかすがい現象を認める他ないとしたうえで、量刑において事実上の併合関係を考慮することで具体的妥当性を追求すべきとするのが通説である 司共 。

二　共犯と罪数

　狭義の共犯の罪数はいかなる基準で決定すべきか。この問題は、①犯罪の個数と、②科刑上一罪の成否に分けることができる。

＜共犯と罪数＞

学説	正犯行為基準説　　　正犯の行為を基準とする	共犯行為基準説　　　教唆犯・従犯の行為を基準とする
甲は、乙と丙に対して、A宅から金品を窃取するよう同時に教唆したところ、乙と丙が別々の機会にA宅から金品を窃取した場合	正犯行為が2つだから教唆犯も2個で、併合罪となる（＊1）	1つの行為で2つの犯罪を教唆しているから観念的競合となる
甲は、別々の機会に、乙と丙にA宅から金品を窃取するよう教唆したところ、乙と丙が共同して窃盗を行った場合	1人の被害者に対する共同正犯が基準となり一罪が成立する	同一の法益侵害に向けられた2つの行為であり、包括一罪となる
判例（最決昭57.2.17・百選Ⅰ107事件） 司共	① 幇助罪の個数 　→正犯の罪の個数で決定（正犯行為基準説） ② 54条1項前段にいう「1個の行為」にあたるか 　→幇助行為自体について見る（共犯行為基準説） （＊2） ex. 甲は、乙が丙の住居及び丁の住居に侵入することを決意しているのを知り、乙に対し、侵入用具としてドライバー1本を貸与し、その翌日、乙はこれを利用して丙の住居及び丁の住居にそれぞれ侵入した。この場合、甲には2個の住居侵入罪の従犯が成立し、両者は観念的競合となる。	

＊1　正犯行為基準説（犯罪の個数について）の立場からは、正犯につき牽連犯が成立する場合、これを教唆・幇助した者も、教唆犯・従犯の牽連犯が成立する。
＊2　判例の趣旨がそのまま教唆犯や共謀共同正犯についても妥当するかについては、見解が分かれる。

第55条　【連続犯】　削除

●累犯

[第56条～第59条]

・第10章・【累犯】

第56条　(再犯)

Ⅰ　懲役に処せられた者がその執行を終わった日又はその執行の免除を得た日から5年以内に更に罪を犯した場合において、その者を有期懲役に処するときは、再犯とする。

Ⅱ　懲役に当たる罪と同質の罪により死刑に処せられた者がその執行の免除を得た日又は減刑により懲役に減軽されてその執行を終わった日若しくはその執行の免除を得た日から5年以内に更に罪を犯した場合において、その者を有期懲役に処するときも、前項と同様とする。

Ⅲ　併合罪について処断された者が、その併合罪のうちに懲役に処すべき罪があったのに、その罪が最も重い罪でなかったため懲役に処せられなかったものであるときは、再犯に関する規定の適用については、懲役に処せられたものとみなす。

第57条　(再犯加重)

再犯の刑は、その罪について定めた懲役の長期の2倍以下とする。

第58条　【確定後の再犯の発見】　削除

第59条　(3犯以上の累犯)

3犯以上の者についても、再犯の例による。

総論知識編

《概　説》

一　意義

累犯は、広義では、確定裁判を経た犯罪(前犯)に対して、その後に犯された犯罪(後犯)を意味するが、狭義では、広義の累犯のうち一定の要件をみたすことによって刑を加重されるものをいう。刑法における累犯は、狭義の累犯である。

また、累犯のうち、前犯と後犯とが罪質を同じくする場合を特別累犯といい、罪質を異にする場合を一般累犯と呼ぶ。刑法が定める累犯は、一般累犯である。

二　再犯加重の要件

①前に「懲役に処せられた者」(56Ⅰ)又はこれに準ずべき者であること(56Ⅱ)

②前犯の刑の「執行を終わった日」・「執行の免除を得た日」から「5年以内」に後犯が行われたこと(56ⅠⅡ)

③後犯についても「有期懲役に処する」場合であること(56ⅠⅡ)

三　3犯以上の累犯(59)

「3犯」とは、初犯の刑の執行を終わり5年以内に3度目に行われた後犯とするのが判例だが(初犯と再犯、再犯と3犯、初犯と3犯の間に56条の要件が必要)、再犯の後に犯された56条の要件をみたす後犯とする見解(初犯と再犯、再犯と3犯の間に56条の要件が必要)もある。

253

[第60条～第67条]　　　　　　　　　　　　　　　　　　　●共犯・酌量減軽

四　効果（57、59）〈回〉

　再犯の刑は、その罪について定めた懲役の長期の2倍以下とする（57）。ただし、30年を超えることはできない（14Ⅱ）。加重されるのは長期だけで、短期に変更はない。

・第11章・【共犯】

第60条　（共同正犯）

　2人以上共同して犯罪を実行した者は、すべて正犯とする。

第61条　（教唆）

Ⅰ　人を教唆して犯罪を実行させた者には、正犯の刑を科する。

Ⅱ　教唆者を教唆した者についても、前項と同様とする。

第62条　（幇助）

Ⅰ　正犯を幇助した者は、従犯とする。

Ⅱ　従犯を教唆した者には、従犯の刑を科する。

第63条　（従犯減軽）

　従犯の刑は、正犯の刑を減軽する。

第64条　（教唆及び幇助の処罰の制限）

　拘留又は科料のみに処すべき罪の教唆者及び従犯は、特別の規定がなければ、罰しない。

第65条　（身分犯の共犯）

Ⅰ　犯人の身分によって構成すべき犯罪行為に加功したときは、身分のない者であっても、共犯とする。

Ⅱ　身分によって特に刑の軽重があるときは、身分のない者には通常の刑を科する。

・第12章・【酌量減軽】

第66条　（酌量減軽）

　犯罪の情状に酌量すべきものがあるときは、その刑を減軽することができる。

第67条　（法律上の加減と酌量減軽）

　法律上刑を加重し、又は減軽する場合であっても、酌量減軽をすることができる。

●加重減軽の方法　　　　　　　　　　　　　　　　　　　　　　　[第68条〜第72条]

《概　説》

・酌量減軽とは、「犯罪の情状に酌量すべきものがあるとき」(66)に、酌量してその刑を任意的に減軽することを指す。

・「犯罪の情状」(66)とは、犯罪の軽微というような犯罪の客観的事情、及び、犯罪の動機、平素の行為、犯罪後の後悔といった犯人の主観的事情の一切を含む。

・第13章・【加重減軽の方法】

第68条　（法律上の減軽の方法）

　法律上刑を減軽すべき1個又は2個以上の事由があるときは、次の例による。

①　死刑を減軽するときは、無期の懲役若しくは禁錮又は10年以上の懲役若しくは禁錮とする。

②　無期の懲役又は禁錮を減軽するときは、7年以上の有期の懲役又は禁錮とする。

③　有期の懲役又は禁錮を減軽するときは、その長期及び短期の2分の1を減ずる。

④　罰金を減軽するときは、その多額及び寡額の2分の1を減ずる。

⑤　拘留を減軽するときは、その長期の2分の1を減ずる。

⑥　科料を減軽するときは、その多額の2分の1を減ずる。

第69条　（法律上の減軽と刑の選択）

　法律上刑を減軽すべき場合において、各本条に2個以上の刑名があるときは、まず適用する刑を定めて、その刑を減軽する。

第70条　（端数の切捨て）

　懲役、禁錮又は拘留を減軽することにより1日に満たない端数が生じたときは、これを切り捨てる。

第71条　（酌量減軽の方法）

　酌量減軽をするときも、第68条及び前条の例による。

第72条　（加重減軽の順序）

　同時に刑を加重し、又は減軽するときは、次の順序による。

①　再犯加重

②　法律上の減軽

③　併合罪の加重

④　酌量減軽

［第68条～第72条］　　　　　　　　　　　　　　　●加重減軽の方法

《概　説》
一　刑の加重・減軽事由

＜刑の加重・減軽事由＞

刑の加重・減軽事由	法律上	加重事由		併合罪加重（45、47）、累犯加重（56Ⅱ）
		減軽事由	必要的	中止犯（43ただし書）、従犯（63）、心神耗弱（39Ⅱ）等
			任意的	自首・首服（42）、未遂犯（43本文）、過剰防衛（36Ⅱ）、過剰避難（37Ⅰただし書）等
	裁判上	加重事由		なし
		減軽事由		酌量減軽（66）

二　法律上の減免事由

＜法律上の減免事由＞

	任意的	必要的
減軽	・法律の錯誤（38Ⅲただし書） ・自首・首服（42） ・障害未遂（43本文） ・酌量減軽（66）	・心神耗弱（39Ⅱ）同 ・従犯（63） ・身代金解放（228の2）
減免	・過剰防衛（36Ⅱ） ・過剰避難（37Ⅰただし書） ・偽証自白（170） ・虚偽告訴等自白（173）	・中止犯（43ただし書） ・身代金予備自首（228の3ただし書）
免除	・犯人蔵匿・証拠隠滅の親族間の特例（105） ・放火予備（113ただし書） ・殺人予備（201ただし書）	・内乱予備・陰謀・幇助の自首（80） ・私戦予備陰謀自首（93ただし書） ・親族相盗例（244Ⅰ） ・盗品等の罪に関する親族間の特例（257Ⅰ）

●加重減軽の方法　　　[第68条～第72条]

三　加重・減軽の方法
1. 法律上刑を減軽すべき1個又は2個以上の事由がある場合（68）

＜法律上の減軽の方法＞

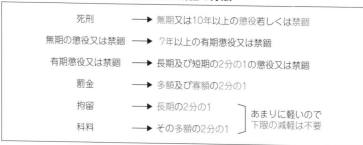

2. 酌量減軽する場合（71）
   酌量減軽する場合も、68条、70条の例による。
3. 同時に刑を加重・減軽する場合の加減の順序（72）
   ①再犯加重→②法律上の減軽→③併合罪加重→④酌量減軽

四　具体例
ex.1　殺人と傷害の併合罪を犯した者について、殺人につき有期懲役刑、傷害につき懲役刑をそれぞれ選択した場合、処断刑は5年以上30年以下の懲役となる

ex.2　窃盗の正犯を幇助した者について、懲役刑を選択した場合、処断刑は15日以上5年以下の懲役となる

ex.3　強盗致傷を犯した者について、有期懲役を選択して酌量減軽した場合、処断刑は3年以上10年以下となる

[第68条〜第72条] ●加重減軽の方法

＜法令適用の順序＞

1 構成要件の指摘
　ex. 殺人罪〔死刑、無期・5年以上の懲役（199）〕
2 科刑上一罪の処理
　ex. 住居侵入罪→牽連犯（54Ⅰ後段）
3 刑種の選択
　ex. 有期懲役刑選択〔20年以下（12Ⅰ）〕
4 再犯加重
　ex. 累犯前科あり→長期2倍以下（57）→30年以下（14Ⅱ）
5 法律上の減軽
　ex. 心神耗弱（39Ⅱ）→長期・短期：2分の1
6 併合罪加重

7 酌量減軽

完全整理　択一六法

各　論

[第73条～第80条]　　　　　　　　　　　●内乱に関する罪・外患に関する罪

・第1章・【削除（皇室に対する罪）】

第73条から第76条まで　削除

・第2章・【内乱に関する罪】

《保護法益》

憲法の定める統治の基本秩序である。

【内乱罪、内乱予備罪・同陰謀罪、内乱等幇助罪】

第77条　（内乱）

Ⅰ　国の統治機構を破壊し、又はその領土において国権を排除して権力を行使し、その他憲法の定める統治の基本秩序を壊乱することを目的として暴動をした者は、内乱の罪とし、次の区別に従って処断する。

① 首謀者は、死刑又は無期禁錮に処する。

② 謀議に参与し、又は群衆を指揮した者は無期又は3年以上の禁錮に処し、その他諸般の職務に従事した者は1年以上10年以下の禁錮に処する。

③ 付和随行し、その他単に暴動に参加した者は、3年以下の禁錮に処する。

Ⅱ　前項の罪の未遂は、罰する。ただし、同項第3号に規定する者については、この限りでない。

第78条　（予備及び陰謀）

内乱の予備又は陰謀をした者は、1年以上10年以下の禁錮に処する。

第79条　（内乱等幇助）

兵器、資金若しくは食糧を供給し、又はその他の行為により、前2条の罪を幇助した者は、7年以下の禁錮に処する。

第80条　（自首による刑の免除）

前2条の罪を犯した者であっても、暴動に至る前に自首したときは、その刑を免除する。

《構成要件要素》　⇒ p.290

・第3章・【外患に関する罪】

《保護法益》

国家の対外的存立である。

260

●国交に関する罪　　　　　　　　　　　　　　　　　　　［第81条～第94条］

【外患誘致罪、外患援助罪、外患誘致又は外患援助の予備・陰謀罪】

第81条　（外患誘致）

外国と通謀して日本国に対し武力を行使させた者は、死刑に処する。

第82条　（外患援助）

日本国に対して外国から武力の行使があったときに、これに加担して、その軍務に服し、その他これに軍事上の利益を与えた者は、死刑又は無期若しくは2年以上の懲役に処する。

第83条から第86条まで　（利敵行為）　削除

第87条　（未遂罪）

第81条及び第82条の罪の未遂は、罰する。

第88条　（予備及び陰謀）

第81条又は第82条の罪の予備又は陰謀をした者は、1年以上10年以下の懲役に処する。

第89条　（戦時同盟国に対する行為）　削除

各論

・第4章・【国交に関する罪】

《保護法益》

国際法上の義務に基づく外国の法益である。日本の外交作用とする見解もある。

【外国国章損壊等罪、私戦予備罪・同陰謀罪、中立命令違反罪】

第90条及び第91条　【外国元首・使節に対する暴行・脅迫・侮辱】　削除

第92条　（外国国章損壊等）

Ⅰ　外国に対して侮辱を加える目的で、その国の国旗その他の国章を損壊し、除去し、又は汚損した者は、2年以下の懲役又は20万円以下の罰金に処する。
Ⅱ　前項の罪は、外国政府の請求がなければ公訴を提起することができない。

第93条　（私戦予備及び陰謀）

外国に対して私的に戦闘行為をする目的で、その予備又は陰謀をした者は、3月以上5年以下の禁錮に処する。ただし、自首した者は、その刑を免除する。

第94条　（中立命令違反）

外国が交戦している際に、局外中立に関する命令に違反した者は、3年以下の禁錮又は50万円以下の罰金に処する。

［第95条］　　　　　　　　　　　　　　　　　　●公務の執行を妨害する罪

・第5章・【公務の執行を妨害する罪】

《保護法益》

公務（国家作用）の円滑な遂行である。

【公務執行妨害罪、職務強要罪】

第95条　（公務執行妨害及び職務強要）

Ⅰ　公務員が職務を執行するに当たり、これに対して暴行又は脅迫を加えた者は、3年以下の懲役若しくは禁錮又は50万円以下の罰金に処する。

Ⅱ　公務員に、ある処分をさせ、若しくはさせないため、又はその職を辞させるために、暴行又は脅迫を加えた者も、前項と同様とする。

〔公務執行妨害罪、1項〕

《構成要件要素》

①　「公務員」が「職務を執行するに当たり」

②　これに対して「暴行又は脅迫を加えた」こと

《注　釈》

一　「公務員」

外国の公務員は「公務員」（95Ⅰ）に含まれない（最判昭27.12.25）。

日本国内に外国の大使館がある場合、その大使館の職員は外国の公務員であるから、当該職員に対する暴行・脅迫は、公務執行妨害罪を構成しない《司共》。

二　「職務を執行するに当たり」

1　「職務」

条文上は職務の適法性は要件として明示されていない。しかし、違法な公務員の行為を保護するとすれば、公務員そのものの身分ないし地位を保護する結果となり、本罪の趣旨に反することなどから、解釈上、本条で保護されるべき「職務」は適法なものであることが必要とされている（最大判昭42.5.24・百選Ⅱ112事件）。

(1)　職務の適法性の要件《司》

①　当該公務員の一般的・抽象的職務権限に属すること

→公務員は、通常、自己の行いうる職務の範囲を限定されているから、この抽象的な権限を逸脱して行為がなされた場合は、その行為は公務の執行とはいえない

ex.　巡査が租税を徴収する行為は、抽象的職務権限に属しない

②　具体的職務権限に属すること

→抽象的職務権限があっても、現実に職務を執行する権限すなわち具体的職務権限に基づいていなければ、公務の執行とはいえない

ex.　現行犯人として逮捕すべき事実が存在しないのに逮捕するのは、

262

●公務の執行を妨害する罪　　　　　　　　　　　　　　　　　　　［第95条］

　　　　具体的職務権限に属しない
　③　職務行為の有効要件である法律上の重要な条件・方式の履践
　　　→具体的職務権限があっても、法律上重要な条件・方式を踏んでいない限り、その行為は公務の執行とはいえない
　　　→軽微な要件・方式の違背にすぎないときは、なお職務行為として保護される◀通
　　　ex.1　収税官吏が検査章の呈示を求められたにもかかわらずこれを呈示しなかった場合、その職務執行は違法となるが、相手方が呈示を求めていない場合には、たまたま検査章を携帯してなかったとしても直ちに違法とはいえない◀判◀同
　　　ex.2　受刑者が看守に暴行を加えかねない態度を示した場合に、看守が、刑務所長の命令をまたずに皮手錠を使用しても、それが突発的な場合のやむを得ない措置であり、かつ、事後の決裁を受けたときは、適法な職務の執行である◀判
　(2)　職務の適法性の判断基準　⇒ p.264
2　職務を「執行するに当たり」
　　職務を執行するに際して、の意味である。現実に執行中のものに限らず、まさにその執行に着手しようとしている場合も含む。また、職務の執行を中止し又は終了した時点も、職務の執行に当たりうる◀同。
　　　ex.1　（旧国鉄時代において）駅の助役が、点呼終了後、助役室の執務につくため移動中の状態は含まれない◀判
　　　ex.2　（旧電電公社時代において）電報局局長の職務は局務全般に関わるもので一体性・継続性を有するものであるから、職務を一時中断して被告人に応対すべく立ち上がりかけたときも含む◀判
　　　ex.3　議事が紛糾したため、県議会特別委員会の委員長が休憩を宣言したあと退席しようとしているときでも、委員会の秩序を保持し、紛議に対処するための職務を執行していたといえる（最決平元.3.10・百選Ⅱ114事件）◀共
三　「暴行」・「脅迫」
　　「暴行」・「脅迫」は、広義のものをいう。　⇒ p.404、423
　　「暴行」・「脅迫」は、公務員による職務の執行を妨害するに足りる程度のものであることを要し、かつ、それで十分である。
　　　→直接的に公務員の身体に対して加えられる必要はなく、間接的に公務員の身体に対して物理的な影響を与えるものであれば「暴行」に当たる（間接暴行）◀同予
　　　∵　本罪は公務の円滑な遂行を保護法益とする
　　　ex.1　覚醒剤取締法違反の現行犯逮捕の現場で、司法巡査に証拠物として差し押さえられた覚醒剤注射液入りアンプルを、足で踏み付けて破壊する行為

263

［第95条］　　　　　　　　　　　　　　　　　　　　　●公務の執行を妨害する罪

（最決昭 34.8.27）

ex.2　収税官吏が差し押さえて自動車に積み込んだ密造酒入りのかめをナタで破砕して内容物を流出させた行為（最判昭 33.10.14）

また、公務員に向けられた暴行でなくても、公務員の指揮の下、その手足となって職務の執行に密接不可分の関係にある補助者に対して加えられる暴行も間接暴行に当たり、本条の「暴行」に含まれる（最判昭 41.3.24・百選Ⅱ 115 事件）。司

もっとも、間接暴行といえども、公務員の身体に対して物理的な影響を与えるものでなければならないから、本罪の「暴行」というためには、少なくとも公務員の面前で当該行為が行われた場合でなければならないと解されている（仙台高判昭 30.1.18 参照）。司

四　結果

本罪の成立には、暴行・脅迫を加える行為をもって足り、暴行・脅迫の結果、公務員の職務執行が現実に害されることを要しない（抽象的危険犯）。司

→ 1 回の命中しなかった投石行為（最判昭 33.9.30・百選Ⅱ〔第 7 版〕115 事件）共や、パンフレットを丸めて職員の顔面に 2 ～ 3 回突き付け、1 回は職員の顎に接触させた行為（最判平元 .3.9）司のように、職務執行が現実に妨害されなかった場合でも本罪は成立する

《論　点》

一　職務の適法性の判断基準

以下の例において、警察官Aによる現行犯逮捕は法律上の要件（以下「要件」という）をみたすものとして適法といえるか、「職務」の適法性の判断基準・時期が問題となる。

ex.1　逮捕時には、Aは要件をみたしていると思っていたが、一般人が見ると要件をみたしていないように見えたうえ、逮捕時の具体的状況に照らしても要件をみたしておらず、裁判時には要件がなかったことが判明した

ex.2　逮捕時にはAは要件をみたしていると思っており、一般人が見ると要件をみたしているように見えたうえ、逮捕時の具体的状況に照らしても要件をみたしていた。しかし、裁判時には要件がなかったことが判明した

＜職務の適法性の判断基準＞

学説	主観説	折衷説	客観説	
			行為時基準説	裁判時基準説
適法性の判断基準	職務を行った公務員自身の判断	一般人の見解を基準に判断	裁判所が法令を解釈して客観的に判断	
			行為時の状況を基準に判断	裁判時を基準に事後的客観的に判断

264

●公務の執行を妨害する罪 [第95条]

学説	主観説	折衷説	客観説	
			行為時基準説	裁判時基準説
95条1項により何を保護するか	公務員の主観における職務の適正さを保護	公務の適正らしい外観をひとまず保護	行為時において正しい職務を保護	結果的に客観的に正しい職務のみを保護
批判	① 事実上ほとんどの場合に公務執行妨害における職務の適法性を肯定する結果となる ② 公務員の主観により違法な行為が適法化するのは不合理である	① 何が一般人の見解か曖昧で、判断が恣意に流れやすくなる ② 法令をほとんど知らない一般人は、外見だけで公務員の職務執行を適法とみることが多いから、結論的には主観説と変わらない ③ 適法性は法令を基礎として決すべきであり、社会通念によるべきでない	① 行為当時の状況によって適法か否かが決まるのは不当 ② 客観説を貫くならば、真犯人でないことが事後的に判明した場合にもこれを考慮する純客観説の立場で徹底すべき ③ いかに嫌疑があっても逮捕される側から見れば完全な不当逮捕である以上、それに対して抵抗しえないとするのは不合理である	① 刑訴法上適法な職務でもこれを妨害することが許されることになり、不合理である ② 公務の保護を不当に軽視するものである
ex.1	適法	違法	違法	違法
ex.2	適法	適法	適法	違法

▼ **最決昭 41.4.14・百選 II 113 事件**

職務行為の適否は事後的に純客観的な立場から判断されるべきでなく、行為当時の状況に基づいて客観的、合理的に判断されるべきとした原審の判断を相当とした。

二 適法性の錯誤

私服警察職員AがXを逮捕しようとした際に（客観的には完全に適法）、Xは、次のex.1、ex.2の事情の下、Aに暴行を加えた。Xに公務執行妨害罪は成立するか。客観的には完全に適法な職務行為につき、被告人の側でこれを違法なものと誤信して妨害した場合、公務執行妨害罪が成立するのかが問題となる。

ex.1 Aが逮捕状を示したのに、Xがこれを見ていなかったため、刑事訴訟法上の手続を踏まない違法な逮捕と誤認した場合

[第95条]　　　　　　　　　　　　　　　　　　　●公務の執行を妨害する罪

ex.2　Xは逮捕状を認識したが、身に覚えがない以上違法な逮捕と考えた場合

＜職務の適法性の錯誤に関する学説の整理＞

学説	甲説 （事実の錯誤説）	乙説 （法律の錯誤説）	丙説 （二分説）	丁説
内容	職務行為の適法性は構成要件要素であり、錯誤があれば常に故意が阻却される	故意の成立には適法性の認識は不要であるが、その認識を欠いたことにより違法性の意識の可能性を欠いた場合は故意ないし責任を欠く	適法性を基礎付ける事実の誤認は事実の錯誤として故意を阻却するが、法令等の解釈・評価の誤りは法律の錯誤として故意を阻却しない	職務行為の適法性は規範的構成要件要素であるから、一般人ならば適法だと思うであろうという認識（素人的認識）が存在する場合には、故意が認められる
理由	職務の適法性は構成要件要素であり、その認識が欠ける以上故意犯は成立しえない	職務の適法性は、職務行為に対する刑法的要保護性（違法性）の問題であるから、刑法独自の法的評価の問題に属するので、故意における認識対象には含まれず、適法性の錯誤は法律の錯誤として故意を阻却しない	①　構成要件的故意の対象は構成要件該当「事実」そのものであるから、構成要件的故意の対象となるのは、適法性を基礎付ける「事実」だけであり、その誤認が事実の錯誤となる ②　職務行為の「適法性」自体は、直接刑法的評価に関する要素であって構成要件的故意の対象ではなく、その誤認は違法性の錯誤となる	公務執行妨害罪における認識の対象は公務の「要保護性」であり、それは行為時の事情を基準に判定されるもので、その点についての素人的認識さえあれば、公務執行妨害罪の故意は存在する。そして、一般人ならば適法だと思うであろうという認識が存在する以上は、要保護性についての素人的認識が認められる
批判	軽率に「相手方の行為は違法だ」と信じて抵抗した場合でもすべて不可罰となってしまいその結果はあまりに不合理である	職務行為の適法性を認識していなければ反対動機の形成は不可能であるので、「職務の適法性」は構成要件要素と解すべきである	規範的要素の事実的側面と評価的側面とを区別することは困難である	違法性の意識の欠如が行為の評価自体の誤信に由来するのか、それとも評価を基礎付けている事実の誤認に由来するのかという点を明らかにすべきである
ex.1	不成立	成立	不成立	不成立
ex.2	不成立	成立	成立	成立

三　公務と業務の区別　⇒ p.440

《その他》
・本罪の罪数は公務の数を基準に決定するのが通説である。

●公務の執行を妨害する罪
［第96条］

・行為が暴行にとどまるときは、その行為は公務執行妨害罪に吸収され別に暴行罪を構成しない。これに対して、殺人罪、傷害罪、強盗罪などを構成するときには、それらの犯罪が成立し、公務執行妨害罪との観念的競合となる〈同予〉。

〔職務強要罪、2項〕

《構成要件要素》
① 「公務員」に
② 処分・不処分、又は辞職させる目的で（目的犯）
③ 「暴行」・「脅迫」を加えたこと　⇒ p.404、423

【封印等破棄罪】

第96条　（封印等破棄）
公務員が施した封印若しくは差押えの表示を損壊し、又はその他の方法によりその封印若しくは差押えの表示に係る命令若しくは処分を無効にした者は、3年以下の懲役若しくは250万円以下の罰金に処し、又はこれを併科する。

《構成要件要素》
① 公務員が施した「封印」・「差押えの表示」を「損壊」したこと
② 「その他の方法によりその封印若しくは差押えの表示に係る命令若しくは処分を無効にした」こと

《注　釈》

一　「封印」・「差押えの表示」、「命令」・「処分」

1 (1)　「封印」とは、物に対する任意の処分を禁止するために、開くことを禁止する意思を表示して、その外装に施された封緘等の物的設備をいう。印章が押捺されている必要はない。
　　　　ex.1　警察官が販売を禁止するために清酒の樽などに施した紙片〈判〉
　　　　ex.2　執行官が穀類差押のため、積み上げた俵に縄張りをして、その縄に差押物件や執行官の官氏名等を記した紙片〈判〉
　(2)　「差押えの表示」とは、差押えによって取得した占有を明らかにするために、特に施された表示であって、封印以外のものをいう。「差押え」とは、公務員が、その職務上保全すべき物を自己の占有に移す強制処分をいう。
　　　　ex.　民事執行法による差押え、仮差押え、執行官保管の仮処分、国税徴収法による差押え、刑事訴訟法に基づく証拠となるべき物の差押え

2　封印・差押えの表示は、適法又は有効なものであることを要する〈判〉。
　　→職権濫用による違法な封印・差押え、法律上の有効要件を欠く封印・差押えは本罪の客体とはならない

3　「命令」とは、裁判所による命令をいい、「処分」とは、執行官その他の公務員による差押えの処分などをいう。
　　平成23年改正前の判例として、以下のものがある。

各論

267

[第96条の2]　　　　　　　　　　　　　　　　　　　　●公務の執行を妨害する罪

▼ **最決昭62.9.30・百選Ⅱ〔第7版〕116事件**

　　執行官により立てられ、その後何者かにより包装紙で覆われその上からビニールひもが掛けられていて、そのままでは記載内容を知ることのできない仮処分の公示札でも、容易にこれらを除去して記載内容を明らかにすることができる状態にあったときは、差押えの表示としての効用を減却されるまでには至っていないから、有効な差押えの表示としての本条の客体にあたる。

二　「損壊」・「その他の方法によりその封印若しくは差押えの表示に係る命令若しくは処分を無効に」すること

　1　「損壊」とは、物理的に毀損破壊して、事実上の効用を減殺・減却することをいう。

　2　「その他の方法によりその封印若しくは差押えの表示に係る命令若しくは処分を無効に」するとは、物理的に損壊せずに、その事実上の効力を減殺・減却することをいう。法律上の効力を失わせるという意味ではない。

　　　ex.1　封印を施された密造酒在中の桶から密造酒を漏出させる行為

　　　ex.2　仮処分によって執行官が土地を占有し、立入禁止の表示札を立てたのを無視して耕作する行為

三　故意

　　行為の際に有効な封印又は差押えの表示が存在することの認識である。本罪の場合も、適法性の錯誤について、公務執行妨害罪（95Ⅰ）と同様に議論がある。
⇒ p.265

【強制執行妨害目的財産損壊等罪】

第９６条の２　（強制執行妨害目的財産損壊等）

　強制執行を妨害する目的で、次の各号のいずれかに該当する行為をした者は、3年以下の懲役若しくは250万円以下の罰金に処し、又はこれを併科する。情を知って、第3号に規定する譲渡又は権利の設定の相手方となった者も、同様とする。

　① 　強制執行を受け、若しくは受けるべき財産を隠匿し、損壊し、若しくはその譲渡を仮装し、又は債務の負担を仮装する行為

　② 　強制執行を受け、又は受けるべき財産について、その現状を改変して、価格を減損し、又は強制執行の費用を増大させる行為

　③ 　金銭執行を受けるべき財産について、無償その他の不利益な条件で、譲渡をし、又は権利の設定をする行為

《保護法益》

　第一次的には債権者の保護、第二次的には強制執行という国家作用の保護である判。

●公務の執行を妨害する罪　　　　　　　　　　　　　　　　　［第96条の2］

《構成要件要素》

〔前段〕

① 「強制執行を妨害する目的で」（目的犯）

② 次の各号のいずれかに該当する行為をしたこと

→強制執行を受け、若しくは受けるべき財産を隠匿し、損壊し、若しくはその譲渡を仮装し、又は債務の負担を仮装する行為（1号）

強制執行を受け、又は受けるべき財産について、その現状を改変して、価格を減損し、又は強制執行の費用を増大させる行為（2号）

金銭執行を受けるべき財産について、無償その他の不利益な条件で、譲渡をし、又は権利の設定をする行為（3号）

〔後段〕

「情を知って、第3号に規定する譲渡又は権利の設定の相手方となった」こと

《注　釈》

一　強制執行を妨害する目的

1　「強制執行」

本罪を債権者保護を中心に考える立場からは、民事執行法による強制執行又は同法を準用する強制執行に限られる。また、本罪の「強制執行」には、民事執行法1条所定の「担保権の実行としての競売」が含まれる（最決平21.7.14・平21重判7事件）。

2　目的

いかに強制執行免脱の目的があっても、現実に強制執行を受けるおそれのない客観的な状況の下では本罪は成立しない（最判昭35.6.24・百選Ⅱ〔第7版〕117事件）。

二　行為

1　財産の譲渡を仮装、又は債務の負担を仮装すること（1号）

2　財産の現状を改変して、その価値を減損、又は強制執行費用を増大させること（2号）

無用な増築をして、その区分所有権を登記・仮登記をする行為や当該不動産の中に大量の廃棄物を搬入する行為などがこれにあたる。

3　金銭執行を受けるべき財産につき、無償等の譲渡又は権利設定すること（3号）

金銭債権の強制執行において法律行為により引き当てとなる財産を減少させる行為がこれにあたる。法律行為であること、又は真実譲渡等であることを理由に、1号にあたらないものを捕捉して処罰するものである。

本号は、真実の譲渡・権利設定であり、必ず相手方がいるため、その相手方を処罰するために、本条柱書後段が設けられた。

各論

269

[第96条の3〜第96条の4]　　　　　　　　　　●公務の執行を妨害する罪

【強制執行行為妨害等罪】

第９６条の３　（強制執行行為妨害等）

Ⅰ　偽計又は威力を用いて、立入り、占有者の確認その他の強制執行の行為を妨害した者は、３年以下の懲役若しくは２５０万円以下の罰金に処し、又はこれを併科する。

Ⅱ　強制執行の申立てをさせず又はその申立てを取り下げさせる目的で、申立権者又はその代理人に対して暴行又は脅迫を加えた者も、前項と同様とする。

《注　釈》

本条は、平成23年改正により新設された。対人的加害行為によって強制執行の行為を妨害する行為を処罰することを予定した規定である。

【強制執行関係売却妨害罪】

第９６条の４　（強制執行関係売却妨害）

偽計又は威力を用いて、強制執行において行われ、又は行われるべき売却の公正を害すべき行為をした者は、３年以下の懲役若しくは２５０万円以下の罰金に処し、又はこれを併科する。

《注　釈》

本条は、平成23年改正により新設された。同改正前の96条の3のうち、強制執行における売却手続についての公正を阻害する行為を処罰することを予定した規定である。

同改正前の96条の3に関する判例として、以下のものがある。

一　行為

「公の競売又は入札の公正を害すべき行為」をすること

　　→談合行為は含まれないが、談合に応じるよう脅迫する行為は含まれる《判》

二　結果

本罪は公の競売又は入札の公正を害すべき行為が行われれば直ちに既遂に達し（抽象的危険犯）、行為の結果入札の公正が害されたという結果の発生は必要としない。

▼　**最決平18.12.13・平19重判1事件**

現況調査（民執57）に訪れた執行官に対して虚偽の事実を申し向け、内容虚偽の契約書類を提出した行為は「公の競売又は入札の公正を害すべき行為」にあたるが、その時点をもって刑訴法253条1項にいう「犯罪行為が終った時」と解すべきものではなく、虚偽の事実の陳述等に基づく競売手続が進行する限り、「犯罪行為が終った時」には至らない。

●公務の執行を妨害する罪　　　　　　　　　　　　　[第96条の5〜第96条の6]

▼ **最決平 10.7.14・百選Ⅱ 116 事件**

　　弁護士である被告人が、裁判所に対して、競売開始決定（民執 45）のあった土地建物につき、賃貸借契約があるかのように装って、取調べを求める上申書及び競売開始決定前に短期賃貸借契約（旧民 395）の締結があった旨の内容虚偽の賃貸借契約書の写しを提出する行為は、偽計による競売入札妨害罪にあたる。

【加重封印等破棄等罪】

第96条の5　（加重封印等破棄等）

　　報酬を得、又は得させる目的で、人の債務に関して、第96条から前条までの罪を犯した者は、5年以下の懲役若しくは500万円以下の罰金に処し、又はこれを併科する。

《注　釈》

　本条は、平成 23 年改正により新設された。96 条から 96 条の 4 までの罪が「報酬を得、又は得させる目的」で行われた場合において、加重処罰する規定である。

【公契約関係競売等妨害罪、談合罪】

第96条の6　（公契約関係競売等妨害）

　Ⅰ　偽計又は威力を用いて、公の競売又は入札で契約を締結するためのものの公正を害すべき行為をした者は、3年以下の懲役若しくは250万円以下の罰金に処し、又はこれを併科する。

　Ⅱ　公正な価格を害し又は不正な利益を得る目的で、談合した者も、前項と同様とする。

〔公契約関係競売等妨害罪、1項〕

　本条は、平成 23 年改正により、新設された。同改正前の 96 条の 3 のうち、強制執行に関するものを除いた公共の工事の入札等について規定したものである。
　　⇒ p.270

《注　釈》

　「公の競売又は入札の公正を害すべき行為」をすること
　→談合行為は含まれないが、談合に応じるよう脅迫する行為は含まれる⟨判⟩

〔談合罪、2項〕

《構成要件要素》

　①　「公正な価格を害し又は不正な利益を得る目的」（目的犯）
　②　「談合」すること

《注　釈》

　一　「公正な価格」

各
論

271

［第96条の6］　　　　　　　　　　　　　　　　●公務の執行を妨害する罪

　「公正な価格」とは、入札を離れて客観的に測定されるべき価格をいうのではなく、その競売又は入札において公正な自由競争が行われたならば、すなわち、談合がなかったならば形成されたであろう価格をいう（最決昭28.12.10）。

二　「談合」

　1　「談合」とは、競落人ないし入札者が相互に通謀し、特定の者を契約者とするために、他の者は一定価格以上（以下）の値をつけない（入札しない）協定をいう。

　2　2人以上の者の行為を必要とするから、本罪は必要的共犯である。

　3　競買人・入札者の全員が談合に加わる必要はなく、事実上、有効に自由競争の実を失わせるような協定をなしうる限り、一部の競売人・入札者によって行われた場合も、本罪の「談合」といえる（判）。

三　結果

　談合によって直ちに既遂に達し、談合者が現実に行動したことを要しない（抽象的危険犯）。

●逃走の罪

・第6章・【逃走の罪】

《概　説》

＜逃走の罪の条文構造＞

犯罪		主体	客体	行為	既遂時期	主観的要件	未遂
被拘禁者自身の逃走行為	単純逃走罪（97）	裁判の執行により拘禁された既決・未決の者		逃走	拘禁から離脱した時点	故意	あり（102）
	加重逃走罪（98）	①　裁判の執行により拘禁された既決・未決の者 ②　勾引状の執行を受けた者		①　拘禁場・拘束のための器具の損壊 ②　暴行・脅迫 ③　2人以上通謀して、逃走			
他者が被拘禁者を逃走させる行為	被拘禁者奪取罪（99）	制限なし	法令により拘禁された者	奪取	自己又は第三者の実力の支配下に置いた時点		
	逃走援助罪（100）			①　器具を提供しその他逃走を容易にすべき行為 ②　暴行・脅迫	逃走を容易にすべき行為又は暴行・脅迫を行った時点	①　故意 ②　法令により拘禁された者を逃走させる目的	
	看守者逃走援助罪（101）	法令により拘禁された者を看守し又は護送する者		逃走させること	拘禁から離脱させた時点	故意	

《保護法益》

　国の拘禁作用である。①被拘禁者自身が拘禁作用を侵害する場合と、②それ以外の者がこれを侵害する場合とに分けられる。

[第97条]　　　　　　　　　　　　　　　　　　　　　　　　●逃走の罪

 ＜被拘禁者の意義＞〈司共〉

主体・客体	法令によって拘禁された者		
	勾引状の執行を受けた者 ＋裁判の執行により拘禁された既決・未決の者		
	裁判の執行により拘禁された 既決・未決の者		
具体例	［既決の者］ ① 自由刑の執行として拘禁されている者 ② 死刑の執行に至るまで拘置されている者 ③ 罰金を完納できないため労役場に留置されている者 ［未決の者］ ① 被疑者・被告人として勾留状により拘禁されている者 ② 鑑定留置を受けている者	① 勾引された証人 ② 逮捕状によって逮捕された被疑者 ③ 収監状・勾留状の執行を受けたが収監されていない者	① 現行犯逮捕された者・緊急逮捕された者 ② 少年院又は少年鑑別所に収容中の少年
犯罪	単純逃走罪（97）		
	加重逃走罪（98）		
	被拘禁者奪取罪（99）、逃走援助罪（100）、看守者等逃走援助罪（101）		

【単純逃走罪】

第９７条　（逃走）

　裁判の執行により拘禁された既決又は未決の者が逃走したときは、1年以下の懲役に処する。

《構成要件要素》

① 「裁判の執行により拘禁された既決又は未決の者」が（真正身分犯）
② 「逃走」すること

《注　釈》

一　「裁判の執行により拘禁された既決又は未決の者」〈司共〉

　「拘禁された」者に限られ、監獄に引致される途中の者は含まれない。いったん拘禁された以上は、公判廷に護送中でも含まれる。

　「既決」の者とは、確定判決によって刑事施設に拘禁されている者（自由刑の執行として拘禁されている者、死刑執行に至るまでの間拘置されている者、労役場に留置されている者）をいう。「未決」の者とは、勾留状の執行によって刑事施設又は警察留置場に拘禁されている被告人又は被疑者をいう。

●逃走の罪　　　　　　　　　　　　　　　　　　　　　　　　　　　　　　　　　　　　[第98条]

二　「逃走」

被拘禁者が拘禁状態から離脱することである。

三　既遂時期

拘禁を離脱した時に既遂に達する（状態犯）〈**判**〉。拘禁を離脱したとは、看守者による実力的支配を脱したことをいう。

→監獄の外壁を乗り越えるなどして刑事施設等の外に出れば通常は既遂となるが、追跡が継続している間は拘禁を離脱したとはいえず未遂（102）にとどまる〈**同**〉。もっとも、一時的であっても完全に離脱すれば既遂となる〈**同**〉

【加重逃走罪】

第98条　（加重逃走）

　前条に規定する者又は勾引状の執行を受けた者が拘禁場若しくは拘束のための器具を損壊し、暴行若しくは脅迫をし、又は2人以上通謀して、逃走したときは、3月以上5年以下の懲役に処する。

《構成要件要素》

① 「前条に規定する者」（既決・未決の被拘禁者）・「勾引状の執行を受けた者」が
② 「拘禁場若しくは拘束のための器具を損壊」し、「暴行若しくは脅迫」をし、又は「2人以上通謀」して
③ 「逃走」すること

《注　釈》

一　行為

1　「暴行」・「脅迫」は、逃走の手段として看守者等に対してなされることを要する〈**同**〉。

2　「損壊」とは物理的損壊を意味し、合鍵により開錠することはこれに含まれない〈**同**〉。

3　「通謀して」といえるためには、2人以上の「裁判の執行により拘禁された既決又は未決の者」（97）又は「勾引状の執行を受けた者」（98）がともに逃走することを内容とした意思の連絡が必要である〈**同**〉。

→1人だけ逃走させる意図で通謀した場合は、逃走した者に単純逃走罪（97）が成立し、通謀者には逃走援助罪（100Ⅰ）が成立する

→刑務所に面会に来た者と通謀して逃走しても、加重逃走罪は成立しない〈**同**〉

[第99条〜第100条]　　　　　　　　　　　　　　　　　　●逃走の罪

二　実行の着手・既遂時期

＜加重逃走罪の実行の着手・既遂時期＞

行為	着手時期	既遂時期
拘禁場・拘束のための器具を損壊する場合	損壊行為を開始した時点〈同〉	拘禁を離脱した時点
暴行・脅迫	暴行・脅迫行為が開始された時点	
通謀	通謀者がともに逃走行為を開始した時点	拘禁状態を離脱した時点で、通謀者（逃走者）ごとに既遂〈同〉

【被拘禁者奪取罪】

第99条　（被拘禁者奪取）
　法令により拘禁された者を奪取した者は、3月以上5年以下の懲役に処する。

《構成要件要素》
① 「法令により拘禁された者」を
② 「奪取」すること
　→被拘禁者を看守者の実力的支配から離脱させ、自己又は第三者の実力支配下に移すこと。奪取の手段を問わないので、暴行・脅迫・欺罔行為などによる場合も含む。また、本人の同意の有無も問わない〈同〉。

【逃走援助罪】

第100条　（逃走援助）
Ⅰ　法令により拘禁された者を逃走させる目的で、器具を提供し、その他逃走を容易にすべき行為をした者は、3年以下の懲役に処する。
Ⅱ　前項の目的で、暴行又は脅迫をした者は、3月以上5年以下の懲役に処する。

《構成要件要素》
① 「法令により拘禁された者を逃走させる目的」で（目的犯）
② 「器具を提供し、その他逃走を容易にすべき行為」をすること（Ⅰ）、又は「暴行」・「脅迫」をすること（Ⅱ）

《注　釈》
一　既遂時期
　器具を提供し、その他逃走を容易にすべき行為（Ⅰ）、暴行・脅迫行為（Ⅱ）の終了によって本罪は既遂となり、被拘禁者が逃走したかどうかを問わない〈同〉。
二　被拘禁者奪取罪の未遂と本罪
　被拘禁者を奪取する目的で暴行・脅迫を行ったが奪取が未遂に終わった場合に

●犯人蔵匿及び証拠隠滅の罪　　　　　　　　　　　　　　　　　　　［第101条～第103条］

つき、被拘禁者奪取罪の未遂とするか逃走援助罪とするか争いあるも、通説は被拘禁者奪取罪の未遂とすべきであるとしている。

【看守者等による逃走援助罪】

第101条　（看守者等による逃走援助）

法令により拘禁された者を看守し又は護送する者がその拘禁された者を逃走させたときは、1年以上10年以下の懲役に処する。

《構成要件要素》

① 　被拘禁者を看守・護送する者が（真正身分犯）
② 　「法令により拘禁された者」を
③ 　「逃走させ」ること
　　→被拘禁者の逃走を惹起し又はこれを容易ならしめる一切の行為をいう。逃走しようとしている事実を認識しながら放置する不作為も含む。

第102条　（未遂罪）

この章の罪の未遂は、罰する。

・第7章・【犯人蔵匿及び証拠隠滅の罪】

《保護法益》

国の刑事司法作用の円滑な運用である。

【犯人蔵匿等罪】

第103条　（犯人蔵匿等）

罰金以上の刑に当たる罪を犯した者又は拘禁中に逃走した者を蔵匿し、又は隠避させた者は、3年以下の懲役又は30万円以下の罰金に処する。

《構成要件要素》

① 　「罰金以上の刑に当たる罪を犯した者」・「拘禁中に逃走した者」を
② 　「蔵匿」し、又は「隠避」させること

《注　釈》

一　「罰金以上の刑に当たる罪を犯した者」

　1 　「罰金以上の刑に当たる罪」とは、法定刑が罰金以上の刑を含む罪をいい、拘留・科料が罰金以上の刑と併せて規定されている罪を含む。

　　　cf.　侮辱罪（231）は含まれない

　　　故意として、被蔵匿者が「罰金以上の刑に当たる罪を犯した者」であることの認識が必要である。もっとも、具体的な法定刑まで認識している必要はなく（最決昭29.9.30）、罰金以上の刑が定められている犯罪であれば、そのような軽

［第103条］　　　　　　　　　　　　　　　　　　　●犯人蔵匿及び証拠隠滅の罪

微とはいえない罪を犯した者であるとの認識があれば足りる〈共〉。

2　「罪を犯した者」　⇒ p.279

二　「蔵匿」・「隠避」〈司〉

1　「蔵匿」：場所を提供して匿うこと

2　「隠避」：蔵匿以外の方法で、捜査機関による発見逮捕を免れさせるすべての行為〈共〉〈予H29〉

　このように、犯人隠避は非常に広い概念であるため、処罰に値するだけの行為でなければならないとされている。

ex.1　逃走資金を提供すること、身代わり犯人を立てること　⇒ p.281

ex.2　逃避者に、留守宅の様子や家族の安否の他、警察の捜査状況を教える行為は、逃避の便宜を与えたものであって、犯人「隠避」にあたる〈判〉〈司〉

ex.3　甲の逮捕・勾留に先立ち、甲を犯人として身柄拘束を継続することに疑念を生じさせる内容の口裏合わせを甲との間で行った者が、参考人として、警察官に対して口裏合わせに基づき虚偽の供述をした行為は、「罪を犯した者」をして現にされている身柄拘束を免れさせるような性質の行為であり、犯人「隠避」にあたる（最決平 29.3.27・百選Ⅱ 123 事件）

cf.　逃走者の所在を警察官に尋ねられた際、知っていたにもかかわらずその質問に答えなかった行為は、単なる不作為であり、原則として可罰性が低いから、特別の例外規定（爆発物取締罰則 8）がない限り、犯人「隠避」にはあたらない〈司〉

三　結果

　本罪の成立には、現実に刑事司法の機能を妨げたという結果の発生を要せず、その可能性があれば足り、いわゆる危険犯（抽象的危険犯）であるとするのが判例である。ただし、「隠避」については、被蔵匿者が官憲の発見・逮捕を一応免れる状態に達したことを要する。

《論　点》

一　犯人による犯人蔵匿・隠避の教唆の可罰性〈司〉

　自ら蔵匿・隠避の主体となりえない犯人が、自己の蔵匿・隠避を他人に教唆した場合、犯人蔵匿等教唆罪（61Ⅰ・103）が成立するか。

＊　証拠隠滅罪の場合にも、自己の事件の証拠を隠滅しても不可罰の犯人が第三者に証拠を隠滅させた場合の処断という形で、ほぼ同様の問題が存在する。　⇒ p.284

　また、刑事被告人が自己の刑事事件について他人を教唆して虚偽の陳述をさせた場合の処理も類似の問題といえる。　⇒ p.355

278

● 犯人蔵匿及び証拠隠滅の罪 [第103条]

<犯人による犯人蔵匿・隠避の教唆の可罰性> 論

	学説	理由
肯定説	期待可能性の存在を根拠とする説	他人に犯人蔵匿・証拠隠滅の罪を犯させてまでその目的を遂げるのは、自ら犯す場合とは情状が違い、もはや定型的に期待可能性がないとはいえない
	防禦権の逸脱を根拠とする説 判 基	犯人自身の単なる隠避行為が罪とならないのは、これらの行為は刑事訴訟法における被告人の防禦の自由の範囲内に属するからであり、他人を教唆してまでその目的を遂げようとすることは防禦の濫用であり、もはや法の放任する防禦の範囲を逸脱する
否定説	自己蔵匿・隠避の場合との均衡等を根拠とする説	① 他人を介する教唆の方がより間接的である以上、正犯として行っても処罰されない行為を共犯として行った場合は不処罰となる ② 自己が他人を教唆して犯人蔵匿罪を犯させるのは、自らを蔵匿させるについて他人を利用するに他ならないから、犯人自らが犯人蔵匿を行った場合と同一の根拠で、この場合の共犯を不可罰とするのが妥当である
	必要的共犯論の考え方を根拠とする説	犯人蔵匿罪は、蔵匿し隠避させる者と蔵匿・隠避される犯人の両者を関与形態として予定しており、しかも同罪が成立するには後者から前者への働きかけをするのが通常の事態と考えられるのにもかかわらず、刑法は前者についてのみ処罰規定を置いている。とすると、他方の関与者は不処罰にするのが法の趣旨である。

※ 共犯者による犯人蔵匿・隠避行為の可罰性

「XはYと共同して行った犯行に関し、官憲による逮捕・勾留を免れるため、Yの逃走を容易にした」という場合、Xに犯人蔵匿等罪は成立するか。

→下級審判例（旭川地判昭57.9.29・百選Ⅱ121事件）は、共犯者の蔵匿・隠避は、行為者自身の刑事事件に対する証拠隠滅の側面を併有していたとしても、共犯者に対する審判及び刑の執行を直接阻害する行為は防禦として放任される範囲を逸脱しており期待可能性を一般に失わせるとはいえず、処罰の対象となる、とした

ex. 甲は、殺人事件の被疑者として警察に追われていたため、知人乙にその事情を打ち明けて同人所有の別荘に住まわせてくれるように依頼し、これを承諾した乙から同別荘の鍵を受け取って同別荘に身を隠した。この場合、上記肯定説によると甲には犯人蔵匿教唆罪が成立する 論

二 「罪を犯した者」

Xは、恐喝被告事件によって審理進行中のAを匿ったが、Aは後に無罪であるとの判決（刑訴336）を受けた。Xに犯人蔵匿罪は成立するか。「罪を犯した者」が真犯人を指すのであればXに犯人蔵匿罪は成立しないので問題となる。

［第103条］　　　　　　　　　　　　　　　　　　　●犯人蔵匿及び証拠隠滅の罪

＜犯人蔵匿等罪の「罪を犯した者」の意義＞

学説	甲説	乙説（判例）（＊）
「罪を犯した者」の意義	実際に罰金以上の刑にあたる罪を犯した者（真犯人）	犯罪の嫌疑を受けて捜査又は訴追されている者
理由	形式的には「罪を犯した者」という文言に被疑者・被告人を含むものとは考えられない	真犯人の確定を待っていたら犯人蔵匿者の処罰が遅れる
批判	① 嫌疑がかけられ追われていることは認識しているものの、真犯人ではないと信じて行為した者は、この説によると故意が欠け不可罰となってしまい妥当でない ② 実際の適用上大きな困難が伴う	真犯人でない者を蔵匿することは、その違法性が極めて微弱であるとともに期待可能性が乏しい点で責任も軽いという点を見過ごしている
犯人蔵匿罪の成否	Xに犯人蔵匿罪は成立しない	Xに犯人蔵匿罪が成立する

＊　本条は司法に関する国権の作用を妨害する者を処罰しようとするのであるから、「罪を犯した者」は犯罪の嫌疑によって捜査中の者を含むと解しなければ立法目的を達しえない（最決昭24.8.9・百選Ⅱ117事件）。
　　また、同様の理由から、「罪を犯した者」には、犯人として逮捕勾留されている者も含まれる（最決平元.5.1・百選Ⅱ122事件）〈司共〉ため、その者が保釈中であっても「罪を犯した者」にあたる〈司共〉。

＊　被蔵匿者が後に不起訴処分となったとしても、匿った時点で訴追・処罰の可能性があった以上、本罪が成立する（東京高判昭37.4.18）〈共〉。

＊　公訴時効の完成、刑の廃止、恩赦、親告罪における告訴権の消滅等により訴追、処罰の可能性がなくなった者については、これらの者を蔵匿又は隠避しても刑事司法作用を害する危険がないから、犯人蔵匿罪の客体にあたらない。
　　単に隠避の時点で告訴がなされていなかっただけであれば、その後に告訴がなされる可能性があるので、犯人隠避罪の客体にあたる〈司〉。

　　ex.　Aは殺人事件の被疑者として逮捕状が発付されているBが犯人ではないと信じ、Bに隠れ家を提供して同人を匿ったが、その後発見逮捕されたBが真犯人であることが明らかとなり、同人に対する有罪判決が確定した。この場合、甲説によれば事実の錯誤としてAに犯人蔵匿罪は成立しないが、乙説によればAに犯人蔵匿罪が成立する〈司〉

▼　札幌高判平17.8.18・百選Ⅱ124事件

　　捜査機関に誰が犯人かわかっていない段階で、捜査機関に対して自ら犯人である旨虚偽の事実を申告することは、犯人の発見を妨げる行為として捜査という刑事司法作用を妨害し、同条にいう「隠避」にあたることは明らかであって、犯人が死者であっても変わりがない。103条にいう「罪を犯した者」には死者も含むべきである。

280

●犯人蔵匿及び証拠隠滅の罪　　　　　　　　　　　　　　　　　　　[第104条]

三　身代わり出頭

　身代わり犯人を立てる行為は捜査機関による発見逮捕を免れしめる典型的な行為であり、「隠避」にあたる（最判昭35.7.18）〈共〉。では、犯人Xがすでに身柄拘束されている場合も、Yが「自分が犯人である」と申し立てる行為は「隠避」にあたるか。

＜身代わり出頭＞〈司共〉

学説	甲説	乙説（最決平元.5.1・百選Ⅱ122事件）
103条の趣旨	官憲による身柄確保に向けられた刑事司法作用の保護	捜査・審判・刑の執行等広義における刑事司法作用を妨害する者を処罰する
103条の客体	基本的には、すでに逮捕・勾留されている者は本罪の客体からこれを除外すべき	犯人として逮捕・勾留されている者も含まれる
Yの罪責	身代わり出頭がなされても、それだけで103条の成立を認めることはできない。ただ、隠避行為の結果、官憲が誤ってXの逮捕・勾留を解くに至ったときだけ、隠避罪の成立を認める	犯人として逮捕・勾留されている者をして現になされている身柄拘束を免れさせるような性質の行為も「隠避」にあたる。それゆえ、身代わり犯人として出頭し、自己が犯人である旨の虚偽の陳述をした場合、隠避罪が成立する

　　ex.　Xは傷害事件で勾留されているAの起訴を免れさせるため、Yに対し、Aの身代わり犯人となるように唆し、これによりYは警察に出頭して上記傷害事件の犯人は自分である旨虚偽の事実を申告した。この場合、判例の立場（上記乙説）によるとXには犯人隠避教唆罪が成立する

【証拠隠滅等罪】

第104条　（証拠隠滅等）

　他人の刑事事件に関する証拠を隠滅し、偽造し、若しくは変造し、又は偽造若しくは変造の証拠を使用した者は、３年以下の懲役又は３０万円以下の罰金に処する。

《構成要件要素》

① 「他人の刑事事件に関する証拠」〈司共〉〈予H23 予H29〉

　　→「他人の」：自己の刑事事件に関する証拠は含まれない

　　　　　　　　また、自己の刑事事件に関する証拠であっても、その証拠が他人の刑事事件に関する証拠でもある場合において、自己のためにする意思を欠き、専ら他人のためにする意思で隠滅等の行為が行われたときは、当該証拠は証拠隠滅等罪の客体となる（大判大7.5.7、大判大8.3.31参照）

各論

281

［第104条］ ●犯人蔵匿及び証拠隠滅の罪

　　　　ただし、犯人が第三者に自己の証拠隠滅を働きかけた場合に
　　　　犯人に証拠隠滅教唆罪が成立するかについては争いがある
　　　　⇒ p.284

→「証拠」：捜査・裁判機関による刑事事件の処理に影響する一切の資料〈司〉

→参考人を隠匿すれば、証拠隠滅罪が成立する（最決昭36.8.17・百選Ⅱ 118
　事件）〈司〉

　　ex.　甲は、被告人乙の刑事裁判を有利に運ぶため、同人に不利益な事実
　　　　を知っている証人予定者の丙を人里離れた山中の別荘に監禁した。こ
　　　　の場合、甲には証拠隠滅罪が成立する

→「刑事事件に関する」とは、現に裁判所に係属している被告事件に限ら
　ず、捜査中の事件、捜査開始前の刑事事件も含む（最判昭28.10.2）〈予〉
　〈司共〉

　　ex.　甲は親友乙が丙を殺害した事実を知り、乙の罪を免れさせようと考
　　　　え、捜査機関が同事実の存在を知る前に、自殺する旨の記載のある丙
　　　　名義の遺書を作成して丙の遺族に送付した。この場合、甲には証拠偽
　　　　造罪が成立する

②　「隠滅」・「偽造」・「変造」、偽造・変造した証拠の「使用」

　　「隠滅」：証拠の顕出を妨げ、又は、その証拠としての価値を減失・減少させ
　　　　　　る一切の行為

　　「偽造」：存在しない証拠を新たに作成すること

　　ex.　甲は、自己が被告人となっている横領事件で有利な判決を得る目的か
　　　　ら、事件と無関係の乙に対し、被害を弁償していないのに、弁償金を受
　　　　領した旨の被害者名義の領収書を作るように依頼し、これを作成させた。
　　　　この場合、判例の立場に従うと、甲には証拠偽造教唆罪が成立する〈司〉

　　「変造」：真実の証拠に加工して、その証拠としての効果に変更を加えること

　　「使用」：偽造・変造した証拠を真正のものとして提出すること

《論　点》

一　参考人の虚偽供述と証拠偽造罪

　法律により宣誓をした証人が虚偽の証言をした場合は、偽証罪（169）で処罰
されるが、宣誓をしていない者が虚偽の供述をした場合に、これを正面から処罰
する規定はない。そこで、以下のような場合、証拠偽造罪が成立するか。

　　ex.1　参考人が、捜査官に対して内容虚偽の事実を供述したにすぎない場合

　　ex.2　参考人が、捜査官に対して内容虚偽の事実を供述し、その供述内容を記
　　　　　載した供述録取書（供述調書）を捜査官に作成させた場合

　　ex.3　参考人が、内容虚偽の事実を記載した書面を自ら作成し、捜査官に提出
　　　　　した場合

●犯人蔵匿及び証拠隠滅の罪　　　　　　　　　　　　　　　　　　　　[第104条]

<参考人の虚偽供述と証拠偽造罪> 〈論〉

学説	甲説	乙説	丙説◀判	丁説	戊説
「証拠」の意義	人的証拠・物的証拠の一切を含む	人的証拠には供述そのものを含まない		人的証拠には供述証拠を含まない	人的証拠は含まない
「偽造」の意義	真実に合致しない証拠を作り出すこと				
		捜査官を通じて間接的に虚偽内容の供述調書ができた場合も含む	供述調書は、供述者の存在とその内容の点に偽りがなければ偽造に当たらない		
ex.1	○	×	×	×	×
ex.2	○	○	×	×	×
ex.3	○	○	○	×	×

※　ex.1（虚偽供述）の場合、判例（最決平28.3.31・百選Ⅱ119）は、「他人の刑事事件に関し、被疑者以外の者が捜査機関から参考人として取調べ……を受けた際、虚偽の供述をしたとしても、刑法104条の証拠を偽造した罪に当たるものではない」として、否定説に立つ〈論〉。

ex.2（内容虚偽の供述調書の作成）につき、同判例は「その虚偽の供述内容が供述調書に録取される……などして、書面を含む記録媒体上に記録された場合であっても、そのことだけをもって、同罪に当たるということはできない」として、基本的に否定説に立つことを明らかにした。その理由について、裁判例（千葉地判平7.6.2・百選Ⅱ［第7版］122事件）は、供述調書は、参考人の捜査官に対する供述を録取したにすぎないものであるから、虚偽の供述それ自体が証拠偽造罪に当たらないのと同様、供述調書が作成されるに至った場合であっても証拠偽造罪は成立しない旨判示している。

ex.3（内容虚偽の供述書の作成）については、肯定説に立つ見解がほとんどであり、裁判例（東京高判昭40.3.29等）も証拠偽造罪の成立を認める。供述書は「他人の刑事事件に関する証拠」であり、これに虚偽の事実を記載する行為は「偽造」に当たるからである。

※　判例（最決平28.3.31・百選Ⅱ119）は、参考人が捜査官と相談しながら虚偽の供述内容を創作・具体化させて書面にした行為は、単に参考人が捜査官に対して虚偽の供述をし、それが供述調書に録取された場合と異なり、虚偽の内容が記載された証拠を新たに作り出したものといえ、証拠偽造罪に当たるとしている。

二　共犯事件と「他人の刑事事件」

　　XはYと共同して犯罪を犯したが、その後、右共犯事件の証拠を隠滅した。かかるXに証拠隠滅罪が成立するか、共犯事件が「他人」の刑事事件に当たるかが問題となる。

［第104条］ ●犯人蔵匿及び証拠隠滅の罪

＜共犯事件と「他人の刑事事件」＞

学説	甲説	乙説	丙説
「他人」の意義	共犯者に関するものでも常に「他人」の刑事事件にあたる	共犯者に関するものは常に「他人」の刑事事件にあたらない	専ら共犯者のためにする意思で隠滅した場合のみ「他人」の刑事事件にあたる
理由	104条の罪については、自己以外の者の刑事事件に関して所定の行為をした場合に証拠隠滅罪が成立し、共犯たる事実は犯罪の成立を阻却する事由とならないことは条文上明らかである	自己の犯罪についての証拠の隠滅等は、期待可能性の観点から不可罰とされているが、自己の犯罪の証拠が同時に共犯者もしくは他人の事件の証拠となる場合でも、期待可能性に変わりがあるわけではないから、同様に不可罰と解すべきである	① 甲説・乙説への批判 ② 自己の犯罪についての証拠隠滅等は、期待可能性の観点から不可罰とされている。この観点から考えると、共犯者の事件に関する証拠が自己の刑事事件と共通した利害関係にある場合には自己の刑事事件に関する証拠と解すべきだが、共犯者の刑事事件の証拠であっても自己の刑事事件と関連のない、あるいは相反する利害関係のある証拠は、他人の刑事事件の証拠として本罪の客体となると解すべきである
批判	一般に共犯の場合には証拠が共通することが多く、共犯者が存在した場合には凶器を隠すような行為も処罰されるのでは被告人に酷である	共犯事件においても、一部の者にのみかかわることも考えられるので、共犯者に関する物の隠滅行為であればすべて不可罰であるとするのは行き過ぎである	行為者の主観面だけで区別することは妥当ではない
Xの罪責	証拠隠滅罪が成立する	証拠隠滅罪は成立しない	専らYのためにする意思で隠滅した場合のみ証拠隠滅罪が成立する

※ 従来、条文の文言が「刑事被告事件」として規定されていたため「刑事被告事件」の意義について争いがあったが、条文上「被告」という文言が削られたため、捜査段階にある被疑事件、さらには将来被疑事件になる可能性のあるものも含むことが明確になった。

三 犯人による証拠隠滅の教唆の可罰性〈団〉

　　犯人自身が自己の犯した事件に関し証拠隠滅を行う場合は不可罰である〈共〉。これに対し、犯人が第三者に証拠隠滅を働きかけた場合に犯人に証拠隠滅教唆罪が成立するかについては争いがある。　⇒ p.278、355

●犯人蔵匿及び証拠隠滅の罪　　　　　　　　　　　　　　　　　　　　　[第105条]

＜犯人による証拠隠滅の教唆の可罰性＞

学説		理由
肯定説	期待可能性の存在を根拠とする説	他人に証拠隠滅の罪を犯させてまでその目的を遂げるのは、自ら犯す場合とは情状が違い、もはや定型的に期待可能性がないとはいえない
	防禦権の逸脱を根拠とする説〈判〉〈司〉	① 他人を利用してまで証拠を隠す行為は、もはや法の放任する被疑者・被告人の防禦の範囲を逸脱する ② 犯人自身の証拠隠滅行為も真実発見という意味での刑事司法作用を侵害しており、それを処罰しないのは黙秘権等の被疑者・被告人の権利や、刑事司法作用の合理的運用の見地から、被疑者・被告人の一定の範囲の行為を政策的に不可罰にするにすぎない。それゆえ、政策的に保護すべき範囲を超えた行為に出た場合には処罰すべきである
否定説		① 自ら証拠隠滅するのと他人に依頼するのとで司法作用の侵害性に類型的に決定的な差があるとは思われない ② 本人が証拠隠滅を行うより、他人を介する教唆の方がより間接的で、犯情は軽微と考えることができる ③ 自己が他人を教唆して証拠隠滅罪を犯させるのは、自己の証拠隠滅行為について他人を利用するに他ならない

第105条　（親族による犯罪に関する特例）〈予H23〉

前2条の罪については、犯人又は逃走した者の親族がこれらの者の利益のために犯したときは、その刑を免除することができる。

[趣旨] 親族が、身内の犯罪者を匿ったり身内の犯罪の証拠を隠す行為は、期待可能性が少なく責任が軽くなるとして、任意的な刑の免除が認められる〈共〉。なお、刑の「免除」の場合も、刑を言い渡さないというにすぎず、有罪であることは判決文で示されるため、犯罪自体は成立している〈司〉。

《論　点》

◆ 共犯関係

1　親族と第三者との関係

(1)　親族が第三者を教唆した場合

犯人Xの親族Yが、他人Zに証拠を隠滅させた場合、Yの罪責はどのように処理されるか。Zは104条の正犯であり、Yが104条の教唆犯となることは問題ないが、Yに105条が適用されるかが問題となる。

この点、判例は、「庇護の濫用」であるとして105条の適用を否定している〈司〉。

<証拠隠滅につき親族が第三者を教唆した場合>

学説	105条適用肯定説	105条適用否定説
理由	① 親族が正犯として行った場合に期待可能性が減少するのであれば、共犯として行った場合も同様であり、105条を適用すべき ② 親族自身が犯人蔵匿罪を行った場合には免除が可能であるのに、犯罪性の軽い共犯の場合に免除の余地がないとするのは不均衡	本条は、親族自身の行為についてのみ刑の免除を認める趣旨であり第三者を巻き込んだ以上もはや期待可能性の減少は認められない
犯人による証拠隠滅教唆の可罰性との関係	可罰性否定説と結び付きやすい ∵ 犯人自身が行っても、他人の手を利用しても法益侵害の程度は同じ（より間接的）であるとして可罰性を否定する見解からは、親族は自ら証拠隠滅行為を行えば免除が可能であるのに、可罰性の低い第三者を教唆した場合には免除の余地がないのは不合理であるとして105条の適用を認めやすい	可罰性肯定説と結び付きやすい ∵ 他人を犯罪に巻き込むことまで期待可能性が欠けるとはいえないことを理由に可罰性を肯定する見解からは、刑の免除を受ける親族といえども他人を犯罪に巻き込めば、もはや、105条の適用はないということになりやすい

(2) 第三者が親族を教唆した場合

他人Zが、逃走者・犯人Xの親族Yを教唆して、犯人蔵匿罪（103）・証拠隠滅罪（104）を犯させた場合、どのように取り扱うべきか。

→教唆者Zに刑の免除は認められない

∵ 親族には105条が適用されるが、刑の免除は有罪判決の一種であり、しかも「親族」は一身専属的な身分であって、共犯者には影響しない

2 犯人と親族の関係

(1) 親族が犯人を教唆した場合

逃走者・犯人Xの親族Yが、犯人Xを教唆して、犯人蔵匿罪・証拠隠滅罪を犯させた場合、親族Yをどのように取り扱うべきか。

→教唆者である親族Yも不可罰

∵ 正犯であるXに構成要件該当性が認められない

* ただし、共犯独立性説ないし純粋惹起説を採用した場合は教唆犯の成立を認めることが可能である。この場合は、親族が第三者を教唆した場合と同様、105条の適用が可能となる。

(2) 犯人が親族を教唆した場合

犯人Xが親族Yに証拠を隠滅させた場合、実行行為を行うYには104条が成立し、105条で刑の免除が可能となるが、Xにも105条は適用されうるであろうか。

●犯人蔵匿及び証拠隠滅の罪 ［第105条の2］

＜証拠隠滅につき犯人が親族を教唆した場合＞

学説	Xに教唆犯の成立を否定する説	Xに教唆犯の成立を肯定したうえで105条の適用を認めようとする説
理由	① 犯人が他人を教唆した場合に不可罰とすべきである以上、この場合も同じ理由で不可罰とすべきなのは当然 ② 犯人自身に正犯として期待可能性が認められない以上、犯人が親族を教唆した場合には、第三者を教唆した場合にもまして期待可能性を認めることは困難であり、教唆犯としての罪責は否定されることになる	犯人自身が第三者を教唆して自己を蔵匿させた場合、教唆犯の成立が認められるという説からは、犯人が親族を教唆した場合であっても教唆犯の成立自体は認められる ただ、共犯の正犯への従属性を重視し、親族（Y）が刑を免除されうるのに準じて（105条を準用して）、犯人（X）に刑の免除の効果が及ぶことを是認する

【証人等威迫罪】

第１０５条の２　（証人等威迫）

　自己若しくは他人の刑事事件の捜査若しくは審判に必要な知識を有すると認められる者又はその親族に対し、当該事件に関して、正当な理由がないのに面会を強請し、又は強談威迫の行為をした者は、２年以下の懲役又は３０万円以下の罰金に処する。

【趣旨】本罪の法益は、国家の刑事司法作用の安全だけではなく、刑事事件の証人、参考人又はその親族等の私生活の平穏も含まれる。いわゆる「お礼参り」の防止である。

《構成要件要素》

① 「自己若しくは他人の刑事事件の捜査若しくは審判に必要な知識を有すると認められる者」に対し

② 「正当な理由がないのに面会を強請し」又は「強談威迫の行為を」すること

《注　釈》

一　「自己若しくは他人の刑事事件の捜査若しくは審判に必要な知識を有すると認められる者」 共

　1　「捜査若しくは審判に必要な知識」とは、犯罪の成否に関する知識の他、量刑事情に関するものや犯人又は証拠の発見に役立つ知識、さらには鑑定に必要な知識をいう。

　2　「有すると認められる者」とは、現にその知識を有する者に限られず、状況から見て知識を有する者であればよい。

二　行為

　1　本罪は、抽象的危険犯であるから、これらの行為がなされれば既遂となり、現実に国家の司法作用や証人等の私生活の平穏が害されることを要しない。

　2　「面会を強請し」：面会する意思がない相手方の意に反して面会を強要すること

　3　「強談」：言語をもって自己の要求に応じるよう迫ること

　4　「威迫」：言語・動作をもって気勢を示し、不安・困惑の念を生じさせるこ

[第106条]　　　　　　　　　　　　　　　　　　　　●騒乱の罪

　　と。不安、困惑の念を生じさせる文言を記載した文書を送付して相
　　手にその内容を了知させる方法による場合が含まれ、直接相手と相
　　対する場合に限られるものではない（最決平19.11.13・平20重判
　　12事件）《共》。
　5　面会の強請又は強談威迫の行為が、一度証人として証言した後になされた場
　　合であっても、判決確定前においては、本罪が成立する（大阪高判昭35.2.18）
　　《同》。
　6　面会の強請後に強談・威迫を行った場合は、包括して証人威迫罪一罪が成立
　　する。

三　故意

　　本罪の故意は、自己若しくは他人の刑事事件（起訴前の事件を含む）の捜査若
　しくは審判に必要な知識を有する者又はその親族であることを認識し、かつ、こ
　れらの者に対し、当該事件に関して、正当な理由がないのに面会を強請し、又は
　強談威迫の行為をなすことの認識があれば足り、必ずしも公判の結果に何らかの
　影響を及ぼそうとの積極的な目的意識を必要としない（東京高判昭35.11.29）《同》。

・第8章・【騒乱の罪】

《保護法益》

　　公共の平穏である。

【騒乱罪】

> **第106条　（騒乱）**
>
> 　多衆で集合して暴行又は脅迫をした者は、騒乱の罪とし、次の区別に従って処断する。
> ①　首謀者は、1年以上10年以下の懲役又は禁錮に処する。
> ②　他人を指揮し、又は他人に率先して勢いを助けた者は、6月以上7年以下の懲
> 　役又は禁錮に処する。
> ③　付和随行した者は、10万円以下の罰金に処する。

《構成要件要素》

　①　「多衆で集合して」（必要的共犯・多衆犯）
　②　「暴行又は脅迫を」すること

《注　釈》

一　「暴行」・「脅迫」の意義

　1　「暴行」・「脅迫」は、一地方の平穏を害するに足りる程度のものであること
　　を要し、かつ、それで足りる。　⇒ p.404、423
　　cf.　「一地方」の平穏を現実に害することは要せず、「一地方」の平穏を害す
　　　るに足りる程度の暴行・脅迫がなされれば足りる（抽象的危険犯）

●騒乱の罪　　　　　　　　　　　　　　　　　　　　　　　　　　　　　　　［第106条］

→「一地方」に該当するか否かについては、単に暴行・脅迫が行われた
地域の広狭や居住者の多寡のみでなく、右地域が社会生活において占
める重要性や同所を利用する一般市民の動き、同所を職域として勤務
する者の活動状況、さらには、当該騒動の様相が、その周辺地域の人
心にまで不安を与えるに足りる程度のものであったか等の観点から決
定すべきである（最決昭59.12.21）

2　共同意思

(1)　本罪の「暴行」・「脅迫」は、多衆の共同意思によることを必要とする。

(2)　共同意思は、①多衆の合同力をたのんで自ら暴行・脅迫を行う意思、②多
衆に暴行・脅迫を行わせる意思、及び、③多衆の合同力に加わる意思の３つ
を内容とする🈩。

二　行為態様と処罰

1　首謀者（①）

騒乱行為の主導者となって、騒乱を首唱、画策し、多衆にその合同力により
暴行・脅迫をさせる者をいう🈩。現場で自ら暴行・脅迫を行うこと、現場で
暴行・脅迫を指揮・統率することは要しない。

2　指揮者・率先助勢者（②）

(1)　指揮者とは、騒乱に際して集団の全員又は一部の者に対して指図する者を
いい、暴行・脅迫の現場で指揮することは必ずしも要しない。

(2)　率先助勢者とは、群衆から抜きん出て騒乱の勢力を増大させる行為をする
者をいう。自ら暴行・脅迫をすることは要しない。

3　付和随行者（③）

多数の者が暴行・脅迫を行うため形成しつつある集団、又は、すでに形成さ
れた集団に、共同意思をもって付和雷同的に参加した者をいう。自ら暴行・脅
迫をすることは要しない。

《その他》

・暴行・脅迫が同時に殺人罪（199）、住居侵入罪（130前段）、建造物損壊罪
（260）、恐喝罪（249）、公務執行妨害罪（95Ⅰ）などに該当する場合、本罪とは
観念的競合（54Ⅰ前段）となる。

各論

289

[第107条]　　　　　　　　　　　　　　　　　　　　●騒乱の罪

＜内乱罪と騒乱罪の比較＞

	内乱罪	騒乱罪
保護法益	国家の存立	公共の平穏
主体	少なくとも一地方の平穏が害される程度の組織化された多数者（多衆犯）	集合した多衆（多衆犯）
処罰	首謀者（不可欠）	首謀者（不可欠ではない）
	謀議参与者 群衆指揮者	指揮者 率先助勢者
	その他諸般の職務従事者	
	付和随行者 その他単なる暴動参加者	付和随行者
行為	暴動	暴行・脅迫
暴行・脅迫の程度	一地方の平穏を害する程度	一地方の平穏を害するに足りる程度
主観的要件	内乱の故意 77条所定の目的（目的犯）	多衆の共同意思 （争いあり）
未遂	処罰（77Ⅱ） ただし、暴動参加者は除く	不処罰
予備・陰謀	処罰（78）	不処罰
幇助	処罰（79）	不処罰
自首	予備・陰謀・幇助につき、暴動に至る前に自首 →刑の必要的免除（80）	規定なし
刑罰	死刑・禁錮のみ	懲役・禁錮・罰金
適用範囲	外国人の国外犯も処罰（2②）	国内犯のみ
他罪との関係	殺人、傷害、放火などは吸収	観念的競合

【多衆不解散罪】

第107条　（多衆不解散）

　暴行又は脅迫をするため多衆が集合した場合において、権限のある公務員から解散の命令を3回以上受けたにもかかわらず、なお解散しなかったときは、首謀者は3年以下の懲役又は禁錮に処し、その他の者は10万円以下の罰金に処する。

●放火及び失火の罪

《構成要件要素》

① 「暴行又は脅迫をするため」「集合した」「多衆」が（目的犯）

② 「権限のある公務員から解散の命令を３回以上受けたにもかかわらず、なお解散しなかった」こと（真正不作為犯）

　　「権限ある公務員」：公安の維持にあたる公務員で解散を命令する権限を有する者であり、通常は警察官である。

　　「解散」：集団から任意に離脱すること

《注　釈》

◆ 処罰

　首謀者とその他の者が区別され、法定刑に差が設けられている。

・第９章・【放火及び失火の罪】

《概　説》

◆ 放火及び失火の罪の諸規定

　放火及び失火の罪は、火力の不正な使用によって建造物その他の物件を焼損する犯罪である。当該罪は、①放火罪（故意犯）として、現住建造物等放火罪（108）、非現住建造物等放火罪（109）、建造物等以外放火罪（110）、②延焼罪（結果的加重犯、111）、③失火罪（過失犯）として、失火罪（116）、業務上失火罪・重失火罪（117の２）、④その他の罪として、消火妨害罪（114）、激発物破裂罪（117）、ガス漏出等罪及び同致死傷罪（118）に分類することができる。

各論

●放火及び失火の罪

＜放火及び失火の罪の諸規定＞

			客体		行為	結果	危険の内容	未遂罪・予備罪の有無
放火罪	現住建造物等放火罪（108）		現住建造物等（現住又は現在の建造物、汽車、電車、艦船、鉱坑）		放火	焼損	抽象的危険犯	有（112、113）
	非現住建造物等放火罪（109）	I	①他人所有 ②非現住建造物等（非現住かつ非現在の建造物、艦船、鉱坑）		放火	焼損	抽象的危険犯	有（112、113）
		II	①自己所有 ②非現住建造物等				具体的危険犯	無
	建造物等以外放火罪（110）	I	①他人所有 ②建造物等以外の物（現住建造物等及び非現住建造物等以外の物）		放火	焼損	具体的危険犯	無
		II	①自己所有 ②建造物等以外の物					
	延焼罪（111）		放火の客体	延焼の客体				
		I	①自己所有 ②非現住建造物等又は建造物等以外の物	現住建造物等又は他人所有の非現住建造物等	109条2項又は110条2項の罪を犯したこと	延焼	109条2項又は110条2項の罪を犯す点で具体的危険犯	無
		II	①自己所有 ②建造物等以外の物	①他人所有 ②建造物等以外の物	110条2項の罪を犯したこと			
失火罪	失火罪（116）	I	現住建造物等又は他人所有の非現住建造物等		失火	焼損	抽象的危険犯	無
		II	自己所有の非現住建造物等又は建造物等以外の物				具体的危険犯	
	業務上失火罪・重失火罪（117の2）		現住建造物等又は他人所有の非現住建造物等		①業務上過失・重過失 ②失火	焼損	抽象的危険犯	無
			自己所有の非現住建造物等又は建造物等以外の物				具体的危険犯	

●放火及び失火の罪　　　　　　　　　　　　　　　　　　　　　　　　　　　　［第108条］

《保護法益》

一　第一次的保護法益：不特定又は多数人の生命・身体・財産（公共危険罪）

二　第二次的保護法益：個人の財産権

　　∵　109条及び110条が、客体が自己所有か否かで異なる取扱いをしている

三　人の生命、身体に対する罪としての性格

　　∵　現住建造物か非現住建造物かによって法定刑に差異が生じる

【現住建造物等放火罪】

第108条　（現住建造物等放火）

　放火して、現に人が住居に使用し又は現に人がいる建造物、汽車、電車、艦船又は鉱坑を焼損した者は、死刑又は無期若しくは5年以上の懲役に処する。

《構成要件要素》

　①　「現に人が住居に使用し又は現に人がいる建造物、汽車、電車、艦船又は鉱坑」を

　②　「放火して」

　③　「焼損」すること

《注　釈》

一　「現に人が住居に使用し又は現に人がいる建造物、汽車、電車、艦船又は鉱坑」◀予H28

　1　「現に人が住居に使用」

　（1）「人」：犯人以外の者◀司共

　　　ex.　犯人の妻子その他の家族は、「人」に含まれる

　　　cf.　犯人が1人で住居の用に使用する家屋を焼損した場合、現住建造物放火罪ではなく自己所有の非現住建造物放火罪（109Ⅱ）が成立する

　（2）現に「住居に使用」：起臥寝食する場所として日常利用されていること◀共

　　　→昼夜間断なく人がその場所にいることは不要である◀司

　　　→競売手続の妨害目的で従業員らを交代で泊り込ませていた家屋につき、放火前に右従業員らを旅行に連れ出していて、放火当時人は現在していなかったとしても、従業員らが旅行から帰れば再び右家屋での宿泊が継続されるものと認識していた場合には、使用形態の変更はなかったものと認められ、本条の現住建造物に当たる（最決平9.10.21・百選Ⅱ84事件）◀司

　2　「現に人がいる」：放火の際、犯人以外の者が現実に居合わせること

　　　→居住者全員を殺したうえでその家屋に放火すれば、非住建造物放火罪（109）が成立しうる◀司共

　3　「建造物、汽車、電車、艦船又は鉱坑」

　（1）「建造物」とは、家屋その他これに類する建築物であって、屋蓋を有し障壁又は柱材によって支持され、土地に定着し、少なくともその内部に人が出

293

［第108条］　　　　　　　　　　　　　　　　　　　　　●放火及び失火の罪

入りしうるものをいう〈司予〉。

cf. 取り外しの自由な雨戸、板戸、畳、建具、ふすまなどは建造物の一部
とはいえない〈司共〉
　→毀損しなければ家屋から取り外すことができない状態にあれば、雨
戸等であっても、「建造物」の一部に当たる〈共〉

(2) 航空機は含まれない。

二　「放火」

1　「放火」：客体の燃焼を惹起させる行為を行うこと
媒介物を介して目的物に点火する場合には、媒介物への点火も含む〈司共〉。

2　作為・不作為を問わない。
　→不作為による放火は、自己の故意によらずに発生した火力を消し止めるべ
き法律上の義務を有する者が、容易に消し止めうる状況にあったのに、
ことさら消火の手段を怠った場合に認められる

3　実行の着手時期〈司〉　⇒p.26
「放火」する行為、すなわち目的物に点火する行為、又は媒介物に点火する
行為を開始した時点で、実行の着手が認められる。もっとも、これらの行為を
する前段階であっても、焼損結果が発生する現実的危険性のある行為について
は、その行為を行った時点で実行の着手が認められる場合がある。

ex.1　木造家屋を焼損させようと考え、引火性の高いガソリンを撒布した場
合、点火行為の前でも実行の着手が認められる（広島地判昭49.4.3・横浜
地判昭58.7.20）

ex.2　自然に発火し導火材料を経て目的物を燃やす装置を設置した時点でも、
実行の着手が認められる（大判昭3.2.17）〈共〉

三　「焼損」すること

放火罪が既遂に達するためには客体を焼損することが必要である。　⇒p.295

《論　点》

一　建造物の一体性〈司〉・予H28

ex.1　Xは、A神宮の祭具庫に火を放ち、これを炎上させた。なお、右祭具庫
は複数の木造建物と木造の渡り廊下で結ばれており、その中の建物の一部
である宿直室には、複数の宿直員が寝泊まりしていた〈共〉

ex.2　Yは、鉄筋10階建てマンションの1階にある無人のB医院に侵入し、
書類等に放火して同医院の受付室を焼損した。なお、同マンションの2階
以上には70世帯が居住していたが、同マンションは完全な耐火構造であ
り、2階以上に類焼する危険性は全く生じなかった

ex.1においては、放火の客体を祭具庫のみであると考えれば非現住建造物放火
であるが、渡り廊下でつながれているA神宮全体と考えれば（祭具庫とA神宮を
一体のものと考えれば）、そこには人が現住する部分が含まれるので現住建造物

●放火及び失火の罪   ［第108条］

放火となる。

　ex.2においても、放火の客体が医院のみであると考えれば、非現住建造物放火であるし、マンション全体と考えれば、現住建造物放火となる。

　そこで、放火の客体である「建造物」について、その一体性をどのように捉えるかが問題となる。

＜放火における建造物の一体性＞

	甲説	乙説	丙説
学説	建造物の外観、構造、機能等の客観的諸事情を総合考慮し、一般人の判断能力を基準として、社会通念上1個の建造物と認められるか否かにより判断する	延焼可能性があれば足り、構造的一体性は必要ない	構造的一体性の他、延焼可能性を考慮する
理由	抽象的危険犯である現住建造物放火罪にあっては、構造的に1個のものであるかどうかだけで形式的に判断すべきであり、延焼の可能性を具体的に考慮して一体性を判断するべきではない	108条の放火罪が重く処罰される根拠は、現住建造物に対する放火行為は類型的に人の生命・身体等に対する重大な危険を発生させる点にある以上、物理的一体性の判断においては延焼可能性を考慮すべきである	現住建造物への延焼可能性がないのであれば、人の生命・身体に対する危険犯としての本罪の罪質に照らして、建造物としての物理的一体性を否定すべきである
批判	「社会通念」に幅がありすぎるため、物理的接続性が厳密には認められなくても一体性が肯定される懸念が残る	延焼の可能性だけで一体性を判断すると、構造上全く別個の建物についても一体性を認める結果になりかねない	人の現在ないし現存する部分への延焼可能性を論ずることは、そのような人の生命・身体に対する具体的危険の有無を論ずることになり、108条が抽象的危険犯であることに反する
ex.1	○	○	○
ex.2	○	×	×

※　最決平元.7.14・百選Ⅱ83事件は、ex.1と類似の事案において、建造物の一体性を物理的一体性と機能的一体性という2つの観点から判断する方法をとった（基本的には上記丙説に近いものとして位置付けられている）。なお、機能的一体性は、物理的一体性を不可欠の前提とした補充的な基準とされ、機能的な一体性がないことを理由として現住建造物としての一体性が否定されるというような解釈は実際上行われていない。

二　「焼損」〈予H28〉

1　焼損の意義〈司〉

　　放火罪が既遂に達するためには客体を「焼損」することが必要であるが、「焼損」の意義をめぐっては争いがある。

［第108条］　　　　　　　　　　　　　　　　　　　　　　　　●放火及び失火の罪

＜「焼損」の意義＞ 同共

学説	独立燃焼説 判	燃え上がり説	一部損壊説	効用喪失説
内容	火が放火の媒介物を離れ目的物に燃え移り、独立に燃焼を継続する状態に達した時点	物の主要部分が建造物全体に燃え移る危険のある程度に炎をあげ燃焼を始めた時点	火力によって目的物が毀棄罪の損壊の程度に達した時点	火力によって目的物の重要な部分を失いその本来の効用を喪失した時点
理由	① 放火罪は公共危険罪であり、我が国の家屋の構造・過密住宅地区における延焼の危険性等からすると、独立燃焼の段階で公共の危険は発生している ② 他の説では未遂罪のない失火罪(116)の成立範囲があまりに狭くなる	① 「焼損」という語は改正前の「焼燬」以上に目的物の一定程度以上の部分が燃焼すると解するのが自然 ② 毀棄罪の損壊に至らなくても公共の危険を発生させる焼損は考えられる	① 「焼損」とは、火力によって物を損壊するという意味であるから、目的物自体の毀棄又は損壊の意義を離れることは許されない ② 毀棄罪にいう損壊の程度に達すれば、抽象的な公共の危険が発生したと解しうる	① 目的物の財産的価値を重視すべきである ② 出水罪(119)の実行行為である「浸害」が一般に水力による客体の効用の滅失・減損を指すこととの対比
批判	① 既遂時期が早すぎて、未遂犯特に中止未遂を認める余地が狭すぎる ② 「焼損」という日本語は、目的物の一定程度以上の部分が燃焼すると解するのが自然	主要部分という基準は不明確であり燃え上がったというのも感覚的基準である	① 一部損壊の判断が緩やかになされると独立燃焼説と結論が異ならない ② 焼損概念は、実質的には公共の危険の発生の程度を測るものであるのに、財産犯の基準を借用している	① 放火罪の財産犯的側面を重視しすぎる ② 建物の一部が燃焼しても有毒ガスで人命を奪うことが多いし、多くの建築物はその重要部分がコンクリートや鉄筋でその完全な焼失ということは考えにくい
判例	\<最判昭25.5.25・百選Ⅱ81事件\> 事案：Xは、Aの家屋に放火し、その床板1尺四方及び押入床板・上段各約3尺四方を燃焼させた 判旨：Xの放った火が「家屋の部分に燃え移り独立して燃焼する程度に達したことは明らか」であるとして、独立燃焼説に立ち、Xには現住建造物放火罪の既遂が成立するとした \<最決平元.7.7・百選Ⅱ82事件\> 同共 事案：Yは、鉄骨鉄筋コンクリート造の12階建マンション内に設置されたエレベーターのかごに燃え移るかもしれないと認識しながらシンナーの染み込んだ新聞紙等に火をつけてエレベーター内に投げつけ、エレベーターのかごの側壁に燃え移らせ、その化粧鋼板表面の化粧シートの一部を焼失させた 決旨：現住建造物等放火罪が成立するとの原審の判断は正当であるとした			

●放火及び失火の罪 [第108条]

2 不燃性建造物◀判

近年、いわゆる不燃性・耐火性の建造物が普及するに至り、これらの目的物を放火の客体とする場合には、その物の効用喪失の時点はもとより、独立燃焼の時点よりも前に公共の危険が現実に発生する事例が考えられるようになってきた。すなわち、これらの建造物の場合は、素材自体は独立燃焼することなく、また建物の重要部分の効用が失われることなく、有毒なガスや煙を発生させ、建造物内の人々が生命・身体への危険にさらされる事態が生じてきたのである。そこで、このような場合を建造物の「焼損」と解することができるかが問題となる。

＜不燃性建造物と「焼損」＞

学説	新効用喪失説	毀棄説（一部損壊説）を修正する見解	従来の説を維持する見解
内容	放火により、建造物本体が独立に燃焼することがなかったとしても、媒介物の火力によって建造物が効用を失うに至った場合には既遂を認める	火力による目的物の損壊により、燃焼するのと同様の公共の危険を生じさせる可能性があるときは焼損とする	あくまで放火客体の燃焼を必要とする
理由	放火罪が公共危険罪とされるのは、火力により建造物を損壊し、公共の危険を生じさせるということによるものであるから、「焼損」とは必ずしも目的物自体の燃焼を意味するものではない	放火罪の保護法益の観点に照らし、火力による目的物の損壊により、有毒ガスの発生などの燃焼するのと同様の公共の危険を生じさせる可能性があるときは焼損と解すべきである	いかに有毒ガスが生じても、放火客体の燃焼から発生したものでなければ、放火罪の予定する危険ではありえない

《その他》

一 「焼損」があっても公共の危険が発生していない場合の取扱い

1 条文上公共の危険の発生が要件とされている具体的危険犯（109Ⅱ、110）の既遂が成立するためには、焼損だけでは足りず、公共の危険が発生することが必要である。

2 これに対し、公共の危険の発生が要件とされていない抽象的危険犯（108、109Ⅰ）の場合は、焼損により直ちに既遂に達するという説と、公共の危険が全く発生しない場合には放火罪は成立しないとする説とが対立する。

二 罪数◀同

放火罪は公共危険犯であり、1個の放火行為によって数個の客体を焼損してもそれによって発生する公衆の安全に対する危険が包括的に1個として評価される限り、一罪が成立するにすぎない◀同共。

［第109条］　　　　　　　　　　　　　　　　　　　　　●放火及び失火の罪

ex.1　1個の放火行為で2個の現住建造物を焼損すれば、1個の現住建造物放火罪が成立する

ex.2　1個の放火行為で現住建造物と非現住建造物を焼損すれば、108条一罪のみ成立する

ex.3　現住建造物に延焼させて焼損する目的で隣接する非現住建造物に放火した場合、現住建造物放火の未遂罪（112・108）が成立し、非現住建造物放火の既遂はその中に吸収される《同》

ex.4　甲は、乙が住居として使用する同人所有の家屋に放火した後、さらに、同家屋に隣接する丙所有の物置を燃やそうと思い付き、同物置に放火し、同家屋及び同物置を同時に焼損した。この場合、判例の立場に従うと、甲には現住建造物等放火一罪が成立する《同》

ex.5　甲は、乙が住居として使用する同人所有の木造家屋に延焼させる意思で、同家屋に隣接し、誰も住居として使用せず、誰も現在しない丙所有の家屋に放火してこれを全焼させたが、上記乙所有の家屋には燃え移らなかった。判例の立場に従うと、甲には現住建造物等放火未遂罪が成立する《同》

ex.6　甲は、乙が住居として使用する同人所有の家屋を燃やそうと考え、同家屋の壁際に駐車されていた乙所有の自動車に放火して焼損し、同家屋への延焼の危険を生じさせたが、その火は通行人により消し止められ、同家屋に燃え移らなかった。判例の立場に従うと、甲には現住建造物等放火未遂罪のみが成立する《予》

三　他罪との関係

1　建物内の住人を殺害する目的で放火した場合、現住建造物放火罪と殺人罪（199）との観念的競合（54 I 前段）となる《同予共》。

2　保険金騙取目的で住居を焼損し保険金を騙取した場合、詐欺罪（246 I）と本罪との併合罪（45 前段）となる《判》。

【非現住建造物等放火罪】

第109条　（非現住建造物等放火）

I　放火して、現に人が住居に使用せず、かつ、現に人がいない建造物、艦船又は鉱坑を焼損した者は、2年以上の有期懲役に処する。

II　前項の物が自己の所有に係るときは、6月以上7年以下の懲役に処する。ただし、公共の危険を生じなかったときは、罰しない。

〔他人所有の非現住建造物放火、1項〕
《構成要件要素》

①　「現に人が住居に使用せず、かつ、現に人がいない建造物、艦船又は鉱坑」を

②　「放火して」「焼損」したこと

●放火及び失火の罪 [第109条]

《注 釈》

一 「現に人が住居に使用せず、かつ、現に人がいない建造物、艦船又は鉱坑」

1 「人」：犯人以外の者

ex.1 犯人が単独で居住し又は現住する建造物〈囲〉

ex.2 甲は、乙が一人で住居に使用する乙所有の家屋の中で同人を殺害した後、誰もいない同家屋に放火してこれを焼損した。この場合、判例の立場に従うと、甲には非現住建造物等放火罪が成立する〈同予〉

2 自己所有であっても、一定の場合には他人の物と同様に取り扱われる〈同共〉。 ⇒ p.303

二 「放火して」「焼損」したこと ⇒ p.294

三 故意

非現住建造物を現住建造物と誤信して放火し焼損した場合、38条2項の趣旨に鑑み、軽い非現住建造物放火罪が成立する〈囲〉。

〔自己所有の非現住建造物放火、2項〕

《構成要件要素》

① 「自己の所有に係る」非現住建造物等を

② 「放火して」「焼損」し

③ 「公共の危険」を生じさせたこと〈共〉

《注 釈》

一 自己所有の非現住建造物等

他人所有であっても所有者の承諾があれば、自己所有と同様に扱われる。

<被害者の承諾が放火罪に及ぼす影響>

放火の客体	承諾の主体	処罰
現住建造物等放火罪 （108）	居住者	他人所有の非現住建造物等放火罪 （109 Ⅰ）
	所有者	現住建造物等放火罪 （108）
	居住者と所有者	自己所有の非現住建造物等放火罪 （109 Ⅱ）〈共〉
他人所有の非現住建造物等放火罪 （109 Ⅰ）	所有者	自己所有の非現住建造物等放火罪 （109 Ⅱ）
他人所有の建造物等以外放火罪 （110 Ⅰ）	所有者	自己所有の建造物等以外放火罪 （110 Ⅱ）

各論

[第110条] ●放火及び失火の罪

二 「公共の危険」

 1 「公共の危険」が発生するとは、一般人をして他の建造物等に延焼するであ
  ろうと思わせる程度の状態が発生することをいう。

 2 焼損とともに公共の危険が発生して既遂となる（具体的危険犯）。

《論 点》

◆ 公共の危険の認識の要否

　Xが、公共の危険が発生することはないと思いつつ自己所有の建造物を焼損
し、もって公共の危険を発生せしめた場合、Xに自己所有非現住建造物放火罪
（109Ⅱ）が成立するか。109条2項の罪が成立するには、故意の内容として公共
の危険発生の認識が必要であるのかが問題となる。

＜109条2項における公共の危険の認識の要否＞

学説	認識不要説	認識必要説
結論	Xには、公共の危険発生の認識がなくても、109条2項の罪が成立する	Xには、公共の危険発生の認識がないので、109条2項の罪が成立しない
理由	① 公共の危険の発生は処罰条件にすぎないから、行為者にその認識は必要ない ② 公共の危険発生の認識が必要であるとすると、認識の内容は延焼する可能性の認識と同じことになるから、延焼の客体についての放火の未必の故意と同じになる	① 公共の危険の発生は構成要件要素であるから、行為者にその認識が必要である ② 109条2項や110条の行為を公共危険罪たらしめる契機は、当該行為によって公共の危険を生ぜしめた点にあるから、故意の内容としてその認識が必要なのは責任主義の原則から当然である

【建造物等以外放火罪】

第110条 （建造物等以外放火）

Ⅰ 放火して、前2条に規定する物以外の物を焼損し、よって公共の危険を生じさせ
 た者は、1年以上10年以下の懲役に処する。

Ⅱ 前項の物が自己の所有に係るときは、1年以下の懲役又は10万円以下の罰金に
 処する。

《構成要件要素》

 ①「前2条（108、109）に規定する物以外の物を」

 ②「放火して」「焼損し」

 ③「よって公共の危険を生じさせた」こと

《注 釈》

一 前2条（108、109）に規定する物以外の物

 1 他人所有（Ⅰ）

　自己所有であっても、一定の場合には他人の物と同様に取り扱われる。

●放火及び失火の罪　　　　　　　　　　　　　　　　　　　　　［第110条］

　　⇒ p.303
　2　自己所有（Ⅱ）
　　　無主物も自己所有物に準じると解されている。
　　　∵　放火罪の財産犯的性格
二　公共の危険 司

　　110条1項にいう「公共の危険」は、必ずしも108条及び109条1項に規定す
　る建造物等に対する延焼の危険のみに限られるものではなく、不特定又は多数の
　人の生命、身体又は前記建造物等以外の財産に対する危険も含まれる（最決平
　15.4.14・百選Ⅱ85事件）司共 司H25。

《論　点》

◆　公共の危険の認識の要否 判 司予 司H25

　　Xは、公共の危険が発生することはないと思いつつ、自己所有の自動車を焼損
　し、もって公共の危険を発生せしめた。この場合、Xに建造物等以外放火罪
　（Ⅱ）は成立するか。110条の罪が成立するためには、故意の内容として公共の
　危険発生の認識が必要であるのかが問題となる。

＜110条における公共の危険の認識の要否＞ 予

学説	認識不要説（最判昭60.3.28・百選Ⅱ86事件）	認識必要説
結論	Xには、公共の危険発生の認識がなくても、110条2項の罪が成立	Xには、公共の危険発生の認識がないので、110条2項の罪は成立しない
理由	110条1項にいう「よって公共の危険を生じさせた」は、結果的加重犯の規定であり、重い結果たる公共の危険発生の認識は不要である	109条2項や110条の行為を公共危険罪たらしめる契機は、当該行為によって公共の危険を生ぜしめた点にあるから、故意の内容としてその認識が必要なのは責任主義の原則として当然である
批判	①　「よって」という文字が用いられているからといって、直ちに結果的責任を示す趣旨とはいいがたい。むしろ、結果的責任は近代刑法における責任主義と相容れないものとして解釈論上、極力排斥すべきである ②　単に自己物を焼損しただけでは犯罪は成立しないので基本犯が存在しないことになるから、110条2項の罪を結果的加重犯と解することはできない。また、放火罪は公共危険犯であるから、110条1項の罪を単なる器物損壊罪（261）を基本犯とする結果的加重犯とみることには無理がある	公共の危険発生の認識が必要であるとすると、認識の内容は延焼する可能性の認識と同じことになるから、延焼の客体についての放火の未必の故意と同じになる 再反論：公共の危険の発生の認容と延焼の認容とは質の違った心理状態であるから、両者は必ずしも一致するものではなく、公共の危険の発生を認容したが、延焼を認容しなかったという心理状態もありうる

各
論

301

[第111条～第112条] ●放火及び失火の罪

【延焼罪】

第111条 （延焼）

Ⅰ 第109条第2項又は前条第2項の罪を犯し、よって第108条又は第109条第1項に規定する物に延焼させたときは、3月以上10年以下の懲役に処する。

Ⅱ 前条第2項の罪を犯し、よって同条第1項に規定する物に延焼させたときは、3年以下の懲役に処する。

《構成要件要素》

① 「第109条第2項又は前条第2項の罪を犯し」
② 「第108条又は第109条第1項に規定する物に」
③ 「延焼させた」

《注　釈》

一　客体

＜延焼罪の客体＞ 司共

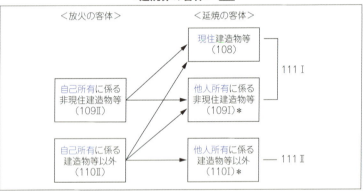

＊　延焼罪の客体である109条1項、110条1項所定の物件には、115条により他人所有物として扱われる自己所有物も含まれるとするのが多数説である。

二　「延焼」

犯人の予期しなかった客体に焼損の結果を生じさせることをいう。

本罪は、自己所有物件に対する放火罪の結果的加重犯であるから 共、延焼の結果について表象・認容がないことを必要とする 司。

第112条 （未遂罪）

第108条及び第109条第1項の罪の未遂は、罰する 司共。

●放火及び失火の罪　　　　　　　　　　　　　　　　　　［第113条～第116条］

第113条　（予備）

　第108条又は第109条第1項の罪を犯す目的で、その予備をした者は、2年以下の懲役に処する《同共予》。ただし、情状により、その刑を免除することができる。

【消火妨害罪】

第114条　（消火妨害）

　火災の際に、消火用の物を隠匿し、若しくは損壊し、又はその他の方法により、消火を妨害した者は、1年以上10年以下の懲役に処する。

《構成要件要素》

① 「火災の際」に《共》
② 「消火用の物」を
　　ex. 消防自動車、消火器
③ 「隠匿し、若しくは損壊し、又はその他の方法により、消火を妨害した」こと

《注　釈》

◆　「消火を妨害」

　1　隠匿及び損壊は例示にすぎず、妨害の方法・手段に制限はない。
　2　不作為による場合、居住者、警備員、消防職員等法律上の作為義務があることが必要である。

第115条　（差押え等に係る自己の物に関する特例）

　第109条第1項及び第110条第1項に規定する物が自己の所有に係るものであっても、差押えを受け、物権を負担し、賃貸し、配偶者居住権が設定され、又は保険に付したものである場合において、これを焼損したときは、他人の物を焼損した者の例による。

【趣旨】差押えを受け、物権を負担し、賃貸し、配偶者居住権が設定され、又は保険に付したものは、犯人自身の所有物でも犯人以外の受益主体が存在し、その者の財産的法益を保護する必要があるため、他人の物と同様に扱うことにした《同共》。

【失火罪】

第116条　（失火）

Ⅰ　失火により、第108条に規定する物又は他人の所有に係る第109条に規定する物を焼損した者は、50万円以下の罰金に処する。
Ⅱ　失火により、第109条に規定する物であって自己の所有に係るもの又は第110条に規定する物を焼損し、よって公共の危険を生じさせた者も、前項と同様とする。

《構成要件要素》

一　1項

303

[第117条〜第117条の2]　　　　　　　　　　　　●放火及び失火の罪

- ① 「第108条に規定する物又は他人の所有に係る第109条に規定する物」を
- ② 「失火により」
  - →過失により出火させること
- ③ 「焼損」すること　⇒p.295

二　2項

- ① 「第109条に規定する物であって自己の所有に係るもの又は第110条に規定する物」を
- ②③ 「失火により」「焼損」し
- ④ よって「公共の危険」を発生させたこと

【激発物破裂罪】

> **第117条　（激発物破裂）**
>
> Ⅰ　火薬、ボイラーその他の激発すべき物を破裂させて、第108条に規定する物又は他人の所有に係る第109条に規定する物を損壊した者は、放火の例による。第109条に規定する物であって自己の所有に係るもの又は第110条に規定する物を損壊し、よって公共の危険を生じさせた者も、同様とする。
>
> Ⅱ　前項の行為が過失によるときは、失火の例による。

《注　釈》

◆ 「激発すべき物」（Ⅰ）

火薬等は「激発すべき物」の例示であり、プロパンガス、高圧ガスボンベ等を含む。

【業務上失火罪・重失火罪】

> **第117条の2　（業務上失火等）**
>
> 第116条又は前条第1項の行為が業務上必要な注意を怠ったことによるとき、又は重大な過失によるときは、3年以下の禁錮又は150万円以下の罰金に処する。

《注　釈》

一　業務上失火罪

「業務」とは、特に職務として火気の安全に配慮すべき社会生活上の地位に基づく事務をいう（不真正身分犯）。ex.　調理師

cf.　家庭の主婦は、業務者にあたらない

二　重失火罪

「重大な過失」とは、注意義務違反の程度が著しい場合をいう。

ex.　盛夏晴天の日に、ガソリン給油場内のガソリン缶から50〜60センチメートル離れたところでライターを着火した者には、「重大な過失」が認められる判

304

●出水及び水利に関する罪　　　　　　　　　　　　［第118条〜第122条］

【ガス漏出等罪・同致死傷罪】

第118条　（ガス漏出等及び同致死傷）

Ⅰ　ガス、電気又は蒸気を漏出させ、流出させ、又は遮断し、よって人の生命、身体又は財産に危険を生じさせた者は、3年以下の懲役又は10万円以下の罰金に処する。

Ⅱ　ガス、電気又は蒸気を漏出させ、流出させ、又は遮断し、よって人を死傷させた者は、傷害の罪と比較して、重い刑により処断する。

・第10章・【出水及び水利に関する罪】

《保護法益》

公衆の安全である（公共危険犯）。

【現住建造物等浸害罪、非現住建造物等浸害罪、水防妨害罪、過失建造物等浸害罪】

第119条　（現住建造物等浸害）

出水させて、現に人が住居に使用し又は現に人がいる建造物、汽車、電車又は鉱坑を浸害した者は、死刑又は無期若しくは3年以上の懲役に処する。

第120条　（非現住建造物等浸害）

Ⅰ　出水させて、前条に規定する物以外の物を浸害し、よって公共の危険を生じさせた者は、1年以上10年以下の懲役に処する。

Ⅱ　浸害した物が自己の所有に係るときは、その物が差押えを受け、物権を負担し、賃貸し、配偶者居住権が設定され、又は保険に付したものである場合に限り、前項の例による。

第121条　（水防妨害）

水害の際に、水防用の物を隠匿し、若しくは損壊し、又はその他の方法により、水防を妨害した者は、1年以上10年以下の懲役に処する。

第122条　（過失建造物等浸害）

過失により出水させて、第119条に規定する物を浸害した者又は第120条に規定する物を浸害し、よって公共の危険を生じさせた者は、20万円以下の罰金に処する。

《保護法益》

水利権である。

各論

305

［第123条～第124条］　　　　　　　　　　　●往来を妨害する罪

【水利妨害罪・出水危険罪】

第123条　（水利妨害及び出水危険）

　堤防を決壊させ、水門を破壊し、その他水利の妨害となるべき行為又は出水させるべき行為をした者は、２年以下の懲役若しくは禁錮又は２０万円以下の罰金に処する。

・第11章・【往来を妨害する罪】

《保護法益》

　交通機関の安全である（公共危険罪）。

【往来妨害罪・同致死傷罪】

第124条　（往来妨害及び同致死傷）

　Ⅰ　陸路、水路又は橋を損壊し、又は閉塞して往来の妨害を生じさせた者は、２年以下の懲役又は２０万円以下の罰金に処する。

　Ⅱ　前項の罪を犯し、よって人を死傷させた者は、傷害の罪と比較して、重い刑により処断する。

〔往来妨害罪、１項〕

《構成要件要素》

①　「陸路、水路又は橋」を
②　「損壊」又は「閉塞」し
③　「往来の妨害を生じさせ」たこと

《注　釈》

一　客体

　1　「陸路」：公衆の通行の用に供すべき陸上の通路（＝道路）
　　＊　鉄道は往来危険罪（125）の客体なので、本罪の客体からは除かれる通。
　2　「水路」：船舶の航行に用いられる河川、運河等
　　＊　海路・湖沼の水路も損壊・閉塞しうるものは本罪の水路となる（多数説）。
　3　「橋」：河川、湖沼の橋及び陸橋

二　行為

　1　「損壊」：通路の全部又は一部を物理的に毀損すること
　2　「閉塞」：障害物を置いて通路を遮断すること
　　ex.　障害物が通路を部分的に遮断するにすぎない場合でも、その通路の効用を阻害して往来の危険を生じさせたときは、陸路の「閉塞」にあたる（最決昭59.4.12）

三　結果

●往来を妨害する罪　　　　　　　　　　　　　　　　　　　　　　　　　　　　　[第125条]

現実に往来が不可能にされたことを要しない（具体的危険犯）。

〔往来妨害致死傷罪、2項〕

《注　釈》

一　「よって人を死傷させた」こと（結果的加重犯）

結果的加重犯であるから、人の死傷の結果について予見のないことを要し、予見があるときは殺人罪又は傷害罪が成立し、往来妨害罪と観念的競合となる。

二　「傷害の罪と比較して、重い刑により処断する」

傷害の場合は124条と204条とを比較し、致死の場合は124条と205条とを比較し、それぞれ上限・下限ともに重い刑により処断する趣旨である。

【往来危険罪】

第125条　（往来危険）

Ⅰ　鉄道若しくはその標識を損壊し、又はその他の方法により、汽車又は電車の往来の危険を生じさせた者は、2年以上の有期懲役に処する。

Ⅱ　灯台若しくは浮標を損壊し、又はその他の方法により、艦船の往来の危険を生じさせた者も、前項と同様とする。

《構成要件要素》

〔1項〕

①　「鉄道若しくはその標識を損壊し、又はその他の方法により」

②　「汽車又は電車」の「往来の危険を生じさせた」こと

〔2項〕

①　「灯台若しくは浮標を損壊し、又はその他の方法により」

②　「艦船」の「往来の危険を生じさせた」こと

《注　釈》

一　客体

1項においては、「鉄道若しくはその標識」及びそれ以外のものである。

2項においては、「灯台若しくは浮標」及びそれ以外のものである。

二　行為

1　「損壊」：物理的に損壊すること

2　「その他の方法」：損壊以外の往来の危険を生じさせる一切の行為

ex.　無人電車を暴走させる行為◀判

三　結果

1　汽車・電車又は艦船の往来の危険を生ぜしめねば本罪は完成しない。

ex.　電車に投石して、客席の窓ガラスを割っても本罪は成立しない

cf.　航空機の往来に危険を生じさせた場合は含まれない

2　災害が現実に発生したことは不要である（具体的危険犯）。

307

［第126条］　　　　　　　　　　　　　　　　　　　●往来を妨害する罪

▼　最決平 15.6.2・百選Ⅱ 87 事件

　　　往来の危険とは、汽車又は電車の脱線、転覆、衝突、破壊など、これらの交通機関の往来に危険な結果を生ずるおそれがある状態をいい、単に交通の妨害を生じさせただけでは足りないが、上記脱線等の実害の発生が必然的ないし蓋然的であることまで必要とするものではなく、上記実害の発生する可能性があれば足りる。

【汽車転覆等罪・同致死罪】

第126条　（汽車転覆等及び同致死）

Ⅰ　現に人がいる汽車又は電車を転覆させ、又は破壊した者は、無期又は3年以上の懲役に処する。

Ⅱ　現に人がいる艦船を転覆させ、沈没させ、又は破壊した者も、前項と同様とする。

Ⅲ　前2項の罪を犯し、よって人を死亡させた者は、死刑又は無期懲役に処する。

〔汽車転覆等罪、１項・２項〕

《構成要件要素》

①　「現に人がいる」、「汽車」・「電車」（Ⅰ）・「艦船」（Ⅱ）を

②　「転覆させ、又は破壊した」こと（Ⅰ）、「転覆させ、沈没させ、又は破壊した」こと（Ⅱ）

一　客体

1　「人」：犯人以外の者

2　「現に」の意義については争いがあるが、判例は、犯罪の実行開始時に人が現在することを要するとする。

二　行為

1　「転覆」とは、汽車・電車の転倒、横転、転落、又は艦船を横転させることをいう。

2　「破壊」とは、汽車・電車、又は艦船の実質を害して、その交通機関又は航行機関としての用法の全部又は一部を不能にする程度に損壊することをいう。

　　ex.　厳冬の北洋で海岸に乗り上げさせて座礁させたうえ、バルブを開放して海水を船内に入れて航行能力を失わせたときは「破壊」にあたる（最決昭 55.12.9）

3　「沈没」とは、艦船の船体を水没させることをいう。

〔汽車転覆等致死罪、３項〕

《注　釈》

一　汽車転覆等罪の結果的加重犯

1　人の現在する汽車等の転覆・破壊の結果として人を死亡させたことが必要であり、汽車転覆等罪が未遂に終わった場合には、死亡の結果が生じても、本罪

●往来を妨害する罪　　　　　　　　　　　　　　　　　　　　　　　　　　　　　［第127条］

の適用はない。
2　汽車転覆等罪を犯し、その結果人を傷害させた場合には、汽車転覆等罪と傷害罪（204）又は過失傷害罪（209Ⅰ）との観念的競合（54Ⅰ前段）になる（多数説）。

二　「人」の意義

争いあるが、判例（最大判昭30.6.22）は、車船内に限らず、周囲にいる人も含むとする。

三　殺意ある場合

乗車客を殺害する目的で電車を転覆させ、実際に死亡させた場合には、何罪が成立するか、126条3項は死の結果に故意ある場合を含むか否かが問題となる。

＜汽車転覆等致死罪において殺人の故意がある場合＞

学説	殺人の故意ある場合を含むとする説	殺人の故意ある場合を含まないとする説	
内容	126条3項一罪が成立 ＊　殺人が未遂に終わったときは、刑の権衡上126条1項と殺人未遂罪の観念的競合（54Ⅰ前段）とする	殺人罪（199）と126条3項の観念的競合とする	殺人罪と126条1項の観念的競合とする
法定刑	無期～死刑	無期～死刑	5年～死刑
理由	①　本罪の法定刑は、殺人罪のそれよりも重いことを考慮すべき ②　電車を意図的に転覆する場合には、通常、人の死についても（未必の）故意があるといえ、同条項は死の結果について故意ある場合を予定していると解される	殺人の故意がない場合、転覆致死罪が成立するがその法定刑は無期又は死刑であるから刑の均衡を考慮すべきである	「よって」という文言からは、本罪を純粋な結果的加重犯とみるべきである
批判	殺人の未遂と既遂とによって法律の適用を異にするのは一貫性を欠く	死亡という結果を二重評価することになる	殺人の故意がない場合は下限が無期懲役であるのに対し、殺人の故意がある場合は5年以上の刑となり、刑の不均衡が生ずる

【往来危険による汽車転覆等罪】

第127条　（往来危険による汽車転覆等）

第125条の罪を犯し、よって汽車若しくは電車を転覆させ、若しくは破壊し、又は艦船を転覆させ、沈没させ、若しくは破壊した者も、前条の例による。

[趣旨]本罪は往来危険罪（125）の結果的加重犯である。すなわち、本罪は、往来危険罪がそれ自体汽車等の転覆・破壊の危険を含むことから、実際に汽車等の転

［第127条］   ●往来を妨害する罪

覆・破壊の結果が生じた以上は、故意犯としての汽車転覆等罪と同様に処罰する趣旨の規定である。

《構成要件要素》
　　①　往来危険罪（125）を犯し
　　②　「よって」「汽車若しくは電車を転覆させ、若しくは破壊し」、又は「艦船を転覆させ、沈没させ、若しくは破壊した」こと

《論　点》
　◆　往来危険の罪を犯しその結果電車が転覆し、さらに電車外の人が死亡した場合の処理

各
論

310

●往来を妨害する罪　　　　　　　　　　　　　　　　　　　　　　　　　　　　　　　　　　　　[第127条]

<往来危険罪の処理方法>

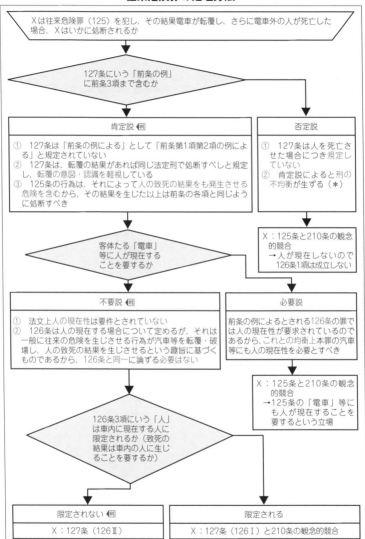

［第128条～第132条］　　　　　　　　　　　　　　　　●住居を侵す罪

＊　125条の罪を犯し、汽車等を転覆することなく過って人を死亡させた場合には、2年以上の懲役にすぎないのに、125条の罪を犯した結果、人の現在しない汽車等を転覆させて人を死亡させた場合には死刑又は無期懲役となり、あまりに刑の権衡を失する。

第128条　（未遂罪）

　第124条第1項、第125条並びに第126条第1項及び第2項の罪の未遂は、罰する。

【過失往来危険罪】

第129条　（過失往来危険）

Ⅰ　過失により、汽車、電車若しくは艦船の往来の危険を生じさせ、又は汽車若しくは電車を転覆させ、若しくは破壊し、若しくは艦船を転覆させ、沈没させ、若しくは破壊した者は、30万円以下の罰金に処する。

Ⅱ　その業務に従事する者が前項の罪を犯したときは、3年以下の禁錮又は50万円以下の罰金に処する。

[趣旨] 1項前段は往来危険罪（125）の過失犯、1項後段は汽車転覆等罪（126 ⅠⅡ）の過失犯である。2項は、それらの業務上の過失犯である。

・第12章・【住居を侵す罪】

《保護法益》　⇒ p.314

【住居侵入罪・不退去罪】

第130条　（住居侵入等）

　正当な理由がないのに、人の住居若しくは人の看守する邸宅、建造物若しくは艦船に侵入し、又は要求を受けたにもかかわらずこれらの場所から退去しなかった者は、3年以下の懲役又は10万円以下の罰金に処する。

第131条　【皇居等侵入】　削除

第132条　（未遂罪）

　第130条の罪の未遂は、罰する。

〔住居侵入罪、130条前段〕
《構成要件要素》

① 「人の住居若しくは人の看守する邸宅、建造物若しくは艦船」に

② 「正当な理由」なく、「侵入」したこと

各論

312

● 住居を侵す罪　　　　　　　　　　　　　　　［第130条～第132条］

《注　釈》

一　「人の住居若しくは人の看守する邸宅、建造物若しくは艦船」

1　「人の住居」

人の起臥寝食に使用される場所をいう〈通〉。

(1)　住居は、現に日常生活の用に使用されている限り、居住者が常に現在していることを必要としない。

(2)　1つの建物の中の区画された部屋も、それぞれ独立に住居たりうる〈同〉。

ex.　他人の家に許可を得て入った後に、隣の部屋に平穏ないし住居権を害する態様で入れば、住居侵入罪が成立しうる

(3)　住居は部屋であることを要しない。

ex.　アパートの階段通路及び屋上、住居等の屋根の上なども住居の一部である

(4)　家屋・建造物などの所有関係は問わない。

ex.1　借家人が日常生活の用に供している借家は、借家人の「住居」である

ex.2　一時滞在の場所としてのホテル・旅館の部屋や船室も、ある程度継続的に利用されれば「住居」に当たる

(5)　不適法な占有も、事実上維持されている限り、その平穏は保護されるべきであるから、住居は必ずしも適法に占有されたものであることは要しない〈予〉。

ex.　賃貸借契約が消滅した後に、家主が立ち退きを求めて賃借人の意思に反してその住居に立ち入れば、住居侵入罪を構成しうる〈同〉

(6)　当該住居の共同生活者は犯罪の主体にはならないが、家出中の子供が、親の家に強盗目的で無断で侵入した場合には、「人の住居」に当たる〈同〉。

2　「人の看守する邸宅、建造物若しくは艦船」〈同予〉

(1)　「人の看守する」：他人が事実上管理支配していること（他人が侵入することを防止する物的設備又は人的配置があること）〈同予〉

ex.　管理人・監視員がいる、あるいは鍵をかけてある等〈同〉

(2)　「邸宅」：住居用に作られたが、現在起臥寝食に使用されていないもの

ex.　空き家〈同〉、オフシーズンの別荘

→最判平20.4.11・平20重判8事件は、立川自衛隊宿舎の共用部分について居住用建物である宿舎の各号棟の建物の一部であり、宿舎管理者の管理にかかわるものであるから、居住用建物の一部として刑法130条にいう「人の看守する邸宅」に当たるとした〈同〉

(3)　「建造物」：住居用以外の建物一般　⇒ p.537

ex.　官公署の庁舎、駅舎〈判〉、学校

各論

313

[第130条～第132条]　　　　　　　　　　　　　　　　　　　　　　●住居を侵す罪

▼ 最決平21.7.13・平21重判4事件〈司共〉

　本件塀は、本件庁舎建物とその敷地を他から明確に画するとともに、外部からの干渉を排除する作用を果たしており、正に本件庁舎建物の利用のために供されている工作物であって、130条にいう「建造物」の一部を構成するものとして、建造物侵入罪の客体に当たると解するのが相当であり、外部から見ることのできない敷地に駐車された捜査車両を確認する目的で本件塀の上部へ上がった行為について、建造物侵入罪が成立する。

　3　建物に付随する囲繞地も、「住居」・「邸宅」・「建造物」に含まれる〈司共予〉。
　　　囲繞地とは、垣根、塀、門のような建物の周囲を囲む土地の境界を画する設備が施され、建物の付属地として建物利用に供されることが明示されている土地をいう（最判昭51.3.4）。

二　「正当な理由」なく「侵入」すること
　1　「侵入」の意義　⇒ p.314
　2　住居権者の承諾　⇒ p.315

《論　点》
一　保護法益
　　立法者は、本条の規定の位置などから見て、本罪を社会的法益に対する罪と考えていたと推測されるが、今日では、住居侵入罪は個人的法益に対する罪と理解されている。もっとも、その保護法益の内容については争いがある。

＜住居侵入罪における保護法益＞

学説	旧住居権説	平穏説	新住居権説 （最判昭58.4.8・百選Ⅱ16事件）
内容	家父長の住居権	事実上の住居の平穏	自己の住居への他人の立入りを認めるか否かの自由
批判	① 住居権の内容が不明確で、誰が住居権者であるかの問題を解決できない ② 家父長制と結び付き現行憲法（憲24）の理念に反する	① 「平穏」の内容は抽象的であるため、社会の平穏に結び付きやすい ② 「平穏」の内容が不明確である ③ 侵入目的を重視し、平穏侵害の有無が行為者の主観に依存することを認めるならば、なおさら不明確となる	① 住居権の内容は必ずしも明らかでなく、誰が住居権者かの問題も解決困難である ② 公共の建造物の場合に管理権者の意思を過度に強調すると、平穏説よりも、不当に処罰範囲を拡大することになる

二　「侵入」の意義〈司H26〉
　　住居侵入罪の実行行為は、「正当な理由」がないのに人の住居等へ「侵入」することであるが、「侵入」の意義については、保護法益についての見解の対立を反映して争いがある。

314

●住居を侵す罪　　　　　　　　　　　　　　　　　　　　[第130条～第132条]

<「侵入」の意義> 共

保護法益	平穏説	新住居権説
「侵入」の意義	住居等の事実上の平穏を侵害する態様での立入り（平穏侵害説）	住居権者の意思に反する立入り（意思侵害説）
帰結	1　住居権者の意思は、①考慮しない又は、②平穏を害する態様か否かの判断資料の1つにすぎない 2　居住者等の意思に反しても、平穏な立入りならば、「侵入」にあたらない	1　住居権者の意思に反しない立入りは、平穏を害する態様であっても、「侵入」にあたらない 2　公共建造物に管理権者の意思に反して立ち入った場合のすべてを「侵入」としてよいかが問題となる
判例	<最判昭58.4.8・百選Ⅱ16事件> 共予 事案：Xらが、春闘におけるビラ貼りの目的で郵便局に立ち入った事案 判旨：「刑法130条前段にいう『侵入シ』とは、他人の看守する建造物等に管理権者の意思に反して立ち入ることをいうと解すべきであるから、管理権者が予め立入り拒否の意思を積極的に明示していない場合であっても該建造物の性質、使用目的、管理状況、管理権者の態度、立入りの目的などからみて、現に行われた立入り行為を管理権者が容認していないと合理的に判断されるときは、他に犯罪の成立を阻却すべき事情が認められない以上、同条の罪の成立を免れない」	

三　住居権者の承諾

住居への立入り行為に対する住居権者の承諾は、住居侵入罪の成否を決定するに当たって、どのような意味をもつか。

<住居侵入罪における住居権者の承諾>

具体例	平穏説	新住居権説
夫の不在中、不倫目的で妻の承諾を得て住居へ立ち入る場合 （一部の居住者の承諾）	妻の承諾を得て平穏な態様で立ち入ることは「侵入」にあたらない（＊1）	居住者全員の承諾が必要か否かが問題となる
強盗の目的を秘して住居へ立ち入る場合 司共 （錯誤に基づく承諾）	現実化していない違法目的が平穏侵害性の判断に影響するか、影響するとして承諾は有効か、が問題となる	錯誤に基づく承諾が有効かどうかが問題となる（＊3）
万引き目的でデパートへ立ち入る場合 （推定的・包括的承諾）	平穏を害する態様といえるかが問題となる（＊2）	推定的承諾が認められるか、又は、包括的承諾の範囲内といえるかが問題となる

＊1　夫の承諾ないし推定的承諾がないため平穏な態様といえないとして、「侵入」にあたるとする見解もある。

＊2　違法目的が法益侵害性に影響するとする立場からも、推定的承諾が認められる場合あるいは包括的承諾の範囲内である場合は、「侵入」にあたらない場合がありうる。

各論

315

［第130条～第132条］　　　　　　　　　　　　　　　　　　　●住居を侵す罪

*3　判例は、重要な事実について被害者の同意があり、その点について錯誤があった
といえる場合には、有効な同意は認められないと解する立場から、錯誤による許諾
を広く無効として、住居侵入罪の成立を肯定する。
　　これに対して、近時の有力説である法益関係的錯誤説に立つと、住居侵入罪の保
護法益は、立入りの許諾権であるから、誰の立入りを認めるかについての錯誤がな
い以上、有効な許諾があったものとして住居侵入罪の成立は否定されることとなる。
⇒p.68

▼　**仙台高判平 6.3.31**

　　一般に、管理権者の意思に反する立入り行為は、たとえそれが平穏、公然に
行われたとしても、建造物利用の平穏を害するとして、国体開会式を妨害する
目的で、開会式場に入場券を所持し一般観客を装って入場した場合でも建造物
侵入罪は成立する。

▼　**最決平 19.7.2・百選Ⅱ 18 事件**〈**珠**〉

　　銀行のATM（現金自動預払機）を利用する客のカードの暗証番号等を盗撮す
る目的で、ATMが設置された銀行支店出張所に営業中に立ち入った被告人の行
為については、その立入りの外観が一般のATM利用客のそれと特に異なるもの
でなくても、そのような立入りが同所の管理権者の意思に反することは明らか
であり、建造物侵入罪が成立するというべきである。

▼　**最判平 21.11.30・百選Ⅱ 17 事件**

　　チラシ・パンフレット等の投かんが禁止されている分譲マンションの共有部
分に、ビラ等の投かん目的で立ち入ることは、「法益侵害の程度が極めて軽微な
ものであったということはできず、他に犯罪の成立を阻却すべき事情は認めら
れない」として、住居侵入罪（130前段）の成立を認めた。

〔不退去罪、130 条後段〕
《構成要件要素》

①　適法に又は過失によって人の住居等に立ち入り、退去の要求を受けた者が
②　「要求を受けたにもかかわらず」、人の住居等から「退去しな」いこと（真正
不作為犯）
　　　→退去要求できる者は、居住者、建造物の看守者及びそれらの者から授権さ
れた者である

《その他》

・退去要求に従わない間、住居の平穏ないし住居権に対する侵害は継続するので継
続犯である。
　→既遂後であっても、退去要求に従わない間に加功した者は共犯となる
・初めから不正に侵入している者に退去要求しても、すでに住居の平穏ないし住居
権が害されている以上、住居侵入罪に吸収され一罪が成立するのみである〈**同共**〉。

●秘密を侵す罪 [第133条〜第134条]

・第13章・【秘密を侵す罪】

《保護法益》

個人の秘密である。

【信書開封罪】

第133条 （信書開封）

正当な理由がないのに、封をしてある信書を開けた者は、1年以下の懲役又は20万円以下の罰金に処する。

《構成要件要素》

① 「封をしてある信書」を
  → 「封」：外包を破るか壊さない限り内容が認識できないように、信書と一体となるような態様で信書に施す外包装置のこと
    「信書」：特定の人から特定の人に対して宛てた、意思の伝達を媒介すべき文書
② 「正当な理由がないのに」
  →信書の開封が法令上認められている場合（刑訴111）や、親権者が監護権（民820）の範囲内で子への手紙を開封する場合などは「正当な理由」が認められる
③ 「開けた」こと（抽象的危険犯）

【秘密漏示罪】

第134条 （秘密漏示）

Ⅰ 医師、薬剤師、医薬品販売業者、助産師、弁護士、弁護人、公証人又はこれらの職にあった者が、正当な理由がないのに、その業務上取り扱ったことについて知り得た人の秘密を漏らしたときは、6月以下の懲役又は10万円以下の罰金に処する。
Ⅱ 宗教、祈禱若しくは祭祀の職にある者又はこれらの職にあった者が、正当な理由がないのに、その業務上取り扱ったことについて知り得た人の秘密を漏らしたときも、前項と同様とする。

《構成要件要素》

① 「医師、薬剤師、医薬品販売業者、助産師、弁護士、弁護人、公証人又はこれらの職にあった者」（Ⅰ）、「宗教、祈禱若しくは祭祀の職にある者又はこれらの職にあった者」（Ⅱ）が（真正身分犯）《共》
② 「業務上取り扱ったことについて知り得た人の秘密」を
③ 「正当な理由がないのに」
④ 「漏らした」こと（抽象的危険犯）

［第135条］ ●あへん煙に関する罪

《注 釈》
一 客体
1 「秘密」
「秘密」とは、少数者にしか知られていない事実で、他人に知られることが本人の不利益となるものである。
2 「人の」秘密
「人」は、現存することを要する。法人や法人格のない団体を含めてもよいが、国又は地方公共団体は含まれない⦅通⦆。
裁判手続等において後に公開される可能性のある事項であっても、「人の秘密」として保護の対象になり得る⦅共⦆。
3 「業務上取り扱ったことについて知り得た」
(1) 秘密は、それぞれの身分者が業務を遂行する過程で知ったものでなければならない⦅共⦆。
ex. 理髪店などで偶然に見聞した事柄は、「秘密」ではない
(2) 業務上知った人の秘密である限り、本人から告げられたか否かを問わず、推理・調査等によって知り得た場合を含む。
(3) 医師が医学的判断を内容とする鑑定を命じられた場合、その鑑定の実施は「医師……の業務」といえるから、医師が当該鑑定を行う過程で知り得た人の秘密を正当な理由なく漏らす行為には、秘密漏示罪が成立する。この場合、「人の秘密」には、鑑定対象者本人の秘密の他、同鑑定を行う過程で知り得た鑑定対象者本人以外の者の秘密も含まれる（最決平24.2.13・平24重判6事件）。
二 違法性阻却事由
秘密を漏らす行為は「正当な理由がないのに」行われた場合に違法となる。違法性が阻却される場合として、①法令上告知義務を負う場合、②本人の同意がある場合、③医師・弁護士などが業務上知り得た秘密について第三者の利益を守るために他人の秘密を漏洩する場合などがある。

第135条 （親告罪）
この章の罪は、告訴がなければ公訴を提起することができない⦅共⦆。

[趣旨]本罪は、訴追されることによって発信者又は受信者の秘密が公になり、被害者にとってかえって不利益となることに配慮して規定された。

・第14章・【あへん煙に関する罪】

《保護法益》
公衆の健康である。実際には、薬物犯罪は、刑法典以外の特別刑法（麻薬取締

●飲料水に関する罪 [第136条〜第143条]

法、あへん法、大麻取締法、覚せい剤取締法）で処理されている。

【あへん煙輸入等罪、あへん煙吸食器具輸入等罪、税関職員あへん煙輸入等罪、あへん煙吸食・場所提供罪、あへん煙等所持罪】

第136条 （あへん煙輸入等）

あへん煙を輸入し、製造し、販売し、又は販売の目的で所持した者は、6月以上7年以下の懲役に処する。

第137条 （あへん煙吸食器具輸入等）

あへん煙を吸食する器具を輸入し、製造し、販売し、又は販売の目的で所持した者は、3月以上5年以下の懲役に処する。

第138条 （税関職員によるあへん煙輸入等）

税関職員が、あへん煙又はあへん煙を吸食するための器具を輸入し、又はこれらの輸入を許したときは、1年以上10年以下の懲役に処する。

第139条 （あへん煙吸食及び場所提供）

Ⅰ あへん煙を吸食した者は、3年以下の懲役に処する。

Ⅱ あへん煙の吸食のため建物又は室を提供して利益を図った者は、6月以上7年以下の懲役に処する。

第140条 （あへん煙等所持）

あへん煙又はあへん煙を吸食するための器具を所持した者は、1年以下の懲役に処する。

第141条 （未遂罪）

この章の罪の未遂は、罰する。

・第15章・【飲料水に関する罪】

《保護法益》

公衆の健康である。

【浄水汚染罪、水道汚染罪、浄水毒物等混入罪、浄水汚染等致死傷罪、水道毒物等混入罪・同致死罪、水道損壊罪・同閉塞罪】

第142条 （浄水汚染）

人の飲料に供する浄水を汚染し、よって使用することができないようにした者は、6月以下の懲役又は10万円以下の罰金に処する。

第143条 （水道汚染）

水道により公衆に供給する飲料の浄水又はその水源を汚染し、よって使用することができないようにした者は、6月以上7年以下の懲役に処する。

[第144条～第148条]　　　　　　　　　　　　　　　　　●通貨偽造の罪

第144条　（浄水毒物等混入）

　人の飲料に供する浄水に毒物その他人の健康を害すべき物を混入した者は、3年以下の懲役に処する。

第145条　（浄水汚染等致死傷）

　前3条の罪を犯し、よって人を死傷させた者は、傷害の罪と比較して、重い刑により処断する。

第146条　（水道毒物等混入及び同致死）

　水道により公衆に供給する飲料の浄水又はその水源に毒物その他人の健康を害すべき物を混入した者は、2年以上の有期懲役に処する。よって人を死亡させた者は、死刑又は無期若しくは5年以上の懲役に処する。

第147条　（水道損壊及び閉塞）

　公衆の飲料に供する浄水の水道を損壊し、又は閉塞した者は、1年以上10年以下の懲役に処する。

・第16章・【通貨偽造の罪】

《保護法益》

通貨に対する公共の信用である。ただし、国家の通貨高権を含める見解もある。

【通貨偽造罪・同行使等罪】

第148条　（通貨偽造及び行使等）

Ⅰ　行使の目的で、通用する貨幣、紙幣又は銀行券を偽造し、又は変造した者は、無期又は3年以上の懲役に処する。

Ⅱ　偽造又は変造の貨幣、紙幣又は銀行券を行使し、又は行使の目的で人に交付し、若しくは輸入した者も、前項と同様とする。

〔通貨偽造罪、1項〕

《構成要件要素》

①　「通用する貨幣、紙幣又は銀行券」を

②　「行使の目的」で（目的犯）

③　「偽造」・「変造」したこと

《注　釈》

一　「行使の目的」

　「行使の目的」とは、偽造・変造の通貨を真貨として流通に置く目的をいう。

二　「偽造」・「変造」

　1　「偽造」とは、発行権を有しない者が一般人をして真貨と誤信させるような

●通貨偽造の罪　　　　　　　　　　　　　　　　　　　　　　　　　[第148条]

外観のものを作り出すことをいう《共》。

2　「変造」とは、真正の通貨を加工して名価の異なる通貨に改めることをいう。

〔偽造通貨行使等罪、2項〕

《構成要件要素》

①　「偽造又は変造の貨幣、紙幣又は銀行券」を

②　「行使し」又は「行使の目的で」「人に交付し」若しくは「行使の目的で」「輸入」したこと

《注　釈》

一　客体

「偽造又は変造の貨幣、紙幣又は銀行券」は、行使の目的で偽造・変造された物である必要はない《共》。

二　行為《回》

1　「行使」すること

「行使」とは、偽貨を真貨として流通に置くことを意味する（相手は情を知らない者に限る）。

ex.　自動販売機での使用は含むが、信用能力を示すための見せ金は除かれる《共》。

2　「交付」すること

「交付」とは、偽貨であると告げて手渡すこと、又は偽貨であると知っている相手に手渡すことをいう。

三　既遂

行使の目的をもって通貨を偽造・変造すれば、既遂となる。一方、通貨を偽造するに足りる器械・原料を準備して通貨の偽造に着手したが、技術が未熟で目的を達成できなかった場合や模造の程度にとどまる場合には未遂罪となる《回》。

《論　点》

◆　詐欺罪との関係《回》

偽貨を行使して財物を詐取し、又は財産上不法の利益を得た場合、偽造通貨行使罪（無期又は3年以上の懲役）の他、詐欺罪（246、10年以下の懲役）も成立するのかについては争いがある。

＜偽造通貨行使罪と詐欺罪との関係＞

学説	否定説 《判》《共》	肯定説（両罪は牽連犯）
根拠	①　偽貨を行使するときは一般に詐欺的行為が随伴するのであるから、偽造通貨行使罪の構成要件は詐欺罪を予定している ②　詐欺罪の成立を認めるとすると、詐欺的行為を含む偽造通貨収得後知情行使罪（152）の法定刑が特に軽くされている趣旨に即さない	①　偽貨を贈与する場合のように、偽貨行使罪が常に欺罔行為を伴うとはいえない ②　本罪は公共の法益に対する罪であり、詐欺罪とは性格を異にする

321

［第149条～第153条］　　　　　　　　　　　　　　　　　●通貨偽造の罪

【外国通貨偽造罪・同行使等罪、偽造通貨等収得罪】

第149条　（外国通貨偽造及び行使等）

Ⅰ　行使の目的で、日本国内に流通している外国の貨幣、紙幣又は銀行券を偽造し、又は変造した者は、2年以上の有期懲役に処する。

Ⅱ　偽造又は変造の外国の貨幣、紙幣又は銀行券を行使し、又は行使の目的で人に交付し、若しくは輸入した者も、前項と同様とする。

第150条　（偽造通貨等収得）

行使の目的で、偽造又は変造の貨幣、紙幣又は銀行券を収得した者は、3年以下の懲役に処する。

第151条　（未遂罪）

前3条の罪の未遂は、罰する。

《注　釈》

・偽造通貨等収得罪の「収得」とは、方法・原因のいかん、有償・無償を問わず、自己の所持に移す一切の行為をいい、偽貨であることを認識して収得することを要する〈回〉。

【収得後知情行使等罪】

第152条　（収得後知情行使等）

貨幣、紙幣又は銀行券を収得した後に、それが偽造又は変造のものであることを知って、これを行使し、又は行使の目的で人に交付した者は、その額面価格の3倍以下の罰金又は科料に処する。ただし、2000円以下にすることはできない。

[趣旨] 152条で刑が軽くされている根拠は、偽貨であることを知らずに受け取った者がその損害を他に転嫁するために、その偽貨を行使又は交付することは、非難しがたく、適法行為の期待可能性が低い（責任減少）といえる点にある。

《注　釈》

◆　客体

偽造・変造された「貨幣、紙幣又は銀行券」であり、有価証券は含まれない〈共〉。

【通貨偽造等準備罪】

第153条　（通貨偽造等準備）

貨幣、紙幣又は銀行券の偽造又は変造の用に供する目的で、器械又は原料を準備した者は、3月以上5年以下の懲役に処する。

《構成要件要素》

①　「貨幣、紙幣又は銀行券の偽造又は変造の用に供する目的」で

● 文書偽造の罪 ［第153条］

→偽貨を行使する目的も必要とされる◀刊

② 「器械又は原料を」

→「器械」：偽造・変造の用に供しうる一切の器械類◀某

→通貨偽造の目的で資金を用意し、技術者を集めても本罪は成立しない

③ 「準備した」こと

→「準備」：器械、原料などを用意し、偽造・変造を容易にすること

→通貨偽造罪の幇助としての（他人のための）器械・原料の準備を含む◀刊

《注 釈》

本罪の意義については、以下の2つの見解が対立している。

① 通貨偽造罪の予備行為のうち特定の形態（器械・原料の準備行為）を独立の犯罪として罰するものであると解する見解◀刊通

② 148条、149条の通貨偽造・変造罪の予備ないし幇助の一形態を独立の犯罪類型としたものであると解する見解

・第17章・【文書偽造の罪】

各
論

《保護法益》

文書に対する公共の信用である。

《概 説》

一 形式主義・実質主義

1 文書に対する公共の信用を保護する方策として2つの立法主義が考えられる。

(1) 形式主義

作成名義の真正に対する公共の信用を保護する。

(2) 実質主義

文書内容の真正に対する公共の信用を保護する。

＜文書偽造の罪における形式主義・実質主義＞

事例	現存する債権に基づき、債権者が無断で債務者名義の借用書を作成する	貸金債権は存在しないにもかかわらず、債務者が虚偽の借用書を作成する
形式主義	処罰の対象となる	処罰の対象とならない
実質主義	処罰の対象とならない	処罰の対象となる

2 現行法

刑法は形式主義を第一次的に採用し実質主義は補充的に採用しているにすぎない。

∵ 有形偽造と無形偽造とを区別し、公文書については両者を処罰するが、

323

［第154条〜第155条］　　　　　　　　　　　　　　　　　　　●文書偽造の罪

私文書については無形偽造は処罰しないのが原則となっている

二　「偽造」の意義

＜「偽造」の意義＞

最広義の偽造：「文書偽造の罪」と称するときの偽造
├─ 広義の偽造
│　├─ 有形偽造：名義人と作成者の人格の同一性を偽ること
│　│　├─ 最狭義の偽造：作成権限のない者が他人名義を冒用して文書を作成すること
│　│　│　　　　　　　　→各構成要件の「偽造」（154Ⅰ、155ⅠⅢ、159ⅠⅢ）
│　│　└─ 変造：作成権限のない者が真正に成立した文書の非本質的部分に変更を加
│　│　　　　　えること（154Ⅱ、155ⅡⅢ、159ⅡⅢ）
│　└─ 無形偽造：作成権限ある者が真実に反する内容の文書を作成すること
│　　　├─ 最狭義の無形偽造：作成権者が内容虚偽の文書を作成すること
│　　　│　（156、157、160）
│　　　└─ 無形変造：作成権者が真正に成立した文書の内容を改ざんすること（156）
└─ 偽造文書の行使（158、161）

【詔書偽造等罪】

第１５４条　（詔書偽造等）

Ⅰ　行使の目的で、御璽、国璽若しくは御名を使用して詔書その他の文書を偽造し、又は偽造した御璽、国璽若しくは御名を使用して詔書その他の文書を偽造した者は、無期又は３年以上の懲役に処する。

Ⅱ　御璽若しくは国璽を押し又は御名を署した詔書その他の文書を変造した者も、前項と同様とする。

【公文書偽造等罪】

第１５５条　（公文書偽造等）

Ⅰ　行使の目的で、公務所若しくは公務員の印章若しくは署名を使用して公務所若しくは公務員の作成すべき文書若しくは図画を偽造し、又は偽造した公務所若しくは公務員の印章若しくは署名を使用して公務所若しくは公務員の作成すべき文書若しくは図画を偽造した者は、１年以上１０年以下の懲役に処する。

Ⅱ　公務所又は公務員が押印し又は署名した文書又は図画を変造した者も、前項と同様とする。

Ⅲ　前２項に規定するもののほか、公務所若しくは公務員の作成すべき文書若しくは図画を偽造し、又は公務所若しくは公務員が作成した文書若しくは図画を変造した者は、３年以下の懲役又は２０万円以下の罰金に処する。

●文書偽造の罪　　　　　　　　　　　　　　　　　　　　　　　　　［第155条］

〔有印公文書偽造罪、1項〕
《構成要件要素》
① 公務所・公務員の印章・署名を使用して、又は、偽造した公務所・公務員の印章・署名を使用して
② 公務所・公務員の、作成すべき文書・図画を
→文書が公務所・公務員の職務権限内において作成されたものと一般人が信じるに足りる形式・外観を備えている場合には、実際には当該公務所・公務員にその作成権限がなかったときであっても、当該文書は公文書として扱われる（最判昭 28.2.20）〈共〉
③ 「偽造」すること
④ 「行使の目的」（目的犯）

《注 釈》
一　有印文書（要件①）
　有印文書とは、印章又は署名のある文書をいう〈共〉。
　cf. 無印文書とは、印章も署名もない文書をいう

二　「文書」・「図画」の意義（要件②）
　1　「文書」とは、文字又はこれに代わる符号を用い、ある程度持続的に存続しうる状態で、意思又は観念を表示した物体をいう。
　　ex.1　黒板に白墨で書いたものは「文書」にあたりうるが、砂浜に書かれたものは「文書」ではない
　　ex.2　単に思想を表現したにすぎない小説・詩歌・書画等の芸術作品は「文書」ではない
　2　「図画」とは、文書のうち象形的符号を用いたものをいう。

三　偽造（要件③）
　1　「偽造」とは、名義人でない者が名義を冒用して文書を作成すること（名義人と作成者の人格の同一性を偽ること）をいう〈司〉。
　　(1)　名義人とは、文書の記載内容から理解されるその意思内容の主体をいう。
　　(2)　作成者とは、現実に文書の内容を表示した者をいう。
　　　法律上の文書においては、作成者につき事実説と観念説〈刑〉の対立がある。
　　　事実説：作成者を、実際に文書作成を行った者とする説
　　　観念説：作成者を、文書内容を表示させた意思の主体とする説
　　　ex.　甲は、運転免許証を持っていなかったが、身分証明書として利用しようと考え、某県公安委員会が発行した乙の運転免許証の写真を甲の写真に変えた。判例の立場に従うと、他人の運転免許証の写真を自己のものに変えることは、文書の本質的部分に変更を加えるものであるから、運転免許証の他の部分に変更を加えていなくても、甲には有印公文書偽造罪が成立する〈司共〉

325

［第155条］　　　　　　　　　　　　　　　　　　　　　　　　●文書偽造の罪

2　名義人に他の文書と誤信させ署名・捺印させた場合も「偽造」となる（間接正犯）。

　　cf.　相手方を欺いて文書の記載内容を真実であると誤信させた上、その文書に署名・押印させて交付させた場合、詐欺罪（246）が成立することはあっても（大判昭2.3.26参照）、相手方が当該文書の内容を認識している以上、私文書偽造罪は成立しない〈共〉

3　名義人に実在性は必要なく、一般人が当該名義人が実在すると誤信するおそれのある場合は、死亡者・架空人等の名義を冒用することも、「偽造」にあたりうる〈共〉。

　　ex.　甲は氏名を隠してA会社に就職しようと考え、同社に提出する目的で、履歴書用紙に、架空の氏名として「乙」などと記載し、その氏名の横に「乙」と刻した印鑑を押した上、甲自身の顔写真をはり付けた履歴書を作成した。判例の立場に従うと、甲がA会社に就職して勤務する意思を有していた場合でも、履歴書の名義人と作成者との人格の同一性に齟齬があるので、甲には有印私文書偽造罪が成立する〈回〉

▼　**大阪地判平8.7.8・百選Ⅱ90事件**

　　「偽造」といえるためには、当該文書が一般人をして真正に作成された文書であると誤認させるに足りる程度の形式・外観を備えていることが必要であるが、その判断にあたっては、当該文書の客観的形状のみならず、当該文書の種類・性質や社会における機能、そこから想定される文書の行使の形態等をも併せて考慮しなければならない。この点、イメージスキャナー等の電子機器を通して、間接的に相手方に提示・使用される状況等を念頭に置けば、別人の氏名等を記載した紙片を置きメンディングテープで全体が覆われた運転免許証も、一般人をして真正に作成された文書であると誤認させる程度であると認められる。

▼　**東京地判平22.9.6・平23重判6事件**

　　被告人が、有効期限の徒過した駐車禁止除外指定車標章を利用して、有効期限等の年月日部分に紙片を差し込み、これを収納したビニールケースと密着させ東京都公安委員会作成名義の駐車禁止除外指定車標章1通を作成した行為について、当該紙片は真正な記載と酷似しており標章と密着してこれと一体化することにより、あたかも正規の外観を呈するものであったこと、同標章は警察官等がフロントガラス越しに確認するというものであることからすれば、本件標章は一般人をして東京都公安委員会が作成した真正な公文書と信じさせるに足る程度の外観を備えたものといえる。

四　「行使の目的」（要件④）

　　行使の目的とは、他人をして偽造文書を真正・真実な文書と誤信させようとす

●文書偽造の罪 ［第155条］

る目的をいう。法益侵害結果を主観的要素の形で取り込むものであり、主観的違法要素である。文書の本来の用法に従ってその文書を使用する目的がなくても、何人かによって真正・真実な文書として誤信される危険があることを意識している以上、行使の目的がある。

たとえば、A県立高校教諭である甲が、同校を中途退学した乙から「父親に見せて安心させたい。それ以外には使わないからA県立高校の卒業証書を作ってくれ。」と頼まれ、乙の父親に呈示させる目的で、A県立高校校長丙名義の卒業証書を丙に無断で作成した場合であっても、甲には公文書偽造罪が成立する（最決昭42.3.30参照）〈同共〉。

《論　点》

◆　**コピー・ファクシミリの文書性**

1　コピー

コピーを、原文書としてではなくコピーとして用いる目的で偽造する場合、①コピーが偽造の客体となる「文書」にあたるのか、②「文書」にあたるとした場合、名義人は誰なのか、について見解が対立する。

(1)　コピーの文書性

従来、偽造罪の客体となる文書は原本でなければならないとされてきた。それは社会の信用が専ら原本に置かれていたからである。ところが、科学技術の発達により、原本をそのままそっくり複写するコピーが出現した。これが社会一般で利用されるに至って、コピー自体に原本類似の機能と信用が形成され、それ自体の真正を刑法的に保護する必要性が生じてきている。そこで、罪刑法定主義の枠を踏まえたうえで、コピーの文書性が問題とされるようになった。

［第155条］　　　　　　　　　　　　　　　　　　　　　　　　●文書偽造の罪

＜コピーの文書性＞

学説	肯定説（最判昭51.4.30・百選Ⅱ88事件）〈共〉	否定説
理由	① 公文書偽造罪は、公文書に対する公共的信用を保護法益とするものであるから、その客体となる文書は原本に限る必要はなく、原本と同一の内容を有し証明文書としてこれと同様の社会的機能と信用性を有する限り、写しも含まれる ② 手書きの写しは、写し作成者の意識が介在しうるので信用性を欠き、写し作成者の意識内容の表現としかみられないが、コピーは機械的に正確な複写版であって同一内容の原本の存在だけでなく原本の内容についてまで信用させる特質をもつ ③ この解釈は文書概念の内容的充実であって、罪刑法定主義には反しない	① 写しは、原本の存在と内容を証明するものであり、そこに表現されるべき意識内容も「一定の内容の原本が存在すること」であるがこれは記載されていない。そして、写しの証明力がいかに量的に高められても写しである限り質的転換をとげ、原本と同視されるには至らない ② コピーも合成的方法による作為を介入させることは容易だから信用性には限界があり、むしろコピーを安易に信用する風潮に歯止めをかけるべきである ③ コピーの社会的機能を重視しその信用を刑法的に保護するとしても、それを現行法の解釈によって行うのは罪刑法定主義に反するので、立法をまつべきである

＊　裁判例（東京地判昭55.7.24）は、「公文書偽造罪に関する最高裁判例の示す『文書』の意義に関する判断は、私文書偽造罪における『文書』の意義に関してもひとしく妥当し、これと別異の概念を定立すべき要を認めない」とした上で、私文書の写しも有印私文書偽造罪の客体となる旨判示している〈予〉。

(2)　名義人は誰か

　　仮にコピーが原本に準ずるものとして文書性が認められるとしても、公文書に改変を加えたコピーが、155条の公文書、すなわち「公務所若しくは公務員の作成すべき文書」といえるか。このことは、裏を返せば、文書の名義人は誰であるかという問題である。

＜文書コピーにおける名義人は誰か＞

学説	公文書説（最判昭51.4.30・百選Ⅱ88事件）	私文書説
理由	原本の一部を利用して、あたかもある名義人が作成した原本のコピーであるかのような虚偽の文書を作り悪用することは名義人が許容するものではないから公文書の偽造となる	原本と同一内容の写しをとることは私人の自由として許されている
作成者	コピーの作成者	コピーの作成者
名義人	原本名義人である公務所・公務員	コピーの作成者

328

●文書偽造の罪 [第155条]

(3) 有印公文書か無印公文書か

＜文書コピーは有印公文書か無印公文書か＞

学説	有印説（最判昭 51.4.30・百選 Ⅱ 88 事件）	無印説
理由	原本の意識内容を直接的に伝播保有するというコピーの特質に着目してその文書性が認められたのであるから、コピー上に印章・署名が複写されている以上、原本名義人の印章・署名のある公文書と扱うのが妥当である	コピーもやはり写しには違いないのであり、コピーされている印影はまさに写しであって、コピー自体に認証印が押印されているのと同じ信用性があるとはいえない

2 ファクシミリ

「文書」といえるための要件として、①機械的方法により、あたかも真正な原本を原形通り正確に複写したかのような形式・外観を有するものであること、②文書の性質上、原本と同様の社会的機能と信用性を有するものであること、というコピーに関する最高裁判例を踏襲したうえで、ファクシミリによる文書の写しが公文書偽造罪の客体としての文書としての要件をみたした公文書にあたるとした裁判例がある。

∵① ファクシミリも、真正な原本を原形通り正確に複写した形式・外観を有する写しを作成する機能を有するものである

② ファクシミリによる文書の写しは、一般には、同一内容の原本が存在することを信用させ、原本作成者の意識内容が表示されているものと受け取られることから、証明用文書としての社会的機能と信用性がある

〔有印公文書変造罪、2項〕
《構成要件要素》
① 公務所・公務員が押印・署名した文書・図画を
② 「変造」すること

《注 釈》
◆ 「変造」
1 「変造」とは、作成権限のない者が真正に成立した文書の非本質的部分に変更を加えることをいう。
2 「変造」は、非本質的部分に不法な変更を加え、新たな証明力を有する文書を作り出すことに限られ、本質的な部分を改変し同一性を失った場合は「偽造」となる。
(1) 変造の例
ex.1 郵便貯金通帳の貯金受け入れ年月日の改ざん
ex.2 登記済証に記載されている抵当権欄の登記順位の番号の変更
(2) 偽造の例（同一性を失った場合）

各論

329

［第156条］　　　　　　　　　　　　　　　　　　　　　　●文書偽造の罪

　　ex.1　免許証等の写真の貼り替え◀団
　　ex.2　完全に失効した文書を加工して新たな文書を作り出す行為

〔無印公文書偽造・変造罪、3項〕

《構成要件要素》

　①　公務所・公務員の作成すべき（作成した）文書・図画を
　②　「偽造」・「変造」すること

《その他》

・偽造公文書を用いて相手方を欺罔した場合、本罪と詐欺罪（246）の牽連犯（54
　Ⅰ後段）となる。

【虚偽公文書作成等罪】

第156条　（虚偽公文書作成等）

　公務員が、その職務に関し、行使の目的で、虚偽の文書若しくは図画を作成し、又
は文書若しくは図画を変造したときは、印章又は署名の有無により区別して、前2条
の例による。

《構成要件要素》

　①　「公務員」が
　②　「その職務に関し」
　③　「行使の目的」で
　④　「虚偽の文書」・「図画」を「作成」し、又は「文書」・「図画」を「変造」した
　　こと

《注　釈》

一　「公務員」

　1　職務上、当該文書を作成する権限を有している必要がある（作成権限ある公
　　務員を身分とする真正身分犯）◀供。
　2　形式上の決裁権者でない補助的公務員であっても、実質的に作成権者と評価
　　しうる場合には、上司の決裁を経ず（あるいは形式的な決裁を経て）、内容虚
　　偽の文書を作成すれば本条の問題になる（最判昭51.5.6・百選Ⅱ91事件）。

▼　最判昭51.5.6・百選Ⅱ91事件

　　「公文書偽造罪における偽造とは、公文書の作成名義人以外の者が、権限なし
　に、その名義を用いて公文書を作成することを意味する。そして、右の作成権
　限は、作成名義人の決裁を待たずに自らの判断で公文書を作成することが一般
　的に許されている代決者ばかりでなく、一定の手続を経由するなどの特定の条
　件のもとにおいて公文書を作成することが許されている補助者も、その内容の
　正確性を確保することなど、その者への授権を基礎づける一定の基本的な条件
　に従う限度において、これを有しているものということができる。」

330

●文書偽造の罪 ［第156条］

二 「虚偽の文書……を作成」

　捜査機関又は裁判所書記官が人の供述を録取する場合には、供述自体の内容を正確に録取することが重要であり、内容が虚偽であってもそのまま記載されなければならないので、虚偽の内容を記載した場合でも虚偽公文書作成罪は当然に成立しない。

　　ex. 司法警察員甲が乙に対する事情聴取を行ったところ、乙は客観的事実と異なる供述をした。甲は、同供述が客観的事実と異なることが分かったものの、乙の供述をそのまま録取した供述調書を作成し、これに自ら作成者として署名押印した。この場合、甲に虚偽公文書作成罪は成立しない〈司〉

《論 点》

◆ **虚偽公文書作成罪の間接正犯**〈司〉

　公文書の作成権限のない者が、作成権限のある公務員を欺罔し、虚偽の内容の公文書を作成せしめた場合、虚偽公文書作成罪（156）の間接正犯が成立するか。①身分犯の間接正犯は可能か、②157条との権衡、との関係で問題となる。

1　非身分者に身分犯の間接正犯が成立するか

　虚偽公文書作成罪は、公文書の作成権限を有する公務員を主体とする身分犯である。そこで、非身分者である作成権限のない者は本罪の主体となりえず、間接正犯は成立しないのではないかが問題となる。

　　甲：肯定説

　　　　∵　非身分者も身分者を通じて法益侵害が可能である以上、法益侵害行為たる実行行為は可能であり、真正身分犯でも間接正犯は成立しうる

　　乙説：否定説

　　　　∵　実行行為概念を形式的に理解する

2　157条との権衡

　上記1で肯定説に立った場合、157条が虚偽公文書作成罪の間接正犯のうちの一部を特に処罰していることから、それ以外の場合に虚偽公文書作成罪の間接正犯が成立するかが次に問題となる。

(1)　私人が主体となる場合

　判例（最判昭27.12.25）は、作成を促した者が私人である場合には、虚偽公文書作成罪の間接正犯の成立を否定している〈司〉。

　　　∵　157条は、156条に比して著しく刑罰が軽いことから、公務員でない者の虚偽公文書作成罪の間接正犯については、157条が成立する場合以外を処罰しない趣旨であると解される

(2)　作成権限のない公務員が主体となる場合

　作成権限のない公務員は、「その職務に関し」という要件をみたす限り、虚偽公文書作成罪の間接正犯が成立する（最判昭32.10.4・百選Ⅱ92事件）

[第156条]　　　　　　　　　　　　　　　　　　　　　　●文書偽造の罪

〈共〉。

3　フローチャート

右のフローチャートは、公文書の作成権限のないYが、作成権限のある公務員Xを欺いて虚偽の内容の公文書を作成させた場合を念頭に置き、その結論に至る思考過程を視覚化したものである。「157条との権衡」以下では、甲説と乙説とに分岐しているが、上記2のとおり、判例は乙説に立っている。

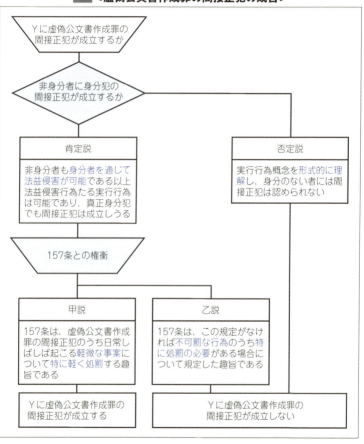

＜虚偽公文書作成罪の間接正犯の成否＞

●文書偽造の罪 [第157条]

▼ **最判昭32.10.4・百選Ⅱ92事件**

作成権限者たる公務員の職務を補佐して公文書の起案を担当する職員が、内容虚偽の文書を起案し、情を知らない上司をして署名もしくは記名・捺印せしめ、もって内容虚偽の公文書を作らせた場合には、**虚偽公文書作成罪の間接正犯**が成立する。

【公正証書原本不実記載等罪】

第157条 （公正証書原本不実記載等）

Ⅰ　公務員に対し虚偽の申立てをして、登記簿、戸籍簿その他の権利若しくは義務に関する公正証書の原本に不実の記載をさせ、又は権利若しくは義務に関する公正証書の原本として用いられる電磁的記録に不実の記録をさせた者は、5年以下の懲役又は50万円以下の罰金に処する。

Ⅱ　公務員に対し虚偽の申立てをして、免状、鑑札又は旅券に不実の記載をさせた者は、1年以下の懲役又は20万円以下の罰金に処する。

Ⅲ　前2項の罪の未遂は、罰する。

[趣旨] 本罪は、特に重要な証明力を有する公文書であって、私人の申告に基づいて作成される公文書につき、記載内容の真正を担保する必要上、虚偽公文書作成罪（156）の間接正犯のうち、特定の場合を独立罪として処罰した。

《構成要件要素》

〔公正証書原本不実記載罪、1項〕

① 「公務員に対し虚偽の申立てをして」

② 「登記簿、戸籍簿その他の権利若しくは義務に関する公正証書の原本に不実の記載をさせ」又は「権利若しくは義務に関する公正証書の原本として用いられる電磁的記録に不実の記録をさせた」こと

〔免状等不実記載罪、2項〕

① 「公務員に対し虚偽の申立てをして」

② 「免状、鑑札又は旅券に不実の記載をさせた」こと

《注　釈》

一　要件①について

　1　「公務員」

　　登記官、公証人のように、公正証書の原本に記入し又は原本として用いられる電磁的記録に記録する権限を有する公務員をいう。

　(1)　公務員は、当該記載・記録事項が不実であることを知らないことを要する。

　(2)　不実であることを知って記載・記録した場合

　　→当該公務員が実質的審査権を有する場合には、虚偽公文書作成罪（156）・公電磁的記録不正作出罪（161の2Ⅱ）が成立する。なお、上記公

各

論

333

［第 157 条］　　　　　　　　　　　　　　　　　　　　　　●文書偽造の罪

務員と申立人との間に共謀がある場合は、申立人には、虚偽公文書作成罪（156）・公電磁的記録不正作出罪（161 の 2 Ⅱ）の共同正犯が成立する🈴

→申立人は、公正証書原本不実記載罪の故意で 156 条・161 条の 2 第 2 項の共同正犯又は教唆犯にあたる行為をしたのであるから、法定的符合説によれば、軽い本罪が成立する

2　「虚偽の申立て」

(1)　「虚偽の申立て」とは、真実に反することを申し立てることをいう。

不動産の権利に関する登記の申請が「虚偽の申立て」にあたるか否かについては、登記実務上許容されている例外的な場合を除き、当該登記が当該不動産に係る民事実体法上の物権変動の過程を忠実に反映しているか否かという観点から判断すべきであるとした（最判平 28.12.5・平 29 重判 4 事件）。

ex.　所有権移転の原因が贈与であるのに、売買によるとの虚偽の申立てをし、その旨、不動産登記簿に記載させた場合は、「虚偽の申立て」にあたる🈩

→前掲判例（最判平 28.12.5・平 29 重判 4 事件）は、登記が「不実の記録」にあたるか否かについても同様の観点から判断すべきであるとしている

(2)　申立事項の内容に虚偽が含まれる場合に限らず、申立人に関して虚偽が含まれる場合も「虚偽の申立て」にあたる。

二　要件②について

1　「権利若しくは義務に関する公正証書」

公務員が、その職務上作成する文書であって、利害関係人のために、権利・義務に関する一定の事実を公的に証明する効力を有するものをいう。「権利若しくは義務」は公法上・私法上のものであると、財産上・身分上のものであるとを問わない。

ex.　戸籍簿、土地台帳

2　「権利若しくは義務に関する公正証書の原本として用いられる電磁的記録」

公務員がその職務上作成する電磁的記録であって、利害関係人のために、その権利・義務に関する一定の事実を公的に証明しうる機能を有し、公正証書の原本としての地位を与えられているものをいう。

3　「不実の記載」・「不実の記録」

(1)　「不実の記載」とは、存在しない事実を存在するものとし、又は存在する事実を存在しないものとして記載することをいう。なお、中間省略登記は、「不実の記載」にあたらない。

(2)　「不実の記録」とは、事実に反する情報を入力して電磁的記録に記録することをいう。

●文書偽造の罪 [第158条]

三 他罪との関係

判例（大判昭 9.12.10）は、本罪は虚偽の申立ての結果、内容虚偽の記載のある公正証書や免状等の交付を受けるという行為をも包含して処罰するものと解されるから、別途詐欺罪は成立しないとする《同》。

【偽造公文書行使等罪】

第158条 （偽造公文書行使等）

Ⅰ 第154条から前条までの文書若しくは図画を行使し、又は前条第1項の電磁的記録を公正証書の原本としての用に供した者は、その文書若しくは図画を偽造し、若しくは変造し、虚偽の文書若しくは図画を作成し、又は不実の記載若しくは記録をさせた者と同一の刑に処する。

Ⅱ 前項の罪の未遂は、罰する。

《構成要件要素》

・154条から157条までの「文書」・「図画」を「行使」したこと、又は157条1項の「電磁的記録」を「公正証書の原本としての用に供した」こと。

→行使の客体となる「文書」・「図画」は、行使の目的をもって作成されたものである必要はない《判》《同共》

cf. 偽造通貨交付罪（148 Ⅱ）や偽造有価証券交付罪（163 Ⅰ）とは異なり、偽造公文書を客体とする交付罪は刑法上存在しない《共》

《論 点》

◆ 「行使」の意義《同》

1 「行使」とは、偽造・変造又は虚偽作成にかかわる文書を、真正文書又は内容の真実な文書として他人に認識させ、又は認識しうる状態に置くことをいう。

では、自動車を運転するに際し偽造運転免許証を携帯するだけで、偽造公文書行使罪の「行使」にあたるか。

甲説：偽造運転免許証の携帯は「行使」にあたるとする説

∵ 運転免許証は警察官から呈示を求められたらこれに従わなければならないから、携帯すること自体がそれを呈示しているといえる

←携帯は呈示の準備段階にすぎず、この段階で他人の閲覧しうる状態が作出されたと考えることは困難である

乙説：偽造運転免許証の携帯のみでは「行使」にあたらないとする説（最大判昭 44.6.18・百選Ⅱ 99 事件）《同共》

∵ 自動車を運転するに際し偽造運転免許証を携帯しているにとどまる場合には、未だこれを他人の閲覧に供しその内容を認識しうる状態に置いたものとはいえない

ex. 甲は、自ら不正に作成した偽造有印公文書である自動車運転免許

[第159条]　　　　　　　　　　　　　　　　　　　　　　●文書偽造の罪

証を携帯して自動車を運転中、制限速度違反を警察官Ｘに現認され、自動車運転免許証の提示を求められたので、どのみち免許証の偽造が発覚するであろうとあきらめ、偽造したものである旨申告して前記偽造に係る自動車免許証をＸに提示した。この場合、甲に偽造有印公文書行使未遂罪は成立しない⟨判⟩

2　「行使」というためには、偽造・変造又は虚偽作成にかかる文書自体が、真正文書又は内容の真実な文書の外観を有するものであることが必要であるから、その文書の内容、形式を口頭で他人に告知するだけでは足りず、当該文書自体を他人に示す必要がある⟨判⟩⟨判⟩

なお、有効期間が３か月あまり経過している偽造運転免許証を提示した場合であっても、警察官をして、真正に作成されたものであって行為者が運転免許証を受けたものであると誤信させるに足りる外観を具備していたことが明らかである場合には、その偽造運転免許証の提示は偽造公文書の「行使」にあたる（最決昭52.4.25）⟨判⟩。

【私文書偽造等罪】

> ### 第159条　（私文書偽造等）
>
> Ⅰ　行使の目的で、他人の印章若しくは署名を使用して権利、義務若しくは事実証明に関する文書若しくは図画を偽造し、又は偽造した他人の印章若しくは署名を使用して権利、義務若しくは事実証明に関する文書若しくは図画を偽造した者は、３月以上５年以下の懲役に処する。
>
> Ⅱ　他人が押印し又は署名した権利、義務又は事実証明に関する文書又は図画を変造した者も、前項と同様とする。
>
> Ⅲ　前２項に規定するもののほか、権利、義務又は事実証明に関する文書又は図画を偽造し、又は変造した者は、１年以下の懲役又は１０万円以下の罰金に処する。

《構成要件要素》

〔有印私文書偽造罪、1項〕

① 「権利、義務若しくは事実証明に関する文書若しくは図画」を

② 他人の印章若しくは署名を使用して又は偽造した他人の印章若しくは署名を使用して⟨司共⟩　⇒ p.325

　　ex. 甲は、行使の目的で、乙を債務者とする乙名義の金銭借用証を勝手に作成した。判例の立場に従うと、同借用証に乙の氏名の記載はあるが、その押印がなかった場合でも、甲には有印私文書偽造罪が成立する⟨司⟩

③ 「行使の目的」で

④ 「偽造」したこと⟨司⟩

　　ex. 甲は、乙所有の建物の売買契約書を会員制クラブの入会申込書であると偽って乙に示し、乙をしてその旨誤信させてその売買欄に署名押印さ

●文書偽造の罪　　　　　　　　　　　　　　　　　　　　　　　　　　　　　　［第159条］

せた。この場合、甲には有印私文書偽造罪の間接正犯が成立する〈司〉

〔有印私文書変造罪、2項〕

① 「他人が押印し又は署名した権利、義務又は事実証明に関する文書又は図画」を

② 「行使の目的」で

③ 「変造」したこと

　　ex.　郵便貯金通帳の貯金受入年月日又は払戻年月日を改ざんする場合（大判昭11.11.9）〈予〉

〔無印私文書偽造・変造罪、3項〕

① 「権利、義務又は事実証明に関する文書又は図画」を

② 「偽造」又は「変造」したこと

　　→解釈上、行使の目的が要求されている

《注　釈》

◆ 「権利、義務若しくは事実証明に関する文書若しくは図画」

　　1　権利義務に関する文書・図画とは、権利又は義務の発生・存続・変更・消滅の法律効果を生じさせることを目的とする意思表示を内容とする文書をいう。

　　2　事実証明に関する文書　⇒下記一

《論　点》

一　「事実証明に関する文書」の意義

　　「事実証明に関する文書」の典型として、推薦状・履歴書等があるが、いかなるものをその対象とするかについては、その意義とともに争いがある。

　　ex.　Xが偽名を用いて自動車登録事項等証明書の交付を受けようと企て、自動車登録事項等証明書の交付請求書に偽名による署名・押印をしたうえ、これを陸運局支局係員に提出して行使した場合、かかるXに有印私文書偽造罪・同行使罪が成立するか（右交付請求書が「事実証明に関する文書」にあたるかが問題となる）

各

論

337

[第159条]　　　　　　　　　　　　　　　　　　　　　　　　　●文書偽造の罪

　＜「事実証明に関する文書」の意義＞

学説	甲説〈判〉	乙説
内容	「事実証明に関する文書」：実生活に交渉を有する事項を証明するに足りる文書	「事実証明に関する文書」：法律上何らかの意味を有する社会生活上の利害関係のある事実の証明に関する文書、あるいは、より限定して法律上の問題となりうべき事実の証明に役立つ文書
理由	本条の文理からすると、基本的には私文書一般を保護の対象としているとみるべきである	反対説のように解するとその範囲が無限定となり、本条1項が、「権利、義務若しくは事実証明に関する文書」に限定した趣旨が没却される
帰結	交付請求書は、誰がいつ自動車登録事項等証明書の交付請求をしたかという事実を証明しうるものであるから、「事実証明に関する文書」に該当する →Xには、有印私文書偽造罪・同行使罪が成立する	交付請求書は、何人もその目的・意図とは関係なく作成しうるものであり、専ら請求日時を証明するものにすぎないから、「事実証明に関する文書」に該当しない →Xには、有印私文書偽造罪・同行使罪は成立しない
判例	＜最決平6.11.29・百選Ⅱ89事件＞ 司共 　私大の入試に関し、いわゆる替え玉受験を行うために解答用紙の氏名欄に、実際には受験していない者の氏名を記入して答案を作成し、試験監督者に提出して行使したという事案につき、以下のように判示して有印私文書偽造・行使罪を認めた 　「本件入学選抜試験の答案は、試験問題に対し、志願者が正解と判断した内容を所定の用紙の解答欄に記載する文書であり、それ自体で志願者の学力が明らかになるものではないが、それが採点されて、その結果が志願者の学力を示す資料となり、これを基に合否の判定が行われ、合格の判定を受けた志願者が入学を許可されるのであるから、志願者の学力の証明に関するものであって、『社会生活に交渉を有する事項』を証明する文書に当たると解するのが相当である」	

二　代理名義の冒用 司共 司H24

　Xは、Aの代理人でもないのに「A代理人X」名義の文書を行使の目的をもって作成した。Xに文書偽造罪は成立するか。偽造とは名義を冒用して文書を作成することをいうから、「A代理人X」名義文書の名義人が誰であるのかが問題となる。

●文書偽造の罪　　　　　　　　　　　　　　　　　　　　　　　　　　　　　　［第159条］

＜代理名義の冒用＞ 予R元

学説	甲説	乙説 （最決昭45.9.4・百選Ⅱ93事件）	丙説
作成者	X		
名義人	「X」（代理人）	「A」（本人）	「A代理人X」
理由	「A代理人」というのは資格を示す肩書で文書の内容の一部をなすものであり、Xは自分の意思をその文書に表明している者であるから、その作成名義はXである	代理名義の文書は、本人に法律効果が帰属する形式の文書であるから、文書に対する公共の信用を保護する文書偽造罪との関係では本人が名義人となる	代理名義の文書においては、代理人の氏名の表示と代理資格の表示とが一体となって1つの作成名義をなしている
批判	① 私文書の場合は代理名義冒用の大部分が不可罰として放置されることになり、不合理である ② そこで、無形偽造説の論者は、159条3項は代理資格の冒用による無形偽造を含む趣旨であると解釈するが、なぜ本条に代理資格の冒用による無形偽造だけが含まれるかの根拠は不明であり、条文解釈としてかなり苦しい	文書の名義に関しては、文書に実際に表示された作成名義が大切で、代理・代表名義の文書の場合、実際に意思を表示したXを名義人とみざるを得ず、本人Aを名義人とみるのは無理がある	ことさらそのような技巧を凝らすまでもなく単に本人を名義人と解すれば足りる
結論	無形偽造 →不可罰（可罰説もある）	有形偽造 →私文書偽造罪成立	有形偽造 →私文書偽造罪成立

＊　代理人の権限濫用

　　代理名義の冒用の場合は、代理権を欠く者が代理名義を冒用した場合であるが、では、一応代理権限を有する者が、その権限を悪用・濫用した場合はどうなるか。

　　判例は、権限内の行為であれば地位や資格の濫用があっても、無形偽造であり、無権限又は権限逸脱の場合に初めて偽造罪で処罰しうるとして事案解決していると解されている。

　　そこで、権限内の濫用行為にすぎないか、それとも無権限ないし権限逸脱かという判断をできるだけ明確化することが要請される。

各論

[第159条]　　　　　　　　　　　　　　　　　　　　　　●文書偽造の罪

＜私文書偽造と代理人の権限濫用＞

権限濫用とされた例	銀行の支配人のように他人の代表者又は代理人として代表・代理名義又は直接本人の商号を用いて文書を作成する権限ある場合、その地位を濫用して、自己又は第三者の利益を図る目的で文書を作成しても、右文書の私法上の効果に影響はないから、文書偽造罪は成立しない（予）
権限逸脱とされた例	本人の承諾を得ていない土地に承諾範囲を超えた金額の債務のため抵当権を設定する旨を記載した借用証書を作成する行為は、私文書偽造罪を構成する

三　人格の同一性の判断〈予R2〉

　「偽造」とは、作成権限のない者が他人の名義を冒用して文書を作成することであるが、名義が他人のものであったかどうかは、氏名の同一性ではなく、文書の名義人と作成者との「人格の同一性」という視点で捉えられる。

1　通称名の使用〈予〉

　ex.1　服役中に逃走したXは義弟と同一の氏名を使用して生活していたが、無免許運転罪の疑いで検挙された際に義弟A名義を使用した事案

　　　→私文書偽造罪が成立する（最判昭56.12.22）

　　　　　∵　A名義はある限られた範囲内でXを指称するものとして通用していたにすぎない

　ex.2　日本に密入国したYが、20年以上にわたってB名義を勝手に使用し通称として定着した後に、当該通称名を使用して再入国許可申請書を作成した事案

　　　→私文書偽造・行使罪が成立する（最判昭59.2.17・百選Ⅱ94事件）

　　　　　∵　申請書に記載された「B」から認識される人格は適法に日本在留を許されたBであって、Yとは別の人格である

2　資格の冒用〈司共〉

　ex.1　弁護士でないXが、Xを真実の弁護士Xと誤信したAから調査依頼を受け、Aから弁護士報酬を得ようとして、自己と同姓同名の真実の弁護士X名義の「弁護士報酬請求について」と題する文書を作成した事案

　ex.2　被告人は国際運転免許証（「道路交通に関するジュネーブ条約」に基づき、締約国又は権限ある当局等でなければ発給することができない）に酷似した文書を作成し、発給者として国際旅行連盟という団体が表示されていたが、国際旅行連盟なる団体が国際運転免許証の発行権限を与えられた事実はなかった事案

　　　→私文書偽造罪が成立する（最決平15.10.6・百選Ⅱ96事件）

　　　　　∵　本件文書の記載内容、性質などに照らすと、ジュネーブ条約に基づく国際運転免許証の発給権限を有する団体により作成さ

340

●文書偽造の罪 ［第159条］

れているということが本件文書の社会的信用性を基礎付けるものといえるから、本件文書の名義人は、『ジュネーブ条約に基づく国際運転免許証の発給権限を有する団体である国際旅行連盟』であると解すべき

→本件作成行為は文書の名義人と作成者との間の人格の同一性を偽るものである

＜私文書偽造と資格の冒用＞

	作成者	名義人	理由	結論
甲説（最決平5.10.5・百選Ⅱ95事件）〈同〉	X	弁護士X	資格を詐称した場合でも、①当該文書の記載内容、②当該文書を受け取った者との関係を考慮して、名義人が誰かを決めるべき ① 実際に真実の弁護士Xが存在しており、その文書の記載内容は弁護士報酬の請求に関するものとして弁護士が業務として作成する書面の内容を有している ② 文書を受け取ったAはXを真実の弁護士と誤信して調査依頼した者である	人格の同一性に齟齬あり →私文書偽造罪が成立する
乙説		X	「弁護人X」という文書の作成は、文書の内容としての単なる資格・肩書の冒用にすぎない	人格の同一性に齟齬なし →私文書偽造罪は成立しない

※ 甲説でも、一般のホテルの宿泊名簿に資格・肩書を偽った記名をしてもホテルにとって人格の同一性について齟齬が生じるおそれはないから、文書偽造罪は成立しない（結論は、具体的事情により異なる）。

3 偽名の記載

ex. 就職しようと考えたXが、自らの顔写真を貼り付けた履歴書の作成にあたり、虚偽の生年月日、住所、経歴等を記載したうえ、偽名Aを用いた事案

→私文書偽造罪が成立する（最決平11.12.20・百選Ⅱ〔第7版〕95事件）

〈同共〉

∵ 履歴書の性質・機能に照らし、「A」の意思・観念が表示されているとみるべきであるから、名義人は「A」と解すべきであり、責任を引き受ける意思を有する顔写真の人物、すなわち「AことX」が名義人と解すべきではない

四 名義人の承諾

名義人の承諾を得ていた場合は作成名義の冒用とはいえないことから偽造罪は

［第160条］　　　　　　　　　　　　　　　　　　　　　　　　　●文書偽造の罪

成立しないのが原則である。そこで、交通事件原票の供述書においても、名義人の承諾さえあれば他人名義で作成しうるのかが問題となる。

ex.　道路交通法に違反して検挙されたＸが、交通事件原票の供述書末尾に他人Ｙの事前の承諾の下に「Ｙ」と署名した行為につき有印私文書偽造罪が成立するか

＜私文書偽造における名義人の承諾＞ 司H29

学説		理由	批判
消極説		①　名義人の承諾がある以上、名義人が文書の作成者となり、名義人と作成者は一致する ②　形式主義の下では、文書作成の不真正性が重要なのであり、作成行為の不適法性・文書の無効性は重要でない	人格の同一性が厳格に要求される文書においては、同意があっても、文書偽造罪の保護法益である文書に対する公共的信用が害される
積極説	違法目的の承諾の効果を否定する立場	名義人の承諾は適法な目的でなされることを要する	なぜ違法目的の承諾の効果が否定されるのかの論拠が明確でない
	自署性を要求する立場	文書の性質上、その名義人自身による作成だけが予定されている文書については、事前に名義人の同意があっても、その名義人は表示された意思・観念の主体となりえない 共	消極説の理由

※　判例（最決昭56.4.8・百選Ⅱ97事件）は、交通切符中の供述書の性質上、名義人以外の者が作成することは法令上許されないということを根拠として私文書偽造罪の成立を認めた（積極説）共。

【虚偽診断書等作成罪】

第160条　（虚偽診断書等作成）予H29

医師が公務所に提出すべき診断書、検案書又は死亡証書に虚偽の記載をしたときは、３年以下の禁錮又は30万円以下の罰金に処する。

《構成要件要素》

①　「医師」が 司共
→私人としての医師であることが必要（真正身分犯）
　cf.　公務員である医師（国立病院の医師等）の行為の場合は、虚偽公文書作成罪が成立する

②　「公務所に提出すべき診断書、検案書又は死亡証書」に 司共
→「診断書」：医師が診察の結果得た判断を表示し、人の健康上の状態を証明するために作成する文書

● 文書偽造の罪 ［第161条～第161条の2］

「検案書」：死後初めて死体に接した医師が死亡の事実を医学的に確認した結果を記載した文書

「死亡証書」：生前から診断にあたっていた医師が患者の死亡時に作成する診断書

③ 「虚偽の記載」をしたこと（無形偽造）

→解釈上、行使の目的（公務所に提出する目的）が要求されている

【偽造私文書等行使罪】

第161条　（偽造私文書等行使） 予H29

Ⅰ　前2条の文書又は図画を行使した者は、その文書若しくは図画を偽造し、若しくは変造し、又は虚偽の記載をした者と同一の刑に処する。

Ⅱ　前項の罪の未遂は、罰する。

《構成要件要素》

① 159条、160条の「文書」・「図画」を

② 「行使」すること　⇒ p.335

ex. 甲は、事務所として使用しているマンションの家主に対し、滞納している家賃を確実に返済できることを証明してその信用をえるための手立てとして、甲がC社に対して多額の債権を有していることを示すべく、自ら不正に作成した偽造有印私文書であり、貸主甲、借主C社とする両社名義の金銭消費貸借契約書を真正な文書として司法書士Dに示し、同契約書に基づく公正証書の作成の代理嘱託を同人に依頼した。この場合、甲に偽造有印私文書行使罪が成立する 司

【電磁的記録不正作出罪・同供用罪】

第161条の2　（電磁的記録不正作出及び供用）

Ⅰ　人の事務処理を誤らせる目的で、その事務処理の用に供する権利、義務又は事実証明に関する電磁的記録を不正に作った者は、5年以下の懲役又は50万円以下の罰金に処する。

Ⅱ　前項の罪が公務所又は公務員により作られるべき電磁的記録に係るときは、10年以下の懲役又は100万円以下の罰金に処する。

Ⅲ　不正に作られた権利、義務又は事実証明に関する電磁的記録を、第1項の目的で、人の事務処理の用に供した者は、その電磁的記録を不正に作った者と同一の刑に処する。

Ⅳ　前項の罪の未遂は、罰する。

【趣旨】本罪は、情報化社会の進展に伴い、文書偽造の罪ではまかなえない有害行為を処罰し、もって電磁的記録に対する公共の信用を保護する。本罪の規定により、文書概念に電磁的記録が含まれないことが明確になった。

343

［第161条の2］　　　　　　　　　　　　　　　　　　　　　●文書偽造の罪

《構成要件要素》
〔私電磁的記録不正作出罪、1項〕〔公電磁的記録不正作出罪、2項〕
① 人の「事務処理の用に供する権利、義務又は事実証明に関する電磁的記録」
　（Ⅰ）又は1項の電磁的記録で「公務所又は公務員により作られるべき」もの
　（Ⅱ）を
　　　→「権利、義務」に関する電磁的記録：権利・義務の発生・存続・変更・消
　　　　　　　　　　　　　　　　　　　　　滅に関する事実の証明にかかる電磁
　　　　　　　　　　　　　　　　　　　　　的記録
　　　ex.　銀行の預金元帳ファイル、乗車券、勝馬投票券
　　　「事実証明」に関する電磁的記録：法律上あるいは社会生活上重要な事実
　　　　　　　　　　　　　　　　　　　の証明にかかる電磁的記録
　　　ex.　キャッシュカードの磁気ストライプ部分、会計帳簿ファイルの記録
② 「人の事務処理を誤らせる目的」で（目的犯）
　　　→「人の事務処理を誤らせる目的」：当該電磁的記録に基づいて行われる他人
　　　　　　　　　　　　　　　　　　　　の正常な事務処理を害し、その本来意図
　　　　　　　　　　　　　　　　　　　　していたものとは異なったものにする目
　　　　　　　　　　　　　　　　　　　　的
③ 「不正に作った」こと
　　　→「不正に」：電磁的記録作出権者すなわち、コンピュータ・システムを設置
　　　　　　　　　　し、それによって一定の事務処理を行い、又は行おうとしてい
　　　　　　　　　　る者の意思に反して、権限なしに、又は権限を逸脱して、自己
　　　　　　　　　　のほしいままに電磁的記録を作り出すこと〈同〉
　　　ex.1　勝馬投票券の磁気ストライプ部分に的中券のデータを印磁して改ざ
　　　　　　んすること
　　　ex.2　キャッシュカードの磁気ストライプ部分の預金情報を改ざんすること
　　　ex.3　会社の経理担当者として、同社のパソコン記憶装置内の会計帳簿ファ
　　　　　　イルにデータを入力する権限を有している者が、自己の横領行為を
　　　　　　隠蔽するため、同ファイルに虚偽のデータを入力して記憶させること
　　　　〈同〉
　　　→「作」る：記録の媒体に電磁的記録を新たに生じさせること

〔不正作出電磁的記録供用罪、3項〕
① 「不正に作られた権利、義務又は事実証明に関する電磁的記録」を
② 人の事務処理を誤らせる目的で（目的犯）
③ 「人の事務処理の用に供した」こと
　　　→「用に供した」：不正に作出された電磁的記録を、他人の事務処理のため、
　　　　　　　　　　　　これに使用される電子計算機において用いうる状態に置く
　　　　　　　　　　　　こと

344

●有価証券偽造の罪 ［第162条］

・第18章・【有価証券偽造の罪】

《保護法益》

有価証券に対する一般的・社会的信用である。不正な有価証券により不利益を被る者の財産的利益を中心に考える見解もある。

【有価証券偽造罪・同虚偽記入罪】

第162条 （有価証券偽造等）

Ⅰ 行使の目的で、公債証書、官庁の証券、会社の株券その他の有価証券を偽造し、又は変造した者は、3月以上10年以下の懲役に処する。

Ⅱ 行使の目的で、有価証券に虚偽の記入をした者も、前項と同様とする。

〔有価証券偽造罪、1項〕

《構成要件要素》

① 「行使の目的」で（目的犯）

② 「公債証書、官庁の証券、会社の株券その他の有価証券」を

③ 「偽造」又は「変造」したこと

《注 釈》

一 客体

1 「公債証書、官庁の証券、会社の株券その他の有価証券」

「有価証券」とは、財産上の権利が証券に表示されており、その表示された権利の行使又は処分につき証券の占有を必要とするものをいう〈同〉。

→商法と異なり、流通性は不要である〈判〉

2 「その他の有価証券」の例

ex. 手形、小切手、貨物引換証、鉄道乗車券、商品券、宝くじ

cf. 郵便貯金通帳、無記名定期預金証書などは「有価証券」にあたらない

二 行為

1 「偽造」

「偽造」とは、権限を有しない者が、他人の名義を冒用して有価証券を作成することをいう。

⑴ 作成権限を逸脱して他人名義の有価証券を作成した場合も「偽造」となる。

ex.1 銀行の取締役が銀行業務の執行と無関係に手形の裏書をして銀行印を押捺する行為〈判〉

ex.2 組合長名義の約束手形の作成権限はすべて専務理事に属するものとされ、単なる起案者・補助役として手形作成に関与していたにすぎない漁協組合の参事が、組合長又は専務理事の決済・承認を受けることなく手形を作成することは、たとえ商法上の支配人としての地位にあったとしても、有価証券偽造罪にあたる（最決昭43.6.25・百選Ⅱ98

345

[第163条]　　　　　　　　　　　　　　　　　　　●有価証券偽造の罪

　　　　　事件）
　　(2)　架空人名義の有価証券でも、一般人が真正に成立した有価証券と誤信しう
　　　　　る場合は、「偽造」となる《判》。
　2　「変造」
　　　「変造」とは、権限を有しない者が、真正に成立した他人名義の有価証券に
　　不正に変更を加えることをいう。
　　　　ex.　手形の振出日付又は受取日付の改ざん、小切手の金額欄の金額数字の
　　　　　　改ざん《判》《同》
　　＊　有価証券の本質的部分に変更を加えれば、新たに有価証券を作成したこと
　　　になるから、「変造」ではなく「偽造」となる《共》。
　　　　ex.1　通用期間を経過し効力を失った鉄道乗車券の終期に改ざんを加え、
　　　　　　なお有効であるかのように装ったときは、有価証券偽造罪が成立する
　　　　　　《判》
　　　　ex.2　宝くじの番号を当選番号に改ざんしたときは、有価証券偽造罪が成
　　　　　　立する

　三　行使の目的
　　　真正な有価証券として使用する目的をいう。
　　　→通貨偽造の場合（⇒ p.320）と異なり、使用する目的があれば足り、必ずし
　　　　も転々流通させる目的は必要ない
　　　　ex.　取引先に対し自己の信用を誇示するためだけに有価証券を偽造した場合
　　　　　　も、「行使の目的」があるといえる

〔有価証券虚偽記入罪、2項〕
《構成要件要素》
　①　「行使の目的」で（目的犯）
　②　「有価証券」に
　③　「虚偽の記入」をすること
　　　「虚偽の記入」とは、有価証券に真実に反する記載をすることをいう。
　　　→判例（最決昭 32.1.17）は、作成権限のある者が内容虚偽の有価証券を発行
　　　　する行為（無形偽造）のみならず、有価証券がいったん成立した後の付随的
　　　　証券行為（裏書・引受け・保証等）につき、作成権限のない者が他人名義を
　　　　冒用する場合（有形偽造）も「虚偽の記入」に含まれるとしている

【偽造有価証券行使等罪】

第163条　（偽造有価証券行使等）

Ⅰ　偽造若しくは変造の有価証券又は虚偽の記入がある有価証券を行使し、又は行使
　の目的で人に交付し、若しくは輸入した者は、3月以上10年以下の懲役に処す
　る。

●支払用カード電磁的記録に関する罪

Ⅱ　前項の罪の未遂は、罰する。

《構成要件要素》

① 「偽造若しくは変造の有価証券又は虚偽の記入がある有価証券」を（Ⅰ）
② 「行使」し、又は「行使の目的で」「人に交付し」若しくは「輸入した」こと（Ⅰ）

《注　釈》

一　行為

1　「行使」の意義⟨司共⟩

(1)　「行使」とは、内容の真実な有価証券として使用することをいう。通貨の場合（⇒ p.321）と異なり流通に置く必要はなく、有価証券を他人の認識しうる状態に置くことによって既遂に達し、現実に他人が認識したことを要しない。

> ex.1　甲は、Aとのタレント契約交渉に際し、甲経営の会社資産や経営状況を疑っていたAを安心させてその信用を確保するため、別のタレントの支度金だと言って、自ら不正に作成した偽造小切手を真正なものとしてAに見せた。この場合、甲には偽造有価証券行使罪が成立する⟨司⟩

> ex.2　甲は、約束手形を偽造してこれを割引に出して利益を得ようと考え、自ら不正に作成したE社の振出しに係る約束手形1通を割引依頼のためにFに呈示したが、Fは、既に上記約束手形が偽造であることを甲の友人Gから聞いて知っていたため、割引依頼を断った。この場合、甲には偽造有価証券行使の未遂罪が成立する⟨司⟩

(2)　偽造手形の善意取得者が、後日偽造であることを知ったうえ、弁済の請求をするため真実の署名をなした手形債務者に対しこれを呈示する行為は、当然の権利行使であって、行使罪を構成しない⟨判⟩。

2　「交付」の意義

「交付」とは、情を知らない他人に偽造・変造・虚偽記入の有価証券であることの情を告げて、又は情を知っている他人にこれを与えることをいう。

二　詐欺罪との関係

偽造有価証券を行使して相手から金品を騙し取った場合、両者は牽連犯となる⟨判⟩⟨共⟩。

・第18章の2・【支払用カード電磁的記録に関する罪】

《保護法益》

支払用カードを用いて行う支払システムに対する公衆の信用である。

［第163条の2～第163条の5］　　　　　●支払用カード電磁的記録に関する罪

【支払用カード電磁的記録不正作出等罪、不正電磁的記録カード所持罪、支払用カード電磁的記録不正作出準備罪】

第163条の2　（支払用カード電磁的記録不正作出等）〈共〉

Ⅰ　人の財産上の事務処理を誤らせる目的で、その事務処理の用に供する電磁的記録であって、クレジットカードその他の代金又は料金の支払用のカードを構成するものを不正に作った者は、10年以下の懲役又は100万円以下の罰金に処する。預貯金の引出用のカードを構成する電磁的記録を不正に作った者も、同様とする。

Ⅱ　不正に作られた前項の電磁的記録を、同項の目的で、人の財産上の事務処理の用に供した者も、同項と同様とする。

Ⅲ　不正に作られた第1項の電磁的記録をその構成部分とするカードを、同項の目的で、譲り渡し、貸し渡し、又は輸入した者も、同項と同様とする。

第163条の3　（不正電磁的記録カード所持）〈同共〉

前条第1項の目的で、同条第3項のカードを所持した者は、5年以下の懲役又は50万円以下の罰金に処する。

第163条の4　（支払用カード電磁的記録不正作出準備）

Ⅰ　第163条の2第1項の犯罪行為の用に供する目的で、同項の電磁的記録の情報を取得した者は、3年以下の懲役又は50万円以下の罰金に処する。情を知って、その情報を提供した者も、同様とする。

Ⅱ　不正に取得された第163条の2第1項の電磁的記録の情報を、前項の目的で保管した者も、同項と同様とする。

Ⅲ　第1項の目的で、器械又は原料を準備した者も、同項と同様とする。

第163条の5　（未遂罪）

第163条の2及び前条第1項の罪の未遂は、罰する。

［趣旨］ クレジットカードその他の代金又は料金の支払用のカードの普及に鑑み、その社会的信頼を確保するために平成13年改正により新設されたものである。

《注　釈》

一　支払用カード電磁的記録不正作出罪（163の2Ⅰ）〈共〉

1　支払用カードを構成する電磁的記録

(1)　「支払用のカード」（163の2Ⅰ前段）とは、商品の購入、役務の提供等の対価を現金で支払うことに代えて、支払システムに用いるカードをいう。

ex.　クレジットカード（現金後払い）、デビットカード（預貯金の即時振り替え）

(2)　「預貯金の引出用のカード」（163の2Ⅰ後段）とは、郵便局、銀行等の金融機関が発行する預金又は貯金に関わるキャッシュカードをいう。

(3)　「電磁的記録」とは、支払システムにおける事務処理に用いるための情報

●支払用カード電磁的記録に関する罪 ［第163条の2～第163条の5］

が、所定のカードに電磁的方式で記録されているものをいう。

2 不正作出

⑴ 意義

「不正に作」るとは、権限なくして、支払用カードとして情報処理が可能な状態を作り出すことをいう。

ex. ひそかに取得したカード情報をカード板に印磁すること

⑵ 外観

真正なカードの外観を備えていることは不要である〈刑〉。

二 不正電磁的記録カード供用罪（163の2Ⅱ）

「用に供する」とは、不正に作出された支払用カード電磁的記録を、他人の事務処理のために用いることをいう。

ex. キャッシュカードをCD機に対して使用すること、クレジットカードをCAT（信用照会端末）に通させること

三 不正電磁的記録カード譲り渡し・貸し渡し・輸入罪（163の2Ⅲ）

1 「譲り渡し」とは、相手方に処分権を与える趣旨で物を引き渡すことをいう。

2 「貸し渡し」とは、相手方に貸与する趣旨で物を引き渡すことをいう。

ex. 不正に作成した自己名義の偽造クレジットカードを真正なクレジットカードとして他人に貸し渡した場合、不正電磁的記録カード貸渡し罪が成立する〈回〉。

3 「輸入」とは、不正電磁的記録カードを国外から国内に輸入することをいう。

四 不正電磁的記録カード所持罪（163の3）

「所持」とは、不正電磁的記録カードを事実上支配している状態に置くことをいう。

五 支払用カード電磁的記録不正作出準備罪（163の4）

1 「情報」（163の4Ⅰ）とは、支払用カードによって行われる支払決済システムによる情報処理の対象となる一連の情報をいう。

2 「取得」（163の4Ⅰ前段）とは、支払用・引出用カードを構成する電磁的記録情報を自己の支配下に移すことをいう。

ex.1 カードの磁気ストライプ部分の電磁的記録をコピーしてカード情報を盗み取ること

ex.2 一定の媒体に記録された同様の情報を記録媒体ごとに受け取ること

3 「提供」（163の4Ⅰ後段）とは、カードを構成する電磁的記録の情報を相手方が利用できる状態に置くことをいう。

4 「保管」（163の4Ⅱ）とは、情報を自己の管理・支配下に置くことをいう。

ex. パソコンのハードディスクに保存すること、情報の入っているスキーマやMO、CD、DVD等の記録媒体を所持すること

5 「器械又は原料を準備した」（163の4Ⅲ）

[第164条〜第166条]　　　　　　　　　　　　　　　　　　　　　●印章偽造の罪

　　(1)　「器械」（163 の 4 Ⅲ）とは、支払用・引出用カードを構成する電磁的記録
　　の不正作出に役立つ一切のものをいう。
　　　ex.　不正作出のためのパソコン・カードライター
　　(2)　「準備」（163 の 4 Ⅲ）とは、器械又は原料を用意して、不正支払用カード
　　の作出を容易にすることをいう。

《その他》
・163 条の 4 は、実質的には情報窃盗を罰するものである。
・構成要件的行為としての「譲り渡し」、「貸し渡し」（163 の 2 Ⅲ）とは、不正電
　磁的記録カードを人に引き渡す行為であって、処分権を与える場合が「譲り渡
　し」であり、これを伴わないのが「貸し渡し」である〈司〉。
・罪数関係
　①　163 条の 4 の罪である支払用カード電磁的記録不正作出準備罪に含まれる情
　　報の不正取得、保管及び提供の各罪は、それぞれ牽連犯（54 Ⅰ後段）となる。
　②　不正作出準備から不正作出に至った場合は、準備罪は共罰的事前行為とし
　　て不正作出罪に吸収されて、不正作出罪のみが成立することになる。
　③　不正作出罪、所持罪、供用罪は、それぞれ牽連犯（54 Ⅰ後段）となる。

・第19章・【印章偽造の罪】

《保護法益》
　印章・署名の真正に対する公共の信用である。

【御璽偽造罪・同不正使用等罪、公印偽造罪・同不正使用等罪、公記号偽造罪・同不正使用等罪、私印偽造罪・同不正使用等罪】

第164条　（御璽偽造及び不正使用等）
Ⅰ　行使の目的で、御璽、国璽又は御名を偽造した者は、2 年以上の有期懲役に処する。
Ⅱ　御璽、国璽若しくは御名を不正に使用し、又は偽造した御璽、国璽若しくは御名
　を使用した者も、前項と同様とする。

第165条　（公印偽造及び不正使用等）
Ⅰ　行使の目的で、公務所又は公務員の印章又は署名を偽造した者は、3 月以上 5 年
　以下の懲役に処する。
Ⅱ　公務所若しくは公務員の印章若しくは署名を不正に使用し、又は偽造した公務所
　若しくは公務員の印章若しくは署名を使用した者も、前項と同様とする。

第166条　（公記号偽造及び不正使用等）
Ⅰ　行使の目的で、公務所の記号を偽造した者は、3 年以下の懲役に処する。
Ⅱ　公務所の記号を不正に使用し、又は偽造した公務所の記号を使用した者も、前項
　と同様とする。

●不正指令電磁的記録に関する罪　　　　　　　　　　　　［第167条～第168条の2］

第167条　（私印偽造及び不正使用等）

Ⅰ　行使の目的で、他人の印章又は署名を偽造した者は、3年以下の懲役に処する。
Ⅱ　他人の印章若しくは署名を不正に使用し、又は偽造した印章若しくは署名を使用した者も、前項と同様とする。

第168条　（未遂罪）

第164条第2項、第165条第2項、第166条第2項及び前条第2項の罪の未遂は、罰する。

《注　釈》

一　「印章」

　　人の同一性を証明するために使用される象形（文字・符号）をいう。

二　「署名」

　　その主体たる者が自己の表章する文字によって氏名その他の呼称を表記したものをいう。商号、略号、屋号、雅号などの記載でもよい。

《その他》

・印章・署名の偽造が文書や有価証券の作成行為に用いられる場合、文書偽造罪や有価証券偽造罪が成立すれば、印章・署名の不正使用はそれらに吸収される。本罪は文書や有価証券の偽造行為が未遂に終わった場合、印章・署名が文書と独立に用いられる場合に問題となる。

・第19章の2・【不正指令電磁的記録に関する罪】

《保護法益》

　　コンピュータ・プログラムに対する公共の信用である。抽象的危険犯である。

【不正指令電磁的記録作成等罪】

第168条の2　（不正指令電磁的記録作成等）

Ⅰ　正当な理由がないのに、人の電子計算機における実行の用に供する目的で、次に掲げる電磁的記録その他の記録を作成し、又は提供した者は、3年以下の懲役又は50万円以下の罰金に処する。

①　人が電子計算機を使用するに際してその意図に沿うべき動作をさせず、又はその意図に反する動作をさせるべき不正な指令を与える電磁的記録

②　前号に掲げるもののほか、同号の不正な指令を記述した電磁的記録その他の記録

Ⅱ　正当な理由がないのに、前項第1号に掲げる電磁的記録を人の電子計算機における実行の用に供した者も、同項と同様とする。

Ⅲ　前項の罪の未遂は、罰する。

各論

[第168条の3]　　　　　　　　　　　　　　●不正指令電磁的記録に関する罪

《構成要件要素》
〔不正指令電磁的記録作成罪・提供罪、1項〕

① 「正当な理由がないのに」「人の電子計算機における実行の用に供する目的で」

② 「人が電子計算機を使用するに際してその意図に沿うべき動作をさせず、又はその意図に反する動作をさせるべき不正な指令を与える電磁的記録」（1号）又は

「前号に掲げるもののほか、同号の不正な指令を記述した電磁的記録その他の記録」（2号）を

③ 「作成」・「提供」したこと

〔不正指令電磁的記録供用罪、2項・3項〕

① 「正当な理由がないのに」

② 「前項第1号に掲げる電磁的記録を」

③ 「人の電子計算機における実行の用に供した」こと

《注　釈》

本条は、平成23年改正により、新設された。

1項は、不正指令電磁的記録、すなわちコンピュータ・ウイルスやその他の記録（ウイルスをアナログデータとして記録してある紙媒体の場合をいう）を作成、提供する行為を処罰するものである。

2項・3項は、コンピュータ・ウイルスの供用行為及びその未遂罪を処罰するものである。

【不正指令電磁的記録取得罪・保管罪】

> ### 第168条の3　（不正指令電磁的記録取得等）
>
> 　正当な理由がないのに、前条第1項の目的で、同項各号に掲げる電磁的記録その他の記録を取得し、又は保管した者は、2年以下の懲役又は30万円以下の罰金に処する。

《構成要件要素》

① 「正当な理由がないのに」

② 「前条第1項の目的で」

③ 「同項各号に掲げる電磁的記録その他の記録を」

④ 「取得」又は「保管」したこと

《注　釈》

平成23年改正により、新設された。

本条は、「人の電子計算機における実行の用に供する目的」で行われる、コンピュータ・ウイルス等の取得及び保管を処罰するものである（目的犯）。

●偽証の罪 ［第169条～第170条］

・第20章・【偽証の罪】

《保護法益》
国の審判作用（裁判、懲戒処分）の適正な運用である。

【偽証罪】

第169条 （偽証）
法律により宣誓した証人が虚偽の陳述をしたときは、3月以上10年以下の懲役に処する。

第170条 （自白による刑の減免）《共》
前条の罪を犯した者が、その証言をした事件について、その裁判が確定する前又は懲戒処分が行われる前に自白したときは、その刑を減軽し、又は免除することができる。

《構成要件要素》
① 「法律により宣誓した証人」が（身分犯）
② 「虚偽の陳述をした」こと

《注　釈》
一　「法律により宣誓した証人」
1　証言拒否権を有する者も、宣誓のうえ拒否権を行使せず偽証すれば、本罪に該当する。
2　宣誓は、法律の定める手続によりなされた有効なものでなければならない。
二　「虚偽の陳述」の意義　⇒下記一
三　罪数・他罪との関係
1　本罪は、1回の尋問手続における陳述全体を終了した時に既遂に達する《通》。国の審判作用が現実に害される必要はない（抽象的危険犯）《同》。
　　→虚偽の陳述を行っても、1回の尋問手続における陳述が終了するまでにこれを是正したときは、本罪を構成しない《判》
　　cf.　1回の証人尋問手続の間に数個の「虚偽の陳述」が行われても、単純一罪である
2　財物騙取の目的で訴訟を提起した者がその目的を遂げるために偽証した場合は、偽証罪と詐欺罪（246）との牽連犯（54Ⅰ後段）となる《判》。
3　民事訴訟により虚偽の債権を主張して裁判所を欺罔し財物を騙取しようとした者が、他人を教唆して偽証せしめた場合は、偽証教唆罪（61Ⅰ・169）と詐欺未遂罪（250・246）との牽連犯（54Ⅰ後段）である《判》。

《論　点》
一　「虚偽の陳述」の意義
偽証行為の中核は「虚偽の陳述」であるが、この「虚偽」の意義については争

各
論

353

[第169条〜第170条]　　　　　　　　　　　　　　　　　　●偽証の罪

いがある。

＜「虚偽の陳述」の意義＞ 司共予

学説	「虚偽」の意義	理由	批判
主観説 （大判大 3.4.29・ 百選Ⅱ 120 事件）	証人の記憶に反すること →故意は、陳述内容が自己の体験した事実に反していることの認識	① 証人の記憶は確実な信憑性を有するとは限らず、証人が自ら実際に体験したことだけを信頼できるものとして扱うよりないから、体験しない事実を陳述すること自体が国の審判作用を誤らせるものと解すべき ② 偽証罪は、行為者の心理的過程又は状態の表出と認められる行為が罪とされる表現犯である	① 証人の「内心と異なった発言をした」という義務違反そのものを処罰するのは妥当でない ② 偽証罪を表現犯と解し、主観的違法要素を認めることになる
客観説	客観的に真実に反すること →故意は、陳述内容が客観的事実に反していることの認識	証人がその記憶に反する陳述をしても、その内容が客観的真実に合致していれば、国の審判作用を害する危険はない	① 証人が、自己の記憶に反する事実を真実と信じて陳述したときは、真実でなかった場合でも故意が阻却され不可罰とならざるを得ず不都合である ② 証人は客観的真実を陳述する義務を負うことになるが、人的証拠としての意義を失い鑑定人と同じになる ③ 偽証罪を具体的危険犯に近づけて理解することになる

＜「虚偽の陳述」が問題となる具体的事例＞

		客観的に真実	客観的に虚偽
真実だと思う	記憶に合致	①	⑤
	記憶に反する	②	⑥
真実でないと思う	記憶に合致	③	⑦
	記憶に反する	④	⑧

各　論

●偽証の罪 [第169条～第170条]

<「虚偽の陳述」が問題となる事例における各学説からの帰結>

	①	②	③	④	⑤	⑥	⑦	⑧
主観説	×	○	×	○	×	○	×	○
客観説	×	×	×	×	× 故意阻却	× 故意阻却	○	○

（○：偽証罪が成立する）

二 被告人による偽証教唆の可罰性

被告人が自己の刑事被告事件について虚偽の陳述をしても偽証罪とはならないが、他人を教唆して自己の被告事件について偽証させた場合、偽証教唆罪（61 Ⅰ・169）が成立するか。

* 本論点に関しては、自己蔵匿・隠避行為の教唆、証拠隠滅の教唆の問題との整合性に留意して考える必要がある。 ⇒ p.278、284

<被告人による偽証教唆の可罰性>

	甲説	乙説	丙説
内容	犯人蔵匿・証拠隠滅と同様に教唆犯が成立する	犯人蔵匿・証拠隠滅と同様に教唆犯は成立しない	犯人蔵匿・証拠隠滅の場合には教唆犯は成立しないが、偽証罪の場合には教唆犯が成立する

各論

355

［第169条〜第170条］　●偽証の罪

各論

	甲説		乙説	丙説
	甲1説	甲2説		
理由	犯人蔵匿・証拠隠滅の場合と同様、他人を犯罪に陥れることまで期待可能性が欠けるとはいえない	① 被告人の教唆によって偽証した者が刑罰に処せられ教唆した本人が刑罰を免れるのは妥当でなく、他人を教唆して偽証させることは防禦権の範囲を超えている ② 積極的に裁判官の審判を誤らせる行為である偽証は、より可罰的であるべきである	① 自ら正犯として偽証しても処罰されないのであるから、共犯として他人に自己の刑事被告事件について偽証させてもその罪責を問うべきでないことは、証拠隠滅（偽造）罪との均衡上当然である ② 被告人の偽証教唆は自己の刑事被告事件に関する証拠隠滅（偽造）行為としてももと不可罰である	① 被告人が偽証罪の主体となりえないのは、刑事訴訟法上の制度的制約にすぎず、制度上証人適格を認めれば主体となりうるから、他人を偽証させる行為も当然許されない ② 証拠隠滅罪が証拠方法提出の段階もしくはそれ以前の不法な行為であって、それだけ審判の適正を誤らせる危険性は間接的で、犯罪性も比較的低いのに対して、偽証罪は直接証拠調べの段階における不法な行為であって審判の適正を誤らせる危険性はより直接的で、その犯罪性の程度は高い
批判	① 被告人による偽証教唆は自己の刑事事件に関する証拠隠滅行為（不可罰）に他ならない ② 共犯も正犯同様に法益侵害に対して因果性を及ぼす点に処罰根拠があるとする因果的共犯論からは説明が困難である ③ 他人を犯罪に引き込んだ点に共犯の処罰根拠を求める責任共犯論を採用するに等しい		① 教唆行為を実行行為と同視することになる ② 「証拠」には証言は含まれず、証人に偽証させることを証拠隠滅（偽造）行為の一態様と解することには論理の飛躍がある	偽証も、証拠隠滅と同様の自己庇護罪であるから、犯人蔵匿・証拠隠滅と区別して取り扱うべきでない

ex. 甲は、自己が被告人となっている公職選挙法違反事件の証人となったE
　　に対し宣誓の上で虚偽の陳述をするように依頼し、依頼どおりに虚偽の陳

●虚偽告訴の罪 ［第171条〜第173条］

述をさせた。この場合、判例の立場に従うと、甲には偽証教唆罪が成立する〈司〉

cf. 偽証罪には、105条のような刑の任意的免除の規定がないため、刑の免除をすることはできない〈司〉

【虚偽鑑定等罪】

第171条 （虚偽鑑定等）
法律により宣誓した鑑定人、通訳人又は翻訳人が虚偽の鑑定、通訳又は翻訳をしたときは、前2条の例による。

《構成要件要素》
① 「法律により宣誓した鑑定人、通訳人又は翻訳人」が（身分犯）
② 「虚偽の鑑定、通訳又は翻訳をした」こと
「虚偽」の意義については、偽証罪と同様、主観説と客観説の争いがある。
判例（大判明42.12.16）は、自己の所信に反する虚偽の陳述がたまたま客観的真実に符合していても、虚偽鑑定罪の成立を妨げないとして、主観説の立場に立っている。

《その他》
・自白による特例（170）が適用される。

・第21章・【虚偽告訴の罪】

《保護法益》
第一次的には国家作用の適正な運用、第二次的には個人の私生活の平穏である〈司〉。 ⇒ p.358

【虚偽告訴等罪】

第172条 （虚偽告訴等）
人に刑事又は懲戒の処分を受けさせる目的で、虚偽の告訴、告発その他の申告をした者は、3月以上10年以下の懲役に処する。

第173条 （自白による刑の減免）
前条の罪を犯した者が、その申告をした事件について、その裁判が確定する前又は懲戒処分が行われる前に自白したときは、その刑を減軽し、又は免除することができる。

《構成要件要素》
① 「人に刑事又は懲戒の処分を受けさせる目的」で（目的犯）
② 「虚偽の告訴、告発その他の申告をした」こと

各論

357

［第172条〜第173条］　　　　　　　　　　　　　　　　　　　　●虚偽告訴の罪

《注　釈》

一　行為

1　「虚偽」

客観的事実に反することをいう【判】〈司〉。

2　「申告」

⑴　申告の内容としての事実は、刑事又は懲戒処分の原因となりうる程度の具体的な内容をもったものでなければならない。

⑵　申告の程度は、捜査機関・懲戒権者らに、特定の犯罪事実又は職務規律違反の行為があることを認知させ、これに対して捜査又は懲戒権の発動を促す程度のものであることを要する。

cf.　責任無能力者を対象とする場合でも、国家の審判作用を誤らせるおそれがあるから、申告された事実が法律上処分を受ける適格を有しなくても、本罪の成立を妨げない【判】

⑶　申告の方式は問わない。告訴・告発の形式によらなくてもよく、口頭による申告も含まれる。

二　故意・目的

1　故意

申告すべき事実が虚偽であることの認識は、未必的認識で足りる【判】。

2　目的

他人が刑事等の処分を受けることがあるであろうという認識があれば足り、その処分を希望する意思は必要でない【判】。

三　既遂時期

本罪は、虚偽の申告が相当官署に到着することによって既遂となる。

1　文書が相当官署に到達し、捜査官などが閲覧しうる状態に置かれれば足り、現実に閲覧されたことや、検察官等が捜査に着手したとか起訴したことは必要でない【判】。

2　文書を郵便に付して申告する場合、発送しただけでは既遂にならず、到着したことを要する【判】。

《論　点》

◆　保護法益の捉え方に関する争いの実益

虚偽告訴の罪の保護法益については、前述のように、第一次的には国家作用の適正な運用、第二次的には個人の私生活の平穏であるとするのが通説である（個人の私生活上の平穏のみと捉える見解もある）。

この保護法益の対立の実益は、①被申告者の同意のある場合、②自己が犯人の身代りとなって処分を受ける目的で虚偽の申告をする場合（自己申告）、③虚無人に対する場合の虚偽告訴罪の成否、及びその理由付けに差異が生ずる点にある。以下、通説からの結論及び理由付けを説明する。

●わいせつ、強制性交等及び重婚の罪　　　　　　　　　　　　　　　　　　［第174条］

1　被申告者の同意のある場合
虚偽告訴罪が成立する〈共〉。
∵　第一次的には国家の審判作用が保護法益になっていると解する以上、被申告者の同意は無効であり、本罪の成立を妨げない

2　自己申告の場合
虚偽告訴罪は成立しない。
∵①　本罪は第二次的ながら、個人的法益に対する罪としての性格も具備する
　②　刑罰法規において「人」とは他人を意味し、行為者自身は含まれないと解されている
　③　実質的にも、自己についての虚偽告訴は稀で、処罰に値するだけの審判作用に対する類型的な危険性がない

3　虚無人に対する申告の場合
虚偽告訴罪は成立しない。
∵①　本罪は第二次的ながら、個人的法益に対する罪としての性格も具備する
　②　虚無人に対する場合は、人に刑事又は懲戒の処分を受けさせる「目的」を欠く
　③　実質的にも、架空人の場合には個人法益が侵害される可能性が皆無である

・第22章・【わいせつ、強制性交等及び重婚の罪】

【公然わいせつ罪】

第174条　（公然わいせつ）
　公然とわいせつな行為をした者は、6月以下の懲役若しくは30万円以下の罰金又は拘留若しくは科料に処する。

《保護法益》
社会の健全な性的風俗である。

《構成要件要素》
①　「公然と」
　→不特定又は多数人の認識しうる状態をいう〈判〉〈通〉。実際に認識される必要はない〈同共〉
　　ex.　甲は、人通りの多い道路上で、自己の陰部を露出させたが、偶然にも、通行人は誰もそれに気付かなかった。この場合、甲には公然わいせつ罪が成立する
②　「わいせつな行為」をしたこと
　→その行為者又はその他の者の性欲を刺激興奮又は満足させる動作であっ

359

[第175条]　　　　　　　　　　　　　　　●わいせつ、強制性交等及び重婚の罪

て、普通人の正常な性的羞恥心を害し善良な性的道義観念に反するもの
をいう

《注　釈》
・強制わいせつ行為を公然と行った場合は、公然わいせつ罪と強制わいせつ罪
（176）の観念的競合（54Ⅰ前段）となる◀判◀同。
　ex. 甲は公園内において、多くの人が見ている前で、乙に対し、その衣服全部
　　をはぎ取るなどして強いてわいせつな行為をした。この場合、甲には公然わ
　　いせつ罪と強制わいせつ罪が成立し観念的競合となる◀同

【わいせつ物頒布等罪】

> **第175条　（わいせつ物頒布等）**
>
> Ⅰ　わいせつな文書、図画、電磁的記録に係る記録媒体その他の物を頒布し、又は公
> 然と陳列した者は、2年以下の懲役若しくは250万円以下の罰金若しくは科料に
> 処し、又は懲役及び罰金を併科する。電気通信の送信によりわいせつな電磁的記録
> その他の記録を頒布した者も、同様とする。
>
> Ⅱ　有償で頒布する目的で、前項の物を所持し、又は同項の電磁的記録を保管した者
> も、同項と同様とする。

《保護法益》
社会の健全な性的風俗である。
　近年問題となっているサイバーポルノへの対応のために、平成23年に改正が行
われた。

《構成要件要素》
〔1項〕
　① 「わいせつな文書、図画、電磁的記録に係る記録媒体その他の物」を「頒
　　布」、「公然と陳列した」こと（前段）
　② 「電気通信の送信により」「わいせつな電磁的記録その他の記録」を「頒布」
　　した（後段）
〔2項〕
　① 「有償で頒布する目的」◀共で、
　② 「わいせつな文書、図画、電磁的記録に係る記録媒体その他の物」を「所持」
　　したこと、又は「わいせつな電磁的記録その他の記録」を「保管」したこと

《注　釈》
一　客体
　1 「わいせつ」とは、①徒らに性欲を興奮又は刺激せしめ、かつ、②普通人の
　　正常な性的羞恥心を害し、③善良な性的道義観念に反するものをいう◀判。こ
　　の定義を維持しつつも、実務におけるわいせつ概念は、我が国の社会通念を反
　　映して変化している。

●わいせつ、強制性交等及び重婚の罪　　　　　　　　　　　　　　　[第175条]

＜わいせつ性の判断基準に関する判例＞

わいせつの意義		＜最判昭 26.5.10、最大判昭 32.3.13・百選Ⅰ 47 事件（チャタレイ事件）＞ 　「徒らに性欲を興奮又は刺激せしめ且つ普通人の正常な性的羞恥心を害し善良な性的道義観念に反する」こと
わいせつの判断基準	科学作品・芸術作品「全体的考察方法」	＜最大判昭 44.10.15（悪徳の栄え事件）＞ 　文章の個々の章句の部分は全体としての文書の一部として意味をもつものであるから、その章句の部分のわいせつ性の有無は文書全体との関連において判断されなければならないとされ、性行為についての露骨な表現が一部に存在する作品であっても、その芸術性・文学性のゆえに性的刺激が緩和ないし昇華され、わいせつにあたらないことがありうる
	「全体的考察方法」の精密化	＜最判昭 55.11.28・百選Ⅱ 100 事件（四畳半襖の下張事件）＞ 　「性に関する露骨で詳細な描写叙述の程度とその手法、右描写叙述の文書全体に占める比重、文書に表現された思想等と右描写叙述との関連性、文書の構成や展開、さらには芸術性・思想性等による性的刺激の緩和の程度」の観点から、文書を「全体としてみて、主として、読者の好色的興味にうったえるものと認められるか否か」などの諸点から判断すべき

2　「文書」とは、文字により一定の意思内容を表示したものをいう。

3　「図画」とは、象形的方法により表示されたもの一般を指す。

　→現像・再生の作業を要する物も「図画」たりうる

4　「電磁的記録に係る記録媒体」は、「物」の例示であり、下記最決平 13.7.16・百選Ⅱ〔第 7 版〕101 事件を踏まえて、処罰範囲の明確化を図ったものといえる。

　　パソコンネットワークにおけるわいせつ画像のデータを記憶・蔵置させたコンピュータのハードディスク（最決平 13.7.16・百選Ⅱ〔第 7 版〕101 事件）等は、今後、「電磁的記録に係る記録媒体」にあたるものと解釈されることとなる。

二　行為

1　1 項

⑴　前段

　⒜　「頒布」とは、不特定又は多数人に対して有償又は無償で交付することをいう。特定人に対する 1 回限りの交付は「頒布」にあたらない〈固〉が、反復継続する意思があれば、たとえ特定人に対する 1 回限りの交付であっても「頒布」にあたりうる（大判大 6.5.19）〈供〉。

　　→平成 23 年改正により、「販売」・「頒布」との区別が廃止され、「頒布」に統一された

　　→「頒布」にあたるためには現実に交付・引渡しがなされることが必要である。そのため、わいせつ物を郵送したが、配送途中の事故により

361

［第175条］　　　　　　　　　　　　　　　　●わいせつ、強制性交等及び重婚の罪

　　到達せず、交付に至らなかった場合は、わいせつ物頒布罪は成立しな
　　い《同》
　　ex.1　書籍の通信販売事業を営んでいた甲は、日本語で書かれたわ
　　　　いせつ文書である小説を、外国語で書かれているかのように装
　　　　って複数の外国人に販売したが、これを購入した顧客はいずれ
　　　　も日本語の読解能力に乏しかったため、その小説の内容を理解
　　　　することができなかった。この場合、甲には、わいせつ物頒布
　　　　罪が成立する《同共》
　　ex.2　甲は友人の乙が誕生日を迎えることを知り、わいせつ図画で
　　　　あるDVD 1枚を購入した上、これをお祝いとして乙にプレゼ
　　　　ントした。この場合、甲にはわいせつ物頒布罪は成立しない《同》
(b)　「公然と陳列」するとは、不特定又は多数人が観覧し得る状態に置くこ
　　とをいう（最決昭32.5.22）。特定少数人のみが観覧し得る場合であって
　　も、それが不特定多数の者を勧誘した結果であれば、「公然と陳列」にあ
　　たりうる（最決昭33.9.5）《共》
　　ex.1　ビデオ、映画フィルムの映写
　　ex.2　録音テープの再生
　　ex.3　わいせつな画像データをパソコンネットワークに不特定多数の人
　　　　が容易に見られる形で流す行為（最決平13.7.16・百選Ⅱ〔第7版〕
　　　　101事件）
(2)　後段
(a)　「頒布」とは、不特定又は多数の者の記録媒体上に電磁的記録その他の
　　記録を存在するに至らしめることをいう（最決平26.11.25・百選Ⅱ101事
　　件）。

▼　**最決平26.11.25・百選Ⅱ 101事件**

　　日本国内の顧客に、わいせつ動画等のデータファイルを、日本国外のサーバ
コンピュータから各自のパソコンにダウンロードさせる方法により取得させた
事案において、「不特定の者である顧客によるダウンロード操作を契機とするも
のであっても、その操作に応じて自動的にデータを送信する機能を備えた配信
サイトを利用して送信する方法によってわいせつな動画等のデータファイルを
当該顧客のパーソナルコンピュータ等の記録媒体上に記録、保存させること」
は、わいせつな電磁的記録の「頒布」に当たるとした。

(b)　「電気通信の送信により」の具体例としては、電子メールやファックス
　　などによるものが挙げられる。
2　2項
　「有償で頒布する目的で、前項の物を所持」するとは、有償頒布目的で1項

●わいせつ、強制性交等及び重婚の罪　　　　　　　　　　　　　　　　　　　　［第176条］

に規定されたわいせつ物を行為者自身の事実上の支配の下に置くことをいう。本罪の保護法益は、日本国内の性的風俗・秩序であることから、有償頒布目的とは、日本国内において有償で頒布する目的をいう。したがって、日本国外で販売する目的にとどまる場合には、たとえ日本国内においてわいせつな映像が録画されたＤＶＤを所持していたとしても、処罰の対象とはならない（最判昭52.12.22）〈共〉。

▼　**東京高判平25.2.22・平25重判9事件**

　　日本国内の顧客に、わいせつ動画等のデータファイルを、日本国外のサーバコンピュータから各自のパソコンにダウンロードさせる方法により有償で頒布する目的で、ＤＶＤやハードディスクにわいせつな電磁的記録を保管した事案において、「ＤＶＤの複製販売等のほか、……ダウンロードに供することを目的として行うわいせつな電磁的記録の保管は、同条2項にいう『有償で頒布する目的』での保管に該当する」とした。

【強制わいせつ罪】

第176条　（強制わいせつ）

　13歳以上の者に対し、暴行又は脅迫を用いてわいせつな行為をした者は、6月以上10年以下の懲役に処する。13歳未満の者に対し、わいせつな行為をした者も、同様とする。

《保護法益》

個人の性的自由である。

《構成要件要素》

①　「13歳以上の者に対し、暴行又は脅迫を用いて」（前段）、又は「13歳未満の者に対し」（後段）

②　「わいせつな行為」をしたこと

《注　釈》

一　行為

　1　「わいせつ」の意義

　　　「わいせつ」とは、①徒らに性欲を興奮又は刺激せしめ、かつ、②普通人の正常な性的羞恥心を害し、③善良な性的道義観念に反するものをいう〈判〉。
　　　⇒ p.359

　　　ただ、強制わいせつ罪は個人の性的自由を直接侵害する罪である以上、公然わいせつ罪等のわいせつ概念よりも広く捉えられることになる。たとえば、相手の意思に反して接吻する行為など、単に人の正常な性的羞恥心を害するにすぎない行為であっても、本罪の「わいせつな行為」となる。

　2　「暴行」・「脅迫」の意義　⇒ p.404、423

［第176条］　●わいせつ、強制性交等及び重婚の罪

被害者の反抗を著しく困難ならしめる程度のものであることを要する◀通。

→暴行自体がわいせつ行為である場合も含む◀判

二　故意◀団

本条後段の罪については、被害者が13歳未満であることの認識が必要であり、13歳以上と誤信して、その者の同意に基づいてわいせつ行為をした場合は、事実の錯誤となり故意を阻却する◀予。

三　わいせつの意図・傾向の要否

本罪の主観的要件として、わいせつの意図又は傾向が必要か。たとえば、甲が専ら報復又は侮辱・虐待の目的で婦女を脅迫し、裸にして写真撮影を行った場合、かかる意図・傾向がないとして本罪は不成立とすべきかが問題となる。

かつての判例（最判昭45.1.29・百選Ⅱ〔第7版〕14事件）は、強制わいせつ罪が成立するためには、「犯人の性欲を刺激興奮させ又は満足させるという性的意図」という主観的要件が一律に必要であるとしていた（必要説）。したがって、かつての判例の立場に従うと、上記の事案では本罪は不成立となる。

しかし、近時の判例（最大判平29.11.29・百選Ⅱ14事件）は、かつての判例を明示的に変更し、以下のとおり判示した。

▼　最大判平29.11.29・百選Ⅱ14事件

事案：　甲は、インターネットを通じて知り合った第三者から、金銭を借用する条件として女児に対するわいせつ行為を撮影した画像データを送信するよう要求されたため、当時7歳であったAに対し、Aが13歳未満であることを知りながら、自身の陰茎を触らせる等の行為に及んだ。甲は、自己の性欲を刺激興奮させ、満足させる意図はなく、金銭目的で上記行為に及んだため、強制わいせつ罪は成立しない旨主張して争った。

判旨：　「今日では、強制わいせつ罪の成立要件の解釈をするに当たっては、被害者の受けた性的な被害の有無やその内容、程度にこそ目を向けるべきであって、行為者の性的意図を同罪の成立要件とする昭和45年判例の解釈は、……もはや維持し難い」。

もっとも、「刑法176条にいうわいせつな行為と評価されるべき行為の中には、強姦罪〔注：強制性交等罪〕に連なる行為のように、行為そのものが持つ性的性質が明確で、当該行為が行われた際の具体的状況等如何にかかわらず当然に性的な意味があると認められるため、直ちにわいせつな行為と評価できる行為がある一方、行為そのものが持つ性的性質が不明確で、当該行為が行われた際の具体的状況等をも考慮に入れなければ当該行為に性的な意味があるかどうかが評価し難いような行為もある。その上、同条の法定刑の重さに照らすと、性的な意味を帯びているとみられる行為の全てが同条にいうわいせつな行為として処罰に値すると評価すべきものではない。そして、いかなる行為に性的な意味があり、同条による処罰に値する行為とみるべきかは、規範的評価として、

●わいせつ、強制性交等及び重婚の罪　　　　　　　　　　　　　　　　［第177条］

その時代の性的な被害に係る犯罪に対する社会の一般的な受け止め方を考慮しつつ客観的に判断されるべき事柄であると考えられる」。

そうすると、「刑法176条にいうわいせつな行為に当たるか否かの判断を行うためには、行為そのものが持つ性的性質の有無及び程度を十分に踏まえた上で、事案によっては、当該行為が行われた際の具体的状況等の諸般の事情をも総合考慮し、社会通念に照らし、その行為に性的な意味があるといえるか否かや、その性的な意味合いの強さを個別事案に応じた具体的事実関係に基づいて判断せざるを得ないことになる。したがって、そのような個別具体的な事情の一つとして、行為者の目的等の主観的事情を判断要素として考慮すべき場合があり得ることは否定し難い。しかし、そのような場合があるとしても、故意以外の行為者の性的意図を一律に強制わいせつ罪の成立要件とすることは相当でなく、昭和45年判例の解釈は変更されるべきである」。

本件についてみると、甲の行為は、その行為そのものが持つ性的性質が明確な行為であるから、その他の事情を考慮するまでもなく、性的な意味の強い行為として、客観的にわいせつな行為であることが明らかであり、甲には強制わいせつ罪が成立する。

この判例の立場に従うと、「婦女を裸にして写真撮影する」という行為は、その行為そのものが持つ性的性質が明確な行為であるとは必ずしもいえない。そのため、当該行為の性質、被害者との関係、被害者の同意の有無等の諸般の事情を総合的に考慮して、わいせつな行為に当たるか否かが判断されることになる。

四　他罪との関係

強制わいせつ行為が公然となされた場合、強制わいせつ罪の保護法益（個人の性的自由）と公然わいせつ罪の保護法益（社会の健全な性的風俗・秩序）は互いに異なることから、強制わいせつ罪と公然わいせつ罪の両罪が成立し、両者は観念的競合となる（大判明43.11.17）〈珠〉。

【強制性交等罪】

> **第177条　（強制性交等）**
>
> 　13歳以上の者に対し、暴行又は脅迫を用いて性交、肛門性交又は口腔性交（以下「性交等」という。）をした者は、強制性交等の罪とし、5年以上の有期懲役に処する。13歳未満の者に対し、性交等をした者も、同様とする。

【平29改正】強姦罪として規定されていた改正前177条が改正され、処罰の対象となる行為が拡張されるとともに、法定刑の引上げが行われた。

《保護法益》

個人の人格的自由としての性的自由である。

［第177条］　　　　　　　　　　　　●わいせつ、強制性交等及び重婚の罪

《構成要件要素》

① 「13歳以上の者に対し、暴行又は脅迫を用いて」（前段）、又は「13歳未満の者」（後段）を

② 「性交、肛門性交又は口腔性交（以下「性交等」という。）をした」こと

《注　釈》

一　行為

「性交等」とは、性交、肛門性交又は口腔性交をいう。これには、行為者が、被害者の膣内、肛門内又は口腔内に自己又は第三者の陰茎を入れることに加え、自己又は第三者の膣内、肛門内又は口腔内に被害者の陰茎を入れる行為も含まれる。

改正前177条は、「姦淫した」行為を処罰するにとどまり、肛門性交及び口腔性交については、より法定刑の軽い強制わいせつ罪に該当するものと解されていたが、性交と同等の悪質性、重大性があると考えられることから、これらも強姦と同様に加重処罰の対象とされるに至った。

二　主体

処罰の対象となる行為が「姦淫」から「性交等」に拡大したことに伴い、本罪の主体は男性に限られず、女性も該当し得る⟨予⟩。

三　客体

改正前177条は、被害者を女性に限定していたが、被害の重大性は性別によって差はないと考えられたため、本罪の客体に男性も含まれる⟨予⟩。

四　実行行為

着手時期は、前段では手段となる暴行又は脅迫を開始した時点である（最判昭28.3.13）。後段では性交等の行為を開始した時点である。手段となる暴行・脅迫といえるには、性交等の遂行を可能とするような客観的事情が必要である。たとえば、被害者を車内で強制性交しようとする場合、被害者を車内に引きずり込もうとした時点で着手が認められる（最決昭45.7.28・百選Ⅰ62事件）が、被害者を欺罔して車内に連れ込んだだけでは着手は認められない⟨司共⟩。

五　法定刑の引上げ（集団強姦等罪（改正前178の2）・集団強姦等致死傷罪（改正前181 Ⅲ）の廃止）

財産犯である強盗罪の法定刑の下限（5年以上の有期懲役）との均衡及び性犯罪の悪質性・重大性に対する社会一般の評価の反映のため、平成29年改正により、強制性交等罪の法定刑が「3年以上の有期懲役」（改正前177）から「5年以上の有期懲役」（改正177）に引き上げられ、また、強制性交等致死傷罪の法定刑が「5年以上の懲役」（改正前181 Ⅱ）から「6年以上の懲役」（改正181 Ⅱ）に引き上げられた。

かかる法定刑の引上げによって、集団強姦行為は本罪の量刑評価の問題として対応すればよく、集団強姦等罪（改正前178の2）・集団強姦等致死傷罪（改正

●わいせつ、強制性交等及び重婚の罪　　　　　　　　　　　　　　　　　　　　［第178条］

前181Ⅲ）は廃止されるに至った。

六　親告罪（改正前180、229）の廃止◆判

　改正前180条は、強制わいせつ罪、強姦罪、準強制わいせつ罪及び準強姦罪並びにこれらの罪の未遂罪につき、親告罪としていた。しかし、親告罪であることにより、かえって被害者に精神的な負担を生じさせていることが少なくなく、これを解消する趣旨に基づき、これらの罪は非親告罪とされた。

　また、同じく被害者の精神的負担を解消する趣旨に基づき、わいせつ目的又は結婚目的の略取・誘拐罪等も非親告罪とされた。

【準強制わいせつ罪・準強制性交等罪】

第178条　（準強制わいせつ及び準強制性交等）

Ⅰ　人の心神喪失若しくは抗拒不能に乗じ、又は心神を喪失させ、若しくは抗拒不能にさせて、わいせつな行為をした者は、第176条の例による。

Ⅱ　人の心神喪失若しくは抗拒不能に乗じ、又は心神を喪失させ、若しくは抗拒不能にさせて、性交等をした者は、前条の例による。

《保護法益》

個人の性的自由である。

《構成要件要素》

①　「人の心神喪失若しくは抗拒不能に乗じ」、又は「心神を喪失させ」、若しくは「抗拒不能にさせて」

②　「わいせつな行為をした」（Ⅰ）こと、又は「性交等をした」（Ⅱ）こと

《注　釈》

◆　手段

　　自己又は第三者によって作出された状態を利用する場合をも含む点で昏酔強盗罪（239）の場合よりも広いことに注意が必要である◆共。

1　「心神喪失」とは、精神の障害により性行為についての正常な判断力を喪失している状態をいう。39条1項の「心神喪失」とは、必ずしも同一の観念ではない◆共。

2　「抗拒不能」とは、心神喪失以外において心理的又は物理的に抵抗することが不可能又は極めて困難な状態をいう。

　　　ex.　犯人と性交しなければ病気を治療できない等と騙して、性交行為を受け容れる他はないとの心理的、精神的状態に被害者を追い込んだ場合

3　「乗じ」には、行為者自ら抵抗困難な状態を作出する場合のみならず、第三者などによって作出された心神喪失又は抗拒不能の状態を利用する場合も含む。

4　手段は制限されていない（ex. 麻酔薬の注射、催眠術の施用など）。

　　　cf.　犯人が、反抗を著しく困難にする程度の暴行・脅迫を加え、その結果被

［第179条］ ●わいせつ、強制性交等及び重婚の罪

害者が失神している間に性交等をした場合、準強制性交等罪は成立せず、強制性交等罪（177）が成立する〈予〉

【監護者わいせつ罪・監護者性交等罪】

第179条 （監護者わいせつ及び監護者性交等）〈予〉

Ⅰ 18歳未満の者に対し、その者を現に監護する者であることによる影響力があることに乗じてわいせつな行為をした者は、第176条の例による。

Ⅱ 18歳未満の者に対し、その者を現に監護する者であることによる影響力があることに乗じて性交等をした者は、第177条の例による。

【平29改正】改正前刑法では、親子等の監護者及び被監護者の間で行われた性交等が、被害者の意思に反したものであっても、暴行又は脅迫の事実や心神喪失・抗拒不能の事実が認められない限り、強姦罪・準強姦罪は成立しない。しかし、かかる事実が認められなくとも、被害者が行為に応じざるを得ない場合や性的虐待の常態化により被害認識がない場合など、強姦罪・準強姦罪に当たる行為と同等の悪質性・当罰性が認められるものがある。そこで、そのような地位や関係性を利用した性的行為についても、刑法上の性犯罪として重く処罰する必要性があるとして、本罪が新設された。

《保護法益》

18歳未満の者の性的自由である。

《構成要件要素》

① 「18歳未満の者」に対し

② 「その者を現に監護する者であることによる影響力があることに乗じて」

③ 「わいせつな行為」（Ⅰ）、又は「性交等」（Ⅱ）をしたこと

《注　釈》

一　「現に監護する者」

1　「監護」とは、民法820条所定の「監護」（監督保護）と同様の意味であるが、法律上の監護権に基づくものでなくても、事実上、現に18歳未満の者を監督・保護する関係にあれば、「現に監護する者」に該当し得る。

ex. 実親、養親、養護施設等の施設の職員（ただし、個別具体的な事案による）

2　民法上の「監護」が親子関係を基本とする概念であることから、「現に監護する者」というためには、親子関係と同視し得る程度に、居住場所、生活費用、人格形成等の生活全般にわたって、依存・被依存又は保護・被保護の関係が認められ、かつ、その関係性に継続性が認められることが求められる。

→法律上の監護権を有する者であっても、実際に監護しているという実態がなければ、「現に監護する者」に当たらない

二　「影響力があることに乗じて」

●わいせつ、強制性交等及び重婚の罪 　　　　　　　　　[第180条〜第181条]

必ずしも積極的・明示的な作為であることを要するものではなく、黙示や挙動による影響力の利用もあり得る。他方、行為者が監護者であることを相手方に認識させなかった場合（ex. 行為者が覆面をして犯行に及んだ場合）には、「影響力があることに乗じて」に当たらない。

第180条 （未遂罪）
第176条から前条までの罪の未遂は、罰する。

【強制わいせつ・強制性交等致死傷罪】

第181条 （強制わいせつ等致死傷）
Ⅰ 第176条、第178条第1項若しくは第179条第1項の罪又はこれらの罪の未遂罪を犯し、よって人を死傷させた者は、無期又は3年以上の懲役に処する。
Ⅱ 第177条、第178条第2項若しくは第179条第2項の罪又はこれらの罪の未遂罪を犯し、よって人を死傷させた者は、無期又は6年以上の懲役に処する。

《保護法益》
個人の性的自由及び人の生命・身体である。

《構成要件要素》
〔強制わいせつ致死傷罪、1項〕
　①　176条、178条1項若しくは179条1項の罪又はこれらの罪の未遂罪を犯し
　②　「よって人を死傷させた」こと

〔強制性交等致死傷罪、2項〕
　①　177条、178条2項若しくは179条2項の罪又はこれらの罪の未遂罪を犯し
　②　「よって人を死傷させた」こと

《注　釈》
・死傷の結果は、わいせつ・性交等の行為による場合のみならず、手段としての暴行・脅迫による場合をも含む。

《論　点》
一　わいせつ・性交等の機会

死傷の結果は、手段たる暴行・脅迫から直接生じたものであることを要するか、それとも、わいせつ・性交等の機会に行われた暴行・脅迫から生じたもので足りるかが問題となる。

　　甲説：性交等行為ないし暴行・脅迫から直接生じたものに限る

　　　　∵①　強制わいせつ・強制性交等の行為に随伴して死傷の結果が生ずる可能性が高いため、特に生命・身体の保護を図ろうとして結果的加重犯を規定した本条の趣旨を重視すべきである

　　　　　②　本罪では強盗致死傷罪（240）と異なり「よって」という文言があるのだから、基本犯に内在する危険の範囲についてのみ結果的加

369

［第181条］　　　　　　　　　　　　　　　●わいせつ、強制性交等及び重婚の罪

　　　　　　　重犯の成立を認めるべきである

　　　③　強盗致死傷罪と同じように「機会」と捉えると、結果的加重犯と
　　　　しての性格が失われ、強制性交等致死傷罪の成立範囲が不当に広が
　　　　る

　乙説：わいせつ・性交等の機会に行われた密接関連行為から生じたもので足り
　　　　る

　　∵　甲説のように解すると、本罪の認められる範囲が狭くなり過ぎる

　　→熟睡により心神喪失状態の被害者にわいせつ行為をしたところ、気付か
　　　れ、その場から逃走するため被害者に加えた暴行により傷害を負わせた
　　　場合について、準強制わいせつ行為に随伴するものといえるとして強制
　　　わいせつ致傷罪の成立を認めた（最決平20.1.22・百選Ⅱ 15事件）共

二　死傷結果に故意ある場合団

　　女性がもし抵抗したら傷害（ないしは殺害）しても性交の目的を遂げようと思
　い、その通り実行した場合は、いかに処断されるか、死傷結果につき故意ある場
　合の処理が問題となる。

<強制性交の犯人が故意をもって死傷の結果を生じさせた場合>

	甲説	乙説	丙説	丁説 刊予	戊説
	181条は殺人の故意（傷害の故意）ある場合を含む		181条は殺人の故意（傷害の故意）ある場合を含まない		181条は殺人の故意ある場合は含まないが、傷害の故意ある場合は含む
成立罪名	傷害の故意ある場合 →強制性交致傷一罪	傷害の故意ある場合 →強制性交致傷一罪	傷害の故意ある場合 →強制性交・傷害の観念的競合	傷害の故意ある場合 →強制性交致傷・傷害の観念的競合	傷害の故意ある場合 →強制性交致傷一罪
	殺人の故意ある場合 →強制性交致死一罪	殺人の故意ある場合 →強制性交致死・殺人の観念的競合	殺人の故意ある場合 →強制性交・殺人の観念的競合	殺人の故意ある場合 →強制性交致死・殺人の観念的競合	殺人の故意ある場合 →強制性交と殺人の観念的競合

●わいせつ、強制性交等及び重婚の罪　　　　　　　　　　　　[第182条〜第184条]

	甲説	乙説	丙説	丁説 判・通	戊説
理由	181条は死傷の結果に故意ある場合を含むとする立場からは当然である	甲説を土台とし、刑のバランスを考慮	結果的加重犯である本罪には故意による行為は含まれるべきでない	丙説を土台とし、刑のバランスを考慮	181条の犯罪類型を刑事学的に考察した場合、殺人の故意のある場合は考えられないが、傷害の故意は未必の故意を含めれば、むしろ一般的に伴うものといえる
批判	強制性交の際に殺人の故意の存する場合は例外であり、立法者がそのような場合も含めて181条を規定したとは思われない 強制性交犯人による殺人の方が、単なる殺人と比べて刑が軽くなってしまう	① 致死の場合と致傷の場合とで取扱いが異なる ② 人の死亡という1個の事実を二重に評価することになる	傷害の故意ある場合の方がない場合より刑が軽くなってしまう	① 死傷の結果につき故意ある場合を含まないとする点と、重い結果に故意がある事案に181条を適用することとが両立しうるか疑問 ② 人の死傷という1個の事実を二重に評価することになる	条文上何ら書き分けられていない致傷と致死を別異に扱うのは、行き過ぎた実質的解釈である

【淫行勧誘罪、重婚罪】

第182条　（淫行勧誘）

　営利の目的で、淫行の常習のない女子を勧誘して姦淫させた者は、3年以下の懲役又は30万円以下の罰金に処する。

第183条　【姦通】　削除

第184条　（重婚）

　配偶者のある者が重ねて婚姻をしたときは、2年以下の懲役に処する。その相手方となって婚姻をした者も、同様とする。

《保護法益》

　社会の健全な性的風俗である。淫行勧誘罪（182）は被害者個人の性的自由、重婚罪（184）は家族生活の保護という側面もある。

[第185条～第186条]　　　　　　　　　　　　　　●賭博及び富くじに関する罪

・第23章・【賭博及び富くじに関する罪】

《保護法益》

勤労によって財産を取得するという健全な経済的風俗である◀判。

【単純賭博罪】

第185条　（賭博）

賭博をした者は、５０万円以下の罰金又は科料に処する。ただし、一時の娯楽に供する物を賭けたにとどまるときは、この限りでない。

《注　釈》

一　「賭博」の意義

「賭博」とは、偶然の事情にかかっている結果に関し財物を賭けることをいう。

→偶然の事情とは、客観的にではなく、当事者にとって不確定なことをいう

二　既遂時期

本罪は、挙動犯であり、勝負が開始されることにより直ちに既遂に達する。

【常習賭博罪・賭博場開張等図利罪】

第186条　（常習賭博及び賭博場開張等図利）

Ⅰ　常習として賭博をした者は、３年以下の懲役に処する。

Ⅱ　賭博場を開張し、又は博徒を結合して利益を図った者は、３月以上５年以下の懲役に処する。

〔常習賭博罪、１項〕

《構成要件要素》

① 「常習として」（不真正身分犯）◀判

→反復して賭博行為をする習癖のあることをいう

② 「賭博」をしたこと

《論　点》

◆ 「常習」性

常習賭博罪の「常習」性の判断基準について、常習性を行為者の属性として捉えるか、それとも、行為の属性と捉えるかが問題となる。

ex. それまで賭博の常習性を有しなかったＸが、賭博遊技機50台を設置して自己が胴元となり客を相手に賭博をするゲームセンターを開店したが、初日に客１人を相手に１万円の利益をあげたところで警察に摘発された場合、Ｘに常習賭博罪が成立するか

甲説：「常習」性は、行為者の属性であり、責任要素である

→Ｘは、それまで常習性を有しなかったのであるから、本罪の常習性があるとはいえない

●賭博及び富くじに関する罪 ［第187条］

∵　常習性は、人格形成の結果として犯罪傾向が強くなったものであ
り、大きい非難に値する

乙説：「常習」性は、行為の属性であり、違法要素である

→Xは、賭博遊技機が50台も設置されたゲームセンターを開店してい
るのであるから、本罪の常習性があるといえる

∵　186条は、常習として賭博をしたことを要件としているのであっ
て、常習者が賭博をしたことを要件としているのではない

〔賭博場開張図利罪、２項前段〕

《構成要件要素》

① 「賭博場を開張」して

② 「利益を図った」こと

《注　釈》

一　賭博場の開張

賭博場の「開張」とは、自ら主催者となり、その支配下において、賭博をさせる
場所を開設することをいう。設備のいかんを問わず、また一時的な開設でもよい。

二　既遂時期

図利目的をもって（目的犯）賭博場を開設すれば既遂に達し、現にその賭博場
で、賭博行為がなされたかどうかを問わない🈩。

〔博徒結合図利罪、２項後段〕

《構成要件要素》

① 「博徒を結合」して

→利益を図る意思で行われることが必要である（目的犯）

② 「利益を図った」こと

《注　釈》

◆　行為

1　「博徒」とは、常習的又は職業的に賭博を行う者をいう。

2　「結合」するとは、行為者自ら中心となって、博徒との間に親分・子分の関
係を結び、一定の区域内で賭博を行う便宜をこれに与えることをいう。

【富くじ発売等罪】

第187条　（富くじ発売等）

Ⅰ　富くじを発売した者は、２年以下の懲役又は150万円以下の罰金に処する。

Ⅱ　富くじ発売の取次ぎをした者は、１年以下の懲役又は100万円以下の罰金に処
する。

Ⅲ　前２項に規定するもののほか、富くじを授受した者は、20万円以下の罰金又は
科料に処する。

各論

373

［第188条〜第192条］　　　　　　　　　●礼拝所及び墳墓に関する罪

《注　釈》
・「富くじ」とは、一定の発売者があらかじめ番号札を発売しておき、その後、抽選その他の偶然性を有する手段を用いてその購買者の間に不平等な利益を分配することを指す。

・第24章・【礼拝所及び墳墓に関する罪】

《保護法益》
　宗教上の善良な風俗ないし国民の正常な宗教感情である。

【礼拝所不敬罪・説教等妨害罪、墳墓発掘罪、死体損壊等罪、墳墓発掘死体損壊等罪、変死者密葬罪】

第188条　（礼拝所不敬及び説教等妨害）

Ⅰ　神祠、仏堂、墓所その他の礼拝所に対し、公然と不敬な行為をした者は、6月以下の懲役若しくは禁錮又は10万円以下の罰金に処する。

Ⅱ　説教、礼拝又は葬式を妨害した者は、1年以下の懲役若しくは禁錮又は10万円以下の罰金に処する。

第189条　（墳墓発掘）

墳墓を発掘した者は、2年以下の懲役に処する。

第190条　（死体損壊等）

死体、遺骨、遺髪又は棺に納めてある物を損壊し、遺棄し、又は領得した者は、3年以下の懲役に処する。

第191条　（墳墓発掘死体損壊等）

第189条の罪を犯して、死体、遺骨、遺髪又は棺に納めてある物を損壊し、遺棄し、又は領得した者は、3月以上5年以下の懲役に処する。

第192条　（変死者密葬）

検視を経ないで変死者を葬った者は、10万円以下の罰金又は科料に処する。

〔死体損壊等罪、190条〕

《構成要件要素》
　①　「死体、遺骨、遺髪又は棺に納めてある物」を
　②　「損壊」、「遺棄」、又は「領得」したこと

《注　釈》
一　行為
　1　「損壊」とは、物理的に破壊することをいう。

●汚職の罪 ［第193条］

cf. 屍姦は、屍体を侮辱する行為ではあるが、「損壊」にはあたらない《判》

2 「遺棄」とは、習俗上の埋葬と認められる方法によらないで放棄することをいう。

(1) 死体を共同墓地に埋めても、それが習俗上の埋葬と認められない限り、「遺棄」にあたる《判》。

(2) 「遺棄」には、作為の場合の他、法律上の埋葬義務者については、死体をその場所に放棄する不作為も含まれる《司予》。

(3) 殺人犯人が死体を現場にそのまま放置する行為は、「遺棄」ではないが、犯跡を隠蔽しようとして移動させたり、隠匿したときは、「遺棄」にあたる。

3 「領得」とは、不法に占有を取得することをいう。

二 罪数

1 人を殺害後に死体を不法に損壊した場合

→殺人罪（199）と死体損壊罪の併合罪（45 前段）

2 人を殺害後に死体を遺棄した場合

→殺人罪（199）と死体遺棄罪の併合罪（45 前段）《判》

cf. 死体遺棄は、殺人行為の結果として行われていると考え、牽連犯（54 I 後段）とする見解がある

・第25章・【汚職の罪】

【公務員職権濫用罪】

第193条 （公務員職権濫用）

公務員がその職権を濫用して、人に義務のないことを行わせ、又は権利の行使を妨害したときは、2 年以下の懲役又は禁錮に処する。

《保護法益》

第一次的には国家の司法・行政作用の適正な運営であり、第二次的には職権濫用の相手方となる個人の法益である《通》。

《構成要件要素》

① 「公務員」が（真正身分犯）

② その「職権」を「濫用」して

③ 人に「義務のないことを行わせ」又は「権利の行使を妨害した」こと

《注 釈》

一 職権の濫用

1 「職権を濫用し」とは、一般的職務権限に属する事項について、不当な目的のために、不法な方法によって行為することを指す。

2 「職権」とは、公務員の一般的職務権限のすべてをいうのではなく、そのう

［第193条］　　　　　　　　　　　　　　　　　　　　　●汚職の罪

ち、職権行使の相手方に対し法律上・事実上の負担ないし不利益を生ぜしめる
に足りる特別の職務権限をいう（最決平元.3.14・百選Ⅱ 111 事件）〈同〉。

→「職権」は、必ずしも法律上の強制力を伴うものであることを要しない
（最決昭 57.1.28）〈同〉

→「職権」には個別・具体的に厳密な法的根拠は必要でない

3　「濫用」には単なる地位利用や不当な行為は含まれない。

4　公務員の不法な行為が職務としてなされたとしても、職権を濫用して行われ
ていないときは同罪が成立する余地はない。その反面、公務員の不法な行為が
職務とかかわりなくなされたとしても、職権を濫用して行われたときは同罪が
成立することがある（最決平元.3.14・百選Ⅱ 111 事件）〈同〉。

二　結果

1　「義務のないことを行わせ」とは、法律上全然義務がないのに行わせ、又は、
義務がある場合に不当・不法に義務の態様を変更して行わせることをいう。

2　「権利の行使を妨害し」の「権利」とは、法律上明記された権利に限らず、
法律上保護される利益であれば足りる〈同〉。

3　同罪の成立には、必ずしも職権行使の相手方の意思に直接働きかけ、それを
制圧することまで要しない（最決平元.3.14・百選Ⅱ 111 事件）〈同〉。

《論　点》

◆　職権行使の外観の要否

公務員の職権濫用行為は相手方が職権の行使であることを認識できるものに限
られるか。たとえば、警察官により密かに行われた電話の盗聴は、公務員職権濫
用罪を構成するか。

＜職権行使の外観の要否＞

	甲説	乙説
濫用行為の意義	相手方が職権行使であることを認識できる外観を備えたもので、相手の意思に働きかけ、影響を与えるものに限る（強要罪（223）と同じように考える）	職権をもつ者が客観的に職権を濫用した以上濫用行為にあたるから、被害者に職権の行使と認識させなくても職権濫用罪の行為にあたる

376

● 汚職の罪 [第194条]

	甲説	乙説
理由	強要罪は暴行・脅迫という手段・方法により相手方の意思・行動の自由を侵害し、義務のないことを行わせ、行うべき権利を妨害した場合に成立するように、法文の構成上強要罪と類似する職権濫用罪は、職権により相手方の意思に働きかけ、義務のないことを行わせ、行うべき権利を妨害した場合に成立すると解すべきである	① 職権濫用罪は、国民に対し法律上又は事実上の不利益を生ぜしめる効力を有する特別の権限を与えられている公務員が、その権限を濫用した結果として国民の自由・権利を侵害した場合を処罰し、もって公務の適正と個人の利益の保護を図ろうとするものであるから、国民の自由・権利を侵害する不利益を生ぜしめるような権限の不法な行使が認められる限り濫用行為はあったといえる ② 被害者に職権の行使と認識させなくても権利を妨害することは十分可能である
本問の帰結	職権濫用罪は成立しない	原則として職権濫用罪が成立する

※ 判例（最決平元.3.14・百選Ⅱ111事件）は、相手方の意思に働きかけることは濫用行為の不可欠の要素ではないとしつつも、「盗聴行為の全般を通じて終始何人に対しても警察官による行為でないことを装う行動をとっていた」ことを理由に、職権濫用罪にあたらないと判示した。

【特別公務員職権濫用罪】

第194条 （特別公務員職権濫用）

裁判、検察若しくは警察の職務を行う者又はこれらの職務を補助する者がその職権を濫用して、人を逮捕し、又は監禁したときは、6月以上10年以下の懲役又は禁錮に処する。

《構成要件要素》

① 「裁判、検察若しくは警察の職務を行う者」又は「これらの職務を補助する者」が
  →「裁判、検察、警察の職務を行う者」：裁判官、検察官、司法警察職員
  「補助する者」：裁判所書記官、検察事務官、司法警察員、森林・鉄道その他特別の事項について警察の職務を行う者など、その職務上補助者の地位にある者
  cf. 警察署長の委嘱を受けた少年補導員は、警察の「職務を補助する者」にはあたらない
② 「職権を濫用して」
③ 人を「逮捕し、又は監禁した」こと
  →通常の逮捕・監禁罪（220）よりも重く処罰する不真正身分犯である

各論

[第195条～第197条]　　　　　　　　　　　　　　　　　　　　●汚職の罪

【特別公務員暴行陵虐罪】

第195条　（特別公務員暴行陵虐）

Ⅰ　裁判、検察若しくは警察の職務を行う者又はこれらの職務を補助する者が、その職務を行うに当たり、被告人、被疑者その他の者に対して暴行又は陵辱若しくは加虐の行為をしたときは、7年以下の懲役又は禁錮に処する。

Ⅱ　法令により拘禁された者を看守し又は護送する者がその拘禁された者に対して暴行又は陵辱若しくは加虐の行為をしたときも、前項と同様とする。

《構成要件要素》

〔1項〕

① 「裁判、検察若しくは警察の職務を行う者」又は「これらの職務を補助する者」が

→少年補導員は私人として警察官と連携するもので、補助者にあたらない◀[刑]

② 「その職務を行うに当たり」

③ 「被告人、被疑者その他の者に対して」

④ 「暴行」又は「陵辱」若しくは「加虐」の行為をしたこと

→「暴行」は広義の暴行を指す　⇒ p.404

〔2項〕

① 「法令により拘禁された者を看守し又は護送する者」が

② 法令により「拘禁された者に対して」

③ 「暴行」又は「陵辱」若しくは「加虐」の行為をしたこと

【特別公務員職権濫用等致死傷罪】

第196条　（特別公務員職権濫用等致死傷）

前2条の罪を犯し、よって人を死傷させた者は、傷害の罪と比較して、重い刑により処断する。

【単純収賄罪・受託収賄罪・事前収賄罪】

第197条　（収賄、受託収賄及び事前収賄）

Ⅰ　公務員が、その職務に関し、賄賂を収受し、又はその要求若しくは約束をしたときは、5年以下の懲役に処する。この場合において、請託を受けたときは、7年以下の懲役に処する。

Ⅱ　公務員になろうとする者が、その担当すべき職務に関し、請託を受けて、賄賂を収受し、又はその要求若しくは約束をしたときは、公務員となった場合において、5年以下の懲役に処する◀[共]。

●汚職の罪 [第197条]

《保護法益》 ⇒ p.381

〔単純収賄罪、１項前段〕

《構成要件要素》

① 「公務員」が（真正身分犯）
② 「その職務に関し」
③ 「賄賂を」
④ 「収受」し、又はその「要求」若しくは「約束」をしたこと

《注 釈》

一 「職務に関し」

1 「職務」とは、公務員がその地位に伴い公務として取り扱うべき一切の業務をいい、独立の決裁権があることを要しない。

2 具体的に事務分配を受けていなくても、一般的職務権限の範囲内であれば「職務」にあたりうる。

公務員が具体的事情の下においてその行為を適法に行うことができたかどうかは問うところではない。

ex.1 同一「課」の中であれば現に当該事務を担当していなくても一般的職務権限に属する

ex.2 （当時の）運輸大臣を指揮監督して特定の航空機を購入するよう働きかける行為は、内閣総理大臣の職務権限に該当する（最大判平7.2.22・百選Ⅱ107事件）

ex.3 警視庁A警察署地域巡査課に勤務する警察官が、同庁B警察署刑事課で捜査中の事件に関して、同事件の関係者から現金の供与を受ける行為は、同事件の捜査に関与していなかったとしても、その「職務に関し」賄賂を収受したものであるというべきである（最決平17.3.11・百選Ⅱ105事件）

ex.4 衆議院大蔵委員会で審査中の法律案について、同法案が廃案になるよう、あるいは自己らに有利に修正されるよう行動等することを依頼して、衆議院議員に対し金員の供与がなされたときは、同議員が同委員会委員でなく、同院運輸委員会委員であっても賄賂罪が成立する（最決昭63.4.11）

ex.5 中央省庁の事務次官が、私人の事業の遂行に不利益となるような行政措置を採らずにいたことの謝礼等として利益を享受したときは、その不作為について、職務関連性が認められる（最決平14.10.22・平14重判8事件）

3 一般的職務権限の範囲内であれば、将来において行うべき職務でもよい。

ex. 市長が、その任期満了前に、現に市長としての一般的職務権限に属する事項に関し、再選された後に担当すべき具体的職務について請託を受

各論

379

［第197条］　　　　　　　　　　　　　　　　　　　　　　　　　　●汚職の罪

けて賄賂を収受した場合、判例の立場に従うと、甲には受託収賄罪が成立する（最決昭 61.6.27・百選Ⅱ 108 事件）◀判。

4　「職務」には職務密接関連行為も含まれる◀判。

職務密接関連行為とは、形式的には一般的職務権限に属さず職務権限そのものの行使とはいえないが、それと密接に関係する行為をいう。職務密接関連行為には、自己の本来の職務行為から派生する行為と職務を利用して事実上の影響力を行使する行為の 2 つの類型がある。

＜判例における職務密接関連行為の肯否＞

肯定	自己の本来の職務行為から派生する行為	①　村役場の書記が村長の補助として担当していた外国人登録事務（最決昭 31.7.12） ②　市議会議員が、会派内で市議会議長選挙の候補者を選出する行為（最決昭 60.6.11）
	職務を利用して事実上の影響力を行使する行為	①　板ガラス割当証明書発行事務の担当者が、証明書所有者に対して特定のガラス店から購入するように推薦する行為（最判昭 25.2.28） ②　大学設置審議会委員及び同審議会内の歯学専門委員会委員が、審査基準に照らして教員候補者の適否をあらかじめ判定する行為（最決昭 59.5.30・百選Ⅱ 106 事件） ③　国立芸大の教授が、学生に特定の楽器の購入を勧告斡旋する行為（東京地判昭 60.4.8） ④　県立医科大学の教授が、自らが主宰する医局に属する医師を関連病院に派遣する行為（最決平 18.1.23・平 18 重判 10 事件） ⑤　北海道開発庁長官（当時）が、自己が直接の指揮監督権をもたない下部組織である北海道開発局の港湾部長に対し、競争入札が予定される港湾工事の受注に関し特定業者の便宜を図るように働きかける行為（最決平 22.9.7・平 22 重判 12 事件）
否定		①　農林大臣（当時）が、復興金融公庫から融資を受けようと考えていた者に対し、県の食料事務所長への紹介状を交付した行為（最判昭 32.3.28） ②　電報電話局施設課線路係長が、電話売買の斡旋をする行為（最判昭 34.5.26） ③　工場誘致の職務を担当していた公務員が、希望に沿う土地が見つからなかった者に対し、別の私有地を斡旋した行為（最判昭 51.2.19）

二　「賄賂」

1　「賄賂」とは、職務に関連する不正の報酬としての一切の利益をいうが、個別の職務行為との間に具体的対価関係があることまでは要しない。また、およそ人の需要又は欲望を満たす利益であればいかなるものでも「賄賂」にあたる◀同共。

ex.　上場時には価格が確実に公開価格を上回るのを見込まれ、一般人には公開価格で取得することが極めて困難な株式を公開価格で取得できる利益は、「賄賂」にあたる（最決昭 63.7.18・百選Ⅱ 103 事件）。また、就職のあっせん、地位の供与、異性間の情交なども「賄賂」にあたると解さ

●汚職の罪 [第197条]

れている

2 中元・歳暮などの名目で贈られても「賄賂」となるが、社交儀礼の範囲内で
あれば「賄賂」にあたらない（最判昭50.4.24・百選Ⅱ104事件）〈同〉。

3 早期に売却する必要があったが、それが難航していた土地について、工事受
注の謝礼の趣旨で買い取ってもらった場合には、土地の売買代金が時価相当額
であったとしても、その換金の利益は、「賄賂」にあたる（最決平24.10.15・百
選Ⅱ103事件）〈共〉。

三 行 為

1 「収受」とは、賄賂を受け取ることをいう。
　　→収受の時期は、職務執行の前後を問わない

2 「要求」は、一方的なもので足り、相手が応ずる必要はない〈共〉。
　　→要求を行った時点で既遂となる

3 「約束」とは、賄賂の授受についての意思の合致をいう。
　　→後に約束を解除する意思を表示しても賄賂罪の成否には影響しない

四 故 意

客体の賄賂性についての認識が必要である。すなわち、目的物が職務行為の対
価であることを認識していることを要する。

《論 点》

一 保護法益

賄賂の罪の保護法益については争いがある。

＜賄賂罪における保護法益＞

保護法益	理由	批判
職務の公正とそれに対する国民の信頼（信頼保護説、最大判平7.2.22・百選Ⅱ107事件）（＊1）	① 職務行為に賄賂が絡まず公正であることについての社会の信頼が害されると、買収や不正の横行につながり、国民の失望・不安、行政不信・政治不信を招く ② 正当な職務・過去の職務に対する賄賂でも職務の公正を疑わせることになる	① 職務の公正を害してもそれに対する国民の信頼を害していない場合に処罰しえなくなるのではないかとの疑問が生じる ② 職務の公正を害する危険が全くない場合でも、根拠のない疑いにより信頼が害された場合に処罰することになるのは疑問（＊2）
職務行為の公正（不可侵性）	① 他の国家的法益と区別し賄賂罪でだけ「信頼」を独立の法益にする必要はない ② こう解することで、漠然とした疑惑を通じて職務と賄賂の対価関係が曖昧にされることを防ぐことができる	① 過去の職務行為に対しては賄賂罪は成立しえないということになる ② 職務行為が適法であった場合にも賄賂罪が成立することを説明しえない（＊3）

各論

381

［第197条］　　　　　　　　　　　　　　　　　　●汚職の罪

保護法益	理由	批判
職務行為の不可買収性	① 職務に関し一部の者から利益の提供を受けると、その者の利益のためにのみ職務が行われる危険が生ずる ② 正当な職務・過去の職務に対する賄賂でも職務が買われたことになる	① あっせん贈収賄罪のように必ずしも職務が利益の対価となっていない犯罪の説明が困難である ② 公務に対して利益が供与されること自体がなぜ違法となるのか明らかでない ③ （信頼保護説から）現行刑法は単純収賄罪を基本としており、公務が賄賂によって現に左右されたことまで要求してはいない
職務行為の不可買収性及び職務行為の公正	職務の正不正を問わず賄賂罪の成立を認め、その不正な場合が加重的構成要件とされていることから、職務の不可買収性を基本としながら、職務の公正を加味しているといえる	職務の公正の保護は、公務の不可買収性の反射的効果として保障しうるので、職務の公正を強調する必要はなく、むしろ賄賂罪の不当な拡張をもたらす危険があり妥当ではない
清廉であるべき公務員の義務	賄賂罪の本質は公務員の清廉義務にあると解すれば、あっせん収賄罪は賄賂を得る当の公務員（周旋公務員）の問題であり、賄賂罪の統一的理解が可能となる	① 賄賂の罪も、究極においては国家の立法・司法・行政作用の適正な運用を保護法益とするものである以上、単に清廉義務に違反していることのみをもって賄賂の罪とすることは許されない ② 収賄の事実と職務行為との関連性を把握しない点で、賄賂罪の可罰性を不当に拡大する危険を含む

＊1　信頼保護説と他の見解は、正面から対立するものではない。
＊2　利益を受けても職務を左右する意思が公務員に全くない場合や、職務に全く裁量を加える余地がない場合など。
＊3　①公立学校の教員に、卒業生の父兄一同が、在学中に子弟が世話になった謝礼として多額の現金を贈った場合や、②新しく市役所の土木課長となった者に対し、土木業者が今後入札手続等に関して指導を受けたいとの期待の下に金品を贈った場合など。

二　過去の職務と収賄の成否

　公務員が、その一般的職務権限を異にする他の職に転じた後であっても、転職前の職務に関して賄賂罪が成立するか。「職務」は、一般的職務権限に属することを要するが、転職前の職務が「その職務」といえるかが問題となる。

●汚職の罪 [第197条]

＜過去の職務と収賄の成否＞〈司共〉

学説	肯定説（最決昭58.3.25・百選Ⅱ109事件）（＊）	否定説
帰結	請託・職務違反行為がない場合 →単純収賄罪 請託・職務違反行為がある場合 →加重収賄罪（197の3ⅠⅡ）	請託・職務違反行為がない場合 →不可罰 請託・職務違反行為がある場合 →不可罰とする説と事後収賄罪（197の3Ⅱ）が成立するとする説がある
理由	① 公務との対価関係が要件であって、現にその職務権限を有することは実質的要素でない ② 「その職務に関し」の「その」とは他人の職務行為ではなく自己の職務行為であれば足りるという趣旨であり、「現在担当している職務」と解さなければならない理由はない ③ 賄賂を収受する時に現に公務員である以上、それが過去の職務に関するものであったとしても、収受の時点における職務あるいは将来の職務の公正や、これに対する社会の信頼を害することになる ④ 公務員が転職することは日常頻繁であり、当該職務を直前まで行っていた以上、収賄行為は公務に対する社会の信頼を害する程度が高い	① 職務が一般的職務権限に属するものでなければならない以上、過去の職務は含まれない ② 収賄罪は身分刑法ではなく職務刑法であるから、職務権限こそが決定的であり、前の職務との関連で「公務員であった者」と呼ぶこともできる ③ 197条1項に「公務員……その職務に関し賄賂を収受し……」とあることから、収賄罪は収受の時点における公務員の職務行為との関連性を前提とするといえる
批判	賄賂が職務に関するものでなければならないという刑法の趣旨を歪め、収賄罪の成立範囲を不当に拡張する	不可罰とすると公務員の身分を失った後に賄賂を収受すれば事後収賄罪が成立するのと比較し権衡を失することになる一方、転職の場合を事後収賄罪に準じて取り扱うとすることは、文理に反する

＊ この立場に立っても、買収された職務は、前職当時、行為者の抽象的職務権限の範囲内になければならない。

 ex.　市役所の建築課長甲は、人事異動により同じ市役所の保健課長に転任したが、保健課長に就任した後、建築業者乙から、建築課長当時にその職務に関し有利な取り計らいを受けたことの謝礼として現金30万円を収受した。この場合、判例の立場に従うと、甲には収賄罪が成立する

〔受託収賄罪、1項後段〕〈司〉〈予H27〉

《構成要件要素》

 ①～④は単純収賄罪と同様

 ⑤「請託」を受けたこと

 →「請託」とは、公務員に対し一定の職務行為を行うこと、又は行わないこと

383

[第197条の2〜第197条の3]　　　　　　　　　　　●汚職の罪

を依頼することをいい、その依頼の内容が正当な職務行為であっても「請託」に当たる◀判

→請託を「受け」たとは、公務員が相手方の依頼を承諾することをいい、依頼の対象である職務行為は、具体的に特定されていることを要する◀判

〔事前収賄罪、2項〕

《構成要件要素》

① 「公務員になろうとする者」が

②〜⑤は受託収賄罪と同様

⑥ 「公務員となった場合」（処罰条件）

【第三者供賄罪】

> **第197条の2　（第三者供賄）**◀共
>
> 　公務員が、その職務に関し、請託を受けて、第三者に賄賂を供与させ、又はその供与の要求若しくは約束をしたときは、5年以下の懲役に処する。

《構成要件要素》◀団

① 「公務員」が

② 「その職務に関し」　⇒ p.379

③ 「請託を受けて」

④ 「第三者」に「賄賂」を「供与」させ、又はその供与の「要求」若しくは「約束」をしたこと

→「第三者」とは、当該公務員以外の者をいい、自然人に限られず、法人等の団体も含む

ex. 市長甲は、乙から、その長女を市役所の職員に採用してほしい旨の依頼を受け、これを引き受けたが、その謝礼として甲の友人丙に現金300万円を供与するように乙に要求した。乙はその要求どおり丙に300万円を供与したが、丙は賄賂であることを全く知らなかった。この場合、甲には第三者供賄罪が成立する◀団

【加重収賄罪・事後収賄罪】

> **第197条の3　（加重収賄及び事後収賄）**
>
> Ⅰ　公務員が前2条の罪を犯し、よって不正な行為をし、又は相当の行為をしなかったときは、1年以上の有期懲役に処する。
>
> Ⅱ　公務員が、その職務上不正な行為をしたこと又は相当の行為をしなかったことに関し、賄賂を収受し、若しくはその要求若しくは約束をし、又は第三者にこれを供与させ、若しくはその供与の要求若しくは約束をしたときも、前項と同様とする。
>
> Ⅲ　公務員であった者が、その在職中に請託を受けて職務上不正な行為をしたこと又は相当の行為をしなかったことに関し、賄賂を収受し、又はその要求若しくは約束をしたときは、5年以下の懲役に処する◀共。

●汚職の罪　　　　　　　　　　　　　　　　　　　　　　　　　　　　　　　　　　［第197条の4］

《構成要件要素》〈回〉
〔加重収賄罪、1項・2項〕
一　1項
　①　「公務員」が
　②　単純収賄罪、受託収賄罪、事前収賄罪、第三者供賄罪を犯し
　③　「よって」「不正な行為」をしたこと、又は「相当の行為」をしなかったこと
　　　→収賄行為と職務に反する行為との間には因果関係がなければならない
二　2項
　①　「公務員」が
　②　「その職務上不正な行為をしたこと又は相当の行為をしなかったことに関し」
　③　「賄賂」を
　④　「収受」し又はその「要求」若しくは「約束」をしたこと、若しくは「第
　　　三者」に「供与」させ又はその供与の「要求」若しくは「約束」をしたこと
〔事後収賄罪、3項〕
　①　「公務員であった者」が
　②　「その在職中に請託を受けて職務上不正な行為をしたこと又は相当の行為を
　　　しなかったことに関し」
　③　「賄賂」を
　④　「収受」し又はその「要求」若しくは「約束」をしたこと

▼　最決平21.3.16・平21重判8事件
　　　防衛庁調達実施本部副本部長等の職にあった被告人が、在職中に私企業の幹
　　部から請託を受けて職務上不正な行為をしたうえ賄賂を要求したところ、上記
　　私企業の関連会社が異例の条件で防衛庁を退職した被告人を顧問として受け入
　　れた場合、被告人に同社の顧問としての実態が全くなかったとはいえないとし
　　ても、被告人に供与された金員は前記各不正行為との間には対価関係があると
　　いうべきであり、事後収賄罪が成立する。

【あっせん収賄罪】

第197条の4　（あっせん収賄）
　公務員が請託を受け、他の公務員に職務上不正な行為をさせるように、又は相当の
行為をさせないようにあっせんをすること又はしたことの報酬として、賄賂を収受
し、又はその要求若しくは約束をしたときは、5年以下の懲役に処する。

《構成要件要素》
　①　「公務員」が
　　　→積極的に地位を利用してあっせんする必要はないが、公務員の立場であっ
　　　　せんすることを要し、単なる私人としての行為では足りない（最決昭

385

［第197条の5］　　　　　　　　　　　　　　　　　　　　　　　　　●汚職の罪

43.10.5）🗐

　ex.　市役所の職員甲は、A税務署職員乙の幼なじみであったが、A税務署
　　　管内に居住する丙に依頼され、公務員の地位を離れ単に旧友として、乙
　　　に対し、丙の所得税の過少申告を是認する取り計らいをするようにあっ
　　　せんし、その謝礼として丙から現金100万円を収受した。この場合、判
　　　例の立場に従うと、甲にあっせん収賄罪は成立しない🗐

②　「請託を受け」
③　「他の公務員に職務上不正な行為をさせるように、又は相当の行為をさせな
　いようにあっせんをすること又はしたことの報酬として」
　　→「あっせん」とは、一定の事項について両当事者の間に立って仲介するこ
　　　とをいう
　　→公正取引委員会が独占禁止法違反の疑いをもって調査中の審査事件につい
　　　て、公務員が請託を受けて、同委員会の委員長に対し、これを告発しな
　　　いように働きかけることは、同委員会の裁量判断に不当な影響を及ぼし、
　　　適正に行使されるべき同委員会の告発及び調査に関する権限の行使をゆ
　　　がめようとするものであって、「職務上……相当の行為をさせないように」
　　　あっせんすることにあたる（最決平15.1.14・百選Ⅱ110事件）
④　「賄賂」を
⑤　「収受」し又はその「要求」若しくは「約束」をしたこと

第197条の5　（没収及び追徴）

　犯人又は情を知った第三者が収受した賄賂は、没収する🈩。その全部又は一部を
没収することができないときは、その価額を追徴する。

[趣旨] 総則の没収（19）・追徴（19の2）が任意的であるのに対し、本条は必要的
な没収と、没収できない場合の追徴を定める。収賄者に賄賂罪による不正の利益を
保持させないことを目的とする🈓。
《注　釈》
一　対象者
　本条の没収・追徴の対象となる者は、「犯人又は情を知った第三者」である。
1　「犯人」には、共犯者も含まれる。
2　「情を知った第三者」とは、賄賂であることを知っている犯人以外の者をいう。
　＊　法人も、その代表者が情を知っている場合は、これに含まれる🈩。
二　没収の対象
　没収の対象は、犯人又は情を知った第三者の「収受した賄賂」に限られる。
1　提供されただけで収受されなかった賄賂は、本条によっては没収しえない
　が、犯罪組成物件として、19条1項1号による任意的没収の対象となる。
2　収受した事実がある以上、必ずしも当該賄賂につき収受罪が成立することを

●汚職の罪

［第198条］

要しない。要求罪や約束罪が成立した後、犯罪を構成する事実としてではなく収受したものも含む。

3　謝礼と賄賂が混在しているような場合には、全体について賄賂性が認められ、全体が没収・追徴の対象となる⦿。

4　数人で共同して収賄した場合には、分配額に応じて没収・追徴する。

5　金銭の貸与を受けて収賄した場合、「収受した賄賂」とはいえず、197条の5による没収はできないが、19条1項3号、19条の2により全額を追徴できる。

三　追徴

「追徴」は、「没収することができないとき」に行われる。

1　「没収することができないとき」
　(1)　本来的に没収に馴染まない場合
　　　　ex.　饗応を受けた酒食⦿、芸妓の演芸、ゴルフクラブの会員権⦿、公務員が自己に代わって弁済してもらった債務⦿
　(2)　収受された後に費消されたり、滅失した場合
　(3)　他の物と混同し、又は情を知らない第三者の所有に移って没収が不能となった場合

2　追徴すべき価額の算定時期
　　争いあるも、賄賂が収受された当時の価額による⦿。
　∵　収賄者は賄賂たる物を収受することによってその物のその当時の価額に相当する利益を得たものであり、その後の日時の経過等によるその物の価額の増減は右収受とは別個の原因に基づくものにすぎない

3　収賄者が賄賂を贈賄者に返還した場合
　(1)　収賄者が贈賄者に返還した場合は、贈賄者から没収すべきである⦿。
　(2)　収賄者が、賄賂を費消したうえ、その後、同額の金員を贈賄者に返還しても、賄賂そのものの返還ではないから、収賄者から費消した額を追徴しうる⦿。

【贈賄罪】

> ### 第198条　（贈賄）
>
> 　第197条から第197条の4までに規定する賄賂を供与し、又はその申込み若しくは約束をした者は、3年以下の懲役又は250万円以下の罰金に処する。

《構成要件要素》

①　197条から197条の4までに規定する「賄賂」を
②　「供与」し、又はその「申込み」若しくは「約束」をしたこと

《注　釈》

◆　**行為** 予H27

1　「供与」とは、相手方に利益を収受させることである。収受しない場合は申

［第198条］　　　　　　　　　　　　　　　　　　　　　●汚職の罪

込みにとどまる。
　→供与罪と収受罪は必要的共犯であり、収受罪が成立しなければ本罪は成立
　　しない
2　「申込み」とは、利益の提供を申し出て収受を促す行為である。
　→相手方の収受の意向に関係なく、一方的なものでよい
　ex.　公務員の妻に差し出せば申込みに該当する◀判
3　「約束」とは、賄賂の供与に関し収受者との間で意思が合致することである。
　→約束は、どちらの側から先に申し出たのでもよく、必要的共犯である

《論　点》

◆　公務員がその職務に関し他人を恐喝し金銭等を交付した場合の処理

　　公務員がその職務関連行為に関して、他人を恐喝し金銭等を交付させた場合
　は、恐喝罪（249）の他に収賄罪が成立するであろうか。また、恐喝されて金銭
　を交付した者に贈賄罪が成立するであろうか。
　　甲説：恐喝罪と収賄罪との観念的競合（54Ⅰ前段）を認め、贈賄側に贈賄罪
　　　　　の成立を認める◀判
　　　　　∵①　恐喝罪は個人的法益に対する罪であり、収賄罪とは罪質を異にす
　　　　　　　　るものであり、もし恐喝罪の成立のみを認めるにすぎないとすれ
　　　　　　　　ば、収賄の点が全く考慮されないという不合理な結果となる
　　　　　　②　被恐喝者は被害者であるが、財物交付について任意性が認められ
　　　　　　　　る以上は贈賄罪の成立を否定する根拠はない（期待可能性の法理を
　　　　　　　　適用して例外的にこれを阻却するほかない）
　　乙説：恐喝罪と収賄罪の観念的競合を認めるが、贈賄罪の成立は認めない
　　　　　∵①　対価として職務行為を行う意思で利益を得たような場合には国家
　　　　　　　　法益の侵害を無視しえないので、恐喝罪のみならず収賄罪も認める
　　　　　　　　べきである
　　　　　　②　恐喝の被害者は贈賄罪で処罰するに値しない
　　丙説：恐喝罪のみの成立を認める説
　　　　　∵①　贈賄者には意思決定の自由が残されているとはいえ、喝取される
　　　　　　　　こと（＝贈賄）を禁止することは不合理であるから、贈賄罪の成立
　　　　　　　　は否定すべきである
　　　　　　②　これとの対応上、収賄罪の成立も否定すべきである

●汚職の罪 [第198条]

＜賄賂罪の条文構造＞

犯罪	主体	行　為			
	公務員	職務に関し	請託を受けて	賄賂の収受・要求・約束	不正行為をなし相当行為をなさず
単純収賄罪（197Ⅰ前段）	○	○	×	○	×
受託収賄罪（197Ⅰ後段）	○	○	○	○	×
事前収賄罪（197Ⅱ）	公務員になろうとする者	○	○	○	×
第三者供賄罪（197の2）	○	○	○	第三者に供与させ又は供与の要求・約束	×
加重収賄罪（197の3） 1項	○	197条又は197条の2の罪を犯すこと			○
加重収賄罪（197の3） 2項	○	○	×	○	○
事後収賄罪（197の3Ⅲ）	公務員であった者	○	在職中の請託	退職後の収受・要求・約束	○（在職中）
あっせん収賄罪（197の4）	○	×	○	○	他の公務員をして、その職務上不正行為をさせ又は相当行為をしないようにあっせんする
贈賄罪（198）	制限なし	197条から197条の4に規定されている賄賂の供与・申込・約束			

各論

389

［第199条〜第200条］　　　　　　　　　　　　　　　●殺人の罪

・第26章・【殺人の罪】

《保護法益》

個人の生命である。

【殺人罪】

第199条　（殺人）

人を殺した者は、死刑又は無期若しくは5年以上の懲役に処する。

第200条　【尊属殺】　削除

《構成要件要素》

① 「人」を
→行為者を除く自然人である
② 「殺した」こと

《注　釈》

一　「人」の始期・終期

自然人が本罪の客体となりうるのは、出生後、死亡に至るまでの間である。

1　人の始期

判例（大判大8.12.13）は、胎児の身体の一部が母体から露出したときが人の始期であると解している（一部露出説）。なお、民法においては、胎児の身体の全部が母体から露出したときが人の始期であるとする全部露出説が通説である。

2　人の終期

人の終期は、生命・身体に対する罪と死体損壊罪（190）との分水嶺となる問題であり、その判断基準について争いがある。この点、呼吸・脈拍の不可逆的停止及び瞳孔拡散の三徴候を基礎として総合的に判断する見解（三徴候説）や脳機能の不可逆的喪失の時点とする見解（脳死説）等が対立している。

二　「殺」す行為

殺人の故意をもって、自然の終期に先立って、他人の生命を断絶することを意味する。手段・方法のいかんを問わない。不作為・間接正犯の形態による殺人も可能である。

三　殺意の認定

殺人罪の故意（殺意）を証明する直接証拠が存在せず、情況証拠のみによって認定しなければならない場合も多い。その判断においては、客観的に死の危険性が高い行為をしたか、その認識があったかという点を考慮する。その際、犯行の態様（凶器の種類・形状・用法、創傷の部位・程度）が特に重要な要素となる。たとえば、刃渡りの長い刃物を刺入した場合、身体の枢要部である心臓に刃物を

●殺人の罪 [第201条]

刺入した場合、複数回刃物を刺入した場合等は、殺意が認定されやすい。

《論　点》

一　人の出生

「人」の生命・身体は刑法上包括的な保護を受けているのに対し、「胎児」は限定的な保護を受けるにすぎない（ex. 過失堕胎は不可罰）。そこで、いつ「胎児」が「人」になるのか、人の始期が問題となる。

二　堕胎により排出された嬰児の侵害

胎児を堕胎により排出した時点で胎児がすでに死亡していれば、堕胎罪（212）の成否のみが問題となる。では、堕胎により母体外に生きて排出された嬰児を作為・不作為により侵害した場合、その行為が堕胎罪とは別に殺人罪あるいは保護責任者遺棄致死罪（219、218）を構成するか。

1　母体外の嬰児は「人」として保護されるか。

甲説：母体外の生命体であれば「人」として保護される

　　∵　母体外で生育不可能であっても、少なくとも積極的な作為による侵害からはなお保護される必要がある

乙説：生命保続可能性のある嬰児のみ「人」として保護される

　　∵　刑法上「人」としての厚い保護に値するのは、一定の段階に達していなければならず、母体外で生命を保続しえない場合は、排出後も「人」でない

2　母体外の嬰児が「人」であれば、作為による生命侵害は殺人となる。では、不作為による生命侵害は、殺人罪や保護責任者遺棄致死罪を構成するか。

甲説：具体的な生育可能性があれば成立する

　　∵　生育可能性がある場合には、堕胎行為者に嬰児の救命義務が認められる

乙説：成立しない（乙説を前提に主張される）

　　∵　特定した具体的危険性・嬰児の保護の引受がなく、作為義務・保護責任が認められない

▼　最決昭63.1.19・百選Ⅱ8事件

堕胎により出生させた未熟児を、生育可能性のあることを認識し、医療の措置をとることが迅速・容易にできたのに、放置して死亡させた医師には、保護責任者遺棄致死罪（219・218）が成立する。

【殺人予備罪】

第201条　（予備）

第199条の罪を犯す目的で、その予備をした者は、2年以下の懲役に処する。ただし、情状により、その刑を免除することができる。

各論

391

［第202条］　　　　　　　　　　　　　　　　　　　　　　　　　　●殺人の罪

《構成要件要素》
① 殺人罪を「犯す目的で」（目的犯）
② その「予備をした」こと

《注　釈》
一 「予備」
殺人罪の実行の着手に至る前の殺人の準備行為一般をいう。
二 「目的」
1 具体的に自ら殺害行為を遂行する意図のことをいう。
2 「他人に殺人を行わせる目的」（他人予備）が含まれるかどうかは争いがある。

【自殺関与罪・同意殺人罪】

> **第202条　（自殺関与及び同意殺人）**
> 　人を教唆し若しくは幇助して自殺させ、又は人をその嘱託を受け若しくはその承諾を得て殺した者は、6月以上7年以下の懲役又は禁錮に処する。

〔自殺関与罪（自殺教唆・自殺幇助）、前段〕
《構成要件要素》
① 「人」を
② 「教唆」若しくは「幇助」して
③ 「自殺させ」たこと

《注　釈》
一 「人」
自殺の意味を理解し、自由な意思決定の能力を有する者をいう。
　→幼児・心身喪失者は、「人」にはあたらない
二 行為
1 「教唆」とは、自殺の決意を有しない者を唆して、自殺の決意を与え、自殺を行わせることである。
教唆の手段には制限はなく、明示的方法のみならず、暗示的方法でもよい。
＊ 教唆の手段・方法は、自殺意思を起こさせるに足りるものであればよいが、意思決定の自由を奪う程度の手段・方法であるときは殺人罪（199）の間接正犯となる。　⇒ p.393
2 「幇助」とは、すでに自殺の決意ある者に対して、その自殺行為を援助し、自殺を容易にさせることである。
　　ex.1 自殺を決意している者に自殺の方法を教えること
　　ex.2 自殺を決意している者に対して、死後家族の面倒をみると言うこと
　　　　（精神的幇助）

●殺人の罪　　　　　　　　　　　　　　　　　　　　　　　　　　［第202条］

三　未遂・既遂

1　自殺関与罪の着手時期　⇒ p.394

2　既遂時期

　　自殺関与罪が**既遂**となるためには、被教唆者・被幇助者が**自殺を遂げたこと**を要し、教唆・幇助によって本人が自殺しようとしたが**死にきれなかった**ときは**未遂**にとどまる。

《論　点》

一　殺人罪との区別〈判〉〈回〉

　　殺人罪（199）と自殺関与罪（又は同意殺人罪）とは、**相手方の意思に反していたか否か**により区別される。相手方の意思に反していないといえるためには、①自殺者又は被殺者に**死の意味を理解**し**自由な意思決定**をする能力（意思能力）があること〈回共〉、②自分が**死ぬこと**を知っていたこと、③自殺ないし殺人の嘱託・承諾が**任意かつ真意**に出たものであること、が必要となる。このうち、③につき、特に欺罔による場合が問題となる。

　　ex.　Xは追死の意思がないのに、Yを欺き追死するものと誤信させて、自殺
　　　　に至らせた場合、Xに殺人罪が成立するか〈回〉

＜自殺関与罪と殺人罪の区別＞〈回〉

錯誤に基づく同意の効力	本質的錯誤説		法益関係的錯誤説
内容	本質的事実について錯誤があり、もしも錯誤に陥っていなかったならば同意しなかったであろうという場合（その同意が真意に沿わない場合）には、同意は無効である		法益に関係する事実の錯誤の場合にのみ同意は無効であって、動機の錯誤にすぎない場合には同意は有効である
Xの罪責	殺人罪		自殺関与罪
理由	追死の事実は自殺の決意の**本質的要素**であり、追死を装うという行為がなければ、Yが自殺の決意を固めることもないから、その者の自殺の決意はその**自由な意思に出たとはいえない**。したがって、そこには202条の予定する自殺の決意は認められず、行為者は自殺の決意のない被害者の行為を利用してこれを死に至らせたものとして殺人罪の**間接正犯**にあたる	追死は自殺関与罪の**本質的要素ではなく**、本当に追死する場合でも、自殺を思いとどまりうる。よって、Yは自殺すること自体には何ら錯誤はなく、ただその**動機に錯誤**があったにすぎない	自殺者Yが、自己の生命という法益を処分することについて錯誤に陥っていなければ、**自殺に関する同意は有効**であり、欺罔して自殺させた場合でも199条は成立しない

393

［第202条］　　　　　　　　　　　　　　　　　　　　●殺人の罪

▼　**最判昭33.11.21・百選Ⅱ1事件**〈同共〉

自己に追死の意思がないのに、被害者を欺罔して追死すると誤信させ、自殺させたときは、通常の殺人罪（199）が成立する。

▼　**福岡高宮崎支判平元.3.24・百選Ⅱ〔第7版〕2事件**

虚偽の事実に基づく欺罔威迫等の結果、もはや自殺する以外途はないと誤信させて自殺の決意を生じさせたときは、被害者を利用した殺人行為に該当する。

二　自殺関与罪の着手時期

自殺の教唆ないし幇助を行ったが、本人が意を翻して自殺行為に入らなかった場合に、自殺関与罪の未遂となるか。自殺関与罪の実行の着手時期が問題となる。

＜自殺関与罪の着手時期＞

	甲説 （適法行為説）		乙説 （不可罰的違法行為説）
自殺不可罰の 根拠	自殺は自己決定権の行使の一環としての、自己の生命という法益の自由な処分であるから適法である		自殺は違法であるが、責任が欠けるか、又は政策的観点から不可罰とされる
自殺関与罪の 処罰根拠	生命を左右しうるのは本人だけであり、他人の生命に関与する行為は、独自の違法性を有する（人による違法の相対性を認める）	自殺関与行為のなされるような極限状況では冷静な自己決定ができず、自殺の決意は本来の意思に反するのが通常だから、パターナリズムの見地から自己決定の効果を制限する	自殺という違法な行為を発生させようとし、あるいは促進しようとしたという意味で、自殺行為に従属する（制限従属性説の見地）
202条の意義	61条・62条の教唆・幇助とは全く異なる独立の犯罪類型		正犯行為の存在を前提としない独立共犯

同意殺人罪との均衡

自殺関与罪の 着手時期	教唆・幇助行為時	自殺行為開始時

〔**同意殺人罪（嘱託殺人・承諾殺人）、後段**〕〈予H23〉
《構成要件要素》

①　「人」を

●殺人の罪　　　　　　　　　　　　　　　　　　　　　　　　　　　　［第203条］

② 「その嘱託を受け」若しくは「その承諾を得て」

③ 「殺した」こと

《注　釈》

一　「人」　⇒ p.392

二　行為

　1　「嘱託」とは、被殺者がその殺害を依頼することをいう。

　2　「承諾」とは、被殺者がその殺害の申込みに同意することをいう。

三　故意

　「殺した」とは、199条と同様に人を殺すことの認識が必要である。

　ex.　客観的には被害者による殺人行為の嘱託が存在していたが、行為者がこ
　　　れを理解せず、暴行又は傷害の故意で、嘱託された行為に及んで被害者を
　　　死亡させた場合、殺意がない以上、嘱託殺人罪は成立せず、傷害致死罪が
　　　成立する（札幌高判平 25.7.11・平 26 重判 5 事件）

　殺意のほか、被害者の嘱託・承諾の認識を要するかについては、下記《論
点》参照。

《論　点》

◆　被害者の嘱託・承諾に関する行為者の認識の要否

　　X が殺意をもって Y を殺したところ、たまたま相手である Y が殺してほしいと
思っていた場合、X はいかに処断されるのか。

＜被害者の嘱託・承諾に関する行為者の認識の要否＞

	甲説	乙説	丙説
X の罪責	嘱託殺人罪（202）が成立する（大阪高判平10.7.16）	普通殺人罪（199）が成立する	普通殺人未遂罪（203・199）が成立する
理由	199 条の故意で 202 条の結果を生ぜしめたのであるから、抽象的事実の錯誤の問題であり、両構成要件の重なる範囲で、軽い 202 条の既遂犯が成立する	当事者間に嘱託・承諾の関係がない以上、殺人罪が成立する	殺意はあるが、同意により法益性が軽くなるから客観的には殺人の結果が欠けている

第２０３条　（未遂罪）

　第１９９条及び前条の罪の未遂は、罰する。

各
論

395

［第204条］　　　　　　　　　　　　　　　　　　　　　　　　　　●傷害の罪

・第27章・【傷害の罪】

《保護法益》

身体の安全である。

【傷害罪】

> **第２０４条　（傷害）**
>
> 人の身体を傷害した者は、１５年以下の懲役又は５０万円以下の罰金に処する。

《構成要件要素》

① 「人の身体」を
→「人の身体」とは他人の身体である。自傷行為は本罪を構成しない〈予H24〉

② 「傷害」すること
→暴行（有形的方法）による場合が一般であるが、無形的方法による場合でもよい〈共〉

ex.1　ラジオや目覚まし時計を大音量で長時間鳴らしてストレスを与え、慢性頭痛症や睡眠障害にさせること（最決平 17.3.29・百選Ⅱ５事件）

ex.2　嫌がらせ電話により不安感を与えて精神衰弱症にすること

ex.3　甲は丁寧に手入れがなされていたＶの長髪を、同人が寝ている間に無断で切って短くした。この場合、判例の立場に従うと、甲には暴行罪が成立する〈同〉

ex.4　甲は、Ｖに下痢の症状を起こさせようと考え、腐敗した食品を食べさせたところ、Ｖは、これによって下痢の症状を起こしたが、数時間安静にするうちに完治した。この場合、判例の立場に従うと、甲には傷害罪が成立する〈同〉

ex.5　被害者に睡眠薬等を摂取させ、約６時間又は約２時間にわたり意識障害等の症状を生じさせて被害者の健康状態を不良に変更し、生活機能の障害を惹起した行為については、傷害罪が成立する（最決平 24.1.30・百選Ⅱ４事件）〈共〉

ex.6　一時的な精神的苦痛やストレスを感じたという程度にとどまらず、精神疾患の一種である外傷後ストレス障害（「ＰＴＳＤ」）を発症したことは、「傷害」に当たる（最決平 24.7.24・平 24 重判５事件）〈共〉

《論　点》

一　胎児性致死傷

母体を通じて胎児に故意又は過失により侵害を加えたところ、その結果が生まれた後の「人」になった段階で傷害・死亡の結果が生じた場合、「人」に対する罪が成立するかが問題となる。

●傷害の罪 　　　　　　　　　　　　　　　　　　　　　　　　　　　　　［第204条］

<胎児性致死傷>

学説			理由	批判
肯定説		胎児に対する傷害罪が成立	一定段階の「胎児」は「人」であるという「解釈」が不可能とはいえない	胎児を人とする類推解釈であり、罪刑法定主義に反する
	母体に対する傷害を認める説	母体一部傷害説（最決昭63.2.29・百選II2事件）	① 胎児は母体の一部であるから胎児に傷害を負わせることは人（母体）に対する傷害となる ② 胎児が出生し「人」になった後に死亡すれば、母という「人」に傷害を負わせて子という「人」に死亡の結果をもたらしたといえ、「人」に対する罪が成立する	① 自傷行為と異なり自己堕胎は処罰されており（212）、現行法は胎児と母体を区別している ② 母体傷害の時点では、胎児しか存在しない以上、法定的符合説の論理によっても、傷害を受けた胎児が出生後に死亡した場合まで傷害致死罪（205）を認めることは無理である
		母体機能傷害説	母親を、有害作用によって健康な子どもを出産できない状態に置いたことは、母親としての重要な生理的機能を傷害したといえる	胎児が侵害されたと見るのが自然であり、説明が技巧的にすぎる
肯定説	生まれてきた「人」に対する罪が成立		侵害作用が及んだ時点で、「人」が現存することは必ずしも必要でなく、人に対する結果が発生した時点で客体である「人」が存在すれば足りる	① 傷害は状態犯であり、結果発生と同時に犯罪が完成する。とすれば、胎児にすでに侵害が及んだ以上、そこに既遂時期を認めないのは不自然である ② 堕胎行為により胎児が母体外に排出された直後に死亡するという堕胎の典型的な事例で、人に対する罪が成立することになる
否定説			① 刑法は堕胎の罪によって胎児を人と区別して保護しているから、実行行為時に胎児であれば堕胎罪のみが成立する ② 過失堕胎は不可罰であるのに過って胎児に傷害を与え、それが子どもに残った場合に過失傷害・過失致死で処罰するのは不均衡 ③ 胎児を傷害した場合に傷害罪（15年以下の刑）が成立するならば、胎児を殺した場合、堕胎罪（7年以下の刑）にしかならないのは、不均衡	① 傷害や致死の結果を生じさせる原因が、たまたま胎児の段階で生じたとしても、人が傷害を負い、死亡したという事実を無視すべきでない ② 過失堕胎が処罰されないのは証明が難しいからであるが、傷害を受けた子どもが生まれた後では、行為者の過失と傷害との因果関係の証明は難しいことではない

各論

［第204条］　　　　　　　　　　　　　　　　　　　　　　　　　●傷害の罪

二　「傷害」の意義

「傷害」の意義については、以下のように見解が対立する。

＜「傷害」の意義＞

	甲説◀判◀通	乙説	丙説
内容	人の生理的機能の障害	人の身体の完全性を害すること	人の生理的機能を害すること並びに身体の外形に重要な変更を加えること
具体的事案におけるあてはめ			
毛髪の剃去	×	○	○
少量の毛髪の切り取り	×	○	×
めまいを生じさせる	○	×	○

（○：傷害罪成立　×：傷害罪不成立）

＜判例上傷害とされた例、暴行とされた例＞

傷害とされた例	・中毒・めまい・嘔吐（大判昭8.6.5） ・失神（大判昭8.9.6） ・梅毒の感染（最判昭27.6.6） ・胸部の疼痛（最決昭32.4.23） ・全治10日間の内出血痕（東京高判昭46.2.2） ・精神衰弱症、不安 ・抑うつ症（東京地判昭54.8.10、名古屋地判平6.1.18） ・精神的ストレスによる睡眠障害等（最決平17.3.29・百選Ⅱ5事件） ・睡眠薬等による意識障害及び急性薬物中毒（最決平24.1.30・百選Ⅱ4事件） ・ＰＴＳＤによる精神的機能障害（最決平24.7.24・平24重判5事件）
傷害と認められず、暴行とされた例	・剃刀による女性の頭髪の切断（大判明45.6.20）

三　暴行の故意で傷害の結果が発生した場合

傷害罪の故意は暴行の故意で足りるのか、それとも傷害の結果の認識を要するか。

●傷害の罪　　　　　　　　　　　　　　　　　　　　　　　　　　　　　　［第205条］

＜暴行の故意で傷害の結果が発生した場合＞

	内容	理由	暴行の故意で傷害の結果を生じた場合の処理
故意犯説	傷害罪が成立するには傷害の認識が必要である	① 204条は「人の身体を傷害した者」と規定しており、「暴行の結果人を傷害するに至った者」とは規定していない ② 責任主義の見地からは結果的加重犯は例外的にのみ認められるべきである ③ 暴行致傷の場合、209条だけでなく208条も成立するから、刑のバランスはとれる	暴行罪と過失致傷罪の観念的競合
結果的加重犯説	傷害罪は暴行罪の結果的加重犯であり、傷害罪の故意は暴行の認識があれば足りる	① 208条は「暴行を加えた者が人を傷害するに至らなかったとき」と定めているが、傷害に至ったときについては204条以外処罰規定がない ② 暴行故意行為の場合、過失致傷罪となるとすると、暴行にとどまった場合より傷害結果が発生した場合の方が軽く処罰されることになり不均衡である ③ 故意犯であれば当然置かれるはずの未遂処罰規定がない	傷害罪
折衷説 ◀判通 ◀同	有形的方法（暴行）による傷害の場合には暴行の認識をもって足りるが、無形的方法によって傷害の結果を生じさせた場合には傷害の認識を必要とする	① 結果的加重犯説の理由① ② 結果的加重犯説を徹底すると、暴行以外の手段（無形的方法）による傷害が認められないことになる	傷害罪

ex.　甲は、傷害を負わせる意思なくＶの顔面を手拳で殴打したが、甲の意思に反して当該殴打によってＶが傷害を負った。この場合、判例の立場に従うと、甲には傷害罪が成立する◀同

四　罪数

　　甲は、眼鏡を掛けた乙の顔面を、眼鏡の上から拳で殴打し、眼鏡を損壊するとともに、乙に全治１週間を要する顔面打撲の傷害を負わせた場合、器物損壊罪は傷害罪に吸収され、傷害罪のみが成立する◀同。

【傷害致死罪】

第205条　（傷害致死）

身体を傷害し、よって人を死亡させた者は、３年以上の有期懲役に処する。

各　論

399

［第206条］　　　　　　　　　　　　　　　　　　　　　●傷害の罪

《注　釈》

・本罪は、傷害罪の結果的加重犯である。
・判例は、致死についての過失は不要とするが、責任主義の見地から必要とする見
　解もある。

【現場助勢罪】

第206条　（現場助勢）

　前2条の犯罪が行われるに当たり、現場において勢いを助けた者は、自ら人を傷害
しなくても、1年以下の懲役又は10万円以下の罰金若しくは科料に処する。

《構成要件要素》

① 204条、205条の「犯罪が行われるに当たり、現場において」同
　→「犯罪が行われるに当たり」：傷害又は傷害致死を惹起するような暴行が
　　　　　　　　　　　　　　　　　行われている際という意味
　→「現場」：その暴行が開始されてから結果発生に至るまでの時及び場所
② 「勢いを助け」たこと
　→「勢いを助け」る：単に「やれ、やれ」というように、はやしたてるにす
　　　　　　　　　　　　ぎない行為をいう
③ 「自ら人を傷害しな」いこと
　→傷害したときは傷害罪の共同正犯（60・204）又は同時犯が成立し、助勢
　　行為はその罪に吸収される

《論　点》

◆　法的性格

　現場における声援行為が本罪にあたるのはどのような場合か。本罪の法的性格
と関連して問題となる。

＜現場助勢罪の法的性格＞

現場助勢罪の性格	傷害の幇助にあたらない単なる助勢行為を独立に処罰するもの	現場における幇助行為を特別罪として定めたもの
根拠	傷害現場における扇動行為自体の危険性に着目する	野次馬の群集心理を考慮し、その責任を緩和している
傷害現場で双方に声援した場合	現場助勢罪（＊1）	現場助勢罪（＊2）
傷害現場で一方に声援した場合	傷害罪の従犯（＊1）	現場助勢罪（＊2）
現場で双方に声援したが傷害に至らなかった場合	不可罰	暴行罪の従犯の余地あり

400

●傷害の罪　　　　　　　　　　　　　　　　　　　　　　　　　　　　　　［第207条］

＊1　双方の声援をする行為は単なる助成行為であり現場助勢罪にあたるが、現場において精神的に鼓舞する行為が特定の正犯者の傷害行為を容易にし、その幇助を構成する場合には、傷害罪の従犯が成立し、現場助勢罪は成立しない（大判昭2.3.28）〈共〉。
＊2　現場助勢の態様である限り、形式上傷害罪の幇助にあてはまるとしても206条で処罰すべきとされる。

第207条　（同時傷害の特例）

　2人以上で暴行を加えて人を傷害した場合において、それぞれの暴行による傷害の軽重を知ることができず、又はその傷害を生じさせた者を知ることができないときは、共同して実行した者でなくても、共犯の例による。

《注　釈》

一　意義

　本条は、同時犯（複数人により、意思の連絡なく、同一の機会に別々に行われた行為で、たまたまその行為が競合して結果が発生した場合）としての暴行による傷害について、一定の場合に共同正犯とみなす規定である。

二　要件〈司共予〉

1　「2人以上の者」が、意思の連絡なく、同一人に対して、故意をもって暴行を加えたこと
2　各暴行が当該傷害を生じさせ得る危険性を有するものであること
3　各暴行が外形的には共同実行に等しいと評価できるような状況において行われたこと（同一の機会に行われたものであること）
　　厳密な意味で同時である必要はなく、順次、暴行が行われていったような場合であっても機会の同一性は認められるが、暴行の時間的・場所的同時性ないし接着性が必要とされている。
4　傷害の原因となる暴行が特定できないこと（各人の暴行がどの程度の傷害を加えたかについて特定できず、又は傷害を生じさせた者を特定できないこと）

▼　最決令2.9.30・令2重判4事件

事案：　A・Bは、共謀の上、被害者に対して暴行を加えた。その後、Xは、A・Bに加勢しようと考え、暴行につきA・Bと暗黙のうちに共謀し、A・Bとともに被害者に対して暴行を加えた。被害者は、右第六肋骨骨折（①傷害）及び上口唇切創（②傷害）を負ったが、これらの傷害結果がXの共謀加担の前後いずれの段階の暴行によって生じたのかは不明である。なお、Xの暴行には①傷害を生じさせ得る危険性があったが、②傷害を生じさせ得る危険性はなかった。

決旨：　「同時傷害の特例を定めた刑法207条は、2人以上が暴行を加えた事案においては、生じた傷害の原因となった暴行を特定することが困難な

各　論

401

場合が多いことなどに鑑み、共犯関係が立証されない場合であっても、例外的に共犯の例によることとしている。同条の適用の前提として、検察官が、各暴行が当該傷害を生じさせ得る危険性を有するものであること及び各暴行が外形的には共同実行に等しいと評価できるような状況において行われたこと、すなわち、同一の機会に行われたものであることを証明した場合、各行為者は、自己の関与した暴行がその傷害を生じさせていないことを立証しない限り、傷害についての責任を免れない」。

「刑法207条適用の前提となる上記の事実関係が証明された場合、更に途中から行為者間に共謀が成立していた事実が認められるからといって、同条が適用できなくなるとする理由はなく、むしろ同条を適用しないとすれば、不合理であって、共謀関係が認められないときとの均衡も失するというべきである。したがって、他の者が先行して被害者に暴行を加え、これと同一の機会に、後行者が途中から共謀加担したが、被害者の負った傷害が共謀成立後の暴行により生じたものとまでは認められない場合であっても、その傷害を生じさせた者を知ることができないときは、同条の適用により後行者は当該傷害についての責任を免れないと解するのが相当である。先行者に対し当該傷害についての責任を問い得ることは、同条の適用を妨げる事情とはならないというべきである。

また、刑法207条は、２人以上で暴行を加えて人を傷害した事案において、その傷害を生じさせ得る危険性を有する暴行を加えた者に対して適用される規定であること等に鑑みれば、上記の場合に同条の適用により後行者に対して当該傷害についての責任を問い得るのは、後行者の加えた暴行が当該傷害を生じさせ得る危険性を有するものであるときに限られると解するのが相当である。後行者の加えた暴行に上記危険性がないときには、その危険性のある暴行を加えた先行者との共謀が認められるからといって、同条を適用することはできないというべきである。」

「本件において、Ｘが共謀加担した前後にわたる一連の前記暴行は、同一の機会に行われたものであるところ、Ｘは、①の傷害を生じさせ得る危険性のある暴行を加えており、刑法207条の適用により同傷害についての責任を免れない。これに対し、Ｘは、②の傷害を生じさせ得る危険性のある暴行を加えていないから、同条適用の前提を欠いている。そうすると、原判決には、Ｘが同傷害についても責任を負うと判断した点で、同条の解釈適用を誤った法令違反がある」。

三　適用範囲・効果〈司予〉

1　傷害罪以外の罪への適用の可否〈司H18〉

(1)　判例（最判昭26.9.20）は、傷害致死罪（205）の場合にも本条の適用を肯定している。判例を支持する学説は、被害者保護や立証の困難回避という207条の趣旨は傷害致死罪の場合にもあてはまるとしている〈共〉。他方、判

●傷害の罪 ［第208条］

例に反対する学説は、207条は例外的な規定であり、「傷害した場合」との文言から、傷害罪以外の罪には適用すべきでないとしている。

(2) 第1暴行と第2暴行のいずれもが傷害結果を生じさせ得る危険性を有し、かつ、その傷害結果がいずれの暴行によるものかが不明ではあるものの、第2暴行と死亡との間に因果関係が認められる傷害致死の事案において、裁判例（名古屋地判平26.9.19）は、第2暴行と死亡との間に因果関係が認められる以上、死亡結果について責任を負うべき者がいなくなる不都合を回避するための特例である207条を適用する前提に欠けるとして、207条の適用を否定した〈供〉。

これに対し、判例（最決平28.3.24・百選Ⅱ6事件）は、207条適用の前提となる事実関係が証明された場合には、「各行為者は、同条により、自己の関与した暴行が死因となった傷害を生じさせていないことを立証しない限り、当該傷害について責任を負い、更に同傷害を原因として発生した死亡の結果についても責任を負う……このような事実関係が証明された場合においては、本件のようにいずれかの暴行と死亡との間の因果関係が肯定されるときであっても、別異に解すべき理由はなく、同条の適用は妨げられない」としている。

2　承継的共同正犯と207条との関係　⇒ p.172

3　効果

「共犯の例による」。すなわち、60条が適用され、共同正犯として処断される。

《その他》

・本条は過失致死罪（210）・器物損壊罪（261）・殺人罪（199）には適用されない〈同〉。

【暴行罪】

> **第208条　（暴行）**
>
> 　暴行を加えた者が人を傷害するに至らなかったときは、2年以下の懲役若しくは30万円以下の罰金又は拘留若しくは科料に処する。

《構成要件要素》

① 「暴行」を加えた者が

② 「人を傷害するに至らなかった」こと

《注　釈》

一　「暴行」

1　本条の「暴行」とは、人の身体に対する不法な有形力の行使を意味する。

ex.1　狭い四畳半の部屋で日本刀の抜き身を振り回す行為（最決昭39.1.28・百選Ⅱ3事件）

●傷害の罪

ex.2　有形力には、物理的な力に加え、音・光・電気などのエネルギーも含む

2　「暴行」概念

＜「暴行」概念の整理＞

暴行概念＼論点	暴行の客体	暴行の程度	該当する犯罪類型
最広義の暴行	人でも物でもよい	一地方の公共の平穏を害する程度	内乱罪（77） 騒乱罪（106） 多衆不解散罪（107）
広義の暴行	人、人の体に物理的影響力を与える限り物でもよい（間接暴行）	各規定が予定する不都合な状態を現出させ、又は相手方に不当な作為・不作為を強要しうる程度	公務執行妨害罪（95Ⅰ） 職務強要罪（95Ⅱ） 加重逃走罪（98） 逃走援助罪（100） 特別公務員暴行陵虐罪（195） 強要罪（223）
狭義の暴行	人の身体	身体的苦痛を惹起する程度	暴行罪（208）
最狭義の暴行	人	被害者の反抗を著しく困難にする程度	強制性交等罪（177）
		被害者の反抗を抑圧する程度	強盗罪（236） 事後強盗罪（238）（＊）

＊　事後強盗罪については争いあるも、判例は、強盗罪と同様に解している。

二　「傷害するに至らなかった」こと

暴行の故意で傷害の結果が発生した場合は、傷害罪が成立する〔判〕〔同〕。
⇒ p.398

《自動車の運転により人を死傷させる行為等の処罰に関する法律》
【危険運転致死傷罪、準危険運転致死傷罪、過失運転致死傷アルコール等影響発覚免脱罪、過失運転致死傷罪】

第1条　（定義）

Ⅰ　この法律において「自動車」とは、道路交通法（昭和35年法律第105号）第2条第1項第9号に規定する自動車及び同項第10号に規定する原動機付自転車をいう。

Ⅱ　この法律において「無免許運転」とは、法令の規定による運転の免許を受けている者又は道路交通法第107条の2の規定により国際運転免許証若しくは外国運転免許証で運転することができるとされている者でなければ運転することができないこととされている自動車を当該免許を受けないで（法令の規定により当該免許の効力が停止されている場合を含む。）又は当該国際運転免許証若しくは外国運転免許

●傷害の罪

証を所持しないで（同法第８８条第１項第２号から第４号までのいずれかに該当する場合又は本邦に上陸（住民基本台帳法（昭４２年法律第８１号）に基づき住民基本台帳に記録されている者が出入国管理及び難民認定法（昭和２６年政令第３１９号）第６０条第１項の規定による出国の確認、同法第２６条第１項の規定による再入国の許可（同法第２６条の２第１項（日本国との平和条約に基づき日本の国籍を離脱した者等の出入国管理に関する特例法（平成３年法律第７１号）第２３条第２項において準用する場合を含む。）の規定により出入国管理及び難民認定法第２６条第１項の規定による再入国の許可を受けたものとみなされる場合を含む。）又は出入国管理及び難民認定法第６１条の２の１２第１項の規定による難民旅行証明書の交付を受けて出国し、当該出国の日から３月に満たない期間内に再び本邦に上陸した場合における当該上陸を除く。）をした日から起算して滞在期間が１年を超えている場合を含む。）、道路（道路交通法第２条第１項第１号に規定する道路をいう。）において、運転することをいう。

第２条　（危険運転致死傷）

次に掲げる行為を行い、よって、人を負傷させた者は１５年以下の懲役に処し、人を死亡させた者は１年以上の有期懲役に処する。

① 　アルコール又は薬物の影響により正常な運転が困難な状態で自動車を走行させる行為

② 　その進行を制御することが困難な高速度で自動車を走行させる行為

③ 　その進行を制御する技能を有しないで自動車を走行させる行為

④ 　人又は車の通行を妨害する目的で、走行中の自動車の直前に進入し、その他通行中の人又は車に著しく接近し、かつ、重大な交通の危険を生じさせる速度で自動車を運転する行為

⑤ 　車の通行を妨害する目的で、走行中の車（重大な交通の危険が生じることとなる速度で走行中のものに限る。）の前方で停止し、その他これに著しく接近することとなる方法で自動車を運転する行為

⑥ 　高速自動車国道（高速自動車国道法（昭和３２年法律第７９号）第４条第１項に規定する道路をいう。）又は自動車専用道路（道路法（昭和２７年法律第１８０号）第４８条の４に規定する自動車専用道路をいう。）において、自動車の通行を妨害する目的で、走行中の自動車の前方で停止し、その他これに著しく接近することとなる方法で自動車を運転することにより、走行中の自動車に停止又は徐行（自動車が直ちに停止することができるような速度で進行することをいう。）をさせる行為

⑦ 　赤色信号又はこれに相当する信号を殊更に無視し、かつ、重大な交通の危険を生じさせる速度で自動車を運転する行為

⑧ 　通行禁止道路（道路標識若しくは道路標示により、又はその他法令の規定により自動車の通行が禁止されている道路又はその部分であって、これを通行することが人又は車に交通の危険を生じさせるものとして政令で定めるものをいう。）

●傷害の罪

を進行し、かつ、重大な交通の危険を生じさせる速度で自動車を運転する行為

第3条

Ⅰ　アルコール又は薬物の影響により、その走行中に正常な運転に支障が生じるおそれがある状態で、自動車を運転し、よって、そのアルコール又は薬物の影響により正常な運転が困難な状態に陥り、人を負傷させた者は12年以下の懲役に処し、人を死亡させた者は15年以下の懲役に処する。

Ⅱ　自動車の運転に支障を及ぼすおそれがある病気として政令で定めるものの影響により、その走行中に正常な運転に支障が生じるおそれがある状態で、自動車を運転し、よって、その病気の影響により正常な運転が困難な状態に陥り、人を死傷させた者も、前項と同様とする。

第4条　（過失運転致死傷アルコール等影響発覚免脱）

アルコール又は薬物の影響によりその走行中に正常な運転に支障が生じるおそれがある状態で自動車を運転した者が、運転上必要な注意を怠り、よって人を死傷させた場合において、その運転の時のアルコール又は薬物の影響の有無又は程度が発覚することを免れる目的で、更にアルコール又は薬物を摂取すること、その場を離れて身体に保有するアルコール又は薬物の濃度を減少させることその他その影響の有無又は程度が発覚することを免れるべき行為をしたときは、12年以下の懲役に処する。

第5条　（過失運転致死傷）

自動車の運転上必要な注意を怠り、よって人を死傷させた者は、7年以下の懲役若しくは禁錮又は100万円以下の罰金に処する。ただし、その傷害が軽いときは、情状により、その刑を免除することができる。

第6条　（無免許運転による加重）

Ⅰ　第2条（第3号を除く。）の罪を犯した者（人を負傷させた者に限る。）が、その罪を犯した時に無免許運転をしたものであるときは、6月以上の有期懲役に処する。

Ⅱ　第3条の罪を犯した者が、その罪を犯した時に無免許運転をしたものであるときは、人を負傷させた者は15年以下の懲役に処し、人を死亡させた者は6月以上の有期懲役に処する。

Ⅲ　第4条の罪を犯した者が、その罪を犯した時に無免許運転をしたものであるときは、15年以下の懲役に処する。

Ⅳ　前条の罪を犯した者が、その罪を犯した時に無免許運転をしたものであるときは、10年以下の懲役に処する。

《概　要》

・自動車の運転により人を死傷させる行為等の処罰に関する法律（自動車運転死傷行為処罰法）の制定

●傷害の罪

　旧208条の2に規定されていた危険運転致死傷罪は、平成25年11月の法改正により、「自動車の運転により人を死傷させる行為等の処罰に関する法律」（平成25年11月27日法律第86号。平成26年5月20日に施行）（以下「法」という。）に組み込まれることとなった（法2条、3条参照）。これは、自動車運転による死傷事犯の実情等に鑑み、事案の実態に即した対処をするため、悪質かつ危険な自動車の運転により人を死傷させた者に対する新たな罰則を創設するなど所要の罰則を整備しようとしたものである。

《注　釈》

一　旧208条の2から移されたもの（法2①～④、⑦）

1　酩酊運転致死傷罪（法2①）〈共〉

　「アルコール又は薬物の影響により正常な運転が困難な状態で自動車」を走行させ、よって、人を死傷させる罪である。

(1)　「薬物」

　運転者の精神的又は身体的能力に影響を及ぼす薬理作用を有するものをいう。

　　→アルコール等の影響が認められるのであれば、過労等の他の原因と競合していても差し支えない

　　ex.　ヘロインなどの規制薬物、睡眠薬などの医薬品、シンナーなど

(2)　「正常な運転が困難な状態」

　道路や交通の状況等に応じた運転をすることが難しい状態になっていることをいう。

　　→アルコールの影響により前方を注視してそこにある危険を的確に把握して対処することができない状態もこれにあたる（最決平23.10.31・平23重判2事件）〈司〉

　　ex.　甲は、覚せい剤を使用した後、自動車の運転を開始したが、運転中、覚せい剤の影響により正常な運転が困難な状態になったのに、それを認識しながらあえて運転を続けたため、自車を電柱に激突させ、同乗者を死亡させた。この場合、甲には危険運転致死罪が成立する〈司〉

(3)　因果関係

　本罪は危険な運転行為に「よって」死傷の結果を生じさせた場合に成立する。

　　ex.1　被害者の飛び出しが原因である場合のように、適法な運転をしたとしても回避不能な結果については因果関係は認められない

　　ex.2　危険な運転行為中に脇見運転をして事故を起こした場合、脇見運転が事故の原因であるように思われるが、危険な運転行為をしていなければ回避可能であったといえるから因果関係を認めてよい

(4)　故意

407

●傷害の罪

自己が「正常な運転が困難な状態」であることの認識が必要であるが、その認識は困難性を基礎付ける事実の認識があれば足りる。

(5) 責任能力

責任能力が認められるためには、行為の違法性を認識し（是非弁別能力）、その弁識に従って行動を制御する能力（行動制御能力）が必要である。行為者に弁識能力又は制御能力のいずれかが欠けている場合には心神喪失として責任能力が否定され（39Ⅰ）、弁識能力又は制御能力が著しく低い場合には心神耗弱として責任能力が限定的に認められる（同Ⅱ）。酩酊運転致死傷罪においても、酩酊の程度によっては、責任能力が否定又は限定されることがある〈同〉。一般に、普通酩酊の場合には完全な責任能力が認められるが、病的酩酊の場合には原則として責任能力が否定され、重症の酩酊又は異常酩酊の場合には責任能力が限定的に認められる。

2 制御困難運転致死傷罪（法2②）

「その進行を制御することが困難な高速度で自動車」を走行させ、よって、人を死傷させる罪である。

(1)「その進行を制御することが困難な高速度」

速度が速すぎるため自らの車を進路に沿って走行させることが困難な速度をいう〈同〉。

(2) 故意

進行の制御困難性を基礎付ける事実の認識が必要である。

3 未熟運転致死傷罪（法2③）

「その進行を制御する技能を有しないで自動車」を走行させ、よって、人を死傷させる罪である。

(1)「進行を制御する技能を有しない」

運転技量が極めて未熟なことをいう。単に無免許という意味ではない。

ex. 甲は、自動車の運転免許を取得したことも運転経験もなく、ハンドル、ブレーキ等の運転装置を操作する初歩的な技能もなかったのに自動車を走行させたため、自車を対向車線に進入させ、対向車に衝突させて同車の運転者を死亡させた。この場合、甲には危険運転致死罪が成立する〈同〉

(2) 故意

進行を制御する技能を有しないことを基礎付ける事実の認識が必要である。

4 通行妨害運転致死傷罪（法2④）

「人又は車の通行を妨害する目的」で、「通行中の人又は車に著しく接近し、かつ、重大な交通の危険を生じさせる速度で自動車を運転」し、よって、人を死傷させる罪である。

(1)「通行を妨害する目的」

相手方の自由かつ安全な通行の妨害を積極的に意図することをいう。本罪の場合、未必的な認識、容認があるだけでは足りない。

▼ 東京高判平 25.2.22・平 25 重判 6 事件

改正前刑法 208 条の 2 第 2 項前段にいう「人又は車の通行を妨害する目的」とは、人や車に衝突等を避けるため急な回避措置をとらせるなど、人や車の自由かつ安全な通行の妨害を積極的に意図することをいう。しかし、運転の主たる目的が通行の妨害になくとも、自分の運転行為によって通行の妨害を来すのが確実であることを認識して、当該運転行為に及んだ場合には、自己の運転行為の危険性に関する認識は通行の妨害を主たる目的にした場合と異なるところがないから、「人又は車の通行を妨害する目的」が肯定される。

(2)　「重大な交通の危険を生じさせる速度」

妨害行為の結果、相手方と接触すれば大きな事故を生じることとなるような速度をいう。

(3)　故意

「通行中の人又は車に著しく接近し、かつ、重大な交通の危険を生じさせる速度」で運転することを基礎付ける事実の認識があれば足りる。

5　信号無視運転致死傷罪（法 2 ⑦）

「赤色信号又はこれに相当する信号を殊更に無視し、かつ、重大な交通の危険を生じさせる速度で自動車を運転」し、よって人を死傷させる罪である。

(1)　「殊更に無視」

故意に赤信号に従わない行為のうち、およそ赤信号に従う意思のないものをいう。

→赤信号であることの確定的な認識がない場合であっても、信号の規制自体に従うつもりがないため、その表示を意に介することなく、たとえ赤色信号であったとしてもこれを無視する意思で進行する行為も、これに含まれる（最決平 20.10.16・平 20 重判 6 事件）**圏**

→赤信号であることを認識した時点ですぐにブレーキを踏めば、停止位置で停止することが十分可能であるのに、これを無視して進行する行為に限られず、仮に停止位置を越えても安全な位置に停止できるのにあえて進行する行為も、これに含まれる（東京高判平 26.3.26・平 26 重判 10 事件）

(2)　「重大な交通の危険を生じさせる速度」

行為の結果、相手方と接触すれば大きな事故を生じることとなるような速度をいう。

ex.　赤信号を殊更に無視し、対向車線に進出して時速約 20 キロメートルの速度で交差点に進入しようとしたため、右方道路から青信号に従

●傷害の罪

って交差点に進入してきた被害者運転の自動車に自車を衝突させて、同車の運転者及び同乗者に傷害を負わせたときは、旧208条の2第2項後段の罪が成立する（最決平18.3.14・百選Ⅱ〔第7版〕7事件）

(3)　故意

「重大な交通の危険を生じさせる速度」で運転することを基礎付ける事実の認識があれば足りる。

二　危険運転致死傷罪の新たな類型として追加されたもの

・妨害運転致死傷罪（法2⑤）

「車の通行を妨害する目的で、走行中の車（重大な交通の危険が生じることとなる速度で走行中のものに限る。）の前方で停止し、その他これに著しく接近することとなる方法で自動車を運転」し、よって人を死傷させる罪である。

・高速道路等妨害運転致死傷罪（法2⑥）

「高速自動車国道（高速自動車国道法（昭和32年法律第79号）第4条第1項に規定する道路をいう。）又は自動車専用道路（道路法（昭和27年法律第180号）第48条の4に規定する自動車専用道路をいう。）において、自動車の通行を妨害する目的で、走行中の自動車の前方で停止し、その他これに著しく接近することとなる方法で自動車を運転することにより、走行中の自動車に停止又は徐行（自動車が直ちに停止することができるような速度で進行することをいう。）をさせ」、よって人を死傷させる罪である。

　　→上記2つの妨害運転致死傷罪は、いずれも、自動車運転による死傷事犯の実情等に鑑み、事案の実態に即した対処をするため、新たに危険運転致死傷罪の対象として追加されたものである

・通行禁止道路運転致死傷罪（法2⑧）

「通行禁止道路（道路標識若しくは道路標示により、又はその他法令の規定により自動車の通行が禁止されている道路又はその部分であって、これを通行することが人又は車に交通の危険を生じさせるものとして政令で定めるものをいう。）を進行し、かつ、重大な交通の危険を生じさせる速度で自動車」を運転させ、よって、人を死傷させる罪である。

　　→「通行禁止道路」については、車両通行止め道路、自転車及び歩行者専用道路、一方通行道路（の逆走）、及び高速道路（の逆走）などが想定されている

・正常な運転に支障が生じるおそれのある状態での自動車運転致死傷罪（法3Ⅰ、Ⅱ）

アルコールや薬物（法3Ⅰ）、又は自動車の運転に支障を及ぼすおそれがある病気として政令で定めるもの（法3Ⅱ）の影響により、「その走行中に正常な運転に支障が生じるおそれがある状態で、自動車を運転し、よって、そのアルコール又は薬物の影響により正常な運転が困難な状態」に陥り、人を死傷さ

410

●傷害の罪　　　　　　　　　　　　　　　　　　　　　　　　　［第208条の2］

せる罪である。

→「自動車の運転に支障を及ぼすおそれがある病気」は、具体的な病気の診断名まで分かっている必要はなく、何らかの病気のために、正常な運転に支障が生じるおそれがある状態にあることを認識していれば、この罪の対象となる

三　いわゆる「逃げ得」に対する罰則

・過失運転致死傷アルコール等影響発覚逃脱罪（法4）

四　旧211条2項から移されたもの

・過失運転致死傷罪（法5）

五　無免許運転による死傷事犯に対する刑の加重

・無免許運転による加重（法6）

無免許運転とは道路交通法の無免許運転と同じである。

【凶器準備集合罪・凶器準備結集罪】

第208条の2　（凶器準備集合及び結集）

Ⅰ　2人以上の者が他人の生命、身体又は財産に対し共同して害を加える目的で集合した場合において、凶器を準備して又はその準備があることを知って集合した者は、2年以下の懲役又は30万円以下の罰金に処する。

Ⅱ　前項の場合において、凶器を準備して又はその準備があることを知って人を集合させた者は、3年以下の懲役に処する。

《保護法益》

第一次的には個人の生命・身体・財産の安全であるが、第二次的に公共の平穏をも保護法益とする。

《構成要件要素》

〔凶器準備集合罪、1項〕

①　「2人以上の者が」

②　「他人の生命、身体又は財産に対し」

③　「共同して害を加える目的で集合した場合」に（目的犯）

④　「凶器を準備して」又は「その準備があることを知って」「集合した」こと

〔凶器準備結集罪、2項〕

①　凶器準備集合罪（Ⅰ）の場合において

②　「凶器を準備して」又は「その準備があることを知って」「人を集合させた」こと

《注　釈》

一　「共同して害を加える目的」

「共同して害を加える目的」とは、加害行為を共同実行しようとする目的をいう。

1　積極的加害目的であることは要しない。受動的な目的でよい。

411

［第208条の2］　　　　　　　　　　　　　　　　　　　●傷害の罪

2　共同加害の目的をもって集団に加わった者を助勢する意思で足りるとするのが判例である（最判昭52.5.6）。

二　「凶器を準備して」又は「その準備があることを知って」

1　「凶器」とは、性質上又は用法上、人を殺傷し得べき器具を意味する。

ex.　ダンプカーは、本条の「凶器」にあたらない（最判昭47.3.14）🗾

2　「準備」とは、凶器を必要に応じいつでも本罪の加害行為に使用し得る状態に置くことをいう。

集合する場所と一致する必要はなく、近くに隠しておいてもよい。

三　「集合」

1　「集合」とは、2人以上の者が時間・場所を同じくすることをいう。

2　すでに一定の場所に集まっている2人以上の者がその場で凶器を準備し、又はその準備があることを知ったうえで共同加害目的を有するに至った場合も「集合」にあたる（最決昭45.12.3・百選Ⅱ7事件）🗾。

四　罪数

本罪から殺人・傷害等の加害行為に発展した場合

→判例は、本罪と殺人罪（199）・傷害罪（204）などとは併合罪（45前段）の関係に立つと解している 同共

《論　点》

◆　罪質

1　本罪は抽象的危険犯であり、相手方からの襲撃の蓋然性ないし切迫性が客観的状況として存在しなくとも、社会生活の平穏を害しうる態様の「集合」があれば、本罪は成立する（最判昭58.6.23）🗾。

2　本罪は継続犯であるが、集団が目的としている共同加害行為が開始された後も「集合」の状態が継続する場合、なお本罪は継続するか。具体的には、集合体が加害行為を開始した後に新たに加わった者について、本罪が成立するかという形で問題となる。

＜凶器準備集合及び結集罪の罪質＞

学説	甲説（最決昭45.12.3・百選Ⅱ7事件）🗾	乙説
内容	加害行為を開始しても本罪は終了しない	加害行為を開始した時点で本罪は終了する
理由	凶器準備集合罪は、個人の生命・身体又は財産ばかりでなく、公共的な社会生活の平穏をも保護法益とするものと解すべきであるから、集合の状態が継続する限り、同罪は継続しているものと解すべきである	本罪は生命・身体・財産に対する罪の予備罪的性格をも有するから、加害行為が開始されれば、本罪の継続はなくなる

412

学説	甲説（最決昭45.12.3・百選Ⅱ7事件）〈司〉	乙説
結論	加害行為開始後に加わった者にも、本罪が成立する	加害行為開始後に加わった者には、本罪は成立しない

・第28章・【過失傷害の罪】

《保護法益》

人の生命・身体の安全である。

【過失傷害罪、過失致死罪】

第209条　（過失傷害）

Ⅰ　過失により人を傷害した者は、30万円以下の罰金又は科料に処する。

Ⅱ　前項の罪は、告訴がなければ公訴を提起することができない。

第210条　（過失致死）

過失により人を死亡させた者は、50万円以下の罰金に処する。

《構成要件要素》

①　「過失により」

②　「人」を「傷害」（209Ⅰ）・「死亡」（210）させたこと

【業務上過失致死傷罪・重過失致死傷罪】

第211条　（業務上過失致死傷等）

業務上必要な注意を怠り、よって人を死傷させた者は、5年以下の懲役若しくは禁錮又は100万円以下の罰金に処する。重大な過失により人を死傷させた者も、同様とする。

〔業務上過失致死傷罪、前段〕

《構成要件要素》

①　「業務上必要な注意を怠り」

②　「よって人を死傷させた」こと

《注　釈》

◆　「業務」〈司H22〉

「業務」とは、人が①社会生活上の地位に基づき②反復継続して行う行為であり、かつ③他人の生命・身体に対する危険性を包含するものをいう〈判〉〈同〉。

1　①社会生活上の地位に基づくこと

家庭生活における炊事や育児は、社会生活上の地位に含まれない。

2　②反復継続して行う行為であること

●過失傷害の罪

継続的・反復的に従事するものであれば足り、必ずしも職業や営業である必要はない。

3 ③他人の生命・身体の危険に対して危険があること
　(1) 人の生命・身体の危険を防止することを業務の内容とするものも含まれる◀判。
　(2) 自転車の走行は、一般的には危険性を内包する行為とはいえないから、「業務」には含まれない。

4 適法性
　適法であることを要せず、違法な業務も「業務」に当たる。
　ex. 無免許の医業も「業務」に当たる

▼ **最決昭 60.10.21・百選Ⅰ 60 事件**◀司

　本条にいう「業務」には、人の生命・身体の危険を防止することを義務内容とする業務も含まれる。

〔重過失致死傷罪、後段〕
《構成要件要素》

① 「重大な過失により」
　→注意義務違反の程度が著しいこと、すなわち、行為者としてわずかな注意を払えば、結果発生を予見することができ、結果の発生を回避できた場合を意味し、発生した結果の重大性、結果発生の可能性が大であったことは必ずしも要しない（下級審裁判例）◀司共

② 「人を死傷させた」こと

《自動車の運転により人を死傷させる行為等の処罰に関する法律》
【過失運転致死傷罪】

第5条 （過失運転致死傷）

　自動車の運転上必要な注意を怠り、よって人を死傷させた者は、7年以下の懲役若しくは禁錮又は100万円以下の罰金に処する。ただし、その傷害が軽いときは、情状により、その刑を免除することができる。

第6条 （無免許運転による加重）

Ⅰ〜Ⅲ 略
Ⅳ 前条の罪を犯した者が、その罪を犯した時に無免許運転をしたものであるときは、10年以下の懲役に処する。

〔過失運転致死傷罪〕
《構成要件要素》

① 「自動車の運転上必要な注意を怠り」

●堕胎の罪　　　　　　　　　　　　　　　　　　　　［第212条〜第216条］

② 「よって人を死傷させた」こと

《注　釈》
・平成25年11月の法改正（平成26年5月20日施行）に伴い、旧211条2項に規定されていた自動車運転過失致死傷罪が「自動車運転死傷行為処罰法」に移されたものである（同法5）。無免許運転による場合には、刑を加重する旨の規定が新設された（同法6Ⅳ）。

・第29章・【堕胎の罪】

《保護法益》
　胎児の生命・身体の安全、及び母体の生命・身体の安全である通。

【自己堕胎罪、同意堕胎罪・同致死傷罪、業務上堕胎罪・同致死傷罪、不同意堕胎罪、不同意堕胎致死傷罪】

第212条　（堕胎）
　妊娠中の女子が薬物を用い、又はその他の方法により、堕胎したときは、1年以下の懲役に処する。

第213条　（同意堕胎及び同致死傷）
　女子の嘱託を受け、又はその承諾を得て堕胎させた者は、2年以下の懲役に処する。よって女子を死傷させた者は、3月以上5年以下の懲役に処する。

第214条　（業務上堕胎及び同致死傷）
　医師、助産師、薬剤師又は医薬品販売業者が女子の嘱託を受け、又はその承諾を得て堕胎させたときは、3月以上5年以下の懲役に処する。よって女子を死傷させたときは、6月以上7年以下の懲役に処する。

第215条　（不同意堕胎）
Ⅰ　女子の嘱託を受けないで、又はその承諾を得ないで堕胎させた者は、6月以上7年以下の懲役に処する。
Ⅱ　前項の罪の未遂は、罰する。

第216条　（不同意堕胎致死傷）
　前条の罪を犯し、よって女子を死傷させた者は、傷害の罪と比較して、重い刑により処断する。

《注　釈》
◆　「堕胎」
　「堕胎」とは、自然の分娩期に先立って、胎児を母体外に排出することをいう判。母体内での殺害も「堕胎」にあたる。

各
論

［第217条～第219条］　　　　　　　　　　　　　　　　　　　　　●遺棄の罪

《その他》

・業務上堕胎罪（214）は、被害者の嘱託又は承諾があることが要件であり、嘱託も承諾もない場合は、一般人・業務者を問わず、不同意堕胎罪（215Ⅰ）が成立する【共】。

・妊婦が医師を教唆して堕胎させる行為は、単に自己堕胎罪（212）が成立する。

・妊婦に対して堕胎を教唆した場合は、自己堕胎罪の教唆（61Ⅰ・212）が成立する【判】。

・妊婦を教唆して同意を得た後、医師を教唆して堕胎を行わせる場合は、妊婦に対する自己堕胎罪の教唆と、医師に対する業務上堕胎罪の教唆（61Ⅰ・214前段）を行ったことになる【同】。この点、両教唆行為は65条2項によりともに同意堕胎罪の教唆（61Ⅰ・213前段）として処断されるという見解と、包括して重い業務上堕胎罪の教唆が成立し、65条2項により213条前段の刑を科すとする見解とがある。

・第30章・【遺棄の罪】

《保護法益》

扶助を必要とする者の生命・身体の安全である【通】【学】。

なお、保護法益を生命の安全のみであると考える見解【学】や、生命・身体の安全の他、社会的風俗も保護法益に含まれるとする見解も存在する。

【単純遺棄罪、保護責任者遺棄等罪、遺棄等致死傷罪】

第217条　（遺棄）

老年、幼年、身体障害又は疾病のために扶助を必要とする者を遺棄した者は、1年以下の懲役に処する。

第218条　（保護責任者遺棄等）

老年者、幼年者、身体障害者又は病者を保護する責任のある者がこれらの者を遺棄し、又はその生存に必要な保護をしなかったときは、3月以上5年以下の懲役に処する。

第219条　（遺棄等致死傷）

前2条の罪を犯し、よって人を死傷させた者は、傷害の罪と比較して、重い刑により処断する。

〔単純遺棄罪、217条〕

《構成要件要素》

① 「老年、幼年、身体障害又は疾病のために扶助を必要とする者」を
　→「扶助を必要とする者」：他人の保護によらなければ自ら日常生活を営む

● 遺棄の罪　　　　　　　　　　　　　　　　　　　　　　　　［第217条〜第219条］

　　　　　　　　　　　　　　動作をすることが不可能若しくは著しく困難な
　　　　　　　　　　　　　　ため、自己の生命に生ずる危険を回避できない
　　　　　　　　　　　　　　者
　　　→限定列挙〈同〉
②　「遺棄」すること
　　　→場所的離隔を伴って、被遺棄者の生命・身体に危険な状態を作り出すこと
　　　⇒ p.418

〔保護責任者遺棄等罪、218条〕
《構成要件要素》
①　「老年者、幼年者、身体障害者又は病者を保護する責任のある者」が（不真
　　正身分犯）　→限定列挙〈同〉
②　「遺棄」又は「生存に必要な保護をしなかった」（不保護）こと
　　　→「生存に必要な保護をしな」いとは、保護責任者が、要保護者との間に場
　　　　所的離隔を生じさせないまま、要保護者の生命・身体の安全のための保
　　　　護責任をつくさないこと
　　　　＊　不保護の実行行為について、判例（最判平30.3.19・百選Ⅱ9事件）
　　　　　　は、「『生存に必要な保護』行為として行うことが刑法上期待される特定
　　　　　　の行為をしなかったことを意味する」としており、広く保護行為一般
　　　　　　（監護、育児、介護行為等全般）を行うことを刑法上の義務として求め
　　　　　　ているものではないとしている。
　　　→「遺棄」の意義　⇒下記一

《注　釈》
◆　保護義務の発生根拠〈司H30〉

＜保護責任者遺棄罪における保護義務の発生根拠＞

発生根拠	判　例
法令	①　民法上先順位の扶養義務者がいても、後順位者が老年者を看護すべき状態にあったときは、その後順位者が保護責任者にあたる ②　自己の交通事故の被害者を救助のためいったん車に乗せながら別の場所に置き去りにした事例において道路交通法72条を根拠に保護責任を肯定〈判〉（＊）
契約	養子契約によって幼児を引き取った者は、養子縁組が成立していなくても保護責任者にあたる
事務管理	病者を引き取り自宅に同居させたときは、その引き取り主に引き取る義務がなくても、病人が保護を必要とする限り継続して保護すべき義務がある
慣習	同居の従業者が病気になった場合の雇用主は、保護責任者にあたる

417

[第217条～第219条]　　　　　　　　　　　　　　　　　　　　●遺棄の罪

発生根拠	判　例
条理	①　業務上堕胎を行った医師が排出した嬰児が生育可能性を有するのに放置して死亡させた事例において、医師の保護責任を肯定◀判 ②　ホテルの一室で女性に覚せい剤を打ち、女性が錯乱状態になったのに置き去りにした事例において、置き去りにした者の保護責任を肯定◀判

＊　道路交通法上の救護義務により直ちに保護責任が肯定されるわけではない。単純なひき逃げの場合は、保護責任は否定されるとするのが一般的である。もっとも、排他的な支配を獲得した場合には、保護責任者遺棄罪が成立しうる。
　　判例（最判昭34.7.24）は、ひき逃げをした運転手が、被害者を自動車に乗せて事故現場を離れて降雪中の薄暗い車道まで運び、医者を呼んで来ると欺いて被害者を自動車から下ろし、放置して自動車で走り去った事案において、運転手に保護責任者遺棄罪の成立を認めた◀同。

〔遺棄等致死傷罪、219条〕

《構成要件要素》

①　「前2条の罪を犯し」
②　「よって人を死傷させた」こと（死傷結果につき故意がある場合を含まない（結果的加重犯）◀同

《論　点》

一　「遺棄」の意義

　　217条は「遺棄」の処罰を規定し、218条は保護責任者の「遺棄」・「不保護」の処罰を規定するが、いわゆる置き去りは、「遺棄」なのか「不保護」なのか。「不保護」にあたるとするならば、保護責任者でない限り、処罰されないと考えられるため、置き去りの評価と関連して、「遺棄」・「不保護」の解釈が問題となる。

＜「遺棄」の意義＞試

		A説◀判通	B説	C説	D説
「遺棄」	217条の遺棄	移置（＝作為）	作為による移置・作為による置き去り	作為及び不作為による移置・置き去り	作為による移置
	218条の遺棄	移置に加え置き去り（＝不作為）も含む◀同	作為及び不作為による移置・作為及び不作為による置き去り	作為及び不作為による移置・置き去り	作為による移置
不保護 (218)		場所的離隔を伴わないで、生命に必要な保護をしないこと			作為の移置以外（作為による置き去りも含む）

●遺棄の罪

[第217条〜第219条]

	A説 ◀判通	B説	C説	D説
理由	① 217条には保護義務が規定されておらず、不作為の遺棄行為を基礎付ける作為義務が要求されていないので、不作為は処罰しない趣旨である ② 置き去りによる遺棄は不真正不作為犯であって、作為義務者、すなわち、保護義務者によってのみ犯されうる	① A説の理由の① ② 「移置」及び「置き去り」と作為・不作為とは対応関係にはない	① 不作為形態の遺棄を可罰的とする作為義務と、218条の保護義務は区別すべき ② 217条の「遺棄」と218条の「遺棄」を、同一の意味を有するものとして統一的に把握できる	① C説の理由② ② 218条が遺棄を不保護と区別して規定しており、218条の「遺棄」は移置を意味する以上、同じ文言を用いる217条の遺棄も移置のみと解すべき ③ 置き去りには作為によるものもあるが、「遺棄」は移置のみを指す以上、置き去りは作為か不作為かを問わず218条の「不保護」に含まれるとすべき
批判	① 隣り合った条文で用いられている「遺棄」という文言の解釈が異なってよいのか疑問 ② かかる理解では、218条の遺棄が217条の遺棄に比べて加重処罰されていることを説明できない ③ B説の理由②	① A説に対する批判①② ② 「幼児の母親を殺害する行為」や「幼児のそばから立ち去る行為」も、作為による置き去りにあたるので、単純遺棄罪ということになってしまう	217条、218条に共通する作為義務と区別された218条に固有の保護義務の実体が不明確である	① 不作為形態の遺棄が218条でのみ処罰されるという点においてA説と異ならず、不作為が加重処罰される根拠は何か、217条の作為義務とは区別された保護義務とは何かという問題について十分な説明がなされていない ② 「遺棄」の語は、元来置き去りも含んでいる

各論

二　罪質について

　遺棄罪は、被害者の生命・身体が実際に侵害されなくても完成する危険犯であることについては争いがないが、危険の程度をめぐって見解が対立している。

　ex.1　乳児を養護施設の玄関前に置き去りにする行為は遺棄罪を構成するか

　ex.2　乳児を養護施設のベッドの上に置き去りにする行為は遺棄罪を構成するか

[第217条～第219条]　　　　　　　　　　　　　　　　●逮捕及び監禁の罪

＜遺棄罪の罪質＞ 司

学説	具体的危険説	抽象的危険説	準抽象的危険説
内容	遺棄による被遺棄者の生命・身体に対する具体的な危険が生じなければ遺棄罪は完成しない	遺棄行為により、直ちに遺棄罪が成立し、結果として生命・身体への危険が生じたかは問わない	遺棄罪が成立するには、ある程度の現実の危険の発生は必要である
理由	遺棄罪の成立の限界を明確にするため具体的危険の発生を必要とすべきである	法文上具体的な危険の発生が明記されていない	①　法文上、何らかの程度の危険が生じうることを要すると考えられるから、他人の適切な救助が予想されるなど、社会通念上およそ生命の危険が発生しないとみられる場合には、本罪を構成しないと解すべきである ②　法益侵害の現実の危険性がない行為を処罰するのは妥当ではない
ex.1	不成立	成立	成立
ex.2	不成立	成立	不成立

三　保護責任者遺棄致死罪と不作為の殺人罪との区別 司H22 司H30

　　両罪の区別基準としては、①作為義務の程度、②死亡へと直結しうる具体的危険の有無、③殺意の有無などが挙げられる。このうち、219条は217条及び218条の結果的加重犯であり、重い結果について故意のある場合は含まれないので、殺人罪との区別として③を考慮することにつき争いはないが、そのほかに①②を考慮すべきかについては争いがある。
　　甲説：作為義務の程度を考慮すべきとする立場
　　　　∴　遺棄罪は生命・身体に対する危険犯であると解する立場からは、遺棄罪の作為義務・保護責任と殺人罪の作為義務は明らかに異なる
　　　←遺棄罪を生命に対する危険犯と解する立場からは、同程度の作為義務が求められていると解すべき
　　　←作為義務の軽重によって両罪を区別することは困難
　　乙説：死亡へと直結しうる具体的危険の有無を考慮すべきとする立場
　　　　∴　遺棄罪の成立を基礎付ける生命に対する危険は、比較的軽度の、直接死亡に直結するものでなくともよい

・第31章・【逮捕及び監禁の罪】

《保護法益》

　　人の移動の自由（身体活動の自由）である。その具体的内容については説が分かれるが、判例は可能的自由（移動しようと思えばできる自由）としている。

● 逮捕及び監禁の罪　　　　　　　　　　　　　　　　［第220条〜第221条］

【逮捕・監禁罪、逮捕・監禁致死傷罪】

第220条　（逮捕及び監禁）

不法に人を逮捕し、又は監禁した者は、3月以上7年以下の懲役に処する。

第221条　（逮捕等致死傷）

前条の罪を犯し、よって人を死傷させた者は、傷害の罪と比較して、重い刑により処断する。

《構成要件要素》

〔逮捕・監禁罪、220条〕

① 「人」を
② 「不法に」「逮捕」又は「監禁」したこと（継続犯）

〔逮捕・監禁致死傷罪、221条〕

①②逮捕・監禁罪を犯し
③ 「よって人を死傷させた」こと（結果的加重犯）

→監禁中に加えられた暴行による傷害であっても、その暴行が監禁を維持する手段ではなく、単に監禁の機会になされたものであるときは、監禁致傷罪は成立せず、監禁罪と傷害罪の併合罪となる（最決昭42.12.21）司

→逮捕・監禁の手段たる暴行から傷害結果が生じた場合は、逮捕・監禁致死傷罪が成立する。もっとも、同罪は逮捕・監禁罪の結果的加重犯であるから、逮捕・監禁が未遂に終わったときは成立しない司

《注　釈》

◆ 「逮捕」及び「監禁」

1 「逮捕」とは、人の身体を直接的に拘束してその身体活動の自由を奪うことをいう。

ex. 荒縄で縛り約5分間引きずり回す行為

2 「監禁」とは、一定の区域からの脱出を、不可能若しくは著しく困難にすることをいう。

ex.1 走行する原付自転車に乗せる行為（有形的方法）司

ex.2 入浴中の女性の衣類を隠し浴室から出ることを妨害する行為（無形的方法）

3 人を逮捕し、引き続いて監禁した場合、逮捕罪と監禁罪の罪数関係については、包括して220条の単純一罪が成立するとするのが判例である（最大判昭28.6.17）司予。

4 逮捕・監禁について被害者の同意（⇒ p.59）がある場合は、およそ法益侵害そのものが認められないから、そもそも構成要件該当性が認められない司H21。もっとも、その同意が強制による場合や錯誤に基づく場合には、同意があった

各論

421

[第220条～第221条]　　　　　　　　　　　　　　　●逮捕及び監禁の罪

とはいえない（最決昭33.3.19参照）。

《論　点》

◆　監禁罪の客体〈司共〉〈司H25〉

　　本罪は身体活動の自由を保護法益としているが、本罪が成立するにはその前提
として、被害者に行動意思及び行動能力が必要か。また、これに関連して、被害
者が監禁されていることについて認識していることが必要かが問題となる。

　　事例①：Aは幼児X（生後1年）が部屋の中で這い回っているのを目撃し、そ
　　　　　　の部屋に鍵をかけた。

　　事例②：甲は受験勉強に熱中しているAの部屋に1時間鍵をかけたが、Aはこ
　　　　　　のことに気付かなかった。

＜逮捕監禁罪の客体＞

	主観説	客観説
内容	現実に行動の意思あるいは行動能力を欠く者は本罪の客体となりえない	自然的意味において行動しうる者であれば足り、行動の自由は必ずしも現実的にあることを必要とせず、その可能性があれば足りる
批判	監禁されている者が途中で寝込んでしまった場合、現実には身体の拘束が続いているのに寝込んだ時点で監禁行為は終了していることになってしまう	身体の場所的移動の自由に生じた危険、すなわち未遂を処罰することになってしまい、処罰範囲を不当に拡大する
生後間もない嬰児や高度の精神病者	逮捕監禁罪不成立（争いなし）	
事例①（幼児）	逮捕監禁罪不成立	逮捕監禁罪成立
事例②〈予〉（被害者が認識していない場合）	認識必要→逮捕監禁罪不成立	認識不要→逮捕監禁罪成立

※　偽計による監禁の事例において、判例（最決昭33.3.19）は、被害者を母親のとこ
　ろに連れて行くと騙して車に乗せ、気付いた被害者が停止を要求したのに無視して疾
　走した事案につき、監禁の方法には「偽計によって被害者の錯誤を利用する場合をも
　含むと解するを相当とする」とし、被害者が気付く以前をも含め監禁罪を認めた〈司〉。

▼　京都地判昭45.10.12・百選Ⅱ10事件

　　自力で這い回ったり、壁等を支えにして立ち上がり、歩き回ったりすること
ができる1年7か月の幼児に対する監禁を認めた。

●脅迫の罪 [第222条]

・第32章・【脅迫の罪】

【脅迫罪】

第222条 （脅迫）

Ⅰ 生命、身体、自由、名誉又は財産に対し害を加える旨を告知して人を脅迫した者は、2年以下の懲役又は30万円以下の罰金に処する。

Ⅱ 親族の生命、身体、自由、名誉又は財産に対し害を加える旨を告知して人を脅迫した者も、前項と同様とする。

《保護法益》

個人の意思決定の自由である。ただし、私生活の平穏であるとする見解もある。

《構成要件要素》

① 相手方（Ⅰ）又はその親族（Ⅱ）の「生命、身体、自由、名誉又は財産に対し害を加える旨を告知して」

② 「人」を

③ 「脅迫した」こと（抽象的危険犯）

《注 釈》

一 「脅迫」の意義

<「脅迫」の意義>

	意義	該当する犯罪類型
広義	人を畏怖させるに足る害悪の告知をいい、その害悪の内容は問わない	公務執行妨害罪（95Ⅰ）恐喝罪（249）等
狭義	人を畏怖させるに足る害悪の告知をいい、その害悪の内容は、相手方又はその親族の生命、身体、自由、名誉、財産に対し害悪を加えることに限られる	脅迫罪（222）強要罪（223）
最狭義	相手方の抵抗を著しく困難にする程度の害悪の告知	強制わいせつ罪（176）強制性交等罪（177）
	相手方の反抗を抑圧するに足りる程度の害悪の告知	強盗罪（236）事後強盗罪（238）

二 客体

「人」は、自然人に限られ、法人は含まれない（大阪高判昭61.12.16）〈共〉。

幼者や知的障害者も自然人である以上、客体となり得るが、本罪の保護法益は個人の意思決定の自由であることから、意思能力者であることを要する。

三 行為

1 害悪は被害者本人か親族の法益に関するものに限られる〈共〉。

423

[第222条]　　　　　　　　　　　　　　　　　　　　●脅迫の罪

　　→親族とは、①6 親等内の血族、②配偶者及び③3 親等内の姻族である（民725）

　　ex.　犯人が、被害者に対し、被害者本人の妻の実兄を殺害する旨告知した行為には、本罪が成立する《共》

　　　　→恋人や内縁の妻といった親族以外の者を殺すぞと脅しても本罪は成立しない《共》

2　告知される害悪の程度は、相手方の事情（性別、年齢など）及び周囲の状況などから判断して、一般に人を畏怖させるに足りる程度のものであることを要する。

　　cf.　一般人ならば畏怖しない程度の害悪の告知で、被害者が特に臆病なため畏怖した場合については、脅迫罪成立説と脅迫罪不成立説の争いがある《共》

3　告知される害悪の内容は、告知者により害悪の発生を現実に左右できるものでなければならない。

　　cf.　「天罰が下る。」旨の書き込みは「脅迫」にあたらない《共》

4　害悪を告知する方法に制限はない。明示、暗示のいずれでもよく、また、文書、口頭、態度のいずれでもよい。そして、告知は、相手に対して直接行われる必要はなく、間接的な手段でもよい（最判昭 26.7.24）。

　　→派閥抗争中に、対立派閥の中心人物宅に宛てて、現実に出火もないのに「出火御見舞い申し上げます、火の元に御用心」等と書いたはがきを送ることは、その住宅に放火することを暗示して害悪を告知するもので、「脅迫」にあたる（最判昭 35.3.18・百選Ⅱ 11 事件）

四　既遂時期

　告知が相手方に伝達した段階で既遂に達し、相手方が現実に畏怖したかどうかを問わない（抽象的危険犯。大判明 43.11.15）。

　伝達手段を施したが相手方に伝達されなかった場合には未遂となり、脅迫罪には未遂の処罰規定がないため不可罰となる《共》。

五　罪数・他罪との関係

　加害の告知後その害悪を実行したときは、その実行した犯罪が独立して成立し、両者は併合罪の関係に立つ。

　もっとも、脅迫と加害の実行とが同じ場所で時間的に前後して行われたときは、脅迫は実行した犯罪に吸収される。

　　→債権取立に行った先で、「払わなければ殴る」と申し向けて債務者を殴った場合は、暴行罪だけが成立する（大判大 15.6.15）

424

●脅迫の罪　　　　　　　　　　　　　　　　　　　　　　　　　　　　　　　［第223条］

【強要罪】

第223条　（強要）

Ⅰ　生命、身体、自由、名誉若しくは財産に対し害を加える旨を告知して脅迫し、又は暴行を用いて、人に義務のないことを行わせ、又は権利の行使を妨害した者は、3年以下の懲役に処する。

Ⅱ　親族の生命、身体、自由、名誉又は財産に対し害を加える旨を告知して脅迫し、人に義務のないことを行わせ、又は権利の行使を妨害した者も、前項と同様とする。

Ⅲ　前2項の罪の未遂は、罰する。

《保護法益》

個人の意思決定の自由及び意思実現の自由である。

《構成要件要素》

①　相手方（Ⅰ）又はその親族（Ⅱ）の「生命、身体、自由、名誉若しくは財産に対し害を加える旨を告知して脅迫し」、又は「暴行を用いて」（Ⅰ）

②　「人に義務のないことを行わせ、又は権利の行使を妨害した」こと

《注　釈》

一　「脅迫し、又は暴行を用いて」

1　「脅迫」：狭義の脅迫　⇒ p.423

2　「暴行」：広義の暴行　⇒ p.404

二　「人に義務のないことを行わせ、又は権利の行使を妨害した」

1　「義務のないことを行わせ」るとは、行為者に何らその権利・権能がなく、したがって、相手方にも義務がないのに、相手方に作為・不作為又は忍容を余儀なくさせることをいう。

2　「権利の行使を妨害」するとは、被害者が法律上許されている作為・不作為を行うのを妨げることである。

三　因果関係

本罪成立には、暴行又は脅迫によって相手方が現実に恐怖心を抱き、その結果、義務のないことを行い、又は、行うべき権利を妨害されたという因果関係が必要である。

四　既遂・未遂

義務なきことを行わしめ又は権利の行使を妨害した時に既遂、これが欠ければ未遂（Ⅲ）となる。

《その他》

・本条は、恐喝罪（249）、強盗罪（236）、逮捕・監禁罪（220）、職務強要罪（95Ⅱ）などに対して一般法的性格を有するから、これらの犯罪が成立する場合には、法条競合によって適用が排除される。

各論

425

［第224条］　　　　　　　　　　　　　　　　　　●略取、誘拐及び人身売買の罪

・第33章・【略取、誘拐及び人身売買の罪】

《保護法益》 ⇒ p.426
【未成年者拐取罪】

> **第224条　（未成年者略取及び誘拐）**
> 　未成年者を略取し、又は誘拐した者は、3月以上7年以下の懲役に処する。

《構成要件要素》
　① 「未成年者」を
　② 「略取」・「誘拐」すること

《注　釈》
一　行為
　「略取」・「誘拐」はともに、他人をその生活環境から不法に離脱させ、自己又は第三者の事実的支配下に置くことをいうが、暴行・脅迫を手段とする場合を「略取」と呼び、欺罔・誘惑を手段とする場合を「誘拐」と呼ぶ。また、暴行・脅迫・欺罔・誘惑等の行為は、必ずしも被拐取者に対してなされる必要はなく、監護者に加えられても略取・誘拐になりうる囲。

二　着手時期・既遂時期
　1　着手時期
　　　→暴行・脅迫、欺罔・誘惑の開始時
　2　既遂時期
　　　→被害者を行為者又は第三者の実力支配内に移した時（単に保護監督状態から離脱させただけでは足りない）

三　違法性阻却 司H26
　親権者などの監護権者により未成年者の略取等がされた場合も、本罪が成立するかにつき、未成年者略取誘拐罪の保護法益と関係して争いがある。
　判例（最決平17.12.6・百選Ⅱ12事件）は、このような場合も「略取」「拐取」の構成要件に該当し、監護権者であることは違法性が阻却されるかどうかの判断において考慮されるべき事情にすぎない旨判示している。
　　　→一般に、連れ去り行為が監護養育上必要であり、子の利益に合致するものであるといえるのであれば、違法性が阻却されうる

《論　点》
◆　保護法益
　略取及び誘拐の罪の保護法益はいかに解すべきか。この問題は、①監護権者が存在しない場合に本罪が成立しうるか、②監護権者の同意がある場合に本罪が成立しうるか、③監護権者も本罪の主体となりうるか、④被害者本人の同意があっ

●略取、誘拐及び人身売買の罪 [第225条]

ても本罪が成立しうるか、の処理にかかわる。

<略取・誘拐の罪の保護法益>

事例 ＼ 学説	被拐取者の自由であるとする説	被拐取者に対する監護権・親権（人的保護関係の侵害である）とする説	被略取者の自由及び被拐取者が要保護状態にある場合は親権者等の保護監督権（監護権）であるとする説◀判
① 監護権者が存在しない場合に本罪が成立しうるか	成立しうる	成立しえない	成立しうる
② 監護権者の同意がある場合に本罪が成立しうるか	成立しうる	成立しえない	争いあり
③ 監護権者も本罪の主体となりうるか	主体となりうる	主体となりえない	争いあり
④ 被害者本人の同意がある場合にも本罪が成立しうるか	同意があれば不成立	同意があっても成立しうる	同意があっても成立しうる

▼ **福岡高判昭31.4.14**◀共

未成年者誘拐罪の保護法益は、被誘拐者たる未成年者の自由のみならず、両親、後見人等の監護者又はこれに代わり未成年者に対し事実上の監護権を有する監督者などの監護権でもある。

▼ **最決平17.12.6・百選Ⅱ12事件**◀司共 ◀司H26

別居中で離婚係争中の一方親権者である妻が養育している2歳の子を、他方親権者である夫が有形力を用いて連れ去る行為は未成年者略取罪の構成要件に該当し、行為者が親権者の1人であることは、違法性が例外的に阻却されるかどうかの判断において考慮されるべき事情にとどまる。

【営利目的等拐取罪】

第225条 （営利目的等略取及び誘拐）

営利、わいせつ、結婚又は生命若しくは身体に対する加害の目的で、人を略取し、又は誘拐した者は、1年以上10年以下の懲役に処する。

《構成要件要素》

① 「営利、わいせつ、結婚又は生命若しくは身体に対する加害の目的」で（目的犯）

［第225条の2］　　　　　　　　　　　　　　　　●略取、誘拐及び人身売買の罪

②　「人」を
③　「略取し、又は誘拐」したこと

《注　釈》

一　客体

1　未成年者
客体となる。
→本罪は未成年者略取・誘拐罪（224）の加重類型であるから、本罪が成立する場合には、法条競合により本罪のみが成立する〈同〉

2　成人
客体となる。
→成人を客体とする場合は、営利・わいせつ・結婚・加害目的（225）、所在国外移送目的（226）、身の代金目的（225の2）がなければ、略取・誘拐罪は成立しない

二　「営利、わいせつ、結婚又は生命若しくは身体に対する加害の目的で」

1　「営利」目的とは、拐取行為により自ら財産上の利益を得、又は第三者に得させる目的をいう。
→反復的にではなく一時的に利益を得る目的であってもよい。また、誘拐に対する報酬を得る目的であってもよい〈判〉

2　「わいせつ」目的とは、性交等その他被拐取者の性的自由を侵害する目的をいう。

3　「結婚」目的とは、行為者又は第三者と結婚させる目的をいう。
→「結婚」には、法律婚のみならず事実婚（内縁）も含まれる〈同〉

4　「加害」目的とは、被拐取者を殺害し、傷害し、又は暴行を加える目的をいう。

【身の代金目的拐取罪・身の代金要求罪】

第225条の2　（身の代金目的略取等）

Ⅰ　近親者その他略取され又は誘拐された者の安否を憂慮する者の憂慮に乗じてその財物を交付させる目的で、人を略取し、又は誘拐した者は、無期又は3年以上の懲役に処する。

Ⅱ　人を略取し又は誘拐した者が近親者その他略取され又は誘拐された者の安否を憂慮する者の憂慮に乗じて、その財物を交付させ、又はこれを要求する行為をしたときも、前項と同様とする。

〔身の代金目的拐取罪、1項〕

《構成要件要素》

①　「近親者その他略取され又は誘拐された者の安否を憂慮する者の憂慮に乗じてその財物を交付させる目的」で（目的犯）〈共〉

●略取、誘拐及び人身売買の罪 ［第226条～第226条の3］

② 「人」を
③ 「略取し、又は誘拐した」こと

《注　釈》

◆ 「憂慮する者」圏

「憂慮する者」とは、被拐取者の安否を親身になって憂慮するのが社会通念上当然であるとみられる特別な関係にある者をいう。

　ex. 相互銀行の社長が拐取された場合の銀行幹部は、「憂慮する者」にあたる（最決昭62.3.24・百選Ⅱ13事件）

〔身の代金要求罪、2項〕

《構成要件要素》

① 「人を略取し、又は誘拐した者」が（身分犯）
② 近親者その他被拐取者の「安否を憂慮する者の憂慮に乗じて」
③ 「その財物を交付させ、又はこれを要求する行為をした」こと

《注　釈》

◆ 「要求する行為」

「要求する行為」とは、財物の交付を求める意思表示をすることをいい、要求の意思表示がなされれば既遂に達し、相手方がその意思表示を知りうる状態に達したことを要しない。

【所在国外移送目的拐取罪、人身売買罪、被略取者等所在国外移送罪、被略取者引渡し等罪】

第226条　（所在国外移送目的略取及び誘拐）

　所在国外に移送する目的で、人を略取し、又は誘拐した者は、2年以上の有期懲役に処する。

第226条の2　（人身売買）

Ⅰ 人を買い受けた者は、3月以上5年以下の懲役に処する。
Ⅱ 未成年者を買い受けた者は、3月以上7年以下の懲役に処する。
Ⅲ 営利、わいせつ、結婚又は生命若しくは身体に対する加害の目的で、人を買い受けた者は、1年以上10年以下の懲役に処する。
Ⅳ 人を売り渡した者も、前項と同様とする。
Ⅴ 所在国外に移送する目的で、人を売買した者は、2年以上の有期懲役に処する。

第226条の3　（被略取者等所在国外移送）

　略取され、誘拐され、又は売買された者を所在国外に移送した者は、2年以上の有期懲役に処する。

各論

429

[第227条〜第228条の2]　　　　　　　　　　　　●略取、誘拐及び人身売買の罪

第227条　（被略取者引渡し等）

Ⅰ　第224条、第225条又は前3条の罪を犯した者を幇助する目的で、略取され、誘拐され、又は売買された者を引き渡し、収受し、輸送し、蔵匿し、又は隠避させた者は、3月以上5年以下の懲役に処する。

Ⅱ　第225条の2第1項の罪を犯した者を幇助する目的で、略取又は誘拐された者を引き渡し、収受し、輸送し、蔵匿し、又は隠避させた者は、1年以上10年以下の懲役に処する。

Ⅲ　営利、わいせつ又は生命若しくは身体に対する加害の目的で、略取され、誘拐され、又は売買された者を引き渡し、収受し、輸送し、又は蔵匿した者は、6月以上7年以下の懲役に処する。

Ⅳ　第225条の2第1項の目的で、略取又は誘拐された者を収受した者は、2年以上の有期懲役に処する。略取され又は誘拐された者を収受した者が近親者その他略取され又は誘拐された者の安否を憂慮する者の憂慮に乗じて、その財物を交付させ、又はこれを要求する行為をしたときも、同様とする。

《注　釈》

・226条の2第1項、2項、3項及び5項の人身買受け罪は法条競合の関係にあり、重い罪のみが成立する〈囲〉。同条4項と5項の人身売渡し罪も同様である。

第228条　（未遂罪）

第224条、第225条、第225条の2第1項、第226条から第226条の3まで並びに前条第1項から第3項まで及び第4項前段の罪の未遂は、罰する。

《注　釈》

・略取・誘拐者身代金要求罪（225の2Ⅱ）、被拐取者収受者の身代金要求罪（227Ⅳ後段）は、財物を要求すればその時点で既遂となるから、未遂処罰規定がない。

第228条の2　（解放による刑の減軽）

第225条の2又は第227条第2項若しくは第4項の罪を犯した者が、公訴が提起される前に、略取され又は誘拐された者を安全な場所に解放したときは、その刑を減軽する〈囲〉。

[趣旨] 本条は、身代金目的の拐取罪及びその関連犯罪については、被拐取者の生命・身体の危険が大きいことから、その安全を図るために政策的に規定されたものである。解放が公訴の提起の前に行われなければ本条の適用はない〈囲〉。

《注　釈》

・「解放」：被拐取者に対する事実的支配を解くこと
・「安全な場所」：被拐取者が安全に救出されると認められる場所
　→その安全性は、被拐取者が近親者・官憲などによって救出されるまで生命・身

●名誉に対する罪　　　　　　　　　　　　　　　　　　　　　　［第228条の3～第230条］

体に対して具体的な危険が生じない程度を意味する

【身の代金目的拐取予備罪】

第228条の3　（身の代金目的略取等予備）

第225条の2第1項の罪を犯す目的で、その予備をした者は、2年以下の懲役に処する。ただし、実行に着手する前に自首した者は、その刑を減軽し、又は免除する。

第229条　（親告罪）

第224条の罪及び同条の罪を幇助する目的で犯した第227条第1項の罪並びにこれらの罪の未遂罪は、告訴がなければ公訴を提起することができない。

[趣旨] 改正前229条は、未成年者略取・誘拐罪（224）、営利目的等略取・誘拐罪（225）及び未成年者略取等幇助目的被略取者引渡し等罪（227Ⅰ）並びに営利目的等被略取者引渡し等罪（227Ⅲ）並びにこれらの罪の未遂罪について、原則として親告罪としていた。もっとも、平成29年改正により、告訴に係る被害者の精神的負担の軽減を図る目的で、略取・誘拐罪のうち、わいせつ目的又は結婚目的の略取・誘拐罪（225）及びこれらに係る罪を犯した者を幇助する目的で行う被略取者引渡し等罪（227Ⅰ）並びにこれらの罪の未遂罪を非親告罪化した。なお、未成年者略取・誘拐罪（224）及びこの罪を幇助する目的で犯した被略取者引渡し等罪（227Ⅰ）並びにこれらの罪の未遂罪が親告罪として維持されているのは、略取・誘拐の犯人が被害者の実親である場合等には、被害者である未成年者のその後の成長に影響を与え得る犯人の処罰を求めるか否かの判断を、被害者や監護権者の意思に委ねるべきであると考えられたためである。

・第34章・【名誉に対する罪】

《保護法益》　⇒ p.435

【名誉毀損罪】

第230条　（名誉毀損）〈司H30〉

Ⅰ　公然と事実を摘示し、人の名誉を毀損した者は、その事実の有無にかかわらず、3年以下の懲役若しくは禁錮又は50万円以下の罰金に処する。

Ⅱ　死者の名誉を毀損した者は、虚偽の事実を摘示することによってした場合でなければ、罰しない。

〔名誉毀損罪、1項〕

《構成要件要素》

① 「公然と事実を摘示し」て

② 「人の名誉を」

［第230条の２］ ●名誉に対する罪

> →「人」には、法人も含まれる〈司共〉
>
> →「人」は、特定されていることが必要であり、不特定集団に対して名誉毀損しても、名誉毀損罪は成立しない（大判大15.3.24）
>
>   ex.「X県人は頭が悪い。」と述べた行為に名誉毀損罪は成立しない〈司共〉
>
> ③「毀損した」こと

《注　釈》

一　「公然と事実を摘示し」〈司H30〉

1　「公然」とは、不特定又は多数人が知りうる状態をいう。

判例は、当初は特定した少数者に対するものでも、伝播して不特定多数者が認識しうる可能性を含む場合にも、公然性が認められるとしている（最判昭34.5.7・百選Ⅱ19事件）〈司共〉。

2　「事実を摘示し」とは、具体的に人の評価を低下させるに足りる事実を告げることをいう。

> →「事実」は、すでに一般に知られていてもよく、また、真実か否かも問わない〈司共〉

二　「毀損」

社会的評価を害するおそれのある状態を発生させることで足り、現実に社会的評価が低下したことは必要ないとされる（抽象的危険犯）〈司共〉。

〔死者の名誉毀損罪、２項〕

《構成要件要素》

① 「虚偽の事実を摘示」して
② 「死者の名誉を毀損した」こと

《注　釈》

◆「虚偽の事実を摘示」〈共〉

死者の名誉については、「虚偽の事実を摘示」した場合のみ処罰される。誤って虚偽の事実を摘示して名誉を侵害しても、故意犯である本罪は成立しない。

第２３０条の２　（公共の利害に関する場合の特例）

Ⅰ　前条第１項の行為が公共の利害に関する事実に係り、かつ、その目的が専ら公益を図ることにあったと認める場合には、事実の真否を判断し、真実であることの証明があったときは、これを罰しない。

Ⅱ　前項の規定の適用については、公訴が提起されるに至っていない人の犯罪行為に関する事実は、公共の利害に関する事実とみなす。

Ⅲ　前条第１項の行為が公務員又は公選による公務員の候補者に関する事実に係る場合には、事実の真否を判断し、真実であることの証明があったときは、これを罰しない。

[趣旨] 人格権としての個人の名誉の保護と、憲法21条による正当な言論の保障と

●名誉に対する罪 ［第230条の2］

の調和を図ることにある。

《注　釈》

一　1項

名誉毀損行為に①事実の公共性（公共の利害に関する事実）と②目的の公益性が認められ、③事実が真実であると証明があったときは罰しない、とする原則を規定する〈同〉。

1　「公共の利害に関する事実」とは、一般の多数人の利害に関係する事実をいうが、表現の自由との関連を考慮して、「市民が民主的自治を行う上で知る必要がある事実」とする見解もある。

→「公共の利害に関する事実」にあたるか否かは、「摘示された事実自体の内容・性質に照らして客観的に判断されるべきものであり、これを摘示する際の表現方法や事実調査の程度などは、同条にいわゆる公益目的の有無の認定等に関して考慮されるべきことがら」にすぎず、摘示された事実が「公共の利害に関する事実」にあたるか否かの判断を左右するものではない（最判昭 56.4.16・百選Ⅱ 20 事件）

2　「その目的が専ら公益を図ることにあった」とは、公共の利害を増進させることを主たる動機として事実を摘示したことをいう。

3　真実性の証明の対象は摘示された事実である。

→噂や風評の形式で事実が摘示された場合でも、証明の対象は噂や風評の存在ではなく、風評の内容たる事実である（最決昭 43.1.18）〈基〉

二　2項

逮捕された犯人に関する報道など、公訴提起前の犯罪行為に関する事実は、①公共の利害に関する事実とみなす。

三　3項

名誉毀損行為が、公務員又は公選による公務員の候補者に関する事実にかかわるときは、①事実の公共性と②目的の公益性の要件の立証を不要とする。ただし、摘示事実が公務員としての資質、能力と全く関係ない場合は除く。

四　私人の私生活上の行状と事実の公共性〈基〉

判例（最判昭 56.4.16・百選Ⅱ 20 事件）は、私人の私生活上の行状であっても、そのたずさわる社会的活動の性質及びこれを通じて社会に及ぼす影響力の程度などのいかんによっては、「公共の利害に関する事実」にあたる場合があるとする。

《論　点》

◆　真実性の錯誤

事実を摘示した者が、何らかの根拠に基づいて事実を真実だと考えていたが、真実でなかった、あるいは真実性の証明に成功しなかった場合に、なお免責の余地があるか。あるとすれば、それはいかなる根拠から、いかなる基準により判断されるのかが問題となる。

各論

433

［第230条の2］　　　　　　　　　　　　　　　●名誉に対する罪

　この点については、主観面を基準とする責任のアプローチと、客観面を基準とする違法のアプローチがある。

　なお、判例（最大判昭44.6.25・百選Ⅱ21事件）は「たとい刑法230条の2第1項にいう事実が真実であることの証明がない場合でも、行為者がその事実を真実であると誤信し、その誤信したことについて、確実な資料、根拠に照らし相当の理由があるときは、犯罪の故意がなく、名誉毀損の罪は成立しない」として、「確実な資料、根拠に照らし相当の理由」を基準とし、故意を否定することによって免責を肯定している。圖

　ex.1　新聞記者Aは市長が業者から賄賂を受け取ったという噂を聞き、熱心な取材活動を行ってこれを記事にして新聞に掲載したが、裁判で真実性の証明に成功しなかった。この場合、Aに名誉毀損の罪は成立しない

　ex.2　インターネットの個人利用者による名誉毀損の場合においても、「確実な資料、根拠に照らし相当の理由」がある場合にのみ故意が否定されるべきで、インターネットの特殊性を理由に基準を緩和するべきではない（最決平22.3.15・平22重判9事件）圉

＜真実性の錯誤（責任のアプローチ）＞圖

230条の2の 法的性格	真実性の証明が あったとき	真実性の錯誤の処理	
構成要件阻却事由	証明可能な程度に真実であったことにより、犯罪不成立	事実の錯誤	証明可能な程度の資料・根拠をもって真実と誤信すれば、故意阻却
違法性阻却事由	真実であったことにより、犯罪不成立		真実と誤信すれば、故意阻却（＊1）
		法律の錯誤 （厳格責任説）	真実と誤信することが避けられなかったとき、責任阻却
処罰阻却事由	犯罪は成立し、処罰のみ阻却	犯罪の成立に影響しない	免責の余地なし（＊2）
	真実であったことにより違法性が減少し、処罰阻却	虚偽性につき過失を要する（＊3）	事実が虚偽であることに過失がなければ責任阻却

＊1　確実な資料・根拠もなしに事実を真実と誤信した軽率な行為者を利することになり妥当でないと批判される。

＊2　どんなに十分な取材に基づいても最終的に証明に失敗したならば必ず処罰されるとすると、表現の自由は過度に萎縮してしまうと批判される。

＊3　事実が虚偽であることは違法性にかかわる処罰条件であるということになるから、責任主義の見地から虚偽性につき過失を要するとして、230条の2が前提とする名誉毀損罪は故意と過失の結合した犯罪類型であるとする。

● 名誉に対する罪　　　　　　　　　　　　　　　　　　　　　　　　　　［第231条］

＜真実性の錯誤（違法のアプローチ）＞

違法性が阻却される場合	根拠条文	相当な資料に基づく場合	相当な資料のない場合
① 真実の公表行為 ② 相当な資料を基礎とする言論で、真実と判断することが合理的な場合	230の2、35	① 真実性の証明があれば、230条の2で違法性阻却 ② 真実性の証明がなくても35条で違法性阻却	① 真実性の証明があれば、230条の2で違法性阻却 ② 真実性の証明がなくても相当な資料があると誤信した場合は故意阻却
① 真実の公表行為 ② 証明できると一般に思われる程度の確実な資料・根拠のある場合	① 230の2 ② 230の2準用	① 真実性の証明があれば、230条の2で違法性阻却 ② 真実性の証明がなくても230条の2準用で違法性阻却	① 真実性の証明があれば、230条の2で違法性阻却 ② 真実性の証明がなくても相当な資料があるとの誤信が避けられなかった場合は責任阻却（厳格責任説）
相当な資料に基づく発言の場合	35	真実性の証明の有無にかかわらず35条で違法性阻却	① 真実性の証明があれば230条の2で処罰阻却 ② 真実性の証明がなければ免責の余地なし（相当な資料があるとの誤信は犯罪の成否に影響しない）

【侮辱罪】

> **第231条　（侮辱）**
>
> 　事実を摘示しなくても、公然と人を侮辱した者は、拘留又は科料に処する。

《構成要件要素》

① 「事実を摘示しなくても、公然と」

② 「人を」

　→「人」には法人も含まれる（最決昭58.11.1・百選Ⅱ22事件）🈴

③ 「侮辱」したこと

　→他人の人格を蔑視する価値判断を表示することをいう

《論　点》

◆　保護法益

　　刑法上の名誉の意義は、①「人の真価」を意味する内部的名誉と、②人に対す

各

論

435

［第231条］ ●名誉に対する罪

る社会の評価、世評、名声を意味する外部的名誉と、③人の価値について本人自身が有する意識感情である名誉感情に分けられる。

このうち、①内部的名誉は、外部からの力によって影響されえない以上、名誉に対する罪の法益になりえない。そこで、名誉に対する罪（名誉毀損罪、侮辱罪）の保護法益は、②外部的名誉なのか、③名誉感情なのか、が問題となる。

＜名誉毀損・侮辱罪の保護法益＞ 司予

学説	甲説 判通	乙説	丙説
保護法益	名誉毀損・侮辱ともに外部的名誉	名誉毀損は外部的名誉、侮辱は名誉感情	名誉毀損・侮辱ともに外部的名誉・名誉感情の双方
名誉毀損罪と侮辱罪との区別	手段による区別 →事実の摘示の有無 →「事実を摘示しなくても」とは、事実を摘示せずして、と解する	保護法益による区別 →「事実を摘示しなくても」とは、事実を摘示しない場合でも、と解する	手段による区別 →事実の摘示の有無 →「事実を摘示しなくても」とは、事実を摘示せずして、と解する
根拠	① 名誉感情は人により相当異なる不明確なものであり、刑法上保護に値しない ② 名誉感情を保護法益とすると、名誉感情をもたない幼児や重度の精神病者に対して侮辱罪が成立しないことになる ③ 侮辱行為が被害者の面前でなされなくても公然となされれば侮辱罪が成立するから、名誉感情を保護法益とするのは妥当でない	① 名誉毀損罪と侮辱罪は、法定刑から見て性格上の差異があると解すべき ② 名誉感情を有しない者には、その侵害を理由に侮辱罪の成立を認める必要はない ③ 侮辱罪が公然性を要求したのは、公然に侮辱された方が名誉感情を害される程度が大きいので、この場合のみ可罰的とした趣旨である	① 名誉毀損罪は親告罪であり、名誉感情を害された被害者の告訴を予期している ② 公然の侮辱行為によって、被害者の名誉感情のみならず外部的名誉も害されることからすれば、侮辱罪においても、名誉感情とともに外部的名誉も保護法益と解すべきである
法人に対する侮辱罪	成立しうる	成立しえない	成立しうる（＊）
名誉毀損罪が230条の2で免責された場合	事実の摘示があるので侮辱罪は成立しない	なお侮辱罪が成立しうる	事実の摘示があるので侮辱罪は成立しない

＊ 第一次的法益は外部的名誉であり、副次的に名誉感情でもあると考えることにより、法人に対する侮辱罪も成立しうるとされる。

●信用及び業務に対する罪　　　　　　　　　　　　　　〔第232条〜第234条〕

> **第232条　（親告罪）**
>
> Ⅰ　この章の罪は、告訴がなければ公訴を提起することができない。
>
> Ⅱ　告訴をすることができる者が天皇、皇后、太皇太后、皇太后又は皇嗣であるとき
> は内閣総理大臣が、外国の君主又は大統領であるときはその国の代表者がそれぞれ
> 代わって告訴を行う。

・第35章・【信用及び業務に対する罪】

【信用毀損罪・業務妨害罪】

> **第233条　（信用毀損及び業務妨害）**
>
> 　虚偽の風説を流布し、又は偽計を用いて、人の信用を毀損し、又はその業務を妨害
> した者は、3年以下の懲役又は50万円以下の罰金に処する。

> **第234条　（威力業務妨害）**
>
> 　威力を用いて人の業務を妨害した者も、前条の例による。

〔信用毀損罪、233条前段〕

《保護法益》

　人の社会的地位における経済的信用である。

《構成要件要素》

① 「虚偽の風説を流布し、又は偽計を用いて」
② 「人の信用」を
③ 「毀損」したこと
　→「毀損」とは、信用が低下するおそれのある状態を生じさせること（抽象
　　的危険犯）〈回〉

《注　釈》

一　「虚偽の風説を流布し、又は偽計を用いて」
　1　「虚偽の風説を流布」するとは、真実でない事実を不特定又は多数の者に伝
　　播させることをいう〈判〉〈回〉。
　　→名誉毀損罪（230）と異なり公然性は不要であるため、少数の者に噂を伝
　　　播する場合も含む
　　ex.　3名の者に虚偽事実を告知したとしても、その者から順次多数の者に
　　　　伝播されるおそれがあるから、「流布」ということができる〈判〉〈共〉
　2　「偽計」とは、人を欺罔・誘惑し、あるいは人の錯誤・不知を利用すること
　　をいう〈回〉。
二　「人の信用」

各論

437

［第233条〜第234条］　　　　　　　　　●信用及び業務に対する罪

1　「人」は、自然人に限らず、法人や法人格のない団体をも含む。

2　「信用」とは、経済的信用〈司〉をいうが、人の支払能力又は支払意思に対する社会的な信頼に限定されるべきものではなく、販売される商品の品質に対する社会的な信頼も含む（最判平15.3.11）〈司〉。

〔業務妨害罪、233条後段・234条〕

《保護法益》

人の社会生活上の地位における人格的活動（社会的活動の自由）である。

《構成要件要素》

①　「虚偽の風説を流布し、又は偽計を用いて」（233）、若しくは「威力を用いて」（234）

②　人の「業務」を

③　「妨害」したこと

《注　釈》

一　「業務」

「業務」とは、人が社会生活を維持するうえで継続反復する仕事をいう。

①　人の生命・身体に対する危険を含むもの、ないし危険を防止するものでなくてもよい。

②　娯楽のために行う自動車の運転や、学生の講義の聴講は含まない〈司〉。

③　違法な業務であっても、要保護性が認められる限り、含まれる〈司〉。

④　営利を目的とするものでなくとも「業務」といいうる。

▼　**最決平14.9.30・百選Ⅱ24事件**

　　東京都が、「動く歩道」設置のため、路上生活者の段ボール小屋等を排除し、撤去する工事は、行政代執行の手続を経ていないとしても、やむを得ない事情に基づくものであって、業務妨害罪による要保護性を失わせるような法的瑕疵があったとはいえない。

二　手段・態様

1　「虚偽の風説の流布し、又は偽計を用いて」（233）

「虚偽」とは、客観的真実に反することをいい、「風説」とは、噂をいう。

「流布」とは、不特定又は多数人に伝播させることである。

「偽計」とは、人を欺罔・誘惑し、又は他人の無知・錯誤を利用することのほか、計略や策略を講じるなど威力以外の不正な手段を用いることをいう。なお、人の意思に対する働きかけがなく、専ら対物的加害行為が行われた場合であっても、それが非公然と行われた場合には、偽計に当たる〈司〉。

2　「威力を用い」（234）

「威力」とは、人の意思を制圧するに足りる勢力を使用することをいう。暴行・脅迫はもちろん、地位・権勢を利用する場合も含まれる。そして、この威

438

●信用及び業務に対する罪　　　　　　　　　　　　　　　[第233条〜第234条]

力を「用い」るとは、一定の行為の必然的結果として、人の意思を制圧するような勢力を用いれば足り、必ずしも、それが直接現に業務に従事している他人に対してなされることを要しない 判 司共 。

＊　偽計と威力の区別について、判例は、犯行が隠密に行われたか公然と行われたかによって区別していると思われる。

＜「偽計」・「威力」の具体例＞

偽計	(1)　人を欺罔・誘惑し、又は他人の無知・錯誤を利用すること 　①　新聞の購読者を奪うため、他紙と紛らわしい題号に改名するなどして新聞を発行した行為（大判大 4.2.9） 　②　通話時に電話料金を課すシステムを回避するマジックホンという機械を電話に取り付けた行為（最決昭 59.4.27・百選Ⅱ 25 事件） 　③　他人名義の商品注文により配達をさせる行為（大阪高判昭 39.10.5） 司 　④　電力量計の作動を遅らせるように工作した行為（福岡地判昭 61.3.3） (2)　計略や策略を講じるなど、威力以外の不正な手段を用いること 　①　漁場の海底に障害物を沈めて漁網を破損させる行為（大判大 3.12.3） 　②　他人のキャッシュカードの暗証番号等を盗撮するために、無人の銀行出張所にあるＡＴＭの１機を、一般の利用客を装い１時間 30 分以上にわたって占拠し続けた行為（最決平 19.7.2・百選Ⅱ 18 事件） 　③　3 か月の間に約 970 回の無言電話を中華料理屋にかけ顧客からの注文を妨げた行為（東京高判昭 48.8.7） 　④　デパートの売り場の布団に見えない形で針を混入させた行為（大阪地判昭 63.7.21）
威力	(1)　暴行・脅迫を用いたもの 　・　電車の運転手を殴打する行為（大判大 14.2.18） (2)　物の損壊・隠匿等の物理的方法によるもの 　①　競馬場に釘を撒き散らして競馬挙行を妨害した行為（大判昭 12.2.27） 　②　弁護士から訴訟記録等が入った鞄を力づくで奪取し２か月余り隠した行為（最決昭 59.3.23） 司 (3)　多衆・団体の力を誇示したもの 　①　一斉にシュプレヒコール等を行い、テレビの生放送に雑音をいれる行為（最判昭 51.5.6） 　②　約 200 人で県議会委員会室に乱入し、バリケードを築いて室内に立てこもる行為（最決昭 62.3.12・百選Ⅱ〔第６版〕22 事件） (4)　騒音・喧騒によるもの 　①　体育大会の開会式場で防犯ブザーを作動させ、点火済みの発炎筒を投げつけた行為（仙台高判平 6.3.31） 　②　卒業式直前に、保護者らに対し大声で呼びかけ、これを制止した校長らに対し怒号を発するなどした行為（最判平 23.7.7・平 23 重判 3 事件） (5)　その他 　①　事務机に猫の死骸を入れておき、被害者に発見させる行為（最決平 4.11.27） 　②　キャバレーの客席で牛の内臓等をコンロで焼き、悪臭を充満させる行為（広島高岡山支判昭 30.12.22）

各論

439

[第233条〜第234条]　　　　　　　　　　　　　●信用及び業務に対する罪

三　「妨害」
　「妨害」とは、現に業務妨害の結果が発生したことを必要とせず、業務を妨害するに足りる行為があることをもって足りる（危険犯）〈判〈司。

《論 点》

◆　公務と業務〈司〈司H21

1　公務を妨害した場合に業務妨害罪は成立しうるか。この点に関して学説は、公務員の職務を暴行・脅迫により妨害する公務執行妨害罪（95Ⅰ）との関係も含め、複雑な形で対立している。

　　甲説：公務はすべて「業務」に含まれる（積極説）
　　　　∵　業務妨害罪は個人の社会的活動を保護法益とするものであるが、公務も公務員としての個人の社会的活動に他ならない

　　乙説：公務は一切「業務」に含まれない（消極説）
　　　　∵　公務執行妨害罪は国家的法益に対する罪であるのに対し、業務妨害罪は個人的法益に対する罪である

　　丙説：権力的・支配的公務は「業務」に含まれないが、非権力的、私企業的公務は「業務」に含まれる（公務振り分け説）
　　　　∵①　権力的公務は、暴行・脅迫に至らない程度の威力等に対しては、その抵抗を排除しうる実力を備えているから、そうした手段による妨害から保護する必要はない
　　　　　②　非権力的公務は、一般市民の業務と何ら差異がなく、これが公務であるというだけで法的保護に差異を設ける理由はない

　　丙1説：95条の「公務」には非権力的・私企業的公務も含まれる（限定積極説）
　　　　∵　非権力的公務も、高度の公共性を有する側面において公務性を有する

　　丙2説：95条の「公務」には権力的・支配的公務だけが含まれる（公務区分説）
　　　　∵　非権力的公務は、一般市民の業務と何ら差異がなく、これが公務であるというだけで法的保護に差異を設ける理由はないことから業務妨害罪の対象とするのであるから、通常の業務と同様に扱うべきである

　＊　この他、非公務員の行う公務のみが「業務」に含まれるとする見解もある。

2　具体的事例におけるあてはめ
　　以上の学説の争いは、具体的事案においていかなる違いをもたらすか。
　　事例①：公務である旧国鉄の職員の業務を暴行により妨害した場合
　　事例②：偽計を用いて警察官の逮捕行為を妨害した場合

●信用及び業務に対する罪　　　　　　　　　　　　　　　　　　　　　[第233条～第234条]

＜「公務」と「業務」の区別が問題となる事例における帰結＞

	暴行・脅迫		威力・偽計	
	権力的公務	非権力的公務 （事例①）	権力的公務 （事例②）	非権力的公務
積極説	公務執行妨害罪（業務妨害罪の適用は法条競合により排除）（＊1）		業務妨害罪	
消極説	公務執行妨害罪		犯罪不成立	
限定積極説 （＊2）	公務執行妨害罪	公務執行妨害罪 と業務妨害罪 （観念的競合）	犯罪不成立	業務妨害罪
公務区分説	公務執行妨害罪	業務妨害罪	犯罪不成立	業務妨害罪

＊1　この点、観念的競合となるという見解もある。

＊2　限定積極説、公務区分説からは、権力的公務と非権力的公務との区別基準が問題となる。この点、かつての判例は業務妨害罪の対象となる行為を①民間業務類似性、②非権力性、③現業業務性の３つを基準として判定していた。ただ、①を強調すると、議会の審議・議決などは業務に含まれず威力に対しては保護されないという処罰の間隙を生ずることに注意すべきである。

3　判例の基準

判例は、強制力を行使する権力的公務か否かを基準としており、これに当たらない場合に「業務」に当たるとする。判例を支持する学説は、「強制力を行使する権力的公務」かどうかは、実際に妨害を受けた具体的な職務の性質や妨害排除権限が法により付与されているか否か、実際に強制力を行使する局面にあり強制力による妨害排除を期待し得るか否かによって判断すべきとする。

ex.1　県議会総務文教委員会の条例採決等の事務は、「なんら……強制力を行使する権力的公務ではないので……威力業務妨害罪にいう『業務』に当たる」（最決昭62.3.12・百選Ⅱ〔第6版〕22事件）

ex.2　公職選挙法上の選挙長の立候補届出受理事務は、「強制力を行使する権力的公務ではないから……233条、234条にいう『業務』に当たる」（最決平12.2.17・百選Ⅱ23事件）

ex.3　動く歩道を設置するため、路上生活者に自主的退去を求め、退去後に残された段ボール小屋等を撤去する工事は、「強制力を行使する権力的公務ではないから、刑法234条にいう『業務』に当たる」（最決平14.9.30・百選Ⅱ24事件）

ex.4　犯罪予告の虚偽通報により警察の公務が妨げられた場合、当該公務の中に強制力を付与された権力的公務が含まれるとしても、その強制力は虚偽通報のような妨害行為に対して行使しうる段階にないため、妨害さ

[第234条の2]　　　　　　　　　　　　　　　●信用及び業務に対する罪

れた全ての公務が「業務」に含まれる（東京高判平 21.3.12）

ex.5　覚醒剤に見せかけた砂糖入りのポリ袋を警察官の前で故意に落とした
上で、それを拾って逃走し、違法薬物を所持した犯人が逃走したものと
警察官に誤信させることにより、刑事当直・警ら活動・交番勤務等当時
従事すべきであった業務の遂行を困難にさせた場合、「同業務中に警察
官がその遂行の一環として強制力の行使が想定される場合が含まれると
しても、本件行為が行われた時点では、そもそも、その強制力を同行為
に対して行使し得るはずなく、その偽計性を排除しようにもそのすべ
はない」から、当該業務は、偽計業務妨害罪における「業務」に当たる
（名古屋高金沢支判平 30.10.30・令元重判 3 事件）

【電子計算機損壊等業務妨害罪】

第234条の2　（電子計算機損壊等業務妨害）

Ⅰ　人の業務に使用する電子計算機若しくはその用に供する電磁的記録を損壊し、若
しくは人の業務に使用する電子計算機に虚偽の情報若しくは不正な指令を与え、又
はその他の方法により、電子計算機に使用目的に沿うべき動作をさせず、又は使用
目的に反する動作をさせて、人の業務を妨害した者は、5 年以下の懲役又は100
万円以下の罰金に処する。

Ⅱ　前項の罪の未遂は、罰する。

[趣旨] 本罪は、電子計算機（コンピュータ）に対する加害行為を手段とする業務
妨害を新たに業務妨害の 1 類型として捉え、偽計・威力業務妨害罪より重く処罰す
る。重罰を科す理由は、電子計算機に存在する情報は大量性・迅速性という特質を
有しているところ、電子計算機にかかわる事務がひとたび侵害されると、被害が重
大かつ広範なものとなる点にある。

《保護法益》

電子計算機による業務の円滑な遂行

《注　釈》

一　客体

「人の業務に使用する電子計算機」とは、他人の業務において、それ自体が一
定の独立性をもって、あたかも人が行う業務であるかのように自動的に情報処理
を行うものとして用いられる電子計算機をいう。

二　行為

1　「損壊」：電子計算機等を物理的に毀損すること、磁気ディスクなどに記録さ
れているデータを消去することなど、その効用を喪失させる一切の
行為

2　「虚偽の情報」：その内容が真実に反する情報のこと

3　「不正の指令」：当該事務処理に過程において与えられるべきではない指令

●窃盗及び強盗の罪

4 「与え」る：当該情報又は指令を電子計算機に入力すること

三 結果

電子計算機に対する加害行為により、動作阻害の結果を発生させ（中間結果）、その結果として「人の業務を妨害した」ことを要する。

1 動作阻害の結果の発生

　(1) 「使用目的」に沿うべき動作をさせないこと

　　(a) 「使用目的」：電子計算機を使用している者が、具体的な業務遂行の過程において、電子計算機による情報処理によって実現を目指している目的

　　(b) 「動作」：電子計算機の機械としての動き、すなわち電子計算機が情報処理のために行う入力・出力・検索・演算等の動き

　(2) 電子計算機をして使用目的に反する動作をさせること

　(3) 阻害の事態が現実に発生すること

2 業務妨害

「妨害した」とは、電子計算機の動作阻害によって電子計算機による業務の遂行に混乱を生じさせることをいう。

・第36章・【窃盗及び強盗の罪】

《概　説》

財産罪は、窃盗及び強盗の罪（236以下）、詐欺及び恐喝の罪（246以下）、横領の罪（252以下）、盗品等に関する罪（256以下）、毀棄及び隠匿の罪（258以下）からなり、以下のように分類される。

[第235条]　　　　　　　　　　　　　　　　●窃盗及び強盗の罪

＜財産罪の分類＞

個別財産に対する罪	領得罪	直接領得罪	占有移転あり（奪取罪）	意思に反する（盗取罪）	窃盗罪（235）
					不動産侵奪罪（235の2）
					強盗罪（236）
				瑕疵ある意思に基づく（交付罪）	詐欺罪（246）
					恐喝罪（249）
			占有移転なし（非奪取罪）		横領罪（252等）
		間接領得罪			盗品等に関する罪（256）
	毀棄罪				器物損壊罪等（261等）
全体財産に対する罪	領得・毀棄罪				背任罪（247）

【窃盗罪】

第235条　（窃盗）

　他人の財物を窃取した者は、窃盗の罪とし、１０年以下の懲役又は５０万円以下の罰金に処する。

《保護法益》

　所有権その他の本権か、占有自体も保護法益に含めるかについて争いがあり、保護法益の捉え方によって「他人の財物」の意義も異なってくる。　⇒p.450

《構成要件要素》

① 「他人の財物」を
② 「窃取」すること
③ 不法領得の意思　⇒p.454

《注　釈》

一 「他人の財物」

444

●窃盗及び強盗の罪 ［第235条］

1 意義 ⇒ p.450
2 判例（最判昭25.8.29）によれば、財物とは所有権の目的となり得る物をいい、その金銭的・経済的価値の有無を問わない《司R元》。
3 禁制品（法律が何人の所有・所持をも禁止する物、ex. 麻薬・銃砲刀剣類）が財物たりうるかは争いがあるも、判例は肯定する《司》。

二 「窃取」すること

「窃取」とは、占有者の意思に反して財物に対する占有者の占有を排除し、目的物を自己又は第三者の占有に移すことをいう《判》《共》。
　→方法・手段に制限はなく、欺罔行為を手段とする場合でも、被害者の意思に反して財物の占有を取得すれば窃盗罪が成立しうる
　　ex.1 磁石を用いてパチンコ機械から玉を取る行為《判》《共》
　　ex.2 体感器（専らパチンコ・パチスロ遊戯において不正に玉・メダルを取得する目的に使用される機器）がパチスロ機に直接には不正の工作ないし影響を与えないものであるとしても、これを身体に装着し不正取得の機会を窺いながら遊戯すること自体、通常の遊戯方法の範囲を逸脱するものであり、体感器を身体に隠匿装着・使用したうえで取得したメダルにつき、それが体感器の操作の結果取得されたものであるか否かを問わず、窃盗罪が成立する（最決平19.4.13・平19重判7事件）
　　ex.3 共犯者が不正行為により取得したメダルについて窃盗罪が成立し、被告人もその共同正犯であったとしても、被告人が自ら取得したメダルについては、被害店舗が容認している通常の遊戯方法により取得したものであるから窃盗罪は成立しない。また、パチスロ機の下皿内に窃取したメダル72枚が、ドル箱内に被告人が通常の遊戯方法により取得したメダルと共犯者が不正行為により取得したメダルとが混在した414枚が、それぞれある場合、窃盗罪が成立する範囲は、下皿内のメダル72枚の他、ドル箱内のメダル414枚の一部にとどまる（最決平21.6.29・百選Ⅱ30事件）《共》

三 占有

1 意義
　占有とは、財物に対する事実上の支配をいい、民法における「占有」に比べてより現実的な内容をもつ。
　　ex.1 「自己のためにする意思」（民180）に基づく占有に限らず、他人のために占有する場合（占有代理人の占有）も含まれる
　　ex.2 代理人による占有（民181、民204参照）は、代理人自体の直接占有がここでの占有となり、本人の占有はここでの占有にならない
2 占有の要素《司H27》
　具体的な事実上の支配の有無は、支配の事実と支配の意思により判断される。

各論

445

［第235条］　　　　　　　　　　　　　　　　　　　　　●窃盗及び強盗の罪

→客観的な時間的・空間的距離（支配の事実）が近い場合や、長時間経過したり距離が離れたりしても、意識的に置いた（支配の意思）場合は占有が認められやすい

(1)　支配の事実

被害者の占有を離れた物でも、第三者の事実支配が認められる場合がある。特に、他人が管理する建物内で紛失した物につき、建物管理者に占有が認められる場合が多いが、その場所が閉鎖的か否かが影響する。

(2)　支配の意思

財物を事実的に支配する意思をいう。必ずしも個々の財物に向けられた特定的・具体的な意思に限らず、通常は自己の支配する場所内に存在する財物一般を対象とする包括的・抽象的な意思であれば足りる。

(3)　占有の有無

財物に対する現実的握持があれば、支配の事実が明白であり、占有が認められる。もっとも、占有が認められるためには、必ずしも現実的握持を要さず、前述のように、支配の事実と支配の意思からみて事実上の支配が認められれば占有が認められる。

各論

446

●窃盗及び強盗の罪 ［第235条］

＜占有の有無＞

①財物が事実的支配領域内にある場合	肯定	・ 自宅内に存在するが、その所在を失念した財物について、主人に占有が認められる（大判大 15.10.8）
	否定	・ 自然湖の一部を区切って錦鯉を養殖している生簀から逃げ出した錦鯉については、未だ同湖内にあっても、養殖者の占有は失われている（最決昭 56.2.20）〈同共〉
②財物を一時的に置き忘れた場合	肯定	・ バス待ちの行列の中でカメラを置き忘れた者が、約5分後、約20メートル離れたところで気付いて引き返した場合について、占有は認められる（最判昭 32.11.8・百選Ⅱ〔第6版〕27 事件） ・ 駅構内のカウンターに財布を置き忘れた者が、約1～2分後、約15メートル離れた別のカウンターに行った際に気付いて引き返した場合について、占有は認められる（東京高判昭 54.4.12） ・ 公園のベンチにポシェットを置き忘れた者が、約27メートル離れた時点で領得された場合について、占有は認められる（最決平 16.8.25・百選Ⅱ 28 事件）
	否定	・ 飲酒酩酊状態で自転車を引いて帰る途中で自転車を置き忘れた者が、その場所を失念した場合について、自転車を放置して立ち去った時点で占有は認められない（東京高判昭 36.8.8） ・ 大規模スーパーマーケットの6階ベンチに財布を置き忘れた者が、約10分後、地下1階に移動した時点で置き忘れに気付き引き返した場合について、置き忘れた者の占有は認められない（東京高判平 3.4.1）
③財物を自らの所在地から離れた場所に置いた場合	肯定	・ 早朝に店舗前7メートルの歩道の端にあるちり箱の上にショルダーバッグを放置し、約5分間店舗内で過ごしていた場合について、当該放置をした者の占有が認められる（最判昭 37.3.16） ・ 事実上の自転車置場に自転車を無施錠で放置した場合について、当該放置をした者の占有が認められる（福岡高判昭 58.2.28）
	否定	
④元々の占有者が財物の占有を喪失したとき、当該財物が存在する支配領域内を支配している者に、財物の占有が移る場合	肯定	・ ゴルフ場のロストボールについて、ゴルフ場管理者の占有が認められる（最決昭 62.4.10） ・ 旅館内のトイレに遺失された財布について、旅館主の占有が認められる（大判大 8.4.4）〈共〉 ・ 旅館内の風呂の脱衣所に遺失された時計について、旅館主の占有が認められる（札幌高判昭 28.5.7）
	否定	・ 列車内に置き忘れた毛布について、車掌等の占有は認められない（大判大 15.11.2）〈同共〉 ・ 村役場事務室内に納税者が遺失した金員について、村長の占有は認められない（大判大 2.8.19）

447

［第235条］　　　　　　　　　　　　　　　　　　　　●窃盗及び強盗の罪

3　占有の主体
　⑴　占有の主体は、自然人であることを要する〈過〉。
　⑵　死者の占有　⇒ p.451
4　占有の帰属〈司〉
　　財物の占有に被害者のみならず行為者も関与している場合、その占有が、被害者に帰属するときは窃盗罪が成立し、行為者に帰属するときは横領罪が成立するので、占有が誰に帰属するかについて問題となる。

＜占有の帰属＞

共同占有〈司H27〉	・　共同占有者が、他の共同占有者の同意を得ることなく、財物を自己の単独占有下に移転させた場合、他者の占有を侵害するから窃盗罪が成立する（大判大 8.4.5）〈共〉
上下主従の関係に立つ者の間の占有⇒ p.452	・　倉庫内に置いてある品物について、倉庫係に占有はなく、保管主に占有がある（大判昭 21.11.26） ・　貨物列車内に置いてある貨物について、乗務中の車掌に占有はなく、鉄道事業主に占有がある（最判昭 23.7.27） ・　店内の品物について、店員は占有補助者にすぎず、商店主に占有がある（大判大 3.3.6）
封緘物の占有⇒ p.453	・　鍵の掛かった手提げ金庫が委託された場合、中身については委託者に占有が残る（大判明 41.11.19、最決昭 32.4.25）〈司共〉 ・　委託を受けて封緘物を占有する場合、封緘物自体については受託者に占有がある（大判大 7.11.19）〈予〉
支配関係が認められる占有	・　旅館が提供した丹前・浴衣等は、宿泊客が着用中であっても、旅館に占有がある（最決昭 31.1.19）〈司〉 ・　旅館内においてある宿泊客の所有物について、宿泊客に占有がある

＊　海中に取り落した物件について、落とし主の意思に基づきこれを引き揚げようとする者が、その落下場所の大体の位置を指示し、引揚げを人に依頼した結果、当該物件がその付近で発見されたときは、依頼者による現実の所持がなく、現物を見ておらず、かつ監視していなくても、依頼者に占有が認められる（最決昭 32.1.24）〈共〉。

四　着手時期・既遂時期

1　着手時期
　　判例は、一般に、窃盗の現場において、客体に対する物色行為を始めることを着手と解している。
　　ex.1　深夜、電気器具商の店舗に入り、懐中電燈で店内を照らしたところ、電気器具類が積んであることが分かったが、なるべく金を盗りたいので煙草売場の方に行きかけたというとき、その時点で着手が認められる〈判〉〈司〉
　　ex.2　倉庫や土蔵については、建造物の特殊性から見て、窃盗の目的で侵入を始めたときは、通常、その時点で窃盗の着手を認めて差し支えない

448

● 窃盗及び強盗の罪　　　　　　　　　　　　　　　　　　　　　　　　　　　［第235条］

ex.3　スリがズボンのポケットから現金をすり取ろうとしてポケットの外側に手を触れたときは、その時点に着手が認められる〈判〉〈司〉

ex.4　電柱に架設されている電話線を盗もうと考え、電柱に登って切断用具を電話線に当て、その切断を始めたが、警察官に発見されたため、電話線の被膜を傷つけただけにとどまったときは、電話線を切断していない場合でも、切断しようとした時点で窃盗罪の実行の着手が認められる（最判昭31.10.2）〈司〉

ex.5　自動車を運転して盗み出すため、不正に入手した自動車のスペアキーを使い、駐車場に駐車してある同自動車の運転席のドアを開けた場合、運転席に乗り込む前でも、窃盗罪の実行の着手が認められる〈司〉

ex.6　不正に取得した他人名義のキャッシュカードを使用して同人の預金口座から現金を引き出そうと考え、同カードを銀行の自動預払機に挿入し、暗証番号を入力した場合、同カードの正しい暗証番号を知っていたが、その入力を誤ったため払戻しを受けることができなかったときでも、窃盗罪の実行の着手が認められる〈司〉

2　既遂時期

既遂時期については争いあるも、判例（東京高判平4.10.28・百選Ⅱ34事件）は被害者が占有を喪失し、行為者（ないし第三者）が占有を取得した時点としている（取得説）。

ex.1　自転車を他家の玄関先から路上まで持ち出した時点（東京高判昭26.10.15）

ex.2　他人の家の前に施錠して置かれていた自転車の錠を外してその方向を変えた時点（大阪高判昭25.4.5）

ex.3　泥酔者を介抱するように装い、靴をぬがせ腕時計を外してその場所に置いたまま、被害者を他の場所に運んだ時点（東京高判昭28.5.26）

ex.4　スーパーマーケットにおいて、買物かごに入れた商品35点をレジ横のパン棚の脇からレジの外側に持ち出した時点（東京高判平4.10.28・百選Ⅱ34事件）

五　罪数・他罪との関係

1　罪数

罪数は占有侵害の個数を基準として決定される。

2　他罪との関係〈司〉

キャッシュカードを窃取し、これを用いて現金自動預払機（ＡＴＭ）から現金を引き出す行為は、ＡＴＭの管理者に対する関係において、新たな法益侵害を伴うものであるから、カードの窃盗罪のほかに、カード利用による現金の窃盗罪が別個に成立する（東京高判昭55.3.3）〈共〉。

各論

449

［第235条］　　　　　　　　　　　　　　　　　　　　　　●窃盗及び強盗の罪

《論　点》

一　窃盗罪の保護法益（「他人の財物」の意義）司 司H27

1　窃盗罪の保護法益は、占有を基礎付ける所有権その他の本権（質権・留置
権・賃借権等）か、それとも占有自体か。具体的には、①被害者が窃盗犯人か
ら盗まれた財物を自ら取り戻すことが窃盗罪にあたるか、②第三者が窃盗犯人
から盗取する場合はどうか、③賃貸借終了後に賃貸人が賃貸目的物を引き揚げ
てしまう場合はどうか、という形で問題となり、従来本権説と占有説とが対立
してきた。

＜本権説と占有説＞

本権説	占有説 判 共
①　刑法が保護するのは民法によって保護される権利だけで十分である ②　「他人の財物」（235）は、他人の所有物をいう ③　242条は自己所有物につき特例を定めたもので、そこにいう「占有」は権原ある占有を指す ④　不可罰的事後行為は、本権の侵害が窃盗罪で評価しつくされているため、不可罰となる	①　現代社会では所有と占有の分離が顕著であり、財産的秩序の保護に重点を置くべきである ②　「他人の財物」（235）は、他人の占有物をいい、他人の所有物に限られない ③　242条は他人の占有の保護を示す注意規定で、そこにいう「占有」は占有一般を指す ④　占有の保護は究極的には所有権を保護することになるから、不可罰的事後行為を基礎付けうる

判例は、かつては本権説の立場に立っていたが、現在では占有説の立場に立
ち、例外的に違法性阻却の余地を認める（最決平元.7.7・百選Ⅱ26事件）。

学説上もかつては本権説が通説であったが、判例の変化に対応し、本権説と
占有説の中間に線を引き、民事上の権原の裏付けをもたない占有であってもな
お窃盗罪によって保護されるという中間説が有力となった。

たとえば、本権説から出発し、242条の「占有」を一応理由のある占有、そ
の意味で適法な占有と解する拡張的本権説や、所持説から出発しつつ占有概念
を相対的に把握して、一応平穏な占有のみが保護法益であると解する平穏占有
説等があるが、特に平穏占有説が有力である。

2　各説からの帰結

事例①：被害者が窃盗犯人から盗まれた財物を直後に自ら取り戻す場合

事例②：第三者が窃盗犯人から盗品を盗取する場合

事例③：賃貸借終了後に賃貸人が賃貸目的物を引き揚げる場合

●窃盗及び強盗の罪　　　　　　　　　　　　　　　　　　　　　　　　［第235条］

<窃盗罪の保護法益に関する各学説からの帰結>

	本権説	中間説	占有説
事例①	×　構成要件非該当	×　構成要件非該当 ∵　窃盗犯人の占有は合理的理由がない、又は平穏な占有といえない	○　構成要件該当 自救行為として違法性阻却の余地あり
事例②	○　構成要件該当 （＊）	○　構成要件該当	○　構成要件該当
事例③	×　構成要件非該当	○　構成要件該当	○　構成要件該当

＊　占有者に対する占有侵害と、所有者に対する所有権侵害を併せて、窃盗罪の成立を肯定する説や、占有侵害により所有権が再度侵害されたことを理由に窃盗罪の成立を肯定する説がある。

二　死者の占有

死者には支配の事実も意思もなく、常識的には死者に占有はないが、死者から財物を奪うことが奪取罪を成立させるかが問題とされる場合がある。

<死者の占有が問題となる具体的事例>

事例①	当初から財物奪取の意思で殺害し、その後に財物を奪う場合
事例②	殺害後に初めて財物奪取の意思を生じ、死者から財物を奪う場合
事例③	殺害者以外の第三者（殺害現場の目撃者等）が、死者から財物を奪う場合

このうち、事例①については、強盗殺人罪（240後段）が成立することに争いはない（判例は、財物を強取する意思で被害者を殺害した以上、財物を現実に取得しなくても強盗殺人罪が成立することから、死者の占有を問題にすることなく強盗殺人罪の成立を肯定している）。問題となるのは事例②③である。

判例は、事例②については窃盗罪の成立を肯定し（最判昭41.4.8・百選Ⅱ 29事件）、事例③では成立を否定し遺失物等横領罪の成立にとどめている（大判大13.3.28）〈司共〉。これは、窃盗犯人自身が殺害行為に関与した場合には、被害者が生前有していた占有は、死亡直後においてもなお継続的に保護されるものと解しているためである。

各論

451

［第235条］　　　　　　　　　　　　　　　　　　　　　　　●窃盗及び強盗の罪

＜死者の占有が問題となる事例についての各学説からの帰結＞

			事例②	事例③
学説	死者の占有を肯定する見解		殺人罪・窃盗罪 （＊）	窃盗罪
	生前の占有を保護する見解	死後一定の時間はすべての者に対し生前の占有が継続するとみる見解		
		死後一定の時間は死亡させた者に対してのみ生前の占有が継続するとみる見解		遺失物等横領罪
		占有侵害行為とその結果を利用する意思のある取得行為が時間的・場所的に近接する場合、一連の行為を全体的に観察する見解（最判昭41.4.8・百選Ⅱ29事件）		
	死者の占有を否定する見解		殺人罪・遺失物等横領罪	

＊　ただし、人を殺した直後携帯品を奪う犯意を新たに生じて死者の物品を奪取する行為は、殺人の余勢をかってなされたと認められる程度に殺害行為と密着している場合には殺人罪（199）及び強盗罪（236Ⅰ）が成立するという見解もある。

▼　最判昭41.4.8・百選Ⅱ29事件 [司][司H29]

　　野外において人を殺害した後領得の意思を生じ、被害者が身に付けていた時計を奪取した場合、被害者が生前有していた財物の所持は、その死亡直後においてもなお継続して保護するのが法の目的にかなうというべきであるから、全体的に考察して窃盗罪が成立する。

三　上下主従の関係に立つ者の間の占有の帰属

　　上下主従関係にある者の間で、下位者が上位者の財物を領得する行為は、上位者の占有を侵害する窃盗罪か、それとも自己の占有する他人の物を領得する横領罪か。上下主従関係にある者の間では、いずれに占有があるのかが問題となる。

甲説：原則的に窃盗罪が成立する（窃盗罪説）[通]

　　→ただし、たとえば商店の管理を任されている支配人などのように、下位者であるが上位者である雇主との間に高度の信頼関係があり、その現実に支配している財物についてのある程度の処分権が委ねられている場合（ex. 商店の管理を任されている支配人）には、下位者に占有を認め、これを領得すれば横領罪が成立する

乙説：下位者の領得はいわば複合的な占有の内部関係における侵害なのであって、外部よりする占有侵害ではなく、その本質において上位者に対する背任的性格を主とするものである点から、これを窃盗罪ではなく横領罪に問擬すべきである（横領罪説）

● 窃盗及び強盗の罪   ［第235条］

判例：ex.1　売店の店員が売店の物を領得した場合には、物に対する占有は店
　　　　　　主にあるとして窃盗罪の成立を認めた〈共〉
　　　　ex.2　倉庫係員が在庫品を領得した場合に窃盗罪の成立を認めた

四　封緘物

　　財物を容器に入れ、これに封印又は施錠をして保管・運搬を依頼した場合、在
　中物の占有は委託者に属するのか、それとも受託者に移るのか、あるいは両者に
　重畳的に占有が認められるのかが問題となる。

＜封緘物における各学説からの帰結＞

		甲説〈判〉〈共〉	乙説	丙説	丁説
占有の帰属	封緘物全体	受託者	受託者	受託者	委託者
	在中物	委託者	委託者と受託者の共同占有（＊2）	受託者	委託者
結論	封緘物全体を取得	横領罪	在中物に対する窃盗罪と全体に対する横領罪の観念的競合	横領罪	窃盗罪
	在中物のみ取得	窃盗罪	窃盗罪		
根拠		封緘物全体の事実上の支配は移転するが、包装・容器により在中物の処分は禁じられている	封緘物自体の事実上の支配は移転しているという面を重視すべきである	包装・容器により受託者が在中物を処分することを禁じているという面を重視すべきである
批判		包装物全体を取得すれば5年以下の懲役の横領罪、在中物のみ取得すれば10年以下の窃盗罪となるのは不均衡（＊1）	委託者と受託者という対等とはいえない立場につき共同占有を認めるのは不当	封緘物に封緘が施されている事実を無視することになる	受託者が封緘物全体を現に支配している事実を無視することになる

各論

453

［第235条］　　　　　　　　　　　　　　　　　　●窃盗及び強盗の罪

＊1　この批判を受けて、甲説には在中物を取得する手段として包装物全体を取得した場合は窃盗罪が成立するとする見解もある。
＊2　結論としては乙説と同様の見解に立つが、在中物については委託者の単独占有を認め、受託者は容器についてのみ単独占有しているという見解もある。

▼　**東京高判昭 59.10.30・百選Ⅱ 27 事件**

施錠されていない鞄を預かった者が、在中物を奪ったときには窃盗罪が成立する。

五　不法領得の意思の要否・内容〈司共予〉〈司H27 司H29〉

判例は、窃盗罪の成立には不法領得の意思が必要であるとし、その内容を「権利者を排除して他人の物を自己の所有物としてその経済的用法に従いこれを利用若しくは処分する意思」であるとしている。

学説上は、

①　判例と同内容の意思（権利者排除意思・利用処分意思）を必要とする説〈通〉

②　判例の前段部分、すなわち「権利者を排除して他人の物を自己の所有物とする意思」ないし「所有権者として振る舞う意思」のみが必要であるとする説

③　判例の後段部分、すなわち「経済的用法（ないし本来的用法）に従いこれを利用若しくは処分する意思」のみが必要であるとする説

④　不要説

とが対立している。

このように、判例・学説の対立構造は複雑であるが、不法領得の意思概念が果たす実践的役割である、(a)使用窃盗の可罰性判断と、(b)領得罪と毀棄罪の区別について、それぞれ独立にその要否を検討すると理解しやすい。

なお、従来は財産罪の保護法益論と関連付けて不法領得の意思の要否が論じられてきたが（本権説は必要説と結び付き、占有説は不要説と結び付くとされた）、現在では保護法益論と不法領得の意思の要否との間には論理的な関係は存しないとするのが一般である。

＜使用窃盗の可罰性判断に関する不法領得の意思の要否＞

	必要説	不要説
理由	① 財産罪の本質が究極において所有権その他の本権の侵害にある以上、その主観的要件としては単なる占有侵害の意思では足りず、それに伴って所有権者（本権者）として振る舞う意思が記述されない構成要件要素として必要になると解すべきである ② 使用窃盗を、不法領得の意思がないことを理由にその不可罰性を基礎付けることができる ③ 占有奪取はあくまでも本権を侵害するための手段として重要性をもっているのであり、本権侵害のための手段であるか否かはまさしく不法領得の意思によって決せられる問題である	① ごく短時間の一時使用が不可罰なのは、処罰に値する程度の客観的な占有侵害がないからである ② 窃盗罪の保護法益を、一応合理性のある占有自体であると解する立場からは、そのような占有の侵害を表象して行為すれば足り、不法領得の意思を必要としない ③ 行為者の意思いかんにかかわらず、被害者の側から見れば所持の侵害はそれ自体として客観的損失と解される
批判	① 客観的事実に裏付けられていない単なる意思によって犯罪の成否が決まると解することには問題がある ② もし法益の侵害ないしその危険が何らかの形で窃盗罪の客観的事実として要求されるのであれば、不法領得の意思のうち、少なくとも権利者排除意思は客観的事実の認識として故意の問題に解消される	① 不法領得の意思の本権に対する侵害性を無視する点で妥当でない ② 事柄が占有移転時の判断にかかるものであり、理論的には占有移転後の客観的事実をそのまま考慮することはできず、領得意思の認定が不可避である

※ 判例・裁判例は、以下のような事案において不法領得の意思（権利者排除意思）を肯定している。
① 強盗犯人が当初から乗り捨てる意思で逃走のために他人の船を使用した場合（最判昭26.7.13）
　→たとえ一時使用の意思であっても、返還意思が認められない
② 元の場所に戻しておくつもりで自動車を4時間余り乗り回した場合（最決昭55.10.30・百選Ⅱ32事件）
　→たとえ返還意思があっても、被害者の相当程度の利用可能性を侵害する意思が認められる
③ 景品交換の目的で磁石を用い、パチンコ機械からパチンコ玉を取る場合（最決昭31.8.22）、会社の機密資料を盗み出して社外でコピーし、数時間後に元の場所に戻しておいた場合（東京地判昭55.2.14）
　→たとえ返還意思があり、被害者の利用可能性を侵害する程度が軽微であっても、物に化体された価値の消耗・侵害（所有権の内容をなす利益の重大な侵害）を伴う利用意思が認められる

他方、一時使用して返還する意思で自転車を無断使用した事案において、判例（大判大9.2.4）は、不法領得の意思を否定している。

＜領得罪と毀棄罪の区別に関する不法領得の意思の要否＞

	必要説	不要説
理由	現行法が、財物に対する占有侵害という点では同一の器物損壊罪（261）に比べ窃盗罪を重く罰しているのは、財物を利用処分する意思で侵害する場合の方が、類型的に責任が重いという根拠に基づいていると解すべき	① 窃盗罪の法定刑が重いことの根拠は、客体の占有の移転に伴って利益も移転し、行為者が不正な利益を取得するという客観的事情に求めるべきである ② 窃盗罪の保護法益を、一応合理性のある占有自体であると解する立場からは、そのような占有の侵害を表象して行為すれば足り、不法領得の意思を必要としない
批判	① 毀棄目的で奪取したが毀棄せずに放置したり、後に領得の意思を生じたりした場合が不可罰となり処罰の間隙を生じる ② 遺失物等横領罪（254）も領得罪であるのに毀棄罪よりも法定刑が軽いことを説明できない	① 占有侵害とその認識がある以上すべて窃盗罪だとすると、毀棄・隠匿罪の成立範囲が不当に狭くなる。特に信書隠匿罪はほとんど成立が考えられなくなる ② 窃盗罪と毀棄・隠匿の罪との性質の相違を無視する点において妥当でない
反論	① （批判①に対して）毀棄目的での占有奪取後、その物を利用すれば遺失物等横領罪が成立するし、所有者に発見が困難な場所に放置したのであれば、隠匿による毀棄罪が成立しうる ② （批判②に対して）窃盗罪と遺失物等横領罪の法定刑の差は、占有侵害の有無に由来し、しかも刑法は占有侵害を重大なものとして評価しているために、占有侵害を欠く遺失物等横領罪の法定刑は著しく軽くなっている。また毀棄罪には占有侵害を伴う場合とそうでない場合とが含まれるが、占有侵害を伴わない「占有離脱物毀棄」の場合には領得意思がないだけ遺失物等横領罪よりも責任が軽く、したがって、遺失物等横領罪の法定刑よりも重く処罰することができないと考えるべきである	① （批判①に対して）相手方の占有を奪うことなく毀棄・隠匿することが可能である ② （批判②に対して）窃盗罪と毀棄・隠匿罪との区別は、客体の占有移転に伴って生ずる客観的な不正利益取得の可能性（利益の移転）に求められる

※ なお、判例は校長を失脚させる目的で教育勅語を持ち出し隠匿した事例（大判大4.5.21）、廃棄する目的で正当な受取人を装い支払督促状を受け取った事例（最決平16.11.30・百選Ⅱ31事件）等で不法領得の意思を否定している。
　これらに対し、判例は特定候補者の氏名を記入して他の票に混入する目的で投票用紙を持ち出した事例（最判昭33.4.17）につき、不法領得の意思を肯定している。
※ 判例の立場に従うと、甲が、乙を強制性交した直後、警察に通報されないように乙の携帯電話を破壊するため、乙の持っていたかばんから、乙に気付かれないうちに乙の携帯電話を取り出してその場で破壊した場合、甲に窃盗罪は成立しないこととなる。

●窃盗及び強盗の罪 ［第235条の2］

【不動産侵奪罪】

第235条の2　（不動産侵奪）

他人の不動産を侵奪した者は、１０年以下の懲役に処する。

《保護法益》

他人の不動産である。

《構成要件要素》

① 「他人の不動産」を

② 「侵奪」したこと

③ 不法領得の意思　⇒ p.454

《注　釈》

一 「他人の不動産」

1 「他人」は、自然人であると法人であるとを問わない。自己の不動産であっても、他人が占有し、又は公務所の命令により他人が看守するものであるときは、他人の不動産とみなされる（242）。

2 「不動産」とは、土地及びその定着物をいう（民86Ⅰ）。

(1) 土地は、地面だけでなく、地上の空間及び地下をも含む。

(2) 土地の定着物とは、建物に限定される。民法上は立木も「不動産」に含まれるが、その占有侵害は事実上土地から分離せざるを得ず、その場合は窃盗罪の客体となる⦅判⦆。

3 「他人の不動産」は、他人が占有するものでなければならない。

本罪の占有は、窃盗罪と同じく事実的支配のみをいい、法律的支配は含まれない。もっとも、不動産の所在は動かないこと、登記が公示されていれば、距離的に実効支配が及ばない場合であっても、社会通念上事実的支配が認められることから、登記（法律的支配）がある場合には不動産の事実的支配も認められる。

ex. 土地の所有者である会社について、その代表者が行方をくらまして事実上廃業状態となり、本件土地を現実に支配管理することが困難な状態になった場合であっても、当該会社は土地に対する占有を喪失していたとはいえない（最決平11.12.9・百選Ⅱ36事件）

二 「侵奪」

1 不動産の「侵奪」⦅判⦆

(1) 「侵奪」とは、不法領得の意思をもって、不動産に対する他人の占有を排除し、これを自己又は第三者の占有に移すことをいう（最判平12.12.15）。公然・非公然を問わず、また、方法にも限定はないが、窃盗罪との対比上、事実行為として他人の占有を排除することが必要となる。「侵奪」に当たる

457

[第235条の2]　　　　　　　　　　　　　　　　　●窃盗及び強盗の罪

かどうかは、具体的事案に応じて、不動産の種類、占有侵害の方法、態様、占有期間の長短、原状回復の難易、占有排除及び占有設定の意思の強弱、相手方に与えた損害の有無などを総合的に判断し、社会通念に従って決する（最判平 12.12.15）。

(2)　「侵奪」の態様には、占有非先行型と占有先行型がある。

占有非先行型（行為者が侵奪前には当該不動産を占有していなかった場合）は、自己の新たな占有状態を作出・設定したときに「侵奪」が認められる。

ex.　他人の土地を不法占拠し、その上に建物を建築した場合（大阪高判昭 31.12.11）

占有先行型（行為者が侵奪の前から当該不動産を占有していた場合）は、他人の不動産を無断で利用・使用しているだけでは「侵奪」にならないが、占有の態様が質的に変化したときには「侵奪」が認められる（最決昭 42.11.2）。

ex.　使用貸借の目的とされた土地の無断転借人が、土地上の簡易施設を改造して本格的店舗を構築する場合（最決平 12.12.15・百選Ⅱ 37 事件）

＜侵奪の具体例＞

侵奪を肯定	①　他人の土地の周囲をブロック塀で囲い、更にその上にトタン板を覆って、倉庫として使用する行為（最決昭 42.11.2） ②　使用貸借の目的とされた土地の無断転借人が、土地上の簡易施設を改造して本格的店舗を構築する行為（最決平 12.12.15・百選Ⅱ 37 事件） ③　公園予定地の一部に無権限で簡易建物を構築するなどした行為（最判平 12.12.15） ④　他人の土地を不法占拠し、その上に建物を建築する行為（大阪高判昭 31.12.11） ⑤　建物の賃借権及びこれに付随する土地の利用権を有する者が利用権限を超えて地上に大量の廃棄物を堆積させ容易に原状回復できなくした場合（最決平 11.12.9・百選Ⅱ 36 事件） ⑥　他人の土地を掘削し廃棄物を投棄する行為（大阪高判昭 58.8.26） ⑦　一個物の戸棚1つを使用して、寮の台所を不法に占拠する行為（福岡高判昭 37.8.22） ⑧　隣接する他人所有の土地にまたがり所有者に無断で鉄筋コンクリート製の倉庫を建築する行為〈回〉 ⑨　他人の隣地を取り込む目的で境界の標識をずらす行為
侵奪を否定	①　不動産を賃借権に基づいて占有していた者が、その利用等が違法となった後も占有を継続する行為（東京高判昭 53.3.29） ②　使用貸借期間終了後も事実上居住を継続していた家屋に対して、小規模の増築をする行為（大阪高判昭 41.8.9） ③　境界線を壊し境界を判別できなくしたが土地の占有を取得したとはいえない行為（境界損壊罪、262 の2）

2　不動産の強取

●窃盗及び強盗の罪　　　　　　　　　　　　　　　　　　　　　　　　［第236条］

　暴行・脅迫をもって不動産を侵奪する行為、たとえば、脅迫して貸家から借家人を立ち退かせた場合は、いかに処断されるかが問題となる。

　甲説：2項強盗罪（利益強盗罪）が成立する◀過

　　　　∵　不動産侵奪罪の新設により不動産は236条1項の客体には含まれないこととされたと理解するのが自然といえ、2項強盗罪として処断するのが最も合理的である

　乙説：1項強盗罪が成立する

　　　　∵　窃盗罪の「財物」には不動産は含まれないが、強盗罪のそれには含まれると理解することも可能である

【強盗罪・強盗利得罪】

第236条　（強盗）

Ⅰ　暴行又は脅迫を用いて他人の財物を強取した者は、強盗の罪とし、5年以上の有期懲役に処する。

Ⅱ　前項の方法により、財産上不法の利益を得、又は他人にこれを得させた者も、同項と同様とする。

《保護法益》

　他人の財物に加え、人の生命・身体・生活の平穏等の人格的利益である。

〔強盗罪、1項〕

《構成要件要素》

①　「暴行又は脅迫を用いて」

②　「他人の財物」を　⇒ p.450

③　「強取」したこと

《注　釈》

一　「強取」

　「強取」とは、暴行・脅迫により、相手方の反抗を抑圧し、その意思によらずに財物を自己又は第三者の占有に移すことである◀共。

1　「暴行」・「脅迫」の意義

(1)　本罪における「暴行」・「脅迫」は、相手方の反抗を抑圧する程度のものでなければならない◀判。　⇒ p.404、423

　　また、「暴行」・「脅迫」は、財物の占有を奪取するための手段となっていることを要する（最決昭61.11.18・百選Ⅱ40事件参照）◀司予。

(2)　判断基準　⇒ p.461

(3)　ひったくりと強盗◀司 ◀司H27

　　いわゆるひったくりのうち、スリがぶつかりざまにすり取る行為は窃盗とされるが、自動車やオートバイ等を利用して走りながら奪う場合には、手放さなければ生命・身体に重大な危険をもたらすおそれのある暴行を用いて

459

［第236条］　　　　　　　　　　　　　　　　　　　　　　●窃盗及び強盗の罪

おり、相手方の反抗を抑圧するに足りる暴行を加えているから、強盗とされる（最判昭45.12.22）。

(4)　暴行・脅迫の相手

財物の直接の所持者以外に向けられてもよく、財物を強取する際に障害となる者であればよい。

ex.　甲が財物奪取の意思で乙宅に乙の留守中に侵入し、乙の甥でたまたま留守番をしていた丙（15歳）に対し、暴行を加えてその反抗を抑圧し、タンス内から乙が所有し管理する衣類を奪った。この場合、甲には強盗既遂罪が成立する〈司〉

2　反抗の抑圧と財物の奪取

(1)　強盗罪における被害者の反抗抑圧の要否　⇒ p.461

(2)　反抗抑圧と奪取の因果性

暴行・脅迫により被害者の反抗の抑圧が生じた場合は、①意思に反して奪い取る他に、②被害者が差し出した物を受け取っても「強取」となる。さらに判例（最判昭23.12.24）は、③反抗を抑圧された被害者が気付かない間に財物を持ち去る行為も「強取」にあたるとしている〈司共〉。

ex.　甲が財物奪取の意思で乙に強迫を加えてその反抗を抑圧し、同人のポケットから財物を奪ったが、乙が財物を奪われたことに気付かなかった場合でも、甲には強盗既遂罪が成立する〈司〉

3　事後的奪取意思　⇒ p.462

二　着手時期・既遂時期

1　着手時期は、強盗の手段としての暴行・脅迫の開始時である。

2　既遂時期は、被害者の財物の占有を得た（ないしは第三者に得させた）時点である〈判〉〈司〉。

3　居直り強盗〈共〉

居直り強盗とは、窃盗に着手し、又はそれ以前の段階で発見されたために、改めて財物強取の目的で暴行・脅迫を行った場合をいう。ただし、財物を窃取した後に発見されて、さらに財物を強取する場合をいうとする説もある。

(1)　窃盗に着手したが財物を取得しない（窃盗未遂）うちに発見され、その後、暴行・脅迫により財物を取得した場合

窃盗に着手した行為については窃盗未遂罪が成立し、その後、暴行脅迫により財物を取得した行為については1項強盗罪が成立する。窃盗未遂罪は1項強盗罪に吸収される。

(2)　強盗の犯意の下に財物を奪取したが、占有を確保する前に暴行・脅迫を加えてその占有を確保した場合

判例は、1項強盗罪が成立するとする（最判昭24.2.15）。占有を確保していない以上、財物奪還目的の事後強盗罪ではなく1項強盗罪が成立し、窃盗

●窃盗及び強盗の罪　　　　　　　　　　　　　　　　　　　　　　　　　［第236条］

罪はこれに吸収される。

⑶　窃盗既遂（占有確保）後、暴行・脅迫により新たな財物を取得した場合

　　窃盗罪と1項強盗罪が成立し、窃盗罪は吸収される。

⑷　窃盗既遂後に、強盗の犯意で暴行・脅迫をしたが新たな財物奪取に失敗した場合

　　暴行・脅迫と全く因果のない財物取得をもって強盗の既遂とすることはできないため、窃盗罪と1項強盗未遂罪が成立し、窃盗罪は吸収される。

《論　点》

一　「相手方の反抗を抑圧する程度」の判断基準

　　暴行・脅迫が相手方の反抗を抑圧するのに足りる程度のものであるかどうかは、いかなる基準で判断すべきか、行為者が特に知っていた事情も考慮するかが問題となる。

　　ex.　Xは被害者が特別の臆病者であることを知りつつ、おもちゃのピストルで脅迫し、現に反抗を抑圧された被害者から財物を奪取したという場合、Xの脅迫行為は、強盗罪にいう「脅迫」にあたるか

　　甲説：主観説

　　　　　→行為者が相手方の反抗を抑圧しうると予見したかどうか、あるいは、被害者がどの程度の恐怖を覚えたかなどの主観的標準によるべき

　　　　　→Xの脅迫行為は、強盗罪にいう「脅迫」にあたる

　　乙説：客観説

　　　　　→暴行・脅迫自体の客観的性質により、一般人を標準に判断すべき

　　　乙1説：行為者の主観を判断事情に取り込む

　　　　　　　→Xの脅迫行為は、強盗罪にいう「脅迫」にあたる

　　　乙2説：行為者の主観を判断事情に取り込まない

　　　　　　　→Xの脅迫行為は、強盗罪にいう「脅迫」にあたらない（ただ、具体的事情によっては、「脅迫」にあたりうる）

二　強盗罪における被害者の反抗抑圧の要否

　　相手方の反抗を抑圧するに足りる程度の暴行・脅迫を加えたのに、被害者が反抗を抑圧されず、恐怖心で財物を交付した場合、「強取」があったといえるか、「強取」といえるためには、被害者が実際に反抗を抑圧された状態で財物の奪取がなされることを要するかが問題となる。

各論

461

[第236条] ●窃盗及び強盗の罪

<強盗罪における被害者の反抗抑圧の要否>

学説	甲説	乙説◀判	丙説
内容	被害者の反抗抑圧が必要 →強盗未遂罪	被害者の反抗抑圧は不要 →強盗既遂罪	・恐怖心から交付 　　→強盗既遂罪 ・憐れんで交付→強盗未遂罪
理由	強盗は暴行・脅迫を手段として被害者の意思に反して財物を奪う犯罪であるから、その暴行・脅迫による反抗抑圧と財物奪取との間に因果関係がなければならない	客観的に強盗手段が用いられ、相手の交付によるにせよ財物を取得した以上、強盗罪の既遂を認めるべきである	① 暴行・脅迫と無関係に財産の移転が生じた場合は強取といえず、両者の間に一定程度の因果性が必要である ② 被害者が畏怖した場合は通常の因果性の枠内にあるが、憐れんで渡した場合には、因果性の枠内にあるとはいえない
批判	暴行・脅迫はあくまで手段であって、強盗は最終的には財物を奪う罪であるから、暴行・脅迫が認定されれば反抗抑圧までは必要でない	この考えを徹底すると、暴行・脅迫を加えたにもかかわらず相手は恐怖心すら生じなかったが、憐憫の情から財物を手渡した場合も強盗の既遂となりうることになり、妥当でない	甲説の理由

cf. 強盗手段を用いたが恐怖心を生じさせたにとどまった場合には、強盗未遂罪と恐喝罪が成立し、観念的競合の関係になるとした裁判例がある

▼ 最判昭23.11.18・百選Ⅱ38事件

　　強盗罪の成立には被告人が社会通念上被害者の反抗を抑圧するに足る暴行又は脅迫を加え、それに因って被害者から財物を強取した事実が存すれば足りる。

三　事後的奪取意思◀司 司R2

　　故意犯である強盗罪は、財物奪取の意思で暴行・脅迫を加えて強取することにより成立する。では、暴行・脅迫を加え被害者の反抗が抑圧された後の段階で財物奪取の意思が生じた場合は、どのように評価されるのであろうか。たとえば、強制性交の目的でXがAの反抗を抑圧して全裸にしたところ男性であることに気付き、その際、この機会を利用して金品を奪おうと考え実行した場合、Xに強盗罪は成立するか。

●窃盗及び強盗の罪 [第236条]

＜強盗罪における事後的奪取意思＞

学説	窃盗罪説 通	強盗罪説
帰結	暴行又は脅迫罪と窃盗罪の併合罪となる	犯人が前の暴行によって生じた抵抗不能の状態を利用し、いわばその余勢を駆って財物を奪ったものと認められる限り強盗と認める
理由	① 強盗罪は、反抗を抑圧するに足りる暴行・脅迫を手段として財物を奪取する犯罪であるので、暴行・脅迫は財物奪取の手段として行われることを要する ② 他人に傷害を与えた者が被害者の失神に乗じ金品を奪取したときに窃盗罪が成立することとの均衡を図るべきである ③ 強制性交等罪における178条に対応する規定が、強盗罪には欠けている	① この場合の暴行・脅迫と財物奪取の関連性は事後強盗の場合よりもはるかに密接度が高く、強盗罪説を採用しないとバランスを失する ② この場合を「強取」と認めてよいかは、236条の合理的解釈の問題であって、準強制性交等罪に関する178条、事後強盗罪に関する238条の存在は決定的根拠にならない

※ なお、窃盗罪説の中でも、たとえば、強制性交後相手方の畏怖に乗じて財物を奪取する行為のように、事後的奪取意思を生じた後の暴行・脅迫については一般の場合に比し軽度の暴行・脅迫で強盗の手段たりうるとして、極めて緩い要件で強盗罪の成立を認める見解もある。

各論

▼ 大阪高判平元.3.3・百選Ⅱ〔第6版〕39事件 回

強盗罪の暴行・脅迫は財物奪取の目的をもってなされる必要がある。よって、反抗抑圧後に財物奪取意思が生じたときは、新たに暴行・脅迫がなされる必要があるが、その程度は、自己の先行行為によって作出した反抗抑圧状態を継続するに足りる暴行・脅迫があれば足りる。

▼ 東京高判平20.3.19・百選Ⅱ42事件

強制わいせつの目的による暴行・脅迫が終了した後に、新たに財物取得の意思を生じ、当該暴行・脅迫により反抗が抑圧されている状態に乗じて財物を取得した場合において、強盗罪が成立するには、新たな暴行・脅迫と評価できる行為が必要である。もっとも、被害者が緊縛された状態にあり、実質的には暴行・脅迫が継続していると認められる場合には、新たな暴行・脅迫がなくとも、これに乗じて財物を取得すれば、強盗罪が成立する。すなわち、緊縛状態の継続は、それ自体は、厳密には暴行・脅迫には当たらないとしても、逮捕監禁行為には当たりうるものであって、違法な自由侵害状態に乗じた財物の取得は、強盗罪に当たる。

463

［第236条］　　　　　　　　　　　　　　　　　　　　　●窃盗及び強盗の罪

〔強盗利得罪、2項〕 予H30

《構成要件要素》

① 「暴行」・「脅迫」によって　⇒ p.459
② 「財産上不法の利益を得、又は他人にこれを得させた」こと

《注　釈》

一　「財産上不法の利益」の意義

1　財産上の利益とは、財物以外の財産的な価値のある利益のことをいう。

ex.　キャッシュカードを窃取した犯人が、暴行・脅迫を加えて、被害者から当該口座の暗証番号を聞き出した場合、事実上、ＡＴＭを通して当該預貯金口座から預貯金の払戻しを受け得る地位という財産上の利益を得たものといえるので、2項強盗罪が成立する（東京高判平 21.11.16・百選Ⅱ 41 事件）予 司H28

cf.1　会社の経営権を取得するために実質的経営者を殺害した場合、殺害行為自体によって経営上の権益が移転したとはいえないので、このような権益は財産上の利益には当たらない（神戸地判平 17.4.26）

cf.2　相続を開始させて財産上の利益を得ようと企て、推定相続人である子が親を殺した場合、相続の開始による財産の承継は財産上の利益には当たらない（東京高判平元.2.27）

2　財産上「不法の」利益を得るとは、不法に財産上の利益を得ることを意味する。

→財産上の利益自体が不法なものでなくてもよい

ex.　暴行・脅迫を加え、正当な対価を支払わず強制的に労働をさせる場合や、債権者を脅迫して債務免除の意思表示をさせる場合も、これに当たる 司

3　財物の占有を確保した後の暴行・脅迫 予H26

先行する窃盗ないし詐欺により、財物の占有を確保した後で、被害者からの財物の返還請求ないし代金支払請求を暴行・脅迫により免れた場合、いかなる罪責が成立するか。

(1)　窃盗の機会に行われた場合

先行する犯罪が窃盗であり、かつ暴行・脅迫が窃盗の機会（⇒ p.468）に行われた場合、事後強盗罪（238）一罪が成立する。

(2)　窃盗の機会とはいえない場合

先行する犯罪が詐欺罪である場合、又は窃盗の機会に行われたとはいえない場合、事後強盗罪は成立しない。

この場合、先行する窃盗罪（235）あるいは詐欺罪（246Ⅰ）とは別個に2項強盗罪が成立するかが問題となるが、肯定すべきである。被害者の返還

●窃盗及び強盗の罪 ［第236条］

請求権ないし代金支払請求権は、物とは別個の保護に値するからである。

→被侵害法益の主体の同一性、犯意の一個性、時間的・場所的近接性を考慮し、密接な関係が認められる場合、法定刑の重い2項強盗罪の包括一罪となる

∵ 同一の財産的利益といえ、二重評価を避けるべき

▼ **最決昭61.11.18・百選Ⅱ40事件** 同共

甲・乙が共謀の上、甲が丙を騙して覚せい剤を取得し逃走した後、乙が丙を殺害しようとして未遂に終わった場合、殺害行為は、覚せい剤の返還ないし代金支払を免れるという財産上不法の利益を得るためになされたものであるから、先行する覚せい剤取得行為が窃盗罪・詐欺罪のいずれに当たるにせよ、包括して強盗殺人未遂罪（243・240後段）が成立する。

二 処分行為の要否 ⇒ p.466

三 具体例

ex.1 甲は、飲食店で食事をした後、財布がないことに気付いたため、そのまま逃走しようと企て、店員乙のすきを見て店から出たが、店長丙に見付かって飲食代金を請求されるや、同人の首に登山ナイフを突き付けて同人をひるませた上、その場から逃走して行方をくらませた。この場合、判例の立場に従うと、甲には強盗利得罪が成立する 同

ex.2 甲は、乙の運転するタクシーに乗車するや、同人の首に出刃包丁を突き付けて行き先を告げ、同所まで乙の意思に反してタクシーを走行させた後、タクシー料金を支払わずに逃走して行方をくらませた。この場合、判例の立場に従うと、甲には強盗利得罪が成立する 同

ex.3 甲は、覚せい剤の密売人乙から覚せい剤を受け取った後、その代金を請求されるや、代金支払債務を免れるため、乙を殺害した。この場合、判例の立場に従うと、甲には強盗殺人罪が成立する 同

ex.4 甲は、乙から、報酬を支払うから丙の腕時計を奪ってきてほしい旨の依頼を受け、丙にけん銃を突き付けて同人の腕時計を奪った後、その報酬として乙から現金を受け取った。この場合、判例の立場に従うと、甲には腕時計に関する強盗罪が成立するが、報酬に関する強盗利得罪は成立しない 同

ex.5 甲は、乙に金銭を貸し付けていたが、返済期限になっても同人が金銭を返済しないため、その居場所を知る丙の首に出刃包丁を突き付けて乙の所在に関する情報を聞き出し、その情報に基づいて乙の居場所を見付け、同人から貸付金の返済を受けた。この場合、判例の立場に従うと、強盗利得罪は成立しない 同

［第236条］　　　　　　　　　　　　　　　　　　　　●窃盗及び強盗の罪

《論 点》

◆　処分行為の要否

1　Aから借金していたXが、借金の返済を免れるためAを殺害した場合、Xに強盗殺人罪（240後段）が成立するか。この点、Xに強盗殺人罪が成立するためには、Xが「強盗」（236Ⅱ）といえなければならないが、Aは何ら処分行為を行っていないので、利益強盗における「財産上不法の利益」の取得が被害者の処分行為に基づくことを要するかが問題となる。

＜強盗利得罪における処分行為の要否＞

学説	必要説	不要説（最判昭32.9.13・百選Ⅱ 39事件）
理由	①　1項の強盗罪が占有移転という外形的事実により成立する以上、利益強盗罪の場合も処分行為という利益の移転を明確化するメルクマールが必要 ②　他の2項犯罪との均衡	反抗を抑圧する程度の暴行・脅迫を要件とする以上、任意の処分を要求するのは無理である〈同〉

2　利益移転の現実性

処分行為は不要であるとしても、利益移転は目に見えず明確性に欠けるため、不当な処罰範囲の拡大を招きかねない。そこで、1項強盗罪における財物移転と同視できるほどの財産的利益の移転が必要と解されている。

特に、債務者が債権者を殺害した事案において、債務者が「財産上不法の利益を得」たといえるほどの利益移転の有無が問題となる。

⑴　債権に関する証拠が残っていない場合

以下のような事例では、債務者は事実上債務を免れたといえ、利益移転が肯定される。

　　事例①　相続人のいない債権者を殺害した場合

　　事例②　相続人がいるが、債権者の下に債権に関する証拠が残っておらず、債権の存在を知る者がいないことを認識しつつ債権者を殺害した場合（最判昭32.9.13・百選Ⅱ 39事件）

⑵　債権に関する証拠が残っている場合

　　甲説：利益の移転を否定する説〈同〉

　　　　∵　債務の存在が明白で相続人がその履行を確実に請求し得る以上、事実上債務の支払を免れたとはいえず、利益の移転に欠ける

　　乙説：相続人による速やかな債権の行使を当分の間不可能にさせ、債権者による支払猶予の処分行為を受けたのと同視できるだけの利益を得た場合には、利益の移転を肯定する説（大阪高判昭59.11.28）

　　　　∵　「支払の一時猶予」という利益を取得している

466

●窃盗及び強盗の罪　　　　　　　　　　　　　　　　　　　　［第237条〜第238条］

【強盗予備罪】

第237条　（強盗予備）

強盗の罪を犯す目的で、その予備をした者は、2年以下の懲役に処する。

《構成要件要素》

① 「強盗の罪を犯す目的」で（目的犯）
② その「予備」をしたこと
　→強盗の実行を決意して、その着手を準備すること

《論　点》

◆　事後強盗目的の予備について

　　Xが、A宅に盗みに入ろうと思い、Aに見つかったときに備え、財物の取り戻しを防ぐための出刃包丁を持ってA宅に向かったが、A宅の付近を徘徊中に警察官の職務質問を受け逮捕されたという場合、Xに強盗予備罪が成立するか。237条にいう「強盗の罪を犯す目的」に事後強盗予備の目的も含まれるかが問題となる。

＜事後強盗目的の予備＞ 司共

学説	否定説	肯定説 （最決昭54.11.19・百選Ⅱ〔第7版〕43事件）
理由	① 事後強盗罪（238）は、強盗予備罪（237）より後に規定されているから237条の「強盗の目的」には事後強盗の目的は含まれない ② 事後強盗は身分犯であり、未だ窃盗犯人という身分を取得していない者には、窃盗予備が処罰されない以上、事後強盗の予備罪も成立しない ③ 事後強盗は逮捕を免れるため等にとっさに暴行・脅迫を加える犯罪類型であり、「見つかったら脅す」という不確定的な意思では、「強盗の目的」があるとはいえない	① 事後強盗罪は強盗として論ぜられるから、予備についても同様に解し、237条の「強盗の目的」には、事後強盗の目的も含まれる ② 窃盗の予備がなくても、それとは別に事後強盗の予備という概念を想定しうる ③ 予備の段階にとどまる限り、その目的とする犯罪の実行は、不確定の条件にかかるものであり、強盗予備罪に限って強盗・準強盗の目的が確定的でなければならないとはいえない

【事後強盗罪】

第238条　（事後強盗）

窃盗が、財物を得てこれを取り返されることを防ぎ、逮捕を免れ、又は罪跡を隠滅するために、暴行又は脅迫をしたときは、強盗として論ずる。

《構成要件要素》

① 「窃盗」が
② 「財物を得てこれを取り返されることを防ぎ、逮捕を免れ、又は罪跡を隠滅

［第238条］　　　　　　　　　　　　　　　●窃盗及び強盗の罪

するため」に（目的犯）
③　「暴行又は脅迫」をしたこと

《注　釈》

一　主体〈共〉

窃盗犯人を主体とする身分犯である。窃盗行為への着手がなければならない〈司共〉。

cf.　主体に強盗犯人は含まれない

＊　事後強盗罪の暴行（脅迫）のみに加功した者の罪責　⇒下記一

二　行為

1　暴行・脅迫の程度

暴行・脅迫は、相手方の反抗を抑圧するに足りる程度のものであることを要する〈判〉〈共〉。

2　窃盗行為と「暴行」・「脅迫」の関連性

(1)　窃盗の機会

「暴行」・「脅迫」は、窃盗の犯行の機会の継続中になされることを要する。
→窃盗犯人に対する追及が継続していたか否かが重要

ex.1　現場住宅の天井裏に潜んでいた窃盗犯人が、約3時間後に逮捕を免れるため警察官に暴行を加えたときは、窃盗の機会の継続中に行われたといえる（最決平14.2.14）

ex.2　財布等を窃取後、発見・追跡されずに犯行現場を離れ、ある程度の時間の経過後、被害者等から容易に発見・取返し・逮捕されうる状況ではなくなった後、再度窃盗目的で犯行現場に戻ってなした脅迫は、窃盗の機会の継続中に行われたものではない（最判平16.12.10・百選Ⅱ43事件）〈司共〉

(2)　「暴行」・「脅迫」の相手方

→必ずしも窃盗の被害者であることを要しない〈司〉

三　評価

事後強盗罪は、すべての点で強盗罪として扱われ、強盗致死傷罪（240）、強盗・強制性交等罪（241）の成立もありうる。

四　既遂・未遂の基準　⇒p.470

《論　点》

一　事後強盗罪の暴行（脅迫）のみに加功した者の罪責〈司〉〈司R元〉

窃盗犯人Xが、被害者Aから財物を取り戻されそうになったため、これを防ごうとして、たまたまそこを通りかかったYに事情を話し、事情を了解したYと共同してAに暴行を加えたという場合、Xに事後強盗罪が成立することは争いない。では、Yに事後強盗罪の共同正犯が成立するであろうか、事後強盗罪の暴行（脅迫）のみに加功した者がいかなる罪責を負うかが、事後強盗罪の構造をどの

●窃盗及び強盗の罪　　　　　　　　　　　　　　　　　　　　　　　　[第238条]

ように解するかと関連して問題となる。

＜事後強盗罪の暴行（脅迫）のみに加功した者の罪責＞

学説	事後強盗罪を身分犯と解し、共犯と身分の問題として解決する立場	事後強盗罪を非身分犯と解し、承継的共犯の問題として論ずる立場
理由	窃盗犯人でない者が、財物取り返し拒否等の目的で暴行・脅迫を加えても事後強盗罪とはならない	① 事後強盗の既遂・未遂は窃盗の既遂・未遂で区別すべきであるから、窃取行為も実行行為の一部とみるべきである ② 窃盗は暴行・脅迫に先行する行為にすぎないから、本罪を身分犯とする必要はない
批判	なぜ、実行行為でない行為主体に関する要件（窃盗犯人）によって犯罪の既遂・未遂が決まるのか説明できない	いかに事後強盗の計画をもっていようと窃盗段階で逮捕されれば事後強盗罪は成立しないことが明らかなので、事後強盗罪は、暴行・脅迫行為によって開始されるものである

学説	真正身分犯説	不真正身分犯説	承継的共同正犯肯定説	承継的共同正犯否定説
帰結	事後強盗罪の共同正犯	暴行・脅迫の共同正犯	事後強盗罪の共同正犯	暴行・脅迫の共同正犯
理由	「窃盗が」は実行行為の主体を表しており、本罪は窃盗犯人でなければ犯せない犯罪類型と解すべきで、構成的身分として扱うべきである	窃盗犯人でない者が暴行・脅迫を加えた場合には、暴行罪・脅迫罪が成立するにすぎないのに、窃盗犯人が238条所定の目的をもって同じ行為を行えば、より重い強盗罪の刑で処罰される	本罪は結合犯であるところ、結合犯はそれ自体が独立した犯罪類型であるから、途中加功の場合であっても、窃盗と暴行・脅迫を分断して評価すべきではなく、その全体について共同正犯の成立を肯定すべきである	窃取行為終了後から暴行・脅迫行為について加功したような場合、そもそも先行行為たる窃取行為を利用して後行行為たる暴行・脅迫が行われたという関係を認めることができない以上、承継関係を肯定して共同正犯として処罰する根拠に欠けるというべきである
批判	真正身分犯は、一般に、その身分がなければいかなる犯罪をも構成しない場合と解されている	事後強盗を教唆した場合、暴行・脅迫の教唆にとどまるのはおかしい	暴行・脅迫以前の窃取行為に因果性を認めることはできない	強度の暴行・脅迫が行われることが強盗罪の重い不法を根拠付けるのであるから、暴行・脅迫のみに関与した者についても、承継的共同正犯として本罪の成立を認めるのが妥当ではないか

［第239条］　　　　　　　　　　　　　　　　　　　　●窃盗及び強盗の罪

※　結合犯とは、それぞれ独立して犯罪となる複数の行為に区分できる一連の行為を結
合して、1個の犯罪として構成する場合を指す。

▼　大阪高判昭62.7.17・百選Ⅰ95事件

　　　先行者の窃盗が既遂に達したのち、先行者と意思を通じて、逮捕を免れる目
　的で被害者に暴行を加えて負傷させた後行者は、65条1項、60条の適用によ
　り、強盗致傷罪の共同正犯が成立する。

二　事後強盗罪の既遂・未遂の基準〈司共〉
　1　学説
　　　事後強盗罪の既遂・未遂を判断する基準については、見解が分かれている。
　　　甲説：暴行・脅迫の既遂・未遂で判断する
　　　　　　∵　強盗致死傷罪との対比から、暴行・脅迫が行われれば、窃盗が未
　　　　　　　　遂であっても事後強盗罪は既遂と解すべきである
　　　　　　←強盗致死傷罪は人の生命・身体の保護に重点を置くが、事後強盗罪
　　　　　　　　の本質は財産侵害に求められる（利欲犯）
　　　乙説：窃盗行為の既遂・未遂で判断する
　　　　　　∵　通常の強盗罪の既遂・未遂の判断基準が財産取得の有無に置かれ
　　　　　　　　る以上、これに準ずる事後強盗罪のそれもやはり強盗の場合と同じ
　　　　　　　　でなければならない
　　　　　　←財物の取り返しを防ぐ場合の未遂が事実上存在しないことになる
　2　判例
　　　「窃盗未遂犯人による準強盗行為の場合は、準強盗の未遂を以って問擬すべ
　きものである」として、事後強盗罪の既遂・未遂を、先行する窃盗行為の既
　遂・未遂によって判断している（最判昭24.7.9）〈司共〉。

【昏酔強盗罪】

第239条　（昏酔強盗）
　人を昏酔させてその財物を盗取した者は、強盗として論ずる。

《構成要件要素》
　①　「人を昏酔させて」
　②　「その財物を盗取」したこと

《注　釈》
◆　「人を昏酔させて」
　1　「昏酔させ」るとは、意識作用に一時的又は継続的に障害を生じさせ、財物
　についての事実的な支配が困難な状態に至らせることをいい、その方法には制
　限はない。
　　　たとえば、睡眠薬や麻酔剤を用いること、泥酔させること等を含む。

470

●窃盗及び強盗の罪
［第240条］

cf. 暴行により昏酔させる場合には、単純な強盗罪となる

ex. 甲が財物奪取の意思で乙の頭部を強打して意識を喪失させた上で乙の財物を奪った。この場合、甲には強盗既遂罪（236Ⅰ）が成立する〈回〉

2 行為者が積極的に昏酔させる行為を行うことが必要で、すでに寝ている者や、他人が昏酔させた者から奪う行為は、窃盗罪（235）にすぎない（178条との違いに注意）。

【強盗致死傷罪】

第240条 （強盗致死傷）

強盗が、人を負傷させたときは無期又は6年以上の懲役に処し、死亡させたときは死刑又は無期懲役に処する。

《構成要件要素》

① 「強盗」が
→強盗罪（事後強盗・昏酔強盗を含む）の実行に着手した者〈共〉

② 「人を」

③ 「負傷」（前段）又は「死亡」（後段）させたこと

《注 釈》

一 「負傷させた」（前段）

1 傷害の程度 ⇒ p.472

2 死傷結果の原因行為 ⇒ p.472

＊ 脅迫による傷害も含まれる。

3 2つの暴行と傷害結果 ⇒ p.474

4 主観的要件

重い結果たる傷害の認識は不要である（結果的加重犯）。

暴行の認識の要否につき争いあるも、通説は、240条は強盗の結果的加重犯的側面を有することを理由に不要である（脅迫の故意しかない場合や純粋な過失致死傷の場合にも本罪の成立を認めうる）とする。

5 判例

夜間に人通りの少ない道で通行中の女性が所持しているハンドバッグを窃取するため、背後から自動車で近づき、自動車の窓からハンドバッグのさげ紐を引っ張ったが、同女が抵抗して紐を放さなかったため、同女が引きずられて傷害を負った場合、強盗致傷罪が成立する（最判昭45.12.22）〈回〉。

二 「死亡させた」（後段）

1 奪取前の死亡

強取行為の前に死亡させた場合も、本条後段に該当する〈判〉。

ex. 銀行強盗に押し入る前に、実行の妨げとなる隣接の交番の巡査を射殺した場合

［第240条］　　　　　　　　　　　　　　　　　　　　　●窃盗及び強盗の罪

　2　死傷結果の原因行為　⇒ p.472
　3　主観的要件
　　　重い結果たる死亡の認識は不要である（結果的加重犯）。
　＊　殺意がある場合　⇒ p.474

三　既遂・未遂 予H26

　　240条の罪は、死傷結果の発生により既遂となり、財物奪取の有無を問わない
判通。なぜなら、本罪の第一次的な保護法益が生命・身体だからである。
　　結果的加重犯である強盗致死傷罪については、結果について故意がないので未
遂を考える余地がない。また、傷害の故意がある強盗傷人罪についても、傷害の
故意で暴行をしたが傷害結果が生じなかった場合に暴行罪が成立するにすぎない
こととの均衡上、強盗傷人未遂罪は成立しないとされる。したがって、240条の
未遂罪は、強盗犯人が故意に被害者を殺害しようとしたが、殺害に至らなかった
場合（243、240後段。強盗殺人未遂罪）に限られる。　⇒ p.475

《論　点》
一　傷害の程度

　　軽微な傷害であっても、傷害罪（204）が成立するようなものであればすべて
本罪の傷害となりうるか。

＜強盗致傷における傷害の程度＞

両者の傷害を同一に解する立場	極めて軽微な身体の損傷は強盗致傷罪にいう傷害にあたらないと解する立場
①　傷害罪における「傷害」と、強盗致傷罪その他刑法上の致傷罪における傷害の意義について、何らの差異は存しない ②　ごく軽微な傷害は、傷害罪における「傷害」にすらあたらない	強盗罪の手段としての「暴行」が、被害者の反抗を抑圧するのに足りる程度のものである以上、ごく軽度の傷害は当然にそれに含まれて、強盗罪を構成するにとどまる

※　なお、平成16年改正により強盗致死傷罪の有期刑の下限が6年とされたことで執行
　猶予を付すことが可能となった（66、67、25Ⅰ）ことから、傷害の程度をめぐる問題
　は、解消されたとする指摘（西田）もある。

二　暴行・脅迫と負傷・死亡との関連性 司H20

　　金品奪取の際に被害者の傍らに寝ていた子どもを殺害したときや、強盗犯人が
逃走しようとした際に追跡してきた被害者に傷害を負わせたときに、本条の罪は
成立するか。強盗と死傷の結果の関係について、致死傷の原因となる行為は強取
の手段としての暴行・脅迫であることを要するかが問題となる。

●窃盗及び強盗の罪　　　　　　　　　　　　　　　　　　　　　　　　　[第240条]

✒️ <暴行・脅迫と負傷・死亡との関連性> 司共

	手段説（＊1）	機会説	
学説	強盗の手段である暴行・脅迫から、直接生じることを要する	強盗の機会に生ずれば足りる 判（＊2）	強盗の機会になされた行為のうち、強盗と一定の関連性のあるものに限定する（関連性説）
理由	240条は結果的加重犯である以上、手段としての暴行・脅迫から生じたものに限るべき	① 強盗の機会には死傷などの残虐な結果を伴うことが多い ② 窃盗犯人が逮捕を免れるために暴行を加えれば238条で強盗とされ、その暴行から死傷の結果を生ずれば240条が適用されるのに対し、強盗犯人が同じ行為をしても「窃盗」でないために240条が適用されないとするのは不合理である	240条の死傷の結果は、本条の基本となる強盗罪が財産犯である以上、原則として財物奪取・確保や逮捕を防ぎ証拠を隠すことに向けられた一連の行為の中で生ずることが必要であり、たまたま現場付近に居合わせた仇敵や、強盗仲間に対する殺害・傷害は含まれない
批判	240条は181条等と異なり「よって」という文言がないので、240条は通常の結果的加重犯と異なる	単に強盗中に生じたというだけで、強盗自体と無関係な死傷の結果をすべて240条の死傷とみるのは、同条の基本が財産犯であることを軽視するものである	強盗致死傷罪は結果的加重犯であるから、強盗の機会に過失により死傷の結果が生じた場合も、相当因果関係の認められる限り、その成立を認めるべきである

＊1　拡張された手段説

　　強盗の手段である暴行・脅迫と、刑法238条所定の目的で行う暴行・脅迫から死傷の結果が生じることを要するとする見解（拡張された手段説）もある。この見解は、窃盗が238条所定の目的で暴行を加えた結果、死傷の結果が発生した場合には強盗致死傷罪（240）が成立することとの均衡上、強盗が238条所定の目的で暴行を加えた結果、死傷の結果が発生した場合についても同様に強盗致死傷罪が成立すると解すべきであることを理由としている。

＊2　強盗の機会性の認定 同

　　機会説に立った場合、強盗の機会であるか否かについては、①強取行為と死傷結果発生の原因行為との時間的・場所的接着性、②犯意の継続性を中心に、その他の事情を総合考慮して判断する。

▼　**最判昭24.5.28・百選Ⅱ〔第7版〕44事件**

　　家屋内で強盗に着手した者が、同家屋表入口付近で追跡してきた被害者を日本刀で突き刺して死なせたときは、強盗の機会に殺害したものといえる。

［第240条］　　　　　　　　　　　　　　　　　　　　●窃盗及び強盗の罪

▼　東京高判平 23.1.25・百選Ⅱ 44 事件

　　被告人が、被害者を監禁したうえで金品を強取した後、強盗の罪跡を隠滅するために、強取時点から、約6時間、約50km離れた時点で、被害者に覚せい剤を注射し放置して死亡させた行為について、①当初からの計画に従って、常時被害者の間近に居続けて強盗・罪跡隠滅行為をし、かつ、②強盗の意思を放棄するや直ちに罪跡隠滅のための行動を始めていたことから、強取行為と罪跡隠滅行為との連続性・一体性を肯定して、強盗の機会性を認めた。

三　2つの暴行と傷害結果について

　　Xは、自転車からの置き引き行為を被害者Aに阻止されそうになったので、まず、Aの反抗を抑圧するには至らない程度の暴行（第一暴行）を加えて逃走し、さらに追いかけてくるAに対してその反抗を抑圧する程度の暴行（第二暴行）を加えたためAに傷害を負わせたが、右傷害はいずれの暴行から生じたのかは明らかではない。このような事案において、Xにはいかなる罪が成立するであろうか。

　　この点について、下級審裁判例は、第一暴行は事後強盗罪の実行行為にはあたらないとし、第二暴行以降につき事後強盗罪（238）の成立を認め、強盗傷人罪（240 前段）の成立を否定した。

　　→傷害が第一暴行から生じた可能性もあるということは、事後強盗手段としての第二暴行から生じた傷害とは特定できない（ただ、傷害結果については、接着した第一・第二の一連の暴行行為によって生じた以上、傷害罪（204）の成立が認められる）

四　殺意がある場合

　　強盗犯人が殺意をもって死亡の結果を生じさせた場合、本条後段の罪（強盗殺人罪）が成立するか。本条後段が強盗罪の結果的加重犯（強盗致死罪）を規定したものであることについてはほとんど争いはないが、それに加えて殺意がある場合も含むかが問題となる。

＜強盗犯人が殺意をもって死亡の結果を生じさせた場合＞

学説	殺意ある場合を含む (240条後段は結果的加重犯だけでなく殺意ある場合も含む)	過失による場合に限られる (240条後段は結果的加重犯だけを規定)	
	強盗殺人罪一罪が成立〈判〉	強盗罪と殺人罪の観念的競合	強盗致死罪と殺人罪の観念的競合
理由	① 結果的加重犯の慣用的表現である「よって」という言葉がない ② 240条後段が、人を殺害して財物を奪うという強盗の典型的態様を除外しているとみるのは合理的でない	結果的加重犯と故意犯を同一の犯罪中にあわせて規定することは好ましくない	① 同一法条に情状に差のある故意犯と過失犯を一括して規定したと解するのは妥当でない ② 「死亡させたとき」という用語は結果的加重犯の規定形式である
批判	殺意のある場合と、殺意のない場合とは本質的に異なるから、本条がこれらを併せて規定した趣旨とみることはできない	殺意ある場合(5年〜死刑)の方が、殺意のない場合(無期〜死刑)より刑が軽くなり、不合理である(刑の下限に着目)	人の死亡という1個の事実を、殺人と致死という二面から評価するのは疑問

五 240条後段の罪の未遂

財物を強取しようとして強盗罪の実行に着手し、被害者を殺害したが、結局何も取らずに去ったという場合、240条後段の罪の未遂が成立するか。240条後段の罪の未遂・既遂の判断基準が問題となる。

＜240条後段の罪の未遂＞

	甲説〈判通〉	乙説
240条後段の性質	殺意ある場合も含む	
240条後段の未遂(*)	殺人が未遂に終わった場合	強盗又は殺人が未遂に終わった場合 ∵ 財産犯であることを重視
結論	強盗殺人既遂	強盗殺人未遂

* 判例(大判昭4.5.16・百選Ⅱ45事件)は、強盗殺人罪の未遂とは被害者が死亡しなかったときをいい、財物取得の有無とは関係がないとしている〈同〉。

［第241条］　　　　　　　　　　　　　　　　　　　　　　　●窃盗及び強盗の罪

【強盗・強制性交等罪・同致死罪】

第241条　（強盗・強制性交等及び同致死）　同予

Ⅰ　強盗の罪若しくはその未遂罪を犯した者が強制性交等の罪（第179条第2項の罪を除く。以下この項において同じ。）若しくはその未遂罪をも犯したとき、又は強制性交等の罪若しくはその未遂罪を犯した者が強盗の罪若しくはその未遂罪をも犯したときは、無期又は7年以上の懲役に処する。

Ⅱ　前項の場合のうち、その犯した罪がいずれも未遂罪であるときは、人を死傷させたときを除き、その刑を減軽することができる。ただし、自己の意思によりいずれかの犯罪を中止したときは、その刑を減軽し、又は免除する。

Ⅲ　第1項の罪に当たる行為により人を死亡させた者は、死刑又は無期懲役に処する。

【平29改正】改正前刑法下では、強姦犯人が強盗した場合については、特に規定を置いていなかったため、強姦罪と強盗罪の併合罪として処理される結果、無期又は7年以上の懲役を定める改正前241前段（強盗犯人が強姦した場合）と比べ、5年以上30年以下の懲役というより軽い法定刑が科されるにすぎなかった。そのため、同じ機会に強盗と強姦の双方の被害に遭うという点で同一であるのに、刑法上の扱いが異なるのは不合理であると指摘された。そこで、改正刑法241条は、強盗行為と強姦行為の双方を行うことの悪質性・重大性に着目し、同じ機会になされた強盗行為と強姦行為の先後関係を問わず、重い法定刑を科す規定に改められた。

《保護法益》

他人の財物・財産上の利益、人の生命・身体の自由及び性的自由である。

《構成要件要素》

〔強盗・強制性交等罪、1項〕

①　「強盗の罪若しくはその未遂罪を犯した者」が

②　「強制性交等の罪」（監護者性交等罪（179Ⅱ）は除く）、若しくはその未遂罪をも犯したこと

又は

①　「強制性交等の罪若しくはその未遂罪を犯した者」が

②　「強盗の罪」、若しくはその未遂罪をも犯したこと

〔強盗・強制性交等致死罪、3項〕

①　「第1項の罪に当たる行為により」

②　「人を死亡させた」こと

《注　釈》

◆　未遂・中止があったとき

本条2項は、同一の機会になされた強盗行為と強制性交等のいずれもが未遂であった場合にのみ成立する（241Ⅱ本文）。これは、強盗行為と強制性交等のい

476

●窃盗及び強盗の罪　　　　　　　　　　　　　　　　　　　　　　　　　　　［第242条］

ずれか一方でも既遂となった場合、その悪質性・重大性はいずれも未遂の場合と
比べて大きく、あえて刑の減軽をする必要はないと考えられたためである。
　また、本条2項が成立する場合であって、強盗行為と強制性交等の少なくとも
一方の行為について、自己の意思により中止したときは、43条ただし書の中止
犯と同様、刑が必要的に減免される（241Ⅱただし書）。

《論　点》

一　殺意ある場合

　殺意を有する強盗犯人が人を性交等し殺害した場合の処断について、改正前刑
法では学説上争いがあり、判例は強盗殺人罪と強盗強姦罪とが成立し、これらの
罪は観念的競合となる旨判示していた。しかし、改正241条は、改正前241条後
段に規定されていた「よって」の文言を用いておらず、殺意がある場合をも含む
趣旨であると解されている。

→上記の場合には、強盗・強制性交等致死罪一罪が成立する

二　傷害結果にとどまる場合の適条

　強盗犯人が強制性交して被害者に傷害を与えた場合については241条は何ら規
定していない。そこで、かかる場合の処断が問題となる。

　　甲説：強盗・強制性交等罪（241Ⅰ）のみで処断する

　　　　∵　特に傷害について規定がない点に鑑み強盗・強制性交等罪として処
　　　　　　断し、傷害の点については量刑上不利益な情状として考慮すれば足り
　　　　　　る

　　乙説：強盗・強制性交等罪（241Ⅰ）と強盗致傷罪（240前段）との観念的競合
　　　　　とする

　　　　∵　強盗致傷罪は、強盗の機会において強盗行為と通常密接な関連性を
　　　　　　有する範囲内の行為に基づく致傷の場合に適用される特別規定である

　　丙説：強盗・強制性交等罪（241Ⅰ）と強制性交等致傷罪（181）の観念的競
　　　　　合とする

第242条　（他人の占有等に係る自己の財物）

　自己の財物であっても、他人が占有し、又は公務所の命令により他人が看守するも
のであるときは、この章の罪については、他人の財物とみなす。

《注　釈》

・「自己の財物」には、不動産侵奪罪等における不動産も含まれる。

・「他人」の「占有」の意義については争いがある。　⇒p.450

・「公務所の命令により他人が看守するもの」としては、強制執行等によって執
　行官が差し押さえた物、収税官吏が滞納処分として差し押さえた物等がある。

[第243条～第244条] ●窃盗及び強盗の罪

第243条 （未遂罪）共

第235条から第236条まで、第238条から第240条まで及び第241条第3項の罪の未遂は、罰する。

第244条 （親族間の犯罪に関する特例）

Ⅰ　配偶者、直系血族又は同居の親族との間で第235条の罪、第235条の2の罪又はこれらの罪の未遂罪を犯した者は、その刑を免除する同。

Ⅱ　前項に規定する親族以外の親族との間で犯した同項に規定する罪は、告訴がなければ公訴を提起することができない。

Ⅲ　前2項の規定は、親族でない共犯については、適用しない同。

《注　釈》
一　意義

配偶者、直系血族又は同居の親族の間において窃盗罪（235）・不動産侵奪罪（235の2）（及びその未遂罪）を犯した者はその刑を免除し、その他の親族に関するときは親告罪とするという特例（親族相盗例）である。

二　親族の概念

1　本条1項が適用されれば、必要的に刑が免除される。本条1項は、「配偶者」、「直系血族」（父母・祖父母・子・孫など）及び「同居の親族」との間で一定の犯罪を犯した者に適用される。

→内縁関係にある者は「配偶者」に当たらない（最決平18.8.30・平18重判6事件）共

∵　免除を受ける者の範囲は明確に定める必要がある

→「配偶者」、「直系血族」については、同居の有無を問わず、本条1項が適用される同

「同居の親族」とは、事実上、居を同じくして日常生活を共同にしている親族（配偶者・直系血族を除いた、6親等内の傍系血族と3親等内の姻族。民725参照）をいう共。一時宿泊している者は含まれない。

2　本条2項が適用されれば、その犯罪は親告罪となる。本条2項は、「同居」の親族以外の親族との間で一定の犯罪を犯した者に適用される。

3　本条1項・2項は、「親族でない共犯」については、適用されない（244Ⅲ）同。

→本条1項の刑の免除の法的性質について、「法は家庭に入らず」という刑事政策的配慮に基づく一身的処罰阻却事由であると解すると、本条3項は、当然の注意規定と解することになる

●窃盗及び強盗の罪　　　　　　　　　　　　　　　　　　　　　　　　　　　［第244条］

三　準用関係

<親族相盗例の準用関係>〈同共〉

窃盗	不動産侵奪	強盗	詐欺	背任	恐喝	横領	遺失物等横領	盗品等	毀棄
○	○	×	○ (251)	○ (251)	○ (251)	○ (255)	○ (255)	× (*)	×

＊　盗品等の罪については244条の準用規定はないが、257条が親族等の間の犯罪に関する特例を規定している。

《論　点》

一　刑の免除の法的性格及び親族関係の錯誤

　　他人の物を親族の物と誤認して窃取した場合、この錯誤は窃盗罪の罪責に影響するか。244条1項にいう「刑の免除」の意義をどのように理解すべきかと関連して問題となる。

<親族相盗例の刑の免除の法的性格>

	学説	「刑の免除」の 形式的意義	「刑の免除」の 実質的根拠	親族関係に関する 錯誤
政策説	一身的処罰阻却事由説	犯罪成立 （刑の免除は有罪判決の一種、刑訴334）	「法は家庭に入らず」：家庭内の紛争には国家が干渉しない方がいいという法政策	故意の成否に影響せず（*）
法律説	違法性阻却説	犯罪不成立	家庭内であれば共同利用関係が存し、財産的侵害の程度が低いので可罰的違法性を欠く	違法性阻却事由の錯誤の問題
	責任阻却説		親族間では反対動機が弱く「親族の物を盗むな」と期待することが困難	期待可能性の錯誤の問題

＊　38条2項の趣旨から、行為者の認識した範囲内での科刑、すなわち刑の免除を認める見解もある。

二　親族関係は誰と誰との間に必要か

1　学説の争い

　　財物の所有者でない者が財物を占有しているときは、財産の所有者と占有者が分離する。この場合、244条の親族関係は行為者と誰との間に必要か、条

［第244条］　　　　　　　　　　　　　　　　　　　●窃盗及び強盗の罪

文上明らかでなく問題となる。

＜親族相盗例における親族関係＞

学説		結論
窃盗罪の被害者は誰かという観点から、窃盗罪の保護法益の問題とする見解（＊１）	本権説：被害者は所有者	所有者との間に必要
	占有説：被害者は占有者	占有者との間に必要
	中間説：被害者は占有者・所有者	所有者及び占有者との間に必要（最決平6.7.19）〈回〉
親族相盗例の法的性格の問題とする見解	244条の法的性格についての政策説を前提に、政策的な観点から適用を限定する見解（＊２）	
	244条の法的性格についての法律説を前提に、可罰的違法性・期待可能性が欠ける場合は適用すべきとする見解	所有者・占有者の一方との間にあれば足りる場合がある（＊３）

＊１　親族相盗例の法的性格についてどのように理解するにせよ、もし、親族以外に「被害」が及んでいると考えるなら、244条のような特例を認めることはできないとされる。

＊２　所有権者を含めた全関与者が家庭内になければ、家庭内での処理に任せず、通常の刑事司法システムで処理すべきであるとされる。

＊３　所有権者の利益が小さく、それに対する財産犯の可罰的違法性が認められない場合や、逆に占有者に法的に保護された利益が認められない場合には例外的に片方との間にあれば足りるとされる。

2　具体的事例におけるあてはめ

事例①：妻と二人暮らしのXは、妻の父A方でAが占有するカメラを盗んだが、これはAと同居している妻の弟の所有物であった。

事例②：妻と二人暮らしのXは、父が経営する時計店の金庫から時計を盗んだが、これはXとは親族関係にない顧客が修理を依頼して預けた物であった。

事例③：父の妹Aと二人暮らしであるXは、Aが自室で愛用していたラジオを盗んだが、これはAの所有物ではなく、犯人の父がAに貸した物だった。

事例④：父と二人暮らしのXは、その父Aの家に忍び込んで、宝石を盗んだが、これはAのみの所有物ではなく、犯人とは親族関係のないBがAと共同で購入した共有物であり、転売するまでの間Aが預かって管理していた物だった。

●窃盗及び強盗の罪　　　　　　　　　　　　　　　　　　　　　　　　　　　　［第245条］

＜親族相盗例において親族関係が問題となる事例における各学説からの帰結＞

	事例①	事例②	事例③	事例④
所有者との間で必要	×	○	△	○
占有者との間で必要	×	△	△	△
所有者及び占有者との間で必要	×	○	△	○

○：刑の免除なく、告訴も不要　△：刑が免除される（Ⅰ）
×：告訴がなければ処罰できない（Ⅱ）

第245条　（電気）

この章の罪については、電気は、財物とみなす。

《概　説》

・電気は財物とみなされる**が**、電気以外のエネルギー等について、どこまでを財物と考えるかは争いがある。判例は、可動性と管理可能性を併有すれば「財物」にあたるとするが、現在では、本条は本来財物でないものを財物とみる趣旨であるとして、「財物」は有体物に限るとする見解（有体性説）が通説である。

《論　点》

◆　情報の不正入手

情報化社会の進展に伴い、企業秘密やノウハウなどの重要な経済的価値のある情報を保護する必要性が高まっているが、情報それ自体は、財物を管理可能性あるものとする見解も、財物と扱わないのが一般である。しかし、情報が化体された媒体は「財物」にあたるとされ、情報の不正入手に財産犯の成立を認める裁判例も多く見られる。

1　窃盗罪で問題となった裁判例

秘密資料のファイルを持ち出し、コピーした事案（新薬産業スパイ事件、東京地判昭 59.6.28・百選Ⅱ 33 事件）につき、情報の財物性については情報と媒体が合体したもの全体について判断すべきで、財物の価値は主として情報の価値によるとされた。なお、不法領得の意思についても争われた。

マイクロフィルムを区役所の閲覧コーナーから持ち出した事案（マイクロフィルム窃盗事件）について、マイクロフィルムは閲覧中も区役所側の管理支配下にあり、所定の閲覧コーナーから持ち出す行為は、管理者の意思に反する占有の侵害にあたるとした。

2　横領罪で問題となった裁判例

部外秘とされ、会社外への自由な処分が禁止されている機密資料を、資料の

481

[第246条] ●詐欺及び恐喝の罪

保管責任者が複写後に返還する目的で持ち出した事案（新潟鉄工事件、東京地判昭60.2.13）につき、資料の所有権が会社にあり、行為者に業務上の占有が認められることを前提に、不法領得の意思の有無が争われ、業務上横領罪（253）の成立が肯定された。

不法領得の意思の有無として争われた点は、不法領得の意思の要否・内容（⇒ p.520）とかかわるが、財物の横領といえるか、情報の横領にすぎないのかの問題である。この点、学説からは、社内での複写は、一般的権限の範囲内であり財物の横領にあたらないことも多いが、社外での複写はあたりうる（研究のための自宅への持ち帰りやそれに伴う社外での複写が一般に行われている場合を除く）とされる。

3 背任罪で問題となった裁判例

企業が開発したコンピュータプログラムを無断使用し、別会社のコンピュータに入力した事案（綜合コンピューター事件、東京地判昭60.3.6）につき、背任罪（247）の成立が肯定された。媒体に化体されていない情報の侵害は、窃盗罪・横領罪の成立の余地はなく、背任罪が考えられるのみであるが構成要件（⇒ p.504）に該当する場合は例外的であるとされる。この点、情報の管理に関しいかなる範囲の者が事務処理者にあたるかが問題となるが、企業秘密の保管に直接関係する役職員でなければならず、一般の社員はあたらないとされる。

・第37章・【詐欺及び恐喝の罪】

《保護法益》

他人の財物・財産上の利益である。

【詐欺罪・詐欺利得罪】

第246条（詐欺）

Ⅰ 人を欺いて財物を交付させた者は、10年以下の懲役に処する。

Ⅱ 前項の方法により、財産上不法の利益を得、又は他人にこれを得させた者も、同項と同様とする。

〔詐欺罪、1項〕〔詐欺利得罪、2項〕

《構成要件要素》

① 「人を欺いて」（欺罔行為）相手方の錯誤を惹起し（錯誤）

② 「財物を交付させた」（Ⅰ）又は「財産上不法の利益を得、又は他人にこれを得させた」（Ⅱ）こと（処分行為、財物・利益の移転、損害の発生）

→「財物」には、窃盗罪（235）と異なり、不動産も含まれる。もっとも、家賃を支払う意思も能力もないのに、これがあるかのように装って大家を騙してアパートの1室を借り受けた場合、不動産の事実的支配の利益（居住の利

益）を得たことになるため、246条2項の詐欺罪が成立する（大阪地判平17.3.29、神戸地判平20.5.28参照）〈予〉。また、銀行の預金通帳は、それ自体として所有権の対象となりうるものであるのみならず、財産的価値を有するものであるから、「財物」にあたる（最決平14.10.21・平14重判5事件）〈司〉

《注　釈》
一　欺罔行為と錯誤

1　欺罔行為〈司R2〉〈予R2〉
一般人を財物・財産上の利益を処分させるような錯誤に陥らせる行為をいう。

具体的には、①相手方の処分行為に向けられたものであり、②処分の判断の基礎となる重要な事項につき錯誤に陥らせる行為をいう。

(1)　欺罔行為は、相手方の処分行為に向けられたものでなければならない〈共予〉。たとえば、駅員の隙を見て切符なしで乗車する行為や、磁石でパチンコ玉を誘導する行為は、欺罔行為とはいえない。

(2)　手段方法に制限はなく、挙動によるものや不作為によっても可能である〈判〉〈司〉。

(a)　不作為による詐欺とは、すでに相手方が錯誤に陥っていることを知りながら真実を告知しないことをいう。不作為による詐欺は、不真正不作為犯であるから、真実を告知すべき作為義務、すなわち法律上の告知義務がある場合であり、これに違反することが必要となる。

(b)　挙動による詐欺とは、行為者の言動それ自体により相手方を錯誤に陥らせる行為をいう。不作為による詐欺と異なり、挙動による詐欺の場合には、行為者の挙動によってはじめて相手方に錯誤を生じさせるものである。

ex.1　最初から支払の意思も能力もなく、食堂で注文して飲食する行為は、支払意思があるかのように装って注文するという作為による欺罔行為である〈司予〉

ex.2　銀行支店の行員に対し預金口座の開設等を申し込むこと自体、申し込んだ本人がこれを自分自身で利用する意思であることを表しているというべきであるから、預金通帳及びキャッシュカードを第三者に譲渡する意図であるのにこれを秘して申込みを行う行為は、詐欺罪にいう「人を欺」く行為に当たる（最決平19.7.17・平19重判9事件）

ex.3　航空会社の社員は、航空券に氏名が記載されている乗客以外の者の航空機への搭乗を認めていないので、搭乗券の交付を請求する者が搭乗券を他の者に渡して、その者を搭乗させる意図を有していることを知っていれば、搭乗券の交付に応じることはないから、自己に対する搭乗券を他の者に渡してその者を搭乗させる意図であるのにこれを秘

[第246条]　　　　　　　　　　　　　　　　　　　　　●詐欺及び恐喝の罪

して係員らに対してその搭乗券の交付を請求する行為は、詐欺罪にいう人を欺く行為といえる（最決平22.7.29・百選Ⅱ50事件）〈司〉

　ex.4　ゴルフ倶楽部において、その入会審査に当たり暴力団関係者を同伴等しない旨誓約させるなどして暴力団関係者の利用を未然に防いでいた場合、当該誓約をしていたゴルフ倶楽部の会員である者が、同伴者の施設利用を申し込むこと自体、その同伴者が暴力団関係者でないことを保証する旨の意思を表している上、利用客が暴力団関係者かどうかは、本件ゴルフ倶楽部の従業員において施設利用の許否の判断の基礎となる重要な事項であるから、同伴者が暴力団関係者であるのにこれを申告せずに施設利用を申し込む行為は、その同伴者が暴力団関係者でないことを従業員に誤信させようとするものであり、人を欺く行為にあたる（最決平26.3.28・平26重判7事件②）

　　→ゴルフ倶楽部において、暴力団関係者の確認措置が講じられておらず、暴力団排除活動も徹底されていなかった場合、暴力団関係者が、暴力団関係者であることを申告せずに、氏名を含む所定事項を偽りなく記入した受付表等を従業員に提出して当該施設の利用を申し込む行為は、申込者が当然に暴力団関係者でないことまで表しているとは認められないから、人を欺く行為に当たらない（最判平26.3.28・百選Ⅱ51事件）

　ex.5　銀行において、口座利用の申込みの際に暴力団等の反社会的勢力でないことの確認をし、暴力団等であることが判明したときには口座開設、通帳、キャッシュカードの交付に応じないという対応がされていた場合、口座開設等を申し込む者が暴力団員を含む反社会的勢力であるかどうかは、本件局員らにおいてその交付の判断の基礎となる重要な事項であるというべきであるから、暴力団員である者が、自己が暴力団員でないことを表明、確約して上記申込みを行う行為は、人を欺く行為に当たる（最決平26.4.7・平26重判8事件）

(3)　詐欺罪（246）の実行の着手は、行為者が財物を騙し取る意思で欺く行為を開始した時点に認められる。判例（大判昭7.6.15）は、火災保険金の詐欺目的で家屋に放火した事案において、家屋に放火した時点ではなく、失火を装って保険会社に支払の請求をした時点に詐欺罪の実行の着手が認められるとしている〈司〉。

●詐欺及び恐喝の罪　　　　　　　　　　　　　　　　　　　　　　　[第246条]

▼　**詐欺被害を回復するための協力名下での嘘**（最判平30.3.22・百選Ⅰ63事件）

事案：　Ｘらは、警察官になりすまし、前日に詐欺の被害を受けていたＡにあらかじめ預金口座から現金を払い戻させた上で、同現金をだまし取ろうと考え、Ａに対し、預金を下ろして現金化する必要があるとの嘘、前日の詐欺の被害金を取り戻すためには被害者が警察に協力する必要があるとの嘘、これから間もなく警察官が被害者宅を訪問する等の嘘を言い、被害者から現金の交付を受けようとした。

　　　原審は、「刑法246条1項にいう人を欺く行為とは、財物の交付に向けて人を錯誤に陥らせる行為をいうものと解される。被害者に対し警察官を装って預金を現金化するよう説得する行為は、財物の交付に向けた準備行為を促す行為であるものの、被害者に対し下ろした現金の交付まで求めるものではなく、詐欺罪にいう人を欺く行為とはいえず、詐欺被害の現実的、具体的な危険を発生させる行為とは認められない」とし、Ｘに無罪を言い渡した。

判旨：　「本件嘘の内容は、その犯行計画上、被害者が現金を交付するか否かを判断する前提となるよう予定された事項に係る重要なものであったと認められる。そして、このように段階を踏んで嘘を重ねながら現金を交付させるための犯行計画の下において述べられた本件嘘には、預金口座から現金を下ろして被害者宅に移動させることを求める趣旨の文言や、間もなく警察官が被害者宅を訪問することを予告する文言といった、被害者に現金の交付を求める行為に直接つながる嘘が含まれており、既に……詐欺被害に遭っていた被害者に対し、本件嘘を真実であると誤信させることは、被害者において、間もなく被害者宅を訪問しようとしていた被告人の求めに応じて即座に現金を交付してしまう危険性を著しく高めるものといえる。このような事実関係の下においては、本件嘘を一連のものとして被害者に対して述べた段階において、被害者に現金の交付を求める文言を述べていないとしても、詐欺罪の実行の着手があったと認められる」。

山口厚補足意見：　「財物の交付を求める行為が行われていないということは、詐欺の実行行為である『人を欺く行為』自体への着手がいまだ認められないとはいえても、詐欺未遂罪が成立しないということを必ずしも意味するものではない。未遂罪の成否において問題となるのは、実行行為に『密接』で『客観的な危険性』が認められる行為への着手が認められるかであり、この判断に当たっては『密接』性と『客観的な危険性』とを、相互に関連させながらも、それらが重畳的に求められている趣旨を踏まえて検討することが必要である。特に重要なのは、無限定な未遂罪処罰を避け、処罰範囲を適切かつ明確に画定するという観点から、上記『密接』性を判断することである」。

［第246条］　　　　　　　　　　　　　　　　　　　　　●詐欺及び恐喝の罪

(4)　具体的検討

(a)　商取引行為

　　日常の商取引においては、たとえば販売者・購買者ともに自己に有利になるように駆け引きを行い、地域や職種によっては一定の誇張・虚偽の宣伝が通常となっている。そこで、誇大広告も、それだけでは詐欺罪に該当しない。もっとも、通常の取引の性質を超えるものであるときは、詐欺罪が成立しうることになる。

(b)　釣銭詐欺　⇒ p.491

2　錯誤と処分の関係

　欺罔行為は存在したが、被害者がそれを見抜いて錯誤に陥らなかった場合は、未遂罪にとどまる。

　錯誤に陥らず別の理由で（たとえば憐憫の情から）財物を交付した場合も、錯誤→処分行為という詐欺罪の予定する因果関係が切れるため未遂罪にとどまる〈司予〉。

ex.1　甲は、出資金名目で金を騙し取ろうと考え、乙に対し、架空の投資案件を持ちかけたところ、乙は、甲の話が嘘であることに気付いたものの、甲が金に困っているのに同情して現金を甲に渡した。この場合、甲には詐欺未遂罪が成立するにとどまる〈司〉

ex.2　自己名義で携帯電話機の購入を申し込んだ者が、真実、購入する携帯電話機を第三者に無断譲渡することなく自ら利用する意思であるのかどうかという点は、相手方が携帯電話機を販売交付するかどうかを決する上で、その判断の基礎となる重要な事項といえるから、第三者に無断譲渡する意図を秘して自己名義で携帯電話機の購入を申し込む行為は、その行為自体が、交付される携帯電話機を自ら利用するように装うものとして、人を欺く行為に当たる。もっとも、相手方が、第三者に無断譲渡するという申込者の意図を察知し、そうであったとしても構わないとの意思で携帯電話機を販売交付した場合には、相手方には欺罔に基づく錯誤が認められず、詐欺未遂罪が成立する（東京高判平24.12.13・平25重判7事件）

3　相手方に過失のある場合

　判例の立場によれば、豊田商事事件に代表されるような現物まがい商法、投資顧問詐欺、商品先物取引、ねずみ講等といった「騙される側にも一定の落ち度がある場合（＝過失）」についても詐欺罪の成立を認めている（最決平4.2.18、大阪地判平元.3.29、東京地判昭62.9.8など）〈予〉。

二　処分行為〈司予〉

　処分行為は詐欺罪に不可欠の構成要素であり、窃盗罪と詐欺罪（I）を区別する要素となり〈司〉、利益窃盗（不可罰）と詐欺利得罪（II）を区別する要素とな

●詐欺及び恐喝の罪 ［第246条］

る。
1 処分行為の内容
(1) 客観的処分行為
　　財物（Ⅰ）・財産上の利益（Ⅱ）を行為者に移転させる行為をいう。
(2) 処分意思　⇒ p.491
　　財物の占有ないし利益の移転とその結果を認識することである。
　　ex. 洋服の試着を許された者が店員の隙を見て逃走する行為は、被詐欺
　　　　者の意思に基づく財物の占有の移転がないので、詐欺罪における処分
　　　　行為は認められず、別途、窃盗罪（235）の成否が問題となる
2 処分行為者
(1) 処分行為は、処分権限を有する者のみが行いうる。
　　ex.1 当該不動産に関する処分権限のない登記官吏を騙して所有権移転登
　　　　記を行っても、詐欺罪は成立しない（最決昭42.12.21）
　　ex.2 家屋を処分する権限を有しない裁判所書記官及び執行吏を騙して占
　　　　有を移転させても、詐欺罪は成立しない〈司〉（最判昭45.3.26・百選Ⅱ
　　　　56事件）
(2) 三角詐欺
　　被詐欺者と被害者が異なる場合を三角詐欺という。この場合でも、錯誤
　　に基づく処分行為が必要であるから、被詐欺者と処分行為者は一致しなけれ
　　ばならない。さらに、その場合も、被詐欺者には被害者の財産を処分する権
　　限のあることが必要である。

三　財物・財産上の利益の移転
1 占有の移転
　　詐欺罪（Ⅰ）は、被害者の錯誤に基づく処分行為により財物の占有が移転し
　　た時に既遂に達する（処分と財物の移転との間に因果性が必要である）〈共〉。
　　欺罔行為によりいったん財物を放棄させてから領得する場合については、詐欺
　　罪説の他、窃盗罪説、遺失物等横領罪説が対立する。
2 利益の移転
　　詐欺利得罪（Ⅱ）においては、相手方の錯誤により処分行為がなされ、その
　　結果財産上の利益を得た時に既遂に達する。もっとも、財物の占有移転に比べ
　　利益の移転の有無は曖昧であるから、被詐欺者の処分行為の行われた時期によ
　　り判別される。
　　ex. すでに履行遅滞の状態にある債務者が欺罔行為によって一時債権者の
　　　　督促を免れた場合、それだけで246条2項にいう財産上の利益を得たと
　　　　いうことはできない。債務の免除・猶予の意思表示がないのに財産上の
　　　　利益を得たというためには、債権者がもし欺罔されなかったとすれば、
　　　　その督促などにより、かなりの蓋然性で債務の全部又は一部の履行が行

［第246条］　　　　　　　　　　　　　　　　　　　●詐欺及び恐喝の罪

　　　われざるを得なかったであろうというような特段の事情が存在する場合
　　　に限られる（最判昭30.4.8・百選Ⅱ57事件）
　　3　銀行取引と詐欺　⇒ p.499
四　損害の発生　⇒ p.492、501
　　　詐欺罪の実質は財産的価値の侵害にあるので、損害の発生が必要となる。
　　ex.　甲は、偽札を作る意思がないのに、乙に対し、一緒に偽札を作ることを
　　　　持ちかけた上、偽札を作る機材の購入資金にすると嘘を言って資金の提供
　　　　を求め、その旨誤信した乙から同資金として現金の交付を受けた。この場
　　　　合、甲には詐欺罪が成立する（大判明42.6.21）〈同予〉
五　具体例
　　ex.1　「甲は、自動車のレンタル業を営む乙会社との間で、『返還期日は7日後
　　　　とする。料金は返還と同時に支払う。』旨の約定で自動車1台を借りる契
　　　　約を交わし、甲がこの契約を履行するものと信じた乙会社従業員から自動
　　　　車1台の引渡しを受けた。」という事例において、甲は、前記契約締結の
　　　　時点から既に自動車を返還期日に返還する意思を有していなかった。この
　　　　場合、甲が乙会社従業員から自動車1台の引渡しを受けた時点で、甲には
　　　　詐欺罪が成立する〈同〉
　　ex.2　甲は、自動車販売会社の販売員に対し、その代金を支払う意思も能力も
　　　　ないのに、これらがあるかのように装って自動車の購入を申し込み、分割
　　　　払いの約定で同販売員から自動車の引渡しを受けた。この場合、代金完済
　　　　まで自動車の所有権が同会社に留保され、甲が売却その他の処分をする権
　　　　限を有しない等の民事法上の制限があったとしても、自動車の引渡しを受
　　　　けて占有を取得した以上、詐欺罪が成立する（最決昭45.6.30）〈同〉
　　ex.3　甲は、架空人である乙名義でX銀行Y支店に預金口座を開設しようと企
　　　　て、乙に成り済まして預金口座を開設し、乙名義の預金通帳の交付を受け
　　　　た。この場合、判例の立場に従うと、甲には預金通帳について詐欺罪が成
　　　　立する〈同〉
　　ex.4　甲は架空人である丙名義で預金口座を開設した上、乙に対し、「あなた
　　　　の息子が交通事故を起こし、直ちに示談のお金が必要である。」とうそを
　　　　言って、自ら通帳・印鑑を所持する上記口座に乙をして現金を振り込ませ
　　　　た。この場合、判例の立場に従うと、銀行口座に詐取金が振り込まれた時
　　　　点で、甲には詐欺既遂罪が成立する〈同〉
　　ex.5　甲は、生活費に窮したため、返済する意思がないのに、知人の乙に、
　　　　「故郷にいる自分の父親が亡くなった。故郷に帰るお金がないので貸して
　　　　ほしい。」旨のうそを言って金員の借り入れを申し込んだところ、乙は、
　　　　そのうそを見破り、甲に返済の意思がないことを察したが、憐憫の情か
　　　　ら、甲に現金を手渡した。この場合、判例の立場に従うと、乙は錯誤に陥

●詐欺及び恐喝の罪   ［第246条］

っていないので、甲には詐欺未遂罪が成立するにとどまる〈回

ex.6　甲は、乙所有の土地を甲が乙から買い受けた事実がないのに、登記申請
　　に必要な書類を偽造して登記官に提出し、当該土地につき乙から甲への所
　　有権移転登記をさせた。この場合、判例の立場に従うと、登記官は土地に
　　ついての処分権限を有しないので詐欺罪は成立しない〈回

ex.7　判例の立場に従うと、他人から預金通帳と届出印鑑を一時的に預かった
　　にすぎない者が、それを利用して勝手に銀行窓口で銀行員から預金払戻名
　　目下に金員の交付を受けた場合、預金の払戻権限がないのにそれがあるよ
　　うに偽っているので、銀行員を相手方とする詐欺罪が成立する〈回

ex.8　判例は、甲に欺かれた被害者乙がクレジット契約に基づき信販会社から
　　甲（ないしその妻丙）の口座に工事代金相当額の振込みを受けた事案につ
　　いて、乙の行為が別途詐欺罪を構成するか否かは問わず、甲の乙に対する
　　詐欺罪の成否を肯定した（最判平 15.12.9）〈共

六　罪数

　詐欺賭博に関しては、判例は詐欺罪のみが成立するとする（最判昭 26.5.8 な
ど）〈共。

《論　点》

一　不法原因給付と詐欺〈回

1　たとえば、欺罔行為によって覚せい剤を騙取する場合のように、人を欺いて
　返還請求権のない不法な給付（民 708）をさせた場合に詐欺罪が成立するか。
　民法上財産の返還を命じられない場合に、刑法上処罰されることが認められる
　かが問題となる。

　　判例（最判昭 25.7.4・百選Ⅱ 46 事件）は一貫して詐欺罪の成立を肯定して
　おり、学説も積極に解する見解が支配的であるが、その理由付けは分かれる。

＜不法原因給付と詐欺＞

肯定説	甲説	刑事責任の民事責任からの独立性を強調し、不法な手段で財物の占有を侵害する行為の危険性を理由に詐欺罪が成立するとする見解
	乙説	被害者は欺かれなければ財物を交付しなかったであろうから詐欺罪が成立するとする見解
	丙説	交付する財産そのものは、交付するまでは不法性のあるものではなく、むしろ欺罔行為によって被害者の適法な財産状態を侵害するものであるから詐欺罪が成立するとする見解
	丁説	行為者が不法の原因を作り出した場合は、民法 708 条ただし書により返還請求権が肯定されることから詐欺罪の成立を肯定する見解
否定説		民法 708 条本文により返還請求権が認められない以上財産上の損害はなく、詐欺罪は成立しないとする見解

[第246条]　　　　　　　　　　　　　　　　　　　　　　　●詐欺及び恐喝の罪

2　代金を支払うと欺いて売春させたり、報酬を支払うと偽って犯罪行為を行わせたうえで、支払を免れた場合にも、詐欺利得罪が成立するかについては、争いがある（売春行為、犯罪行為という労務の提供それ自体は財産上の利益にあたらないと解する場合は、支払を免れるために新たな欺罔行為があったことが前提となる）。

＜不法原因給付における詐欺利得罪の成否＞

	理　　由
肯定説	詐欺罪における財産は、民法上保護されるものに限られず、被害者が欺かれた結果支払を猶予したことを財産上の損害と認めうる
否定説	①　民法上保護されない経済的利益は、刑法上も財産犯で保護されるべき財産上の利益にあたらないから、欺罔行為によってそれを免れたとしても詐欺罪は成立しない ②　刑法上の詐欺罪の成否は民事上の効果とは独立に判断されるべきであるが、明らかに公序良俗に反する売春契約等に基づく債務の刑法上の要保護性は低く、詐欺罪として処罰に値する法益侵害性を欠く

二　国家的法益と詐欺

国家（ないし地方公共団体）に対して虚偽の申立て等を行い、国家から何らかの給付を不正に受けたり、国家の徴収権を不正に免れた場合につき、詐欺罪が成立するか。詐欺罪は、個人的法益としての財物・財産上の利益を保護するものであるため、国家的法益を侵害する場合にも詐欺罪が成立するかが問題となる。

＜国家的法益と詐欺＞

	肯定説（最決昭51.4.1・百選Ⅱ47事件）	否定説
理由	欺罔行為によって国家的法益を侵害する場合でも、それが同時に詐欺罪の保護法益である財産的利益を侵害するものである以上、詐欺罪が成立する	詐欺罪は個人的法益としての財産的法益に対する罪であるから、本来の国家的法益に向けられた欺罔行為は、詐欺罪の定型性を欠く（個人的法益としての財産的法益ならば、国有・公有でもよい）

※　肯定説に立っても、個別の場面ごとで詐欺罪が成立するだけの根拠があるかが問題となる。

＜国家的法益と詐欺の成立が問題となる具体的事案の検討＞

事　案	結　論	理　　由
関税の逋脱	否定 （大判大4.10.28）	詐欺の手段により関税を逋脱すればその結果として財産上不法の利益を得るのは当然であり、関税法の関税逋脱罪の規定はかかる場合をも処罰する趣旨であり、詐欺罪は成立しない

490

●詐欺及び恐喝の罪　　　　　　　　　　　　　　　　　　　　　　　　　　　　　　　［第246条］

事　案	結　論	理　由
旅券・運転免許証の不正取得	否定	単に一定の資格を証明する文書を発行させるにすぎず、財産的利益の侵害とはいえない
健保等の被保険証の不正取得	否定	健保等の被保険証は事実・資格を証明するにとどまり、別段の財産的価値を有するものではない
	肯定	①　健保等の被保険証は一定の給付を受けるのに必要な書面であり、経済的に重要な価値を有する ②　民間の保険との類似性が強い場合、詐欺罪の成立を認めないのは不均衡である
郵便局の簡易生命保険証書（郵政民営化前の事案）	肯定 （最決平 12.3.27）	性質上所有権の対象となる有体物であるとした原審の判断を是認した

三　釣銭詐欺

　　釣銭詐欺は以下のような場合に問題となる。

　　事例①：釣銭が多いことに気付いたがそのまま黙って受け取る場合

　　事例②：釣銭を受け取ってしばらくして多いことに気付いたが、そのまま持ち去る場合

　　事例③：釣銭を受け取ってしばらくして多いことに気付いていながら、翌日被害者から「多く渡し過ぎたので返せ」と言われ、「多くはなかった」と虚偽の申立てをして返還を拒んだ場合

＜釣銭詐欺＞

	結　論	理　由
事例①	1項詐欺罪	信義則（民 1 Ⅱ）上、「釣銭が余分である」という事実の告知義務があり、不作為による欺罔行為にあたる
事例②	遺失物等横領罪	相手方の錯誤を利用して財物を取得したのではなく、偶然に自己の占有に属した物を領得したにすぎない
事例③	2項詐欺罪（詐欺利得罪）が成立するとする説	騙して返還を拒んだのだから2項詐欺罪が成立する
	遺失物等横領罪が成立するにとどまるとする説	すでに遺失物等横領罪として財産権の侵害は評価されているから、改めて詐欺罪を成立させるのは二重評価となる

四　処分意思の要否・内容

　　たとえば、当初は支払意思があったが、宿泊・飲食した後代金支払を免れる目的で、知人を見送ると偽り逃走した場合のように、移転する財産上の利益につい

［第246条］　　　　　　　　　　　　　　　　　　　　　　●詐欺及び恐喝の罪

て被欺罔者に認識がない場合、詐欺罪が成立するか。処分意思の要否・内容が問題となる。

＜被欺罔者の処分意思の要否＞

学説	処分意思必要説		処分意思不要説
	甲説	乙説（処分意思緩和）	
内容	詐欺罪は相手方の意思によって財産上の利益を得ることが必要で、債務の支払を免れ財産上の利益を得たというためには債権者に債務免除の意思表示をさせることが必要である	支払は免除しないが一定期間猶予したり、錯誤により支払がなされない危険の発生を容認した場合は、処分行為があるといってよい	財産上の利益の占有が被欺罔者の意思に基づいて相手方に移転したといえる場合には、被欺罔者の認識が個々の財産上の利益の移転についてまで及んでいる必要はない
結論	詐欺利得罪不成立	詐欺利得罪成立	詐欺利得罪成立

この点、判例は明確な処分意思の存在を要求しており、たとえば、無銭飲食・無銭宿泊の事案に関し、債務の支払を免れ財産上の利益を得たというためには、債権者に債務免除の意思表示をさせることが必要であるとした（ただし、初めから踏み倒す意思で飲食・宿泊した事案であり、飲食・宿泊した時点で挙動による欺罔行為を認め、結論としては詐欺罪を構成するとした）（最決昭30.7.7・百選Ⅱ53事件）。

近時の下級審判例には、高速道路のキセル利用により出口で通行料金の支払を免れた事案に関し、出口インターの係員が錯誤により過少請求する行為が処分行為であるとして、詐欺罪の成立を認めたものがあり、処分意思に関してやや緩やかな態度が示されている。

五　損害概念

Xが5万円相当の商品を「一般に20万円の価値のあるものだ」と欺き、5万円に値引きしたとしてAに販売した場合、Aに損害がなく詐欺罪が成立しないのではないか。詐欺罪の成立に必要な損害の内容をどのように解するか、損害概念が問題となる。

＜詐欺罪における損害概念＞

	甲説	乙説	丙説	丁説
詐欺罪の保護法益	財産だけでなく経済取引における信義誠実も含む	詐欺罪は専ら全体財産に対する罪である	詐欺罪は個別財産に対する罪である	

492

●詐欺及び恐喝の罪　　　　　　　　　　　　　　　　　　　　　　　　　　　　　　［第246条］

	甲説	乙説	丙説	丁説
損害概念	損害は詐欺罪の成立要件でない（騙すことそれ自体が詐欺罪）	全体財産の減少が財産上の損害	欺かれて交付した財物の喪失それ自体が損害◀判	錯誤の内容が財産価値と無関係な場合は詐欺罪の成立を否定する
理由	欺罔行為を処罰することは、取引の安全や信義誠実の保障に貢献する	相当な対価の支払がある以上、相手方に財産上の損害はなく詐欺罪は成立しない（＊1）	① 損害の算定は騙取の対象となった財物それ自体について行うべきである ② 対価の支払は騙取の手段にすぎない（＊2）	交付自体が損害という説明を形式的に徹底すると詐欺罪が財産犯であることを実質上否定しかねない。本当のことを知ったら交付しないという被害者の錯誤が、社会的にみて一定の経済的価値に評価し直せることが必要と解すべきである
Xの罪責	詐欺罪成立∵ 騙して5万円取得	詐欺罪不成立∵ 相手方は5万円相当の商品を5万円で取得しており損害はない	詐欺罪成立∵ 5万円取得	詐欺罪成立∵ 錯誤の内容が財産価値と関係

＊1　乙説に対しては、1項が「財物を交付させた」と規定し、1項の罪を個々の財物に対する侵害を内容とする罪である旨を示している以上、1項と並列的に規定されている2項の罪も個々の財産権に対する罪と解するべきである、との批判がなされている。

＊2　丙説に対しては、18歳未満の者に購入が禁止されている書籍を17歳の者が年齢を偽って購入する行為まで詐欺罪とするのは行き過ぎである、との批判がなされている。

▼　**最決昭34.9.28・百選Ⅱ48事件**

　たとえ価格相当の商品を提供したとしても、事実を告知するときは相手方が金員を交付しないような場合において、ことさら商品の効能などにつき真実に反する誇大な事実を告知して相手方を誤信させ、金員の交付を受けたときは詐欺罪が成立する。

▼　**最判平13.7.19・百選Ⅱ49事件**

　詐欺罪が成立するのは、請負人が本来受領する権利を有する請負代金を欺罔手段を用いて不当に早く受領した場合であるが、不当に早く受領したといえるのは、欺罔手段を用いなかった場合に得たであろう請負代金の支払とは社会通念上別個の支払にあたるといいうる程度の期間支払時期を早めたことが必要である。

六　無銭飲食・宿泊、賃貸借目的物の持ち逃げ

［第246条］　　　　　　　　　　　　　　　　　　　●詐欺及び恐喝の罪

無銭飲食・宿泊につき、詐欺罪が成立するか。

1　犯意先行型

　当初から支払意思がない場合は、挙動による詐欺行為として、料理等を注文・飲食した時点、賃貸借契約をした時点で団少なくとも1項詐欺罪が成立するとされる（労務の提供を伴う場合は、1項詐欺罪と2項詐欺罪を包括して1個の詐欺罪が成立する）。

＊　当初から支払意思なく無銭飲食をした後、暴行・脅迫によりその代金請求を免れた場合の罪責については、見解が分かれる。

＜無銭飲食・宿泊〜犯意先行型＞

	甲説	乙説	丙説
	1項詐欺罪は吸収され2項強盗罪（強盗利得罪）一罪が成立	1項詐欺罪と暴行罪又は脅迫罪の併合罪	1項詐欺罪と2項強盗罪の併合罪
理由	事後強盗罪（238）では先行する窃盗罪（235）は事後強盗罪に吸収されることを類推し、1項詐欺で得られた利得を暴行によって確保するのだから、強盗罪が成立する	すでに詐欺罪が成立している以上、強盗罪を考慮する余地はない	詐欺罪が成立した後も代金支払義務が依然として存在する以上、その義務を暴行により免れることは新たな財産上の利益を得たといえる
批判	罪質及び客体を異にしている1項詐欺罪を2項強盗罪に吸収させるのは不合理である	当初から支払意思がない場合には、詐欺罪と暴行罪にすぎないのに、代金支払の時点で無銭飲食の意思を生じた場合には2項強盗となるのは妥当でない	①　詐欺罪と実質的に同じ財産的損害について、さらに強盗罪の成立を認めると、同一の財産侵害が二重に評価されることになる ②　飲食代金を踏み倒す意思で飲食し、代金請求を受けた際、欺いて支払を免れれば、飲食の時点で1項詐欺罪が成立し、支払を免れた時点で2項詐欺罪が成立することになり、妥当でない

2　飲食・宿泊先行型

　(1)　単純逃走型

　　店員の隙を見て逃走する場合、欺罔行為が存在しないから、利益窃盗として不可罰となる。

　(2)　偽計逃走型

　　何らかの偽計手段によって支払を免れた場合、たとえば、宿泊客が旅館主に対して「ちょっと外出してくる」と偽って逃走するような場合に、2項

494

●詐欺及び恐喝の罪 [第246条]

詐欺罪の成立を認めうるか。判例（最決昭30.7.7・百選Ⅱ53事件）は、処分行為が認められるには、債務免除の意思表示が必要であるとして2項詐欺罪の成立を認めなかったが、黙示的な支払猶予の意思表示を認めて2項詐欺罪の成立を認めた下級審判例もある。

七 キセル乗車

キセル乗車とは、たとえば、Xが甲駅から乗車して、乙駅・丙駅を経由して丁駅まで行く際に、乙駅―丙駅間の無賃乗車を企て、甲駅で乙駅までの切符を買って改札係員Aにそれを呈示して電車に乗り、丁駅の改札係員Bに丙駅―丁駅間の定期券を呈示して改札を出たような場合をいう。かかる場合に、詐欺罪の成立が認められるかが問題となる。

＜キセル乗車＞

学説		内容	処分行為	
甲説	乗車駅基準説（役務提供説）	甲駅でAに対し挙動による詐欺（キセル乗車の意思で乗車券を用いた）があり、丁駅までの輸送につき無償の役務という財産上の利益を得た ←① 既遂時期は電車が甲駅を発車した時点となり、乙駅で下車しても、丁駅で精算しても、Xは不可罰どころか中止犯（43ただし書）も認められないことになる ② 切符は犯罪遂行の手段にすぎず無効ということになるが、少なくとも乙駅を通過するまでは有効と解すべきである	被欺罔者・処分行為者ともに鉄道企業体の一員であるAで、改札口を通過させることが、丁駅までの輸送の利益を得させる処分行為である ←現実の輸送役務の提供者は乗務員で、改札係員だけを処分行為者とみることはできない ＊ 被欺罔者を改札係員、処分行為者を乗務員とする見解もある	
乙説	下車駅基準説（債務免除説）	丁駅でBに対し挙動による詐欺ないし不作為による詐欺が認められ、運賃支払の債務を不法に免れた ←① Bの錯誤は、Xが甲駅から乗車したという事実を知らないことの裏返しにすぎず、処分行為の前提としての錯誤にあたらない ② 改札口から出た場合は詐欺罪となり、柵を飛び越えて出た場合は詐欺罪とならないのは、不均衡である	乙1説	Bが、請求すべき運賃支払を請求せず改札口通過を許諾することは、無意識の不作為の処分行為にあたる ←無意識の処分行為を認めるべきでない
			乙2説	Bが、鉄道利用の債務からXを解放することを認識して、Xを改札口から出場させることは、認識ある作為の処分行為にあたる ←Bは請求すべき債務の存在さえ知らないのであり、処分意思を否定すべきである
丙説	否定説	甲駅で有効な切符を呈示する行為は欺罔行為とはいえず、また、丁駅から改札係員を欺罔して出場しても正当な切符を呈示している以上改札係員に錯誤はないから、キセル乗車は単に鉄道営業法違反の罪を構成するにすぎない		

※ 詐欺罪の成立を肯定する見解からも、自動改札機を通過した場合（乗車駅基準説か

495

[第246条]　　　　　　　　　　　　　　　　　　　　　　　　●詐欺及び恐喝の罪

らは乗車駅で，下車駅基準説からは下車駅で）には，機械に対する行為であり，欺罔
行為がないため，詐欺罪は成立しない。

▼　大阪高判昭44.8.7・百選Ⅱ54事件

甲駅改札係員に対する欺罔行為を認定し，右係員をして正常な乗客と誤信さ
せた結果，国鉄職員が被告人を丁駅まで輸送する有償的役務の提供という処分
行為をしたものとして，詐欺罪の成立を認めた。

八　クレジットカード詐欺 同H29

1　クレジットカードによる取引の性質 同

(1)　信販会社と会員契約を締結したクレジット会員（クレジットカードの名義
人）が，当該信販会社と加盟店契約を結んだ店（加盟店）にクレジットカー
ドを呈示して商品を購入した場合，信販会社は，会員に代わり，加盟店に対
してその商品の購入代金を立替払いすることになる。その後，信販会社は，
立替払いした金額を，会員の預金口座から取り立てることで取引が成立す
る。

このように，クレジットカードシステムにおいては，会員契約を締結し
たクレジットカードの名義人本人に対する個別的な信用を下に，一定限度内
の信用を供与することが制度の根幹となっている。そのため，クレジットカー
ドの会員規約上，名義人以外の者によるクレジットカードの利用は許され
ておらず，加盟店は，クレジットカード利用者が名義人ではないと知れば，
クレジットカードの利用には応じないという建前となっている。

したがって，クレジットカード利用者と名義人とが同一人物であるとい
うことは，加盟店が商品を交付するかどうかを判断するための基礎となる重
要な事実であるといえるから，この点を偽る行為は欺罔行為に当たり，これ
により商品を購入すれば，詐欺罪が成立する。

→加盟店が名義人以外の利用であることを知りながら，クレジットカー
ドの利用を認めた場合，加盟店には「クレジットカード利用者と名義
人の同一性」に関する錯誤はないから，錯誤に基づく処分行為も認め
られず，詐欺罪は成立しない

(2)　クレジットカードの名義人本人に成り済まし，同カードの正当な利用権限
がないのにこれがあるように装う行為について，判例（最決平16.2.9・百選
Ⅱ55事件）は，たとえ行為者が「クレジットカードの名義人から同カード
の使用を許されており，かつ，自らの使用に係る同カードの利用代金が会員
規約に従い名義人において決済されるものと誤信していたという事情があっ
たとしても，本件詐欺罪の成立は左右されない」としている 同共。

2　信販会員（クレジット会員）が，代金支払の意思も能力もないのに，自己名
義のクレジットカードを利用して加盟店から物品を購入し，又は飲食などをし

496

●詐欺及び恐喝の罪   ［第246条］

た場合に、詐欺罪が成立するか。

＜クレジットカード詐欺＞

	甲説(*)	乙説	丙説	丁説
	1項詐欺罪成立		2項詐欺罪成立	
被欺罔者	加盟店	加盟店	信販会社	加盟店
処分者		加盟店	信販会社	加盟店
被害者		信販会社		信販会社
客　体	商品	商品	代金債務	代金債務
既遂時期	商品の取得時	商品の取得時	立替払時	立替払時
理　由	① 支払の意思・能力がないのにあるかのように装って加盟店にカードを呈示する行為は、挙動による欺罔行為といえる ② 1項詐欺罪は個別財産に対する罪だから、加盟店に実質的損害が発生していなくても、加盟店を被害者と構成しうる	① 甲説の理由① ② 加盟店は、信販会社からの代金決済を確実に期待できるから損害が発生したとみることはできない ③ 加盟店は、商品に化体された信販会社の財産を処分する権限を有し、必ず信販会社に損害を生ぜしめるような処分を行ったといえる	① カード取引では、加盟店は顧客の支払意思等について関心がないから、加盟店を被欺罔者とするのは実態に反する ② 信販会社は加盟店を通じて送られる売上票を受け取って、それが後日会員によって支払われると誤信して加盟店に立替払をするのであるから、この点に錯誤・処分行為がある	① 甲説の理由① ② 加盟店は信販会社からの代金決済を確実に期待できるから、損害が発生したとみることはできない ③ 加盟店の処分行為により信販会社が立替払をすることで、行為者の口座から信販会社の口座への振替ができなくなる危険が現実化する

497

[第246条]　　　　　　　　　　　　　　　　　　　　　　　●詐欺及び恐喝の罪

	甲説（＊）	乙説	丙説	丁説
	1項詐欺罪成立		**2項詐欺罪成立**	
批判	信販会社から立替払を受けることにより、加盟店には何ら実質的損害が発生しないという実態を軽視するものである	代金立替をしなければならない信販会社には錯誤に基づく処分行為があったとはいえず、被害者を被欺罔者と別人格とする三角詐欺のような法律構成は無理である	① 信販会社も支払意思等につき錯誤に陥って立替払をするわけではない ② 加盟店は信義則上支払意思等に注意を払い信販会社の損害発生を防止する義務を負うから加盟店が欺かれることもありうる	代金立替をしなければならない信販会社には錯誤に基づく処分行為があったとはいえず、被害者を被欺罔者と別人格とする三角詐欺のような法律構成は無理である

＊　東京高判昭 59.11.19

九　訴訟詐欺

　裁判所を欺いて勝訴判決を得て、敗訴者から財物・財産上の利益を得るという、いわゆる訴訟詐欺は、詐欺罪を構成するか。訴訟詐欺は犯罪類型が詐欺罪と異なるのではないかが問題となる。

＜訴訟詐欺＞

1　欺く行為について
　訴訟詐欺の場合、人に錯誤を生じさせるような詐欺行為が認められるか。

＜訴訟詐欺における欺く行為＞

	否定説	肯定説
理由	形式的真実主義を採用する民事訴訟制度の下では、裁判所は虚偽だとわかっていても当事者の主張に拘束されて一定の裁判をしなければならず、このような訴訟制度の利用は欺く行為といえない	裁判官が事実を誤認することもありうるし、錯誤に陥ることは否定できないから虚偽の主張に基づいて勝訴判決を得れば、詐欺にあたる

●詐欺及び恐喝の罪 [第246条]

2 処分行為について

敗訴者は裁判に服してやむを得ず財物を提供せざるを得ない関係にあるが、任意性のある処分行為は認められるだろうか。

＜訴訟詐欺における処分行為＞

学 説	否定説	肯定説	
		敗訴者を交付者とする説	裁判所を交付者とする説
処分行為・交付行為の理解	被害者たる敗訴者がやむを得ず裁判に服して財物・財産上の利益を提供することは処分行為（交付行為）にあたらない	① 裁判所は判決によって強制執行をなしうるから、裁判所の裁判自体が処分行為といえる ② 敗訴者は裁判所により財物の「交付」を強制される交付者であるが、被詐欺者の処分行為に拘束される地位・状態にあるから、被欺罔者と別人でもよい	① 裁判所は敗訴者の財物を交付する権限をもつ処分行為者である ② 処分行為（交付行為）は、錯誤に基づいてなされる以上、被欺罔者と処分行為者は同一である必要がある
被 詐 欺 者	（裁判所）	裁判所	裁判所
処分行為者	（敗訴者）	裁判所	裁判所
交 付 者		敗訴者	
被 害 者	（敗訴者）	敗訴者	敗訴者

3 判例の態度

詐欺（利得）罪の成立を肯定した判例と否定した判例（最判昭45.3.26・百選II 56 事件等）がある。判例は、被害者が訴訟手続等から排除され判決や強制執行の法律上の効力が被害者に及ばない場合には、裁判所に財産処分権限がないとして、詐欺（利得）罪の成立を否定する立場と考えられている。

十 銀行取引と詐欺罪の成否

1 誤振込み

誤振込みの場合であっても、判例（最判平8.4.26）は、振込みの原因となる法律関係が存在するか否かにかかわらず、受取人と銀行との間に預金債権が成立し、民事上、受取人は銀行に対して預金債権を取得するとしている。

そうすると、誤振込みの場合であっても受取人は正当な預金債権を有する以上、誤振込みの事実に気付きながら金銭を払い戻したとしても、詐欺罪は成立しないとも思える。

しかし、判例（最決平15.3.12・百選II 52 事件）は、自己の口座に誤振込みがされた金銭について、誤振込みの事実を知りながら、受取人が窓口で預金の払戻しを請求したという事案において、以下のとおり判示し、詐欺罪の成立を

各論

499

［第246条］　　　　　　　　　　　　　　　　　　　　●詐欺及び恐喝の罪

肯定している。

▼　最決平 15.3.12・百選Ⅱ 52 事件〈共〉

　「本件において、振込依頼人と受取人である被告人との間に振込みの原因となる法律関係は存在しないが、このような振込みであっても、受取人である被告人と振込先の銀行との間に振込金額相当の普通預金契約が成立し、被告人は、銀行に対し、上記金額相当の普通預金債権を取得する」。

　「銀行にとって、払戻請求を受けた預金が誤った振込みによるものか否かは、直ちにその支払に応ずるか否かを決する上で重要な事柄である……受取人においても、銀行との間で普通預金取引契約に基づき継続的な預金取引を行っている者として、自己の口座に誤った振込みがあることを知った場合には、……誤った振込みがあった旨を銀行に告知すべき信義則上の義務がある」。

　「そうすると、誤った振込みがあることを知った受取人が、その情を秘して預金の払戻しを請求することは、詐欺罪の欺罔行為に当たり、また、誤った振込みの有無に関する錯誤は同罪の錯誤に当たるというべきであるから、錯誤に陥った銀行窓口係員から受取人が預金の払戻しを受けた場合には、詐欺罪が成立する」。

▼　東京高判平 25.9.4・平 26 重判 9 事件

　自己が代表を務める会社名義の口座に詐欺等の犯罪行為によって現金が振り込まれているのに乗じてその現金を窓口から払い戻す行為について、「預金契約者は、自己の口座が詐欺等の犯罪行為に利用されていることを知った場合には、銀行に口座凍結等の措置を講じる機会を与えるため、その旨を銀行に告知すべき信義則上の義務があり、そのような事実を秘して預金の払戻しを受ける権限はない」と解すべきであり、払戻しを受ける権限があるように装って預金の払戻しを請求することは、人を欺く行為に当たり、詐欺罪が成立する。

　※　なお、キャッシュカードを用いてＡＴＭから当該振込金を引き出した行為については、「預金の管理者ひいて現金自動預払機の管理者の意思に反する」として、窃盗罪（235）の成立を認めている〈共〉。

2　振り込め詐欺〈予H25〉

　行為者が預金口座に金員を振り込ませて詐取する場合、行為者の自己名義の預金口座に金員を振り込ませたときは、その金員にかかわる預金について自由に払い戻しうる地位を取得したとして、1項詐欺既遂罪が成立する（大判昭2.3.15）。この結論は、行為者が開設し、管理していた他人名義の預金口座に金員を振り込ませた場合も同様である（大阪高判平16.12.21）。

　もっとも、預金の払戻しができなくなっていたといった特段の事情が認められるときは、行為者は預金を自由に払い戻しうる地位を取得したとはいえないから、1項詐欺未遂罪が成立する（浦和地判平4.4.24）。

500

●詐欺及び恐喝の罪　　　　　　　　　　　　　　　　　　　　　　　　［第246条］

十一　財産上の損害

　詐欺罪の成立に、書かれざる構成要件要素として財産上の損害という要件は必要かについて、争いがある。

1　必要説

（1）　詐欺罪は財産犯であることから、何らかの財産上の損害の発生が要件として必要であると解する（個別財産喪失説）。

　　→通説は個別財産の喪失自体が損害であると解しており、これを前提に、個別財産の喪失が常に財産上の損害を意味するとすれば、交付行為によって財物・利益の占有が移転すれば詐欺罪が常に成立することとなるから、財産上の損害概念を形骸化し、不要説と変わらないとの批判がある

（2）　(1)説への批判から、実質的な財産上の損害という要件が必要であると解し、実質的損害の存否は、被害者が達成できなかった目的を経済的に評価して損害といえるか否かの観点から判断する（実質的個別財産説）。

　　ex.1　電気アンマ器を、小児麻痺等に効果のある特殊治療器であると偽って相当価格で売却した場合、被害者が獲得しようとしていたものは、購入価格以上の価値であるから、財産上の損害があるといえ、詐欺罪が成立する

　　ex.2　18歳未満の者には購入が禁止されている書籍を、年齢を偽って購入した場合、書籍の年齢制限はその財貨の配分とは関係がなく、その使用による有害な影響の防止が目的となっているにすぎないから、財産上の損害はなく、詐欺罪は成立しない

　　ex.3　虚偽の申立てにより各種証明書の交付を受けた場合については、財産上の利益が欠如するとして詐欺罪の成立を否定する見解と、157条2項が当然に内容虚偽の証明書の受交付という詐欺罪の類型まで含んで処罰しており、別途詐欺罪の成立を認めることはできないから、157条2項と246条の刑の均衡から、虚偽の申立てによる免状、鑑札、旅券以外の証明書の詐取を詐欺罪で処罰することは認められないとする見解とがある。なお、後者は、157条2項はそれ自体として経済的価値の低い事実証明についての公文書の間接無形偽造を処罰するものであるから、同条項の対象とならない公的文書であって社会生活上重要な経済的価値を有するものには詐欺罪の成立を認めるべきであるとし、国民健康保険証や簡易生命保険証書の不正受交付については詐欺罪の成立を認める（最決平18.8.21）〈司

2　不要説

　実質的個別財産説の判断基準は「被害者がいかなる点について騙されたか」ということを問題にするのと同じであり、また、「財産上の損害」という要件は、法文上の根拠を欠くものであるから、被害者の錯誤概念は詐欺罪が予定し

501

[第246条]　　　　　　　　　　　　　　　　　　　　　　　　　●詐欺及び恐喝の罪

ている経済的・財産的損害に関する錯誤、すなわち詐欺罪の法益関係的錯誤に限定されるべきであるとする（法益関係的錯誤説）。

そして、財産は、詐欺罪において「交換手段・目的達成手段」として保護されているから、財産の交付により達成しようとした目的が達成されなかった場合に法益関係的錯誤が認められ、詐欺罪が成立する。

　ex.1　電気アンマ器を、小児麻痺等に効果のある特殊治療器であると偽って相当価格で売却した場合、提供された商品が価格相当のものであったとしても、標榜された効能を欠くものであった以上は目的を達成したとはいえないから、法益関係的錯誤が肯定され、詐欺罪が成立する

　ex.2　虚偽の申立てにより各種証明書の交付を受けた場合については、旅券等の文書についてはその交付により一定事項の証明という利益が付与されるが、かかる文書が申請者に交付されれば、申請者に文書を交付するという交付者の目的は達成されるから、法益関係的錯誤はなく、詐欺罪の成立は否定される。しかし、証明書の中には単に証明の利益を付与するのみならず、財産的給付を取得しうる地位を与えるものも存在し（健康保険証や簡易生命保険証書）、それらについては証明書に財産上の利益が化体しており、このような文書を不正に取得することは交付者の交付目的に反するから、法益関係的錯誤があり、詐欺罪の成立が肯定される〈団

《その他》

◆　窃盗と詐欺の区別

自動車の試乗を販売店で申し込み、添乗員のいない試乗車を乗り逃げした場合、単独試乗させた段階で販売店の事実上の支配は失われ、窃盗罪ではなく詐欺罪が成立する。

　∵①　添乗員を付けないで試乗希望者に単独試乗させた場合には、たとえわずかなガソリンしか入れておかなくともガソリンを補給することができ、ガソリンを補給すれば試乗予定区間を外れて長時間にわたり長距離を走行することが可能となる

　　②　ナンバープレートが取り付けられていても、自動車は移動性が高く、多数の車両に紛れてその発見が容易でないことからすれば、単独試乗させた時点で、自動車販売店の試乗車に対する事実上の支配は失われたとみるのが相当である

●詐欺及び恐喝の罪 ［第246条の2］

【電子計算機使用詐欺罪】

第２４６条の２ （電子計算機使用詐欺）

　前条に規定するもののほか、人の事務処理に使用する電子計算機に虚偽の情報若しくは不正な指令を与えて財産権の得喪若しくは変更に係る不実の電磁的記録を作り、又は財産権の得喪若しくは変更に係る虚偽の電磁的記録を人の事務処理の用に供して、財産上不法の利益を得、又は他人にこれを得させた者は、１０年以下の懲役に処する。

《注　釈》

◆　行為

1　行為の手段・態様

　人を欺くものでない点で、詐欺罪（246）と異なる同。

(1)　「人の事務処理に使用する電子計算機」とは、他人がその事務を処理するために使用する電子計算機である。事務はその種類を問わないが、事務処理の目的以外の目的、たとえば、娯楽用に使用される電子計算機は含まれない。

(2)　「虚偽の情報」・「不正な指令」の意味

(a)　「虚偽の情報」を与えるとは、電子計算機を使用する当該事務処理システムにおいて予定されている事務処理の目的に照らし、その内容が真実に反する情報を入力することをいう。

ex.1　金融機関が業務用に使用している電子計算機に対して、入金がないにもかかわらず入金したとのデータを入力する行為（東京高判平5.6.9・百選Ⅱ58事件）

ex.2　パソコンから外国の電話交換システムに対して不正の信号を送って課金できないようにする行為（東京地判平7.2.13・百選Ⅱ〔第7版〕58事件）

ex.3　窃取したクレジットカードの情報を、インターネットを介して、クレジットカード決済代行業者が事務処理に使用する電子計算機に送信し、名義人本人がこれを購入したとする財産権の得喪にかかわる不実の電磁的記録を作り、財産上不法の利益を得る行為（最決平18.2.14・百選Ⅱ59事件）同

ex.4　往路につきB駅・C駅区間の乗車券を購入の上B駅の自動改札機に投入して入場し、D駅からF駅までを有効区間とする回数券をその中間に位置するE駅の自動改札機に投入して出場した行為、及び復路につきD駅・E駅区間の乗車券を購入の上E駅の自動改札機に投入して入場し、A駅の自動精算機に往路の乗車券と不足運賃を投入して出場した行為（東京高判平24.10.30・百選Ⅱ60事件）

(b)　「不正な指令」とは、与えられるべきでない指令をいい、たとえば、プログラムを改変することにより、自己の口座への不実の振替入金を実現

各論

503

[第247条]　　　　　　　　　　　　　　　　　　　　　　●詐欺及び恐喝の罪

する場合等が考えられる。

(3)　「財産権の得喪若しくは変更」にかかる「電磁的記録」とは、財産権の得喪・変更があったという事実又は財産権の得喪・変更を生じさせるべき事実を記録した電磁的記録であって、取引の場面においてそれが作出されることによってその財産権の得喪・変更が行われるものをいう。

　　　ex.　オンラインシステムにおける銀行の元帳ファイルの預金残高の記録、テレホンカードのようなプリペイドカードにおける残度数の記録

　　　cf.　財産権の得喪・変更を公証する目的で記録するにすぎないもの（不動産登記ファイルなど）、一定の事項を証明するための記録（クレジット会社の信用情報ファイル、キャッシュカードなど）は、「電磁的記録」にあたらない 同

(4)　「虚偽の電磁的記録を人の事務処理の用に供」するとは、行為者が、その所持する内容虚偽の電磁的記録を他人の事務処理用の電子計算機に差し入れて使用させることをいう。

　　　ex.　不正に作出したテレホンカードを電話機に差し込んで電話をかける行為

2　「財産上不法の利益を得」ること

　財物を客体とするものでない点で、窃盗罪（235）と異なる 司共

　　ex.1　不実の電磁的記録を使用して銀行の預金元帳ファイルに一定額の自己の預金があるように作出し、その預金の引き出し又は他への振替移転をなしうる地位を取得すること

　　ex.2　虚偽のプリペイドカードを用いることによって電話を接続して通話させるなどの一定の役務の提供を受けること

3　他罪との関係

　本罪は、「財産上不法の利益を得、又は他人にこれを得させた者は」と規定していることから、2項詐欺罪の補充類型である。そして、「前条に規定するもののほか」との文言から、2項詐欺罪が成立する場合には、本罪は成立しないと解されている。

【背任罪】

第247条　（背任）

　他人のためにその事務を処理する者が、自己若しくは第三者の利益を図り又は本人に損害を加える目的で、その任務に背く行為をし、本人に財産上の損害を加えたときは、5年以下の懲役又は50万円以下の罰金に処する。

《構成要件要素》

①　「他人のためにその事務を処理する者」が（真正身分犯）

②　「自己若しくは第三者の利益を図り」又は「本人に損害を加える」「目的」で

●詐欺及び恐喝の罪 [第247条]

（目的犯）
③ 「任務に背く行為」をして
④ 「本人に財産上の損害を加えた」こと

《注　釈》

一　主体

1　「事務」

「事務」とは、財産上の利害に関する仕事一般を意味する。継続的なものに限らず、一時的な仕事でもよい。また、公的事務も含む。

事務処理者は本人との間にその事務を誠実に処理すべき信任関係のあることが必要である。この信任関係は、法令、契約に基づく場合の他、事務管理（民697）、慣習に基づくものでもよい［通］。

「他人」とは、行為者以外の者で、法人も含む。

2　他人の事務 ◀司H24▶

事務は他人のものでなければならない。

ex.1　売買契約（民555）・消費貸借契約（民587）の当事者間の事務
→売主の目的物引渡義務、買主の代金支払義務、借主の返済義務等を怠っても、民事上の債務不履行（民415）にすぎず、背任罪には該当しない

ex.2　賃貸借契約（民601）における目的物の使用
→借主の目的物の使用は、借主の自己の事務であって、他人の事務ではない

ex.3　売渡担保の目的物の管理
→債務不履行の場合に、引き渡して弁済に充当すべきことを約したにすぎない物件を売渡担保に供した場合、その物件の保管は自己の事務である ◀判▶

ex.4　二重抵当における登記協力義務（最判昭31.12.7・百選Ⅱ70事件）
⇒p.509

▼　最決平15.3.18

事案：　株式を担保としてこれに質権を設定した者が、株券を質権者に交付した後、裁判所を騙して除権判決を取得し、当該株券を失効させた。

決旨：　「株式を目的とする質権の設定者は、株券を質権者に交付した後であっても、融資金の返済があるまでは、当該株式の担保価値を保全すべき任務を負い、これには、除権判決を得て当該株券を失効させてはならないという不作為を内容とする任務も当然含まれる。そして、この担保価値保全の任務は、他人である質権者のために負うものと解される」とし、質権者に損害を加えた場合には、背任罪が成立するとした。

評釈：　本判例に対しては、質権設定者は、質権者の対抗要件の具備に必要な

505

［第247条］　　　　　　　　　　　　　　　　　　　　　●詐欺及び恐喝の罪

　　　　　　株券の引渡しを済ませている以上、もはや質権者の質権を管理している
　　　　　とはいえず、他人の事務管理者には当たらないと解する見解もある。
　　　　　　一方、対抗要件を備える事務を他人の事務と解する以上、対抗力を超
　　　　　えて質権そのものを失効させる行為は、なおさら背任罪を構成するとし
　　　　　て、本判例と同様に解する見解もある。

　3　包括的事務
　　　事務に裁量性がなければ任務違背とはならないから、本条の事務は包括的な
　　ものであることが必要であり、機械的事務は含まれない。なお、事務は、行為
　　者が単独で処理しうるものに限らず、他にその事務の遂行について指揮監督そ
　　の他決裁の権限を有する者がある場合でも差し支えないし、ある程度の裁量権
　　を有する限り、補助者として関与する事務でもよい。
　4　財産的事務
　　　「事務」は、財産上の事務に限られる〔通〕。
　　　∵　背任罪は、財産犯である
　　　ex.　医師が財産上の損害を加える目的で不適切な治療を行い、現に財産上
　　　　　の損害を生ぜしめた場合　→背任罪は不成立

二　任務違背行為
　1　「任務」
　　　その事務の事務処理者として当該具体的事情の下で当然になすべきものと法
　　的に期待される行為をいう。
　2　「背く」
　　　信任関係に違背することをいう。任務違背行為の成立範囲の問題（任務違背
　　行為は法定代理権を濫用して法律行為をする場合に限られるか、それとも信任
　　関係に違背する事実行為まで含まれるか）については、背任罪の本質との関係
　　で争いがある。　⇒下記一

三　財産上の損害　⇒ p.508
　　背任罪は、任務違背行為に着手した時点が実行の着手で、本人に財産上の損害
　　が発生した時点で既遂に達する。背任罪の損害には、全体財産の減少が必要とな
　　る。得べかりし利益（消極的損害）も含む。

四　図利・加害目的
　1　自己又は第三者の利益を図る目的（図利目的）
　　　故意の内容とは異なる主観的超過要素である。客観的に利益を得る必要はな
　　い。「利益」とは、身分上の利益その他の非財産的利益を含むとするのが通
　　説・判例（大判大 3.10.16）である〔百〕。
　2　本人に損害を加える目的（加害目的）
　　　故意の内容としての損害発生の認識との相違が問題となるが、247条が故意の他

506

●詐欺及び恐喝の罪　　　　　　　　　　　　　　　　　　　　　　　　　［第247条］

に加害目的を必要とする以上、未必的な認識では足りず、確定的認識が必要と解されている。もっとも、確定的認識を超えた加害する意欲までは不要とされる〈回〉。

　これに対し、図利・加害目的は、本人のためにする意思で行われたものでないという要件を裏側から規定したものであり、動機が本人のためである場合は除く趣旨であるとする見解がある。この見解によると、本人のためか自己のためかが曖昧な場合が問題となるが、両者が併存する場合には、主たる目的・動機で判断すべきとされる〈回〉。

▼ **最決平10.11.25・百選Ⅱ73事件**

　　経営が危機的状況にある会社に対して、十分な担保もなく多額の融資を行うことは、融資を行う必要性、緊急性が認められないこと等に照らすと、主として自己又は第三者の利益を図る目的をもって行われたといえ、図利加害目的が認められる。

《論　点》
一　任務違背行為の成立範囲

　任務違背行為の成立範囲については、背任罪の本質と関連して問題となる。

<任務違背行為の成立範囲>〈回〉

	権限濫用説	背信説◀刊	背信的権限濫用説
背任罪の本質	法的な代理権を濫用して財産を侵害する犯罪	他人との信頼関係に違背してその財産に損害を加える犯罪	信頼に背いて権限を濫用し財産を侵害する犯罪
任務違背行為の成立範囲	①　法的代理権の存在する場合に限る ②　対外関係（対第三者）に関する法律行為に限る	①　事実的信頼関係の場合も成立しうる ②　対内関係に関しても成立しうるし、事実行為でも成立しうる	①　事実的信頼関係の場合も成立しうる ②　対内関係に関しても成立しうるし、事実行為でも成立しうる
理由	①　背任罪は組織的な財産運用の場における財産侵害を罰するもので、他の財産罪と異なり「権利に対する罪」である ②　基準として明確で背任罪の成立範囲を限定的に捉えうるし横領罪との限界も明確である	①　背任罪は横領罪と同種の信頼関係を前提に権利侵害をも処罰する横領罪の補充規定である ②　事実行為としての背任行為にも当罰性の強いものが少なくない	①　従来の背信説においては背信行為の範囲が必ずしも明確にならず、限定を加えるべきである ②　背信説において、信義誠実を強調しすぎると、財産犯ではなく、信義誠実義務違反自体を処罰することになりかねない

［第247条］　　　　　　　　　　　　　　　　　　　●詐欺及び恐喝の罪

	権限濫用説	背信説◀判	背信的権限濫用説
批判	① ２項犯罪の中には権利に対する罪とみられるものもあり、背任罪のみを権利に対する罪と解することはできない ② 事実行為としての背任行為にも当罰性の強いものが少なくない	① 横領罪との競合を生じ、両罪の関係をどう理解するかといい困難な問題が生じる ② 背任罪の処罰範囲が不明確となり、成立範囲が無制限に広がってしまうおそれがある	「権限」に法的権限だけでなく事実上の権限を含めることによって結論の具体的妥当性を目指しているが、それだけにその「権限」の内容が不明確である

二　「財産上の損害」

1　判断基準

背任罪における財産上の損害は、全体財産の減少を意味するが、その財産の減少を法的に評価するのか、事実的・経済的に評価するのかに関しては争いがある。

　ex.　回収の見込みがないのに、1000万円を無担保で貸し付けた場合、財産上の損害が発生しているといえるか

＜背任罪における「財産上の損害」＞◀回

	経済的財産損害説 （最決昭58.5.24・百選Ⅱ72事件）	法的財産損害説
財産上の損害	経済的見地において本人の財産状態を評価し、その価値が減少したとき又は増加すべかりし価値が増加しなかったときをいう	法的な権利の喪失・義務の負担を損害とする
帰　結	経済的に評価すれば、回収の見込みや担保がない以上、財産上の損害が発生している	1000万円という金銭の代わりに同額の債権を取得しており、財産上の損害は発生していない
批判	財産的価値が減少する可能性を随伴する信用・投機的取引等においては、常に実害の発生を認めざるを得なくなる	権利の形をとらないものであっても刑法的保護に値する利益がある

2　反対給付があった場合の処理

背任罪は全体財産に対する罪であるから、一方において損害があっても、同時に、他方においてこれに対応する反対給付があるときは、「財産上の損害」を否定するのが通説である。

では、振出人に決済能力のない約束手形につき、銀行に手形保証をさせて、その直後に手形額面金額と同額の現金を同銀行の当座預金口座に入金したという場合はどうか。その入金は、一時的に債務の残高を減少させて弁済能力があ

●詐欺及び恐喝の罪 ［第247条］

るかのような外観を作り出しさらに融資を得る目的でなされたものだとしても、反対給付を銀行が取得したとして「財産上の損害」が否定されるのだろうか。

甲説：否定説（背任罪不成立）

∵　入金が実際になされ帳簿上の処理も行われており、単に将来の融資行為が予定されているにすぎない場合に、将来の背任の計画を理由として経済的利益を否定して財産上の損害を肯定することは、実質的には背任の予備を背任として処罰するに等しい

乙説：肯定説（背任罪成立）

∵　手形保証のような債務負担行為は、本人を事実上その債務の履行を免れえない地位に置くものであるから、財産上の損害が認められる

＊　判例（最決平8.2.6）は、同様の事案に関して、「右入金により当該手形の保証に見合う経済的利益が同銀行に確定的に帰属したものということはできず、同銀行が手形保証債務を負担したことは、右のような入金を伴わないその余の手形保証の場合と同様、刑法247条にいう『財産上の損害』に当たる」として、背任罪の成立を認めた。

この判例は、①全体財産から見れば銀行は入金と引換えに手形保証債務を負担したことになるから、入金による経済的利益は銀行に確定的に帰属したことにならないとした点と、②反対給付があればその限りで財産上の損害が限定されるとした点で重要であるとされる。

三　二重抵当と背任罪・二重抵当と詐欺罪

1　二重抵当と背任罪

Xが債権者Aのために自己の不動産に抵当権を設定した後に、まだその登記をしていないことを奇貨として、さらに債権者Bのために新たに抵当権を設定し、Bのために抵当権の設定登記をした場合、Xに背任罪は成立するか。

二重抵当について背任罪が成立するかについては、①Xは「他人のためにその事務を処理する者」といえるか、②Xに任務違背行為があるか、③「財産上の損害」は認められるか、について検討する必要がある。

(1)　①について

不動産に抵当権を設定したXが抵当権設定の登記に協力する行為（登記協力義務）が、「他人の」事務といえるか。

509

[第247条]　　　　　　　　　　　　　　　　　　　　　●詐欺及び恐喝の罪

＜登記協力義務と「他人の」事務＞ 司H24

	他人の事務とする見解 （最判昭 31.12.7・百選Ⅱ 70 事件）司	自己の事務とする見解
理由	登記権利者Ａの側からすると、登記義務者Ｘの協力がなければＡが抵当権設定登記を完了し財産を保全することは不可能であるから、登記義務者Ｘの義務履行はＡの抵当権保全行為の一部をなしている	登記義務者の任務は、抵当権設定として自己の財産処理行為を完成させるものであるから、自己（Ｘ）の事務としての性格をもつ

(2) ②について

　　Ｘが Ａに対して登記に必要な書類をすべて交付していた場合に、Ｘに任務違背行為があるか。

　　この点、争いあるも、ＸはＡが第一の抵当権設定登記をするまでその地位を保全すべきであるから、たとえＡの登記に必要な事務を完了したとしても、Ａが登記を完了する以前の時点でＸがＢに対する登記を完了したときには、抵当権保全義務に反するものとして任務違背行為となる。

　＊　近時の下級審判例も、「被告人にはＡ信金に対して本件ホテルに同信金が第一順位の根抵当権設定登記を経由する利益を喪失させることのないように協力する任務があることとなるから、被告人が融資を受けるため、同信金から、本件担保解放の承諾を得ずに、本件ホテルにＢ信組の先順位の根抵当権登記をすることは、その任務に違背することとなることが明らかである」とする（東京高判平 13.9.11）。

(3) ③について

　　財産とは全体財産の意味であり、経済的判断による（経済的損害概念説）。

　　さらに、経済的損害概念をとる学説の中でも、どのような事実を「損害」とみるかについては争いがある。

＜二重抵当の事案における「財産上の損害」＞

	抵当権の順位の後退それ自体を損害とする見解 判	抵当権の順位の後退により、被担保債権がカバーされなくなったという実害との関係で損害をみる見解
理由	一番抵当権付債権と二番抵当権付債権とでは、債権に対する経済的評価が実際上極めて異なる	財産上の損害を経済的意義において把握すると、抵当物件の担保価値が一番・二番両抵当権の極度額を上回るような場合には「財産上の損害」は発生しないといえる

510

2 二重抵当と詐欺罪

(1) Aに対する関係

前述の事案で、XがBに対し二重に抵当権を設定することが、先の抵当権者Aに対する関係で詐欺罪を構成するか（被害者をA、被詐欺者をBとする）が問題となる。

＜二重抵当の事案における先の抵当権者に対する詐欺罪＞

	否定説 判	肯定説
理由	詐欺罪が成立するには、必ずしも被詐欺者と被害者とが一致する必要はないが、その場合には被詐欺者が被害者の財産を法律上又は事実上処分しうる地位・権能を有していなければならない（本事案のBはAの順位の変動を左右しうる立場にない）	詐欺罪の成立には、被詐欺者本人（B）であると第三者（A）であるとを問わず、詐欺行為に起因して他人に財産上の損害が生ずれば足りる（いわゆる「三角詐欺」を認める）

(2) Bに対する関係

また、Xが、Bに対し先にAに抵当権を設定していることを秘して抵当権を設定することが、Bに対する関係で詐欺罪を構成するか（被害者・被詐欺者をともにBとする）も問題となる。

＜二重抵当の事案における後の抵当権者に対する詐欺罪＞

	肯定説	否定説
理由	① Xが抵当権設定の事実を秘してBから金銭を借りる申込みをすることは、不作為による欺く行為にあたる ② 1項詐欺の成立には、個別財産の喪失をもって財産上の損害があると解するので、Bが欺かれなければ交付しなかったであろう金銭を欺かれて交付したこと自体を「損害」とみることができる	① Bに対しては一番抵当権の設定登記を条件に借金を申し込み、その条件通りに一番抵当権の設定登記がなされたのだから、先にAに対して未登記の抵当権を設定したことをXがBに隠していたとしても、その事実を告知する刑法上の作為義務はXにはない ② たとえBがAに未登記抵当権が設定されていたことを知ったならば貸付金を交付しなかったであろうという特殊事情が存在したとしても、担保価値に決定的な重点が置かれる抵当権設定のような取引においては、Xに右の事実をBに告知する刑法上の義務はない

四 横領と背任の区別 司 司H21 司H24 司H29 予R元

横領罪（252）は財物のみを対象とするが、背任罪の客体は限定されていないため、他人の財物の占有者に背信行為があった場合、両罪の適用をどのように解すべきか。この点について、両罪は法条競合（択一関係 ⇒ p.241）の関係に立つと解されており、両罪の構成要件を満たすときは、法定刑の重い横領罪の成立

［第247条］ ●詐欺及び恐喝の罪

のみが認められる。

したがって、横領罪と背任罪の両罪の成否が問題となる場合、はじめに法定刑の重い横領罪の成否を検討し、横領罪の成立が肯定されたときは、罪責が確定するため背任罪の成否を検討する必要はない。他方、横領罪の成立が否定されたときは、次に背任罪の成否を検討するという手順を踏めば足りる。

なお、以前は、横領と背任の区別の基準について、以下の図表の通り問題となっていた。

＜横領と背任の区別＞

学説	横領と背任の区別	批　判
行為態様により区別する説①	横領→権限逸脱 背任→権限濫用	権限を超えて許されない行為をすれば直ちに横領だとするのは、物に関する侵害の程度と対応しない形式的な処理になる可能性がある
行為態様により区別する説②	横領→物の領得 背任→それ以外	①　領得罪の観念を認めない立場からは支持できない ②　横領罪の成立上、物を行為者のために取得するのと、第三者のために取得するのとで区別を設けるべきでない
判例の基準の主流	横領→自己の名義ないし計算 背任→本人の名義かつ計算	自己の名義・計算による処分と本人の名義・計算による処分が排他的な関係にあり両立しないとすれば、両罪の重なり合いを認める前提と矛盾する

▼　大判昭9.7.19・百選Ⅱ68事件

村長が業務上保管している公金を、同村の計算において、親交のある第三者に貸与し、村に財産上の損害を加えた場合には、業務上横領罪（253）ではなく、背任罪が成立する。

五　背任と共犯

銀行員が回収の見込みなく、十分な担保や保証なしに金銭を貸し付ける行為（不良貸付け）は銀行に対する背任罪となるが、そのような不良貸付けの借り手の行為が共同正犯（60）の要件をみたすと思える場合であっても、背任罪の共同正犯の成否は一定の場合に限定すべきと解されている。

∵　金融機関に融資を求める行為自体は自由経済の下では当然であり、借り手の経済活動の不当な制約とならないように背任罪の成立範囲を限定する必要がある

1　貸し手と借り手の利害関係が一体化している場合

●詐欺及び恐喝の罪　　　　　　　　　　　　　　　　　　　　　[第248条]

▼　**最決平 15.2.18・百選Ⅱ 74 事件**

　　経営が危機的状態にある会社の代表取締役である者が、別会社である住宅金融専門会社の融資担当者に任務違背するように仕向けた際、支配的な影響力を行使することもなく、また、社会通念上許されない方法を用いるなどして積極的働き掛けもなかったものの、同社の財産上の損害につき高度の認識を有し、また担当者が自己保身及び被告人会社の利益を図る目的を有していることを認識し、担当者が融資に応じざるを得ない状況にあることを利用して、自己への融資の実現に加担した場合には、被告人は特別背任罪の共同正犯になる。

▼　**最決平 17.10.7・平 17 重判 8 事件**

　　経営ひっ迫の中で、それぞれ別会社の会社経営者甲、乙は、甲に取引上の便宜を図ることが乙自らの利益にもつながるという関係にあった。甲は乙に対して、甲の会社から絵画等を著しく不当な高額で購入させるように依頼し、応じた乙が同絵画等を自己が支配する丙社に購入させて、丙社に損害を生じさせたときは、甲には、乙とともに特別背任罪の共同正犯（60、会960Ⅰ）が成立する。

　2　借り手が積極的な働きかけをした場合

▼　**最決平 20.5.19**

　　被告人は、単に本件融資の申込みをしたにとどまらず、本件融資の前提となる再生スキームを貸し手に提案し、被告人が代表取締役である会社の債権者との債権譲渡の交渉を進めさせ、不動産鑑定士にいわば指し値で本件ゴルフ場の担保価値を大幅に水増しする不動産鑑定評価書を作らせ、本件ゴルフ場の譲渡先となる新会社を新たに設立した上、銀行頭取らと融資の条件について協議するなど、本件融資の実現に積極的に加担したものである。このような事実からすれば、被告人は銀行頭取らの特別背任行為について共同加功したものと評価することができるのであって、特別背任罪の共同正犯となる。

六　他罪との関係

　　他人のためにその事務を処理する者が、本人を欺いて財物を交付させた場合には、詐欺罪が成立し、別に背任罪を構成するものではない（最判昭 28.5.8）。

【準詐欺罪】

第248条　（準詐欺）

　未成年者の知慮浅薄又は人の心神耗弱に乗じて、その財物を交付させ、又は財産上不法の利益を得、若しくは他人にこれを得させた者は、10年以下の懲役に処する。

《構成要件要素》

①　「未成年者の知慮浅薄又は人の心神耗弱に乗じて」

[第249条]　　　　　　　　　　　　　　　　　　　　　　●詐欺及び恐喝の罪

② 「その財物を交付させ、又は財産上不法の利益を得、若しくは他人にこれを
　得させた」こと

《注　釈》
◆　行為

1　「未成年者」とは、20歳未満の者をいい（民4）、「知慮浅薄」とは、知識が
　乏しく、思慮の足りないことを意味する。
2　「心神耗弱」とは、精神の健全を欠き、事物を判断するのに十分な普通人の
　知識を備えていない状態をいう〈判〉。
　　cf. 全く意思能力を欠く心神喪失者や幼児から財物を取得する行為は、本罪
　　　ではなく窃盗罪（235）を構成する〈通〉
3　「乗じて」とは、誘惑にかかりやすい状態を利用することをいう。積極的に
　誘惑する場合の他、未成年者等が任意に財産的処分行為を行うのを放置してお
　く場合でもよい。
　　cf. 詐欺的手段を用いるときは、ここにいう未成年者等に対しても、詐欺罪
　　　（246）が成立する〈共予〉

【恐喝罪】

第249条　（恐喝）
Ⅰ　人を恐喝して財物を交付させた者は、10年以下の懲役に処する。
Ⅱ　前項の方法により、財産上不法の利益を得、又は他人にこれを得させた者も、同
　項と同様とする。

《保護法益》
　個人の財産とその自由である。

《構成要件要素》
　① 「人」を
　② 「恐喝」して（相手方の畏怖）
　③ 「財物を交付させた」（Ⅰ）こと、「財産上不法の利益を得、又は他人にこれ
　　を得させた」（Ⅱ）こと（処分行為、損害の発生）

《注　釈》
一　恐喝行為と畏怖

1　「恐喝」するとは、相手方に対して、その反抗を抑圧するに至らない程度の
　脅迫を加え、財物の交付又は財産上の利益の処分を要求することをいう〈共予〉。
　　→暴行も相手方を畏怖させうるものである以上、相手方の反抗を抑圧しない
　　　程度の暴行は本罪の手段となる〈判〉
2(1)　脅迫は、相手方に恐怖心を生じさせるような害悪の通知をいい、脅迫罪
　　（222）におけるものと異なり、通知されるべき害悪の種類は問わない（広
　　義）。　⇒p.423

● 詐欺及び恐喝の罪　　　　　　　　　　　　　　　　　　　　　　　　　　　　　[第249条]

(2) 脅迫の内容をなす害悪の実現は、それ自体違法であることを要しない。

ex. 「告訴する」というように権利行使を通告した場合でも、それが不当な財物取得の手段として用いられるときは、ここにいう「脅迫」にあたる◀判

3　恐喝の手段としての脅迫は相手方の処分に向けられたものである必要がある。

4　脅迫罪（222）・強要罪（223）の「脅迫」と異なり、本罪の「脅迫」は、相手方又は親族に対する害悪の告知に限られず、第三者に対する害悪の告知でもよい。　⇒p.423、424

二　処分行為

1　恐喝罪は被害者の瑕疵ある意思に基づいて財物・財産上の利益を領得するという罪であるから、処分行為が必要である◀共。

＊　被害者が自ら交付・処分する場合のみならず、畏怖して黙認しているのに乗じて行為者が奪取する場合にも処分行為が認められる（最判昭 24.1.11）◀司共。

＊　飲食代金の請求を断念させようと、脅迫行為により畏怖させ、請求を断念させ支払を免れた場合、被害者の黙示的な支払猶予の処分行為が存在するから、２項恐喝罪が成立する（最判昭 43.12.11・百選Ⅱ 62 事件）。

2　窃盗犯人から盗品を喝取した事案について、判例は、「正当な権利を有しない者の所持であっても、その所持は所持として法律上の保護を受ける」として、恐喝罪の成立を認めている（最判昭 25.4.11）◀予。

三　既遂時期◀司予

恐喝罪が既遂に達するには、財物・財産上の利益が移転し、被害者に損害が生じることが必要である。

ex. 金員喝取の目的で自らの預金口座に振込入金させたときでも、銀行側が当該口座に振り込まれた金員の預金払戻しを受けることができない体制を整えていた場合には、自由に払戻しを受けることができず、現金の交付を直接に受けたと実質的に同視することはできないから、恐喝は未遂にとどまる（浦和地判平 4.4.24）

《論　点》

一　権利行使と恐喝◀司H19 司R2

1　債権者が債務者を脅して債権を取り立てる行為は恐喝罪を構成するか。たとえば、100 万円の債権を有する X が、返さない債務者 A を脅して 100 万円を取り立てたという場合 X に恐喝罪は成立するだろうか（騙して取り立てた場合も、詐欺罪（246）につき同様の問題が生ずる）。

[第249条]　　　　　　　　　　　　　　　　　　　　　　　　●詐欺及び恐喝の罪

＜権利行使と恐喝＞

	理由	批判
恐喝罪説（最判昭30.10.14・百選Ⅱ 61事件）	（恐喝罪を個人財産に対する罪と解する見解から）畏怖しなければ交付しなかったであろう物を交付したことによって、財産上の損害が発生している（＊）	行為者が財産的権利を有している場合、およそ行為者に権利が認められない通常の恐喝の場合と実質的・内容的に同様の損害が発生したといえるかは疑問である
脅迫罪説	①　手段としての脅迫は違法であるが、その違法のために初めから有する権利の行使まで違法となるものではない　②　手段の違法性自体は存在するので、脅迫罪（222）が成立する	手段としての脅迫行為と、それに基づいて財物の交付を受けたことは一体として捉えるべきであり、手段だけを切り離すのは妥当でない
無罪説	①　手段としての脅迫は違法であるが、その違法のために初めから有する権利の行使まで違法となるものではない　②　（恐喝罪を全体財産に対する罪と解する見解から）権利行使であれば被害者の全体財産の減少はない	当該脅迫行為が、債務の弁済を得る方法として社会的に相当といえる程度を超えたときは、もはや権利の行使とはいい難い

＊　権利行使の一環としてなされたことを考慮して、積極的に違法性阻却の可能性を認める見解からは、①権利の行使という正当な目的があり、②権利の範囲内で、かつ、③手段が社会的に相当な範囲内にあると認められる場合は、違法性を阻却するとされる。

2　権利が存在することを理由に、直ちに恐喝罪の構成要件該当性（無罪説・脅迫罪説）又は違法性（恐喝罪説）が阻却されるとすると、権利があると誤信した場合には故意が阻却されうる。しかし、権利の存在自体が後に民事訴訟で争われる可能性のある民事くずれの事件の場合、このように解してよいかは問題である。

　この点、消費者団体の役員で弁護士でもあった者が、自動車会社を相手に、その生産した自動車の欠陥から事故が発生したとして、脅迫によって損害賠償請求をした事案につき、「他人に対して権利を有すると確信し、かつ、そう信じるについて相当な理由（資料）を有する場合」には恐喝罪は成立しないとした下級審判例（東京高判昭57.6.28）がある。

二　恐喝して銀行口座に振り込ませた場合の罪責 [司R2]

　Ｘが、Ａを恐喝して、100万円をＸの銀行口座に振り込ませた場合、Ｘには1項恐喝罪が成立するのか、それとも2項恐喝罪が成立するか（欺いて振り込ませた場合は、詐欺罪に関して同様の問題が生ずる）。

　甲説：振り込まれた金銭に対する1項恐喝罪が成立する

　　　∵　振込・振替という決済手段が多用される今日、入金され預金口座に記帳されたときは、それと同額の金銭は犯人の自由に処分しうる状態

516

● 詐欺及び恐喝の罪　　　　　　　　　　　　　　　　　　　　　　　［第249条］

に置かれたとみるべきである

乙説：預金債権を取得したことを財産上の利益とみて、2項恐喝罪が成立する

∵　犯人が取得するのは財物性の特定が困難な預金債権である（特に行為者の口座にもともと振り込まれた金額以上の預金がある場合）から、払込の時点で名義人が不特定の現金に対して排他的支配を取得したと認めることは困難である

三　他罪との関係

1　恐喝罪と暴行罪・脅迫罪

恐喝罪が成立する場合、その手段として行われた暴行・脅迫について、それぞれ独立に暴行罪（208）・脅迫罪（222）は成立せず、恐喝罪に吸収される。

2　恐喝罪と傷害罪

恐喝罪が成立する場合、その手段として用いられた暴行により傷害の結果が生じた場合には、恐喝罪と傷害罪の観念的競合となる（最判昭 23.7.29）司。

3　恐喝罪と詐欺罪 司H19 司R2

恐喝的手段と詐欺的手段が併用された場合、最終的に被害者が畏怖して財物を交付しているのであれば、詐欺的手段は恐喝的手段の一部とみることができるから、恐喝罪のみが成立する（最判昭 24.2.8）司。

他方、畏怖しつつも、錯誤が主な理由となって財物を交付している場合には、詐欺罪のみが成立すると解されている。

4　恐喝罪と収賄罪

公務員が恐喝的手段を用いて賄賂を収受した場合において、相手方が畏怖により意思の自由を全く失ってしまったときは、恐喝罪のみが成立する（最判昭 25.4.6 参照）。他方、相手方に意思の自由が残っているときは、恐喝罪と収賄罪（197 I）との観念的競合となる（福岡高判昭 44.12.18）。

5　恐喝罪と盗品等無償譲受け罪

盗品であることの情を知りながら、これを所持する者を恐喝して盗品の交付を受けた場合には、恐喝罪と盗品等無償譲受け罪が成立し、両者は観念的競合となる（大判昭 6.3.18）司。

6　恐喝罪と監禁罪

人を恐喝する目的で監禁した場合、監禁罪（220）との併合罪となる（最判平 17.4.14・百選 I 103 事件）司。

7　恐喝罪と業務妨害罪

恐喝の手段を用いて業務を妨害した場合、業務妨害罪（233）との牽連犯（大判大 2.11.5）となる。

各論

517

［第250条～第252条］　　　　　　　　　　　　　　　　　　●横領の罪

第250条　（未遂罪）

この章の罪の未遂は、罰する。

第251条　（準用）

第242条、第244条及び第245条の規定は、この章の罪について準用する。

・第38章・【横領の罪】

《保護法益》

物に対する所有権その他の本権である。

【単純横領罪】

第252条　（横領）

Ⅰ　自己の占有する他人の物を横領した者は、5年以下の懲役に処する。

Ⅱ　自己の物であっても、公務所から保管を命ぜられた場合において、これを横領した者も、前項と同様とする。

《構成要件要素》

① 「自己の占有する他人の物」（Ⅰ）、「公務所から保管を命ぜられた」自己の物（Ⅱ）を

② 「横領」したこと

《注　釈》

一　「自己の占有」

1　窃盗罪等にいう「占有」とは異なり、物に対する事実的支配に限らず、法律的支配を含む《同共》《予R元》。

∵　横領罪における占有の重要性は処分の濫用のおそれのある支配力にあり、法律的支配があれば濫用のおそれがある

法律的支配とは、法律上自己が容易に他人の物を処分しうる状態をいう。

ex.1　登記による不動産の占有について、登記済不動産の登記名義人は当該不動産を第三者に対し処分しうる地位にあるので、法律的支配による占有を有する。他方、未登記不動産については登記簿上の占有が存在しないので、事実的支配をなす者に占有がある《共》

ex.2　預金による金銭の占有について、正当な払戻権限を有する者は、いつでも金銭を預金口座から引き出して自由に処分しうる地位にあるので、法律的支配が認められる。他人の金銭を自己名義の口座で保管しているときには、預金名義人に法律的支配による占有が認められる（大判大元.10.8）。また、他人名義の口座の預金であっても、払戻権限が与えられ

518

●横領の罪 [第252条]

ている者には、法律的支配による占有が認められる〈同H21 予H30〉

2 占有は、物の所有者又はこれに準ずる者との間の委託信任関係に基づくものでなければならない〈同共〉。

＊ 委託信任関係は、賃貸借〈同〉、委任、寄託、雇用などの契約に基づく場合が典型的であるが、後見、事務管理などによる場合も含む〈通〉。

また、委託信任関係は事実上の関係であれば足り、不法な目的による場合であってもよく、委託契約が法律上無効である場合や取り消された場合であっても、委託信任関係があるといいうる〈同〉。

ex.1 甲は、不在中の自宅に誤って配達された他人あての贈答品の高級食材を食べてしまった。この場合、判例の立場に従うと、甲の当該食材に対する占有は委託信任関係に基づくものではないので、甲には横領罪は成立しない〈同〉

ex.2 甲は、未成年の乙と同人所有の絵画の売買契約を締結し当該絵画の引渡しを受けたが、乙が親権者の同意がないことを理由に同契約を取り消した。甲はこれを知りながら、乙に無断で当該絵画を丙に売却し丙に引き渡した場合、判例の立場に従うと、甲には横領罪が成立する〈同〉

ex.3 株式会社の代表取締役は、法人たる株式会社の機関としての地位にあるため、委託関係を認めることができ、同社の所有物について、横領罪の「占有」を認めることができる〈共〉。

二 「他人の物」

1 「他人の」

(1) 所有権の移転

「他人の」物に当たるためには、行為者以外の者に所有権が移転していることが必要である。民事法上は、所有権は契約時に移転する（民176）が、刑事法上の「所有権」は民事法上の所有権とは必ずしも一致しないため、様々な問題が生じる。　⇒ p.522

ex. 甲は、自己が所有し、その旨登記されている土地について、乙を権利者とする抵当権を設定した後、その登記が完了する前に、当該土地に丙を権利者とする抵当権を設定し、その旨の登記をした。この場合、判例の立場に従うと、乙には抵当権があるにすぎず所有権の移転がないので、当該土地は「他人の物」とはいえず、甲には乙を被害者とする横領罪は成立しえない〈同〉

所有権留保の約定付き割賦売買契約の場合、目的物の所有権は代金完済まで売主に属するから、買主が代金完済前に目的物を処分すれば、「他人の」物の所有権を侵害する行為として横領罪（252Ⅰ）が成立する（最決昭55.7.15)〈予〉。

(2) 共有物

519

[第252条]　　　　　　　　　　　　　　　　　　　　　　●横領の罪

　　　共有物も、他の共有者との関係では「他人の」物に当たる▷司。
　　　→共有物である宝くじを換金した金銭（共有金）もまた共有物となる
　(3)　委託物が金銭である場合
　　　金銭の民事法上の所有権は占有と一致するとされるが、それを形式的に
　　刑法にあてはめると、およそ金銭についての横領罪は成立しないこととなる
　　ため、問題となる。　⇒p.524
　　　また、封金については、特定物として扱い、所有権は委託者に残るもの
　　と解されている。　⇒封緘物について、p.453
　(4)　自己の物
　　　自己の物であっても、公務所から保管を命ぜられた場合には、その自己
　　の物も横領罪の客体となる（252 Ⅱ）。
　2　「物」
　(1)　財物であることが必要であり、財産上の利益に対する横領罪はない（不動
　　産は客体となる▷共）。
　(2)　窃盗罪、詐欺罪と異なり、横領罪には245条が準用されていないため、電
　　気は横領罪の客体とならない▷司。
三　「横領」　⇒下記一
四　着手時期・既遂時期　司H24
　　横領罪には、未遂を処罰する規定がなく、不法領得の意思が外部に発現したときは
　直ちに既遂となる▷判▷共。
　　具体的には、動産の場合、売却の意思表示をした時点で、既遂に達する（大判大
　2.6.12）。不動産の場合、所有権移転登記手続を完了した時点で、既遂に達する（最判
　昭30.12.26）▷共▷予R元。

《論　点》
一　「横領」の意義
　1　「横領」
　　　「横領」の意義につき、信義誠実違背の側面を重視し、受託者が委託の趣旨
　　に反し占有物に対しその権限を越えた行為をすれば全て横領となるとする越権
　　行為説と、財産権侵害の側面を重視し、不法領得の意思を発現する行為である
　　とする領得行為説の対立がある。判例・通説は、領得行為説に立っている。
　2　不法領得の意思
　(1)　内容　司H24
　　　領得行為説からは、不法領得の意思が必要とされる。判例（最判昭
　　24.3.8・百選Ⅱ66事件）は、横領罪における不法領得の意思を、他人の物の
　　占有者が委託の任務に背いて、その物につき権限がないのに所有者でなけれ
　　ばできないような処分をする意思と定義している。
　　　ex.　登記簿上所有名義人となっており他人の不動産を保管中の者が、そ

520

の不動産につき所有権移転登記手続の訴えが提起された場合に、自己の所有権を主張して争った場合には、横領罪が成立する◀刑

→横領罪は単なる毀棄罪ではなく利欲犯であるとの立場から、利用処分意思を要件とすべきであるとして、「他人の物の占有者が委託の趣旨に背いて、その物につき権限がないのに、その物の経済的用法に従って、所有者でなければできないような処分をする意思」と定義する見解もある

(2) 毀棄・隠匿行為

判例の立場からは、毀棄・隠匿行為はまさに所有者でなければできない行為であるといえるから、横領罪の成立が肯定される。

ex. 不正工事の発覚をおそれて、市の助役が他人と共謀して自己の保管している図面を市役所外に帯出して隠匿した場合、横領罪が成立する（大判大 2.12.16）◀刑

(3) 一時使用

判例の立場からは、自己の占有する他人の物を一時的に使用する場合については、それが所有者の許容する態様・程度を大きく超えない限り、所有者でなければできないような処分をする意思を欠き、横領罪の成立は否定される。

(4) 本人のためにする越権行為

判例の立場からは、専ら本人のためにする意思であった場合には、自己の所有物であるかのように処分する意思はないため、不法領得の意思を欠き、横領罪の成立は否定される。

ex. 会社を防衛するために違法な支出をし、さらにその問題化を防ぐ目的で（自らの保身を図る意図を含む）違法な支出を続けた場合、専ら本人のためにする意思はなかったとして、不法領得の意思を肯定し、業務上横領罪の成立を認めた判例がある（最決平 13.11.5・百選Ⅱ 67 事件）◀共

＊ この事案では、違法目的であることから、直ちに本人のためにする意思が否定されるかどうかについても問題とされたが、「行為の客観的性質の問題と行為者の主観の問題は……別異のものである」として、これを否定した。

(5) 第三者に取得させる意思

自ら取得する場合のみならず、第三者に取得させる意思も不法領得の意思に含まれる◀刑。

3 具体例

判例が認めた横領行為の態様としては、売却、贈与、交換、質入、抵当権の設定、譲渡担保の設定、毀棄・隠匿などがある。

ex.1 甲が、乙から賃借している同人所有の骨董品について、その売却代金を自己の借金の返済に充てるつもりで乙に無断で丙にその買取りを求め

［第252条］　　　　　　　　　　　　　　　　　　　　　　　　　　　　●横領の罪

た。この場合、判例の立場に従うと、甲の行為は不法領得の意思が外部的に発現したといえるから、丙が買受の意思表示をしなくても、甲には横領罪が成立する《同予》

ex.2　「甲は、自動車のレンタル業を営む乙会社との間で、『返還期日は7日後とする。料金は返還と同時に支払う。』旨の約定で自動車1台を借りる契約を交わし、甲がこの契約を履行するものと信じた乙会社従業員から自動車1台の引渡しを受けた。」という事例において、甲は、自動車の引渡しを受けた後、返還する意思を失い、返還期日経過後数週間にわたり通勤のため同車を使用していたところ、乙会社従業員が、直ちに同車を返還するよう強く要求したのに、これを拒否して上記同様に同車を使用し続けた。この場合、甲には横領罪が成立する《同》

ex.3　上記事例において、甲は、借り受けた自動車を運転中、ハンドル操作を誤って同車を海に転落させ、これを水没させてしまったが、そのまま放置した。この場合、甲には横領罪は成立しない《同》

ex.4　集金業務に従事する者が、横領した金銭の穴を埋めるために、自己が占有する金銭を順次充当する場合（穴埋め横領）、充当される金銭についても横領罪が成立する（大判昭6.12.17）《同》

▼　最決平21.3.26・平21重判6事件《同》

和解により所有権が相手方に移転した建物をその者のために預かり保管していたところ、共犯者らと共謀の上、金銭的利益を得ようとして仮登記を了した場合、それに基づいて本登記を経由することによって仮登記の後に登記された権利の変動に対し当該仮登記に係る権利を優先して主張することができるようになり、これを前提として、不動産取引の実務において、仮登記があった場合にはその権利が確保されているものとして扱われるのが通常であるから、不実とはいえ、本件仮登記を了したことは不法領得の意思を実現する行為として十分であり、横領罪が成立する。このような場合に、同罪と仮登記真正に係る電磁的公正証書原本不実記録罪及び同供用罪が併せて成立することは、何ら不合理ではない。

二　不動産の二重譲渡と横領《同》

不動産の二重譲渡とは、売主Xがいったん不動産をYに売却した後、所有権移転登記がまだ完了していないのを奇貨として、さらに、第三者Zにその不動産を売却することをいう。この場合、第二の売買によってYの所有権を消滅させたことにつき、売主X及び第二の買主Zについての財産犯の成否が問題となる。

1　Xの罪責

(1)　横領罪の成否

不動産の二重譲渡が自己の占有する他人Yの物を横領したといえるか。

→所有権移転登記前に第三者に売却し、その登記を完了すれば横領罪に

●横領の罪　　　　　　　　　　　　　　　　　　　　　　　　　　　[第252条]

あたる◁司▷

(a)　「他人の物」

不動産売買の意思表示がなされただけで、代金支払や登記手続に必要な書類の授受がなされていない段階では、刑法上の保護の必要がないとして「他人の物」にあたらないとする見解が有力である。この点は民法上の所有権の概念との関係が問題となる。

(b)　「自己の占有する」

登記名義人Xに法律上の支配があり、占有が認められる。

∵　横領罪における「占有」は、事実上の占有のみならず法律上の占有も含み、濫用のおそれのある支配力で足りる

(c)　委託信任関係

委託信任関係は、当事者間の契約の効果として一方が他方のために法的義務を負う関係にあれば足りる。XはYに対して所有権移転登記に協力すべき義務及びYが所有権取得を第三者に対抗できない状況になることを避止する義務を負うから、委託信任関係が認められる◁共▷。

(d)　「横領」行為

XのZに対する譲渡は、YのXに対する委託の趣旨に反し、しかもすでに所有者でないXが所有者でなければできない処分行為をしたのであるから、Xの行為は横領行為にあたる（⇒p.520）。所有権移転登記がなされた段階で既遂となり（福岡高判昭47.11.22・百選Ⅱ65事件）、このことは、ZがYに対して所有権を対抗することができるか否かによる影響を受けない◁司共▷。

(2)　詐欺罪（246）の成否

Zが第一の売買の事実を知らない場合、Zに対する関係で詐欺罪が成立しないか。

甲説：肯定説

∵　Xには、Zに事実を告知すべき義務があるため不作為の詐欺行為が認められ、事実を告知されていれば支払わなかった代金が損害にあたる

乙説：否定説

∵　Zは所有権移転登記によりYに対抗できるから損害はなく、告知義務も認められない

2　Zの罪責

登記を経たZが二重譲渡について悪意である場合、Zに横領罪の共犯は成立するか。

→単なる悪意の場合には、Zに横領罪の共犯は成立しないが、Zが民法177条の「第三者」にあたらない（背信的悪意者）場合には、横領罪の共犯

523

［第252条］　　　　　　　　　　　　　　　　　　　　　　　　　　●横領の罪

が成立する《通》《共》

三　横領後の横領　司H24

　委託を受けて他人の不動産を占有していた者が、ほしいままに当該不動産に抵当権を設定してその旨の登記をした後（横領罪成立）、当該不動産を売却するなどして所有権移転行為を行いその旨の登記をした場合について、先行の抵当権設定行為により委託信任関係が破壊されているため、後行の所有権移転行為の時点では委託信任関係という要件を欠き、構成要件に該当しないのではないか（①後行の所有権移転行為の構成要件該当性）、後行の所有権移転行為が不可罰的事後行為にあたり、横領罪の成立が否定されないか（②不可罰的事後行為）、及び2つの行為の罪数関係をどのように考えるべきか（③罪数）が問題となる。

1　①後行の所有権移転行為の構成要件該当性

　「委託を受けて他人の不動産を占有する者が、これにほしいままに抵当権を設定してその旨の登記を了した後においても、その不動産は他人の物であり、受託者がこれを占有していることに変わりはなく」、委託信任関係は未だ存続し、「受託者が、その後、その不動産につき、ほしいままに売却等による所有権移転行為を行いその旨の登記を了したときは、委託の任務に背いて、その物につき権限がないのに所有者でなければできないような処分をしたものにほかならない」（最大判平15.4.23・百選Ⅱ69事件）《共予》。

2　②不可罰的事後行為　⇒p.243

　後行の所有権移転行為それ自体が構成要件に該当していれば横領罪は成立し、「先行の抵当権設定行為が存在することは、後行の所有権移転行為について犯罪の成立自体を妨げる事情にはならない」（最大判平15.4.23・百選Ⅱ69事件）から、不可罰的事後行為の論理が否定され、横領罪は成立する。

3　③罪数

　多数説は、被害客体と委託関係の同一性、1個の物は1回しか領得できないという横領罪の罪質の特殊性などを根拠に、2個の横領を包括一罪とする。

四　委託物が金銭の場合

　金銭については、民法上所有と占有とは常に一致し受託者に所有権が移るとされている。そこで、委託物が金銭であった場合には横領罪は成立しないのか、それとも、民法上は所有権はないが刑法上はなお所有権を認めて横領罪の成立を認めうるか、が問題となる。

　この点、判例（最判昭26.5.25・百選Ⅱ64事件）は、金銭の寄託の趣旨から見て寄託者が当該金銭の自由処分を禁じたと解される場合、金銭の所有権は寄託者にあり横領罪が成立するとして、後者の立場に立っている《共》。

524

●横領の罪 [第252条]

＜委託物が金銭の場合の横領罪の成否＞

横領罪の成立が肯定される事例	・使途を定めて寄託された金銭を費消した場合 ・債権取立を委任された者が、取立受領した金銭を費消した場合 ・物品販売ないし売却依頼を受けた者が、代金として受領した金銭を費消した場合 ・委託された金銭の費消時に同額以上の代替的金銭・預貯金がない場合 →填補意思と資力（換金性の確実な有価証券類・貴金属類等）があっても横領罪が成立しうる（＊）
横領罪の成立が否定される事例	・委託された金銭の費消時に同額以上の代替的金銭・預貯金がある場合

＊ 学説は、委託した金銭の費消時に同額以上の代替的金銭・預貯金がある場合との均衡から、可罰的違法性がない、不法領得意思がない、領得行為自体がないなどとして、横領罪の成立を否定する。

五 不法原因給付と横領罪〈論〉

他人から委託された財産を自己のために費消したが、その財産の交付が不法原因給付（民708）にあたり、法的な返還請求が認められない場合、横領罪が成立するか。民法上保護されない違法な財産を刑法で保護することが許されるか、問題となる。

＜不法原因給付と横領罪の成否＞

学説	否定説	肯定説	区別説
理由	① 民法上返還請求権のない給付者は、保護されるべき所有権をもたない ② 民法上返還義務のない者に、刑罰の制裁で返還を強制することは法秩序全体の統一性を破る ③ 委託者横領罪に要求される法的意味の委託信任関係の違背がない	① 給付者に返還請求権はないが所有権は失わないから「自己の占有する他人の物」にあたる（最判昭23.6.5・百選Ⅱ63事件、＊） ② 刑法上の犯罪性は民法上の保護と離れて論ずるべきである	① 不法原因給付（公務員に直接渡された賄賂、通貨偽造の依頼を受け供与された準備資金等）については、「給付」（民708本文）にあたり返還請求権がなく、刑法上も横領罪の客体となりえない ② 不法原因寄託（公務員に渡すよう賄賂金を委託された場合や、覚せい剤を購入するために金銭を渡された場合等）については、「給付」にあたらず、なお寄託者に返還請求権を認めるべきであり、刑法上も横領罪の客体となる

＊ 民法上は、返還請求できなくなったときはその反射的効果として目的物の所有権は受給者に帰属するというのが判例（最大判昭45.10.21・民法百選Ⅱ82事件）である。

［第252条］　　　　　　　　　　　　　　　　　　　　　　　　　●横領の罪

六　盗品の横領・盗品有償処分あっせん代金の横領〈同共予〉〈予H26〉

　窃盗犯人から委託された盗品を自己のために費消した場合や、窃盗犯人から盗品の処分を委託された者がその盗品を処分して得た代金を費消した場合盗品等の罪（256、257）の他に横領罪が成立するか。

　不法原因給付と横領についての否定説からは否定することとなるが、肯定説・区別説に立つ場合でも、この場合は委託者である本犯者には所有権がなく、また、所有権のある本犯の被害者との間には委託信任関係がないため、問題となる。

　甲説：横領罪が成立する（観念的競合）

　　　∵　窃盗犯人の占有も保護に値するとして、第三者による窃盗犯人からの盗品の窃取を窃盗罪とする立場からは、この場合の委託信任関係も保護に値すると解すべきである

　　　←横領罪の保護法益は所有権であり、委託信任関係自体を保護するものでない

　乙説：横領罪は成立しない

　　　∵　本犯の被害者の所有権の侵害として遺失物等横領罪（254）の成立は考えられるが、それは本犯により侵害された所有権を間接的に侵害するもので、盗品等の罪に評価されている

《その他》

・本罪は、真正身分犯である。

　∵　本罪の主体は、他人の者を占有する者又は公務所の命令によって物を保管する者でなければならない

・横領行為を実現する手段として詐欺的手段を用いた場合の取扱いについては争いあるも、当該手段は横領行為を完成させる手段にすぎず、かつ詐欺罪における財産的処分行為も認められないことを理由に、横領罪の成立のみを認めるのが通説である〈司H19〉

　→甲は乙社に勤務し、同社の取引先からの集金業務に従事していたところ、取引先から現金50万円を集金した後、これを自己の借金の返済に充てようと思い付き、上司に「集金の途中でひったくりに遭った」と嘘の報告をし、50万円を同社に納めるのを免れた。この場合、甲には業務上横領罪が成立する〈司〉

・会社から集金業務を委託された者が、自己の用途に費消し会社に入金するつもりがないのに、これを秘して集金しても、当該集金は会社に対して有効な支払となり、これを費消した場合には業務上横領罪が成立し、右集金行為は詐欺罪に当たらない（東京高判昭28.6.12）〈司〉。

・質権者から質物の保管を委託された者が、これを質権者に無断で所有者に返還した場合、所有権の侵害にあたらないから、背任罪は各別、横領罪は成立しない（大判明44.10.13）〈司共〉。

●横領の罪　　　　　　　　　　　　　　　　　　　　　　[第253条〜第254条]

【業務上横領罪】

第253条　（業務上横領）〈予H27〉

業務上自己の占有する他人の物を横領した者は、10年以下の懲役に処する。

《構成要件要素》

① 「業務上」
→「業務」とは、社会生活上の地位に基づいて反復・継続して行われる事務を
いい、職業であると利益を目的とするものであるとを問わないが、業務上横
領罪における「業務」である以上、委託を受けて物を管理することを内容と
する事務でなければならない注。

「業務」は、本来の事務に付随する事務でもよいとされているが（大判大
11.5.17）、あらゆる付随的事務を含めると、業務の範囲が不当に拡大するこ
とから、本来の業務との間に密接な関連性が必要とされるべきであると考え
られている。

② 「自己の占有する他人の物」を　⇒ p.518、519
③ 「横領」したこと　⇒ p.520

《論点》

◆ 非占有者が共犯として本罪に加功した場合の取扱い　⇒ p.203

【遺失物等横領罪】

第254条　（遺失物等横領）

遺失物、漂流物その他占有を離れた他人の物を横領した者は、1年以下の懲役又は
10万円以下の罰金若しくは科料に処する。

《構成要件要素》

① 「遺失物、漂流物その他占有を離れた他人の物」を
② 「横領」したこと

《注釈》

◆ 客体

1 「遺失物、漂流物その他占有を離れた」

「遺失物」とは、占有者の意思に基づかずに占有を離れ、何人の占有にも属
していない物をいう。「漂流物」とは、遺失物のうち水面又は水中にあるもの
をいう。両者は、「占有を離れた」他人の物の例示である。

「占有を離れた」他人の物（占有離脱物）とは、占有者の意思に基づかずに
占有を離れ、何人の占有にも属していない物（列車内に置き忘れられた携帯
品、窃盗犯人が乗り捨てた他人の自動車など）、及び他人の委託に基づかずに
行為者が占有するに至った物（郵便集配人が誤って配達した郵便物、風で飛ん

各論

527

［第255条〜第256条］　　　　　　　　　　　　　　　　　　●盗品等に関する罪

できた隣家の洗濯物、誤って払いすぎた金銭など）をいう〈司〉。
2　「他人の物」
　　無主物は本罪の客体となりえないが〈司共〉、所有者が不明確でも「他人の物」
であることが分かれば、本罪の客体となる。
3　「横領」
　　「横領」とは、不法領得の意思をもって占有離脱物を自己の事実上の支配内
に置くことをいう（大判大 6.9.17）〈予〉。

> **第255条　（準用）**
> 　第244条の規定は、この章の罪について準用する。

《その他》

・家庭裁判所から孫の未成年後見人に選任された被告人が、後見の事務として孫の
　預金通帳と印鑑を預かっていたところ、これを使用して、ほしいままに孫の預金
　口座から現金を引き出し、自己のために費消した場合、被告人が255条の準用す
　る244条1項の「直系親族」にあたるとしても未成年後見人の事務の公的性格か
　ら同条項の準用はなく、刑は免除されない（最決平 20.2.18・百選Ⅱ 35 事件）〈司〉。
・後見事務は公的性格を有するものであって、成年後見人は成年被後見人のために
　その財産を誠実に管理すべき法律上の義務を負っているから、成年後見人が業務
　上占有する成年被後見人所有の財物を横領した場合、両者の間に 244 条 1 項所定
　の親族関係があっても、同条項を準用して処罰を免除することはできず、これを
　量刑事情として考慮するのも相当ではない（最決平 24.10.9・平 24 重判 7 事件）〈司〉。
・甲は、自己の実父である乙から、乙の友人である丙所有の刀剣を保管するように
　委託され、当該刀剣を保管していたが、乙及び丙に無断で、当該刀剣を丁に売却
　した。この場合、244 条の適用を受けるためには所有者及び占有者との間に親族
　関係が必要とされる判例の立場に従うと、甲には横領罪が成立する。

・第39章・【盗品等に関する罪】

《保護法益》　⇒ p.531
【盗品等関与罪】

> **第256条　（盗品譲受け等）**
> Ⅰ　盗品その他財産に対する罪に当たる行為によって領得された物を無償で譲り受け
> 　た者は、3年以下の懲役に処する。
> Ⅱ　前項に規定する物を運搬し、保管し、若しくは有償で譲り受け、又はその有償の
> 　処分のあっせんをした者は、10年以下の懲役及び50万円以下の罰金に処する。

●盗品等に関する罪 　　　　　　　　　　　　　　　　　　　　　　[第256条]

《構成要件要素》

① 「盗品その他財産に対する罪に当たる行為によって領得された物」を

② 「無償で譲り受け」（Ⅰ）、「運搬」、「保管」、「有償で譲り受け」、又は「有償の処分のあっせん」（Ⅱ）をしたこと

《注　釈》

一　主体

1　本犯（領得罪）の正犯者は、本罪の主体となりえない（不可罰的事後行為）〈司共〉。

2　本犯の教唆犯・従犯は、本罪の主体となりうる〈共〉。

3　本犯行為の性質〈司〉

(1)　本犯者の行為は、構成要件に該当する違法な行為であれば足りる〈司予〉。

　　ex.　本犯が親族相盗例（244）により処罰阻却、刑事未成年（41）により責任阻却された場合でも、その盗品は本罪の客体となる

(2)　親族相盗例により本犯の刑が免除される場合〈刑〉、本犯に公訴時効（刑訴250）が完成した場合〈刑〉、免責特権により本犯者にわが国の裁判権が及ばない場合〈刑〉であっても、盗品等に関する罪は成立しうる。

(3)　本犯者の行為は、既遂に達していることが必要である。本犯が未遂であれば、本犯の共犯となる。

二　客体

1　「盗品その他財産に対する罪に当たる行為によって領得した物」

→収賄罪（197）によって収受した賄賂は、「財産に対する罪に当たる行為によって領得された物」ではないため、本罪の客体とならない〈予〉

→会社が保管する秘密資料を窃取した者には窃盗罪が成立するが、その者が自宅でそのコピーを作成した場合、そのコピーは「財産に対する罪に当たる行為によって領得された物」ではないため、本罪の客体とならない〈予〉

2　盗品の同一性

原則として盗品性は当該財物に限り認められる。

ex.　盗品等の対価（盗品等を売却して得た金銭等）は盗品性を有しない

(1)　金銭の両替

判例は、横領した紙幣を両替して得られた金銭や、詐取した小切手を現金化して得られた金銭について盗品性を認めている。

(2)　加工

盗品等が加工（民246）された場合、加工者が所有権を取得するため、追求権説によると、追求権が失われる結果、本罪の客体とならなくなる。

⇒ p.531

　　cf.　盗品である自転車のサドルを外して他の自転車に取り付ける行為（最判昭24.10.20・百選Ⅱ77事件）、盗伐した材木を製材した行為は、加工

529

［第256条］

●盗品等に関する罪

にあたらず、盗品等の罪に該当する◀司

3　盗品が即時取得された場合◀予

盗品等が善意・無過失の第三者に即時取得（民192）された場合、追求権説によると、追求権が失われる結果、本罪の客体とならなくなる◀判。　⇒ p.531

→もっとも、盗品・遺失物は、2年間は被害者・遺失者がその回復を請求できるため（民193）、その間は本罪の客体たる性質を失わない◀判

三　行為態様◀司

1　無償譲受け（Ⅰ）

盗品等を無償で自己の物として取得することをいう。単に契約を締結しただけでは足りず、盗品等の現実の移転が必要である◀司。

ex.　贈与、無利息消費貸借

2　運搬（Ⅱ）

委託を受けて盗品の所在を移転することをいう。有償・無償を問わない。

なお、本犯の犯人に盗品等運搬罪などが成立しない場合（不可罰的事後行為）であっても、窃盗犯人と共同して盗品等を運搬した者については、本犯が運んだ分を含め、全部の盗品等に運搬罪が成立する（最決昭30.7.12）◀共。

3　保管（Ⅱ）

委託を受けて本犯のために盗品を保管することをいう。有償・無償を問わない。

ex.1　集金の担保として盗品を受領する行為

ex.2　盗品であることを知らずに絵画を購入し、その後、盗品であることを知ったが、そのまま自宅の応接間に飾り続けた場合、本犯の委託に基づく「保管」にあたらないため、盗品等保管罪は成立しない◀司

ex.3　盗品であることを知らずに保管を開始した後、盗品であることを知ったのに、なおも本犯のためにその保管を継続するときは、盗品等保管罪が成立する（最決昭50.6.12・百選Ⅱ76事件）◀予H26

4　有償譲受け（Ⅱ）

(1)　盗品を対価を払って取得することをいう。単に契約が成立しただけでは足りず、盗品等の移転を必要とする（大判大12.1.25）◀司共。

ex.　売買、交換、利息付消費貸借

(2)　契約の時に盗品であることの認識がなくても、取得の時点で認識していれば本罪にあたる。

ex.　甲は、丙が窃取して乙に売却したつぼを、これが盗品であることを知りながら、乙から購入した。この場合、判例の立場に従うと、丙の窃盗行為について公訴時効が成立していても、甲には盗品等有償譲受け罪が成立する◀司

5　有償処分のあっせん（Ⅱ）

530

●盗品等に関する罪 ［第256条］

(1) 盗品等の法律的処分を媒介・あっせんすることをいう。この法律的処分は有償であることを要するが、あっせん行為自体は有償・無償を問わない。そして、あっせん行為をすれば、盗品等が現実に移転されなくても、同罪が成立する。

ex.1 盗品であることを知りながら盗品の売買をあっせんした場合、たとえそのあっせんに係る盗品の売買が成立しなくても、盗品等有償処分あっせん罪が成立する（最判昭23.11.9）

ex.2 甲は、乙から、乙が盗んだ時計の処理に困り、盗んだ時計を誰かに無償で譲りたいとの相談を受け、時計を欲しがっていたＡを乙に紹介した。この場合、判例の立場に従うと、甲が乙からあっせん料をもらったとしても、甲には盗品等有償処分あっせん罪は成立しない

(2) 本罪が成立するためには盗品自体の存在が必要であり、将来窃取すべき物の売却をあっせんしても本罪を構成しない。

四　故意

盗品性の認識が必要だが、未必的認識で足りる。また、何らかの財産罪にあたる行為によって領得された物であることの認識があれば足り、いかなる財産罪にあたるかの認識までは不要である。さらに、その本犯者又は被害者が誰であるかの認識も不要である。

《論　点》

一　保護法益・罪質

盗品等に関する罪の保護法益及び罪質をどのように捉えるかについては、以下のとおり争いがある。

甲説：本犯の被害者の追求権の実行を困難にすることと解する立場（追求権説）

←盗品等有償譲受け罪などが占有・所有権を直接侵害する窃盗罪等よりも法定刑が重く規定されていることを、単なる追求権の侵害のみで説明することは困難である

乙説：財産犯によって生じた違法状態を維持することと解する立場（違法状態維持説）

←「盗品その他財産に対する罪に当たる行為によって領得された物」を客体として規定する現行法の下においては、この見解を維持することは困難である

丙説：追求権の侵害だけでなく、窃盗罪等の本犯を事後的に援助することにより窃盗罪等の財産犯を一般的・類型的に助長・促進する本犯助長性（事後従犯性）をも考慮する立場

＊　判例は、基本的には追求権説に立つと解されている。ただし、盗品等有償処分あっせん罪をめぐっては、犯罪を助長・誘発せしめる危険も加味する

各論

531

[第256条]　　　　　　　　　　　　　　　　　　　　●盗品等に関する罪

旨の判示がなされている（最判昭 26.1.30、最決平 14.7.1・百選Ⅱ 75 事件）

二　被害者を相手方とする場合

1　運搬

被害者の下への運搬でも、盗品の正常な回復を困難にする場合は、盗品等運搬罪が成立する（最決昭 27.7.10）。

2　あっせん

盗品等に関する罪により盗品等が被害者の下へ返還された場合、占有の回復自体はなされていることから、本罪が成立するかが問題となる。追求権説からは、被害者による盗品等の正常な回復を困難にすることなどを理由に、本罪の成立を肯定する（最決平 14.7.1・百選Ⅱ 75 事件）。

▼　最決平 14.7.1・百選Ⅱ 75 事件

盗品等の有償の処分のあっせんをする行為は、窃盗等の被害者を処分の相手方とする場合であっても、被害者による盗品等の正常な回復を困難にするばかりでなく、窃盗等の犯罪を助長し誘発するおそれのある行為であるから、刑法２５６条２項にいう盗品等の「有償の処分のあっせん」に当たる。

三　盗品等保管罪における知情の時期

当初は盗品であることを知らなかったが、知った後も本犯者のために保管を継続した場合、盗品等保管罪が成立するかが問題となる。

甲説：保管の途中で初めて盗品等であると知った場合であっても、盗品等保管罪が成立するとする説（最決昭 50.6.12・百選Ⅱ 76 事件）

∵　盗品等保管罪は継続犯である

乙説：盗品等の占有を取得する時点で盗品性の認識が必要であるとする説

∵①　盗品等の無償・有償譲受けの場合、占有移転の時点で盗品性の認識が必要であるとされていることとの均衡

②　構成要件の認識・認容は実行行為時に必要である

四　禁制品・不法原因給付

1　禁制品

本犯者が財産犯により禁制品を取得した場合、それが盗品等に関する罪の客体となるかが問題となる。追求権説からは、一般に、被害者は国家に対してその回復を請求できないにとどまり、追求権自体は否定されないとして、盗品等に関する罪の客体性が肯定されている。

2　不法原因給付

不法原因給付により本犯者が取得した物は、盗品等に関する罪の客体となるかが問題となる。

甲説：全面肯定説

∵　不法原因給付物に対する財産犯は一般的に成立することから、盗

●盗品等に関する罪   ［第257条］

品等に関する罪の客体としても保護すべきである

乙説：全面否定説

∵　不法原因給付物の所有権は、返還請求が否定される結果、反射的
に給付者から受給者に移るため、追求権が否定される

丙説：本犯者に横領罪が成立する場合は否定する一方、本犯者に詐欺罪・恐
喝罪が成立する場合は肯定する説

∵　不法原因給付物を横領しても横領罪が成立しないのに対し、不法
原因給付物を詐取・喝取した場合は詐欺罪・恐喝罪が成立する

《その他》

・本罪の各犯罪類型に該当する行為を相次いで行ったときは、包括一罪となる。

ex.1　無償・有償譲受後に運搬した場合、無償譲受け・有償譲受け罪のみが成立
する

ex.2　有償処分あっせんのために運搬・保管した場合、有償処分あっせん罪のみ
が成立する

・本犯の教唆犯・従犯と盗品等に関する罪とは、併合罪の関係（45前段）に立つ
《司共》

・盗品の有償処分あっせんに当たり、その情を知らない買主から代金を受け取った
としても、盗品等有償処分あっせん罪の他に詐欺罪（246）は成立しない。

・保管した盗品等をいったん返還した後、有償処分のあっせんをした場合には、盗
品等保管罪と盗品等有償処分あっせん罪が成立し、これらは併合罪の関係（45
前段）に立つ（最判昭25.3.24）《司》。

第257条　（親族等の間の犯罪に関する特例）

Ⅰ　配偶者との間又は直系血族、同居の親族若しくはこれらの者の配偶者との間で前
条の罪を犯した者は、その刑を免除する。

Ⅱ　前項の規定は、親族でない共犯については、適用しない。

[趣旨]盗品等に関する罪に関し、244条（親族相盗例）を準用せずに、別に本条を
設けて、親族間の犯罪について「刑の必要的免除」としたのは、本罪には、親族相
盗の「法は家庭に入らず」という観点と異なり、むしろ、これらの親族間では、情
においてこの種の犯罪を犯しがちであるという、親族間の犯人蔵匿等の特例
（105）との共通性が見られることを考慮したものである《趣》。

＊　ただし、244条の親族相盗例と同旨のものと捉える見解もある。

《注　釈》

一　適用範囲

本条が適用されるためには、盗品犯人と誰との間に親族関係があることが必要か。
たとえば、甲がAから盗んだ宝石を、情を知る妻乙に無償で渡した場合、乙には無
償譲受け罪が成立するが、257条1項の適用により刑が免除されないであろうか。

533

［第257条］　　　　　　　　　　　　　　　　　　　　　●盗品等に関する罪

甲説：盗品犯人と本犯との間に必要である《判通》《司共》

∵　本特例が設けられた趣旨は、盗品罪の犯人庇護的な性格に着眼して、一定の親族関係にある者が本犯者を人的に庇護しその利益を助長するために本犯の盗品等の処分に関与する行為は、同情・宥恕すべきであるという点にある

乙説：盗品犯人と本犯の被害者との間に必要である

∵　本条は244条の特例と同旨のものであり、追求権説を徹底させた場合に、被害者の追求権を困難にしたのがその親族の場合には、あえて被害者の追求権を保護する必要がないとの趣旨に出たものである

＊　盗品犯人同士に親族関係がある場合（たとえば、妻が本犯から譲り受けた盗品を夫が情を知って保管したような場合）、判例は本条の適用を否定するが、この場合も同様に期待可能性は減少すると考えられる以上刑の免除を認めるべきであるとする見解もある。

二　効果

1　免除の根拠

通説は、盗品罪が利得への関与という性格をもつことから考えると、たとえ親族間で犯されたからといって犯罪の不成立を認めることは妥当でないことなどを理由として、本条は一身的な処罰阻却事由を定めたものと解している（一身的処罰阻却事由説）。

＊　この他、可罰的違法性阻却事由を定めたものとする見解（可罰的違法性阻却事由説）、責任阻却事由を定めたものとする見解（責任阻却事由説）などが主張されている。

2　親族関係に関する錯誤

行為者が、錯誤によって、客観的には身分関係が存在しないのに、主観的には存在すると誤信した場合、行為者の罪責にいかなる効果を及ぼすか。たとえば、盗品犯人が、本犯者を自己の直系血族であると誤信して盗品を買い受けた場合、有償譲受け罪が成立しないか。

通説である一身的処罰阻却事由説によれば、親族関係の錯誤は犯罪の成否に何ら影響しないことになる。

＊　可罰的違法性阻却事由説によれば、違法性阻却事由の錯誤の問題として処理され、責任阻却事由説によれば、期待可能性の存否の問題として処理されることになる。

●毀棄及び隠匿の罪 ［第258条］

・第40章・【毀棄及び隠匿の罪】

<毀棄・隠匿の罪の要件>

犯罪	客体	行為	結果	自己の物に関する特例	親告罪
公用文書等毀棄罪（258）	公務所の用に供する文書又は電磁的記録	毀棄	文書の効用滅却・減損	なし	×
私用文書等毀棄罪（259）	権利・義務に関する他人の文書又は電磁的記録			差押え、物権負担、賃貸（262）	○
建造物等損壊（260 前段）	他人の建造物又は艦船	損壊	建造物等の効用滅却・減損		×
建造物等損壊致死傷罪（260 後段）	他人の建造物又は艦船及び人		建造物等の効用滅却・減損による人の死傷		
器物損壊罪・動物傷害罪（261）	前3条に規定するもの以外の他人の物	損壊・傷害	物の本来の効用喪失・動物の殺傷		○
境界損壊罪（262の2）	土地の境界	境界標の損壊、移動、除去、その他の方法で土地の境界を認識不能にすること	境界の認識不能	なし	×
信書隠匿罪（263）	他人の信書	隠匿	信書の発見の阻害		○

各論

《保護法益》

個人の財産としての物ないし物の効用である。ただし、262条の2に関しては、土地に関する権利の範囲の明確性が保護法益とされる。

【公用文書等毀棄罪】

第258条 （公用文書等毀棄）

公務所の用に供する文書又は電磁的記録を毀棄した者は、3月以上7年以下の懲役に処する。

535

［第259条］　　　　　　　　　　　　　　●毀棄及び隠匿の罪

《構成要件要素》 📖
　　①　「公務所の用に供する文書又は電磁的記録」を
　　②　「毀棄」すること
　　　→文書又は電磁的記録の本来の効用を毀損する一切の行為をいう 🈪

《注　釈》
一　「公務所の用に供する文書」
　1　その作成者、作成の目的等にかかわりなく、現に公務所において使用に供せられ、又は使用の目的をもって保管されている文書を総称するものをいう（最判昭38.12.24）。
　　　→公文書であると私文書であるとを問わない 🈜。
　　　→「公務所の用に供する文書」に該当するには、公務所又は公務員が作成したものであることを要しない
　2　偽造文書や未完成の文書であってもよい 🈩🈔。また、保存期間が経過した後の廃棄前の文書であってもよい（大判明42.7.8）🈜。
二　毀棄にあたるとされた例
　　ex.1　文書に記載されている事項を部分的に抹消する行為 🈩
　　ex.2　文書に貼付されている印紙を剥離するなど形式的部分を毀損する行為

【私用文書等毀棄罪】

> **第259条　（私用文書等毀棄）**
> 　権利又は義務に関する他人の文書又は電磁的記録を毀棄した者は、5年以下の懲役に処する。

《構成要件要素》
　　①　「権利又は義務に関する他人の文書又は電磁的記録」を
　　②　「毀棄」すること

《注　釈》
一　「権利又は義務に関する他人の文書」
　1　「権利又は義務に関する」
　　　権利・義務の存否・変更等を証明しうることをいう。
　　　ex.　手形（大判大14.5.13）や小切手（最決昭44.5.1）等の有価証券 🈜
　　　→単なる事実証明に関する文書は含まれない
　2　「他人の文書」
　　　その文書の名義人が誰であるかとは関係がなく、他人が所有していることを意味する 🈜。
二　「毀棄」にあたるとされた例
　　ex.1　他人が所有する自己名義の文書の日付を改ざんした行為 🈩

●毀棄及び隠匿の罪 ［第260条］

ex.2 文書の内容を変更しないで文書の連署者中1名の署名を抹消し、新たに他の氏名の署名を加えた行為◀判▶

【建造物等損壊罪・同致死傷罪】

第260条 （建造物等損壊及び同致死傷）

他人の建造物又は艦船を損壊した者は、5年以下の懲役に処する。よって人を死傷させた者は、傷害の罪と比較して、重い刑により処断する。

《構成要件要素》

① 「他人の建造物又は艦船」を
② 「損壊した」こと（前段）
③ 「よって人を死傷させた」こと（結果的加重犯、後段）

《注　釈》

一　「他人の建造物又は艦船」

1　「建造物」

(1) 「建造物」とは、家屋その他これに類似する建築物であって、屋蓋を有し、障壁又は柱材によって支持され、土地に定着し、少なくともその内部に人が出入りしうるものをいう◀判▶。

(2) 器物が「建造物」の一部として認められるか否かは、当該物と建造物との接合の程度の他、当該物の建造物における機能上の重要性をも総合考慮して決める（最決平19.3.20・百選Ⅱ79事件）。

▼ **最決平19.3.20・百選Ⅱ79事件**◀判▶

「建造物に取り付けられた物が建造物損壊罪の客体に当たるか否かは、当該物と建造物との接合の程度のほか、当該物の建造物における機能上の重要性をも総合考慮して決すべきものであるところ、……本件ドアは、住居の玄関ドアとして外壁と接続し、外界とのしゃ断、防犯、防風、防音等の重要な役割を果たしているから、建造物損壊罪の客体に当たるものと認められ、適切な工具を使用すれば損壊せずに同ドアの取り外しが可能であるとしても、この結論は左右されない」。

＜建造物の具体例＞

建造物性肯定		建造物性否定
損壊しなければ取り外しが不可能であり、当該建造物における機能上の重要性を有するもの	損壊しなくとも取り外しが可能であるが、当該建造物における機能上の重要性を有するもの	損壊しなくとも取り外しが可能であり、当該建造物における機能上の重要性も有しないもの

［第261条］　　　　　　　　　　　　　　　　　　　　　●毀棄及び隠匿の罪

建造物性肯定		建造物性否定
・天井板（大判大 3.4.14） ・敷居、鴨居（大判大 6.3.3） ・屋根瓦（大判大 7.9.21）	・住居の玄関ドア（最決平 19.3.20・百選Ⅱ79事件）〖共〗 ・出入口ガラス扉 ・鉄製シャッター ・ビルの各室ドア ・ガラスのはめ込まれた事務室の会計等の窓口 ・ビルのアルミサッシにはめ殺しにされた壁面ガラス	・ガラス障子（大判明 43.12.16） ・板戸、雨戸（大判大 8.5.13） ・潜り戸（大判大 3.6.20） ・竹垣（大判明 43.6.28） ・畳

2　「艦船」

「艦船」とは、軍艦及び船舶をいう。

3　「他人の」

「他人の」建造物というためには、他人の所有権が将来民事訴訟等において否定される可能性がないということまでは要しない（最決昭 61.7.18・百選Ⅱ 78事件）。

二　「損壊」

1　「損壊」とは、建造物・艦船の実質を毀損すること、又はその他の方法によって、それらの物の使用価値を減却若しくは減損することをいう〖通〗。

2　物質的に形態を変更又は滅尽させる場合の他、事実上、その本来の用法に従って使用しえない状態に至らせる場合をも含む。建造物・艦船の用法を全く不能にすることを要せず、また、必ずしもその主要な構成部分を毀損した場合に限らない〖判〗。

ex.1　1回に500枚ないし2500枚のビラを建物の壁、窓ガラス戸、ガラス扉、シャッター等に3回にわたり糊で貼付する行為は、建造物の効用を毀損するものであって、「損壊」にあたる（最決昭 41.6.10）

ex.2　美観に工夫がなされた公園内の公衆便所の外壁にラッカースプレーでペンキを吹き付け、「反戦」などと大書した行為は、「損壊」にあたる（最決平 18.1.17・百選Ⅱ80事件）

【器物損壊等罪】

第261条　（器物損壊等）

前3条に規定するもののほか、他人の物を損壊し、又は傷害した者は、3年以下の懲役又は30万円以下の罰金若しくは科料に処する。

《構成要件要素》

①　「前3条に規定するもののほか、他人の物」を

●毀棄及び隠匿の罪 ［第261条］

② 「損壊」し、又は「傷害」したこと

《注 釈》

一 客体

「物」とは財物のことであり、動物も含む。また、建造物以外の不動産も客体となる。さらに、違法な物、たとえば違法に掲示された政党演説会告知用ポスターも本罪の客体にあたる。

二 行為

1 「損壊」

「損壊」とは、物質的に器物自体の形状を変更し、あるいは滅尽させる場合だけでなく、事実上又は感情上その物を本来の用途に従って使用できなくすること、すなわち、その物の本来の効用を失わせることをいう。

  ex.1 営業上来客の飲食の用に供すべき器物に、放尿する行為

  ex.2 家屋を建設するため地ならしをした敷地を、掘り起こして畑地とする行為

  ex.3 組合の看板を取り外す行為及び組合事務所に集荷された荷物から荷札を取り外す行為（最判昭32.4.4）

2 「傷害」

「傷害」とは、動物を殺傷することをいう。

  →動物としての効用を失わせる行為ということ

  ex.1 鳥かごを開け鳥を逃がす行為

  ex.2 池に飼育されている他人の鯉を、生けすの柵を外して流失させる行為

＜「毀棄」・「損壊」の意義＞

	物理的損壊説	効用侵害説（通説・判例）
内容	財物の物理的損壊を要求する見解	物理的損壊に限定せず、物の効用を害する一切の行為を含む見解
理由	「毀棄」、「損壊」という法文上使用されている用語の日常的用語的理解に適う	物理的損壊に限定するのでは処罰範囲が狭すぎる
批判	① 物理的損壊に限定するのでは処罰範囲が狭すぎる ② 窃盗罪に不法領得の意思が必要とすると、隠匿目的で他人の物の占有を取得する行為については、窃盗罪では処罰できず、物理的に破壊・毀損するわけでもないので、毀棄罪及び損壊罪でも処罰できなくなってしまう	「毀棄」、「損壊」という法文上使用されている用語の日常用語的理解からの隔たりが大きい

[第262条～第262条の2]　　　　　　　　　　　　　●毀棄及び隠匿の罪

	物理的損壊説	効用侵害説（通説・判例）
結論	鳥籠から他人の鳥を逃がす行為・食器への放尿は、器物損壊罪の毀棄にならない	鳥籠から他人の鳥を逃がす行為・食器への放尿は、その物を使用でききなくなるような場合には器物損壊罪の毀棄にあたる

第262条　（自己の物の損壊等）

　自己の物であっても、差押えを受け、物権を負担し、賃貸し、又は配偶者居住権が設定されたものを損壊し、又は傷害したときは、前3条の例による。

《注　釈》

＜262条の適用関係＞

公用文書毀棄	私用文書毀棄	建造物損壊	建造物損壊致死傷	器物損壊	境界損壊	信書隠匿
×	○	○	○	○	×	×

【境界損壊罪】

第262条の2　（境界損壊）

　境界標を損壊し、移動し、若しくは除去し、又はその他の方法により、土地の境界を認識することができないようにした者は、5年以下の懲役又は50万円以下の罰金に処する。

[趣旨] 本罪は、不動産侵奪罪（235の2）の新設に併せて創設されたものであり、不動産侵奪罪の予備的行為を対象とし、土地に対する権利の範囲に重要な関係をもつ境界の明確性を保護すべく、土地の境界を不明確にする行為を処罰するものである。

《構成要件要素》

① 「土地の境界を」

② 「境界標を損壊し、移動し、若しくは除去し」、又は「その他の方法」により

③ 「認識することができないようにした」こと

《注　釈》

一　客体

1　「土地の境界」とは、権利者を異にする土地の限界線をいう。

2　土地に対する権利は、所有権ばかりでなく地上権、賃借権などでもよい。なお、境界は現に存在する事実上のものであれば足り、法律上正当なものであるかどうかを問わない。

二　行為

1　「境界標」とは、柱、杭等の土地の境界を示す標識をいう。立木などの自然

540

●毀棄及び隠匿の罪 ［第263条］

物でもよい。地上に顕出されていると地中に埋没されているとを問わない。永続的なものでも、一時的なものでもよい。また、自己の所有に属するものであると、他人の所有に属するものであるとを問わない。

2 「その他の方法」とは、土地の境界を認識しえなくする方法として例示されている境界標の損壊・移動・除去に準ずるものでなければならない。

三　結果

本罪が成立するためには、境界を認識することができなくなるという結果が発生することを要する。境界標を損壊したが、未だ境界が不明にならないという場合には、器物損壊罪（261）が成立することは格別、本罪は成立しない（最判昭43.6.28）。

【信書隠匿罪】

第263条　（信書隠匿）

他人の信書を隠匿した者は、6月以下の懲役若しくは禁錮又は10万円以下の罰金若しくは科料に処する。

《構成要件要素》

① 「他人の信書」を
② 「隠匿した」こと

《注　釈》

一　「他人の信書」

1 「他人の」

「他人の」とは、他人が所有するという意味である（発信人が他人である必要はない）。

2 「信書」

「信書」とは、特定人から特定人に宛てた文書をいう。信書開封罪（133）とは異なり、特に封緘された信書に限られないから葉書なども含まれる。

cf. 信書としての目的を完全に果たしてしまえば「信書」でなくなる

二　「隠匿」

・ 「隠匿」と「毀棄」・「損壊」との関係

「毀棄」・「損壊」が隠匿を含むと解すると、信書以外の文書・器物の隠匿は、それぞれ公用文書・電磁的記録毀棄罪（258）、私用文書・電磁的記録毀棄罪（259）及び器物損壊罪（261）で処罰されることになる。では、なぜ本条は信書に対する「隠匿」のみ軽く処罰しているのかが問題となる。

また、「毀棄」・「損壊」が隠匿を含まないと解すると、なぜ本条は信書に対する「隠匿」のみを処罰するのかが問題となる。

541

［第264条］　　　　　　　　　　　　　　　　　　　　●毀棄及び隠匿の罪

<「隠匿」と「毀棄」・「損壊」との関係>

	効用侵害説			有形侵害説	物理的毀損説
毀棄・損壊の意義	文書ないし物の効用を害する一切の行為（毀棄・損壊は隠匿を含む）			有形力の行使により物の効用を害すること	物の全部又は一部を物質的に毀損し、その結果としてその物の効用を害すること
263条の意義	多数説	隠匿行為単一説	隠匿行為二分説	隠匿は毀棄・損壊に含まれず毀棄罪等は成立しないが、信書隠匿罪は信書につき特に隠匿を処罰するもの（信書隠匿罪は毀棄罪とは異なる独立罪）	
	信書の財産的価値の低さに着目した器物損壊罪の特別減軽類型	信書の隠匿は損壊と異なり滅失損傷を伴わないので減軽されている	毀棄罪等の程度に至らない信書の隠匿行為を特に処罰するもの		
信書について毀棄罪等が成立する場面	なし→信書以外の文書等を毀棄した場合に成立	信書の毀棄→隠匿を除く	信書の毀棄→利用を不可能にして効用を害する程度の隠匿を含む	信書の毀棄	
信書隠匿罪の成立する場面	信書の毀棄・損壊・隠匿	信書の隠匿	信書の発見に妨害を与える程度の隠匿	信書の隠匿	

第264条　（親告罪）

　第259条、第261条及び前条の罪は、告訴がなければ公訴を提起することができない。

《注　釈》

< 264条の適用関係>

公用文書毀棄	私用文書毀棄	建造物損壊	建造物損壊致死傷	器物損壊	境界損壊	信書隠匿
×	○	×	×	○	×	○

判例索引

明治

大判明 29.10.6 ・・・・・・・・・・・・・・・・・ 227
大判明 41.5.18 ・・・・・・・・・・・・・・・・・ 158
大判明 41.11.19 ・・・・・・・・・・・・・・・・ 448
大連判明 42.2.23 ・・・・・・・・・・・・・・・ 250
大判明 42.3.11 ・・・・・・・・・・・・・・・・・ 248
大判明 42.3.16 ・・・・・・・・・・・・・・・・・ 250
大判明 42.6.21 ・・・・・・・・・・・・・・・・・ 488
大判明 42.7.8 ・・・・・・・・・・・・・・・・・・ 536
大判明 42.7.27 ・・・・・・・・・・・・・・・・・ 250
大判明 42.10.8 ・・・・・・・・・・・・・・・・・ 250
大判明 42.10.14 ・・・・・・・・・・・・・・・・ 248
大判明 42.12.16 ・・・・・・・・・・・・・・・・ 357
大判明 43.3.11 ・・・・・・・・・・・・・・・・・ 248
大判明 43.6.17 ・・・・・・・・・・・・・・・・・ 250
大判明 43.6.28 ・・・・・・・・・・・・・・・・・ 538
大判明 43.9.27 ・・・・・・・・・・・・・・・・・ 248
大判明 43.11.15 ・・・・・・・・・・・・・・・・ 424
大判明 43.11.17 ・・・・・・・・・・・・・・・・ 365
大判明 43.12.16 ・・・・・・・・・・・・・・・・ 538
大判明 44.7.6 ・・・・・・・・・・・・・・・・・・ 250
大判明 44.10.13 ・・・・・・・・・・・・・・・・ 526
大判明 45.4.15 ・・・・・・・・・・・・・・・・・ 241
大判明 45.5.23 ・・・・・・・・・・・・・・・・・ 250
大判明 45.6.20 ・・・・・・・・・・・・・・・・・ 398
大判明 45.7.23 ・・・・・・・・・・・・・・・・・ 248

大正

大判大元 .10.8 ・・・・・・・・・・・・・・・・・ 518
大判大 2.6.12 ・・・・・・・・・・・・・・・・・・ 520
大判大 2.8.19 ・・・・・・・・・・・・・・・・・・ 447
大判大 2.11.5 ・・・・・・・・・・・・・・ 250, 517
大判大 2.11.24 ・・・・・・・・・・・・・・・・・ 248
大判大 2.12.16 ・・・・・・・・・・・・・・・・・ 521
大判大 3.3.6 ・・・・・・・・・・・・・・・・・・・ 448
大判大 3.4.14 ・・・・・・・・・・・・・・・・・・ 538
大判大 3.4.29（百選Ⅱ 120 事件）・・・・・ 354
大連判大 3.5.18 ・・・・・・・・・・・・・・・・ 202
大判大 3.6.20 ・・・・・・・・・・・・・・・・・・ 538
大判大 3.10.16 ・・・・・・・・・・・・・・・・・ 506

大判大 3.12.3 ・・・・・・・・・・・・・・・・・・ 439
大判大 4.1.27 ・・・・・・・・・・・・・・・・・・ 248
大判大 4.2.9 ・・・・・・・・・・・・・・・・・・・ 439
大判大 4.5.21 ・・・・・・・・・・・・・・・・・・ 456
大判大 4.10.28 ・・・・・・・・・・・・・・・・・ 490
大判大 5.6.1 ・・・・・・・・・・・・・・・・・・・ 248
大判大 5.6.21 ・・・・・・・・・・・・・・・・・・ 248
大判大 6.3.3 ・・・・・・・・・・・・・・・・・・・ 538
大判大 6.5.19 ・・・・・・・・・・・・・・・・・・ 361
大判大 6.9.10 ・・・・・・・・・・・・・・・・・・ 142
大判大 6.9.17 ・・・・・・・・・・・・・・・・・・ 528
大判大 7.5.7 ・・・・・・・・・・・・・・・・・・・ 281
大判大 7.9.21 ・・・・・・・・・・・・・・・・・・ 538
大判大 7.11.16（百選Ⅰ 65 事件）・・・・・・・28
大判大 7.11.19 ・・・・・・・・・・・・・・・・・ 448
大判大 8.3.31 ・・・・・・・・・・・・・・・・・・ 281
大判大 8.4.4 ・・・・・・・・・・・・・・・・・・・ 447
大判大 8.4.5 ・・・・・・・・・・・・・・・・・・・ 448
大判大 8.5.13 ・・・・・・・・・・・・・・・・・・ 538
大判大 8.12.13 ・・・・・・・・・・・・・・・・・ 390
大判大 9.2.4 ・・・・・・・・・・・・・・・・・・・ 455
大判大 11.2.25 ・・・・・・・・・・・・・・・・・ 173
大判大 11.5.17 ・・・・・・・・・・・・・・・・・ 527
大判大 12.1.25 ・・・・・・・・・・・・・・・・・ 530
大判大 12.4.30（百選Ⅰ 15 事件）・・・・ 51, 52
大判大 12.8.21 ・・・・・・・・・・・・・・・・・ 248
大判大 12.11.12 ・・・・・・・・・・・・・・・・・26
大判大 13.3.28 ・・・・・・・・・・・・・・・・・ 451
大判大 13.4.25 ・・・・・・・・・・・・・・・・・ 106
大判大 13.12.12（百選Ⅰ 32 事件）・・・・・84
大判大 14.1.22 ・・・・・・・・・・・・・・・・・ 189
大判大 14.2.18 ・・・・・・・・・・・・・・・・・ 439
大判大 14.5.13 ・・・・・・・・・・・・・・・・・ 536
大判大 14.6.9（百選Ⅰ 45 事件）・・・・・・ 106
大判大 15.3.24 ・・・・・・・・・・・・・・・・・ 432
大判大 15.6.15 ・・・・・・・・・・・・・・・・・ 424
大判大 15.10.8 ・・・・・・・・・・・・・・・・・ 447
大判大 15.11.2 ・・・・・・・・・・・・・・・・・ 447

昭和

大判昭 2.3.15 ・・・・・・・・・・・・・・・・・・ 500

大判昭 2.3.26 ・・・・・・・・・・・・・・・・・・・・ 326
大判昭 2.3.28 ・・・・・・・・・・・・・・・・・・・・ 401
大判昭 3.2.4 ・・・・・・・・・・・・・・・・・・・・・83
大判昭 3.2.17 ・・・・・・・・・・・・・・・・26, 294
大判昭 4.4.11 ・・・・・・・・・・・・・・・・・・・ 116
大判昭 4.5.16（百選Ⅱ 45 事件）・・・・・・ 475
大判昭 4.8.26 ・・・・・・・・・・・・・・・・・・・・ 238
大判昭 5.12.12 ・・・・・・・・・・・・・・・・・・ 250
大判昭 6.3.18 ・・・・・・・・・・・・・・・・・・・ 517
大判昭 6.12.17 ・・・・・・・・・・・・・・・・・・ 522
大判昭 7.5.12 ・・・・・・・・・・・・・・・・・・・ 250
大判昭 7.5.25 ・・・・・・・・・・・・・・・・・・・ 250
大判昭 7.6.15 ・・・・・・・・・・・・・・・・・・・ 484
大判昭 8.6.5 ・・・・・・・・・・・・・・・・・・・・ 398
大判昭 8.6.17 ・・・・・・・・・・・・・・・・・・・ 248
大判昭 8.9.6 ・・・・・・・・・・・・・・・・・・・・ 398
大判昭 9.2.2 ・・・・・・・・・・・・・・・・・・・・ 250
大判昭 9.7.19（百選Ⅱ 68 事件）・・・・・・ 512
大判昭 9.12.10 ・・・・・・・・・・・・・・・・・・ 335
大判昭 10.10.24 ・・・・・・・・・・・・・・・・・・ 158
大判昭 11.11.9 ・・・・・・・・・・・・・・・・・・ 337
大判昭 12.2.27 ・・・・・・・・・・・・・・・・・・ 439
大判昭 13.6.17 ・・・・・・・・・・・・・・・・・・ 250
大判昭 15.9.26 ・・・・・・・・・・・・・・・・・ 7
大判昭 17.8.5 ・・・・・・・・・・・・・・・・・・・ 7
大判昭 21.11.26 ・・・・・・・・・・・・・・・・・・ 448
最判昭 23.3.16 ・・・・・・・・・・・・・・・・・・ 248
最判昭 23.3.16（百選Ⅰ 41 事件）・・・・・・・42
最判昭 23.3.16（百選Ⅰ〔第 6 版〕77 事件）
・・・・・・・・・・・・・・・・・・・・・・・・・・・ 190
最判昭 23.6.5（百選Ⅱ 63 事件）・・・・・・ 525
最判昭 23.7.27 ・・・・・・・・・・・・・・・・・・ 448
最判昭 23.7.29 ・・・・・・・・・・・・・・・・・・ 517
最判昭 23.11.9 ・・・・・・・・・・・・・・・・・・ 531
最判昭 23.11.18（百選Ⅱ 38 事件）・・・・ 462
最判昭 23.12.24 ・・・・・・・・・・・・・・・・・・ 460
最判昭 24.1.11 ・・・・・・・・・・・・・・・・・・ 515
最判昭 24.2.8 ・・・・・・・・・・・・・・・・・・・ 517
最判昭 24.2.15 ・・・・・・・・・・・・・・・・・・ 460
最判昭 24.3.8（百選Ⅱ 66 事件）・・・・・・ 520
最判昭 24.4.5 ・・・・・・・・・・・・・・・・・・・99
最大判昭 24.5.18 ・・・・・・・・・・・・・・・・・83
最判昭 24.5.28（百選Ⅱ〔第 7 版〕44 事件）
・・・・・・・・・・・・・・・・・・・・・・・・・・・ 473

最判昭 24.7.9 ・・・・・・・・・・・・・・・・・・・ 470
最判昭 24.7.12 ・・・・・・・・・・・・・・・・・・ 250
最判昭 24.7.23（百選Ⅰ 100 事件）・・・ 242
最判昭 24.8.9（百選Ⅱ 117 事件）・・・・・ 280
最判昭 24.8.18 ・・・・・・・・・・・・・・・・・・・72
最判昭 24.10.20（百選Ⅱ 77 事件）・・・ 529
最判昭 24.12.17（百選Ⅰ 97 事件）・・・ 198
最判昭 25.2.28 ・・・・・・・・・・・・・・・・・・ 380
最判昭 25.3.24 ・・・・・・・・・・・・・・・・・・ 533
最判昭 25.3.31 ・・・・・・・・・・・・・・・・・・・32
大阪高判昭 25.4.5 ・・・・・・・・・・・・・・・・ 449
最判昭 25.4.6 ・・・・・・・・・・・・・・・・・・・ 517
最判昭 25.4.11 ・・・・・・・・・・・・・・・・・・ 515
最判昭 25.4.23 ・・・・・・・・・・・・・・・・・・ 243
最判昭 25.5.25（百選Ⅱ 81 事件）・・・・・ 296
最判昭 25.7.4（百選Ⅱ 46 事件）・・・・・・ 489
最判昭 25.7.11（百選Ⅰ 91 事件）・・・・・ 193
最判昭 25.8.29 ・・・・・・・・・・・・・・・・・・ 445
最大判昭 26.1.17（百選Ⅰ 37 事件）・・・・・22
最判昭 26.1.30 ・・・・・・・・・・・・・・・・・・ 532
最判昭 26.3.27（百選Ⅰ〔第 7 版〕79 事件）
・・・・・・・・・・・・・・・・・・・・・・・・・・・ 176
最判昭 26.5.8 ・・・・・・・・・・・・・・・・・・・ 489
最判昭 26.5.10 ・・・・・・・・・・・・・・・・・・ 361
最大判昭 26.5.16 ・・・・・・・・・・・・・・・・ 248
最判昭 26.5.25（百選Ⅱ 64 事件）・・・・・ 524
最判昭 26.7.13 ・・・・・・・・・・・・・・・・・・ 455
最判昭 26.7.24 ・・・・・・・・・・・・・・・・・・ 424
最判昭 26.8.17（百選Ⅰ 44 事件）・・・・・ 106
最判昭 26.9.20 ・・・・・・・・・・・・・・・・・・ 402
東京高判昭 26.10.15 ・・・・・・・・・・・・・・ 449
最判昭 27.6.6 ・・・・・・・・・・・・・・・・・・・ 398
最決昭 27.7.10 ・・・・・・・・・・・・・・・・・・ 532
最判昭 27.9.19 ・・・・・・・・・・・・・・・・・・ 198
最判昭 27.12.25 ・・・・・・・・・・・・・ 262, 331
最判昭 28.1.23 ・・・・・・・・・・・・・・・・・・ 174
最判昭 28.2.20 ・・・・・・・・・・・・・・・・・・ 325
最判昭 28.3.6 ・・・・・・・・・・・・・・・・・・・ 250
最判昭 28.3.13 ・・・・・・・・・・・・・・・・・・ 366
札幌高判昭 28.5.7 ・・・・・・・・・・・・・・・・ 447
最判昭 28.5.8 ・・・・・・・・・・・・・・・・・・・ 513
東京高判昭 28.5.26 ・・・・・・・・・・・・・・・ 449
東京高判昭 28.6.12 ・・・・・・・・・・・・・・・ 526
最大判昭 28.6.17 ・・・・・・・・・・・・・・・・ 421

最判昭 28.10.2 ・・・・・・・・・・・・・・ 282
最決昭 28.12.10 ・・・・・・・・・・・・ 272
最大判昭 29.1.20（百選Ⅰ 72 事件）・・・ 145
最決昭 29.3.23 ・・・・・・・・・・・・・・ 228
最決昭 29.5.27（百選Ⅰ 106 事件）・・・ 252
最決昭 29.9.30 ・・・・・・・・・・・・・・ 277
仙台高判昭 30.1.18 ・・・・・・・・・・・・ 264
最判昭 30.4.8（百選Ⅱ 57 事件）・・・・・ 488
最大判昭 30.6.22 ・・・・・・・・・・・・ 309
最決昭 30.7.7（百選Ⅱ 53 事件）・・ 492, 495
最決昭 30.7.12 ・・・・・・・・・・・・・・ 530
最判昭 30.10.14（百選Ⅱ 61 事件）・・・・ 516
最判昭 30.11.11（百選Ⅰ 19 事件）・・・・・・90
広島高岡山支判昭 30.12.22 ・・・・・・・・ 439
最決昭 30.12.26 ・・・・・・・・・・・・・・ 520
最決昭 31.1.19 ・・・・・・・・・・・・・・ 448
福岡高判昭 31.4.14 ・・・・・・・・・・・・ 427
最決昭 31.7.12 ・・・・・・・・・・・・・・ 380
最決昭 31.8.22 ・・・・・・・・・・・・・・ 455
最決昭 31.10.2 ・・・・・・・・・・・・・・ 449
最決昭 31.10.25 ・・・・・・・・・・・・・・ 248
最判昭 31.12.7（百選Ⅱ 70 事件）
・・・・・・・・・・・・・・・・・・・・ 505, 510
大阪高判昭 31.12.11 ・・・・・・・・・・・・ 458
最決昭 31.12.22 ・・・・・・・・・・・・・・ 7
最決昭 32.1.17 ・・・・・・・・・・・・・・ 346
最決昭 32.1.22 ・・・・・・・・・・・・・・・73
最決昭 32.1.24 ・・・・・・・・・・・・・・ 448
最決昭 32.2.26（百選Ⅰ 50 事件）・・・・・ 7, 8
最大判昭 32.3.13（百選Ⅰ 47 事件）
・・・・・・・・・・・・・・・・・・38, 105, 361
最判昭 32.3.28 ・・・・・・・・・・・・・・ 380
最判昭 32.4.4 ・・・・・・・・・・・・・・ 539
最決昭 32.4.23 ・・・・・・・・・・・・・・ 398
最決昭 32.4.25 ・・・・・・・・・・・・・・ 448
最決昭 32.5.22 ・・・・・・・・・・・・・・ 362
最判昭 32.9.13（百選Ⅱ 39 事件）・・・・・ 466
最判昭 32.10.4（百選Ⅱ 92 事件）
・・・・・・・・・・・・・・・・・・ 331, 333
最判昭 32.10.18（百選Ⅰ 49 事件）・・・・ 103
最判昭 32.11.8（百選Ⅰ〔第 6 版〕27 事件）
・・・・・・・・・・・・・・・・・・・・・・・・ 447
最判昭 32.11.19（百選Ⅰ 94 事件）・・・・ 204
最大判昭 32.11.27 ・・・・・・・・・・・・・・ 7

最決昭 32.12.17 ・・・・・・・・・・・・・・ 116
最決昭 33.3.19 ・・・・・・・・・・・・・・ 422
最決昭 33.4.17 ・・・・・・・・・・・・・・ 456
最大判昭 33.5.28（百選Ⅰ 75 事件）
・・・・・・・・・・・・・ 160, 162, 164, 169
最判昭 33.7.10（百選Ⅰ〔第 7 版〕61 事件）
・・・・・・・・・・・・・・・・・・・・・・・・ 112
最決昭 33.9.5 ・・・・・・・・・・・・・・ 362
最決昭 33.9.9（百選Ⅰ 5 事件）・・・・・・・・・10
最決昭 33.9.30（百選Ⅱ〔第 7 版〕115 事件）
・・・・・・・・・・・・・・・・・・・・・・・・ 264
最判昭 33.10.14 ・・・・・・・・・・・・・・ 264
最判昭 33.11.21（百選Ⅱ 1 事件）・・・・・ 394
最決昭 34.5.7（百選Ⅱ 19 事件）・・・・・ 432
最判昭 34.5.26 ・・・・・・・・・・・・・・ 380
最判昭 34.7.24 ・・・・・・・・・・・・・・ 418
最決昭 34.8.27 ・・・・・・・・・・・・・・ 264
最決昭 34.9.28（百選Ⅱ 48 事件）・・・・・ 493
最判昭 35.2.4（百選Ⅰ 30 事件）・・・・・・・82
大阪高判昭 35.2.18 ・・・・・・・・・・・・ 288
最判昭 35.3.17 ・・・・・・・・・・・・・・ 248
最判昭 35.3.18（百選Ⅰ 11 事件）・・・・・ 424
最判昭 35.6.24（百選Ⅱ〔第 7 版〕117 事件）
・・・・・・・・・・・・・・・・・・・・・・・・ 269
最判昭 35.7.18 ・・・・・・・・・・・・・・ 281
東京高判昭 35.11.29 ・・・・・・・・・・・・ 288
最判昭 35.12.8 ・・・・・・・・・・・・・・ 248
広島高判昭 36.7.10（百選Ⅰ 67 事件）・・ 142
東京高判昭 36.8.8 ・・・・・・・・・・・・ 447
最決昭 36.8.17（百選Ⅱ 118 事件）・・・・ 282
最判昭 37.3.16 ・・・・・・・・・・・・・・ 447
最判昭 37.3.23（百選Ⅰ 66 事件）・・・・・ 142
東京高判昭 37.4.18 ・・・・・・・・・・・・ 280
福岡高判昭 37.8.22 ・・・・・・・・・・・・ 458
最決昭 37.11.8（百選Ⅰ 80 事件）・・・・・ 207
名古屋高判昭 37.12.22 ・・・・・・・・・・・・63
最大判昭 38.5.15 ・・・・・・・・・・・・・・62
最判昭 38.12.24 ・・・・・・・・・・・・・・ 536
最決昭 39.1.28（百選Ⅱ 3 事件）・・・・・ 403
大阪高判昭 39.10.5 ・・・・・・・・・・・・ 439
最決昭 40.3.9（百選Ⅰ 61 事件）・・・・・・・26
最判昭 40.3.26（百選Ⅰ 3 事件）・・・・・・・ 7
東京高判昭 40.3.29 ・・・・・・・・・・・・ 283
最判昭 41.3.24（百選Ⅱ 115 事件）・・・・ 264

最判昭 41.4.8（百選 II 29 事件）‥ 451, 452
最決昭 41.4.14（百選 II 113 事件）‥‥ 265
最決昭 41.6.10 ‥‥‥‥‥‥‥‥‥ 538
大阪高判昭 41.8.9 ‥‥‥‥‥‥‥‥ 458
最判昭 42.3.7（百選 I 93 事件）‥‥‥ 198
最決昭 42.3.30 ‥‥‥‥‥‥‥‥‥ 327
最大判昭 42.5.24（百選 II 112 事件）‥ 262
最決昭 42.8.28 ‥‥‥‥‥‥‥‥‥ 250
最判昭 42.10.13（百選 I 54 事件）
‥‥‥‥‥‥‥‥‥‥‥‥ 117, 118
最決昭 42.10.24（百選 I 9 事件）‥‥‥ 34
最決昭 42.11.2 ‥‥‥‥‥‥‥‥‥ 458
最決昭 42.12.21（監禁罪関連）‥‥‥ 421
最決昭 42.12.21（詐欺罪関連）‥‥‥ 487
最決昭 43.1.18 ‥‥‥‥‥‥‥‥‥ 433
最決昭 43.2.27（百選 I 39 事件）‥‥‥ 23
最決昭 43.6.25（百選 II 98 事件）‥‥‥ 345
最判昭 43.6.28 ‥‥‥‥‥‥‥‥‥ 541
最決昭 43.9.17 ‥‥‥‥‥‥‥‥‥ 250
最大判昭 43.9.25 ‥‥‥‥‥‥‥‥ 228
最判昭 43.12.11（百選 II 62 事件）‥‥ 515
最決昭 43.12.24（百選 I 99 事件）‥‥ 150
最判昭 44.5.1 ‥‥‥‥‥‥‥‥‥ 536
最大判昭 44.6.18（百選 II 99 事件）‥‥ 335
最大判昭 44.6.25（百選 II 21 事件）‥‥ 434
最決昭 44.7.17（百選 I 86 事件）‥‥‥ 191
大阪高判昭 44.8.7（百選 II 54 事件）‥ 496
最大判昭 44.10.15 ‥‥‥‥‥‥‥‥ 361
大阪高判昭 44.10.17 ‥‥‥‥‥‥‥ 137
最判昭 44.12.4 ‥‥‥‥‥‥‥‥‥ 72
福岡高判昭 44.12.18 ‥‥‥‥‥‥‥ 517
最判昭 45.1.29（百選 II〔第 7 版〕14 事件）
‥‥‥‥‥‥‥‥‥‥‥‥‥ 364
最判昭 45.3.26（百選 II 56 事件）
‥‥‥‥‥‥‥‥‥‥‥ 487, 499
大阪高判昭 45.5.1 ‥‥‥‥‥‥‥‥ 122
最決昭 45.6.30 ‥‥‥‥‥‥‥‥‥ 488
最決昭 45.7.28（百選 I 62 事件）‥‥‥26, 366
最決昭 45.9.4（百選 II 93 事件）‥‥‥ 339
京都地判昭 45.10.12（百選 II 10 事件）
‥‥‥‥‥‥‥‥‥‥‥‥‥ 422
最大判昭 45.10.21（民法百選 II 82 事件）
‥‥‥‥‥‥‥‥‥‥‥‥‥ 525
最決昭 45.12.3（百選 II 7 事件）‥‥ 412, 413

最判昭 45.12.22 ‥‥‥‥‥‥‥‥‥ 460, 471
東京高判昭 46.2.2 ‥‥‥‥‥‥‥‥ 398
最判昭 46.6.17（百選 II 8 事件）‥‥‥‥30
最決昭 46.7.30 ‥‥‥‥‥‥‥‥‥‥89
最判昭 46.11.16 ‥‥‥‥‥‥‥‥‥ 70, 78
最判昭 47.3.14 ‥‥‥‥‥‥‥‥‥ 412
福岡高判昭 47.11.22（百選 II 65 事件）
‥‥‥‥‥‥‥‥‥‥‥‥‥ 523
最大判昭 48.4.25（百選 I 16 事件）‥‥‥64
東京高判昭 48.8.7 ‥‥‥‥‥‥‥‥ 439
広島地判昭 49.4.3 ‥‥‥‥‥‥‥‥ 294
最大判昭 49.5.29 ‥‥‥‥‥‥‥‥ 248
最大判昭 49.5.29（百選 I 104 事件）
‥‥‥‥‥‥‥‥‥‥‥‥ 247, 249
最判昭 50.4.24（百選 II 104 事件）‥‥ 381
最決昭 50.5.27 ‥‥‥‥‥‥‥‥‥ 249
最決昭 50.6.12（百選 II 76 事件）
‥‥‥‥‥‥‥‥‥‥‥ 530, 532
最判昭 50.11.28（百選 I 24 事件）‥‥‥78
最判昭 51.2.19 ‥‥‥‥‥‥‥‥‥ 380
最判昭 51.3.4 ‥‥‥‥‥‥‥‥‥ 314
大阪地判昭 51.3.4（百選 I 38 事件）‥‥ 22
札幌高判昭 51.3.18（百選 I 51 事件）
‥‥‥‥‥‥‥‥‥‥‥‥ 118, 121
最決昭 51.3.23 ‥‥‥‥‥‥‥‥‥‥59
最決昭 51.4.1（百選 II 47 事件）‥‥‥ 490
最判昭 51.4.30（百選 II 88 事件）
‥‥‥‥‥‥‥‥‥‥‥ 328, 329
最判昭 51.5.6 ‥‥‥‥‥‥‥‥‥ 439
最判昭 51.5.6（百選 II 91 事件）‥‥‥ 330
最大判昭 51.9.22（百選 I 105 事件）‥‥ 248
松江地判昭 51.11.2 ‥‥‥‥‥‥‥ 196
横浜地川崎支判昭 51.11.25 ‥‥‥‥‥18
最決昭 52.4.25 ‥‥‥‥‥‥‥‥‥ 336
最大判昭 52.5.4 ‥‥‥‥‥‥‥‥‥‥64
最判昭 52.5.6 ‥‥‥‥‥‥‥‥‥ 412
最決昭 52.7.21（百選 I〔第 7 版〕23 事件）
‥‥‥‥‥‥‥‥‥‥‥‥‥‥79
最判昭 52.12.22 ‥‥‥‥‥‥‥‥‥ 363
最決昭 53.3.22（百選 I 14 事件）‥‥‥‥36
最判昭 53.3.24（百選 I 34 事件）‥‥‥‥94
東京高判昭 53.3.29 ‥‥‥‥‥‥‥‥ 458
最決昭 53.5.31（百選 I 18 事件）‥‥‥‥59
最判昭 53.7.28（百選 I 42 事件）‥‥‥‥46

最決昭 54.3.27 ・・・・・・・・・・・・・・・49
東京高判昭 54.4.12 ・・・・・・・・・・ 447
最決昭 54.4.13（百選Ⅰ 92 事件）・・ 152, 193
東京地判昭 54.8.10 ・・・・・・・・・ 398
最決昭 54.11.19（百選Ⅱ〔第 7 版〕43 事件）
・・・・・・・・・・・・・・・・・・・・・・ 467
東京地判昭 55.2.14 ・・・・・・・・・ 455
東京高判昭 55.3.3 ・・・・・・・・・・・ 449
最決昭 55.7.15 ・・・・・・・・・・・・ 519
東京地判昭 55.7.24 ・・・・・・・・・ 328
最決昭 55.10.30（百選Ⅱ 32 事件）・・・・ 455
最決昭 55.11.13（百選Ⅰ 22 事件）・・・・・66
最判昭 55.11.28（百選Ⅱ 100 事件）・・・ 361
最決昭 55.12.9 ・・・・・・・・・・・・ 308
札幌高判昭 56.1.22 ・・・・・・・・・・ 125
最決昭 56.2.20 ・・・・・・・・・・・・ 447
最決昭 56.4.8（百選Ⅱ 97 事件）・・・・61, 342
最判昭 56.4.16（百選Ⅱ 20 事件）・・・ 433
横浜地判昭 56.7.17 ・・・・・・・・・・ 185
最決昭 56.12.22 ・・・・・・・・・・・・ 340
最決昭 57.1.28 ・・・・・・・・・・・・ 376
最決昭 57.2.17（百選Ⅰ 107 事件）・・・ 252
最決昭 57.4.2 ・・・・・・・・・・・・・・ 112
東京高判昭 57.6.28 ・・・・・・・・・・ 516
最決昭 57.7.16（百選Ⅰ 77 事件）・・・・・・ 190
旭川地判昭 57.9.29（百選Ⅱ 121 事件） 279
東京高判昭 57.11.29（百選Ⅰ〔第 7 版〕31
事件）・・・・・・・・・・・・・・・・・・・・84
福岡高判昭 58.2.28 ・・・・・・・・・・ 447
最決昭 58.3.25（百選Ⅱ 109 事件）・・・・ 383
最判昭 58.4.8（百選Ⅱ 16 事件）・・ 314, 315
最決昭 58.5.24（百選Ⅱ 72 事件）・・・ 508
最判昭 58.6.23 ・・・・・・・・・・・・ 412
横浜地判昭 58.7.20 ・・・・・・・・・・ 294
大阪高判昭 58.8.26 ・・・・・・・・・・ 458
最決昭 58.9.21（百選Ⅰ 74 事件）・・・・・・17
最決昭 58.9.27 ・・・・・・・・・・・・ 250
最決昭 58.11.1（百選Ⅱ 22 事件）・・・・ 435
最判昭 59.2.17（百選Ⅱ 94 事件）・・・ 340
最判昭 59.3.6 ・・・・・・・・・・・・・・39
最決昭 59.3.23 ・・・・・・・・・・・・ 439
最決昭 59.4.12 ・・・・・・・・・・・・ 306
最決昭 59.4.27（百選Ⅰ 25 事件）・・・・ 439
最決昭 59.5.30（百選Ⅱ 106 事件）・・・・ 380

東京地判昭 59.6.28（百選Ⅱ 33 事件）・・ 481
最決昭 59.7.3 ・・・・・・・・・・・・・・96
福岡地判昭 59.8.30（百選Ⅰ 78 事件）・・ 190
東京高判昭 59.10.30（百選Ⅱ 27 事件）
・・・・・・・・・・・・・・・・・・・・・・ 454
東京高判昭 59.11.19 ・・・・・・・・・ 498
大阪高判昭 59.11.28 ・・・・・・・・・ 466
最決昭 59.12.21 ・・・・・・・・・・・・ 289
東京地判昭 60.2.13 ・・・・・・・・・ 482
東京地判昭 60.3.6 ・・・・・・・・・・ 482
最判昭 60.3.28（百選Ⅱ 86 事件）・・・・ 301
東京地判昭 60.4.8 ・・・・・・・・・・ 380
最決昭 60.6.11 ・・・・・・・・・・・・ 380
最判昭 60.9.12 ・・・・・・・・・・・・・79
最決昭 60.10.21（百選Ⅰ 60 事件）・・・ 414
最大判昭 60.10.23（百選Ⅰ 2 事件）・・・ 215
大阪簡判昭 60.12.11（百選Ⅰ〔第 7 版〕33
事件）・・・・・・・・・・・・・・・・・・・・98
福岡高那覇支判昭 61.2.6 ・・・・・・・・ 117
札幌地判昭 61.2.13 ・・・・・・・・・・ 125
福岡地判昭 61.3.3 ・・・・・・・・・・ 439
福岡高判昭 61.3.6（百選Ⅰ 69 事件）・・ 135
最決昭 61.6.9（百選Ⅰ 43 事件）・・・・・49
最決昭 61.6.24（百選Ⅰ 17 事件）・・・・・57
最決昭 61.6.27（百選Ⅱ 108 事件）・・・ 380
最決昭 61.7.18（百選Ⅱ 78 事件）・・・ 538
最決昭 61.11.18（百選Ⅱ 40 事件） 459, 465
大阪高判昭 61.12.16 ・・・・・・・・・ 423
最決昭 62.2.23（百選Ⅰ 100 事件）・・・ 243
最決昭 62.3.12（百選Ⅱ〔第 6 版〕22 事件）
・・・・・・・・・・・・・・・・・・ 439, 441
最決昭 62.3.24（百選Ⅱ 13 事件）・・・・ 429
最決昭 62.3.26（百選Ⅰ 29 事件）・・・・・99
最決昭 62.4.10 ・・・・・・・・・・・・ 447
大阪高判昭 62.7.10 ・・・・・・・・・・ 170
最決昭 62.7.16（百選Ⅰ 48 事件）・・ 100, 104
東京高判昭 62.7.16（百選Ⅰ 70 事件）・・ 136
大阪高判昭 62.7.17（百選Ⅰ 95 事件）・・ 470
東京地判昭 62.9.8 ・・・・・・・・・・ 486
最決昭 62.9.30（百選Ⅱ〔第 7 版〕116 事
件）・・・・・・・・・・・・・・・・・・・・ 268
岐阜地判昭 62.10.15（百選Ⅰ 68 事件）
・・・・・・・・・・・・・・・・・・・・・・ 142
最決昭 63.1.19（百選Ⅱ 8 事件）・・・・・ 391

最判昭 63.1.29 ・・・・・・・・・・・・・・・ 250
最決昭 63.2.29（百選Ⅱ 2 事件）・・・・・・ 397
最決昭 63.4.11 ・・・・・・・・・・・・・・・ 379
最決昭 63.5.11 ・・・・・・・・・・・・・・・・ 35
最決昭 63.7.18（百選Ⅱ 103 事件）・・・・ 380
大阪地判昭 63.7.21 ・・・・・・・・・・・・ 439
東京地判昭 63.7.27（百選Ⅰ 87 事件）・・ 189

平成

東京高判平元 .2.27 ・・・・・・・・・・・・ 464
大阪高判平元 .3.3（百選Ⅱ〔第 6 版〕39
　件）・・・・・・・・・・・・・・・・・・・・・・・・ 463
最判平元 .3.9 ・・・・・・・・・・・・・・・・・ 264
最決平元 .3.10（百選Ⅱ 114 事件）・・・・ 263
最決平元 .3.14（百選Ⅱ 52 事件）・・・・・ 120
最決平元 .3.14（百選Ⅱ 111 事件）
　・・・・・・・・・・・・・・・・・・・・・・・・ 376, 377
福岡高宮崎支判平元 .3.24（百選Ⅱ〔第 7
　版〕2 事件）・・・・・・・・・・・・・・・・ 394
大阪地判平元 .3.29 ・・・・・・・・・・・・ 486
最決平元 .5.1（百選Ⅱ 122 事件）　280, 281
最決平元 .6.26（百選Ⅱ 96 事件）・・・・・ 196
最決平元 .7.7（百選Ⅱ 26 事件）・・・・・・ 450
最決平元 .7.7（百選Ⅱ 82 事件）・・・・・・ 296
最決平元 .7.14（百選Ⅱ 83 事件）・・・・・ 295
最判平元 .7.18（百選Ⅱ 46 事件）・・・・・ 107
最判平元 .11.13（百選Ⅰ 25 事件）・・・・・ 73
最決平元 .12.15（百選Ⅰ 4 事件）・・・・・・ 11
最決平 2.2.9（百選Ⅰ 40 事件）・・・・・・・・ 40
東京高判平 2.2.21（百選Ⅰ 88 事件）・・ 189
最決平 2.11.20（百選Ⅰ 10 事件）・・・・・・ 34
東京高判平 3.4.1 ・・・・・・・・・・・・・・ 447
最判平 3.11.14 ・・・・・・・・・・・・・・・ 125
東京地判平 3.12.19 ・・・・・・・・・・・・・ 41
長崎地判平 4.1.14（百選Ⅰ 36 事件）・・・・ 24
東京地判平 4.1.23（百選Ⅰ〔第 7 版〕80 事
　件）・・・・・・・・・・・・・・・・・・・・・・・・ 175
最決平 4.2.18 ・・・・・・・・・・・・・・・ 486
浦和地判平 4.4.24 ・・・・・・・・・・ 500, 515
最決平 4.6.5（百選Ⅰ 90 事件）・・・・・・・ 165
最判平 4.10.15 ・・・・・・・・・・・・・・・ 248
東京高判平 4.10.28（百選Ⅱ 34 事件）・・ 449
最決平 4.11.27 ・・・・・・・・・・・・・・・ 439
最決平 4.12.17（百選Ⅰ 12 事件）・・・・・・ 35

東京高判平 5.6.9（百選Ⅱ 58 事件）・・・・ 503
最決平 5.10.5（百選Ⅱ 95 事件）・・・・・・ 341
最決平 5.10.12 ・・・・・・・・・・・・・・・ 115
最決平 5.10.29 ・・・・・・・・・・・・・・・ 249
最決平 5.11.25（百選Ⅰ 58 事件）・・・・・ 126
名古屋地判平 6.1.18 ・・・・・・・・・・・・ 398
仙台高判平 6.3.31 ・・・・・・・・・・・・ 316, 439
最決平 6.7.19 ・・・・・・・・・・・・・・・ 480
最決平 6.11.29（百選Ⅱ 89 事件）・・・・・ 338
最判平 6.12.6（百選Ⅰ 98 事件）・・・・・ 168
東京地判平 7.2.13（百選Ⅱ〔第 7 版〕58 事
　件）・・・・・・・・・・・・・・・・・・・・・・・・ 503
最大判平 7.2.22（百選Ⅱ 107 事件）379, 381
横浜地判平 7.3.28（百選Ⅰ 20 事件）・・・ 63
千葉地判平 7.6.2（百選Ⅱ〔第 7 版〕122 事
　件）・・・・・・・・・・・・・・・・・・・・・・・・ 283
千葉地判平 7.12.13（百選Ⅰ 59 事件）・・ 123
最決平 8.2.6 ・・・・・・・・・・・・・・・ 509
最判平 8.2.8（百選Ⅰ 1 事件）・・・・・・・ 215
最決平 8.4.26 ・・・・・・・・・・・・・・・ 499
東京地判平 8.6.26（平 8 重判 3 事件）・・・ 83
大阪地判平 8.7.8（百選Ⅱ 90 事件）・・・・ 326
浦和地判平 8.7.30 ・・・・・・・・・・・・ 121
東京高判平 8.8.7 ・・・・・・・・・・・・・・ 172
千葉地判平 8.9.17 ・・・・・・・・・・・・・ 41
最判平 9.6.16（平 9 重判 2 事件）・・・・・・ 74
大阪地判平 9.8.20 ・・・・・・・・・・・・ 172
最決平 9.10.21（百選Ⅱ 84 事件）・・・・・ 293
大阪高判平 10.6.24（百選Ⅰ 33 事件）・・・ 85
最決平 10.7.14（百選Ⅱ 116 事件）・・・・・ 271
大阪高判平 10.7.16 ・・・・・・・・・・・・ 395
最決平 10.11.25（百選Ⅱ 73 事件）・・・・・ 507
最決平 11.12.9（百選Ⅱ 36 事件）・・ 457, 458
最決平 11.12.20（百選Ⅱ〔第 7 版〕95 事
　件）・・・・・・・・・・・・・・・・・・・・・・・・ 341
最決平 12.2.17（百選Ⅱ 23 事件）・・・・・ 441
札幌高判平 12.3.16（百選Ⅰ 85 事件）・・ 211
最決平 12.3.27 ・・・・・・・・・・・・・・・ 491
最判平 12.12.15（百選Ⅱ 37 事件）・・・・・ 458
最判平 12.12.15 ・・・・・・・・・・・・ 457, 458
最決平 12.12.20（百選Ⅰ 53 事件）・・・・・ 121
最判平 13.2.9（平 13 重判 5 事件）・・・・ 238
東京地判平 13.3.28（百選Ⅰ〔第 7 版〕55
　事件）・・・・・・・・・・・・・・・・・・・・・ 119

東京高判平 13.4.9（百選Ⅰ71 事件）‥ 132
最判平 13.7.16（百選Ⅱ〔第 7 版〕101 事
　件）‥‥‥‥‥‥‥‥‥‥‥ 361, 362
最判平 13.7.19（百選Ⅱ49 事件）‥‥‥ 493
東京高判平 13.9.11　‥‥‥‥‥‥‥ 510
最決平 13.10.25（平 13 重判 4 事件）‥‥16
最決平 13.11.5（百選Ⅱ67 事件）‥‥‥ 521
最決平 14.2.8‥‥‥‥‥‥‥‥‥‥ 250
最決平 14.2.14　‥‥‥‥‥‥‥‥‥ 468
最決平 14.7.1（百選Ⅱ75 事件）‥‥‥‥ 532
大阪高判平 14.9.4（百選Ⅰ28 事件）‥‥89
最決平 14.9.30（百選Ⅱ24 事件）‥‥ 438, 441
最決平 14.10.21（平 14 重判 5 事件）‥ 483
最決平 14.10.22（平 14 重判 8 事件）‥ 379
最決平 15.1.14（百選Ⅱ110 事件）‥‥‥ 386
最判平 15.1.24（百選Ⅰ7 事件）‥‥‥‥ 117
最決平 15.2.18（百選Ⅱ74 事件）‥‥‥ 513
最判平 15.3.11　‥‥‥‥‥‥‥‥‥ 438
最決平 15.3.12（百選Ⅱ52 事件）‥‥ 499, 500
最決平 15.3.18　‥‥‥‥‥‥‥‥‥ 505
最決平 15.4.14（百選Ⅱ85 事件）‥‥‥ 301
最大判平 15.4.23（百選Ⅱ69 事件）‥‥‥ 524
最決平 15.5.1（百選Ⅰ76 事件）‥‥‥ 163
最決平 15.6.2（百選Ⅱ87 事件）‥‥‥ 308
最決平 15.7.16（百選Ⅰ13 事件）‥‥‥‥35
最決平 15.10.6（百選Ⅱ96 事件）‥‥‥ 340
最判平 15.12.9　‥‥‥‥‥‥‥‥‥ 489
最決平 16.1.20（百選Ⅰ73 事件）‥‥‥‥16
最決平 16.2.9（百選Ⅱ55 事件）‥‥‥ 496
最決平 16.2.17（平 16 重判 1 事件）‥‥‥35
最決平 16.3.22（百選Ⅰ64 事件）‥‥‥‥52
最決平 16.8.25（百選Ⅱ28 事件）‥‥‥ 447
最決平 16.10.19（平 16 重判 2 事件）‥‥34
最決平 16.11.30（百選Ⅱ31 事件）‥‥‥ 456
最判平 16.12.10（百選Ⅱ43 事件）‥‥‥ 468
大阪高判平 16.12.21　‥‥‥‥‥‥‥ 500
最決平 17.3.11（百選Ⅱ105 事件）‥‥‥ 379
大阪地判平 17.3.29　‥‥‥‥‥‥‥ 483
最決平 17.3.29（百選Ⅰ5 事件）‥‥ 396, 398
最判平 17.4.14（百選Ⅰ103 事件）
　‥‥‥‥‥‥‥‥‥‥‥‥ 250, 517
神戸地判平 17.4.26　‥‥‥‥‥‥‥ 464
最決平 17.7.4（百選Ⅰ6 事件）‥‥‥‥10, 152
札幌高判平 17.8.18（百選Ⅱ124 事件）　280

最決平 17.10.7（平 17 重判 8 事件）‥‥‥ 513
最判平 17.11.8（平 17 重判 5 事件）‥‥‥‥70
最決平 17.11.15（百選Ⅰ55 事件）‥‥‥ 125
最決平 17.12.6（百選Ⅱ12 事件）‥‥ 426, 427
最決平 18.1.17（百選Ⅱ80 事件）‥‥‥ 538
最決平 18.1.23（平 18 重判 10 事件）‥‥ 380
最決平 18.2.14（百選Ⅱ59 事件）‥‥‥ 503
最決平 18.2.27（平 18 重判 2 事件）‥‥‥38
最決平 18.3.14（百選Ⅱ〔第 7 版〕7 事件）
　‥‥‥‥‥‥‥‥‥‥‥‥‥‥‥ 410
最決平 18.3.27（百選Ⅰ11 事件）‥‥‥‥‥34
最決平 18.8.21　‥‥‥‥‥‥‥‥‥ 501
最決平 18.8.30（平 18 重判 6 事件）‥‥‥ 478
最決平 18.11.21（百選Ⅰ83 事件）‥‥‥ 177
最決平 18.12.13（平 19 重判 1 事件）‥‥ 270
最決平 19.3.20（百選Ⅰ79 事件）‥‥ 537, 538
最決平 19.3.26（平 19 重判 2 事件）‥‥‥ 118
最決平 19.4.13（平 19 重判 7 事件）‥‥‥ 445
最決平 19.7.2（百選Ⅱ18 事件）‥‥ 316, 439
最決平 19.7.17（平 19 重判 9 事件）‥‥‥ 483
最決平 19.11.13（平 20 重判 12 事件）‥‥ 288
最決平 19.12.3　‥‥‥‥‥‥‥‥‥ 246
最決平 20.1.22（百選Ⅱ15 事件）‥‥‥ 370
最決平 20.2.18（百選Ⅱ35 事件）‥‥‥ 528
最決平 20.3.3（百選Ⅰ56 事件）‥‥‥‥ 126
東京高判平 20.3.19（百選Ⅱ42 事件）‥‥ 463
最判平 20.4.11（平 20 重判 8 事件）‥‥‥ 313
最判平 20.4.25（平 20 重判 4 事件）‥‥‥‥96
最決平 20.5.19　‥‥‥‥‥‥‥‥‥ 513
最決平 20.5.20（百選Ⅰ26 事件）‥‥‥‥79
東京地判平 20.5.27　‥‥‥‥‥‥‥‥95
神戸地判平 20.5.28　‥‥‥‥‥‥‥ 483
最決平 20.6.25（百選Ⅰ27 事件）‥‥‥‥75
最決平 20.10.16（平 20 重判 6 事件）‥‥ 409
最決平 21.2.24（平 21 重判 2 事件）‥‥‥‥75
東京高判平 21.3.12　‥‥‥‥‥‥‥ 442
最決平 21.3.16（平 21 重判 8 事件）‥‥‥ 385
最決平 21.3.26（平 21 重判 6 事件）‥‥‥ 522
最決平 21.6.29（百選Ⅱ30 事件）‥‥‥ 445
最決平 21.6.30（百選Ⅰ97 事件）‥‥‥ 196
最判平 21.7.13（平 21 重判 4 事件）‥‥‥ 314
最決平 21.7.14（平 21 重判 7 事件）‥‥‥ 269
最判平 21.7.16（平 21 重判 1 事件）‥‥‥‥73
最判平 21.10.19（平 22 重判 6 事件）‥‥ 163

東京高判平 21.11.16（百選Ⅱ 41 事件）
・・・・・・・・・・・・・・・・・・・・・ 464
最判平 21.11.30（百選Ⅱ 17 事件）・・・・ 316
最決平 21.12.7（百選Ⅰ 21 事件）・・・・・・ 63
最決平 21.12.8（百選Ⅰ 35 事件）・・・・・・ 97
最決平 22.3.15（平 22 重判 9 事件）・・・・ 434
最決平 22.3.17（百選Ⅰ 102 事件）・・・・ 242
最決平 22.5.31 ・・・・・・・・・・・・・・・・・ 163
最決平 22.5.31（平 22 重判 1 事件）・・・・ 116
東京高判平 22.6.3（平 23 重判 1 事件）
・・・・・・・・・・・・・・・・・・・・・ 227
最決平 22.7.29（百選Ⅱ 50 事件）・・・・・ 484
東京地判平 22.9.6（平 23 重判 6 事件）
・・・・・・・・・・・・・・・・・・・・・ 326
最決平 22.9.7（平 22 重判 12 事件）・・ 380
福岡高判平 22.9.16 ・・・・・・・・・・・・・・・ 59
最決平 22.10.26（平 22 重判 2 事件）
・・・・・・・・・・・・・・・・・・ 120, 125
最決平 22.12.20（平 23 重判 10 事件）・・ 249
東京高判平 23.1.25（百選Ⅱ 44 事件）・・ 474
最判平 23.7.7（平 23 重判 3 事件）・・・・ 439
大阪地判平 23.7.22 ・・・・・・・・・・・・・・・ 98
最決平 23.10.31（平 23 重判 2 事件）・・・ 407
最決平 23.12.19（百選Ⅰ 89 事件）・・・・ 184
最決平 24.1.30（百選Ⅱ 4 事件）・・ 396, 398
最決平 24.2.8（平 24 重判 1 事件）・・・・ 117
最決平 24.2.13（平 24 重判 6 事件）・・・・ 318
最決平 24.7.24（平 24 重判 5 事件）
・・・・・・・・・・・・・・・・・ 396, 398
最決平 24.10.9（平 24 重判 7 事件）・・・・ 528
最決平 24.10.15（百選Ⅱ 103 事件）・・・・ 381
東京高判平 24.10.30（百選Ⅱ 60 事件）
・・・・・・・・・・・・・・・・・・・・・ 503
最決平 24.11.6（百選Ⅱ 81 事件）・・・・・・ 171
東京高判平 24.12.13（平 25 重判 7 事件
・・・・・・・・・・・・・・・・・・・・・ 486
最決平 24.12.17（平 25 重判 5 事件）・・ 246
東京高判平 24.12.18（百選Ⅰ 31 事件）・・ 85
東京高判平 25.2.22（平 25 重判 6 事件）
・・・・・・・・・・・・・・・・・・・・・ 409
東京高判平 25.2.22（平 25 重判 9 事件）
・・・・・・・・・・・・・・・・・・・・・ 363
最決平 25.4.15（百選Ⅰ 84 事件）・・・・・ 184

札幌高判平 25.7.11（平 26 重判 5 事件）
・・・・・・・・・・・・・・・・・・・・・ 395
東京高判平 25.8.28（平 26 重判 1 事件）・・ 49
東京高判平 25.9.4（平 26 重判 9 事件）
・・・・・・・・・・・・・・・・・・・・・ 500
名古屋高金沢支判平 25.10.3（平 27 重判 4
事件）・・・・・・・・・・・・・・・・・・・ 228
最決平 26.3.17（百選Ⅰ 101 事件）・・・・ 242
東京高判平 26.3.26（平 26 重判 10 事件）
・・・・・・・・・・・・・・・・・・・・・ 409
最決平 26.3.28（平 26 重判 7 事件②） 484
最判平 26.3.28（百選Ⅱ 51 事件） 484
最決平 26.4.7（平 26 重判 8 事件）・・・・ 484
名古屋地判平 26.9.19 ・・・・・・・・・・・・ 403
最決平 26.11.25（百選Ⅱ 101 事件）・・・ 362
最決平 28.3.24（百選Ⅱ 6 事件）・・・・・ 403
最決平 28.3.31（百選Ⅱ 119 事件）・・・・ 283
最決平 28.7.12（百選Ⅰ 79 事件）・・・・・・ 175
名古屋高判平 28.9.21（平 28 重判 2 事件）
・・・・・・・・・・・・・・・・・・・・・ 143
最判平 28.12.5（平 29 重判 4 事件）・・・・ 334
最決平 29.3.27（百選Ⅱ 123 事件）・・・・ 278
最判平 29.4.26（百選Ⅰ 23 事件）・・・・ 70
福岡高判平 29.5.31 ・・・・・・・・・・・・・・ 172
最決平 29.6.12（百選Ⅰ 57 事件）・・ 119, 126
最大判平 29.11.29（百選Ⅱ 14 事件）
・・・・・・・・・・・・・・・・・・ 53, 364
最決平 29.12.11（百選Ⅰ 82 事件）・・・・ 171
最判平 30.3.19（百選Ⅱ 9 事件）・・・・ 417
最判平 30.3.22（百選Ⅰ 63 事件）・・ 26, 485
最決平 30.6.26（平 30 重判 4 事件）・・・・ 227
名古屋高金沢支判平 30.10.30（令元重判 3
事件）・・・・・・・・・・・・・・・・・・・ 442

令和

最決令 2.9.30（令 2 重判 4 事件）・・ 172, 401
最決令 2.10.1（令 2 重判 3 事件）・・・・・・ 247

事項索引

ア行

アジャン・プロヴォカトゥール ・・・・・ 179
あっせん収賄罪・・・・・・・・・・・・・・・・ 385
あてはめの錯誤・・・・・・・・・・・・・・・・ 138
あへん煙吸食・場所提供罪・・・・・・ 319
あへん煙吸食器具輸入等罪・・・・・・ 319
あへん煙等所持罪・・・・・・・・・・・・・ 319
あへん煙輸入等罪・・・・・・・・・・・・・ 319
暗証番号・・・・・・・・・・・・・・・・・・・・・ 464
安楽死・・・・・・・・・・・・・・・・・・・・・・・62
遺棄・・・・・・・・・・・・・・・・・ 375, 417
遺棄等致死傷罪・・・・・・・・・・・・・・・ 416
意思決定の自由・・・・・・・・・・ 423, 425
意思侵害説・・・・・・・・・・・・・・・・・・・ 315
意思説・・・・・・・・・・・・・・・・・・・・・・・42
遺失物等横領罪・・・・・・・・・・・・・・・ 527
委託信任関係・・・・・・・・・・・・・ 519, 523
一故意犯説・・・・・・・・・・・・・・・・・・・・44
一罪・・・・・・・・・・・・・・・・・・・・・・・ 240
一部実行全部責任の原則・・・・・・・・ 158
一部執行猶予・・・・・・・・・・・・・・・・・ 233
一部露出説・・・・・・・・・・・・・・・・・・・ 390
一身的処罰阻却事由・・・・・・ 478, 479, 534
一般的・抽象的職務権限・・・・・・・・ 262
一般予防論・・・・・・・・・・・・・・・・・・・ 217
居直り強盗・・・・・・・・・・・・・・・・・・・ 460
囲繞地・・・・・・・・・・・・・・・・・・・・・・ 314
威迫・・・・・・・・・・・・・・・・・・・・・・・ 287
違法一元論・・・・・・・・・・・・・・・・・・・・56
違法減少説・・・・・・・・・・・・・・・・・・・・81
違法状態維持説・・・・・・・・・・・・・・・ 531
違法性・・・・・・・・・・・・・・・・・・・・・・・53
違法性推定機能・・・・・・・・・・・・・・・・12
違法性阻却事由・・・・・・・・・・・・・・・・58
違法性阻却事由説・・・・・・・・・・・・・・88
違法性阻却事由の錯誤・・・・・・・ 97, 107
違法性の意識・・・・・・・・・・・・・ 97, 99
違法性の意識の可能性・・・・・・・・・ 103
違法性の意識の可能性必要説・・・・ 100, 101
違法性の意識必要説・・・・・・・・・・ 100, 101

違法性の意識不要説・・・・・・・ 100, 101, 103
違法性の錯誤・・・・・・・・・・・・・・・ 97, 103
違法・責任減少説・・・・・・・・・・・・・・・81
違法多元論・・・・・・・・・・・・・・・・・・・・56
違法の相対性・・・・・・・・・・・・・・ 55, 56
違法身分・・・・・・・・・・・・・・・・・・・・ 198
意味の認識・・・・・・・・・・・・・・・・・・・・37
威力・・・・・・・・・・・・・・・・・・ 438, 439
因果関係・・・・・・・・・・・・・・・・・・・・・28
因果関係の錯誤・・・・・・・・・・・・・・・・50
因果関係の中断論・・・・・・・・・・・・・・31
因果経過・・・・・・・・・・・・・・・・・・・・ 121
因果的共犯論・・・・・・・・・・・・・・・・・ 154
淫行勧誘罪・・・・・・・・・・・・・・・・・・・ 371
印章・・・・・・・・・・・・・・・・・・・・・・・ 351
隠避・・・・・・・・・・・・・・・・・・・・・・・ 278
陰謀・・・・・・・・・・・・・・・・・・・・・・・ 144
隠滅・・・・・・・・・・・・・・・・・・・・・・・ 282
ウェーバーの概括的故意・・・・・・・・・・50
運搬・・・・・・・・・・・・・・・・・・・・・・・ 530
営業犯・・・・・・・・・・・・・・・・・・・・・・ 241
営利目的等拐取罪・・・・・・・・・・・・・ 427
越権行為説・・・・・・・・・・・・・・・・・・・ 520
延焼・・・・・・・・・・・・・・・・・・・・・・・ 302
延焼罪・・・・・・・・・・・・・・・・・・・・・・ 302
応報刑論・・・・・・・・・・・・・・・・・・・・ 216
往来危険罪・・・・・・・・・・・・・・・・・・・ 307
往来危険による汽車転覆等罪・・・・・・ 309
往来妨害罪・・・・・・・・・・・・・・・・・・・ 306
往来妨害致死傷罪・・・・・・・・・・・・・ 307
横領・・・・・・・・・・・・・・・・・・・・・・・ 520
横領後の横領・・・・・・・・・・・・・・・・・ 524
横領と背任の区別・・・・・・・・・・・・・ 511
大阪南港事件・・・・・・・・・・・・・・・・・・34
置き去り・・・・・・・・・・・・・・・・・・・・ 418
遅すぎた構成要件の実現・・・・・・・・・・50

カ行

概括的故意・・・・・・・・・・・・・・・・ 39, 41
外患援助罪・・・・・・・・・・・・・・・・・・・ 261
外患誘致罪・・・・・・・・・・・・・・・・・・・ 261

外患誘致又は外患援助の予備・陰謀罪　261
外国国章損壊等罪・・・・・・・・・・・・・・・・・・・・・・・　261
外国通貨偽造罪・同行使等罪・・・・・・・・　322
蓋然性説・・・・・・・・・・・・・・・・・・・・・・・・・・・・・・42
外部的名誉・・・・・・・・・・・・・・・・・・・・・・・・・・・　436
解放による刑の減軽・・・・・・・・・・・・・・・・・　430
加害目的・・・・・・・・・・・・・・・・・・・・・・　428, 506
拡張された手段説・・・・・・・・・・・・・・・・・・・　473
確定故意・・・・・・・・・・・・・・・・・・・・・・・　39, 41
科刑上一罪・・・・・・・・・・・・・・・・・・・　240, 246
加減的身分・・・・・・・・・・・・・・・・・・・・・・・・・　198
過失・・・・・・・・・・・・・・・・・・・・・・・　4, 41, 112
過失運転致死傷アルコール等影響発覚免脱罪　404
過失運転致死傷罪・・・・・・・・・　404, 411, 414
過失往来危険罪・・・・・・・・・・・・・・・・・・・・・　312
過失建造物等浸害罪・・・・・・・・・・・・・・・・・　305
過失行為による緊急避難・・・・・・・・・・・・　122
過失傷害罪・・・・・・・・・・・・・・・・・・・・・・・・・　413
過失致死罪・・・・・・・・・・・・・・・・・・・・・・・・・　413
過失による幇助・・・・・・・・・・・・・・・・・・・・・　186
過失の競合・・・・・・・・・・・・・・・・・・・・・・・・・　123
過失犯・・・・・・・・・・・・・・・・・・・・・・・・・・・・・　112
過失犯に対する教唆・・・・・・・・・・・・・・・・・　178
過失犯に対する従犯・・・・・・・・・・・・・・・・・　185
過失犯の共同正犯・・・・・・・・　153, 165, 174
加重収賄・・・・・・・・・・・・・・・・・　384, 385, 389
加重逃走罪・・・・・・・・・・・・・・・・・・・　273, 275
加重封印等破棄罪・・・・・・・・・・・・・・・・・・・　271
過剰避難・・・・・・・・・・・・・・・・・・・・・・・・・・・・85
過剰防衛・・・・・・・・・・・・・・・・・・・・・・・・・・・・73
かすがい現象・・・・・・・・・・・・・・・・・・・・・・・　251
ガス漏出等罪・同致死傷罪・・・・・・・・・　305
仮定的因果経過・・・・・・・・・・・・・・・・・・・・・・29
可能的自由・・・・・・・・・・・・・・・・・・・・・・・・・　420
可罰的違法性・・・・・・・・・・・・・・・・・・・・・・・・55
仮釈放・・・・・・・・・・・・・・・・・・・・・・・・・・・・・　235
仮出場・・・・・・・・・・・・・・・・・・・・・・・・・・・・・　235
科料・・・・・・・・・・・・・・・・・・・・・・・　224, 225
監禁・・・・・・・・・・・・・・・・・・・・・・・・・・・・・・・　421
監護権者・・・・・・・・・・・・・・・・・・・・・・・・・・・　426
監護者性交等罪・・・・・・・・・・・・・・・・・・・・・　368
監護者わいせつ罪・・・・・・・・・・・・・・・・・・・　368
慣習刑法の禁止・・・・・・・・・・・・・・・　214, 216

看守者等による逃走援助罪・・・・・・・・・　277
間接教唆・・・・・・・・・・・・・・・・・・・・・・・・・・・　180
間接従犯（幇助）・・・・・・・・・・・・・・・・・・・　186
間接正犯・・・・・・・・・・・・・・・・・・・・・・・・・・・・13
間接正犯の実行の着手時期・・・・・・・・・・・27
間接正犯類似説・・・・・・・・・・・・・・・・・・・・・・21
間接暴行・・・・・・・・・・・・・・・・・・・・・　263, 404
間接無形偽造・・・・・・・・・・・・・・・・・・・・・・・　501
間接領得罪・・・・・・・・・・・・・・・・・・・・・・・・・　444
監督過失・・・・・・・・・・・・・・・・・・・・・　124, 126
観念的競合・・・・・・・・・・・・・・・・・・・　240, 247
管理過失・・・・・・・・・・・・・・・・・　124, 126, 127
毀棄・・・・・・・・・・・・・・・・・・・　536, 539, 542
偽計・・・・・・・・・・・・・・・・・・・　437, 438, 439
危険運転致死罪・・・・・・・・・・・・・・・　404, 410
危険の現実化の法理・・・・・・・・・・・・・・・・・36
危険の引受・・・・・・・・・・・・・・・・・・・・・・・・・　122
危険犯・・・・・・・・・・・・・・・・・・・・・・・・・・・・・・・3
旗国主義・・・・・・・・・・・・・・・・・・・・・・・・・・・　218
汽車転覆等罪・・・・・・・・・・・・・・・・・・・・・・・　308
汽車転覆等致死罪・・・・・・・・・・・・・・・・・・・　308
記述的構成要件要素・・・・・・・・・・・・・・・・・・5
偽証罪・・・・・・・・・・・・・・・・・・・・・・・・・・・・・　353
キセル乗車・・・・・・・・・・・・・・・・・・・・・・・・・　495
偽造・・・・・・・・・・・　282, 320, 324, 325, 340, 345
偽造公文書行使等罪・・・・・・・・・・・・・・・・・　335
偽造私文書等行使罪・・・・・・・・・・・・・・・・・　343
偽造通貨行使等罪・・・・・・・・・・・・・・・・・・・　321
偽造通貨等収得罪・・・・・・・・・・・・・・・・・・・　322
偽造有価証券行使等罪・・・・・・・・・・・・・・・　346
期待可能性・・・・・・・・・・・・・・・・・・・・・・・・・　110
危難・・・・・・・・・・・・・・・・・・・・・・・・・・・・・・・・83
規範的構成要件要素・・・・・・・・・・・・・・・・・・5
規範的構成要件要素の錯誤・・・・・・・・・　105
器物損壊等罪・・・・・・・・・・・・・・・・・・・・・・・　538
義務の衝突・・・・・・・・・・・・・・・・・・・・・　58, 90
偽名の記載・・・・・・・・・・・・・・・・・・・・・・・・・　341
欺罔行為・・・・・・・・・・・・・・・・・・・・・・・・・・・　483
客体の錯誤・・・・・・・・・・・・・・・・・・・・・・・・・・43
客体の不能・・・・・・・・・・・・・・・・・・・・・・・・・　138
客観的違法要素・・・・・・・・・・・・・・・・・・・・・・54
客観的危険説・・・・・・・・・・・・・・・・・・・・・・・　139
客観的帰属論・・・・・・・・・・・・・・・・・・・・・・・・31
客観的構成要件要素・・・・・・・・・・・・・・・・・・2

旧過失論・・・・・・・・・・・・・・・・・・ 114, 115	共犯の処罰根拠・・・・・・・・・・・・・ 150, 154
吸収関係・・・・・・・・・・・・・・・・・・・・ 242	共犯の離脱・中止・・・・・・・・・・・・・・ 195
旧派（古典派）・・・・・・・・・・・・・95, 216	共謀・・・・・・・・・・・・・・・・・・・・・・・ 162
急迫不正の侵害・・・・・・・・・・・・・・・・70	共謀共同正犯・・・・・・・・・・・・・・ 162, 169
境界損壊罪・・・・・・・・・・・・・・・・・・ 540	共謀の射程・・・・・・・・・・・・・・・・・・ 164
恐喝・・・・・・・・・・・・・・・・・・・・・・・ 514	業務・・・・・ 59, 113, 304, 413, 438, 440, 527
恐喝罪・・・・・・・・・・・・・・・・・・・・・ 514	業務上横領罪・・・・・・・・・・・・・・・・・ 527
凶器・・・・・・・・・・・・・・・・・・・・・・・ 412	業務上過失致死傷罪・・・・・・・・・・・・・ 413
凶器準備結集罪・・・・・・・・・・・・・・・ 411	業務上失火罪・・・・・・・・・・・・・・・・・ 304
凶器準備集合罪・・・・・・・・・・・・・・・ 411	業務上堕胎罪・同致死傷罪・・・・・・・・・ 415
狭義の共犯・・・・・・・・・・・ 148, 161, 176	業務妨害罪・・・・・・・・・・・・・・・ 437, 438
狭義の相当性・・・・・・・・・・・・・・・・・33	強要罪・・・・・・・・・・・・・・・・・・・・・ 425
狭義の包括一罪・・・・・・・・・・・・・・・ 242	強要による緊急避難・・・・・・・・・・・・・84
教唆の未遂・・・・・・・・ 155, 156, 177, 179	供用物件・・・・・・・・・・・・・・・・・・・ 227
教唆犯・・・・・・・・・・・・・・・・・ 148, 176	虚偽鑑定等罪・・・・・・・・・・・・・・・・・ 357
御璽偽造罪・同不正使用等罪・・・・・・・ 350	虚偽公文書作成罪の間接正犯・・・・・・・ 331
強制執行関係売却妨害罪・・・・・・・・・ 270	虚偽公文書作成等罪・・・・・・・・・・・・・ 330
強制執行行為妨害等罪・・・・・・・・・・・ 270	虚偽告訴等罪・・・・・・・・・・・・・・・・・ 357
強制執行妨害目的財産損壊等罪・・・・・ 268	虚偽診断書等作成罪・・・・・・・・・・・・・ 342
強制性交等罪・・・・・・・・・・・・・・・・ 365	虚偽の記入・・・・・・・・・・・・・・・・・・ 346
強制性交等致死傷罪・・・・・・・・・・・・ 369	虚偽の陳述・・・・・・・・・・・・・・・・・・ 353
強制わいせつ・強制性交等致死傷罪・・ 369	御璽偽造罪・同不正使用等罪・・・・・・・ 350
強制わいせつ罪・・・・・・・・・・・・・・・ 363	挙動による詐欺・・・・・・・・・・・・・・・ 483
強制わいせつ致死傷罪・・・・・・・・・・・ 369	挙動犯・・・・・・・・・・・・・・・・・・・・・・ 3
強談・・・・・・・・・・・・・・・・・・・・・・ 287	緊急行為・・・・・・・・・・・・・・・・・ 58, 68
共同教唆・・・・・・・・・・・・・・・・・・・ 178	緊急避難・・・・・・・・・・・・・・・・・ 58, 81
共同従犯・・・・・・・・・・・・・・・・・・・ 185	禁錮・・・・・・・・・・・・・・・・・・・ 224, 225
共同正犯・・・・・・・・・・・・・・・ 148, 158	禁制品・・・・・・・・・・・・・・・・・・ 445, 532
共同正犯と正当防衛・過剰防衛・・・・・・ 165	偶然防衛・・・・・・・・・・・・・・・・・・・・77
共同正犯と量的過剰・・・・・・・・・・・・ 168	具体的危険説・・・・・・・・・・・・・・・・・ 139
共同正犯の本質・・・・・・・・・・・・・・・ 158	具体的危険犯・・・・・・・・・・・・・・・・・・ 3
脅迫・・・・・・・・ 263, 275, 288, 423, 459	具体的事実の錯誤・・・・・・・・・・・・・・43
脅迫罪・・・・・・・・・・・・・・・・・・・・・ 423	具体的職務権限・・・・・・・・・・・・・・・ 262
共罰的事後行為・・・・・・・・・・・・・・・ 242	具体的符合説・・・・・・・・・・・・・・・・・43
共犯・・・・・・・・・・・・・・・・・・・・・・ 147	具体的予見可能性説・・・・・・・・・ 118, 119
共犯関係からの離脱・・・・・・・・・・・・ 195	クレジットカード詐欺・・・・・・・・・・・ 496
共犯従属性説・・・・・・・・・・・・・・・・ 156	クロロホルム事件・・・・・・・・・・・・・・52
共犯と間接正犯の錯誤・・・・・・・・・・・ 194	傾向犯・・・・・・・・・・・・・・・・・・・4, 53
共犯と罪数・・・・・・・・・・・・・・・・・ 252	形式主義・・・・・・・・・・・・・・・・・・・ 323
共犯と錯誤・・・・・・・・・・・・・・・・・ 191	形式的違法性・・・・・・・・・・・・・・・・・53
共犯と中止・・・・・・・・・・・・・・・・・ 197	形式的客観説・・・・・・・・・・・・・ 25, 129
共犯と身分・・・・・・・・・・・・・・・・・ 198	形式的二分説・・・・・・・・・・・・・・・・・84
共犯の過剰・・・・・・・・・・・・・・・・・ 191	形式犯・・・・・・・・・・・・・・・・・・・・・・ 3
共犯の従属性・・・・・・・・・・・・・・・・ 155	刑事未成年者・・・・・・・・・・・・・・・・・95

継続犯・・・・・・・・・・・・・・・・・・・・・ 4
刑の減免・・・・・・・・・・・・・・・・・・ 237
刑の時効・・・・・・・・・・・・・・・・・・ 236
刑の執行猶予・・・・・・・・・・・・ 229, 230
刑の消滅・・・・・・・・・・・・・・・・・・ 236
刑の廃止・・・・・・・・・・・・・・・・・・ 223
刑の変更・・・・・・・・・・・・・・・・・・ 222
刑法理論・・・・・・・・・・・・・・・・・・ 216
激発物破裂罪・・・・・・・・・・・・・・・・ 304
結果回避可能性説・・・・・・・・・・・・・・30
結果回避義務違反・・・・・・・・・・・・・ 114
結果行為説・・・・・・・・・・・・・・・・・・21
結果説・・・・・・・・・・・・・・・・・25, 129
結果的加重犯・・・・・・・・・・・・・・・・・ 7
結果的加重犯の共同正犯・・・・ 165, 175, 176
結果犯・・・・・・・・・・・・・・・・・・・・ 3
結果無価値論・・・・・・・・・・・・・・・・・55
結果予見義務違反・・・・・・・・・・・・・ 114
結合犯・・・・・・・・・・・・・・・・・・・ 470
原因において自由な行為・・・・・・・・・・・19
厳格故意説・・・・・・・・・ 100, 101, 103, 104
厳格責任説・・・・・・・・・ 100, 105, 434, 435
幻覚犯・・・・・・・・・・・・・・・・・・・ 138
喧嘩と正当防衛・・・・・・・・・・・・・・・73
現在の危難・・・・・・・・・・・・・・・・・・82
限時法・・・・・・・・・・・・・・・・・・・ 223
現住建造物等浸害罪・・・・・・・・・・・・ 305
現住建造物放火罪・・・・・・・・・・・・・ 293
建造物等以外放火罪・・・・・・・・・・・・ 300
建造物等損壊罪・同致死傷罪・・・・・・・ 537
建造物の一体性・・・・・・・・・・・・・・ 294
限定主観説・・・・・・・・・・・・・・・・ 134
現場共謀・・・・・・・・・・・・・・・・・ 160
現場助勢罪・・・・・・・・・・・・・・・・ 400
権利行使と恐喝・・・・・・・・・・・・・・ 515
権利者排除意思・・・・・・・・・・・・・・ 454
牽連犯・・・・・・・・・・・・・ 240, 246, 249
故意・・・・・・・・・・・・・・・・・・4, 37
故意ある幇助の道具・・・・・・・・・・ 15, 18
故意犯処罰の原則・・・・・・・・・・・・・ 112
行為共同説・・・・・・・・・・・・・ 150, 158
行為責任論・・・・・・・・・・・・・・・・・92
行為説・・・・・・・・・・・・・・・・・・ 129
行為と責任の同時存在の原則・・・・・・・・19

行為無価値論・・・・・・・・・・・・・・・・・55
行為論・・・・・・・・・・・・・・・・・・・ 8
公印偽造罪・同不正使用等罪・・・・・・・ 350
公記号偽造罪・同不正使用等罪・・・・・ 350
広義の相当性・・・・・・・・・・・・・・・・33
公共の危険・・・・・・・・・・・・・・・・ 301
公共の危険の認識の要否・・・・・・・ 300, 301
公共の利害に関する事実・・・・・・・・・ 433
公共の利害に関する場合の特例・・・・・ 432
抗拒不能・・・・・・・・・・・・・・・・・ 367
公契約関係競売等妨害罪・・・・・・・・・ 271
行使・・・・・・・・・・・・・ 321, 335, 347
行使の目的・・・・・・・・・・・ 320, 326, 346
強取・・・・・・・・・・・・・・・・・・・ 459
公正証書原本不実記載罪・・・・・・・・・ 333
公正証書原本不実記載等罪・・・・・・・・ 333
構成の身分・・・・・・・・・・・・・・・・ 198
構成要件・・・・・・・・・・・・・・・・・・ 2
構成要件的故意・・・・・・・・・・・・・・・37
構成要件的行為・・・・・・・・・・・・・・・ 3
構成要件の符合説・・・・・・・・・ 47, 48, 49
構成要件標準説・・・・・・・・・・・・・・ 240
公然・・・・・・・・・・・・・・・・ 359, 432
公然わいせつ罪・・・・・・・・・・・・・・ 359
高速道路等妨害運転致死傷罪・・・・・・・ 410
強談・・・・・・・・・・・・・・・・・・・ 287
公電磁的記録不正作出罪・・・・・・・・・ 344
強盗・強制性交等罪・・・・・・・・・・・ 476
強盗・強制性交等致死罪・・・・・・・・・ 476
強盗罪・・・・・・・・・・・・・・・・・・ 459
行動制御能力・・・・・・・・・・・・・95, 408
強盗致死傷罪・・・・・・・・・・・・・・・ 471
強盗の機会・・・・・・・・・・・・・・・・ 473
強盗予備罪・・・・・・・・・・・・・・・・ 467
強盗利得罪・・・・・・・・・・・・・ 459, 464
公文書偽造等罪・・・・・・・・・・・・・・ 324
公務員職権濫用罪・・・・・・・・・・・・・ 375
公務員の国外犯・・・・・・・・・・・・・・ 221
公務執行妨害罪・・・・・・・・・・・・・・ 262
公務と業務・・・・・・・・・・・・・・・・ 440
公用文書等毀棄罪・・・・・・・・・・・・・ 535
拘留・・・・・・・・・・・・・・・・・・・ 225
国内犯・・・・・・・・・・・・・・・・・・ 218
国民以外の者の国外犯・・・・・・・・・・ 220

国民の国外犯・・・・・・・・・・・・・・・・	219
誤想過剰自救行為・・・・・・・・・・・・	98
誤想過剰避難・・・・・・・・・・・・・・・	98
誤想過剰防衛・・・・・・・・・・・・・・・	108
誤想自救行為・・・・・・・・・・・・・・・	98
誤想避難・・・・・・・・・・・・・・・・・	98
誤想防衛・・・・・・・・・・・・・・・・・	97
国家緊急救助・・・・・・・・・・・・・・・	72
国家的法益と詐欺・・・・・・・・・・・・	490
コピー・ファクシミリの文書性・・・・・	327
誤振込み・・・・・・・・・・・・・・・・・	499
混合惹起説・・・・・・・・・・・・・・・・	154
混合的包括一罪・・・・・・・・・・・・・	242
昏酔強盗罪・・・・・・・・・・・・・・・・	470

サ行

再間接教唆・・・・・・・・・・・・・・・・	180
再間接従犯（幇助）・・・・・・・・・・・	186
罪刑法定主義・・・・・・・・・・・・・・・	214
財産上の損害・・・・・・・・・・・	501, 508
罪質符合説・・・・・・・・・・・・・・・・	47
罪数論・・・・・・・・・・・・・・・・・・	240
再犯・・・・・・・・・・・・・・・・・・・	253
財物・・・・・・・・・・・・・・・・	445, 481
罪名従属性・・・・・・・・・・・・	150, 155
詐欺罪・・・・・・・・・・・・・・・・・・	482
詐欺利得罪・・・・・・・・・・・・・・・・	482
作為義務・・・・・・・・・・・・・・・・・	10
作為義務の錯誤・・・・・・・・・・・・・	12
作為義務の発生根拠・・・・・・・・・・・	10
作為の可能性・容易性・・・・・・・・・・	11
錯誤・・・・・・・・・・・・・・・・・・・	42
作成者・・・・・・・・・・・・・・・・・・	325
差押え等に係る自己の物に関する特例	
・・・・・・・・・・・・・・・・・・・・・	303
殺人罪・・・・・・・・・・・・・・・・・・	390
殺人予備罪・・・・・・・・・・・・・・・・	391
三角詐欺・・・・・・・・・・・・・・・・・	487
三徴候説・・・・・・・・・・・・・・・・・	390
私印偽造罪・同不正使用等罪・・・・・・・	350
資格の冒用・・・・・・・・・・・・・・・・	340
時間的適用範囲・・・・・・・・・・・・・	222
自救行為・・・・・・・・・・・・・・・・・	89
死刑・・・・・・・・・・・・・・・・・・・	225

事項的適用範囲・・・・・・・・・・・・・	224
事後強盗罪・・・・・・・・・・・・・・・・	467
事後収賄罪・・・・・・・・・・・・	384, 385
自己所有の非現住建造物放火・・・・・・・	299
自己堕胎罪・・・・・・・・・・・・・・・・	415
事後的奪取意思・・・・・・・・・・・・・	462
自己の物の損壊等・・・・・・・・・・・・	540
自己予備・・・・・・・・・・・・・・・・・	144
自殺関与罪・・・・・・・・・・・・・・・・	392
自殺教唆・・・・・・・・・・・・・・・・・	392
自殺幇助・・・・・・・・・・・・・・・・・	392
事実証明に関する文書・・・・・・・・・・	337
事実の錯誤・・・・・・・・・・・・・・・・	42
事実の錯誤と法律の錯誤の区別・・・・・	105
死者の占有・・・・・・・・・・・・・・・・	451
死者の名誉毀損罪・・・・・・・・・・・・	432
自首・・・・・・・・・・・・・・・・・・・	238
自首による刑の免除・・・・・・・・・・・	260
自手犯・・・・・・・・・・・・・・・・・・	14
自招危難・・・・・・・・・・・・・・・・・	84
自招侵害・・・・・・・・・・・・・・・・・	79
事前収賄罪・・・・・・・・・・・・	378, 384
私戦予備罪・陰謀罪・・・・・・・・・・・	261
自損行為・・・・・・・・・・・・・・・・・	61
死体損壊等罪・・・・・・・・・・・・・・・	374
失火罪・・・・・・・・・・・・・・・・・・	303
実行行為・・・・・・・・・・・・・・・・・	8
実行従属性・・・・・・・・・・・・	155, 156
実行の着手・・・・・・・・・・・・・・・・	24
実行未遂・・・・・・・・・・・・・	130, 135
執行猶予・・・・・・・・・・・・・・・・・	230
実質主義・・・・・・・・・・・・・・・・・	323
実質的違法性・・・・・・・・・・・・・・・	53
実質的客観説・・・・・・・・・・・	25, 129
実質犯・・・・・・・・・・・・・・・・・・	3
実体的デュー・プロセス・・・・・・・・・	215
質的過剰・・・・・・・・・・・・・	73, 165
私電磁的記録不正作出罪・・・・・・・・・	344
自動車運転死傷行為処罰法・・・・・・・・	406
自白による刑の減免・・・・・・・	353, 357
支払用カード電磁的記録不正作出罪・・・	348
支払用カード電磁的記録不正作出準備罪	
・・・・・・・・・・・・・・・・・	348, 349

支払用カード電磁的記録不正作出等罪 ・・・・・・・・・・・・・・・ 348
支払用のカード ・・・・・・・・・・・・・・・ 348
私文書偽造等罪 ・・・・・・・・・・・・・・・ 336
事務処理者 ・・・・・・・・・・・・・・・・・・ 505
社会的責任論 ・・・・・・・・・・・・・・・・・・91
酌量減軽 ・・・・・・・・・・・・・・・・・・・・ 254
重過失致死傷罪 ・・・・・・・・・・・ 413, 414
住居侵入罪 ・・・・・・・・・・・・・・・・・・ 312
集合犯 ・・・・・・・・・・・・・・・・ 148, 241
重婚罪 ・・・・・・・・・・・・・・・・・・・・・ 371
重失火罪 ・・・・・・・・・・・・・・・・・・・ 304
収受 ・・・・・・・・・・・・・・・・・・・・・・ 381
修正惹起説 ・・・・・・・・・・・・・・・・・ 154
重大な寄与 ・・・・・・・・・・・・・・・・・ 164
重大な錯誤説 ・・・・・・・・・・・・・・・・・68
収得後知情行使等罪 ・・・・・・・・・・・ 322
従犯 ・・・・・・・・・・・・・・・・・・・・・・ 183
従犯の教唆 ・・・・・・・・・・・・・・・・・ 180
主観的違法要素 ・・・・・・・・・・・・・・・54
主観的構成要件要素 ・・・・・・・・・・・・ 4
主刑 ・・・・・・・・・・・・・・・・・・・・・・ 224
主体の不能 ・・・・・・・・・・・・・・・・・ 138
受託収賄罪 ・・・・・・・・・・・・・ 378, 383
出水危険罪 ・・・・・・・・・・・・・・・・・ 306
取得物件 ・・・・・・・・・・・・・・・・・・・ 227
首服 ・・・・・・・・・・・・・・・・・・・・・・ 239
準危険運転致死傷罪 ・・・・・・・・・・・ 404
準強制性交等罪 ・・・・・・・・・・・・・・ 367
準強制わいせつ罪 ・・・・・・・・・・・・ 367
準詐欺罪 ・・・・・・・・・・・・・・・・・・・ 513
順次共謀 ・・・・・・・・・・・・・・・・・・・ 160
純粋惹起説 ・・・・・・・・・・・・・・・・・ 154
傷害 ・・・・・・・・・・・・・・・・・・・・・・ 396
傷害罪 ・・・・・・・・・・・・・・・・・・・・ 396
傷害致死罪 ・・・・・・・・・・・・・・・・・ 399
障害未遂 ・・・・・・・・・・・・・・・・・・・ 129
消火妨害罪 ・・・・・・・・・・・・・・・・・ 303
消極的身分犯 ・・・・・・・・・・・・・・・・ 199
承継的共同正犯 ・・・・・・・・・ 164, 170
承継的従犯 ・・・・・・・・・・・・・・・・・ 185
条件関係 ・・・・・・・・・・・・・・・・・・・・28
証拠 ・・・・・・・・・・・・・・・・・ 282, 283
証拠隠滅等罪 ・・・・・・・・・・・・・・・・ 281

証拠偽造罪 ・・・・・・・・・・・・・・・・・ 282
常習性 ・・・・・・・・・・・・・・・・・・・・ 372
常習賭博罪 ・・・・・・・・・・・・・ 202, 372
詔書偽造等罪 ・・・・・・・・・・・・・・・・ 324
浄水汚染罪 ・・・・・・・・・・・・・・・・・ 319
浄水汚染等致死傷罪 ・・・・・・・・・・・ 319
浄水毒物等混入罪 ・・・・・・・・・・・・ 319
使用窃盗 ・・・・・・・・・・・・・・・・・・・ 454
焼損 ・・・・・・・・・・・・・・・・・・・・・・ 295
状態犯 ・・・・・・・・・・・・・・・・・・・・・ 4
承諾殺人 ・・・・・・・・・・・・・・・・・・・ 394
証人等威迫罪 ・・・・・・・・・・・・・・・・ 287
私用文書等毀棄罪 ・・・・・・・・・・・・ 536
情報の不正入手 ・・・・・・・・・・・・・・ 481
条約による国外犯 ・・・・・・・・・・・・ 221
嘱託殺人 ・・・・・・・・・・・・・・・・・・・ 394
職務 ・・・・・・・・・・・・・・・・・ 262, 379
職務強要罪 ・・・・・・・・・・・・・ 262, 267
職務行為 ・・・・・・・・・・・・・・・・・・・58
職務に関し ・・・・・・・・・・・・・・・・・ 379
職務の適法性 ・・・・・・・・・・・・・・・ 262
職務密接関連行為 ・・・・・・・・・・・・ 380
職務を執行するに当たり ・・・・・・・・ 262
所在国外移送目的拐取罪 ・・・・・・・・ 429
職権 ・・・・・・・・・・・・・・・・・・・・・・ 375
職権の濫用 ・・・・・・・・・・・・・・・・・ 375
処分意思 ・・・・・・・・・・・・・・・・・・・ 491
処分行為 ・・・・・・・・・・・・・・ 486, 515
処分行為の要否 ・・・・・・・・・・・・・・ 466
署名 ・・・・・・・・・・・・・・・・・・・・・・ 351
侵害犯 ・・・・・・・・・・・・・・・・・・・・・ 3
人格責任論 ・・・・・・・・・・・・・・・・・・93
人格の同一性 ・・・・・・・・・・・・・・・ 340
新過失論 ・・・・・・・・・・・・・・・・・・・ 114
信号無視運転致死傷罪 ・・・・・・・・・・ 409
親告罪 ・・・・・・・ 318, 367, 431, 437, 542
真実性の錯誤 ・・・・・・・・・・・・・・・ 433
真実性の証明 ・・・・・・・・・・・・・・・ 434
信書隠匿罪 ・・・・・・・・・・・・・・・・・ 541
信書開封罪 ・・・・・・・・・・・・・・・・・ 317
心神耗弱 ・・・・・・・・・・・・・・・・・・・・19
心神喪失 ・・・・・・・・・・・・・・・・・・・・19
人身売買罪 ・・・・・・・・・・・・・・・・・ 429
真正不作為犯 ・・・・・・・・・・・・・・・・・ 9

真正身分犯・・・・・・・・・・・・・・・・・ 2, 200	絶対的不定期刑の禁止・・・・・・・・・・・・ 215
親族間の犯罪に関する特例・・・・・・・・ 478	折衷的相当因果関係説・・・・・・・・・・・・・36
親族相盗例・・・・・・・・・・・・・・・・・・・ 478	窃盗・・・・・・・・・・・・・・・・・・・・・・・・ 444
親族等の間の犯罪に関する特例・・・・・ 533	窃盗罪・・・・・・・・・・・・・・・・・・・・・・ 444
親族による犯罪に関する特例・・・・・・・ 285	窃盗の機会・・・・・・・・・・・・・・・・・・・ 468
侵奪・・・・・・・・・・・・・・・・・・・・・・・ 457	是非弁別能力・・・・・・・・・・・・・・95, 408
侵入・・・・・・・・・・・・・・・・・・・・・・・ 314	専断的治療行為・・・・・・・・・・・・・・・・・61
新派（近代派）・・・・・・・・・・・・・95, 216	全部露出説・・・・・・・・・・・・・・・・・・・ 390
信用・・・・・・・・・・・・・・・・・・・・・・・ 438	占有・・・・・・・・・・・・・・・・・・・・・・・ 445
信用毀損罪・・・・・・・・・・・・・・・・・・・ 437	占有説・・・・・・・・・・・・・・・・・・・・・・ 450
信頼の原則・・・・・・・・・・・・・・・・・・・ 117	相当因果関係説・・・・・・・・・・・・・・・・・31
水道汚染罪・・・・・・・・・・・・・・・・・・・ 319	蔵匿・・・・・・・・・・・・・・・・・・・・・・・ 278
水道損壊罪・同閉塞罪・・・・・・・・・・・・ 319	騒乱罪・・・・・・・・・・・・・・・・・・・・・・ 288
水道毒物等混入罪・同致死罪・・・・・・・ 319	贈賄罪・・・・・・・・・・・・・・・・・・・・・・ 387
水防妨害罪・・・・・・・・・・・・・・・・・・・ 305	遡及処罰の禁止・・・・・・・・・・・ 214, 222
水利妨害罪・・・・・・・・・・・・・・・・・・・ 306	属人主義・・・・・・・・・・・・・・・・ 220, 221
数故意犯説・・・・・・・・・・・・・・・・・・・・44	即成犯・・・・・・・・・・・・・・・・・・・・・・・・4
すべての者の国外犯・・・・・・・・・・・・・ 218	属地主義・・・・・・・・・・・・・・・・ 218, 221
スワット事件・・・・・・・・・・・・・・・・・ 163	訴訟詐欺・・・・・・・・・・・・・・・・・・・・ 498
性格責任論・・・・・・・・・・・・・・・・・・・・92	組成物件・・・・・・・・・・・・・・・・・・・・ 227
性格論的責任論・・・・・・・・・・・・・・・・・92	損壊・・・・・ 268, 275, 307, 374, 442, 538, 542
税関職員あへん煙輸入等罪・・・・・・・・ 319	尊厳死・・・・・・・・・・・・・・・・・・・・・・・63
制御困難運転致死傷罪・・・・・・・・・・・ 408	
制限故意説・・・・・・・・・・・・・・・・・・・ 100	## タ行
制限責任説・・・・・・・・・・・・・・・・・・・ 100	対価物件・・・・・・・・・・・・・・・・・・・・ 227
性交等・・・・・・・・・・・・・・・・・・・・・・ 366	対向犯・・・・・・・・・・・・・・・・・・・・・・ 148
生成物件・・・・・・・・・・・・・・・・・・・・ 227	第三者供賄罪・・・・・・・・・・・・・・・・・ 384
請託・・・・・・・・・・・・・・・・・・・・・・・ 383	胎児性致死傷・・・・・・・・・・・・・・・・・ 396
正当業務行為・・・・・・・・・・・・・・・・・・58	対物防衛・・・・・・・・・・・・・・・・・・・・・76
正当行為・・・・・・・・・・・・・・・・・・・・・58	逮捕・・・・・・・・・・・・・・・・・・・・・・・ 421
正当防衛・・・・・・・・・・・・・・・・・・・・・68	逮捕・監禁罪・・・・・・・・・・・・・・・・・ 421
正犯意思・・・・・・・・・・・・・・・・・・・・ 163	逮捕・監禁致死傷罪・・・・・・・・・・・・・ 421
正犯性・・・・・・・・・・・・・・・・・・・・・・ 163	代理名義の冒用・・・・・・・・・・・・・・・ 338
世界主義・・・・・・・・・・・・・・・・・・・・ 221	択一関係・・・・・・・・・・・・・・・・・・・・ 241
責任・・・・・・・・・・・・・・・・・・・・・・・・91	択一的競合・・・・・・・・・・・・・・・・・・・29
責任共犯論・・・・・・・・・・・・・・・・・・・ 154	択一的故意・・・・・・・・・・・・・・・・・・・39
責任故意・・・・・・・・・・・・・・・・・ 37, 97	多衆犯（集合犯・集団犯）・・・・・・・・ 148
責任主義・・・・・・・・・・・・・・・・・・・・・91	多衆不解散罪・・・・・・・・・・・・・・・・・ 290
責任能力・・・・・・・・・・・・・・・・・・・・・94	堕胎・・・・・・・・・・・・・・・・・・・・・・・ 415
責任身分・・・・・・・・・・・・・・・・・・・・ 198	奪取罪・・・・・・・・・・・・・・・・・・・・・・ 444
説教等妨害罪・・・・・・・・・・・・・・・・・ 374	他人所有の非現住建造物放火・・・・・・・ 298
積極的加害意思・・・・・・・・・・・・・・・・・78	他人の占有等に係る自己の財物・・・・・ 477
窃取・・・・・・・・・・・・・・・・・・・・・・・ 445	他人予備・・・・・・・・・・・・・・・・ 144, 206
接続犯・・・・・・・・・・・・・・・・・・・・・・ 242	たぬき・むじな事件・・・・・・・・・・・・・ 106

談合・・・・・・・・・・・・・・・・・・・・・・・ 272	逃走援助罪・・・・・・・・・・・・・・・・・・・・ 276
談合罪・・・・・・・・・・・・・・・・・・・・・・ 271	盗品等関与罪・・・・・・・・・・・・・・・・・ 528
単純遺棄罪・・・・・・・・・・・・・・・・・・・ 416	盗品等保管罪における知情の時期・・・・ 532
単純一罪・・・・・・・・・・・・・・・・・・・・ 240	図画・・・・・・・・・・・・・・・・・・・・ 325, 361
単純横領罪・・・・・・・・・・・・・・・・・・ 518	特別関係・・・・・・・・・・・・・・・・・・・・・ 241
単純収賄罪・・・・・・・・・・・・・・・ 378, 379	特別公務員職権濫用罪・・・・・・・・・・・ 377
単純逃走罪・・・・・・・・・・・・・・・・・・ 274	特別公務員職権濫用等致死傷罪・・・・・ 378
単純賭博罪・・・・・・・・・・・・・・・・・・ 372	特別公務員暴行陵虐罪・・・・・・・・・・・ 378
着手未遂・・・・・・・・・・・・・・・・・ 130, 135	特別予防論・・・・・・・・・・・・・・・・・・・ 217
注意義務の存否・内容・・・・・・・・・・・・ 115	独立燃焼説・・・・・・・・・・・・・・・・・・・ 296
中止犯（中止未遂）・・・・・・・・・・・・・ 131	賭博・・・・・・・・・・・・・・・・・・・・・・・ 372
抽象的危険犯・・・・・・・・・・・・・・・・・・・ 3	賭博場開張等図利罪・・・・・・・・・・・・・ 372
抽象的事実の錯誤・・・・・・・・・・・・・・・ 46	賭博場開張図利罪・・・・・・・・・・・・・・ 373
抽象的符合説・・・・・・・・・・・・・・・ 43, 47	富くじ・・・・・・・・・・・・・・・・・・・・・ 374
抽象的法定符合説・・・・・・・・・・・・・・・ 43	富くじ発売等罪・・・・・・・・・・・・・・・ 373
中立命令違反罪・・・・・・・・・・・・・・・・ 261	図利・加害目的・・・・・・・・・・・・・・・・ 506
懲役・・・・・・・・・・・・・・・・・・・・・・・ 224	**ナ行**
重畳的因果関係・・・・・・・・・・・・・・・・・ 29	
直接領得罪・・・・・・・・・・・・・・・・・・ 444	内部的名誉・・・・・・・・・・・・・・・・・・・ 435
治療行為・・・・・・・・・・・・・・・・・・・・・ 62	内乱罪・・・・・・・・・・・・・・・・・・・・・ 260
知慮浅薄・・・・・・・・・・・・・・・・・・・ 514	内乱等幇助罪・・・・・・・・・・・・・・・・・ 260
追求権説・・・・・・・・・・・・・・・・・・・ 531	内乱予備罪・同陰謀罪・・・・・・・・・・・ 260
追徴・・・・・・・・・・・・・・・・・・・・・・・ 228	二重譲渡・・・・・・・・・・・・・・・・・・・・ 522
通貨偽造罪・・・・・・・・・・・・・・・・・・ 320	二重抵当・・・・・・・・・・・・・・・・・・・・ 509
通貨偽造等準備罪・・・・・・・・・・・・・・ 322	二重の故意・・・・・・・・・・・・・・・・・・・ 21
通行禁止道路運転致死傷罪・・・・・・・・ 410	認識ある過失・・・・・・・・・・・・・・・・・ 113
通行妨害運転致死傷罪・・・・・・・・・・・ 408	認識なき過失・・・・・・・・・・・・・・・・・ 112
釣銭詐欺・・・・・・・・・・・・・・・・・・・ 491	任務違背行為・・・・・・・・・・・・・・・・・ 506
邸宅・・・・・・・・・・・・・・・・・・・・・・・ 313	認容説・・・・・・・・・・・・・・・・・・・・・ 113
適法行為者の利用・・・・・・・・・・・・・・・ 18	練馬事件・・・・・・・・・・・・ 162, 164, 169
適法性の錯誤・・・・・・・・・・・・・・・・・ 265	脳死説・・・・・・・・・・・・・・・・・・・・・ 390
電気・・・・・・・・・・・・・・・・・・・・・・・ 481	**ハ行**
電子計算機使用詐欺罪・・・・・・・・・・・ 503	
電子計算機損壊等業務妨害罪・・・・・・・ 442	背任罪・・・・・・・・・・・・・・・・・・・・・ 504
電磁的記録不正作出罪・・・・・・・ 343, 344	背任と共犯・・・・・・・・・・・・・・・・・・ 512
同意殺人罪・・・・・・・・・・・・・・・ 392, 394	博徒結合図利罪・・・・・・・・・・・・・・・ 373
同意堕胎罪・同致死傷罪・・・・・・・・・・ 415	場所的適用範囲・・・・・・・・・・・・・・・ 218
同一共犯形式間の錯誤・・・・・・・・・・・ 191	罰金・・・・・・・・・・・・・・・・・・・・・・・ 224
動機説・・・・・・・・・・・・・・・・・・・・・・ 42	早すぎた構成要件の実現・・・・・・・・・・ 52
道義的責任論・・・・・・・・・・・・・・・・・・ 91	犯罪共同説・・・・・・・・・・・・・・ 151, 160
道具理論・・・・・・・・・・・・・・・・・・・・ 14	犯罪論・・・・・・・・・・・・・・・・・・・・・・ 2
同時傷害の特例・・・・・・・・・・・・・・・ 401	犯人蔵匿等罪・・・・・・・・・・・・・・・・・ 277
同時犯・・・・・・・・・・・・・・・・・ 158, 401	頒布・・・・・・・・・・・・・・・・・・・ 361, 362
逃走・・・・・・・・・・・・・・・・・・・・・・・ 275	被害者の推定的承諾・・・・・・・・・・・・・ 61

被害者の同意	59	不燃性建造物	297
被欺罔者の処分意思の要否	492	不能犯	137
非現住建造物等浸害罪	305	不法原因給付	489, 525, 532
非現住建造物等放火罪	298	不法領得の意思	454, 520
被拘禁者奪取罪	276	不保護	417
必要的共犯	148	振り込め詐欺	500
人の始期	390	文書	325, 327, 361
人の終期	390	墳墓発掘罪	374
秘密	318	墳墓発掘死体損壊等罪	374
秘密漏示罪	317	併科主義	245
表現犯	4, 53	併合罪	240, 243
被略取者等所在国外移送罪	429	変死者密葬罪	374
被略取者引渡し等罪	429	変造	282, 321, 324, 329, 346
被利用者基準説	27	片面的教唆	178
封印等破棄罪	267	片面的共同正犯	165, 172
封緘物	453	片面的従犯	185, 189
封緘物の占有	448	防衛行為と第三者	88
不確定故意	39	防衛の意思	76
不可罰的事後行為	243, 524	法益関係的錯誤説	68, 393, 502
不作為による教唆	209	放火	294
不作為による詐欺	483	法確証の利益	69
不作為による従犯	209	包括一罪	241
不作為犯	9	暴行	263, 288, 363, 399, 403, 459, 468
不作為犯と共犯	208	暴行罪	403
不作為犯に対する共犯	210	報酬物件	227
不作為犯の実行の着手時期	26	幇助	147, 183
侮辱	435	法条競合	240
侮辱罪	435	幇助の因果性	187
不真正不作為犯	9	法人の犯罪能力	5
不真正身分犯	2, 199	法定的符合説	43
付随犯	242	方法の錯誤	43, 44
不正作出電磁的記録供用罪	343, 344	方法の不能	137
不正指令電磁的記録供用罪	352	法律の錯誤	42, 103
不正指令電磁的記録作成罪・提供罪	352	法令行為	58
不正指令電磁的記録作成等罪	351	保管	530
不正指令電磁的記録取得罪・保管罪	352	保護観察	231, 234
不正電磁的記録カード供用罪	348, 349	保護主義	219, 221
不正電磁的記録カード所持罪	348, 349	保護責任者遺棄等罪	416, 417
不正電磁的記録カード譲り渡し・貸し渡		補充関係	240
し・輸入罪	348, 349	補充性の原則	83
不退去罪	312, 316	没収	227
不同意堕胎罪	415	ホテルニュージャパン事件	126
不同意堕胎致死傷罪	415	本権説	450
不動産侵奪罪	457	本犯助長性	531

本来的一罪・・・・・・・・・・・・・・・・・・ 240

マ行

身代わり出頭・・・・・・・・・・・・・・・・ 281
未熟運転致死傷罪・・・・・・・・・・・・・・ 408
未遂の教唆・・・・・・・・・・・・・・ 179, 181
未遂の幇助・・・・・・・・・・・・・・・・・・ 186
未遂犯・・・・・・・・・・・・・・ 25, 128, 138
未遂犯の教唆・・・・・・・・・・・・・・・・ 179
未成年者拐取罪・・・・・・・・・・・・・・・・ 426
身の代金目的拐取罪・・・・・・・・・・・・・ 428
身の代金目的拐取予備罪・・・・・・・・・・ 431
身の代金要求罪・・・・・・・・・・・・ 428, 429
未必の故意・・・・・・・・・・・・・・・ 39, 42
身分・・・・・・・・・・・・・・・・・・・・・・ 198
身分なき故意ある道具・・・・・・・・・・・・ 17
身分犯・・・・・・・・・・・・・・・・・ 2, 198
無印公文書偽造・変造罪・・・・・・・・・・ 330
無印私文書偽造・変造罪・・・・・・・・・・ 337
無形偽造・・・・・・・・・・・・・・・・・・・ 324
無形変造・・・・・・・・・・・・・・・・・・・ 324
むささび・もま事件・・・・・・・・・・・・・ 106
無償譲受け・・・・・・・・・・・・・・・・・・ 530
無銭飲食・宿泊・・・・・・・・・・・・・・・ 494
無免許運転による加重・・・・・・・・・・・ 414
明確性の原則・・・・・・・・・・・・・ 9, 215
名義人・・・・・・・・・・・・・・・ 325, 328
名義人の承諾・・・・・・・・・・・・・・・・ 341
酩酊運転致死傷罪・・・・・・・・・・・・・・ 407
名誉毀損罪・・・・・・・・・・・・・・・・・・ 431
面会を強請・・・・・・・・・・・・・・・・・ 287
免状等不実記載罪・・・・・・・・・・・・・・ 333
目的犯・・・・・・・・・・・・・・・・・・・・ 53

ヤ行

約束・・・・・・・・・・・・・・・・・・・・・ 388
やむを得ずにした行為・・・・・・・・・ 72, 83
有印公文書偽造罪・・・・・・・・・・・・・・ 325
有印公文書変造罪・・・・・・・・・・・・・・ 329
有印私文書偽造罪・・・・・・・・・・・・・・ 336
有印私文書変造罪・・・・・・・・・・・・・・ 337
誘拐・・・・・・・・・・・・・・・・・・・・・ 426
有価証券・・・・・・・・・・・・・・・・・・・ 347
有価証券偽造罪・・・・・・・・・・・・・・・ 345

有価証券虚偽記入罪・・・・・・・・・・・・・ 346
有形偽造・・・・・・・・・・・・・・・・・・・ 324
有償処分のあっせん・・・・・・・・・・・・・ 530
有償譲受け・・・・・・・・・・・・・・・・・・ 530
憂慮する者・・・・・・・・・・・・・・・・・・ 429
許された危険の法理・・・・・・・・・・・・・ 113
要求・・・・・・・・・・・・・・・・・ 381, 429
要素従属性・・・・・・・・・・・ 155, 156, 157
預金による金銭の占有・・・・・・・・・・・・ 518
予見可能性・・・・・・・・・・・・・・・・・・ 117
予見可能性の対象・・・・・・・・・・・・・・ 119
予見可能性の程度・・・・・・・・・・・・・・ 118
予備・・・・・・・・・・・・・・・・・・・・・ 143
予備と共犯・・・・・・・・・・・・・・・・・・ 205
予備の教唆・・・・・・・・・・・・・・・・・・ 204
予備の中止・・・・・・・・・・・・・・・・・・ 145
予備の幇助・・・・・・・・・・・・・・・・・・ 204

ラ行

利益移転の現実性（2項強盗罪）・・・・ 466
離隔犯・・・・・・・・・・・・・・・・・・・・ 129
略取・・・・・・・・・・・・・・・・・・・・・ 426
利用者基準説・・・・・・・・・・・・・・・・・ 27
利用処分意思・・・・・・・・・・・・・・・・ 454
量的過剰・・・・・・・・・・・・・・・・・・・ 75
領得行為説・・・・・・・・・・・・・・・・・・ 520
両罰規定・・・・・・・・・・・・・・・・・・・・ 6
類推解釈の禁止・・・・・・・・・・・・・ 9, 215
累犯・・・・・・・・・・・・・・・・・・・・・ 253
礼拝所不敬罪・・・・・・・・・・・・・・・・ 374
連続犯・・・・・・・・・・・・・・・・・・・・ 242
労役場留置・・・・・・・・・・・・・・・・・・ 226
労働争議行為・・・・・・・・・・・・・・・・・ 63
論理的結合説・・・・・・・・・・・・・・・・・ 30

ワ行

わいせつ・・・・・・・・・・・・・・・・・・・ 360
わいせつ物頒布等罪・・・・・・・・・・・・・ 360
賄賂・・・・・・・・・・・・・・・・・・・・・ 380
賄賂罪・・・・・・・・・・・・・・・・・・・・ 378

司法試験＆予備試験対策シリーズ

2022年版　司法試験＆予備試験 完全整理択一六法　刑法

2000年1月20日	第1版	第1刷発行	
2021年9月10日	第23版	第1刷発行	

編著者●株式会社　東京リーガルマインド
　　　　LEC総合研究所　司法試験部

発行所●株式会社　東京リーガルマインド
　　　　〒164-0001　東京都中野区中野4-11-10
　　　　アーバンネット中野ビル
　　　　LECコールセンター　📞 0570-064-464
　　　　受付時間　平日9:30 〜 20:00／土・祝10:00 〜 19:00／日10:00 〜 18:00
　　　　※このナビダイヤルは通話料お客様ご負担となります。
　　　　書店様専用受注センター　TEL 048-999-7581／FAX 048-999-7591
　　　　受付時間　平日9:00 〜 17:00／土・日・祝休み
　　　　www.lec-jp.com/

カバーデザイン●桂川　潤
本文デザイン●グレート・ローク・アソシエイツ
印刷・製本●株式会社 シナノパブリッシングプレス

©2021 TOKYO LEGAL MIND K.K., Printed in Japan　　　　ISBN978-4-8449-3474-5
複製・頒布を禁じます。
本書の全部または一部を無断で複製・転載等することは、法律で認められた場合を除き、著作者及び出版者の権利侵害になりますので、その場合はあらかじめ弊社あてに許諾をお求めください。なお、本書は個人の方々の学習目的で使用していただくために販売するものです。弊社と競合する営利目的での使用等は固くお断りいたしております。
落丁・乱丁本は、送料弊社負担にてお取替えいたします。出版部（TEL03-5913-6336）までご連絡ください。

司法試験の最終合格に必要な知識を短期間で修得する 通学 通信

【速修】矢島の速修インプット講座 Input

講義時間数

126時間

憲法	17.5時間	民訴法	14時間
民法	28時間	刑訴法	14時間
刑法	24.5時間	行政法	14時間
会社法	14時間	(3.5時間／回)	

通信教材発送／Web・音声DL配信開始日

2021/6/24(木)以降、順次

Web・音声DL配信終了日

2022/7/31(日)

使用教材

矢島の体系整理テキスト2022
※レジュメのPDFデータはWebupしませんのでご注意ください。

タイムテーブル

3.5時間講義 途中10分休憩あり

担当講師

矢島 純一
LEC専任講師

矢島講座ラインナップ

[速修]矢島の速修インプット講座
[論文]矢島の論文完成講座
[過去]矢島の短答対策シリーズ
[スピチェ]矢島のスピードチェック講座
[法実]矢島の法律実務基礎科目[民事・刑事]

講座概要

本講座（略称：矢島の【速修】）は、既に学習経験がある受験生や、ほとんど学習経験がなくても短期間で試験対策をしたいという受験生が、**合格するために修得が必須となる事項を効率よくインプット学習するための講座**です。**合格に必要な重要論点や判例の分かりやすい解説**により科目全体の**本質的な理解を深める講義**と、覚えるべき規範が過不足なく記載され自然と法的三段論法を身に付けながら知識を修得できるテキストが両輪となって、本試験に対応できる実力を養成できる講座です。忙しい毎日の通勤通学などの隙間時間で講義を聴いたり、復習の際にテキストだけ繰り返し読んだり、自分のペースで無理なく合格に必要な全ての重要知識を身に付けられるようになっています。また、本講座は直近の試験の質に沿った学習ができるよう、**テキストや講義の内容を毎年改訂している**ので、本講座を受講することで直近の試験考査委員が受験生に求めている知識の質と広さを理解することができ、試験対策上、誤った方向に行くことなく、常に正しい方向に進んで確実に合格する力を修得することができます。

講座の特長

1 重要事項の本質を短期間で理解するメリハリある講義

矢島講師の最大の特長は、**分かりやすい講義**です。全身全霊を受験指導に傾け、寝ても覚めても法律のことを考えている矢島講師の講義は、思わず惹き込まれるほど面白く分かりやすいので、忙しい方でも途中で挫折することなく受講できると好評を博しています。講義中は、日ごろから過去問研究をしっかりとしている矢島講師が、**試験で出題されやすい事項を、試験で出題される質を踏まえて解説**するため、講義を聴いているだけで確実に合格に近づくことができます。

2 司法試験の合格レベルに導く質の高いテキスト

使用する**テキスト**は、全て矢島講師が責任をもって作成しており、合格に必要な重要知識が体系ごとに整理されています。**受験生に定評のある基本書、判例百選、重要判例集、論証集の内容がコンパクト**にまとめられており、試験で出題されそうな事項を「矢島の体系整理テキスト」だけで学べます。矢島講師が過去問をしっかりと分析した上で、合格に必要な知識をインプットできるようにテキストを作成しているので、試験に不必要な情報は一切なく、**合格に直結する知識を短時間で効率よく吸収できるテキスト**となっています。すべての知識に重要度のランク付けをしているため一目で覚えるべき知識が分かり、受験生が講義を**復習しやすい工夫**もされています。また、テキストの改訂を毎年行い、**法改正や最新判例に完全に対応**しています。

3 短答対策だけでなく論文対策にも直結するインプットを実現

論文試験では、問題文中の事実に評価を加えた上で法的な規範にあてはめて一定の結論を導くという法的三段論法をする能力の有無が問われます。論文試験に通用する学力を修得するには、知識のインプットの段階でも、法的三段論法をするために必要な知識を修得しているということを意識することが重要です。矢島の【速修】のテキストは、論文試験で書く重要論点については、規範と当てはめを区別して記載しており、**講義では規範のポイントや当てはめの際の事実の評価の仕方のコツ**を分かりやすく説明しています。講師になってからも論文の答案を書き続けている矢島講師にしかできない質の高いインプット講義を聴いて、**合格に必要な法的三段論法をする能力**を身に付けて合格を確実なものとしてください！

通信スケジュール

科目	回数	教材・DVD発送/Web・音声DL配信開始日
憲法	1	21.6.24 (木)
	2	
	3	
	4	
	5	
民法	1	7.15 (木)
	2	
	3	
	4	
	5	
	6	
	7	
	8	
刑法	1	8.10 (火)
	2	
	3	
	4	
	5	
	6	
	7	
会社法	1	8.16 (月)
	2	
	3	
	4	
民訴法	1	8.30 (月)
	2	
	3	
刑訴法	1	9.9 (木)
	2	
	3	
	4	
行政法	1	9.21 (火)
	2	
	3	
	4	

講師 Message

本講座は、論文試験や短答試験の合格に必要な重要基本知識を確実に身に付けることを目的とした講座です。近年の試験傾向を踏まえてテキストを毎年改訂した上で、講義の内容も次の直近の試験に役立つものとなるようにしています。講義を耳で聴いているだけでも、合格に必要な基本知識を修得できるよう、分かりやすい講義をしていきますので、この講座を利用して効率よく学習して、合格を実現してください。何が何でも合格したいという受験生の期待を裏切らないよう、全力で講座作りをしていきますので、私を信じてついてきてください!

受講料

受講形態	申込形態	回数	講義形態	一般価格	大学生協・書籍部価格	代理店書店価格	講座コード
					税込(10%)		
通学・通信	一括	36	Web※1	112,200円	106,590円	109,956円	通学:LA21408 通信:LB21407
			DVD	145,750円	138,462円	142,835円	
	憲法	5	Web※1	19,250円	18,287円	18,865円	
			DVD	25,300円	24,035円	24,794円	
	民法	8	Web※1	30,800円	29,260円	30,184円	
			DVD	40,150円	38,142円	39,347円	
	刑法	7	Web※1	26,950円	25,602円	26,411円	
			DVD	35,200円	33,440円	34,496円	
	会社法/民訴法/刑訴法/行政法※2	各4	Web※1	15,400円	14,630円	15,092円	
			DVD	19,800円	18,810円	19,404円	

※1 音声DL＋スマホ視聴付き ※2 いずれか1科目あたりの受講料となります

■一般価格とは、LEC各本校・LEC提携校・LEC通信事業本部・LECオンライン本校にてお申込された場合の受付価格です。■大学生協・書籍部価格とは、LECと代理店契約を結んでいる大学内の生協、購買会、書店にてお申込される場合の受付価格です。■代理店書店価格とは、LECと代理店契約を結んでいる一般書店（大学内の書店は除く）にてお申込される場合の受付価格です。■上記大学生協・書籍部価格、代理店書店価格を利用される場合は、必ず本冊子を代理店窓口までご持参ください。

【契約・返品について】　1.弊社所定書面をご提出下さい。実施済受講料、手数料等を実額の上返金します。教材等の返送料は実額ご負担頂きます（LEC申込規定第3条参照）。
　　　　　　　　　　　　　　2.詳細はLEC申込規定（http://www.lec-jp.com/kouzamoushikomi.html）をご覧下さい。

教材のお届けについて　通信教材発送日が複数回に分けて設定されている講座について、通信教材発送日を過ぎてお申込みいただいた場合、それまでの教材をまとめてお送りするのに10日程度のお時間を頂いております。また、そのお待ちいただいている間に、次回の教材発送日が到来した場合、その教材は発送日通り送られるため、学習順序と、通信教材の到着順序が前後する場合がございます。予めご了承下さい。 ※詳細はこちらをご確認ください。→
https://online.lec-jp.com/statics/guide_send.html

LEC Webサイト ▷▷▷ www.lec-jp.com/

情報盛りだくさん！

資格を選ぶときも、
講座を選ぶときも、
最新情報でサポートします！

最新情報
各試験の試験日程や法改正情報、対策講座、模擬試験の最新情報を日々更新しています。

資料請求
講座案内など無料でお届けいたします。

受講・受験相談
メールでのご質問を随時受付けております。

よくある質問
LECのシステムから、資格試験についてまで、よくある質問をまとめました。疑問を今すぐ解決したいなら、まずチェック！

書籍・問題集（LEC書籍部）
LECが出版している書籍・問題集・レジュメをこちらで紹介しています。

充実の動画コンテンツ！

ガイダンスや講演会動画、
講義の無料試聴まで
Webで今すぐCheck！

動画視聴OK
パンフレットやWebサイトを見てもわかりづらいところを動画で説明。いつでもすぐに問題解決！

Web無料試聴
講座の第1回目を動画で無料試聴！気になる講義内容をすぐに確認できます。

スマートフォン・タブレットからはQRコードでのアクセスが便利です。 ▷▷▷

自慢のメールマガジン配信中！（登録無料）

LEC講師陣が毎週配信！ 最新情報やワンポイントアドバイス、改正ポイントなど合格に必要な知識をメールにて毎週配信。

www.lec-jp.com/mailmaga/

LEC E学習センター

新しい学習メディアの導入や、Web学習の新機軸を発信し続けています。また、LECで販売している講座・書籍などのご注文も、いつでも可能です。

online.lec-jp.com/

LEC 電子書籍シリーズ

LECの書籍が電子書籍に！ お使いのスマートフォンやタブレットで、いつでもどこでも学習できます。
※動作環境・機能につきましては、各電子書籍ストアにてご確認ください。

www.lec-jp.com/ebook/

LEC書籍・問題集・レジュメの紹介サイト **LEC書籍部** www.lec-jp.com/system/book/

LECが出版している書籍・問題集・レジュメをご紹介	当サイトから書籍などの直接購入が可能（*）
書籍の内容を確認できる「チラ読み」サービス	発行後に判明した誤字等の訂正情報を公開

＊商品をご購入いただく際は、事前に会員登録（無料）が必要です。
＊購入金額の合計・発送する地域によって、別途送料がかかる場合がございます。

※資格試験によっては実施していないサービスがありますので、ご了承ください。

LEC 全国学校案内

＊講座のお問合せ、受講相談は最寄りのLEC各校へ

LEC本校

■ 北海道・東北

札 幌本校 ☎011(210)5002
〒060-0004 北海道札幌市中央区北4条西5-1 アスティ45ビル

仙 台本校 ☎022(380)7001
〒980-0021 宮城県仙台市青葉区中央3-4-12
仙台ＳＳスチールビルⅡ

■ 関東

渋谷駅前本校 ☎03(3464)5001
〒150-0043 東京都渋谷区道玄坂2-6-17 渋東シネタワー

池 袋本校 ☎03(3984)5001
〒171-0022 東京都豊島区南池袋1-25-11 第15野萩ビル

水道橋本校 ☎03(3265)5001
〒101-0061 東京都千代田区神田三崎町2-2-15 Daiwa三崎町ビル

新宿エルタワー本校 ☎03(5325)6001
〒163-1518 東京都新宿区西新宿1-6-1 新宿エルタワー

早稲田本校 ☎03(5155)5501
〒162-0045 東京都新宿区馬場下町62 三朝庵ビル

中 野本校 ☎03(5913)6005
〒164-0001 東京都中野区中野4-11-10 アーバンネット中野ビル

立 川本校 ☎042(524)5001
〒190-0012 東京都立川市曙町1-14-13 立川MKビル

町 田本校 ☎042(709)0581
〒194-0013 東京都町田市原町田4-5-8 町田イーストビル

横 浜本校 ☎045(311)5001
〒220-0004 神奈川県横浜市西区北幸2-4-3 北幸GM21ビル

千 葉本校 ☎043(222)5009
〒260-0015 千葉県千葉市中央区富士見2-3-1 塚本大千葉ビル

大 宮本校 ☎048(740)5501
〒330-0802 埼玉県さいたま市大宮区宮町1-24 大宮GSビル

■ 東海

名古屋駅前本校 ☎052(586)5001
〒450-0002 愛知県名古屋市中村区名駅3-26-8
ＫＤＸ名古屋駅前ビル

静 岡本校 ☎054(255)5001
〒420-0857 静岡県静岡市葵区御幸町3-21 ペガサート

■ 北陸

富 山本校 ☎076(443)5810
〒930-0002 富山県富山市新富町2-4-25 カーニープレイス富山

■ 関西

梅田駅前本校 ☎06(6374)5001
〒530-0013 大阪府大阪市北区茶屋町1-27 ABC-MART梅田ビル

難波駅前本校 ☎06(6646)6911
〒542-0076 大阪府大阪市中央区難波4-7-14 難波フロントビル

京都駅前本校 ☎075(353)9531
〒600-8216 京都府京都市下京区東洞院通七条下ル2丁目
東塩小路町680-2 木村食品ビル

京 都本校 ☎075(353)2531
〒600-8413 京都府京都市下京区烏丸通仏光寺下ル
大政所町680-1 第八長谷ビル

神 戸本校 ☎078(325)0511
〒650-0021 兵庫県神戸市中央区三宮町1-1-2 三宮セントラルビル

■ 中国・四国

岡 山本校 ☎086(227)5001
〒700-0901 岡山県岡山市北区本町10-22 本町ビル

広 島本校 ☎082(511)7001
〒730-0011 広島県広島市中区基町11-13 合人社広島紙屋町アネクス

山 口本校 ☎083(921)8911
〒753-0814 山口県山口市吉敷下東 3-4-7 リアライズⅢ

高 松本校 ☎087(851)3411
〒760-0023 香川県高松市寿町2-4-20 高松センタービル

松 山本校 ☎089(961)1333
〒790-0003 愛媛県松山市三番町7-13-13 ミツネビルディング

■ 九州・沖縄

福 岡本校 ☎092(715)5001
〒810-0001 福岡県福岡市中央区天神4-4-11 天神ショッパーズ
福岡

那 覇本校 ☎098(867)5001
〒902-0067 沖縄県那覇市安里2-9-10 丸姫産業第2ビル

■ EYE関西

EYE 大阪本校 ☎06(7222)3655
〒530-0013 大阪府大阪市北区茶屋町1-27 ABC-MART梅田ビル

EYE 京都本校 ☎075(353)2531
〒600-8413 京都府京都市下京区烏丸通仏光寺下ル
大政所町680-1 第八長谷ビル

【LEC公式サイト】www.lec-jp.com/ QRコードから かんたんアクセス！

LEC提携校

*提携校はLECとは別の経営母体が運営をしております。
*提携校は実施講座およびサービスにおいてLECと異なる部分がございます。

■ 北海道・東北

北見駅前校【提携校】 ☎0157(22)6666
〒090-0041 北海道北見市北1条西1-8-1 一燈ビル 志学会内

八戸中央校【提携校】 ☎0178(47)5011
〒031-0035 青森県八戸市寺横町13 第1朋友ビル 新教育センター内

弘前校【提携校】 ☎0172(55)8831
〒036-8093 青森県弘前市城東中央1-5-2
まなびの森 弘前城東予備校内

秋田校【提携校】 ☎018(863)9341
〒010-0964 秋田県秋田市八橋鯲沼町1-60
株式会社アキタシステムマネジメント内

■ 関東

水戸見川校【提携校】 ☎029(297)6611
〒310-0912 茨城県水戸市見川2-3092-3

熊谷筑波校【提携校】 ☎048(525)7978
〒360-0037 埼玉県熊谷市筑波1-180 ケイシン内

所沢校【提携校】 ☎050(6865)6996
〒359-0037 埼玉県所沢市くすのき台3-18-4 所沢K・Sビル
合同会社LPエデュケーション内

東京駅八重洲口校【提携校】 ☎03(3527)9304
〒103-0027 東京都中央区日本橋3-7-7 日本橋アーバンビル
グランデスク内

日本橋校【提携校】 ☎03(6661)1188
〒103-0025 東京都中央区日本橋茅場町2-5-6 日本橋大江戸ビル
株式会社大江戸コンサルタント内

新宿三丁目駅前校【提携校】 ☎03(3527)9304
〒160-0022 東京都新宿区新宿2-6-4 KNビル グランデスク内

■ 東海

沼津校【提携校】 ☎055(928)4621
〒410-0048 静岡県沼津市新宿町3-15 萩原ビル
M-netパソコンスクール沼津校内

■ 北陸

新潟校【提携校】 ☎025(240)7781
〒950-0901 新潟県新潟市中央区弁天3-2-20 弁天501ビル
株式会社大江戸コンサルタント内

金沢校【提携校】 ☎076(237)3925
〒920-8217 石川県金沢市近岡町845-1 株式会社アイ・アイ・ピー金沢内

福井南校【提携校】 ☎0776(35)8230
〒918-8114 福井県福井市羽水2-701 株式会社ヒューマン・デザイン内

■ 関西

和歌山駅前校【提携校】 ☎073(402)2888
〒640-8342 和歌山県和歌山市友田町2-145
KEG教育センタービル 株式会社KEGキャリア・アカデミー内

■ 中国・四国

松江殿町校【提携校】 ☎0852(31)1661
〒690-0887 島根県松江市殿町517 アルファステイツ殿町
山路イングリッシュスクール内

岩国駅前校【提携校】 ☎0827(23)7424
〒740-0018 山口県岩国市麻里布町1-3-3 岡村ビル 英光学院内

新居浜駅前校【提携校】 ☎0897(32)5356
〒792-0812 愛媛県新居浜市坂井町2-3-8 パルティフジ新居浜駅前店内

■ 九州・沖縄

佐世保駅前校【提携校】 ☎0956(22)8623
〒857-0862 長崎県佐世保市白南風町5-15 智翔館内

日野校【提携校】 ☎0956(48)2239
〒858-0925 長崎県佐世保市椎木町336-1 智翔館日野校内

長崎駅前校【提携校】 ☎095(895)5917
〒850-0057 長崎県長崎市大黒町10-10 KoKoRoビル
minatoコワーキングスペース内

沖縄プラザハウス校【提携校】 ☎098(989)5909
〒904-0023 沖縄県沖縄市久保田3-1-11
プラザハウス フェアモール 有限会社スキップヒューマンワーク内

※上記は2021年7月1日現在のものです。

書籍の訂正情報の確認方法とお問合せ方法のご案内

このたびは、弊社発行書籍をご購入いただき、誠にありがとうございます。
万が一誤りと思われる箇所がございましたら、以下の方法にてご確認ください。

1 訂正情報の確認方法

発行後に判明した訂正情報を順次掲載しております。
下記サイトよりご確認ください。

www.lec-jp.com/system/correct/

2 お問合せ方法

上記サイトに掲載がない場合は、下記サイトの入力フォームより
お問合せください。

http://lec.jp/system/soudan/web.html

フォームのご入力にあたりましては、「Web教材・サービスのご利用について」の
最下部の「ご質問内容」に下記事項をご記載ください。

- ・対象書籍名(○○年版、第○版の記載がある書籍は併せてご記載ください)
- ・ご指摘箇所(具体的にページ数の記載をお願いします)

お問合せ期限は、次の改訂版の発行日までとさせていただきます。
また、改訂版を発行しない書籍は、販売終了日までとさせていただきます。

※インターネットをご利用になれない場合は、下記①~⑤を記載の上、ご郵送にてお問合せください。
①書籍名、②発行年月日、③お名前、④お客様のご連絡先(郵便番号、ご住所、電話番号、FAX番号)、⑤ご指摘箇所
送付先:〒164-0001 東京都中野区中野4-11-10 アーバンネット中野ビル
東京リーガルマインド出版部 訂正情報係

- ・正誤のお問合せ以外の書籍の内容に関する質問は受け付けておりません。
  また、書籍の内容に関する解説、受験指導等は一切行っておりませんので、あらかじめご了承ください。
- ・お電話でのお問合せは受け付けておりません。

講座・資料のお問合せ・お申込み

LECコールセンター ☎ 0570-064-464

受付時間:平日9:30~20:00/土・祝10:00~19:00/日10:00~18:00

※このナビダイヤルの通話料はお客様のご負担となります。
※このナビダイヤルは講座のお申込みや資料のご請求に関するお問合せ専用ですので、書籍の正誤に関する
ご質問をいただいた場合、上記②正誤のお問合せ方法」のフォームをご案内させていただきます。

「2022年版 司法試験&予備試験 完全整理択一六法」
をお買い求めいただき、ありがとうございました。

下記ハガキにて、各種パンフレットをご請求いただけます。
ご希望の方は、申込欄にチェック印(✓)をご記入ください。
プレゼントのみご希望の方は、アンケートのみお答えください。

------------------------------- キリトリ線 -------------------------------

「2022年版 司法試験&予備試験 完全整理択一六法」

お手数ですが、キリトリ線で切り離してご投函ください。

アンケートにお答えいただいた方に
「矢島の速修インプット講座」民法テキストの
抜粋を試験に役立つかたちでプレゼント！

プレゼント内容は事前の予告なく変更する場合がございます。
予めご了承ください。　　　　　（有効期限　2022年10月末日必着）

■以下のアンケートにお答えください。

Q1. 本書を購入した目的は何ですか。（複数回答可）
　A. 司法試験対策のため　　B. 予備試験対策のため　　C. 大学での勉強のため
　D. その他（他資格等）（　　　　　　　　　　　　　　　　　　　　　　）

Q2. 現在どのような勉強をしていますか。
　A. 独学（使用している書籍：　　　　　　　　　　　　　　　　　　　　　）
　B. LECの通学・通信講座を利用
　C. 他の予備校の講座を利用（予備校名：　　　　　　　　　　　　　　　　）
　D. 大学の法職講座・ゼミ　　E. その他（　　　　　　　　　　　　　　　）

Q3. 本書をご覧になった感想・要望などがありましたら、ご記入ください。
　（　　　　　　　　　　　　　　　　　　　　　　　　　　　　　　　　　）

Q4. 今後LECに希望される書籍・講座などがありましたら、ご記入ください。
　（　　　　　　　　　　　　　　　　　　　　　　　　　　　　　　　　　）

ご協力ありがとうございました。

法曹を目指すなら、まずは情報収集から！

講座資料を希望される方はチェック印(✓)をご記入ください。

□司法試験対策講座パンフレット（LP21020）
司法試験の受験を控えた方向けのパンフレットです。
あらゆるニーズに合わせた講座をご紹介しています。

□予備試験対策講座パンフレット（LP21021）
予備試験受験を考えている方向けのパンフレットです。
論文の答練・短答の演習講座を中心にご紹介しています。

welcome

出版（司法試験）　　　　　　　　　　　　　　　　　　　　　　　　　　LP21022

講 座 に 関 す る お 問 い 合 わ せ は

コ ー ル セ ン タ ー

0570-064-464

※このナビダイヤルは通話料お客様ご負担となります。
※固定電話・携帯電話共通（一部のPHS・IP電話からのご利用可能）。

受付時間（月～金 9:30～20:00 土・祝10:00～19:00 日10:00～18:00）

- - - - - - - - キリトリ線 - - - - - - - -

郵 便 は が き

164-8790

301

料金受取人払郵便

中野局承認

7893

差出有効期間
令和4年6月
9日まで

●切手不要

東京都中野区中野4-11-10
アーバンネット中野ビル

LEC東京リーガルマインド 行

|||||||||||||||||||||||||||||||

フリガナ			男・女	Lカード番号				
氏 名				生年月日(西暦)： 　年　　月　　日				
住 所	□□□-□□□□　都道府県　市区郡			(アパート・マンション名もご記入ください)				
	TEL　　　　-　　　　-							
e-Mail アドレス								
出身校				年　　月　入学・卒業				
既に取得されている資格：			ご職業					

□ 私は、下記の事項に同意します。※□にレ点を記入して下さい。ご同意いただけない場合、資料請求等にお応えできません。

1.当社は、ご記入いただいた個人情報を、原則として下記の利用目的の範囲内で利用いたします。但し、商品・サービスの中で利用目的を個別にお伝えしているものに関しては、その利用目的に従います。■お客様へのご連絡／商品、教材、特典等の発送／会員管理、受講証の発行、成績発表、答案の公表、本試験の結果確認、その他講座運営に関連する目的／資格試験等試験主催団体への提供／資格試験の情報提供／当社のサービス・商品・人材募集等のご案内、メールマガジンの配信／本人確認、割引対象確認／今後のサービス向上のための統計データの算出と分析／アンケート等の依頼／アクセス状況の分析等。2.個人情報の取扱いを第三者に委託する場合があります。当社への個人情報の提供は任意ですが、ご提供いただけない場合には適切なサービスが提供できない場合があります。3.個人情報の利用目的の開示、個人情報の開示・訂正・利用停止等のご要望に対しては、誠実に対応いたします。手続きは下記の窓口までご連絡ください。開示等にあたっては、当社所定の書類及び本人確認書類が必要となります。なお、1回の開示・利用目的の通知の請求ごとに手数料金1,000円(税抜)が必要となります。4.個人情報の取扱いに関しては、プライバシーポリシー(http://www.lec-jp.com/privacy.html)をご確認ください。

株式会社東京リーガルマインド　個人情報保護管理者 情報セキュリティ委員会委員長

■開示等・苦情・相談窓口:お客様相談室　電話0570-064-464　Email:csr@lec-jp.com